Möllhausen, Baldu

Wanderungen durch die Prärien und Wüsten des westlichen Nordamerika

Möllhausen, Balduin

Wanderungen durch die Prärien und Wüsten des westlichen Nordamerika

Inktank publishing, 2018

www.inktank-publishing.com

ISBN/EAN: 9783747765302

Wanderungen

durch die

Prairien und Wüsten

des westlichen Nordamerika

vom

Mississippi nach den Küsten der Südsee

im Gefolge der

von der Regierung der Vereinigten Staaten unter Lieutenant Whipple
ausgesandten Expedition.

Von

Balduin Möllhausen.

Eingeführt von Alexander von Humboldt.

Zweite Auflage.

Mit einer lithographirten Karte, entworfen von Dr. Henry Lange.

Leipzig,

Hermann Mendelssohn.
1860.

F543
·M6805

5

Vorwort

von

Alexander von Humboldt.

Die Verhältnisse gegenseitigen Wohlwollens und eine gewisse Gleichheit der Bestrebungen in dem Laufe ernster und wichtiger Unternehmungen haben, wie ich schon mehrmals geäußert, allein mich bewegen können, die innere Scheu und die Abneigung zu überwinden, welche ich, vielleicht mit Unrecht, von jeher vor den einleitenden Vorreden von fremder Hand hege. In der so langen Dauer eines bewegten Lebens habe ich diese Vorreden nur überaus selten, zweimal für teutsche und zweimal für französische, vielgelesene Werke geschrieben. Es waren diese Werke der Zeitfolge nach: unseres großen Geologen, Leopold's von Buch, Reise nach dem Nordcap in der französischen Uebersetzung; der englische Reisebericht von Sir Robert Schomburgk's gefahrvollem fünfjährigen Unternehmen, um die Küste der Guyana bei Essequibo astronomisch mit dem östlichsten Punkte des Ober=Orinoco bei der Mission Esmeralda zu verbinden, an den ich von Westen her gelangt war; die Original = Ausgabe der sämmtlichen Werke meines unvergeßlichen Freundes François Arago; endlich die ostindische und tibetanische Reise des so früh dahingeschiedenen, liebenswürdigen Prinzen Waldemar von Preußen.

Die Schrift, welche ich jetzt unaufgefordert, aus Achtung für die rastlose und ausdauernde Thätigkeit des Verfassers in einer großen Expedition, für die bescheidene Einfachheit seines kräftigen, überaus ehrenwerthen Charakters und für ein ausgezeichnetes, durch den Anblick der freien Natur fast allein ausgebildetes Kunsttalent, mit einem empfehlenden Vorwort begleite, macht keine Ansprüche auf physikalische Wissenschaftlichkeit, ob sie gleich über die äußere Bodengestalt und

die geographischen Verhältnisse so wenig durchforschter Gegenden viel
Interessantes, Selbstbeobachtetes oder bisweilen den mitreisenden Fach=
gelehrten Entlehntes, darbietet. Herr Möllhausen, früher angestellt
als Topograph und Zeichner bei der Sendung, welche unter
dem Befehle des muthigen und einsichtsvollen Lieutenant Whipple
zur Bestimmung der südlichen Eisenbahn=Richtung nach den Küsten
des Stillen Oceans von der Regierung der Vereinigten
Staaten veranstaltet wurde, veröffentlicht ein Tagebuch, in dem er,
gleichsam als Commentar zu seinen landschaftlichen Aufnahmen und
historischen Skizzen, empfangene lebensfrische Natureindrücke wieder=
giebt. Ueberall, wo die Darstellung des Reisenden das Resultat einer
sicheren und gewissenhaften Anschauung der Gegenwart ist, gewährt
sie eben dadurch schon und besonders in dem, was die Zustände der
Eingeborenen auf den verschiedenen Stufen ihrer Uncultur betrifft, ein
wichtiges, rein menschliches Interesse.

Die Nähe nordamerikanischer und europäischer Ansiedler gereicht
den unabhängigen Stämmen, wie eine traurige Erfahrung fast in
allen Zonen lehrt, zum Verderben. Allmälig auf engere Räume zu=
sammengedrängt und, wo der nahe Contact Beute verheißt, an Ver=
wilderung zunehmend, reiben sie sich meistentheils in ungleichen Käm=
pfen auf. Wenn im frühesten Anfange des Inca-Reiches von Peru,
in den Cordilleren von Quito, auf der Hochebene von Neu=Granada
(dem alten Cundinamarca) und in dem mexikanischen Anahuac, süd=
lich von dem 28sten Parallelkreise, die alte indianische Bevölkerung
sich erhalten, ja sogar an einigen Punkten ansehnlich vermehrt hat, so
ist die Ursache davon größtentheils darin zu suchen, daß viele Jahr=
hunderte lang vor der spanischen Conquista die Bevölkerung dort
aus friedlichen ackerbauenden Stämmen bestand. Alles, was sich in
Herrn Möllhausen's Reisebericht auf Ethnographie und auf die
physischen und sittlichen Verhältnisse der, selten kupferfarbigen, häu=
figer mehr braunrothen, Ureinwohner zwischen dem Missouri und den
Rocky Mountains, zwischen dem Rio Colorado und dem Littoral
der Südsee bezieht, ist auf zwiefache Weise anziehend. Es berührt
entweder allgemeine Betrachtungen über die bald fortschreitende,
bald in ihrem Fortschritt gehemmte Cultur; oder besondere, locale,
mit historischen Erinnerungen zusammenhängende Verhältnisse. Bei
Verallgemeinerung der Ansicht reizen die mannichfaltigen Stufen un=
entwickelter Intelligenz in dem Urzustande der Horden, welche man
so unbestimmt und oft so unpassend Wilde (Indios bravos) nennt,
die Einbildungskraft dazu an, aus der eng begrenzten Räumlichkeit

der Gegenwart zu einer geheimnißvollen Vergangenheit, zu der Zeit aufzusteigen, wo ein großer Theil des Menschengeschlechts, der jetzt sich einer hohen Blüthe der Cultur, in Wissenschaft und bildender Kunst, erfreut, in eben solcher Rohheit der Sitte lebte. Wie oft habe ich selbst die lebendigste Anregung zu diesen Betrachtungen erfahren auf einer Flußschifffahrt von mehr als 380 deutschen Meilen in den Wildnissen des Orinoco, südlich von den Cataracten von Atures, auf dem Atabapo, Cassiquiare und Rio Negro! Aber auch in den Zuständen der Ungesittung erkennt man hier und da mit Erstaunen einzelne Spuren des Erwachens selbstthätiger Geisteskraft; man erkennt sie in dem gleichzeitigen, den Verkehr zwischen nahen Stämmen erleichternden Besitze mehrerer Sprachen; „in Ahnungen von einer überirdischen, furcht- oder freudebringenden Zukunft; in traditionellen Sagen, die kühn bis zur Entstehung des Menschen und seines Wohnsitzes aufsteigen."

Die Horden, welche zwischen Neu-Mexiko und dem Rio Gila leben, ziehen aus örtlichen Ursachen noch darum die Aufmerksamkeit auf sich, weil sie auf der Straße der großen Völkerzüge zerstreut sind, die, von Norden gegen Süden gerichtet, vom sechsten bis zum zwölften Jahrhundert unter den Namen der Tolteken, der Chichimeken, der Nahuatlaken und der Azteken das südliche tropische Mexiko durchwandert und theilweise bevölkert haben. Bauwerke und Reste des Kunstfleißes dieser, zu einer Art höherer Cultur gelangten, Nationen sind übrig geblieben. Man bezeichnet noch, durch alte Traditionen und historische Malereien geleitet, die verschiedenen Stationen, d. h. das Verweilen der Azteken am Rio Gila und an mehreren süd-süd-östlichen Punkten. Es sind dieselben in meinem mexikanischen Atlas angegeben, und die 1846 vom Ingenieur-Lieutenant W. Abert und später von Möllhausen gesehene, vielstöckige Bauart großer Familienhäuser (Casas grandes), zu denen man durch, nächtlich eingezogene, Leitern aufstieg, bietet noch jetzt Analogien der Construction bei einzelnen Stämmen.

Da die übrig gebliebenen, zum Theil gigantesken Sculpturen, wie die Unzahl religiöser und historischer Malereien der pyramidenbauenden, der Jahrescyclen kundigen Tolteken und Azteken sehr übereinstimmend menschliche Gestalten darstellen, deren physiognomischer Charakter besonders in Hinsicht der Stirn und der außerordentlich großen, weit hervortretenden Habichtsnasen von der Bildung der jetzt Mexiko, Guatemala und Nicaragua in der Zahl vieler Millionen bewohnenden, ackerbautreibenden Eingeborenen abweicht: so ist von gro-

ßer ethnographischer Wichtigkeit die Lösung des, schon von dem geist=
reichen Catlin behandelten, Problems, ob und wo unter den nörd=
lichen Stämmen sich Gestalten und Gesichtsbildungen finden lassen,
die nicht blos als Individuen, sondern raçenweise mit den älteren
monumentalen übereinstimmen. Sollten nicht bei der amerikanischen
nord=südlichen Völkerwanderung, wie bei der asiatischen ost=westlichen,
zu welcher der Anfall der Hiungnu auf die blonden Yueti und
Usün den frühesten Anstoß gab, nördlich vom Gila, wie dort im
Caucasus (auf dem pontischen Isthmus), einzelne Stämme zurückge=
blieben sein? Alles, was in dem Neuen Continent mit den gewagten
Vermuthungen über die Quelle eines gewissen Grades erlangter Civi=
lisation, was mit den Ursitzen der wandernden Völker (Huehuet=
lapallan, Aztlan und Quivira) zusammenhängt, fällt bisher
wie in den Abgrund der historischen Mythen. Unglaube an eine be=
friedigende Lösung des Problems bei dem bisherigen noch so bedauerns=
würdigen Mangel von Materialien, darf aber nicht dem fortgesetzten
Bestreben nach muthiger Forschung Schranken setzen. Die Frage
nach solchen Ueberbleibseln der wandernden Völker im Norden findet
in Catlin's auf dem Berliner Museum aufbewahrten Oelbildern
wie in Möllhausen's Zeichnungen mannichfaltige Befriedigung.
Auch hat sie eine werthvolle Arbeit auf dem Felde der Sprachen ver=
anlaßt, welche die Spuren des Azteken=Idioms (nahuatl) auf der
Westseite des nördlichen Amerika's verfolgt. Professor Buschmann,
mein talentvoller, vieljähriger Freund, hat in einem von ihm unter=
nommenen Werke einige vor einem halben Jahrhundert von mir
geäußerte Ueberzeugungen bekräftigt und in Arbeiten, die er gemein=
schaftlich einst mit meinem Bruder, Wilhelm von Humboldt,
unternommen, seine tiefen Kenntnisse der alten Azteken=Sprache histo=
risch nutzbar gemacht.

Neben dem ethnologischen und historischen Interesse, das
sich an den so wenig bekannten Erdraum knüpft, dessen genauere Be=
schreibung der Gegenstand der nachfolgenden Blätter ist, tritt in glei=
chem Maße anregend hervor das politische Interesse des allge=
meinen Weltverkehrs, wie der Culturverhältnisse des Bodens,
welche durch jenen Verkehr mittelbar begünstigt werden. Die reichen
atlantischen Staaten, die am Ohio und Mississippi, füh=
len sich durch den Lauf der Begebenheiten gedrängt, die geeignetsten
Wege nach den neu errungenen und in den mächtigen nordameri=
kanischen Staatenbund aufgenommenen Küstenländern des
Stillen Meeres zu finden. Diese Küstenländer sind reicher, als

das Europa gegenüberliegende östliche Littoral, mit sicheren und schö=
nen Häfen, mit Schiffsbauholz und dem gesuchtesten aller Mineral=
producte versehen. Die neue Heimath, lange von Mönchen, streng
aber frieblich, regiert, und dem einträglichen Fischotter=Fange geöffnet,
ist durch ihre natürlichen Verhältnisse und in den Händen einer rast=
los thätigen, unternehmenden, intelligenten Bevölkerung berufen, eine
wichtige Rolle in dem chinesischen, japanischen und langsam aufkei=
menden ost=sibirischen Handel zu spielen.

Wenn zu der Zeit der zweiten Entdeckung von Amerika durch
Christoph Columbus Ackerbau, bürgerliche und staatliche Einrichtun=
gen, weite Verbreitung derselben Form des religiösen Cultus: wenn
Verkehr, durch Kunststraßen über hohe Gebirge befördert: monumen=
tale Sculpturen, wie große Bauwerke (Tempel, Treppen=Pyramiden,
Wohnungen der Fürsten und Befestigungsmittel) sich vom mexikani=
schen Anahuac bis Chili allein Asien gegenüber, im westlichen
Theile des Neuen Continents, fanden: so war der vielfach größere,
verhältnißmäßig flächere, von Flußnetzen durchzogene, östliche Theil
ein Sitz der Wildheit, von Volksstämmen bewohnt, welche, vereinzelt,
selten in Conföderationen zu kriegerischen gemeinsamen Unternehmun=
gen verbunden, sich fast allein vom Jagdleben und Fischfange ernähr=
ten. Dieser sonderbare alte, nach den Weltgegenden zu bezeichnende
Contrast der Cultur und Uncultur begann aufgehoben zu werden,
seitdem in zwei, durch ein halbes Jahrtausend getrennten Epochen,
von dem nördlichsten und südlichsten Theile Europa's aus, das große
oceanische Thal überschritten wurde, welches zwei Continente scheidet.
Die erste, scandinavisch=isländische Ansiedelung, veranlaßt von Leif,
dem Sohne Erik's des Rothen, war schwach, von vorübergehender
Art und sittlich fruchtlos gewesen, ohne alle Einwirkung auf den Zu=
stand der Eingeborenen, obgleich die amerikanischen Küsten in der
kalten und gemäßigten Zone vom dreiundsiebzigsten Grade
(von der kleinen Gruppe der westgrönländischen Weiber=Inseln)
bis zu 41½° der Breite von kühnen christlichen Seefahrern besucht
wurden.

Erst zu der Zeit der zweiten Entdeckung von Amerika, durch
Christoph Columbus, der Entdeckung innerhalb der tropischen Zone,
hat sich recht eigentlich eine Erdhälfte der anderen zu offenbaren an=
gefangen. Des Astronomen und Arztes Toscanelli alte Verheißung:
buscar el levante por el poniente, den goldreichen Orient durch
eine Schifffahrt nach Westen aufzufinden, wurde erfüllt. Steigt
man in der Erinnerung zu den Weltaltern hinauf, in welchen den

Culturvölkern, die das Becken des Mittelmeeres umwohnten, durch die Gründung von Tartessus und die wichtige Irrfahrt des Coläus von Samos die gadeirische Pforte, die mittelländische Meerenge, geöffnet wurde: so erkennt man in derselben ostwestlichen Richtung ein unausgesetztes Streben atlantischer Seefahrer nach der jenseitigen Ferne. Die weltgeschichtlichen Begebenheiten, in denen sich ein großer Theil der Menschheit von einer gewissen Gleichmäßigkeit der Tendenz belebt zeigt, bereiten Großes langsam und allmälig, aber um so sicherer, vor; sie entwickeln sich aus einander nach ewigen Gesetzen; ganz wie die, welche walten in der organischen Natur.

Obgleich die Südsee erst sieben Jahre nach dem Tode des Christoph Columbus von dem Gipfel der Sierra de Quarequa auf dem Isthmus von Panama durch Vasco Nuñez de Balboa gesehen, und wenige Tage darauf in einem Canot von Alonzo Martin de Don Benito beschifft wurde, so hatte doch schon Columbus im Jahre 1502, also eilf Jahre vor Balboa, auf der vierten Reise, in welcher er am meisten die Thatkraft seines Geistes erwiesen, im Puerto de Retrete an der Ostküste Veragua's eine genaue Kenntniß von der Existenz der Südsee erhalten. Er bezeichnet in der Carta rarissima vom 7. Julius 1503, in dem Briefe, in welchem er so poetisch seinen großartigen Wundertraum beschreibt, auf das Deutlichste die zwei einander gegenüberliegenden Meere oder, wie der Sohn in der Lebensbeschreibung des Vaters sagt, die „gesuchte Verengung (estrecho) des Festlandes." Dieser ihm durch die Eingeborenen offenbarte Ocean sollte nach seiner Meinung ihn führen nach dem Gold-Chersones des Ptolemäus, nach dem ost-asiatischen Gewürzlande; dahin, wo einst in großer Zahl, durch Chronometer geleitet, nordamerikanische, in San Francisco gebaute Schiffe segeln werden. Zu einer Zeit, wo Entwürfe zu riesenhaftem Bau sowohl von Eisenbahnen (die geradlinige Entfernung der atlantischen Küste zu der Küste von San Francisco in Californien ist ohngefähr 550 deutsche Meilen), als von oceanischen Canälen: durch den Raipi und Cupica, durch den Atrato und Rio Truando, durch den Huasacualco und den Chimalapa, durch den Rio de San Juan und den See Nicaragua, auf das Lebhafteste den Menschengeist beschäftigen, gedenkt man gern an den ersten kleinen Anfang der Kenntniß vom Stillen Meere, an das, was Columbus auf seinem Todtenbette davon wissen konnte. Der große, schon von seinen Zeitgenossen, wie ich an einem anderen Orte erwiesen, halb vergessene Mann, starb in Valladolid den 20. Mai 1506 in dem festen Glauben, welchen auch noch Amerigo Vespucci bis zu seinem Tode in Sevilla (am 22. Februar 1522) theilte, nur Küsten des Continents von Asien und keines neuen Welttheils entdeckt zu haben. Columbus hielt das Meer, welches den westlichen Theil von Beragua bespült, für dem Gold-Chersones so nahe, daß er das Lagenverhältniß der Provinz Ciguare in West-Beragua zum Puerto Retrete (Puerto Escrivanos) verglich mit dem von „Benedig zu Pisa, oder von Tortosa an der Mündung des Ebro zu Fuenterabia an der Bidassoa in Biscaya;" auch rechnete er von Ci= guare bis zum Ganges (Gangues) nur 9 Tagereisen. Sehr beachtungswerth scheint mir dazu noch der Umstand, daß heutiges Tages der Goldreichthum (las minas de la Aurea), welchen die Carta rarissima des Columbus in den östlichen Theil Asiens setzt, in Californien, an der Westküste des Neuen Continents, zu fin= den ist.

Eine übersichtliche Schilderung dieser Contraste zwischen der Jetzt= und Vorzeit, wie des großen Gewinnes, welchen verständige Durch= forschungen der Terra incognita des fernen Westens in dem Gebiete der Vereinigten Staaten der allgemeinen Länderkenntniß noch für viele Jahrzehente werden darbieten können, ist der Hauptzweck dieses Vorwortes gewesen. Es bleibt mir am Schlusse desselben noch die angenehme Pflicht zu erfüllen übrig, den Leser daran zu erinnern, daß der Verfasser des nachfolgenden Reiseberichtes vom Mississippi und Arkansas zu den Ufern des Stillen Meeres den Vortheil gehabt hat, durch eine frühere Reise nach dem Nebraska=Flusse an das Leben unter Indianer=Stämmen lange gewöhnt zu sein. Nach= dem er, der Sohn eines preußischen Artillerie=Officiers, den Militair= dienst im Vaterlande mit belobenden Zeugnissen seiner Oberen ver= lassen, ging er, kaum 24 Jahre alt, nach dem westlichen Theile der Vereinigten Staaten: unabhängig, allein; unwiderstehlich getrieben (wie es bei strebsamen und kräftigen Gemüthern vorzugsweise der Fall ist) von einem unbestimmten Hang nach der Ferne, nach dem Anblick einer wilden, freien Natur. Nahe bei den Ufern des Mississippi er= hielt er Kunde von dem schönen, vielversprechenden naturhistorischen Unternehmen, das Sr. K. H. der Herzog Paul Wilhelm von Württemberg nach dem Felsengebirge (den Rocky Mountains) eben vorbereitete. Der junge Mann bat um die Erlaubniß, sich die= sem Unternehmen anschließen zu dürfen, und erhielt sie auf eine edle, wohlwollende Weise. Die Expedition gelangte ohne Unfall bis in die Gegend des Forts Laramie am Platte=Fluß, als große Un= wegsamkeit des Bodens, ein furchtbarer, allgemeines Augenübel erre=

gender Schneefall, wiederholte Raubanfälle der Eingeborenen und das Absterben der so nothwendigen Pferde den Herzog für jetzt zum Aufgeben des Unternehmens nöthigten. Von diesem getrennt, aber sich anschließend vorbeiziehenden Ottoe=Indianern, die ihn mit einem Pferde versahen, wandte sich Herr Möllhausen nun nördlicher nach Bellevue, dermalen dem Sitze einer Agentur und Niederlage des Pelzhandels. Nach einem dreimonatlichen Aufenthalte und thätigen Jagdleben bei den Omahas schiffte er den Missisippi herab und hatte die Freude, wieder mit dem Herzog Paul Wilhelm von Württemberg zusammenzutreffen und in mehrfachen Excursionen an der Vermehrung der wichtigen zoologischen Sammlungen dieses Fürsten mit zu arbeiten. Im Jahre 1852 schiffte er sich in New-Orleans nach Europa ein, von dem verdienstvollen preußischen Consul, Herrn Angelrodt, in St. Louis an der Mündung des Missouri, beauftragt, während der Reise für die glückliche Ueberkunft einer Zahl interessanter, dem Berliner zoologischen Garten bestimmter Thiere einige Sorge zu tragen.

Der muthigste Entschluß, mit vermehrten Kenntnissen und vermehrter künstlerischer Ausbildung, wenn gleich mit sehr beschränkten Mitteln, eine zweite Excursion nach dem Westen der nordamerikanischen Freistaaten zu wagen, stand bei Herrn Möllhausen fest. Meinem innigen und vieljährigen Freunde, dem Geh. Medicinalrath und Professor Lichtenstein, verdanke ich die Bekanntschaft des jungen Reisenden. Wie sollte ich, vielleicht der älteste unter den Reisenden dieses Jahrhunderts, der ich mich in frühester Jugend von ähnlicher, unbestimmter Wanderungslust gedrängt fühlte, nicht Interesse für den mir so warm Empfohlenen gewonnen haben? Die Huld des hochherzigen, jedem aufkeimenden Talente gern hülfreichen Monarchen gestattete es, daß Balduin Möllhausen seine sehr ausgezeichneten, physiognomisch wahren Reiseskizzen aus dem Leben der Indianer Ihm persönlich vorlegen durfte. Bei dem wachsenden Wohlwollen, dessen meine Arbeiten und Bestrebungen sich in den Vereinigten Staaten von Nordamerika zu erfreuen haben, bei den edlen Aufopferungen, welche so viele der einzelnen Regierungen dort zur Beförderung des freien geistigen Fortschrittes, besonders in allen Theilen des astronomischen, geographischen und naturhistorischen Wissens machen, durfte ich hoffen, daß Empfehlungen von mir, vereint mit denen eines anderen mir theuren Freundes, des preußischen Gesandten, Herrn von Gerolt, dem Zurückkehrenden bei den obersten Behörden und bei der edeln Smithsonian Institution von

erfprießlichem Nutzen fein würden. Unsere Hoffnungen find bald erfüllt worden. Herr Möllhaufen hat felbft im Eingange zu dem
Reiseberichte feine Anstellung als Topograph und Zeichner bei
der, auch wissenschaftlich wohl ausgerüfteten, Expedition des Lieutenant
Whipple erzählt.

Trotz der Mühseligkeiten, die von einem, blos auf dem Landwege eilf Monate dauernden, ernsten Unternehmen unzertrennlich find,
hat der Reisende doch während desselben mehrmals Abhandlungen an
die geographische Gesellschaft zu Berlin gesandt, unter denen zwei
von allgemeinem Interesse waren. Die eine Abhandlung betraf die
Sitten und die Verschiedenheit des Körperbaues der am Großen Colorado und im nahen Gebirge lebenden, wenig bekannten Indianer-
ftämme: der Mohawes, Cutchanas und Cosninos; die andere
den sogenannten versteinerten Urwald zwischen der „alten Stadt"
(Pueblo de Zuñi) und dem Kleinen Colorado. Dieses merkwürdige Phänomen, in welchem Coniferen mit einigen baumartigen
Farren vereinigt find, ist auch von dem Geologen der Expedition,
Herrn Jules Marcou, jetzt Professor an der föderalen polytech-
nischen Schule zu Zürich, in seiner so überaus lehrreichen „allgemeinen Orographie von Canada und den Vereinigten nordamerikanischen
Staaten" beschrieben worden. Der nachfolgende Reisebericht hat
durch wissenschaftliche Auszüge aus den gelehrten, bereits gedruckten
Arbeiten des Herrn Marcou bereichert werden können. Der Zweck
der großen Expedition unter den Befehlen des Lieutenant Whipple
ward glücklich erreicht am 23. März 1854 durch die Ankunft an der
Küste der Südsee bei dem Hafen San Pedro, nördlich von dem californischen Missionsdorfe San Diego. Die schnelle Rückreise ging
von San Francisco über den Isthmus von Panama nach New-York,
so daß Herr Möllhaufen nach einer Abwesenheit von einem Jahre
und fünf Monaten mit seinen Sammlungen aus dem Far West
und einer großen Zahl interessanter, im Angesicht der Naturscenen
sinnig aufgefaßter, malerischer Entwürfe, in Berlin ankam. Diese
Studien hatten sich wieder des aufmunterndsten Beifalles und der
huldreichen Anerkennung des Königs zu erfreuen. Sr. Majestät
hatten die Gnade, zu beschließen, den jungen Reisenden in Ihre
Dienste zu nehmen und als Custos der Bibliotheken in den
Schlössern von Potsdam und der Umgebung anzustellen.
Seine lebensfrischen Schilderungen der wilden Natur in der Man-
nichfaltigkeit ihrer Gestaltungen, des Zustandes der Uncultur einge-
borener Stämme und der Sitten der Thierarten, erinnern daran,

wie in empfänglichen Gemüthern tiefe Gefühle die Sprache veredeln. Was Balduin Möllhausen in einem so vielbewegten Leben, unter mannichfaltigen Entbehrungen, doch Ersatz gewährenden Naturfreuden erfahren, ist für seine geistige Ausbildung nicht verloren gegangen; denn, wie Schiller in so schöner Einfachheit sagt, „der Mensch wächst mit seinen Zwecken."

Berlin, im Monat März 1857.

Inhalt.

16

I.

Auf dem Mississippi. — Fort Napoleon. — Arkansas River. — Ufer des Arkansas. — Little Rock. — Van Buren.

Wer jemals auf einem der riesenhaften, dabei aber in gleichem Maße prächtig und bequem eingerichteten Mississippidampfer diesen Strom hinuntergefahren ist und Tage lang kein anderes Geräusch vernommen hat als das gleichmäßige Arbeiten der Maschinen, das zeitweise Rasseln der Tafelzurüstungen, und das betäubende Geläute der Tischglocke, mit welcher ein Neger in grinsender Freude über seine Virtuosität auf diesem klangvollen Instrumente zu den verschiedenen Mahlzeiten ruft; wer sich sodann nach schneller Befriedigung des Appetits durch noch schnellere Wahl unter den dicht gedrängten Schüsseln auf die geräumige Gallerie begeben und dort inmitten seiner schweigsamen Gefährten die Erfahrung gemacht hat, daß man sich nirgend und unter keinerlei Verhältnissen mehr vereinsamt fühlen kann, als in der Reisegesellschaft auf Flüssen: wer also in dieser Weise auf sich selbst und seine Beobachtungen angewiesen den Mississippi hinuntergefahren ist, in dem regte sich auch sicherlich oftmals ein lebhaftes Verlangen, in das Geheimniß der dunklen Wälder eindringen zu können, die wie das lebendigste und bilderreichste Panorama zu beiden Ufern seinen Weg begleiten; bald einer Schonung nicht unähnlich als niederes Holz, bald als der eigentliche mächtige Urwald, über welchen wieder einzelne Hickory (Iuglans tomentosa *Mich.*) und Syfomoren (Platanus occidentalis *Willd.*) von der erstaunlichen Höhe, wie sie nur die Neue Welt kennt, emporragen. Doch unaufhaltsam wird man weiter getragen, und — während der Blick noch entzückt an einer malerischen Gruppe im dichten Walde, mit seinen weitverzweigt über den Strom schattenden Weiden (Cottonwood — Populus angulata) oder den zahlreichen Inseln und Inselchen haftet, die dem Mississippi, troß der Niedrigkeit seines Thales unterhalb St. Louis, eine so überaus anziehende Abwechselung verleihen, gleitet man schnell an der Mündung eines Nebenflüßchens vorbei, an der ein einsames Blockhaus aus dem bergenden Gebüsch

herausschimmert, neue Aufmerksamkeit erheischt und nach einem flüchtig ge=
botenen Anblick bereits wieder weit hinter dem schnaubenden Dampfer zurück=
geblieben ist. Man ist überhaupt oft in Versuchung, dem hölzernen Bau
eine Art neidischer Eigenwilligkeit beizumessen, mit solcher Absichtlichkeit scheint
er förmlich einzelnen schönen Punkten aus dem Wege zu gehen, indem er
theilnahmlos den Windungen des Hauptcanals folgt, bald das eine oder
das andere Ufer sucht, bald zwischen beiden die Mitte hält, ohne sich im
entferntesten um schöne Aussichten und malerische Gruppen zu kümmern.
Ebenso wenig stören ihn in seinem Gange die Flöße des Treibholzes, die
langsam vor ihm hintreiben und die er jeden Augenblick einholt. Prasselnd
zieht der Dampf durch den Schlot, schnaubend und stöhnend jagt er die
trägen Schwimmer aus einander oder verfolgt über dieselben hinweg ruhig
seine Straße, gleich als ob ihm schon von seinen Baumeistern genug Verstand
mitgetheilt worden sei, um zu wissen, daß der vortheilhafteste Weg der ist,
welcher über die Schultern der Anderen führt und am wenigsten Zeit er=
fordert, die ja nach amerikanischer Geschäftsweisheit nicht allein Geld, son=
dern sogar besser ist als solches.

Dieses sind die beiden Hauptlehren für einen großen Theil des ameri=
kanischen Verkehrlebens, sie drehen sich um die gemeinsame Axe des „Geld=
machens," dieses beständigen Leiters und Begleiters für jeden ächten Ge=
schäftsmann, der, mag er thun und treiben was er wolle, doch nie die
kleine Frage außer Augen läßt, was er dabei wohl verdienen könne. Man
braucht sich nur auf dem Deck des Dampfbootes umzuschauen, um die Rich=
tigkeit solcher Behauptung einzusehen. Was geht in der Seele jenes jungen
Mannes vor, der, den Kopf und Rücken auf zwei neben einander gestellten
Stühlen wiegend, die Füße hoch über die Gallerie hinausgestreckt, seine
Blicke anscheinend so träumerisch und tiefversunken bald auf den herrlichen
Wäldern, bald auf dem prächtigen Strom haften läßt? Die eben beschrie=
bene Stellung, obgleich zu solchem Zweck etwas eigenthümlich gewählt,
würde ihrem Inhaber dennoch erlauben, sich nach Herzenslust an den Schön=
heiten der Natur zu erfreuen; aber, welch ein Irrthum! — der junge Mann
berechnet eben, wie viel Pferdekraft wohl die Wassermassen vor ihm bieten
würden, um in einem so und so hohen Sturz bei Anlage einer ungeheuren
Wassermühle die Dampfmaschine zu ersetzen; und wie viel wohl dieser ganze
herrliche Wald, zu Brennholz geschlagen, auf dem Markte zu New=York
werth sein würde! Dieser junge Mann repräsentirt die ganze eben zur
Selbstständigkeit gelangte amerikanische Jugend, die überall Wege finden
will, mit möglichst wenigem Zeitaufwande möglichst große Reichthümer zu
erlangen. Der ernste speculirende Mann dagegen wendet sein Auge ab
von Gegenständen, die ihm keinen Vortheil bringen, sondern höchstens nur
ihn zerstreuen können, wiegt sich nachlässig auf seinem Stuhle hin und her,
kaut seinen Tabak, schnitzt anscheinend gedankenlos und müßig an einem
Stückchen Holz, und fährt, sobald dasselbe verschnitzt ist, rücksichtslos an der
Stuhllehne fort. Er denkt dabei aber weder an Tabak noch an Stuhllehne,

sondern nur an die vielen Hunderte und Tausende, die ihm dieses oder jenes Geschäft einbringen könnte, und die Beschäftigung, der er sich auf eine anscheinend so emsige Weise hingegeben hat, dient einzig nur dazu, seinen Blick den Augen der mit ihm handelnden Gefährten zu entziehen, damit auch nicht durch die kleinste Bewegung seine Gefühle sich verrathen und nachtheilig auf einen vortheilhaften Handel einwirken können.

Dieser bei einem großen Theile der Nation fast gänzliche Mangel an Sinn für die Schönheiten der Natur ist dem Europäer ebenso unbegreiflich, wie dem Amerikaner die laute Begeisterung der Europäer bei einem derartigen erhabenen Anblicke spaßhaft dünkt. Wer übrigens durchaus wünscht, diesen oder jenen reizenden Punkt genauer in Augenschein zu nehmen, oder im Schatten der dunklen Ufer zu lustwandeln, dem steht es frei, sich an einer beliebigen Stelle an's Land setzen zu lassen, da die Mississippidampfer einen so geringen Tiefgang haben, daß sie überall an's Ufer zu stoßen vermögen; aber gewartet wird auf Niemand, das Boot setzt seinen Weg ruhig fort und überläßt den Naturbewunderer seinem Entzücken und dem demnächstigen Erwachen zu einer Wirklichkeit, der das Rascheln einer flüchtigen Schlange und der leise Gesang der Mosquito-Schwärme alle Poesie zu benehmen im Stande ist. Selbst da, wo Holz eingenommen wird, hat der das letzte Stück herantragende Arbeiter oft einen kühnen Sprung zu wagen, um noch den Dampfer zu erreichen, der sich in seiner Ungeduld bereits wieder in Bewegung setzte. Es ist daher sehr rathsam, etwaige Forschungen auf einer solchen Reise nicht zu weit ausdehnen und zu genau anstellen zu wollen, sondern mit demjenigen zufrieden zu sein, was man vom Schiffe aus mit den Blicken erreichen kann, wenn es gleich zuweilen schwer fallen mag, sich von einem schönen Punkte so schnell wieder trennen zu müssen.

Hat der hölzerne Renner in dieser Weise die Stelle erreicht, wo der Arkansas sein röthlich gefärbtes Wasser dem Mississippi als treuen Begleiter bis an den Golf von Mexico übergiebt, so scheidet der Reisende, der den fernen Westen aufsuchen will, unbeschwerten Herzens, aber auch ohne schwere Herzen zu hinterlassen, von seiner bisherigen Reisegesellschaft, um auf dem Arkansas sein viele hundert Meilen entferntes Ziel weiter zu verfolgen. Einige abgedankte alte Dampfer bilden nicht nur die Landungsplätze bei dem an der Mündung dieses Flusses gelegenen Städtchen Fort Napoleon, sondern dienen zugleich auch als Waarenhäuser und Gasthöfe. Die Güter werden in aller Eile hinübergeschafft, die Reisenden springen nach, der Steuermann zieht von seinem Thurme herab an den verschiedenen Klingelzügen, die zwischen ihm und den Maschinisten vermitteln, die Signalglocke ertönt, die Räder beginnen, das eine rechts das andere links herum zu arbeiten, das Boot neigt sich auf die Seite, beschreibt einen durch weißen Schaum bezeichneten Bogen, und eilt stolz und majestätisch seiner Endstation New-Orleans zu, ohne eine andere Spur hinter sich zu lassen, als das zu hohen Wellen aufgewühlte Wasser, das geraume Zeit gebraucht, um sich wieder zu beruhigen.

1 *

Das flach gelegene Fort Napoleon hat einer so wunderreichen Natur gegenüber für den Reisenden nichts Einladendes, und wehe ihm, wenn er in den heißen Sommermonaten gezwungen ist, in Fort Napoleon oder dessen Werftbooten einen längeren Aufenthalt zu nehmen. Dann ist die Hitze in dieser sumpfigen Gegend in hohem Grade unerträglich und die kühleren Abend- und Morgenstunden, die sich am ehesten für Spaziergänge und Geschäfte eigneten, muß man zur Ruhe verwenden, denn schwer ist es, während der Nacht die Augen zu einem wirklich erquickenden Schlummer zu schließen. Man sucht sein Lager, dessen Flornetz vor der leidigen Plage dieser Gegenden, den Mosquitos, Schutz gewähren soll; man hat der nächtlichen Kühle Thüren und Fenster geöffnet, ein leichter erquickender Hauch weht durch die Gemächer. Aber ach! auch ein Mosquito-Netz hat seine zwei Seiten, es schützt vor jenen grimmigen Blutsaugern, wehrt aber zu gleicher Zeit dem kühlenden Lüftchen und läßt es nicht bis an den schlaf-suchenden Müden gelangen; ungeduldig wälzt sich derselbe in der erstickenden Hitze des kleinen Raumes, in welchem er eingeschlossen ist, hin und her, bis er endlich, von Müdigkeit übermannt, auch wirklich die Augen zu einem leisen Halbschlummer schließt. Inzwischen ist aber der Mosquito auch nicht müssig gewesen: er hat sich das Netz rings durchforscht und die Möglichkeit entdeckt, durch eine etwas weitere Masche zu dem Menschen durchzuschlü-pfen, der ihm in dem freien Amerika die freie Passage versperren will. Er giebt dann durch eintönigen, bald leis und leiser verschwindenden, bald wieder in unmittelbarster Nähe des Ohres vernehmbaren Gesang seine quä-lende Gegenwart kund. Das Unheil vermehrt sich bald. Ein zweiter Mos-quito hat denselben Durchgang entdeckt, die Sache wird bekannter, und in kurzer Zeit sammelt sich im Inneren des Netzes ein ganzer wohlbesetzter Chor von blutgierigen Dilettanten an. Der Gemarterte sieht zähneknirschend die Unmöglichkeit ein, sich mit seinen Angreifern auf gütlichem oder gewalt-samen Wege auseinanderzusetzen, er schleudert das keinen Schutz gewährende Netz von sich und giebt sich ihnen ganz hin, um wenigstens die Kühle der Nacht genießen zu können. Am Morgen endlich erbarmt sich ein unruhiger Schlaf seiner Erschöpfung, er erwacht bei hoher Sonne, und hat für sein verschwollenes Gesicht wenigstens die Genugthuung, daß er an seinen Quälern, die in Folge des übermäßigen Genusses den rechtzeitigen Rückzug versäum-ten, seine üble Laune auslassen kann.

Es ist daher eine wonnige Nachricht für den harrenden Reisenden, wenn ihm die Abfahrtsstunde des kleinen Propellers angekündigt wird, der ihn in die fernen westlichen Gegenden bringen soll. Freilich hat er die eigentlichen Mosquito-Regionen noch zu durchreisen, doch halten die Schnel-ligkeit des kleinen Dampfers, der Tag und Nacht unausgesetzt seinem Ziele zueilt, und der dadurch auf demselben entstehende fortwährende bedeutende Luftzug das Boot von dergleichen Plagen frei.

Als ich am 12. Juni 1853 in Fort Napoleon landete, traf ich da-selbst mit mehreren Mitgliedern von Lieut. Whipple's Expedition zusam-

men, die ebenfalls auf Reisegelegenheit nach Fort Smith harrten. Natür=
lich schloß ich mich ihrer Gesellschaft an, doch mußten wir noch zwei Tage
warten, ehe der Capitain des Arkansas=Dampfbootes die Anzahl der gemel=
deten Passagiere groß genug fand, um ihretwegen die Fahrt anzutreten.
Am 15. Juni gelangten wir endlich gegen Abend in die Einmündung des
Arkansas und folgten nun diesem Flusse aufwärts gegen Westen. Der
Arkansas ist in mehr als einer Hinsicht interessant. Am überraschendsten
ist dem Reisenden die merkwürdige Schnelligkeit, mit welcher der Fluß sei=
nen Wasserstand wechselt. Man kann gestern noch die lehmigen Ufer weit
über den Spiegel emporragen gesehen haben und findet heute schon Alles
in vollkommen veränderter Gestalt wieder; das Wasser, welches eine dunk=
lere röthliche Farbe angenommen, netzt die Wurzeln und theilweise den
Stamm der den Strom einfassenden Bäume und schießt mit entfesselter
Gewalt dahin, indem es hier mächtige Haufen von Treibholz (snags) zu=
sammenträgt, dort derartige hölzerne Barricaden, an deren Aufbau er Jahre
lang zu arbeiten hatte, wieder zerreißt und weiter führt; hier einen abge=
storbenen Stamm, von dem man gestern wähnte, die Fluthen würden ihn
nie erreichen, gierig unterwühlt, dort einen bereits halb entwurzelten Baum
in gewaltigem Andrang umknickt, um ihn als eine Art Tribut dem Missis=
sippi zu übergeben. Doch nach kurzer Zeit schon deutet die Abnahme des
Treibholzes auf das Zurücktreten und Sinken der Gewässer. Die Ufer
tauchen wieder empor und nach Verlauf weniger Stunden bedarf das Boot
einer vorsichtigen Hand, um zahlreiche Untiefen und jene so gefährlichen
Holzklippen vermeiden zu können, die, unter der Oberfläche verborgen, nur
durch die Wirbel und Strudel in ihrer Nähe die drohende Gefahr ver=
rathen.

Von seiner Mündung bis nach Little Rock, der Hauptstadt des Staa=
tes Arkansas, haben die Ufer des Stromes, der diesem Staate den Namen
gegeben hat, durchgängig denselben imposanten Charakter. Auf dieser
Strecke von ungefähr 80 deutschen Meilen ist der Urwald in seiner ganzen
Ueppigkeit und Pracht, mit allen seinen Wundern und allen den Schauern,
die der Reisende aus den Beschreibungen eines Cooper und Irving ahnt,
der beständige Begleiter des Arkansas=Flusses.

Es giebt keine Feder, die dieses wunderbare, seit Jahrtausenden noch
unberührte Werk einer üppig verschwenderischen Schöpfung in seiner erha=
benen Ruhe und großartigen Majestät würdig genug zu beschreiben im
Stande wäre. Wer vermöchte allein die Legionen von Gräsern und Kräu=
tern, von Sträuchern und Schlinggewächsen aufzuzählen, deren farbige Blü=
thenpracht ohne Wahl und im buntesten Durcheinander vor dem entzückten
Auge flimmert? Wer könnte alle die verschiedenen Baumarten namhaft
machen, die sich hier familienweise zusammendrängen, und deren mannig=
faltiges, vom hellsten bis zum tiefdunkeln Grün absteigendes Laub, dem
Walde die prachtvollste und vollständigste aller Schattirungen malerisch ver=
leiht? Alte graubemooste, vielleicht tausendjährige Stämme heben ihre weit

überdachenden Kronen hoch über das undurchdringliche Unterholz, so stolz, so frisch und jugendgrün wie ihre schlanken Nachkommen, die erst unlängst aus ihrem Saamen emporsproßten und unter dem Schutz ihrer ehrwürdigen Erzeuger auch bereits zu ansehnlicher Höhe aufstiegen.

Die ersten Ansiedler scheuten sich vor dieser fast undurchdringlichen Wildniß, vermieden thierreiche Waldung und Moorboden, und selten nur verräth eine kleine Klärung die Anwesenheit oder Nachbarschaft von Menschen; der Schall der Axt ist hier eben so selten wie das Stöhnen des Dampfers, und Neugierde nimmt hier noch die Stelle der Furcht ein. Der Hirsch sieht verwunderungsvoll und ohne zu entfliehen, den großen Ruhestörer an sich vorüberschwimmen, der Papagei klettert plaudernd von Zweig zu Zweig, der Truthahn reckt seinen blauen Kopf durch das Laub, um eine bessere Aussicht auf ein so neues Schauspiel genießen zu können, und der sich im Wasser abkühlende schwarze Bär richtet sich auf die Hinterfüße auf, mißtrauisch bald nach dem schwimmenden Ungethüm, bald nach dem zurückbleibenden langen Rauchstreifen hinüberschauend. Die hohen Wellen, die ihn endlich erreichen, stören ihn in seinem Sinnen, er schüttelt seinen zottigen Pelz und trabt verdrossen brummend ins Dickicht. Der Ansiedler des Westens fühlte sich bewogen, diese furchtbar prächtige Natur einstweilen noch hinter sich liegen zu lassen, um sich erst dort, wo ihm die Felsen (¹), denen er jenseits des Waldes begegnete, ein Ansteigen des Landes bekundeten, eine neue Heimath zu begründen. Dort fällte er den Baum zu seinem Blockhause; dort riß er den Schooß der Erde auf, um die Triebkraft eines üppigen Bodens, der bisher nur gleichsam seiner eigenen Laune gehorcht hatte, von nun an auf bestimmte Producte anzuweisen, wie sie der Nutzen und das Bedürfniß des neuen Herrn erheischte; dort sprengte und meißelte er später die Steine zum Gouvernementshause, nachdem das Territorium von Arkansas, durch alle Vortheile der Natur und der Verhältnisse begünstigt, zu einer hinreichenden Bevölkerung und Blüthe gelangt war, um sich als neuer Staat in die Union aufnehmen zu lassen.

Einen nicht geringen Theil seines schnellen Aufschwunges verdankt Little Rock den heißen schwefelhaltigen Quellen, die südlich von diesem Ort entdeckt wurden, und über deren fast fabelhafte Heilkraft bald in allen Zeitungen die abenteuerlichsten und übertriebensten Berichte zu lesen waren. In großer Zahl langten auch bald aus allen Theilen der Union Lahme, Blinde und Sieche an, welche die hier so liberal versprochene Genesung suchten und, weniger durch Verdienst irgend eines improvisirten Heilkünstlers als durch die Gunst des gesunden Klimas und durch die Wohlthätigkeit der Wasser, auch theilweise wirklich fanden. Selbst Kranke sind willkommen, um den Ruf einer neu angelegten Stadt begründen, neue Colonisten anziehen und den Werth des Grundbesitzes vervielfachen zu helfen.

Auf diese Weise breitet sich die Civilisation mehr und mehr nach Westen hin aus und bemüht sich die Reichthümer des Landes kennen zu lernen, die sie einstweilen noch unbenutzt liegen lassen muß, bis die Zeit einer lohnenden Ausbeute anhebt. Und wie lange wird es dauern, bis die unerschöpflichen, oberhalb Little Rock bei dem Berge Petit Jean ([2]) beginnenden Steinkohlenlager angebrochen, und die Locomotive heizen werden, welche in nicht so sehr ferner Zeit beide Weltmeere mit einander verbinden soll?

Dem Reisenden wird dann nur noch ein kurzer Blick auf die in geologischer Beziehung so interessanten Dardanel- und Bee-Rocks gestattet sein, an denen ihn jetzt das Dampfschiff mit so großer Eilfertigkeit vorüberträgt. Ersterer besteht aus einer mächtigen Sandstein-Niederlage von fünf Schichten, deren jede sechs Fuß in der Dicke mißt, und die in ihrer ursprünglichen Höhe nur bis zum Spiegel des Arkansas reichte. Durch eine Erderschütterung ist das Sandstein-Flöz an dieser Stelle gesprengt und in die Höhe getrieben worden. Während nun das westliche Ende desselben tief im Boden wurzelt, neigt sich das andere, einer gewaltigen Säule nicht unähnlich, in einem Winkel von 45 Grad gegen Osten. Auf seiner Kuppe, in einer Höhe von 75 Fuß, zeigt der Felsen die Ueberreste eines einstmals hohen Baumes, der von den Indianern auf ihren Kriegszügen als Wartthurm benutzt wurde.

Weiter aufwärts vom Dardanel-Rock folgen die Bee-Rocks (Bienen-Felsen), eine Reihe steilabschüssiger Wände, deren Ritzen und Gangklüfte vielleicht seit Jahrtausenden schon als Aufenthaltsort und Sammelplatz ungeheurer Schwärme wilder Bienen dienten, die auch der ganzen Felskette den Namen gaben. Wenige Meilen hinter den Bee-Rocks öffnet sich das Thal des Arkansas etwas, um die aufblühende Stadt Van Buren dem Reisenden vor Augen zu führen, einen Ort, der ebenso sehr durch seine Freundlichkeit, wie durch seine Einsamkeit in diesen wilden Regionen überrascht.

Vier Meilen aufwärts von Van Buren, bei dem auf dem rechten Ufer gelegenen Städtchen Fort Smith, tritt der Strom endlich aus dem Gebiete der Vereinigten Staaten hinaus und in das Indianer-Territorium ein. Das eigentliche Fort, unter dessen Schutze die gleichnamige Stadt gedieh, liegt bereits auf dem Gebiete der Choctaw-Indianer. Gleich oberhalb des Forts mündet der Poteau in den Arkansas, und verleiht der Ansiedelung nicht nur einen überaus reizenden Anblick, sondern auch, da dieselbe auf dem östlichen Winkel, den der kleinere Fluß mit dem Arkansas bildet, angelegt ist, eine sehr vortheilhafte Lage.

II.

Fort Smith. — Ausrüstung der Expedition. — Lagerleben bei Fort Smith. — Bill Spaniard. — Bändigen der Maulthiere.

In Fort Smith, das wie jede Stadt in Amerika kaum entstanden zu sein brauchte, um sofort auf Eisenbahnverbindungen zu sinnen, ward dieses Eisenbahnfieber im Sommer des Jahres 1853 auf seinen Höhepunkt gebracht, als in der Expedition unter dem Commando des Lieut. Whipple eine kleine Schaar von Leuten hier eintraf, die auf ein nicht geringeres Unternehmen auszog, als zwischen diesem Punkte und Pueblo de los Angeles am stillen Ocean eine Straße aufzufinden, auf welcher in Zukunft die schnaubende Locomotive furchtlos durch die Territorien der feindlichsten Indianer dringen, zwischen den beiden Weltmeeren vermitteln und die Goldminen Californiens näher bringen sollte.

Lange schon hatte man in allen westlichen Ansiedelungen die Anlage einer Eisenbahn nach dem stillen Ocean zum Gegenstand der Unterhaltung und sogar ernster Berathungen gemacht. Auch hatte keine der vielen kleinen Städte versäumt, in den Zeitungen die erschöpfendsten Beweise dafür beizubringen, daß der Weg schlechterdings durch ihre Marken zu legen sei, wenn man durch die Vortheile einer guten Steinkohle, eines sehr empfehlenswerthen Holzmaterials und eines sich durchaus gut eignenden Wassers unterstützt werden wolle. Seit geraumer Zeit waren Rathsversammlungen deshalb gehalten, Beschlüsse gefaßt, Deputationen von Colonie zu Colonie geschickt, die Ansichten mit Hartnäckigkeit verfochten und die Beweise nicht selten durch einiges Boxen bekräftigt worden, als endlich die Regierung der Vereinigten Staaten drei Expeditionen ausrüstete, die unter Leitung von Ingenieur-Officieren und mit angemessener militairischer Bedeckung auf verschiedenen Wegen das Land durchziehen und die günstigste Möglichkeit für die Anlage dieses Riesenwerkes aufsuchen sollten.

Die südlichste Expedition, zu der ich gehörte, hatte den 35. Grad nördlicher Breite zu verfolgen und ihre Arbeiten von Fort Smith aus zu beginnen. Endlich war man zu den geeignetsten Mitteln geschritten und hatte den Vorstellungen der kleinen Stadt Fort Smith, die berührt sein wollte, nachgegeben. Die Ausführer des ersehnten Unternehmens waren bereits in Gestalt von Geologen, Feldmessern, Botanikern, Astronomen und Zeichnern, zwölf Personen im Ganzen erschienen; sie waren da mit Sack und Pack, Wagen und Geschirren, Instrumenten und Provisionen, nur fehlte es noch zur großen Befriedigung der Einwohner an Maulthieren und

Arbeitern, zwei Artikeln, die sogleich mit der größten Bereitwilligkeit ange=
boten wurden, erstere gegen gute Bezahlung, letztere umsonst, und wo mög=
lich noch mit den besten Empfehlungen begleitet. Die Ansiedelung liegt
nämlich zu weit westlich, als daß sich ihr oft Gelegenheit darbieten sollte,
überflüssige Maulthiere und unbeschäftigte Arbeiter los zu werden.

Die Maulthiere in dortiger Gegend sind theurer als anderswo und
größtentheils noch ungebändigt, doch unentbehrlich zu einer Reise durch
die endlosen Steppen des Westens, da sie mit einem gedrungenen marki=
gen Bau die unverwüstlichste Ausdauer verbinden. Was die Arbeiter be=
trifft, so findet man dort unter dieser Menschenklasse nur handfeste, trotzige
Bursche, die, wenn sie gleich meist wild und von geringem moralischen
Werthe sind, rege Hand anzulegen verstehen, wenn es ihr eigenes Interesse
erfordert, Leute, welche die Gefahren einer solchen Reise erkennen und für
ihre und ihrer Gefährten Haut zu fechten wissen.

Der längere Aufenthalt, den die mannigfaltigen Vorbereitungen für
eine so langwierige Reise in Fort Smith nöthig machten, wurde von un=
serer jungen lebenslustigen Schaar dazu angewendet, an der Grenze der
Civilisation zu guterletzt noch einmal in vollem Maße alle die Freuden
und Annehmlichkeiten zu genießen, denen wir nun so bald und auf so lange
Zeit entsagen sollten. Die Einwohner des Städtchens fanden dadurch Ge=
legenheit, einerseits von ihren Gästen noch manchen pecuniären Vortheil zu
ziehen, andererseits sich auch als freundliche Wirthe zu zeigen, die allein
schon wegen ihrer Liebenswürdigkeit einen Bahnhof in ihrer Nähe zu haben
verdienten. Da sie überdies die Leute, die ihnen zu einer Eisenbahn ver=
helfen sollten, bei guter Laune und frischem Muth erhalten zu müssen glaub=
ten, so wurden wir mit Lobeserhebungen und Schmeicheleien überschüttet;
es wurden Bälle gegeben und Feste gefeiert, welchen Vergnügungen wir
uns mit aller Ausgelassenheit und Sorglosigkeit hingaben.

Bei einem Mr. Rogers, der früher Major in der Miliz gewesen
und jetzt als Gasthofsbesitzer und Hauptautorität in Fort Smith auf seinen
Lorbeeren ruht, hatten wir uns einquartirt, und fühlten uns unter dem
schattigen Dache des alten gemüthlichen Herrn für den Kostpreis von zwei
Dollar täglich für den Kopf überaus zufrieden und glücklich. Sobald der
Abend gekommen, und die tropische Hitze des Tages einer erquickenden
Kühle gewichen war, konnte man die Gesellschaft in der einfach und bequem
eingerichteten kühlen Trinkstube lachend und scherzend um den alten Herrn
versammelt sehen, der gern auf ihre Späße einging, von manchen harten
Scharmützeln erzählte, die er in früheren Tagen mit feindlichen Indianern
zu bestehen gehabt hatte, und der die jungen Leute wiederholt zur Energie
und Ausdauer in den ihnen bevorstehenden Arbeiten ermahnte. „Meine
Jungen (my boys)," sagte er, „Ihr habt eine lange und gefahrvolle
Reise vor Euch, aber seid unverdrossen! Ihr müßt durchaus eine geeignete
Straße für den Schienenweg nach Californien finden. Und wenn Ihr eine
solche gefunden habt, so vergeßt nicht, daß Ihr nicht ohne Freunde in Fort

Smith seid, die sich für Eure Mühe erkenntlich zeigen werden! Kommt dann nur hierher zurück, ich habe noch sehr viel Land übrig, das durch die Eisenbahn einen tausendfachen Werth erhält, und werde jedem von Euch in der Stadt einen Bauplatz schenken, den Ihr Euch selber aussuchen könnt, wenn Ihr Bürger unserer dann erst recht aufblühenden Stadt werden wollt."

Alle nahmen das wohlgemeinte Anerbieten des alten Herrn mit lautem Jubel entgegen, verpflichteten sich, einen Eisenbahnweg zu finden, und wenn sie über Legionen von Chimborasso's und Niagara's zu klettern und zu schwimmen hätten, tranken in ausgelassener Fröhlichkeit auf eine glückliche Reise, auf die Eisenbahn, auf Fort Smith, auf den alten Major, auf ihr neu erworbenes Bürgerthum, und wählten sich in ihrem Uebermuthe je nach ihren Neigungen und Eigenthümlichkeiten im Voraus ihre Baustellen aus. Ein junger Mann aus New = York speculirte gut, er ersah sich den Platz neben dem dereinstigen Bahnhofe, um in einer gut eingerichteten Restauration die zurückkehrenden Californier für testbares Erz und Goldstaub recht freundlich zu bewirthen; ein Franzose erkor sich einen nahe bei der Stadt gelegenen Hügel, der sich vorzüglich zum Weinbau eignete, und kelterte bereits in Gedanken Burgunder und Champagner; zur Linken neben der Trinkstube des Majors legte ein Irländer eine große Brennerei an, und zur Rechten derselben prunkte das Luftschloß eines Deutschen, der sich in Gedanken eben eine Brauerei darin eingerichtet hatte und seine Freunde mit köstlichem bairischen Biere bewirthete.

Der Major erklärte sich mit den getroffenen Wahlen durchaus einverstanden, und bis in die späte Nacht hinein dauerte die laute Fröhlichkeit; die Gläser klirrten, Hurrahs erschallten und die rasselnden Klänge eines schnell zusammengesetzten Orchesters wurden noch durch unsere Stimmen übertönt. Die Pausen füllten Rundgesänge und Volkslieder der verschiedensten Nationen aus, doch es war dem Deutschen eine hohe Genugthuung, zu bemerken, welchen tiefen Eindruck die einfachen und gemüthlichen Weisen: „In einem kühlen Grunde" und „Ich weiß nicht, was soll es bedeuten", selbst an den Grenzen der Civilisation, im fernen, fremden Lande hervorzurufen vermochten.

Aber die lustigen, kühlen Nächte von Fort Smith sollten ein baldiges Ende erreichen. Einestheils um uns im Voraus mit dem Lagerleben vertraut zu machen, anderntheils, um auf praktischem Wege die etwaigen Mängel der Ausrüstung entdecken und, so lange es Zeit und Ort noch gestatteten, beseitigen zu können, entschlossen wir uns, ein kleines Lager zu beziehen, welches zu diesem Zwecke in der Nähe des Fort in einer Lichtung des Waldes aufgeschlagen war, und durch die überhängenden laubigen Bäume den größten Theil des Tages hindurch vor der sengenden Sonnengluth geschützt war. Mit Einschluß einer unter dem Commando des Lieutenant Johns stehenden Escorte von Infanterie waren es siebenzig und einige Personen, die sich im Lager zusammengefunden hatten. Die ganze Expedition ward von dem Ingenieur-Lieutenant Whipple geleitet, einem Manne, der sich schon früher bei ähnlichen Unternehmungen ausgezeichnet hatte, und mit seinen besonderen Fähigkeiten ein überaus liebenswürdiges und vertrauen= erweckendes Wesen verband.

Nur kurze Zeit dauerte es, und jeder war in dieser neuen Lebensweise zu Hause; ehe noch der Reiz der Neuheit geschwunden, war bereits die Ge= wohnheit eingetreten und verdeckte schonend die kleinen und großen Unbe= quemlichkeiten mancherlei Art, die von einem Leben unter freiem Himmel un= zertrennbar sind. Es ruht sich sanft auf der harten Erde, und Skorpione wie Taranteln verlieren ihre Schrecken, wenn man kein anderes Lager finden kann. Die Hitze erscheint nicht mehr so unerträglich, wenn man unfähig ist sich ihr zu entziehen; der Regen kann nicht weiter als bis auf die Haut dringen, wenn die Kleidungsstücke zum Wechseln mangeln, und geröstetes Fleisch und schwarzer Kaffee mit Ahornzucker schmecken vortrefflich, wenn nichts Anderes zu erwarten ist. Zwischen den Mitgliedern unserer Gesell= schaft war in kurzer Zeit ein freundliches, ja brüderliches Verhältniß ein= getreten, obgleich dieselbe aus Leuten mancher Herren Länder zusammenge= würfelt war und aus den verschiedenartigsten Elementen bestand. Es waren nicht die vergnügten Nächte von Fort Smith, die ein solches Verhältniß herzustellen vermocht hätten, auch nicht der Wein, der die Herzen erfreut und öffnet, es war der Gedanke, Monate, vielleicht Jahre lang Einer auf den Andern angewiesen zu sein, und das stillschweigende Einverständniß, sich die gemeinsamen Gefahren und Mühseligkeiten einer Reise in den end= losen Einöden des fernen Westens durch ein herzliches Einvernehmen und gegenseitiges Rathen und Helfen erleichtern zu wollen.

So konnte man die Gesellschaft alle Morgen fröhlich und wohlgemuth das friedliche Lager verlassen sehen, um sich durch allerhand kleine Uebungs= arbeiten vorzubereiten. Doch nach kurzer Zeit waren die einzelnen Mit= glieder nach allen Richtungen hin zerstreut. Der Geologe hat den Fluß zu erreichen gesucht und arbeitet emsig mit seinem Hammer zwischen dem Gestein, daß es im Walde wiederhallt. Der Botaniker hat auf einem Baume einen merkwürdig gebildeten Parasiten entdeckt und bahnt sich ohne Schonung für seine Kleidung mühsam einen Weg durch die Hecken dicht= verwachsener Dornen und Schlingpflanzen, um die noch schwierigere Reise den dicken Stamm hinauf zu unternehmen. Der Naturaliensammler hat eine Eidechse bemerkt, die ihn in's Dickicht lockt, und sich vor ihm bald in das raschelnde Laub des letzten Herbstes, bald unter einen modernden Stamm flüchtet, bis sie endlich unter einem unbewegbaren Blocke Schutz gewinnt, und vielleicht höchstens die Spitze ihres leicht zerbrechlichen Schwan= zes im Stiche läßt, die ihr Verfolger noch vor ihrem Eintritt in das ber= gende Asyl erhaschte. Die Feldmesser und Kettenträger verfolgen die ihnen vom Compaß angedeutete Richtung, bis sie durch die scheitelrecht fallenden Strahlen der Mittagssonne an die Heimkehr in's Lager gemahnt werden,

wo die ganze Gesellschaft ermüdet von der noch ungewohnten Arbeit zu=
sammentrifft.

Kaum sind die erbeuteten Frösche, Kröten, Eidechsen und Schlangen
in die Spiritusbehälter, die Schmetterlinge und Käfer an ihre Stecknadeln,
die Pflanzen und Blumen zwischen das Papier gewandert, kaum ist das
jetzt wohl noch mit einigem Luxus ausgestattete Mahl beendigt: so sucht
sich jeder im Schatten seines luftigen Zeltes ein bequemes Plätzchen, auf
dem er möglichst unbelästigt die Mittagsstunden verschlafen kann. Leise
hört man noch hin und wieder eine beliebte Negerromanze brummen, zu der sich
das Geschwätz spielender Papageien auf den nächsten Bäumen, das Zirpen
der Heuschrecken, das Schwirren der Goldkäfer und das Summen honig=
suchender Bienen gesellt, — und bald verräth das schwere Athmen rings=
umher den tiefen Schlaf nach des Morgens anstrengender Arbeit. Nach=
lässig und sorglos lehnt sich der bei den Schläfern wachende Posten an
einen Baumstamm, während die beiden ablösenden Nummern (ein Irländer
und ein Franzose) im Schatten eines größern Gezelts, das als Wachtstube
dient, ein Spiel altersgrauer, kaum noch erkennbarer Karten handhaben.

In einiger Entfernung von den Zelten lagen unter einem Sassa=
frasstrauche ausgestreckt zwei Männer, die, nach dem lebendigen Gespräche
zu urtheilen, durchaus nicht von der erschlaffenden Gluth der hohen Sonne
belästigt zu werden schienen. Das schlicht auf die Schultern herabfallende
Haar, der eigenthümlich markirte Schnitt ihrer Gesichter, die dunkle Farbe
der Haut, die bilderreiche Ausdrucksweise, alles würde sie zu Indianern ge=
stempelt haben, wenn ihnen nicht ein dichter struppiger Bart einiges An=
recht an europäische Abstammung verliehen hätte. Sie waren mit größter
Nachlässigkeit gekleidet, ein breiter lederner Gürtel umschloß eine Art Rock
oder Ueberwurf von rothem Flanell, und hatte zu gleicher Zeit die Be=
stimmung, dem einzigen absichtlich augenfälligen Schmuck als Halter zu die=
nen: einem Paar Pistolen und Messern, an denen man die Sorgfalt wohl
erkannte, mit welcher ihre Besitzer sie gegen die zerstörenden Einflüsse des
Rostes zu schützen suchten. Beide hatten erst vor wenigen Stunden, als
sie zur Expedition geworben wurden, mit einander Bekanntschaft gemacht
und nachdem sie sich durch einen Blick überzeugt, daß sie fast unter den=
selben Verhältnissen und in derselben Lage geboren wären, gelebt hätten
und auch noch fortleben würden, waren sie eben im Begriff, vertrauens=
voll einzelne ihrer Erlebnisse auszutauschen. „Mein Name ist Bill", be=
gann der Eine, ein finsterer Mann von mittler, untersetzter Statur, der
durch die Breite seiner Schultern eine riesige Stärke verrieth, und dessen
hohe Stirn eine tiefe Narbe zierte   „mein Name ist Bill, doch nennt
man mich auch Bill Spaniard, weil mein Vater über das große Was=
ser von Spanien her gekommen war. Meine Mutter war eine Cherokesen=
Frau und ich bin, so viel ich weiß, der einzige Sohn. Mein Vater kam
um's Leben, ich weiß nicht wo; meine Mutter starb, ich weiß nicht wie.
Ich ward groß in den Hütten der Cherokesen und verdiente und sparte

mir in meiner Jugend so viel bei den Weißen in den Ansiedelungen, daß ich mir zwei Pistolen, Pulver und Blei kaufen konnte. Zuerst freute ich mich nur über den lustigen Knall, bald aber noch weit mehr über die Sicherheit, mit der ich dem Vieh der Blaßgesichter den Tod in's Herz schickte, um mit der Zunge und so vielem Fleisch, als ich tragen konnte, nach Hause zurückzukehren. Die Ansiedler nannten mich darum einen Dieb; ich hielt mich nicht für einen solchen, ich bin ja Halbindianer und unter den Indianern aufgewachsen, ich habe viele Pferde gestohlen und ich rühme mich dessen. Ich habe aber nie von meinem Bruder und Freunde genommen."

Nach einer kleinen Pause nahm er seine Erzählung wieder auf:

„Da, wo ich überall zu Hause war, trieb sich bei den Ansiedlern ein großer Bösewicht umher; er bestahl seinen Freund, er bestahl seinen Bruder und sagte: das hat Bill Spaniard, der helle Cherokese, gethan, und er machte mich zum großen Diebe. Er war ein Lügner und ich sammelte mir Beweise dafür; er wollte mir den Mund schließen und schwor mir den Tod; er folgte mir mit einer doppelläufigen Flinte, zwölf Rehposten und zwei Kugeln waren darin, ich habe sie gezählt. Er traf mich auf der andern Seite des Arkansas, er nannte mich einen rothhäutigen Schurken und legte seine Flinte auf mich an; doch meine Hand ist schnell, mein Auge noch schneller und ehe sein Finger den Drücker berührte, war ihm die Kugel dieser kleinen Pistole zwischen die Augen gefahren. Ich hatte nicht vergebens diese Pistolen gekauft und sie führen gelernt: mein Feind lag zu meinen Füßen." Wieder schwieg er, ließ wohlgefällig die Hähne seiner kleinen Pistolen knacken, steckte sie wieder in seinen Gürtel, zog dann eine Tafel schwarzen Tabaks aus der Tasche, schnitt ein Stück davon ab, schob es zwischen seine weißen Zähne und fuhr dann fort. „Ein Verwandter meines Feindes klagte mich als Mörder an, ich wurde in's Gefängniß geschickt, sechs Jahre hindurch zog sich mein Prozeß hin, da starb mein Kläger, und ich wurde frei. Ich will jetzt fort aus diesem Lande, ich hasse alle Menschen hier, ich gehe mit dieser Expedition nach Californien, ich werde ein guter Arbeiter sein, ich will Gold graben, ich will reich werden."

„Bill," hob sein Gefährte an, ebenfalls ein baumstarker Halbindianer, „Bill, Du mußt nur dem Unglück aus dem Wege zu gehen wissen; siehe, ich gehe auch mit dieser Compagnie nach Californien, es ist mir unheimlich zu Muthe hier, die Leute sagen, ich habe einen Choctaw-Indianer und einen weißen Mann erstochen, daher gehe ich aus dem Bereiche solcher üblen Nachreden." „Du bist ein großer Bösewicht," erwiederte Bill, „man wird Dich noch aufhängen; doch siehe, da kommen die Maulthiere, laß uns an unsere Arbeit gehen." Bei diesen Worten erhoben sich beide und entfernten sich nach der Richtung hin, wo lautes Getrappel die Annäherung der Heerde anzeigte. Sie sollten nun bei der Bändigung der noch rohen Thiere ihr Geschick und ihre Kraft beweisen.

Zu den schwierigsten Aufgaben nämlich bei den Vorbereitungen zu einer Reise durch die Steppen gehört unstreitig das Bändigen und Beschlagen der Maulthiere. Die ausdauernde Kraft derselben bei fortwährender Arbeit, trotz Futter- und Wassermangels, läßt das Pferd bei solchen Gelegenheiten weit hinter den Maulthieren zurückstehen; denn da, wo das längst ermattete und aller Last entledigte Pferd sich nur noch langsam mitschleppt und endlich doch den Wölfen überlassen werden muß, trägt das Maulthier geduldig sein Gepäck und läßt sich nicht hindern, während des Marsches vertrocknete Pflanzen, vor allem stachliche Dornen, abzurupfen, um den gräßlichen Feind, den Hunger, dadurch zu besänftigen. Doch wie nun die Kraft des Pferdes und die Ausdauer des Esels in dem Maulthiere vereinigt sind, so fehlt wiederum keiner der Fehler, die nur ein Pferd oder einen Esel unleidlich machen können. Furchtsamkeit, Störrigkeit, Widerspenstigkeit und Tücke sind die Uebel, mit welchen man besonders bei der Bändigung zu kämpfen hat, sie werden noch vergrößert, wenn die Heerde aus Thieren besteht, die erst durch einen harten Kampf unter sich mit einander bekannt werden müssen, und da viele nur ihrer Unbändigkeit wegen von ihren frühern Besitzern verkauft wurden, so ist man oft genöthigt, zu durchgreifenden, wenn auch grausamen Mitteln seine Zuflucht zu nehmen. Zu dieser nicht geringen Arbeit sind Mexikaner und Indianer beinahe unentbehrlich. Nach einer flüchtigen Musterung der Heerde haben solche Leute fast instinctartig die wildesten Thiere herauserkannt, und lassen es ihre erste Sorge sein, diese zu fangen. Zu diesem Zwecke dient eine lange Leine, die mit dem einen Ende am Sattelknopf des wohlberittenen sogenannten Arriero befestigt ist, am andern in eine offene Schlinge endigt, und zu großen Ringen zusammengelegt in der Rechten desselben ruht. Dieser beginnt, sobald er sein erstes Opfer in's Auge gefaßt hat, die ängstlich zusammengedrängte Heerde galoppirend zu umkreisen, und den günstigen Zeitpunkt abzupassen, wann das Thier seinen Kopf bloß giebt. Kaum hat er diesen Augenblick gewonnen, so läßt er die Leine (Lasso) einige Male über dem eigenen Kopf kreisen und schnell und sicher schleudert er sie auf das scheue Thier, das, seiner Freiheit beraubt, jetzt machtlos stampft und sich bäumt. Die Schlinge hat sich ihm um den Hals gestreift, und schnürt denselben um so mehr ein, je größeren Gegenanstrengungen sie begegnet. Nach einem kurzen, aber mit Aufwand aller Kräfte geführten Kampfe fängt das erschöpfte Thier an zu fühlen, daß es sich, wenn es nicht erdrosselt werden will, dem etwas handgreiflichen Verfahren seines Siegers fügen muß. Willenlos läßt es sich unter ein Gerüst von vier aufrecht stehenden Balken bringen, zwischen denen es der Länge und Breite nach gerade Platz hat. Es wird dann vermöge eines klug ausgedachten Gurtenwerks um mehr als eine Elle von dem Boden aufgehoben, seine Beine werden mit Riemen an die entsprechenden Balken gefesselt, und ehe es ahnen kann, was eigentlich mit ihm geschehen soll, haben schon vier mit Zangen und Eisen bereit stehende Hufschmiede eine Arbeit vollendet, die auf gewöhnlichem Wege, selbst bei einem ruhigen Pferde, zehnmal so viel Zeit erfordert haben würde. Sobald die Eisen an ihren Stellen sind, geht das geängstigte Thier in die Hände der Wagentreiber über; die Schlinge mahnt immer noch nachdrücklich zum Gehorsam, eine tüchtige Peitsche zum Ziehen. Schon gebändigte Thiere, mit denen man den Neuling zusammen-spannt, gehen mit gutem Beispiele voran, die Wuthanfälle werden seltener, bis nach Verlauf verhältnißmäßig kurzer Zeit das Maulthier für dienst-tauglich erklärt und seinen bereits gezähmten Genossen beigesellt wird.

III.

Die Ländereien am Poteau. — Die Indianer daselbst. — Ihre An-siedelungen. — Uebergang über den Poteau. — Das Gewitter. — Fort Koffee.

Die mit üppiger Waldung bewachsenen Ufer des Arkansas bieten von der Mündung des Canadian in denselben an die überraschendste und an-genehmste Abwechselung durch kleine Prairien, die das dichte Gehölz von Zeit zu Zeit unterbrechen. Der Sugar = loaf = Berg, die Kavaneau = und Sansbois-Gebirge begrenzen wahrhaft paradiesische Thäler, über welche die Natur neben einer unerschöpflichen Fruchtbarkeit alles ausgegossen zu haben scheint, was sie an Lieblichkeit und Schönheit zu verleihen vermochte. Die im prächtigsten Blumenflor prangenden Auen lachen dem Reisenden ent-gegen, und laden ihn ein zu verweilen und sich niederzulassen. Sie sind bereit, die Saat zu empfangen und dem Säemann tausendfältige Frucht zu bringen. Die zahlreichen Flüßchen, die dem Boden eine dauernde Frische zuführen, entheben der Furcht vor der Gluth des hohen Sommers und versprechen eine fröhliche Ernte; der nahe Wald bietet dem Ansiedler seine harten Hickory=Stämme zur Anlage des Blockhauses und schlanke Bäumchen genug zu dessen Einfriedigungen. Auch der Winter ist unter diesem Himmels-striche milder; die undurchdringlichen Wälder und die nahen Berge bieten dem rauhen Nordwinde Trotz, und schützen die zarten Keime hinlänglich vor diesem in weniger begünstigten Gegenden so gefürchteten Feinde. Solchen Reichthümern vermochte selbst die Rothhaut nicht zu widerstehen, als sie von den habsüchtigen Blaßgesichtern aus ihren alten Jagdrevieren am großen salzigen Wasser (dem Litorale nahe) verdrängt, über die Alleghany-Gebirge und den großen Fluß getrieben, endlich diese westlichen Gegenden erreichte. Die jetzt schon halbcivilisirten Stämme der Choctaws, Chickasaws, Creeks und Cherokesen hatten die Gräber ihrer Väter im fernen Sonnenaufgang verlassen und dem unstäten Jagd = und Nomadenleben entsagt, als sich ihnen hier eine neue Heimath bot. Hier säeten sie, hier ernteten sie, hier lernten sie von der Dankbarkeit des Bodens das, was ihnen die Missionaire lange schon vergeblich geprediget hatten, und was zu lernen sie der Eigennutz ihrer weißen Nachbarn beständig zu verhindern strebte, die frevelnd ihnen jegliche Bildungsfähigkeit absprachen.

Aber der Indianer ist jeder Civilisation fähig, sobald er nur im Anfang eine Anleitung erfährt, eine Anleitung, die geeignet ist, mit Vertrauen entgegengenommen zu werden und das seit Jahrhunderten genährte Mißtrauen zu heben. Seit seiner ersten Bekanntschaft mit den europäischen Eindringlingen wie ein schädliches Thier durch's Land gejagt, beständig auf der Flucht vor dem Uebermuth der Weißen, durch die verwerfliche Politik derselben unausgesetzt in blutigem Hader mit seinen Bruderstämmen erhalten und in seinen Rachegedanken, wegen des tausendfachen Unrechts, das er zu erleiden hatte, mit grausamer Vorsätzlichkeit von den Anhängern einer Religion der Liebe bestärkt, um als Rechtfertigung für deren eigenes unchristliches und verrätherisches Benehmen zu dienen; — wie vermochte er unter solchen Verhältnissen die Wohlthaten einer friedlichen Ansässigkeit, den tausendfachen Segen eines dankbaren Bodens und die Vortheile eines geordneten, bürgerlichen Zusammenlebens kennen zu lernen?

Wenn es nun trotzdem Stämme giebt, die, ohne sich von den Sitten und Gesinnungen ihrer Väter gänzlich losgesagt zu haben, friedliche Bürger, fleißige Ackerbauer und gastfreundliche Menschen geworden sind, so gebührt den Europäern der geringste Theil des Verdienstes. Es gebührt beinahe ausschließlich den Keimen der Bildung und alles Guten, die sich nach langem Schlummer endlich dennoch den Durchbruch durch die widrigsten Verhältnisse verschafften. Ja, es ist eine Wonne für den Reisenden, im Gebiete der Choctaws und Cherokesen von Ansiedelung zu Ansiedelung zu wandern und überall wie ein alter Bekannter mit offenen Armen aufgenommen zu werden. Hier braucht der Wanderer nicht mehr scheu zurückzuprallen vor dem Rascheln im Gebüsch, aus Furcht vor einem zischenden Pfeil oder sausenden Tomahawk. Das Krähen des Haushahns mischt sich mit dem Rufe des kleinen Rebhuhns, das Winseln des Panthers verstummte längst vor dem Bellen der Hunde, und wo sonst das wilde Kriegsgeheul um erschlagene Feinde und blutige Skalpe erscholl, da hört man jetzt das Glockengeläute friedlich weidender Heerden. Der gellende Ruf des Indianers dient nur noch dazu, das Echo der nahen Berge und Wälder zu wecken, und der Knall der Büchse vermag hier nur noch das flüchtige Wild zu scheuchen. Einzeln durchstreift die Rothhaut den tiefen Forst, spürt dem Bären bis in seine Höhle nach und verfolgt den Panther bis in die dichtesten Brüche; den Hirsch aber schießt er von seiner Hausthüre aus, er schießt ihn auf der Saat, die er selbst in den aufgerissenen Boden streute, und deren Frucht er ernten will.

Der Reisende käme in der That in Versuchung, den Indianer um sein stillzufriedenes Glück in diesen Thälern zu beneiden, wenn er ihm nicht den Sieg, den er über die ererbte und durch die Ungunst der Verhältnisse genährte Wildheit errang, aus vollem Herzen gönnte. Er sieht blühende Farmen, die dem Europäer alle Ehre machen würden, üppige Saaten und einen Wohlstand, der dem nach Veredelung strebenden Sohne der Natur die Mittel giebt, sich im fernen Osten Erziehung und Bildung zu holen; er sieht das Weib des Indianers nicht mehr zur Sklavin des Mannes herabgewürdigt, er sieht es zu der ihm bestimmten Würde einer Gattin und Mutter erhoben, seit die neu gewonnenen Jünger der Kultur von den Weißen lernten, sich für die Arbeiten in Haus und Feld schwarze Sklaven zu halten. Vergebens aber würde der Reisende einen andern Unterschied zwischen dem Herrn und seinem Knechte zu entdecken suchen, als den, welchen die Hautfarbe und Individualität der verschiedenen Menschenraçen begründet. Der Indianer geht christlicher mit seinem Sklaven um als der Christ, er betrachtet ihn als seinen Genossen, dem er für die treue Ausdauer in der Arbeit und den damit verbundenen glücklichen Fortgang seines Hauswesens Dank und Freundschaft schuldig ist.

Doch suche man solche Bilder von Zufriedenheit und häuslichem Glücke nicht zu nahe den Ansiedelungen der Weißen, und namentlich nicht um die Zeit, wo das Gouvernement seine jährlichen Zahlungen für erkaufte und abgetretene Ländereien an die verschiedenen Stämme leistet und wo dann, durch eine grausame Speculation, die eben erhaltenen Schätze wieder in die Hände der weißen Nachbarn zurückfließen. Das kräftige Mittel zum elenden Zweck bietet das Feuerwasser (Whisky). Eine geringe, theuer erkaufte Quantität dieses Giftes genügt, um den Indianer der Vernunft zu berauben; im Taumel der Trunkenheit giebt er Alles hin, was er vor einer Stunde erworben und womit er sich eine bequeme und sichere Zukunft hätte begründen können, und erwacht erst dann aus seinem Zustande, wenn der Speculant kein Geld mehr bei ihm wittert und ihn grausam und unbarmherzig vor die Thür geworfen hat. Arm und unglücklich irrt er dann umher; als Mittel gegen den Hunger bliebe ihm wohl die Arbeit, aber die einmal erweckte Gier nach Feuerwasser läßt ihn nicht mehr zu ruhiger Besinnung kommen. Ein Bild der tiefsten Gesunkenheit wandert das unselige Opfer einer himmelschreienden Politik von Ansiedelung zu Ansiedelung, von Thür zu Thür, und wird von seinen eigenen Verderbern verabscheut, ja mit Füßen getreten!

Zu leicht schließt dann der Reisende von solchen Individuen auf den ganzen Stamm oder auf die ganze Nation, und verbindet mit dem Namen eines Indianers alle nur denkbaren Laster der weißen und der kupferfarbenen Raçe. —

Am 15. Juli 1853 war es, als die Expedition des Lieutenant Whipple ihr Lager bei Fort Smith verließ und in der nach Vorschrift zu haltenden Ordnung über den Poteau setzte, was nur wenig Schwierigkeit hatte, da das der Besatzung gehörige Boot benutzt werden konnte. Einmal auf der andern Seite, blieb dem ziemlich langen Wagenzuge weiter nichts zu thun übrig, als der Straße zu folgen, die sich durch die sumpfigen

Möllhausen, Tagebuch.　　　　2

Bottomländereien auf dem spitzen Winkel, der von dem Arkanſas und Poteau gebildet wird, hinzog. Die Feldmeſſer waren genöthigt, ihrer Arbeit auf dieſer krummen Straße obzuliegen, auf der es nicht möglich war eine lange, gerade Linie zu ziehen, da das dicht gedrängte Rohr, welches dort die Stelle des Unterholzes unter den hohen Cottonwood = Bäumen und Sylomoren einnimmt, große Abweichungen von der jetzt befolgten Bahn nicht erlaubte. Doch in der Entfernung weniger Meilen fing das Land zu steigen an, und indianiſche Farmen ſchimmerten mitunter aus den faſt undurchdringlichen Maſſen des Urwaldes hervor. Die alte Straße, bei deren Anlegung man den größten Hinderniſſen ſo viel wie möglich auszu= weichen und den Vortheil jeder kleinen Oeffnung im Holze zu benutzen ge= trachtet hatte, war keineswegs in einem Zuſtande, der ein raſches Fort= ſchreiten der ſchwer beladenen Wagen geſtattet hätte. Wurzeln und modernde Stämme hielten jeden Augenblick den Zug auf, und da die hohen Bäume durch ihre Schatten das gänzliche Trocknen des ſumpfigen Weges verhin= derten, ſo mußten die letzten der zwölf ſechsſpännigen Wagen oft buchſtäb= lich durch den Koth und wie aus dem Moraſte gezogen werden. Kaum war nun der höhere Boden erreicht, wo die Wagen leichter rollten und die Zugthiere feſten Fuß faſſen konnten, als die drückende Hitze des Tages ſich in einem furchtbaren Gewitter zu entladen begann und den Zug in Unordnung brachte. Eine Lichtung neben einer größeren Plantage war indeſſen nahe, und nachdem die Wagen, wenn auch nicht in der größten Ordnung, zuſammengefahren waren, beeilte ſich Jeder, die Thiere ihrer Laſt zu entledigen und abzuſatteln, um ſie in einer Heerde frei laufen zu laſſen, und ſuchte dann nach beſten Kräften ſich ſelbſt gegen den herab= ſtrömenden Regen zu ſchützen. Eine Geſellſchaft, die, eben erſt organiſirt, gleich am erſten Marſchtage von einem ſolchen Unwetter befallen wird, bie= tet einen traurigen, aber zugleich äußerſt komiſchen Anblick dar. Bei der Mehrzahl der Leute iſt die frohe Ausgelaſſenheit verſchwunden und hat bei einigen ſogar der tiefſten Niedergeſchlagenheit Platz gemacht; wenn man dann jedes einzelne Mitglied beobachtet, ſo kann man nach der Art und Weiſe, wie es Schutz ſucht, beinahe auf ſein früheres Leben ſchließen. Der durch Erziehung Verzärtelte wird ſich gewiß bei den erſten fallenden Tropfen unter einen Wagen flüchten, denn er iſt gewohnt, unter dem Regenſchirm trocken zu gehen, und denkt nicht daran, daß in kurzer Zeit das Waſſer doch unter dem Wagen hinfluthen wird. Er zittert vor Näſſe und Kälte, ſo daß er kaum der fernen Heimath zu gedenken vermag, und in ſein Ge= ſchick ſich ergebend, ſchließt er ſeine Augen vor den leuchtenden Blitzen. Der rohe, abgehärtete Arbeiter und der eine ungeheure Bravour zur Schau tragende Jüngling wickeln ſich in ihre Decken und werfen ſich in's Gras, nur mit dem Unterſchiede, daß der erſtere einſchläft, der andere aber ſich die Decke in den Mund ſtopft, um nicht vor Näſſe und Kälte mit den Zähnen zu klappern. Die, welche weiſe und vorſichtig ſcheinen wollen, fangen an ein Zelt aufzuſchlagen, und kommen endlich nach manchem

vergeblichen Versuche mit der noch ungewohnten Arbeit erst dann zu Stande,
wenn der Himmel sich aufklärt und die untergehende Sonne noch einen
lachenden Scheideblick auf ihre nassen Zelte und Jammergestalten wirft.
Wieder Andere hängen die dem Wanderer unentbehrliche Decke über den
gebogenen Zweig eines Strauches, graben mit dem Waidmesser einen Kanal
rund um sich her, und nach wenigen Minuten ist ihr umgekehrter Sattel,
der als Stuhl dient, ihre Waffen und ihre eigene Person geschützt und
trocken unter dem triefenden Baldachin. Das von der Decke herabtropfende
Wasser findet seinen Weg in die kleine Wasserleitung, und stört die zusammen=
gekauerten Bewohner nicht weiter in ihren Betrachtungen, die sie vielleicht
über die so grauenhaft schön aufgeregte Natur anstellen. Die schwarzen
Wolken haben indessen den ganzen Horizont überzogen und die Gegend ver=
dunkelt; Blitz folgt auf Blitz, in allen Richtungen prächtig blendende Zick=
zacklinien zeichnend und die dunklen Baummassen mit magischem Lichte be=
leuchtend. Der Sturm, der keinen Weg in das Innere des dichten Waldes
finden kann, rüttelt mit Wuth an den Gipfeln der höchsten Bäume; der
Donner kracht mit rasch auf einander folgenden Schlägen, nur sekunden=
weise innehaltend, wie um das ferne Rollen oder Brausen des Sturmes
und das Rauschen des niederströmenden Regens, oder den Sturz von mor=
schen Baumstämmen vernehmen zu lassen. Das Unwetter hat jetzt den
höchsten Grad seiner Wuth erreicht, ein blendender Blitz, begleitet von
einem betäubenden Schlage, berührt die äußerste Spitze eines mächtigen
Hickory=Baumes, dem Krachen des Donners folgt das Krachen des Baumes,
der bis in die Wurzeln gespalten in zwei Theilen aus einander klafft.
Welche Erhabenheit, welche unendliche Macht! Aber die Macht, welche die
Wolken zusammengezogen, die drohend einherschreitet, die durch leise Be=
rührung den Baum zu spalten und den Felsen zu erschüttern vermag, die=
selbe Macht heißt die Wolken sich zerstreuen, läßt den blauen Himmel hier
und dort durchbrechen, heißt den Sturm schweigen, die Regenströme inne=
halten. Das Rauschen der von den Blättern fallenden schweren Tropfen
übertönt fast das ferne dumpfe Rollen des Donners, und während das
Wetterleuchten im fernen Osten schwächer wird, tritt die untergehende Sonne
noch einmal hinter den bergenden Wolken hervor, läßt ihre Strahlen sich
in den Millionen von herabhängenden Tropfen in den Bäumen brechen,
und indem sie scheidend einen Blick auf das noch öde Lager wirft, muntert
sie Jeden in demselben zu frischem Leben und neuer Thätigkeit auf. Die
ängstlich zusammengedrängte Heerde theilt sich grasend nach allen Richtungen,
bald flackern lustige Feuer auf, und Jeder sucht sich für die Nacht so
trocken und bequem als möglich einzurichten, um neue Kräfte zum nächsten
Marsche zu sammeln.

In der Entfernung einer (englischen) Meile von dem Flusse zieht sich
die Straße durch das Thal des Arkansas hin, und bis zur Agentur der
Choctaw=Nation, die 14 Meilen von Fort Smith entfernt ist, sind es nur
Indianerpfade, welche die Fahrstraße mitunter durchschneiden. Eine Neben=

2*

ſtraße, die ſich 5 Meilen vor der Agentur von dem Hauptwege trennt, führt nach dem nahen Fort Koffee am Arkanſas, und von dort in gerader Richtung nach der Agentur ſelbſt, indem ſie ſich wieder mit der Haupt= ſtraße, welche eine breite Prairie durchſchneidet, vereinigt. Dieſe Neben= ſtraße führt fortwährend durch Wald, der mit dem Steigen des Landes einen andern Charakter angenommen hat. Er beſteht nur aus niedrigen Eichen; das Unterholz fehlt dort faſt ganz, an deſſen Stelle überall üppiges Gras mit dem ſchönſten Blumenflor wuchert. Ein einſamer Berg, der, aus Sandſteingerölle (Conglomerat) beſtehend, ſich wie eine Pyramide 150 Fuß über ſeine Baſis erhebt, bleibt nördlich von der Straße liegen. Er iſt nur ſpärlich mit Holz bewachſen und geſtattet eine weite, herrliche Ausſicht über das Thal des Arkanſas bis dahin, wo die Berge bei Van Buren den Horizont begrenzen. Die giftigſten Thiere ſcheinen aus der ganzen Gegend ſich auf dem kleinen Berge zuſammengezogen zu haben, denn gerade auf der Spitze ſtreckt die zuſammengerollte Kopperhead=Schlange dem Wanderer den Kopf entgegen, mißt züngelnd den Zwiſchenraum ab, der ſie von dem fremden Ruheſtörer trennt, und hält ſich zum Sprunge bereit; entfernt man einen Stein von ſeiner alten Stelle, oder ſtößt zufällig einen ſolchen um, ſo hat man ein ganzes Neſt Skorpione bloßgelegt, die größten bis zu drei Zoll Länge und die kleinſten kaum erkennbar, welche ihre mit dem giftigen Stachel bewaffneten Schwänze in die Höhe richten. Ungern verweilt man in ſo unheimlicher Geſellſchaft; man wendet ſich von dem kleinen Berge ab, und hat nach einer kurzen Strecke, bei einer plötzlichen Biegung der Straße, das alte Fort Koffee vor ſich. Dieſe kleine Befeſtigung wurde vor dreißig Jahren zum Schutze gegen die Indianer errichtet, und nach ihrem Gründer, dem amerikaniſchen General Koffee, genannt. Sie hat eine reizende Lage auf einem Hügel in der Höhe von 80 Fuß über dem Spiegel des Arkanſas; als ſteiler Felſen erhebt ſich der Berg aus dem wirbelnden Waſſer und ſenkt ſich allmälig nach der Landſeite zu. Auf dem Plateau zeigen ſich alte Gebäude, die, weiß angeſtrichen, freundlich zwiſchen dunklen Cedern hindurchſchimmern. Nach der Gründung von Fort Smith verlor Fort Koffee ſeine Beſatzung und wurde vor zwölf Jahren in eine Miſſionsſchule um= gewandelt. Die zu kriegeriſchen Zwecken errichteten Gebäude haben ſeit dieſer Zeit eine friedlichere Beſtimmung erhalten. Wohlbeſtellte Mais= und Weizenfelder ſtoßen an die Gärten, Negerſklaven treiben ſich bald müßig, bald arbeitend in denſelben umher, und Gruppen ſpielender dunkelfarbiger Kinder laſſen neugierig ihre ſchwarzen Augen auf dem vorbei ziehenden Wanderer ruhen. Die Schule wird von einem verheiratheten Methodiſten= prediger geleitet und vom Gouvernement unterſtützt. Durchſchnittlich ſind immer fünfzig junge Choctaws zur Erziehung dort, während nahe der Agentur ein ähnliches Inſtitut vor einigen Jahren ausſchließlich für Mäd= chen angelegt wurde, welches jetzt blüht und gute Früchte zu tragen ſcheint. Der Weg von der Miſſion nach der Agentur führt am Rande einer weiten Prairie hin, indem er bald Theile der Grasebene, bald kleine Flächen der lichten Waldung abschneidet und endlich nahe der Agentur in den tiefen Forst einbiegt, wo nach kurzer Wanderung Mais= und Weizenfelder, Block= häuser, umgeben von kräftigen jungen Obstbäumen, die Nähe der entstehen= den indianischen Stadt verrathen.

Die Stadt selbst besteht aus einer breiten Straße, von Blockhäusern und Gärten gebildet, und hat viel Aehnlichkeit mit einem wohlhabenden Dorfe. Europäer, Indianer und Neger bewegen sich daselbst umher, Haus= thiere von allen Gattungen beleben Gärten, Höfe und Straßen, man hört das Rasseln der Dreschmaschine und den Schall des Schmiedehammers, der in raschem Takte kräftig auf den Ambos fällt. Es herrscht ein reges Treiben überall in dem kleinen Orte, der von den Indianern Hei=to=to=wa, von der amerikanischen Bevölkerung Sculleville oder schlechtweg Agency genannt wird.

IV.

Sculleville, die Choctaw=Agentur. — Geschichte der Choctaws. — Sagen der Choctaws. — Rathsversammlung der Choctaws. — Sans Bois Creek. — Pine Grove. — Ballspiel der Choctaws.

Um die benachbarten Indianerstämme gegen den Andrang der Weißen zu schützen und die Unterhandlungen der Indianer mit dem Gouvernement der Vereinigten Staaten zu leiten, um aber andererseits auch die Weißen gegen die Rothhäute zu vertreten, sendet das Gouvernement unter die Stämme Agenten, welche dann gewöhnlich die Gründer einer Niederlassung werden. Nicht nur Indianer, sondern auch Weiße siedeln sich dann in ihrer Nähe an; letztere natürlich von Gewinnsucht getrieben, indem sie mit ihren Tauschartikeln schnell zur Hand sein wollen. Sie verheirathen sich mit Indianerinnen, um festen Fuß bei ihren rothhäutigen Verwandten fassen zu dürfen. Auf diese Art entstand Sculleville. Gleich weit vom Poteau und Arkansas entfernt liegt die Agentur mit den zur Viehzucht und zum Ackerbau nöthigen Gebäuden an einer Quelle oder vielmehr einem kleinen Bache, der auf einer Anhöhe aus dem Gestein sprudelt und mit jedem Schritte wachsend dem Arkansas zueilt. Eine Schmiede und Waaren= häuser ließen nicht lange auf sich warten, wohlbestellte Farmen, umgeben von schönen Kornfeldern und Obstgärten, blühten bald in der Nähe auf, und die Agentur wurde zum Sammelplatz aller industriellen, sowie vaga= bondirenden Indianer Der Mangel eines Gasthofes wurde fühlbar, denn gar viele der Indianer und Indianerinnen sind nicht mehr gewohnt, auf der Erde oder im Freien zu schlafen. Ein kleines Kosthaus (Boardinghouse) half darauf das Städtchen vervollständigen, und der reisende Choctaw, der seine die Schule besuchende Tochter sehen will, steigt jetzt mit seiner Familie in der bequem eingerichteten Herberge ab. Obgleich die dortige Bevölkerung an den Umgang mit den Weißen gewöhnt ist, so gab das Erscheinen der Expedition des Lieutenant Whipple doch Grund genug zur Neugierde, um so mehr, da die Compagnie mit Militairbegleitung zog und bei Sculleville ihr Lager aufschlug, um, wie es schien, mehrere Tage daselbst zu verweilen. Dazu traf es sich, daß zur selben Zeit eine Raths=versammlung der Choctaw=Häuptlinge abgehalten werden sollte. Kein Wun=der also, daß von nah und fern Alles zusammenströmte, wodurch die kleine Stadt ein Bild von buntem Gemisch und Lebhaftigkeit darbot. Männer und Weiber wogten durch einander. Jeder hatte sich in sein bestes Kleid geworfen, welches, zwar nach europäischem Schnitt gearbeitet, doch größten=theils grelle Farben mit wundersamen, nicht immer unschönen phantastischen Zierrathen verband. Das Lager nahm die Aufmerksamkeit Aller sehr in Anspruch, und da, wo ich in einem Zelte meine Werkstatt aufgeschlagen hatte, drängte sich Alles heran, um die Möglichkeit zu erhaschen, in vollem Staate abgezeichnet zu werden. Scheibenschießen, Wettlaufen und Pferde=rennen, Tänze und Verabredungen zum nächsten Ballspiel, welches seiner Eigenthümlichkeit wegen wohl einzig dasteht, Alles wurde in diesen Tagen vorgenommen und verhandelt, und glücklich kann sich derjenige nennen, der sich zur Zeit einer Volksversammlung der Choctaws in Sculleville aufhält. Es wird ihm der Genuß geboten, durch eigene Anschauung in kurzer Zeit mehr von diesem so interessanten Stamme zu lernen und zu erfahren, als ihm sonst durch umständliches Fragen und Forschen möglich sein würde.

Die Nation der Choctaw=Indianer, nach Katlin's Angabe in einer Stärke von 22,000 Seelen, hat jetzt die Territorien südlich vom Ar=kansas und Canadian River inne, welche im Osten an den Staat Arkansas grenzen, südlich an das Gebiet der Chickasaws und westlich an das der Creeks. Die nördlichen Nachbarn der Choctaws sind die Cherokesen; es haben diese Stämme, die auf gleicher Stufe der Civilisation stehen, jetzt nur wenig Unterschied aufzuweisen. Ein solcher ist höchstens noch in ihrem Herkommen, in ihren alten Sagen, Sitten und Gebräuchen zu finden. Vor ihrem Ansiedeln am Arkansas bewohnten die Choctaws die reichen Jagd=gründe der Staaten Alabama und Mississippi, welche sie an die Vereinigten Staaten verkauften; die Zahlungen wurden 20 Jahre hindurch in jährlichen Raten geleistet. Der Termin ist jetzt beinahe abgelaufen, und das meiste Geld, ohne viel Vortheil gebracht zu haben, wieder zurück in die Hände der Weißen gewandert. Wenn man indessen die alten Traditionen, welche in diesen Gegenden fortleben, mit einander vergleicht, so kommt man leicht zu dem Resultat, daß dieser Stamm nordwestlich von seinem jetzigen Ge=biet in den Felsengebirgen gelebt haben muß, und zwar als Nachbar der Flathead = und Chinook=Indianer. Diese sind nämlich die einzigen Stämme, welche die natürliche Form des Schädels verunstalten, indem sie den Kin=

dern von Geburt an durch das Aufpressen eines Brettes die Stirnknochen niederdrücken. Alte Choctaw-Indianer können sich entsinnen, von ihren Vorfahren gehört zu haben, daß dieser Gebrauch in frühern Zeiten in ihrem Stamme geherrscht habe. Hieran schließt sich die Sage von der großen Wanderung, die, von einem Indianer erzählt, folgendermaßen lautet:

„Vor vielen Wintern lebten die Choctaws weit hin nach Sonnenuntergang, weit hinter dem großen fließenden Wasser (weit westlich vom Missouri), sie lebten hinter den Bergen mit Schnee (westlich von den Rocky Mountains). Sie fingen an zu wandern und brachten auf ihren Reisen manchen Winter und manchen Sommer zu. Ein großer Medizinmann (Zauberer) war ihr Häuptling; er führte sie den ganzen Weg, er ging immer vorauf und trug einen langen rothen Pfahl in seiner Hand. Da, wo er den Pfahl in die Erde steckte, schlugen sie ihr Lager auf. Jeden Morgen nun sahen sie, daß der Pfahl sich gegen Sonnenaufgang geneigt hatte. Der Medizinmann deutete ihnen dies dahin, daß sie so lange wandern müßten, bis der Pfahl aufrecht an seiner Stelle stehen bliebe, und ihnen dadurch anzeige, daß dies der Ort sei, den der große Geist zu ihrer Heimath bestimmt habe. Lange wanderten sie weiter. An einer Stelle nun, die sie Nah-ne-wa-ge (abschüssigen Hügel) nannten, blieb der Pfahl aufrecht stehen. Dort gründeten sie ihre Heimath und schlugen ein großes Lager auf, es war eine Meile lang und eine Meile breit; die Männer lagerten außen herum, die Weiber und Kinder in der Mitte, und Nah-ne-wa-ge wird noch heute als der Mittelpunkt der alten Choctaw-Nation bezeichnet."

Obschon nun die Traditionen von Indianern durchaus keinen sichern Haltpunkt für die Zeitrechnung gewähren, so beschäftigt man sich doch gern mit ihnen, da sie die Möglichkeit darbieten, sie mit den Traditionen anderer fernerer Stämme zu vergleichen und Betrachtungen anzustellen, die vielleicht sich der Wahrheit nähern. Auch die Sage von einer großen Fluth hat sich bei den Choctaws wie bei den Azteken (Mexikanern) und so vielen Horden östlich von den Cordilleren Südamerika's erhalten. „Es herrschte eine undurchdringliche Finsterniß über die ganze Welt, die weisen Medizinmänner versuchten Alles, die Dunkelheit zu besiegen, und sahen lange nach wiederkehrendem Tageslicht aus. Ihre Bemühung war vergeblich, und die ganze Nation versank in tiefes Unglück. Endlich nach langem Harren sahen sie ein Licht gegen Mitternacht aufgehen; schon glaubten sie am Ende ihrer Leiden zu sein, doch das Licht waren Berge von Wasser, die heranrollten und die Nation vertilgten bis auf einige Familien, die, das Unglück ahnend, sich ein Floß gebaut hatten, auf welchem sie sich retteten, und so die Stammeltern der jetzigen Nation wurden."

Das Christenthum hat schon seinen Weg in diese Nation gefunden, doch hängen auch noch Manche an dem alten Glauben ihrer Väter, der sie ebenfalls ein Fortbestehen der Seele nach dem Tode lehrt, und in den Hauptsachen ganz derselbe bei fast allen nördlichen Indianerstämmen ist.

Der Gestorbene hat demgemäß eine lange Reise gegen Sonnenuntergang zurückzulegen, bis er einen tiefen, reißenden Strom erreicht, der ihn von den seligen Jagdgefilden trennt. Beide Ufer dieses Stromes sind durch einen langen Fichtenstamm verbunden, der, abgeschält und geglättet, als Brücke benutzt werden muß. Der Gute geht fest und sicheren Schrittes über den schmalen Steg, erreicht glückliche Jagdgefilde, und tritt in bleibenden Besitz jugendlicher Kraft. Sein Himmel ist unausgesetzt klar, eine kühlende Brise weht fortwährend, und die Zeit vergeht unter endlosem Jubel, unter Essen, Jagen und Tanzen. Der Böse, der über den Steg schreitet, sieht die weit überhängenden Ufer wanken, er versucht auszuweichen und fällt in die Tiefe hinab, wo das Wasser mit Donnergetöse sich über die Felsen stürzt, wo die Luft verpestet ist von todten Fischen und anderen Thieren, und das Wasser, im Kreise treibend, ihn immer an denselben Ort zurückbringt, wo alle Bäume abgestorben sind, wo es wimmelt von Kröten, Schlangen und Eidechsen, wo die Todten hungrig sind und nichts zu essen haben, wo noch Lebende ein siechges Leben führen und nicht sterben können. Die Ufer sind mit Tausenden der Unglücklichen bedeckt, die hinaufklettern, um einen Blick in die glücklichen Jagdgefilde zu werfen, welche sie nie erreichen können.

Gern lauscht man den Erzählungen dieser Leute; mit wehmüthigem Ernste weilt die Rothhaut bei Ausschmückungen, wenn es den Vorfahren gilt. Ein ungläubiges Lächeln macht den Erzähler stocken, ja veranlaßt ihn abzubrechen, zu schweigen; aber da, wo der scharfe Blick des Indianers Theilnahme in den Zügen des Zuhörers entdeckt, reiht sich an den Schluß einer Sage der Anfang einer andern, und willig und aufmerksam folgt man in Gedanken seinen wilden Phantasien, um keines der langsam nach einander gesprochenen Worte zu verlieren. „Die Krebs-Choctaws (Crawfish Band)," fährt der Erzähler fort, „sind jetzt dem Stamme einverleibt, und lebten früher unter der Erde in einer großen Höhle, wo viele Meilen weit im Umkreise kein Licht war. Durch Moder und Sumpf kamen sie an's Tageslicht und mußten auf dieselbe Weise zurückkehren. Sie sahen aus wie die Krebse, gingen auf Händen und Füßen, verstanden einander nicht und waren sehr scheu und furchtsam. Die Choctaws lauerten ihnen lange auf, um mit ihnen zu sprechen, doch sie standen Niemand Rede und verschwanden immer im Sumpfe. Endlich wurde doch einigen der Rückweg nach dem Moore abgeschnitten, worauf sie dem nahen Felsen zuflohen und durch die Spalten desselben verschwanden. Die Choctaws brachten jetzt Feuer vor die Eingänge, legten grüne Zweige und Kraut darauf, trieben den dicken Dampf in die Höhle und räucherten auf diese Weise einige der Krebsmenschen an's Tageslicht heraus. Sie behandelten dieselben freundlich, lehrten sie sprechen und auf zwei Füßen gehen, schnitten ihnen die langen Nägel ab und rupften ihnen die Haare vom Körper, worauf sie dieselben ihrem Stamme einverleibten; doch viele sind noch in der Erde zurückgeblieben und leben noch heutigen Tages in der großen, dunklen Höhle."

So lauten die Sagen der Choctaw-Indianer. Von einem Indianer in seiner eigenthümlichen Weise vorgetragen, dienen solche Erzählungen gewiß dazu, immer stärker den Wunsch rege werden zu lassen, lichte Punkte in ihren alten Traditionen zu entdecken; doch immer deutlicher sieht man die Unmöglichkeit ein, mehr leisten zu können, als unwahrscheinliche Schlüsse zu ziehen. — Folgen wir jetzt dem civilisirten Indianer in seine Raths= versammlung, um sein Rednertalent zu bewundern.

Auf dem westlichen Ende von Sculleville liegt ein kleines Waarenhaus mit einem etwas erhöhten Corridor. Der Corridor ist die Rednerbühne des Choctaw, der freie Himmel das Dach, welches sich über seinem großen, herrlichen Saale wölbt. Der indianische Redner läßt seine Rede glatt fließen, wenn sein Auge auf die frei durch die Luft schießende Schwalbe fällt, und wenn er vor sich den Baum mit seinen schönen grünen Blättern sieht; denn (wie der Indianer gern figürlich von großen Rednern seines Stammes rühmt), „es reihen sich ihre Worte zusammen wie die frischen grünen Blätter und werden zu einem Ganzen, denn viele Blätter sind an einem Zweige und viele Zweige an einem Baume; der Baum wirft Schatten, daß viele Menschen in den Schatten treten können; und wie ein Schatten fällt ihre Rede auf die Zuhörer und Jeder sagt: die Rede ist gut! Die wilde Biene trägt den Honig summend an dem Redner vorbei, er raubt ihr den Honig und vermischt ihn mit seinen Worten; der Honig ist süß, die Rothhaut ißt ihn gern, und wie Honig saugt der Zuhörer in der Versammlung die Worte ein, und jeder kann die Worte verstehen und lauscht regungslos und scharf wie die Antilope in den Prairien und der Hirsch im Dickicht."

An einem prächtigen Sommerabend war die ganze männliche Bevöl= terung von Sculleville, wobei nur Wenige aus dem Lager des Lieutenant Whipple fehlten, in einem Haufen vor der Rednerbühne zu sehen. Ob= schon die meisten Indianer ihre Weiber mitgebracht hatten, so blieben die= selben doch bescheidener Weise in den entsprechenden kleinen Lagern und näherten sich nicht der Rathsversammlung. Denn wenn auch die Frauen der Choctaws gewissermaßen ihre Würde wiedergewonnen haben und nicht mehr wie bei uncivilisirten Stämmen Sklavinnen sind, so sind sie auch wieder vernünftig genug, einzusehen, daß die Einmischung eines einzigen Weibes in ihren politischen Angelegenheiten mehr verderben würde, als alle Männer des ganzen Stammes wieder gut machen könnten, so daß es kaum anzunehmen ist, daß unter diesen Stämmen jemals eine Emancipation der Frauen stattfinden wird   Der erste Redner bestieg die Bühne. Es war kein bemalter und bejederter Krieger, sondern ein großer Häuptling im kattunenen, phantastisch geschnittenen Jagdhemde. Ein brauner, niedriger Hut beschattete seine kupferfarbigen Züge, er sah von einem langen Ritte betäubt aus, sein Pferd stand nicht weit von ihm noch gesattelt und ge=

zäumt, er hatte keine Zeit, sich zur Rede vorzubereiten, aber er wußte, was er sagen wollte. Bei seinen ersten Worten herrschte lautlose Stille, jeder war gespannt; selbst diejenigen, die keine Idee von dieser fremdartigen Sprache hatten, beobachteten aufmerksam den Redner. Da war kein Pathos, der aus Ueberspannung entspringt, da waren keine theatralischen Bewegungen und Gesticulationen; eine leichte Handbewegung begleitete nur selten den etwas gehobenen Ton der Worte, die, meist aus tiefen Gutturaltönen bestehend, dennoch deutlich von den entferntesten Zuhörern vernommen werden konnten. Frei und ungebunden wurde die Rede gehalten, es unterbrach weder Applaus noch Widerspruch; ein allgemeines „Hau" folgte auf die vom Redner gestellten Fragen, und als er geendet, hörte man ein kurzes Murmeln unter den Zuhörern, und ein anderer Redner bestieg die Bühne.

Die Berathungen betrafen eines Theils die durch das Land der Choctaws zu bauende Eisenbahn, wozu wohl die in der Nähe lagernde Compagnie Anlaß gegeben hatte; anderen Theils auch die Regierungsform, indem man die jetzt auf mehrere Häuptlinge vertheilte Macht auf einen einzigen übergehen lassen wollte.

Ihre Gerichtssitzungen werden auf dieselbe Weise abgehalten. Man kann mit Recht sagen, daß diese Leute eine schonungslose Gerechtigkeit üben; auch die Todesstrafe kommt bei ihnen vor, wobei der Delinquent seinem Richter auf derselben ausgebreiteten Decke mit unterschlagenen Beinen gegenüber sitzt und seinen Tod aus nächster Nähe durch einen Büchsenschuß empfängt. Ein Redner nach dem andern bestieg die Bühne bis spät in die Nacht. Dem letzten wurde dieselbe Aufmerksamkeit geschenkt wie dem ersten, und selbst diejenigen, die kein Wort verstanden, schienen gar nicht ermüden zu können. Welchen Eindruck die Reden auf den Nichtverstehenden durch Ton und Geberden machten, geht wohl daraus hervor, daß ein Amerikaner aus vollster Ueberzeugung sagte: „Bis jetzt habe ich geglaubt, die englische Sprache sei die schönste auf dem ganzen Erdball; jetzt bin ich aber zweifelhaft, ob die Choctaw-Sprache der englischen nicht beinahe gleichkommt."

Am nächsten Morgen sah man viele kleine Gesellschaften sich zum Aufbruch rüsten und in den dunkeln Waldwegen verschwinden. Auch unsere Expedition, jetzt erst ganz vollständig geworden, setzte sich an diesem Tage wieder in Bewegung, um sich den großen Prairien vorläufig noch in kleinen Märschen zu nähern, eines Theils um Menschen und Thiere zu gewöhnen, dann aber auch, um mit ungeschwächten Kräften den Entbehrungen in den oft wasserlosen, unabsehbaren Steppen besser trotzen zu können. Je weiter man sich nun vom Poteau entfernt, je mehr man sich dem Sansbois Creek nähert, desto lichter werden die Waldungen und desto häufiger die lieblichen grünen Prairien; hin und wieder sieht man Hügelketten, in deren Nähe das Land aber an Fruchtbarkeit verliert; Sandstein liegt dort nahe der Oberfläche, und der Kamm dieser Berge besteht gewöhnlich aus Sandsteinschichten, die von Südost nach Nordwest streichen. Mitunter zeigt sich eine

Ceder in den Waldungen, die hauptsächlich eine große Mannigfaltigkeit an Eichen darbieten, so daß es wohl im Far West nicht schwer sein würde, fünfundzwanzig bis dreißig verschiedene Eichenspecies aufzufinden.

Das Land ist reich an Quellen und Bächen, welche dem Sans Bois zueilen, der, von Südwest kommend, einige Meilen unterhalb der Mündung des Canadian sich in den Arkansas ergießt. Das Wasser ist gut und trinkbar und wimmelt von Fischen, von denen die Mehrzahl zu den verschiedenen Species der Pomotis gehören; der Ochsen-Frosch (Rana mugiens) läßt von jedem Ufer seine brüllende Stimme erschallen, als wenn er Herrscher über alle diese Gewässer wäre, und beim leisesten Geräusch stürzt er sich furchtsam kopfüber in's Wasser, daß die Wellen hoch aufspritzen. Die schwarze Schlange (Coluber constrictor L.) schleicht beutesuchend träge durch's Gebüsch, während die riesenhafte Diamant-Klapperschlange (Crotalus rhombifer oder C. adamantinus) zusammengerollt lauernd zwischen Gestein liegt und das kleine prächtige Chamäleon ungestraft über sich hinwegspringen läßt.

In der Nähe der Sans Bois-Gebirge windet sich die Straße zwischen felsigen Hügelketten hin, so daß ein schwerer Train nur langsam fortschreiten kann. Wer dann im Besitze eines sicheren Maulthieres ist, der findet es bald langweilig, fortwährend das Knarren von Wagen und das Rufen der Maulthiertreiber zu hören; gern sucht man sich seinen eigenen Weg, auf die Gefahr hin, sich zu verirren, um so mehr, da diese Gefahr verringert wird durch große Lichtungen und Wiesen, welche die Waldung häufig unterbrechen, wo dann dem Reisenden eine weitere Aussicht und mit dieser ein bequemes Auffinden der Wagenspuren gestattet ist.

Abgesehen davon, daß man auf solchen einsamen Wanderungen zuweilen auf eine indianische Farm stößt, wo die immer seltener werdenden und um so angenehmeren Erträge und Erzeugnisse einer ländlichen Wirthschaft für geringen Preis zu erlangen sind; abgesehen von Allem, was zu den gewöhnlichen Lebensereignissen einer solchen Expedition gehört, so führt der Zufall doch hier bisweilen einen wissenschaftlichen Forscher auf unerwartete Schätze, z. B. auf die schönsten Exemplare von versteinerten Abdrücken von Farrenkräutern in den Betten kleiner Gewässer; auf Anzeichen von Steinkohlenschichten ([3]), die an den Ufern sichtbar sind; auf neue gegliederte Cactus-Arten, welche die Nähe der Flora von Texas zu verkünden scheinen.

Leicht ist es von der Nordseite aus, fast alle die Hügelketten hinaufzureiten; an der Südseite dagegen, schroff und steil, bedarf es aller Vorsicht, um die Felsenwände hinunter zu gelangen, ohne in ernstliche Berührung mit dem nachrollenden Gestein zu kommen. Doch gerade dicht an dem Abhange bietet sich dem Auge eine so wundervolle Aussicht dar, daß man gern den gefährlichen Weg vergißt und immer von Neuem hinunter und an einer andern Stelle hinauf klettert. So gelangt man denn auch auf den etwas höher gelegenen Abhang, der wegen seiner wenigen verkrüppelten, auf dem Plateau wachsenden Fichten den Namen Pine Grove

erhalten hat. Bei dem erſten Blick von dort aus auf die ſich gegen Süden
erſtreckende Landſchaft wird man nicht nur überraſcht, ſondern tief bewegt;
nur der Gefühlloſe kann bei ſo viel Schönheit ungerührt bleiben. Das
ganze Land der Choctaws liegt dort vor dem Wanderer ausgebreitet. Zu=
rückblickend gegen Oſten, dahin, von wo er gekommen, ſieht er zum letzten
Male den Sugar=loaf=Berg, an dem die Grenze des Staates Arkanſas vor=
beigeht; eine niedrige, kaum vom Horizonte zu unterſcheidende Bergkette
zieht ſich hinter die dunkleren Maſſen des Cavaneau=Gebirges, an welches
ſich die Sans Bois=Berge ſchließen, deren höchſte Punkte, genau ſüdlich
von Pine Grove, ſich gegen Weſten ſenken und endlich ganz mit dem Flach=
lande verbinden.

Das große Thal nun, wie ein eingerahmtes Bild von blauen Bergen
umgeben, iſt keineswegs eine Ebene, die nur in der Vertheilung von Wald
und Prairie Abwechſelung zeigt; freilich wäre dieſe Abwechſelung hinreichend,
das Land ſeenhaft erſcheinen zu laſſen, doch Berge und Hügel heben ſich
in allen Richtungen, die grünen Prairien und dunklen Wälder ſind durch=
kreuzt von Bächen und Flüßchen, deren Lauf man weithin verfolgen kann;
in den Prairien ſind die Windungen durch das Gebüſch auf den Ufern
erkennbar, im Walde durch das tiefere Grün der Bäume. Wie mächtige,
gegen den Süden rollende Wogen, die ſich am Fuße der Sans Bois=Gebirge
brachen und plötzlich in ihrem Laufe gehemmt wurden, nimmt ſich das
waldige Land aus, welches ſich zwiſchen Pine Grove und den Sans Bois=
Bergen ausdehnt. Mit dichtem Holze bewachſen, tritt jede einzelne Schwel=
lung durch ihre Schattirung deutlich hervor, bis die letzte in das dunkle
Blau der Berge übergeht. Ganz gegen Weſten öffnet ſich das Land in eine
große Prairie, die von Waldungen eingefaßt iſt und die jetzt gerade belebt
wurde durch den langen Train, der mit ſeinen mit Leinwand gedeckten Wa=
gen ſich wie eine Rieſenſchlange durch das hohe Gras wand, um am an=
deren Ende der Ebene an einem kleinen Teiche das Nachtlager aufzuſchlagen.
Kleine, bläuliche Rauchſäulen, die aus dem Walde emporſteigen, verrathen
indianiſche Gehöfte, und das dazu gehörige Vieh ſieht man wie wandernde
Punkte ſich in den Lichtungen und Wieſen bewegen. Der ſchwere Nacht=
thau liegt noch auf den Blättern und Blumen, die ſchon hochſtehende
Sonne lockt aus den Tropfen blitzende Strahlen hervor, und der dann
aufſpringende leichte Südoſtwind, Alles trocknend, raubt dem Saſſafras und
den Millionen von Blüthen und Blumen den Duft und führt ihn mit ſich
fort über die Berge. Der texaniſche Adler (Polybonis vulgaris And.)
und die weiße Gabelweihe (Nauclerus fuscatus L.) beſchreiben große
Kreiſe durch die Lüfte, während unten im Schatten die Droſſel (Turdus
migratorius L.) es verſucht, ihren Geſang mit den Melodien des Spott=
vogels (Mimus polyglottus) zu vereinigen, und der von Zweig zu Zweig
kletternde Papagei ausgelaſſen dazwiſchen ſchreit.

Lange ſteht hier der Reiſende bewundernd, denn er iſt gelangt an die
Grenze des ſchönen, üppigen Landes; er wird bald da reiſen, wo ſein Auge

vergebens am Horizont nach einem Punkte suchen wird, auf dem es blei=
bend haften möchte; er nimmt Abschied von diesem Paradiese, schneidet
seinen Namen in die am Abhange stehende verkrüppelte Eiche, wirft einen
letzten Scheideblick auf den in Nebel gehüllten Sugar=loaf und sucht dann
behutsam nach einem Wildpfade, um, seinem Maulthiere vorangehend, den
Abhang hinunter zu klettern. Unten wendet er sich gleich westlich, das
Holz wird lichter, und bald befindet er sich am Rande der Prairie, an deren
westlichem Ende, in einem schmalen Waldstreifen, er mit seinen Gefährten
im aufgeschlagenen Lager wieder zusammentreffen wird.

Einzelne dieser größeren, weichen Prairien sind oftmals der Sammel=
platz von Tausenden von Indianern, die dort zusammenkommen, um ihre
alten herkömmlichen Spiele zu treiben, Spiele, die schon so alt wie die
Nation sind, und die nur mit dem Untergange des ganzen Stammes ver=
gessen werden können. Gleichviel, wie weit die dort lebenden Stämme in
der Civilisation vorgeschritten sind, der im Osten erzogene indianische Gentle=
man, so wie der von der Jagd oder vom Ackerbau lebende Wilde desselben
Stammes, jeder wirft die beim Spiele hinderliche, lästige Kleidung bei
Seite, und nach alter Weise von Kopf bis zu Fuß bemalt, tritt er in die
Schranken, um sich mit aller Leidenschaft, mit allem Eifer und mit aller
Ausgelassenheit dem großen Nationalspiele, dem Ballschlagen, hinzugeben.

Das Ball= oder Ringspiel ist bei allen nordamerikanischen Indianern
mehr oder weniger einheimisch; selbst bei den erst in neuerer Zeit bekannt
gewordenen Stämmen der Mohawe= und Pah=Utah=Indianer am Großen
Colorado ist das Ringspiel zu Hause. Das Ballschlagen der Choctaws,
Chickasaws, Creeks und Cherokesen, welches mit so großen Förmlichkeiten
eröffnet und dem noch immer eine große „Medizin" (ein gewisser Zauber)
zugeschrieben wird, verdient indessen einer besondern Erwähnung.

Die erste Veranlassung zu solchem Spiele wird gewöhnlich durch die
Herausforderung zweier Männer gegeben, die sich schon einen Ruf als
Ballschläger erworben haben; der Tag des Kampfes wird bestimmt, und
beide schicken ihre Werber aus. Die letzteren sind bemalte Reiter, die mit
einem buntgezierten Ballstock bewaffnet und phantastisch geschmückt sind.
Von Ansiedelung zu Ansiedelung, von Haus zu Haus reiten diese nun in
der Nation umher, jedem Manne die Namen der Herausforderer nebst den
schon bestimmten Tag des an einem bezeichneten Orte abzuhaltenden Spieles
angebend, und fordern jeden zur Betheiligung auf, um auf die Seite des=
jenigen Kämpfers zu treten, für den sie als Werber ausgeritten. Die Zu=
sage geschieht durch einfache Berührung des geschmückten Ballstabes, und
darf das Wort dann nicht mehr zurückgenommen werden. Da nun jeder
Theilnehmer von allen den Seinigen begleitet wird, so findet man an dem
vorhergehenden Tage oft die halbe Nation versammelt; die Einen, um am
Spiele Theil zu nehmen, die Andern, und besonders die Frauen, um wettend
aufzutreten. Die beiden Parteien haben ihre Lager einander gegenüber am
Rande einer zum Spiele sich eignenden Prairie aufgeschlagen. Die Vorbe=

reitungen nehmen dann ihren Anfang in folgender Art. Der Mittelpunkt
zwischen beiden Lagern wird ausgemessen und bezeichnet. 250 Schritte von
diesem schlägt dann jede Partei zwei Stangen 6 Fuß von einander in die
Erde und verbindet dieselben in einer Höhe von 16 Fuß durch eine dritte
so, daß die auf diese Weise gebildeten Thore einander genau gegenüber
stehen. Vier unparteiische alte Männer haben die richtige Abmessung zu
überwachen; ihnen liegt ebenfalls die spätere Entscheidung ob. Kaum ist
die den Mittelpunkt durchschneidende Linie bezeichnet, so stürzen aus den
Lagern die Massen der Wettenden nach derselben hin, wählen sich ihre
Gegner, und die Wetten werden dann über der Linie festgestellt. Natürlich
ist Jeder des Sieges seiner Partei gewiß und setzt den höchsten ihm nur
möglichen Preis aus. Die Preise bestehen aus Pferden, Gewehren, Decken,
Kleidungsstücken, Hausgeräthen, kurz aus allen bei ihnen nur denkbaren
Gegenständen, die auf der Linie bei den vier Unparteiischen niedergelegt
werden, welche die Nacht hindurch diese Sachen bewachen und zeitweise
ihren heulenden Gesang unter Begleitung der indianischen Trommel hören
lassen, oder aus langen Pfeifen dem großen Geiste zu Ehren rauchen, damit
er den Kampf zu einem gerechten Ende kommen lassen möge. Die Zeit
bis zu Sonnenuntergang benutzen die Spieler, um sich zu rüsten und vorzubereiten. Jede Kleidung bis auf einen kleinen Schurz wird abgelegt, ein
gestickter Gürtel mit einem langen Schweife von gefärbten Pferdehaaren um
die Hüften geschlungen, so daß der Schweif hinten flattert. Kein Spieler
darf mit Mokkasins (indianische Halbstiefeln von weich gegerbtem Hirschleder)
oder Schuhen seine Füße sichern oder bedecken, sondern diese werden, wie
der ganze übrige Körper, auf das Wunderlichste mit allen nur denkbaren
Farben bemalt. Außer den Spielstöcken, die zum Auffangen oder Schleudern des Balles dienen, darf keine Waffe offen oder versteckt geführt werden. Diese Stäbe sind von leichtem Holze gearbeitet und am äußern Ende
mit einem Ringe versehen, der groß genug ist, um den Ball zu halten,
und wiederum nicht so groß, daß derselbe hindurchfallen könnte, denn keine
Hand darf den Ball berühren. Von der frühesten Jugend an die Handhabung dieser Stöcke gewöhnt, besitzen diese Leute eine merkwürdige Gewandtheit, nicht nur den Ball erstaunlich weit zu schleudern, sondern auch
denselben zwischen den Ringen in der Luft aufzufangen. Es wird nur mit
einem Balle gespielt, wobei Jeder trachtet, Herr desselben zu werden, um
ihn durch das Thor seiner Partei zu werfen. Die Partei nun, die zuerst
hundert Mal den Ball nach ihren Stangen geschleudert hat, trägt den
Sieg und damit alle Preise davon. Wenn nun die Sonne sich hinter den
Bäumen gesenkt, und die immer länger werdenden Schatten sich vereinigt
haben, um in Dämmerung überzugehen, so sieht man die Spieler bei
Fackelschein sich in zwei Zügen nach ihren entsprechenden Stangen begeben;
singend und heulend, trommelnd und mit den Spielstöcken klappernd, tanzen
und drängen sie sich um dieselben herum. Auch die Weiber ziehen in Pro-
cessionen nach der Mitte, stellen sich zwischen den Stangen und dem Mittel-

punkte in zwei Reihen auf, tanzen und wiegen sich auf ein und derselben Stelle von einem Fuße auf den andern, ihre Stimmen ebenfalls zum wilden Chor vereinigend. Die Unparteiischen sitzen indessen rauchend auf der Grenzlinie und lassen die Tabakswolken zum großen Geiste aufsteigen. Auf diese Weise geht die Nacht ruhelos hin, von halber Stunde zu halber Stunde wird der Gesang und Tanz wiederholt, und Pausen treten nur auf kurze Zeit ein, um den Lärm mit erneuter Kraft wieder aufnehmen zu können. Die aufgehende Sonne findet Jeden gerüstet, oft harren mehr als Tausend ungeduldig auf das gegebene Zeichen. Jetzt fällt ein Schuß, und der Ball wird von einem Unparteiischen am Mittelpunkt in die Höhe geschleudert; wie rasend stürzen alle Kämpfer beider Theile nach der Stelle hin, und augenblicklich sind sie unter einander gemischt. Eine einzelne Gruppe ist nicht mehr zu unterscheiden, es ist nur noch ein Haufen unter einander wirbelnder Menschenglieder. Der Rasen wird zu Staub gestampft, Alles stürzt sich drunter und drüber, jetzt hält einer den Ball, und schon ist er ihm wieder entrissen; jetzt fliegt der Ball dem Ziele zu, er erreicht es nicht, denn ein wachsames Auge, eine sichere Hand haben seinen Flug gehemmt; der Kampf um ihn entspinnt sich von Neuem, endlich fliegt er durch ein Thor, eine augenblickliche Pause tritt ein, und wiederum wird der Ball in der Mitte aufgeworfen, um hundert Mal eine der beiden Pforten zu durchfliegen, ehe mit der Entscheidung zugleich das Ende dieses rauhen, aufregenden Spieles angekündigt wird, was gewöhnlich erst kurz vor Sonnenuntergang geschieht.

V.

Fraeser, der indianische Schmied. — Sans Bois Creek. — Die vier Trapper. — Dr. Bißelow und sein Abenteuer. — Der Ausflug an den Canadian.

Sobald man Pine Grove und die Haupthöhen der Sans Bois-Gebirge hinter sich hat, bietet das Land für eine kurze Zeit einen ganz anderen Charakter dar. An den Niederungen oder an den Ufern kleiner Gewässer ziehen sich nur noch Waldstreifen entlang, und einzelne Baumgruppen beleben hin und wieder die „rollende" grüne Ebene (rolling Prairie, amerikanische Bezeichnung für eine wellenförmige Ebene). War man bis jetzt durch Waldung mit Prairien gezogen, so ist es die Prairie mit Waldung, welche nun vor dem Wanderer liegt. So wie man sich aber dem Sans Bois Creek auf einige Meilen genähert hat, findet man die Vegetation

kräftiger; häufiger stößt man auf Einfriedigungen, Kornfelder und Vieh=
heerden, und sieht oftmals ein Blockhaus durch die Bäume schimmern. —
Wenn man der Straße folgt und auf derselben in den Forst einbiegt, der
den breiten Saum des Bans Bois bildet, hört man fast zu jeder Tageszeit
kräftig auf sprühendes Eisen und auf den Ambos fallende Hammerschläge,
die im raschen Takte auf einander folgen, so oft nur ein fleißiger, lebens=
froher Schmied den Hammer zu schwingen vermag. Dem Geräusch der
Schmiede nachgehend, muß man sich bald zwischen wohlgenährten Kühen
und Ochsen den Weg suchen, die mit größtem Behagen sich mitten auf der
Straße gelagert haben und gar nicht geneigt scheinen, sich von irgend wem
in der Welt in der süßen Arbeit des Wiederkäuens stören zu lassen. Man
befindet sich jetzt an der Lichtung vor der Einfriedigung eines Hofes, in
dessen Mitte sich ein roh, aber fest gezimmertes Blockhäuschen erhebt; vor
der Thür balgen sich einige Indianerkinder umher, ein stolzer Haushahn
beobachtet vorsichtig ihr Treiben, während seine eigene große Familie, auf
dem Hofe zerstreut, sich Futter sucht; eine reinlich gekleidete Indianerin geht
ihren häuslichen Geschäften nach, während ihre ernsten, schwarzen Augen
ihren kleinsten sich im Grase wälzenden Liebling überwachen; einige große
Hunde haben sich im Schatten eines Baumes ausgestreckt, sie pflegen ge=
mächlicher Ruhe, und nur durch Schnappen nach den sie belästigenden
Fliegen verrathen sie Leben. Der gewichtige Hammer fährt indessen unge=
stört fort, den Ambos und die ganze kleine Schmiede zu durchzittern, und
in langen, tiefen Zügen athmet der Blasebalg. Das süße Bild des Frie=
dens liegt in diesem fernen Lande vor dem Wanderer, der fast zaudert, es
durch seinen Eintritt zu unterbrechen. Sein Thier an den nächsten Baum
bindend, nähert er sich der Einfriedigung; er wird zuerst angemeldet durch
einen Haufen grunzender Hausthiere, die auf der andern Seite des Zaunes
sich mit der größten Behaglichkeit sonnten und jetzt bei seiner Annäherung
schnaubend davonstürmen. Das Lärmsignal ist gegeben, die Hunde stürzen
auf den Reisenden los, die Kinder suchen die Hausthüre zu erreichen, das
kleinste windet sich neugierig in den Armen seiner Mutter, der Haushahn
läßt ein drohendes Gackern hören und die Hühner verkriechen sich in's Ge=
büsch. Der Lärm bringt in die Schmiede und macht Blasebalg und Ham=
mer ruhen. Ein rußiger Indianer tritt vor die Thür, ruft die Hunde zu=
rück, ladet den Fremden ein, in seine Wohnung zu treten, und bietet ihm
freundlich die Hand mit den Worten: „Wie geht's (how do you do)?"
Sein Gehülfe, ein blauschwarzer Neger, läßt ebenfalls Blasebalg und
Schmiedefeuer im Stich, um den so seltenen Besuch von weißen Menschen
zu bewillkommnen. Der Wagenzug hat sich indessen genähert und Einer
nach dem Andern spricht in der kleinen Farm ein, um sich nach Eiern,
Milch, Butter, jungen Hühnern und ähnlichen Leckerbissen umzusehen. Frei=
willig werden hohe Preise für jede Kleinigkeit bezahlt, und die Augen der
Indianerin leuchten beim Empfang des blanken Geldes, denn im Geiste
sieht sie bereits die schönen bunten Stoffe und Bänder, die für den uner=

warteten Erlös angeschafft werden können. Der indianische Schmied ver=
kauft unterdessen einige Stück Rindvieh und eine Wagenladung Mais, und
läßt sich sogar geneigt finden, der Expedition als Führer bis zum Gaines
Creek, der Grenze zwischen der Choctaw= und Chickasaw=Nation, zu dienen.
Die Bedingungen sind bald festgestellt, der Schmied wäscht sich Ruß und
Asche vom Gesicht, ordnet seine langen schwarzen Haare; seine handfesten
Jungen satteln ihm ein Pferd, seine Frau reicht ihm das bunte Jagdhemd,
Pulverhorn und Kugeltasche; die Büchse nimmt er sich selber, ein kurzes
Lebewohl den Seinen, einige Anweisungen noch für den Neger auf die acht
Tage seiner Abwesenheit, und er besteigt sein Pferd, begiebt sich an die
Spitze des Zuges und verfolgt dann, ohne sich weiter umzusehen, seine
Straße, am ersten Tage seiner Führung das Ufer des Sans Bois zum
Nachtlager wählend.

Obgleich der Sans Bois den größten Theil seines Wassers von den
Sans Bois=Bergen erhält, in deren Nähe er eine ziemliche Strecke lang
hinfließt, so entspringt er doch weiter westlich in dem Winkel, der vom
Gaines Creek und dem Südarm des Canadian gebildet wird. In gerader
Richtung östlich fließend, gleicht er einem Bache bis an die große Biegung,
wo ihm der am Canadian entspringende und sich südöstlich wendende Coo=
per's Creek seine Wasser übergiebt, um sie in nordöstlicher Richtung dem
Arkansas zuzuführen. Wie alle Gewässer der dortigen Gegend, so ist auch
der Sans Bois von Ländereien eingefaßt, wie sie zur Cultivirung nicht
besser gewünscht werden können. Sein Wasser, das klar und gut ist, fließt
meistens über Gerölle; Unmassen von Fischen beleben seine Fluthen, und
wohl lohnt es sich der Mühe, in der Abenddämmerung die Angel auszu=
werfen und dabei dem nächtlichen Leben im Walde zu lauschen. Da hört
man den lauten Flügelschlag des wilden Truthahns (Mcleagris gallopavo),
wenn er von Zweig zu Zweig flattert und in den höchsten Bäumen sein
Nachtlager aufschlägt; der weiße Reiher (Ardea egretta) giebt sich durch
sein heiseres Kreischen kund, und der Uhu (Bubo virginianus) läßt seinen
dumpfen Ruf wiederhallen. Schnell zieht man einen Fisch nach dem an=
dern auf's Ufer, greift auch wohl mitunter, durch ein nahes Geräusch er=
schreckt, nach der bereit liegenden Büchse, um sie, durch den Ruf eines
Erpels getäuscht, beschämt wieder bei Seite zu legen. Ja, es ist ein Ge=
nuß, solche Einsamkeit! nur darf man noch nicht durch den Gedanken an
Gefahr zur Vorsicht gemahnt worden sein; der wilde Comanche ist ja noch
so fern, und deutlich schallt das Rufen der Schildwachen vom nahen Lager
herüber. Ist man dann mit dem Erfolge des Fischfanges zufrieden, so
packt man die zum Frühmahl bestimmte Beute zusammen und windet sich
leichten Herzens durch die Gebüsche dem Lager zu, wo die verschiedenen
Gruppen noch lange aufbleiben, die Zeit durch lebhaftes Erzählen und die
Mosquitos durch gute Tabakswolken vertreiben. Unsere Abendunterhaltungen
betrafen gewöhnlich Gegenstände, die den augenblicklichen Verhältnissen am

nächsten lagen; Indianer und Trapper*) waren das Hauptthema. Jeder kramte gern seine ganzen Erfahrungen aus, wohl wissend, daß aufmerksame Ohren lauschten, und gewiß mancher von seinen Zuhörern wünschte, auch einmal die Hauptrolle in einer abenteuerlichen Geschichte zu spielen, freilich unter der Bedingung eines glücklichen Ausganges.

„Die Civilisation schreitet mit Riesenschritten westwärts," so hob einer aus unserer kleinen Gesellschaft an, der durch seinen Accent seine deutsche Abkunft verrieth, „denn da, wo vor dreißig Jahren noch der schwarze Bär und der Biber gejagt wurden, stehen heute Städte, und zwar zum größten Leidwesen der Trapper, deren Reviere zugleich mit denen der Indianer beschränkt werden. Vor zwei Jahren traf ich oben am Missouri nahe den Council Bluffs mit einem solchen verindianerten Trapper zusammen; seine Haare waren ihm unter Entbehrungen und Gefahren ergraut, aber Gewohnheit war ihm zur andern Natur geworden. Der Schlag der Axt im Urwalde war ihm ein Gräuel und das Herz blutete ihm, wenn er die Abnahme der Büffel in den grasigen Prairien und die Entvölkerung der Biberdörfer vor der andringenden Civilisation wahrnahm. Mit einem Gemisch von Wollust und wehmüthiger Rührung gedachte er der Zeiten, wo St. Louis nur erst eine kleine Ansiedelung war, noch keine Dampfboote sich zwischen den gefährlichen Holzklippen aufgehäufter schwimmender Baumstämme des Mississippi und Missouri hindurchwanden, und mit dem leichten Canoe Monate lang auf Strecken gereist werden mußte, die man jetzt in wenigen Tagen zurücklegt. Zu dieser Zeit also war es in den ersten Tagen des Juni, als der alte Pierre sich mit drei Kameraden in der Ansiedelung St. Louis reisefertig machte. Sie waren alle vier Freitrapper, das heißt Trapper, die nicht von den großen Pelzhandlungen engagirt sind, sondern unabhängig in den Wildnissen umherstreifen, Biber fangen, Bären schießen und alljährlich einmal in einem Boote, welches aus zwei an einander gebundenen, ausgehöhlten Baumstämmen besteht, ihre Beute den Mississippi oder Missouri hinunterstößen, ihre Waaren selbst nach den nächsten Posten der Handlungshäuser bringen, und einen höhern Preis erlangen, je nachdem sie nun gute Jäger sind und das Glück ihnen günstig war. Solche Freitrapper brauchen nur wenig Mittel und wenig Zeit, um sich zu einer Jagdexpedition vorzubereiten. Ein Reitpferd für Jeden, zwei Packpferde zum Transport von Munition, Biberfallen, ein Fäßchen Branntwein und ein guter Vorrath von Tabak war die ganze Ausrüstung der vier Abenteurer. Das Bett in Gestalt einer wollenen Decke packte Jeder unter seinen Sattel, und leichten Herzens wanderte die Gesellschaft am Mississippi hinauf, um zum Herbste in der Nähe der Fälle des St. Antony in den kleinern Gewässern dem Biber und der Otter nachzustellen. Damals gab es noch

---

*) Trapper, amerikanischer Name für Biberfänger und Pelzjäger, abgeleitet von der englischen Bezeichnung Trap, für die Falle, also eigentlich Fallensteller.

keine Fährboote, viel weniger noch Fährleute auf der von ihnen eingeschlagenen Route, und oftmals mußte ein breiter Strom mit Hülfe einiger trockner Baumstämme durchschwommen werden; doch näherten sie sich rasch dem obern Mississippi. Rock Island wurde passirt, Prairie du Chien blieb hinter ihnen zurück und der Pepin-See war erreicht, ehe der Sommer zu Ende ging. Von da ab mußte indessen eine andere Art zu reisen gewählt werden, denn die dort beginnenden hohen, felsigen Ufer machten das Reisen mit Pferden fast unmöglich, und dann mußte das Terrain auch untersucht werden, um eine Stelle ausfindig zu machen, wo bei der Rückkehr im Spätherbste noch mit Erfolg Fallen aufgestellt werden konnten. In dem nächsten Dorfe der Chippeway-Indianer gaben sie ihre Pferde auf und tauschten dafür ein leichtes Canoe und Pelzwerk ein. Das letztere, bestehend aus kostbaren Otter- und Biberfellen, nahm nur wenig Raum in dem von Birkenrinde gebauten Boote ein; das versteckt gehaltene Fäßchen Branntwein wurde unter den Fellen verpackt, und als die vier Trapper ihr Boot bestiegen, schien dasselbe noch gar nichts von seiner Leichtigkeit verloren zu haben und gab willig jedem Ruderschlage nach. Viel bessere Ruderer mag der Mississippi noch nicht gesehen und kräftigere Arme mögen das Ruder noch nicht in die Fluthen getaucht haben, als da die Vier stromaufwärts zogen. Die Strömungen vermeidend, suchten sie die stillen Wasser am Ufer und leicht flog ihr Canoe vor ihren vereinten Ruderschlägen dahin, immer den Fällen des St. Antony entgegen. Die Mündungen kleiner Flüsse wurden untersucht, doch noch ohne Erfolg, bis oberhalb des Einflusses des St. Peter in den Mississippi, da wo das Getöse der großen Fälle ihr Ohr erreichte. Dort bemerkten sie, daß der Lauf eines aus dem Westen kommenden Flüßchens gestaut war: sie folgten dem seichten Bette eine kurze Strecke lang und entdeckten bald Biberdämme, wodurch ein kleines Thal ganz unter Wasser gesetzt war; frisch abgenagte Bäume, mehr aber noch die aus dem Wasser ragenden Biberwohnungen sagten ihnen, daß sie nun das Revier zu ihrer Herbstjagd gefunden hatten. Das ganze umliegende Terrain wurde mit größter Vorsicht abgesucht, und zu ihrer Beruhigung und Freude fand sich nicht die geringste Spur einer Rothhaut.

Um den Bälgen der Biber noch einen Monat Wachsthum zu gönnen, wurde beschlossen, so lange oberhalb der Fälle zu jagen und auf der Rückreise dann die Biberrepublik auszubeuten. An einer trocken gelegenen Stelle wurde ein rundes Loch gegraben und dahinein wanderten die erbeuteten, so wie die von den Chippeways erstandenen Felle und Bälge, ebenso das Fäßchen Branntwein, welches für die kalten Herbstnächte bestimmt war. Die überflüssige Erde wurde sorgfältig an's Ufer getragen und in's Wasser geworfen und die kleine Vorrathskammer so genau und vorsichtig mit Rasen und Steinen überdeckt, daß selbst die feine Nase eines Indianers von dem Versuche hätte abstehen müssen, diese Schätze aufzuspüren und auszugraben*).

---

*) Eine solche Grube wird von den Pelzjägern Cache genannt.

3 *

Da die ganze Ladung zurückgeblieben war und die vier Trapper nur
das Allernothwendigste mitgenommen hatten, so war das Canoe auch viel
leichter zu handhaben, und es gelang ihnen, bis dicht an die Fälle vorzudringen. Die Fälle selbst wurden umgangen, das heißt, das Canoe wurde
auf's Land gezogen, umgekehrt auf die Schultern genommen, an den Fällen
vorbeigetragen und da, wo das Wasser ruhiger floß, wieder hineingeschoben.
Bei einem Fahrzeuge, welches aus Birkenrinde verfertigt ist, haben dergleichen Umgehungen nur wenig Schwierigkeiten, und bald ruderten sich die
Abenteurer oberhalb der Fälle weiter. Sie hielten sich dicht am westlichen
Ufer und vermieden auf diese Weise die starken Strömungen der den Felsen zueilenden Wasser. Das schöne Biberdorf im Rücken wissend, schienen
sie nicht mehr so große Eile zu haben, vorwärts zu kommen, und die Jagd
im Walde war jetzt mehr ein Zeitvertreib als vortheilbringend, obschon
eine Hirschhaut damals so gut wie baares Geld war. Nach einigen Tagereisen, wiewohl nur wenig Meilen oberhalb der Fälle, wurden sie vom
Appetit getrieben und von Bequemlichkeit dazu aufgefordert, früher als
sonst an's Ufer zu gehen, um dem Hunger durch ein geröstetes Stück
Hirschfleisch und der Bequemlichkeit durch gemüthliches Hinstrecken in's Gras
zu fröhnen. Der alte Pierre und einer seiner Gefährten übernahmen für
die Küche die Sorge, während die andern Beiden mit ihren Büchsen ausgingen, um sich von der Sicherheit der nächsten Umgebung zu überzeugen.
Ein kleines Feuer von trockenem Holze brannte bald, ohne den geringsten
Rauch in die Höhe zu schicken, der ihre Anwesenheit hätte verrathen können; der alte Pierre beobachtete aufmerksam die bratenden Leckerbissen, die,
auf kleine Stäbchen gespießt, im Kreise um das Feuer standen, einen nach
dem andern umwendend, während sein Gefährte mit geübter Hand die Federn einem fetten Truthahn ausrupfte.

Plötzlich fiel ein Schuß in der Ferne, ein zweiter folgte bald darauf.
Der alte Pierre und sein Kamerad spitzten die Ohren. Pierre, mit seiner
Küche beschäftigt, rieth seinem Gefährten, einen Baum zu ersteigen, um
einen Blick in die Ferne zu werfen; dieser leistete auch Folge, doch nicht
ohne seine Büchse mitzunehmen, und bald verbargen ihn die Blätter eines
dicht belaubten Zuckerahorns. Nur kurze Zeit hatte er sich dort oben umgesehen, als die mit Angst ausgesprochenen Worte: „Rette Dich!" von oben
herab die Ohren Pierre's berührten. Büchse, Horn und Kugeltasche ergreifen und in's Canoe werfen, war das Werk eines Augenblicks, als bereits
ein Rudel Indianer durch das Dickicht brach und mit geschwungenem Tomahawk auf Pierre losstürzte. Dem Canoe einen mächtigen Stoß gebend,
sich selbst zu gleicher Zeit hineinschwingend, erreichte dieser glücklich die
Strömung, doch mit Zurücklassung aller Ruder. Dieser Umstand war den
Indianern nicht unbemerkt geblieben, und vier der Vordersten stürzten sich
mit wüthendem Geheul in den Fluß. Schnell hatte die Strömung das
leichte Boot fortgerissen, doch schneller noch folgten die Rothhäute nach;
jeder Stoß brachte sie dem ruderlosen Fahrzeuge näher und die am Ufer

weit zurückbleibende Rotte stieß ein triumphirendes Geheul aus. Jetzt hob Pierre seine lange Büchse, es galt dem Nächsten, der durch Untertauchen der Kugel zu entgehen versuchte; doch vergebens, sie zerschmetterte ihm den Schädel; noch einmal hob sich der Wilde hoch im Wasser und sank dann unter, nur einen blutigen Streifen auf der Oberfläche zurücklassend. Wüthendes Geheul tönte vom fernen Ufer herüber, mit wüthendem Geheul antworteten die drei noch übrigen Verfolger; zwei derselben waren nahe dem Boot und in dem Augenblicke, als Pierre eine neue Kugel in den Lauf stoßen wollte, legten Beide die Hand an's Boot. Zeit war nicht mehr zu verlieren, der Jäger ließ die Büchse fallen, griff nach dem Messer und stieß es rasch dem Nächsten seiner Feinde unterhalb des Halses in die Brust; der langgedehnte Todesschrei des Wilden erstarb in den über ihn zusammenschlagenden Wellen. Der Moment jedoch, in welchem Pierre sich von dem einen Feinde befreite, war von dem andern benutzt worden, um sich mit starkem Griff an dem Halse des Trappers festzuklammern und sich so mit der ganzen Schwere seines Körpers anzuhängen. Pierre, dessen Luftröhre durch die Gewalt des Druckes zusammengepreßt wurde, fing an die Besinnung zu verlieren, seine Arme, auf die er sich stützte, um das Umschlagen des Bootes zu verhindern, erschlafften, die geschlossene Faust öffnete sich, das Messer lag frei da. Das Canoe neigte sich auf die Seite; dem Umstürzen vorzubeugen, versuchte der sein Opfer festhaltende Wilde das Boot zu ersteigen, sein nacktes Knie legte sich auf den Rand, jetzt ruhte der Körper schon ganz auf demselben: doch schlüpfrig geworden durch das Wasser, verlor das Knie im entscheidenden Augenblicke seinen Haltpunkt, der Körper fiel zurück in's Wasser, die eine Hand ließ in ihrem tödtlichen Griffe nach, und ehe der Wilde von Neuem fassen konnte, hatte Pierre sich mit der äußersten Anstrengung seiner schwindenden Kräfte aufgerichtet, und als der letzte seiner Feinde die Hand nach dem Boote ausstreckte, stieß er rasch dem ersten das Messer in die Brust und stellte sich dann dem andern gegenüber. Dieser nun, um den jetzt ungleichen Kampf zu vermeiden, änderte rasch seine Absicht und schwamm dem Ufer zu, um den Seinigen das Loos seiner eigenen Gefährten zu verkünden und durch die schmerzhaftesten Martern sich an den Kameraden Pierre's, welche sie in ihre Gewalt bekommen hatten, zu rächen; denn der jetzt Entkommene war ohne Ruder und trieb mit seinem Canoe rasch den Fällen und also seinem gewissen Untergange entgegen. Pierre's Aufmerksamkeit wendete sich nunmehr auf das pfeilschnell dahin fliegende Fahrzeug; das Erste, was er bemerkte, war das schrecklich verzerrte Gesicht des Indianers, welches ihn mit stieren Augen anglotzte; derselbe hatte sich im letzten Todeskampfe mit krampfhaftem Griff an's Boot angeklammert; er war todt, aber seine starre Faust konnte nur mit dem Messer gelöst werden, worauf die Wellen über ihn zusammenschlugen. Den Indianern vorläufig entgangen, zeigte sich dem alten Pierre die Gefahr von einer andern Seite. Die Fälle waren nicht mehr weit entfernt und das leichte Canoe trieb mit rasender Schnelligkeit seinem Verderben entgegen; er mußte das Boot verlassen oder mit hinunterstürzen, denn an Schwimmen in dem Strudel war nicht mehr zu denken. Das Boot war der Strömung nach der andern Seite hin gefolgt und flog dicht an den hervorstehenden Felsen des Ufers vorbei, doch ohne dieselben zu berühren. Eine einzige Rettung war nur möglich, der Versuch wurde mit Pulverhorn und Kugeltasche gemacht; abermals an einem Felsen vorbeifliegend, brachte ein rascher, sicherer Wurf beides auf's Trockene; der nächste Felsen nahm die Büchse auf, und es blieb ihm noch die schwierigste Aufgabe, selbst das Ufer zu erreichen. Felsen folgte auf Felsen, doch keiner bot den Füßen einen Haltpunkt oder den Händen einen rettenden Strauch. Das Donnern des Wasserfalles konnte er schon deutlich vernehmen, der Sprung mußte gewagt werden; als das Canoe nun einen weiter vorstehenden, aber schroffen Felsen fast streifte, setzte er einen Fuß auf den schmalen Rand des Fahrzeuges, und seine ganze Kraft aufbietend, sprang er hinter dem Felsen in's Wasser. Der Stoß hatte das Canoe umgeworfen, aber Pierre war gerettet. Er stand bis an die Hüften im ruhigen Wasser und mit geringer Mühe erkletterte er das Ufer. Er war gerettet, doch wo waren seine Freunde? Waren alle in die Hände der Indianer gefallen? Konnte nicht einer derselben sich so gut wie er selbst gerettet haben? Der Fluß trennte ihn von seinen Freunden, sowie von seinen Feinden, er konnte also ohne Gefahr bis dahin zurückwandern, wo ihm der hohe Zuckerahorn auf dem jenseitigen Ufer die unglückliche Lagerstelle bezeichnete, und diesen ersten Plan führte er aus. Er war bald wieder im Besitz seiner Büchse sowie der Munition, und vorsichtig wanderte er stromaufwärts. Er ging die Nacht hindurch, und als der Tag graute, konnte er den hohen Zuckerahorn erkennen. Es war die Lagerstelle; die Kohlen des verlöschenden Feuers hatten das Gras angezündet, welches am Ufer langsam weiter glimmte und in den trockenen Treibreisern hinlänglich Nahrung fand. Vorsichtiger noch schlich er weiter, bis er sich der Unglücksstelle gegenüber befand; lange lag er und lauschte; Alles war todt und stille. Jetzt schickte er den bekannten Signalpfiff über den Fluß, und gleich wurde er beantwortet, doch nichts zeigte sich. Nun stellte er sich aufrecht an's Wasser, so daß er vom jenseitigen Ufer gesehen werden konnte, und zu seinem nicht geringen Erstaunen entdeckte er seinen Gefährten, der mit der Büchse auf dem Rücken eilig von dem Ahornbaume stieg. Es war gut, daß der gerettete Freund seine Waffe mit auf den Baum genommen, denn sonst würde er den Spürnasen der Indianer nicht entgangen sein. Die Nacht in den Zweigen mag nicht die angenehmste gewesen sein." — „Elf Uhr! Alles in Ordnung!" rief unser Wachtposten. „Elf Uhr!" wiederholte der Erzähler, „meine Pfeife ist ausgebrannt, die Mosquitos beißen mich, müde bin ich zwar noch nicht, aber träge, meine Geschichte muß ich ein andermal beendigen, für heute Abend wäre sie doch zu lang." Sich redend und dehnend, auch wohl einige Bemerkungen über den schönen Mondschein oder das in Aussicht stehende gute Wetter machend, erhob sich Jeder und schlenderte langsam seinem Zelte zu, um sich zum

Schutz gegen den starken Thau und die immer dreister werdenden Insekten in seine Decken zu verkriechen.

Geführt von dem Indianer Fraeser hatten wir den Sans Bois überschritten und zogen an der Nordseite desselben weiter. Bewaldete, felsige Hügel, blumige, duftende Ebenen, durchschnitten von klaren, dem Sans Bois zueilenden Bächen geben diesen Ländereien einen lieblichen Reiz. Die tief ausgewaschenen Wagengeleise dagegen, die zur Zeit der dort so schweren Regen in ebenso viele schäumende Gießbäche verwandelt werden, erlauben nur langsames Vorschreiten in den wellenförmigen Niederungen. Dieselben stürzenden Wasser haben zu gleicher Zeit auf den Höhen hinderndes Gerölle bloßgelegt, und mühsam muß das Zugthier nach einem sichern Haltpunkte für den gleitenden Huf suchen. In kleinen Märschen näherte sich unser Zug den Quellen des Sans Bois. Die fast senkrechten Strahlen der brennenden Augustsonne machten das Reisen in den Mittagsstunden schwierig und erschöpfend, und Jeder sehnte sich dann nach kühlem Schatten und erfrischendem Wasser. Bald nach Sonnenaufgang war daher auch der knarrende Wagenzug gewöhnlich schon wieder in Bewegung, und verfolgte mit rüstigem Schritte die unebene Straße, um so viel wie möglich den Tagemarsch in den Frühstunden zurückzulegen. Der zehn Miles nördlich von der Straße fließende sandige Canadian war bis jetzt noch nicht berührt worden, und es wurde von einigen Mitgliedern unserer Gesellschaft beschlossen, einen Ausflug nach der Stelle zu machen, wo die Northfork und die Southfork fast einander gegenüber in den Canadian münden. Ein Ruhetag wurde dazu bestimmt.

In einem reizenden Thale, noch zwei Tagereisen von Gaines Creek entfernt, wurde deshalb das kleine Lager mit mehr Sorgfalt als gewöhnlich aufgeschlagen. Unter hohen, schattigen Bäumen, an dem Ufer eines murmelnden Baches, erhoben sich die weißen Zelte; sie stachen lieblich ab gegen die saftige, von Blumen schillernde Wiese, welche sich vor dem Lager bis an den Fuß der nahen, waldigen Berge ausdehnte. Die von der drückenden Last befreiten Thiere grasten heerdenweise, oder wälzten sich behaglich im frischen Grün, um den getrockneten Staub und Schweiß von ihrem Körper zu entfernen. Die Gesellschaft hatte sich in verschiedenen Gruppen hingestreckt, um auf die gemüthlichste Weise sich über Tagesneuigkeiten zu unterhalten, als die Abwesenheit des beliebten, alten Doctor Bigelow, des Botanikers unserer Expedition, bemerkt wurde. Bei weitem der älteste der ganzen Gesellschaft, war der betagte Doctor ein Muster von Sanftmuth und Geduld; ausgelassen mit den Frohen, fehlte er nirgends, wo heiteres Lachen und glücklicher Scherz gehört wurde; seiner Sonderbarkeiten war er sich bewußt, und gutmüthig genug gab er sich gern kleinen Spöttereien preis. Er war eifriger Botaniker und leidenschaftlicher Jäger; in ersterem Fache leistete er sehr viel, während die ganzen Erfolge seines Jagdglückes, mehr bescheidener Art, sich nur auf eine Klapperschlange und einen Hut beschränkten. Die zusammengerollte Schlange erlegte er auf fünf Schritte mit dem siebenten Büchsenschusse und den Hut durchlöcherte er, als ihm derselbe auf die Mündung der Pistole geworfen wurde. Seine Patienten behandelte er aufmerksam und liebreich, sein Maulthier Billy wie ein ungezogenes Kind. Der gute, alte Doctor wurde also vermißt, und da noch kein Grund zu ernsten Besorgnissen vorhanden war, so versuchte Jeder auf die beste Art sein Ausbleiben zu erklären. Als noch hin und her Vermuthungen aus= gesprochen wurden, vernahmen wir die laute Stimme des Doctors, der, Billy vor sich hertreibend, aus dem Dickicht in die Lichtung trat und eine mächtige Schlange hinter sich her schleppte. Halloh, Dutchman! (mit diesem Namen hatte er den deutschen Naturaliensammler der Gesellschaft beehrt) Halloh, Dutchman! Hier ist etwas für Sie! das schönste Exem= plar einer Schlange! Mit diesen Worten warf er eine riesige, rautenförmig gezeichnete „Klapperschlange" (Diamond Rattlesnake) in den Kreis; bei einer Länge von 7 Fuß hatte sie 4 Zoll im Durchmesser, ihr weit geöff= neter Rachen war furchtbar mit giftigen Zähnen bewaffnet. Sie war todt, zeigte aber keine Spuren einer Verwundung, und Jeder war neugierig, den Verlauf des Kampfes unseres Doctors mit dem Drachen zu vernehmen.

Ohne vorher abgelegt zu haben, gab er willig dem allgemeinen Ver= langen nach und erzählte auf seine humoristische Weise: „Nachdem ich am Fuße der Berge eine reiche Ernte von Farrenkräutern gehalten, kam ich auf den Gedanken, eine der Höhen zu ersteigen, um von den grauen Fels= blöcken etwas Moos für mein Herbarium zu sammeln. Billy schien dazu keine besondere Lust zu haben; ich nahm daher das gute Thier am Zügel, um ihm das Steigen zu erleichtern, doch ohne meine Güte anzuerkennen, ließ es sich von mir den Berg hinaufziehen. Außer Athem oben ange= kommen, wollte ich mich auf einem Sandsteinblock ausruhen. Wie ich mich niederlasse, fängt es unter dem Steine an zu rasseln. Der Ton war mir nicht unbekannt und wurde der Grund, daß ich mich durch einen plötzlichen Sprung eiligst aus dem Gefahr drohenden Bereiche entfernte. Nachdem ich Billy in Sicherheit gebracht, überzeugte ich mich genau, wo das klappernde Unthier lag, nahm meine Büchse, zielte vorsichtig, um die Schlange nicht zu treffen und die prächtige Haut mit der Kugel nicht zu verderben, und gab Feuer. Ich wollte sie nur erschrecken und so in's Freie locken, was mir auch vortrefflich gelang. Außerhalb ihres Verstecks rollte sie sich in einen Knäuel zusammen und reckte ihren dicken Kopf drohend in die Höhe, mit der gespaltenen Zunge spielend. Ich schnitt mir darauf eine lange Gerte und ging mit derselben auf sie los, um sie durch einen wohl ange= brachten Hieb unterhalb des Kopfes zu lähmen. Der erste Streich miß= glückte, denn nachdem sie denselben erhalten, wollte sie zum Angriff schrei= ten; ich habe indessen so lange auf das Thier geschlagen, bis die sechzehn Klappern sich kaum noch regten. Ich band ihr dann einen Strick um den Hals und da ich in ihrer Gesellschaft nicht reiten konnte, es aber auch eben so schwierig war, die Schlange und Billy zugleich zu ziehen, so bin ich den ganzen Weg gegangen, Billy vor mir und die Klapperschlange hinter mir."

So lautete des braven Doctors Erzählung, und von allen Seiten wurde er ob seines tapferen Benehmens beglückwünscht. Als nun schließlich des Ausfluges an den Canadian erwähnt wurde, ließ er sich sehr gern bereit finden, daran Theil zu nehmen.

Nach einem Ritte von 15 Meilen durch sumpfige Niederungen, über sanfte Anhöhen, die in dem Schmucke einer üppigen Vegetation prangten, über Bergrücken, wo die bewaffneten Hufe der trabenden Thiere wie klingende Hammerschläge auf das feste Gestein fielen und den kleinen Hasen im niedrigen Eichengestrüpp aufschreckten, erreichte die kleine Recognoscirungs-Abtheilung, der auch ich mich angeschlossen hatte, den Canadian da, wo die Northfork und Southfork sich mit ihm vereinigen. Das breite, sandige Bett des Canadian zeigte einige schmale und seichte Canäle, in welchen nur wenig trübes Wasser, dieses aber mit bedeutender Schnelligkeit, dahinfloß und wohl vermuthen ließ, daß bei hohem Wasserstande der so unschuldig scheinende Fluß einen wilden Charakter anzunehmen vermöge. Wir hatten das Bild einer traurig öden Wildniß, die sich vor uns ausbreitete; selbst die reich mit Cottonwood und einzelnen Cedern bewachsenen Ufer vermochten keinen angenehmen Eindruck in dieser Landschaft hervorzurufen. Halbversandete Bäume lagen auf den Bänken umher; vom Einflusse des Wassers und der Zeit schwarz geworden, ragten ihre dürren Zweige und Wurzeln gespenstisch empor. Unbeweglich und wie versteinert saß hier der weiße Reiher, dort die graue Rohrdommel, und der Geier kreiste träge über den fast trockenen Flußbetten. Ein Schuß ward abgefeuert, das Echo schwieg, nur der Reiher, in seinem dumpfen Brüten gestört, reckte den dürren Hals, breitete die langen Schwingen aus, flog eine kurze Strecke weiter, ließ sich nieder und nahm seine steife, regungslose Stellung wieder ein. Der in den Lüften schwimmende Geier schlug einige Male mit den Flügeln und beschrieb ruhig seine Kreise, als ob nichts vorgefallen wäre.

Gern und leicht trennte sich Jeder von den Scenen, die so wenig Einladendes boten, und der Untergang der Sonne wurde von unserer kleinen heimkehrenden Truppe bereits beobachtet, als dieselbe noch 5 Meilen vom Lager entfernt war. Gern hätte Mancher noch Jagd auf wilde Truthühner gemacht, die jetzt massenhaft jedes Holz belebten und lockend und flügelschlagend in hohen Bäumen ihr Nachtlager aufsuchten, doch Fraeser trieb zur Eile; es war noch eine felsige Hügelkette zu überschreiten; die Dämmerung ging rasch in Finsterniß über, und wenn auch der sternenbesäete Himmel manchmal durch die Oeffnungen im dichten Laub sein freundliches Licht sendete, so diente es doch nur, um uns zu blenden und die dunklen Schatten noch schwärzer erscheinen zu lassen. Ohne den Schritt seines Pferdes zu mäßigen, ritt der Indianer immer schweigend voran, dicht folgte Einer hinter dem Andern, schnell ging es an den Abhängen hin, schneller noch hinab in die Schluchten. Niemand wollte zurückbleiben, und im Eifer und in der Dunkelheit wurde ein Weg zurückgelegt, welchen

man bei Tageshelle gewiß am liebsten vorsichtig umgangen hätte. Bald
bewiesen die in der Ferne flackernden Lagerfeuer, mit welcher unerklärlichen
Genauigkeit Fraeser in der pfadlosen Wildniß seine Richtung genom=
men hatte.

VI.

**Gaines Creek. — Die Creek=Indianer. — Die Cherokee=Indianer. —
Coal Creek. — Shawnee Village. — Die Shawnee=Indianer. — Ten=
squa=ta=way, der Shawnee=Prophet. — Shawnee Town. — Fort Ed=
wards. — Die Quappa=Indianer. — Topofkee Creek und Mustang
Creek. — Johnson der Kundschafter. — Die Abendjagd. — Die vier
Trapper. (Fortsetzung.)**

Gaines Creek war endlich erreicht, der Indianer Fraeser lehrte
zu seiner Schmiede zurück und es blieb uns überlassen, uns jetzt nach
einem andern Führer umzusehen. So lange wir noch in den Ländern der
Chickasaws reisten, auf deren Gebiete wir uns nach Ueberschreitung von
Gaines Creek befanden, hatte es keine Schwierigkeiten, der Fahrstraße zu
folgen. Die Wahl von Lagerstellen war nicht schwer, da in kleinen Zwi=
schenräumen sprudelnde Quellen und eilende Bäche die herrlichen Ländereien
bewässerten und fettes, nährendes Gras überall wucherte, wo nicht Schling=
pflanzen und Weinreben alles Uebrige erstickt hatten. Chickasaws und
Choctaws wohnen hier friedlich unter einander; erstere, ursprünglich mehr
südlich lebend, haben auf freundschaftliche Weise sich mit den Choctaws über
den Besitz der Ländereien geeinigt, so daß es jetzt schwer hält, die beiden
Stämme von einander zu unterscheiden. Bis an den Canadian geht ihr
Gebiet, während die Creeks oder Mus=ko=gees den paradiesischen Landstrich
zwischen dem Canadian und Arkansas inne haben. Er ist zwar erst spär=
lich angesiedelt, doch blühen wohleingerichtete Farmen unter den indianischen
Händen auf, und der unerschöpflich reiche Boden vergilt dankbar die geringste
Arbeit durch vielfältigen Ertrag; Wohlstand, sogar Reichthum, ist häufig
bei diesen ackerbautreibenden Stämmen zu finden, und wo der bemalte
Krieger vor Kurzem noch seine wilden Phantasien und Gedanken in hiero=
glyphischen Bildern auf einer gegerbten Haut wiederzugeben suchte, da liest
jetzt der civilisirte Indianer eine in seiner Muttersprache gedruckte Zeitung,
und unter den Augen ihrer indianischen Gebieterin arbeiten schwarze Sklaven.
Diese erfreuen sich einer milderen Behandlung, als ihre Herrin zu der Zeit,
da sie selbst noch Sklavin ihres Gatten war, von ihrem strengen Herrn zu

erwarten hatte. Die Creeks, in einer Stärke von 20,000 Seelen, be=
wohnten früher große Strecken der Staaten Alabama und Mississippi. Nach=
dem sie ihre alten Jagdgefilde an das Gouvernement der Vereinigten
Staaten abgetreten hatten, zogen sie westwärts und wurden die südlichen
Nachbarn der Cherokesen, so daß der Arkansas die Grenze bildet. Die
Cherokesen oder Cherokees, 22,000 Köpfe zählend, waren schwer zu be=
wegen, ihre Wohnsitze im Staate Georgia, dessen größten Theil sie inne
hatten, aufzugeben und die Gräber ihrer Väter zu verlassen. Bei Ge=
legenheit früherer Uebereinkommen waren sie von der Regierung der Ver=
einigten Staaten als freie, unabhängige Nation anerkannt worden, mit dem
vollen Rechte, sich Gesetze nach ihrem eigenen Gutachten zu geben und zu
handhaben. Ein ganz unabhängiger Staat innerhalb der Grenzen des
Staates Georgia gab indessen zu mancherlei Schwierigkeiten Anlaß, und die
Regierung suchte mehrfach die Cherokesen zu bewegen, auf einen Vertrag
einzugehen und weiter westlich neue Niederlassungen zu gründen. Alle
Versuche scheiterten aber an dem eisernen Willen des Cherokee=Häuptlings
John Roß, der, ein Mann von der besten Erziehung, bei seiner Würde als
Häuptling auch seinen Einfluß auf die ganze Nation zu bewahren wußte.
Ein kleiner Theil des Stammes ging indessen auf die anscheinend vortheil=
haften Bedingungen ein und wanderte nach dem obern Arkansas, unter der
Führung eines Häuptlings Jol=lee. Die von dort zurückgesendeten Nach=
richten und die damit verbundenen Beschreibungen der fruchtbaren und
schönen Länder, vereinigt mit dem Zureden und Drängen der Regierung,
stimmten John Roß endlich nachgiebig, und vor einigen Jahren folgte er
mit der ganzen Nation dem vorangegangenen Jol=lee nach.

Der Uebergang über Coal Creek war bewerkstelligt und Kohlen
waren für die Feldschmiede gebrochen worden. Das sich westwärts aus=
dehnende Land erschien mit wenigen Unterbrechungen flach; die Ketten der
Feldmesser wurden daher verpackt und dafür ein Diameter am Rade eines
leicht rollenden, kleinen Wagens befestigt. Die ebene Straße, die größten Theils
durch Prairien führte, brachte uns dem Canadian immer näher, und in
einigen guten Märschen war die erste Shawnee=Ansiedelung erreicht, welche
den Namen Shawnee=Village führt. Weit entfernt davon, eine Stadt
oder auch nur ein Dorf zu sein, liegen die blühenden Farmen ackerbau=
treibender Indianer dort etwas gedrängter zusammen, was wohl Anlaß
zu dieser Benennung gegeben hat, so wie eine Tagereise weiter westlich
eine zweite Niederlassung aus denselben Gründen als Shawnee Town be=
zeichnet ist.

Kaum war die Nähe der Weißen bekannt geworden, als auch die
freundlichen Indianer zu Pferde und zu Fuß bei uns im Lager eintrafen
und Ladungen von Mais, süßen Melonen, erfrischenden Wassermelonen
und saftigen Pfirsichen zum Kauf anboten. Natürlich waren solche Leute
willkommen, und doppelt, weil eine sittige Bescheidenheit Männer sowohl
wie Frauen auszeichnete. In ihrer reinlichen, europäischen Kleidung be=

wegten sie sich mit einem so natürlichen Anstande, als wären sie in derselben geboren. Die regelmäßigen Gesichter der Männer zierte ein wohlgepflegter Schnurrbart, worauf sie als seltene Auszeichnung eines Indianers einen besondern Werth legten. Die Frauen waren durchgängig schön zu nennen; die Röthe ihrer Wangen, die von der dunklen Färbung ihrer Haut nicht verdrängt werden konnte, verrieth Gesundheit und Frohsinn. Bei der Gastfreundlichkeit dieser Indianer muß der müde Wanderer sich heimisch fühlen, wenn er vor der Hütte im Schatten des roh gezimmerten, schirmenden Corridors sich ausruht, frisch gebackenes Brod in kühle Milch taucht oder im einfach angelegten Garten die saftigsten, rothbäckigen Pfirsiche aussucht und die im schattigen Laube versteckte Wassermelone anschneidet. Glücklich und zufrieden scheinen diese wenigen Familien zu leben, glücklicher als ihr Hauptstamm, der nördlich am Kansas und Missouri seine neue Heimath gegründet hat, und wo so Mancher grimmigen Feinden, den Blattern und dem Branntwein, erliegen muß.

Von dem großen und mächtigen Stamme der Shawnees oder Sha-wa-nos zählt der Rest kaum noch 1400 Seelen und die Zeit wird kommen, wo auch diese Wenigen zerstreut sein werden und der Name dieser einstmals so großen Nation nur noch in der Erinnerung lebt.

Als Nachbarn der Delawaren am atlantischen Ocean in den Staaten New-Jersey und Pensylvanien waren die Shawnees mit die ersten, die dem siegreichen Vordringen der vom Sonnenaufgang über das Meer kommenden Civilisation weichen mußten. Manche wollen den Ursprung dieses Stammes auf der Halbinsel Florida gefunden haben, dabei auf den Namen des Flusses Su-wa-nee sußend; doch ist es erwiesen, daß die Shawnees in der Geschichte der Civilisation von Pensylvanien schon eine Rolle spielten, und daß ihre Wigwams an den Ufern des Delaware- und des Chesapeak-Busens standen. Die Delawaren, stets Nachbarn derselben, kämpften verbündet mit ihnen gegen gemeinsame Feinde, vereint zogen sie eine blutige Straße nach den Alleghany-Gebirgen; wie ein Schatten folgte ihnen die Civilisation nach; die Gebirge trennten sie von ihren unersättlichen Verfolgern. Sechzig Jahre hielten sie sich im Staate Ohio, und wiederum mußten sie weichen. Muthig fochten sie ihren Weg durch, fort über den Mississippi immer dem weiten Westen zu, wo sie sich endlich eine dauernde Heimath erkämpft haben. Doch nur Ueberbleibsel kann man die wenigen Familien nennen und wohl mag der forschende Reisende fragen: „Wo finde ich die große, muthige Nation der Sha-wa-nos?" Jeder wird ihm die Antwort ertheilen: „Die Gräber ihrer Väter suche am salzigen Wasser gegen Sonnenaufgang; verfolge die Straße nach Sonnenuntergang zu, die durch bleichende Gebeine bezeichnet ist, und Du gehst auf den irdischen Ueberresten der muthigen Shawnees und ihrer gefallenen Feinde." — Große Häuptlinge standen fortdauernd an ihrer Spitze und in den Kämpfen der Weißen gegen die Indianer war Tecumseh gewiß der am meisten gefürchtete Krieger, so wie der aufgeklärteste und einflußreichste Politiker des Stammes. Sein frühzeitiger Tod allein konnte ihn an der Ausführung seiner tiefdurchdachten Pläne hindern, die nichts Geringeres bezweckten, als das Kriegsbeil bei den verschiedenen Stämmen zu vergraben und alle Urbewohner des amerikanischen Continents zu einer Macht zu vereinigen, um der sich gegen Westen wälzenden Civilisation eine Grenze zu setzen. Die Geschichte Tecumseh's ist in den Annalen Nordamerika's eingetragen und man weiß nicht, ob man über sein frühzeitiges Ende Zufriedenheit oder Trauer empfinden soll. Ihm zur Seite stand sein Bruder Ten-squa-ta-way (die offene Thür), unter dem Namen Shawnee-Prophet bekannter. Er hatte es sich zur Aufgabe gemacht, durch seine scheinbaren Zaubereien unter den westlichen Stämmen Krieger zu werben, welche von Tecumseh in den Kämpfen gegen die Weißen verwendet werden sollten. Sich mit einem geheimnißvollen Wesen umgebend, verstand Ten-squa-ta-way es wohl, auf die für dergleichen empfänglichen Gemüther der Indianer zu wirken. Auf dem linken Auge des Gesichtes beraubt, trug er in der rechten Hand das Zauberfeuer und die heiligen Bohnen, die auf eine Schnur gereiht waren; auch führte er das aus leichten Stoffen verfertigte Bild einer Leiche in Lebensgröße mit sich. So zog er von Stamm zu Stamm, von Wigwam zu Wigwam, sein ernstes, geheimnißvolles Wesen verschaffte ihm leicht Zutritt und Vertrauen bei den wildesten und feindlichsten Nationen am obern Missouri. Viele Tausende hatten die heiligen Bohnen berührt und sich dadurch eidlich verpflichtet, bei seiner Rückkehr ihm zu folgen; in Tausenden von Wigwams hatte er Zauberfeuer angezündet, welches von den Bewohnern dann mit der größten Aengstlichkeit fortwährend genährt wurde. Alles war so vorbereitet, daß er bei seiner Rückkehr seinem Bruder eine Armee zugeführt hätte. Das Geschick wollte es aber anders. Tecumseh war gefallen, Messer und Tomahawk in der Hand, und Leute seines eigenen Stammes, ob aus Politik oder für das Geld der Bleichgesichter ist unbekannt, waren dem Propheten auf allen Wegen gefolgt und zerstörten sein Werk, indem sie ihn für wahnsinnig ausgaben. Um sein Leben zu retten, floh Ten-squa-ta-way und lebte später in düsterer Zurückgezogenheit inmitten seines Stammes.

Die Zeit, während welcher die Shawnees nicht an ihre Wirthschaft gebunden sind, verbringen sie gewöhnlich auf Jagdzügen. Zu zweien oder dreien ziehen sie weit in das Gebiet der Kiowas und der ihnen feindlichen Comanches, um den zottigen Bison und die schön gezeichnete Antilope zu jagen, und ihre Packpferde kehren, mit gedörrtem Fleisch beladen, nach Monate langer Abwesenheit wieder zu den Ihrigen heim. Bei dem Hange dieser Leute zur Jagd und zu Abenteuern war es leicht, eines Führers habhaft zu werden, der den Zug unserer Expedition bis zum alten Fort Arbuckle, der jetzigen Behausung der großen Delawaren, Schwarzer Biber, begleiten wollte. John Johnson, ein kleiner, untersetzter Indianer auf einem unansehnlichen, aber äußerst schnellen und kräftigen Pferde beritten, wurde also der Kundschafter. Er war ein schlauer Jäger, und schien er auch theilnahmlos und in sich gekehrt seinen Weg zu verfolgen, so entging seinen kleinen, blitzenden Augen doch nichts; er war dabei sehr schweigsam, weniger aus Unkenntniß der englischen Sprache, als um Worte zu sparen.

Von Shawnee Village bis Shawnee Town, eine Strecke von 20 Meilen, zieht sich die Straße in der Nähe des Canadian hin und ist immerwährend von dichtem Gehölz beschattet. Wilde Kirschen und Pflaumen drängen sich überall zwischen den Blättern hindurch und eßbare Beeren mancher Art wuchern nahe dem Boden; der wilde Wein rankt sich die höchsten Bäume hinauf, um dort im Gipfel seine schwellenden Trauben von der tropischen Sonne röthen zu lassen. Zwischen den beiden Niederlassungen auf der Nordseite des Canadian, dort, wo der aus Nordwest kommende Little River mündet, steht eine alte Befestigung, Fort Edwards genannt. Besatzung ist schon lange nicht mehr in ihr und Creek-Indianer haben jetzt die Baracken in Kauf- und Tauschhäuser umgewandelt. Zu gleicher Zeit wird dort in größerem Maßstabe Ackerbau und Viehzucht getrieben. Nur wenig westlich, auf dem dort hohen Ufer des Canadian, stehen noch einige Wigwams oder vielmehr Blockhäuser der Quappaw-Indianer, die sich rühmen können, den Boden ihrer Voreltern noch nicht verlassen zu haben. Zusammengeschmolzen auf eine kleine Truppe, die nur 25 Krieger zu stellen vermag, vermuthet man nicht, daß diese die Letzten des einstmals mächtigen Stammes der Arkansas sind, deren Jagdgefilde vom Canadian bis an den Mississippi reichten und die mit Erfolg die blutigsten Kriege gegen die mächtigen Chickasaws führten. Es wird erzählt, daß eine Kriegspartei der Quappaws auf einen Trupp Chickasaws stieß; letztere, da ihnen Pulver mangelte, zogen sich zurück. Als der Quappaw-Häuptling die Ursache des Rückzuges vernahm, sammelte er alle seine Krieger um sich und hieß sie, ihre Pulverhörner auf eine ausgebreitete Decke ausleeren; den ganzen Vorrath theilte er darauf in zwei gleiche Theile; die eine Hälfte für sich und seine Leute zurückbehaltend, ließ er die andere den Chickasaws zukommen und der Kampf begann mit Erbitterung. Die Quappaws verloren einen der Ihrigen, hingen aber acht Skalpe ihrer Feinde zum Trocknen im Rauche ihrer Wigwams auf.

Kaum hatte unser Wagenzug bei Shawnee Town den Canadian verlassen, um in südwestlicher Richtung dem Delaware Mount zuzueilen, so mußten kleine, nach Südost fließende Bäche überschritten werden. Es waren die Quellen des Boggy, der sich in Texas mit dem Red River vereinigt, um sich in den Golf von Mexiko zu ergießen. Die Ufer des Canadian bilden auf diese Weise hier die theilende Höhe zwischen den dem Mississippi einerseits und andererseits den dem Golf von Mexiko direct zufließenden Wassern. Westlich vom Delaware-Berge holt der Topoftee-Creek sein Wasser wiederum von den Ufern des Washita, eines andern Nebenflusses des Red River, und trägt es dem Canadian zu. In der Nähe des Delaware-Berges nehmen die geschlossenen Waldungen ein Ende, die rollenden Prairien sind umfangreicher, die Flußbetten trockener, und lichter die an den Ufern derselben zerstreut stehenden Baumgruppen. Nur in Niederungen, wo das Wasser in Windungen sein Bett gewühlt hat, vermag man noch kleine Wälder zu unterscheiden, in deren Schatten das lechzende Wild seine Zuflucht sucht. Dem Reisenden ist manchmal die Gelegenheit geboten, den sonnigen Horizont und die bläulich-grüne Ebene in einander verschwinden zu sehen, ihm gleichsam eine Ahnung von dem gebend, was seiner in den unendlichen Steppen harret. Die Entfernungen von Holz zu Holz, von Wasser zu Wasser werden größer, und starke Märsche müssen zurückgelegt werden, um sich im neuen Lager der in der Wildniß möglichen Bequemlichkeiten erfreuen zu können.

Die Expedition des Lieutenant Whipple konnte auf diesen Ebenen reisen, ohne genöthigt zu sein, auf die Feldmesser zu warten; bei der freien Aussicht war es leicht, weite Entfernungen nach dem Kompaß zu bestimmen und der Viameter gab genau durch Aufzählung der Drehungen des Wagenrades die zurückgelegte Meilenzahl an.

Toposkee Creek und Mustang Creek, Nebenflüßchen des Canadian, waren überschritten und schon am 17. August wurde nur noch 15 Meilen von der Behausung des schwarzen Bibers unser Lager am Rande eines Gehölzes aufgeschlagen, wo eine aus Sandsteinfelsen entspringende Quelle gutes, kühles Wasser bot. Rastend lag die mit Staub dicht bedeckte, müde Gesellschaft vor ihren luftigen Zelten umher und ergötzte sich am Untergange der Sonne, welche sie hier zum erstenmal sich mit den Grassteppen vermählen sah, während im Osten der Mond aus den dunklen Wäldern auftauchte und sein silbernes Licht mit den rothen Strahlen der Sonne vereinigte, die bis zum Zenith hinaufreichten und nur ungern, so schien es fast, ihrer vorangegangenen Herrin folgten.

Der Indianer Johnson, seine 6 Fuß lange Büchse auf der Schulter, einen langen Stab, die Stütze für seine schwere Waffe während des Feuerns, in der Hand, näherte sich jetzt den Gruppen und richtete in abgebrochener englischer Rede ohngefähr folgende Worte an eines der Mitglieder der Expedition. „Ich wissen viel Truthahn in Baum, ein Hirsch am Wasser, Truthahn schlafen, Du schießen." Rüstig sprang ein ganz in Leder gekleideter Jäger auf, schnürte die Mokkasins an seinen Füßen fester, ergriff seine Büchse und folgte dem Johnson dem Walde zu, wo sie bald in dem Dickicht verschwanden. Leise glitt der Indianer in das ausgetrocknete Bett eines Baches, sein Gefährte folgte ihm auf dem Fuße nach. Geräuschlos trat der weiche Mokkasin auf die Kiesel, wie die Jäger im dunklen Schatten des Ufers dahin schlichen und auf jedes Geräusch im Walde horchten. Endlich stand der Indianer still, wendete sich zu seinem Kameraden, und auf eine hohe Eiche am Ufer deutend, flüsterte er ihm zu: „Viel Truthahn diesen Baum, um den Baum gehen, wenn Baum vor Mond steht, Du Truthahn sehen; Johnson Hirsch wissen, wenn Johnson Hirsch schießen, Weißgesicht Truthahn schießen, Truthahn schlafen."

Bei den letzten Worten schlich der Indianer weiter und das dichte Gebüsch schloß sich leise hinter ihm. Der weiße Jäger kroch langsam auf's

Ufer und brachte vorsichtig die hohe Krone der bezeichneten Eiche zwischen sich und den Mond; er sah bald einen, dann mehrere der Vögel, die zusammen= gekauert auf den knorrigen Zweigen umher saßen und nur vor der silbernen Scheibe des Mondes von den schwarzen Laubmassen zu unterscheiden waren. Auf diese Weise vorbereitet, wartete er auf den Signalschuß des Indianers. Regungslos lauschte er dem heimlichen Treiben und Leben im Walde. Dumpf trafen die fröhlichen Stimmen aus dem Lager sein Ohr, das schwarze Eichhorn sprang furchtlos und ausgelassen in seiner Nähe umher, und wo der Mond auf dem blanken Büchsenlauf in Blitzen leuchtete, da hatte sich eine fröhliche Grille festgeklammert und stimmte aus voller Brust einen endlosen Triller an, als wollte sie gleichsam das kurze, abgebrochene Geheul eines hungrigen Wolfes, welches zeitweise von der öden Prairie herüberschallte, überschreien. Jetzt fiel ein Schuß in der Ferne, die Büchse des Jägers hob sich in der Richtung nach der Krone des Baumes, der Schuß krachte und ein Truthahn, von Zweig zu Zweig schlagend, fiel schwer auf den Boden nieder. Alles war wieder ruhig, nur ein schlaftrunkener Hahn, der erschreckt sich von seiner Ruhestätte entfernt hatte, irrte, mit den Flü= geln die Zweige peitschend, umher. Wiederum weckte die Büchse das Echo des Waldes und zwei Truthähne stürzten in's Gras, der eine getroffen, der andere gesund und wohlbehalten; er hatte nur vor Schreck das Gleich= gewicht verloren und entschlüpfte, auf festem Boden angekommen, mit mög= lichster Geschwindigkeit. Ein dritter wurde das Opfer der zunehmenden Jagdlust des weißen Schützen; mancher saß noch auf seinem luftigen Sitze, verwirrt und verschlafen den Kopf hin und her redend, und mancher wäre gewiß noch ein Ziel für die Kugel geworden; doch als der Jäger zum dritten Male sein Gewehr laden wollte, drängte sich Johnson tief Athem holend durch das Dickicht. Seine Büchse hatte nicht vergebens geknallt, er trug einen kleinen virginischen Hirsch auf seinen Schultern, den er keuchend zu dem Vogelwild warf. „Ich schießen eins, Du schießen drei, genug sein, in's Lager gehen," waren seine einzigen Worte, und er begann einen kleinen Baum mit dem Waidmesser umzuhauen und die Zweige von demselben zu entfernen. Damit fertig, befestigte er die ganze Beute an demselben, worauf die beiden Jäger die Stange auf die Schulter legten und rüstig der Lich= tung zuschritten.

Im Lager herrschte noch munteres Treiben; die glücklichen Jäger wur= den laut bewillkommnet, als sie ihre schwere Bürde am Wachtfeuer hin= warfen. Die Aussicht auf einen frischen Braten ist immer eine angenehme Aufregung für die Prairiewanderer, und bald war Jeder emsig beschäftigt, einen guten Bissen an einem Stäbchen oder auf Kohlen zu rösten, ohne daß dadurch die lebhafte Unterhaltung in's Stocken gerathen wäre. — „Was ist aus Pierre und seinen drei Gefährten geworden?" rief Einer, während er muthig ein Rippenstück des eben erlegten Hirsches in Angriff nahm. „Pierre stand auf der einen und sein Kamerad auf der andern Seite des Mississippi," fügte ein Zweiter hinzu, der seinen Braten mit der

linken Hand und den Zähnen fest hielt, und geschickt mit der rechten einen
Bissen vor den Lippen abschnitt. Der Erzähler zündete sich unterdessen
seine kleine Pfeife an, blies behaglich einige Dampfwolten von sich, athmete
wohlgefällig den süßen Duft des glimmenden Schumach und Kine-te-nik
(ein aus Weidenrinde präparirter Tabak der Indianer), und nahm den
Faden seiner unterbrochenen Erzählung von den vier Trappern wieder auf:

„Pierre erkannte also seinen Gefährten, der wohlbehalten am jenseitigen
Ufer stand und ihm die unzweideutigsten Zeichen machte, ohne Verzug zu
ihm herüber zu kommen. Als Mittel gegen den quälenden Hunger schob
Pierre ein Stückchen schwarzen Tabak zwischen die Zähne, ging einige hundert Schritte stromaufwärts, packte brummend und auch wohl fluchend seine
Kleidung nebst Pulverhorn in ein Bündel, befestigte dieses nebst der Büchse
auf einigen mittelst zäher Weiden zusammengebundenen Stücken Treibholzes
und das kleine Floß vor sich herschiebend, schwamm er dem andern Ufer
zu, wo ihn sein Freund mit der größten Ungeduld erwartete.. Wieder vereinigt wechselten sie nur wenige Worte über die verflossene Nacht, das
Schicksal ihrer beiden unglücklichen Gefährten beschäftigte sie zu sehr. Waren
diese noch am Leben, so mußte der Versuch gewagt werden, sie den Händen ihrer unbarmherzigen Feinde und einem gewissen Martertode zu entreißen. Dadurch, daß der Trapper seine Büchse mit auf den Baum genommen hatte, war er wirklich von den Indianern nicht bemerkt worden;
das dichte Laub des Ahorns hatte ihn den scharfen Augen entzogen, und
nur mit Mühe konnte er selbst einen Blick auf die wilde Scene unter sich
werfen. Als das Canoe nebst den Verfolgern von der Strömung um die
nächste Biegung geführt wurde, schlenderte die ganze Bande langsam am
Ufer nach; das weithin gellende Wuth- und Klagegeheul, welches sie ausstieß, als sie mit dem einzigen Entkommenen zusammentraf, ließ den auf
dem Baume lauernden Jäger errathen, daß Pierre sich gerettet haben müsse.
Die Indianer kehrten zurück und ließen ihre Rache an den Rudern und
andern umherliegenden Gegenständen aus, indem jeder Einzelne die Spitze
seines Tomahawks in das ihm zunächst liegende Eigenthum der Trapper
trieb. Das Feuer wurde mit den Füßen auseinander gerissen und heulend
zog die Rotte an dem Baume vorbei ihrem Lager zu, dessen Rauch der
Jäger von seinem luftigen Sitze in nicht allzu großer Entfernung wahrnehmen konnte. Die ganze Nacht brachte er dort oben zu, und kurz vor
dem Signalpfiff Pierre's hatte er bemerkt, daß die wilde Rotte aufgebrochen
war und sich entfernt hatte. Das Signal beantwortete er gleich, doch vorsichtig stieg er nicht eher von seinem belaubten Versteck, als bis er Pierre
am Ufer erkannt hatte. Behutsam schlichen nun Beide nach dem verlassenen
Lager der Wilden; lange forschten sie umher, jeder Baum, jeder Strauch
wurde untersucht, in jeder Fußspur wurde gelesen. Ihre Feinde waren
ein Trupp der Sioux, 12 bis 14 Mann stark, der sich auf einem Jagd-
zuge befand. Weiber, Kinder und Zelte führten sie nicht mit, woraus die
beiden Jäger schlossen, daß das wirkliche Lager der Indianer in nicht

Möllhausen, Tagebuch. 4

großer Entfernung, vielleicht ein oder zwei Tagereisen weit, stehen müsse. Ihre Gefährten lebten noch, der eine war am rechten Arm verwundet, doch nur leicht, denn trotz des Blutverlustes hatte er gehen können, der andere war unverletzt, hatte aber die ganze Nacht mit Händen und Füßen zusammengeknebelt gelegen, während der erstere die Zeit über mit der linken Hand an einen Baumast geschnürt war, so daß er herabhängend mit den Füßen den Boden berührte. Sie hatten beide noch vier Tage zu leben, denn vier Tage waren es noch bis zum Vollmonde. Der geheimnißvolle Wechsel des Mondes verräth die Nähe des indianischen Manitu, und Manitu muß Zeuge der indianischen Rache sein. Die Wilden konnten erst wenige Meilen Vorsprung haben. Nachdem nun die beiden Jäger sich überzeugt, daß alle zugleich das Lager verlassen und alle Spuren nach einer Richtung führten, nahmen sie die Fährte auf, und vorsichtig vermeidend, ihre Fußtapfen auf dem frischgebrochenen Pfade zurückzulassen, näherten sie sich demselben nur zeitweise, um die Richtung nicht zu verlieren. Eine Meile nach der andern arbeiteten sie sich mühsam weiter. Die Sonne neigte sich bereits ihrem Untergange zu, als sie an dem aufwirbelnden Rauche vor sich die Nähe der Wilden erkannten und sie daher ihre Behutsamkeit verdoppeln mußten. Ruhig warteten sie, bis die Sonne hinter den Bergen verschwunden war: dann einen weiten Bogen um das feindliche Lager beschreibend, erreichten sie eine felsige Hügelkette, welche das schmale Thal eines kleinen, fließenden Wassers einfaßte. Auf dem felsigen Bergrücken konnten sie fortschreiten, ohne die geringsten Spuren zurückzulassen. Sie gelangten bald an eine Stelle, von wo aus sie das Lager ihrer Feinde in einer kleinen Prairie übersehen konnten. Die Zelte erhoben sich nahe dem Ufer des kleinen Flusses, der sich durch eine Lichtung schlängelte, der Mond und die vor den Zelten lodernden Feuer beleuchteten eine wilde, grausige Scene. Die beiden Trapper vermochten ihre gefesselten Freunde zu erkennen; sie waren mit dem Rücken an einen Baum gebunden, bisweilen stürzte ein wüthendes Weib auf sie zu, um sie heulend mit Verwünschungen zu überschütten und in drohender Weise mit dem Messer vor ihrem Gesicht zu spielen; Andere saßen in ihre Decken verhüllt am Wasser und ließen den langgedehnten Klageruf erschallen. Die Krieger ruhten im Kreise um ein flackerndes Feuer, die Pfeife kreiste schnell, und wenn sich einer erhob, um zu sprechen, so geschah es nur, um die Wuth seiner Genossen noch mehr anzufachen. Die Unmöglichkeit, auf gewaltsame Weise oder durch List ihre unglücklichen Kameraden in derselben Nacht noch zu befreien, sahen die beiden Lauschenden auf den ersten Blick ein. Es waren zwölf Zelte, und an zwanzig Krieger mit Weibern und Kindern hielten scharf Wache bei ihren Opfern; gelang es selbst, die Banden der Gefesselten zu lösen und zu entkommen, so weideten Pferde genug auf der Lichtung, um ihre Verfolger beritten zu machen, und ein gewisses Ende stand Allen bevor, wenn auch erst nach hartem Kampfe. War das Wasser vor ihnen derselbe Fluß, an dessen Mündung sie das Biberdorf entdeckt und ihre Schätze vergraben hatten,

so konnte es nicht weiter als 7 oder 8 Meilen bis dahin sein und ein
einziges Mittel zur Rettung war dann noch denkbar: es war das Fäßchen
Branntwein; es mußte zur Stelle und in die Hände der Rothhäute ge=
schafft werden.

Entschlossen gingen Pierre und sein Gefährte weiter zurück; an einer
passenden Stelle stiegen sie hinab in den seichten Fluß; das, wenn auch
sparsam, rieselnde Wasser verwischte augenblicklich ihre Spuren und war zu
gleicher Zeit ihr Wegweiser, und ehe noch der Morgen graute, hatten sie
zu ihrer unaussprechlichen Freude die Biberdämme erreicht und stärkten sich
bald durch einen tüchtigen Zug aus dem ausgescharrten Fäßchen. Nach
kurzer Rast traten sie den beschwerlichen Rückweg an. Abwechselnd trugen
sie die Waffen oder das Feuerwasser, und kurz vor Abend verließen sie den
Fluß an derselben Stelle, wo sie am Abende vorher hinabgestiegen waren.
Da Pierre von den Wilden wieder erkannt worden wäre, was seinen augen=
blicklichen Tod zur Folge gehabt hätte, so überließ er es seinem Kameraden,
mit dem Branntwein in's Lager zu gehen. Er selbst schlich dem Lager
näher, mit aller ihm zu Gebote stehenden Vorsicht jeden umgestoßenen Stein
hinter sich an die alte Stelle legend, jeden geknickten Grashalm aufrichtend.
Erwartungsvoll lag er endlich zwischen Felsen und Gestrüpp in einem
sicheren Versteck.

Sein Gefährte war unterdessen auf einem großen Umwege dem alten
Pfade zugeeilt, in denselben eingebogen und dann sicheren Schrittes dem
Lager zugegangen. Es fing an zu dämmern, als sein Erscheinen im Lager eine
plötzliche Bewegung hervorrief und er augenblicklich umringt war. Durch
Zeichen bot er den schlauen Wilden Feuerwasser zum Tausch für Pelzwerk
an, was eine kurze Berathung unter denselben veranlaßte. Anstatt auf
Tauschhandel mit ihm einzugehen, wurde ihm das Fäßchen abgenommen, er
selbst aber entwaffnet und vor seine gefangenen Kameraden geführt. Doch
die Jäger waren auf ihrer Hut und nicht das leiseste Zucken der Augen
verrieth ein Erkennen. Um sich aber dem Genusse des ersehnten Feuer=
wassers ungestört hingeben zu können, fesselten die argwöhnischen Indianer
den angeblichen Pelztauscher an denselben Baum zu seinen leidenden Kame=
raden, worauf die Hälfte der Krieger das Lager verließ, um die nächste
Umgebung zu durchsuchen. Einige beschrieben Kreise um das Lager, wobei
die Dunkelheit allein den harrenden Pierre vor den Augen der nach Feuer=
wasser lechzenden Wilden, als sie dicht an ihm vorbeikletterten, verbarg.
Andere hatten die Spur im Pfade untersucht, und ihre an Wahnsinn gren=
zende Gier nach dem giftigen Trank hatte sie zurückgeführt, ohne daß sie
die Stelle in Augenschein genommen hatten, wo der angebliche Pelzhändler
in den Pfad eingebogen war.

Alle Krieger waren jetzt wieder um's Feuer versammelt und das Fäß=
chen wurde geöffnet. In langen Zügen schlürfte der Erste, während die
lüsternen Augen der Uebrigen an seinem Munde hingen; diese Geduldprobe
war indessen zu peinigend, das Fäßchen wurde in einen Wasserbehälter

4 *

ausgeleert und nun konnten Alle zugleich ihr Verderben aus demselben schöpfen. Die Weiber und Kinder, die im Anfang nur aus der Ferne zusahen, rückten immer näher und kauerten bald dicht hinter den unersättlichen Trinkern. Furchtbar entstellte die Gier ihre Züge und ungeduldig harrten sie des Augenblickes, in welchem der Letzte besinnungslos hinstürzen würde, um dann selbst über den Rest des Branntweins herfallen zu können.

Die Wirkung des Spiritus ist bei der indianischen Raçe fast augenblicklich; ein gräßlicher Anblick bot sich deshalb dem immer näher schleichenden Pierre dar. Dumpfes Geheul, wahnsinniges Lachen und wüthendes Jammern zitterte durch die stille Abendluft, heimlich unterdrückte Feindschaft oder Eifersucht brach sich Bahn bei dem sonst verschlossenen Indianer, Messer zückten sie auf einander und das Kriegsbeil ward geschleudert, doch der Arm war erschlafft, das Auge geblendet, und die ohnmächtigen Waffen erreichten ihr Ziel gar nicht oder doch ohne Erfolg. Jetzt erhob sich einer, um nach den Gefangenen hin zu stürzen, er taumelte, fiel, noch ein Versuch sich aufzurichten, und betäubt stürzte er zusammen, durch keine Bewegung mehr Leben verrathend. Einer folgte dem Andern; wer zusammenbrach, blieb mit krampfhaft verzerrtem Gesicht und Gliedern in derselben Stellung liegen. Kaum war der Letzte dieser todähnlichen Betäubung erlegen, als Weiber und Kinder über die Reste herfielen; jedes fand noch genug, um sich dem verderblichen Genuß des Getränkes ganz hingeben zu können; sogar dem Säugling wurde von dem Feuerwasser in den geöffneten Mund gegossen. Als die wuthähnliche Trunkenheit sich Aller bemächtigt hatte, da begann ein furchtbarer Kampf um die letzten Tropfen über den Leibern der besinnungslosen Krieger. Es war ein scheußliches Gewühl menschlicher Glieder, die in abschreckender Weise sich durcheinander wanden.

Das Kreischen und Heulen wurde bald schwächer, die mit Blut unterlaufenen Augen starrten ausdruckslos umher, den Kämpfenden mangelte die Kraft, sich aus dem Gewühl zu entfernen, und ein grausenerregendes Bild lag der Haufen lebendiger Leichen da: die Mutter auf ihrem Kinde, dasselbe erdrückend, der Vater mit dem Messer in der krampfhaft geschlossenen Faust, an welchem das Blut seines Sohnes oder Bruders klebte. Noch war der Lärm nicht ganz verstummt, als Pierre mit raschen Schnitten die Fesseln seiner Gefährten trennte und diese aufsprangen, um durch freie Bewegungen den gehemmten Kreislauf des Blutes in den von Krämpfen steif gewordenen Gliedern wieder herzustellen. Der eine der Trapper war, wie Pierre und sein Gefährte geschlossen hatten, wirklich am Arme leicht verwundet worden, als sie von hinten heimtückischer Weise überfallen und gefangen wurden. Kaum wieder im Besitz seiner Waffe, beseelte ihn der einzige Gedanke nach Rache, und nur mit Mühe konnte er von den Andern zurückgehalten werden, auf die übereinander liegenden, besinnungslosen Wilden zu stürzen und mit dem Messer mordend unter denselben zu wühlen. Ein ebenso sicheres und mehr menschliches Verfahren wurde indessen eingeschlagen, ihre Feinde beim Erwachen unschädlich und unfähig zur Verfolgung zu machen. Sechs

Stunden Zeit hatten die Trapper wenigstens, um Vorsprung zu gewinnen, doch mußten ihre Vorbereitungen schnell und mit Ueberlegung getroffen werden.

Acht Pferde standen alsbald gesattelt, vier mit indianischen Reitsätteln, die andern mit Packböden. Eilig wurden die Zelte durchsucht, alles werthvolle Pelzwerk wurde auf zwei der Lastthiere befestigt und die übrigen beiden dazu bestimmt, die an der Mündung des Flusses aufbewahrten Schätze aufzunehmen.

In kurzer Zeit waren sie zur Flucht bereit, es mußte nur noch die Möglichkeit einer Verfolgung abgeschnitten werden. Das verlöschende Feuer wurde geschürt, daß es hell aufloderte, und dahinein wanderten die Sättel, Riemenzeug und Fangleinen, dann alle Waffen, die nur zu finden waren, sogar die Messer und Beile wurden unter den willenlosen, menschlichen Leibern hervorgezogen und den Flammen übergeben; den einzelnen Büchsen, die geladen waren, wurden die Schäfte und Hähne abgebrochen, das Pulver, welches sie selbst nicht mehr mitnehmen konnten, wurde auf die Erde gestreut, die Küchengeräthschaften mußten das Feuer nähren helfen, und scheidend warfen die unbarmherzigen Trapper Brände in die leeren Zelte. Wohlgemuth ritten sie dem bekannten Biberdorf zu, packten ihren verborgenen Vorrath auf die beiden unbeladenen Pferde und zogen ungestört am Mississippi hinunter bis zum Dorfe Shippeways, wo sich wieder Gelegenheit bot, die geraubten Pferde vortheilhaft zu vertauschen.

Die Shippeways, diese geschworenen Feinde der Sioux, entzückt über das Abenteuer der Trapper, leisteten denselben bei ihrem Aufbruch in Canoes, wo sie nur konnten, hülfreiche Hand, immer dabei bedauernd, daß die Gelegenheit, eine so reiche Skalp-Ernte zu halten, unbenutzt vorübergegangen sei.

Unter wilden Glückwünschen schifften sich die vier Pelzjäger in ihren gebrechlichen Fahrzeugen ein und erreichten St. Louis früher als sie geglaubt und mit einem reicheren Gewinne als jemals.

Der alte Pierre, dessen lange Erzählung ich nach treuer Erinnerung seines Vortrages hier wiedergegeben, ist für seine Person nie wieder an die Fälle des St. Anthony zurückgekehrt; er hatte eine geheime Scheu vor der Stelle, wo das Skalpirmesser seinem Schädel so nahe gewesen war.

Meine Erzählung ist zu Ende und ich will mich in mein Zelt verfügen, es muß sich gut schlafen bei dem Concert, welches uns die Prairiewölfe geben; nur noch wenige Tagereisen weiter und der tiefe Baß des großen, weißen Wolfes wird sich zu dem gellenden Diskant des Jakals gesellen. „Gute Nacht!" — „Gute Nacht!" rief die sich zerstreuende Gesellschaft, und tiefe Ruhe herrschte bald im Lager.

VII.

Das alte Fort Arbuckle. — Die Delawaren. — Si-ki-to-ma-ker, der Delaware. — Des Schwarzen Bibers Behausung. — Vincenti. — Des Schwarzen Bibers Erzählungen. — Walnut Creek. — Prairiebrände.

Als weißer Schein im Osten das Herannahen des Tages verkündete, war Jeder wieder auf den Füßen, um den Aufbruch beschleunigen zu helfen. Die kühle Morgenluft mahnte zu frischer Arbeit beim Abbrechen der Zelte und Packen der Wagen, wobei mancher zufriedene Blick sich nach den lodernden Kochfeuern stahl, um mit Sehnsucht auf dem brodelnden Kaffee, dem sich bräunenden Mehlkuchen und dem zischenden Wildbraten zu ruhen. Die Maulthiere, die sich in der fetten Wiese die ganze Nacht gütlich gethan, zeigten sich schon ganz gefügig, ließen sich gern das kalte Gebiß auf die heiße Zunge legen und willig in langer Reihe vor die schweren Wagen spannen. Johnson bestieg sein kleines Pferd, setzte sich an die Spitze der den Zug eröffnenden Reitertruppe, warf noch einen Blick rückwärts und bog dann in die alte, kaum erkennbare Straße ein, die in südwestlicher Richtung weiter führte. Mit rüstigem Schritte wird an solch einem thauigen und doch sonnigen Morgen die Reise angetreten, die schweren, polternden Wagen rollen so leicht auf der ebenen Bahn, die übermüthigen Zugthiere fühlen die nachfolgende Last nicht und spähen nach fetten Bissen im hohen Grase, um dieselben im Vorbeigehen gewandt abzurupfen.

Bis zur Mittagsstunde war fortwährend ein allmähliges Steigen der Ebene bemerkbar gewesen; eine Hügelkette hatte die Aussicht gegen Westen gesperrt und über diese Anhöhen führte der Weg. Von dort aus konnte das Auge über eine große Fläche schweifen, die in weiter Ferne von bläulichen Baummassen begrenzt war. Am westlichen Ende dieses Grasmeeres erhob sich, kaum erkennbar, das alte Fort Arbuckle, um welches sich mehrere Delawaren angesiedelt haben, die außer ihrer Hauptbeschäftigung, der Jagd, etwas Ackerbau und Viehzucht treiben. Einzelne Rindviehheerden lagen zerstreut im hohen Grase umher oder folgten in gemessenem Schritte einem alten Büffelpfade, der sie in den gewünschten Schatten führte. Neues Leben und frischer Muth erwachte wieder bei diesem Anblick in dem langsam schleichenden Zuge; Jeder sehnte sich, den Schwarzen Biber zu begrüßen und gelegentlich nach erquickenden Melonen und Pfirsichen herum zu stöbern. Das nahe Ziel vor Augen, wurde den ersten Büffelpfaden, welche die Straße auf der letzten Strecke häufig durchkreuzten, nur wenig

Aufmerksamkeit geschenkt und nur derjenige, welcher den zottigen Bison schon näher kannte, ihm jemals mit der Büchse in der Hand nachgeschlichen war, oder im wilden Wettlauf vom Pferde herab dem geängstigten Riesen die Pistole auf die Rippen gehalten, nur der konnte es sich nicht versagen, die tief ausgetretenen Bahnen näher zu untersuchen, und nach frischen Spuren in morastigen Wälzpfuhlen (Buffalo wallows) zu forschen.

Das alte Fort, auch wohl Camp Arbuckle genannt, hatte nur kurze Zeit einer Besatzung zum Aufenthalte gedient, die nach dem 30 Meilen weiter südlich neu errichteten Fort Arbuckle verlegt wurde.

Dem Delawaren Si-ti-to-ma-ler (Schwarzer Biber), der den Vereinigten Staaten im mexikanischen Kriege als Jäger und Führer Dienste geleistet hatte, wurde der verlassene Posten übergeben, der ganz seinen Wünschen zu entsprechen scheint. Andere seines Stammes haben sich in seiner Nähe niedergelassen und leben glücklich unter dem Schutze des schlauen, erfahrenen Bibers. Die Befestigung selbst hat ein Ansehen, so wie man es in solch wilden Gegenden nicht anders erwarten kann. Sechs in einem Rechteck gebaute Blockhäuser am Rande des Waldes, eine Meile vom Canadian entfernt, waren früher die Wohnungen der Soldaten, so wie ein abgesonderter Hof, mit hohen Palisaden umgeben, als Zufluchtsort der Heerden und zur Vertheidigung bei etwaigen Ueberfällen gedient hatte. Mehrere Familien der Delawaren sind in die verlassenen Baracken gezogen und die Kultur der früher angelegten Maisfelder wird von den jetzigen Bewohnern fortgesetzt. Hausthiere jeglicher Art vermehren sich schnell ohne weitere Pflege, und der räuberische Pawnee oder Comanche, der sich auf das Gebiet dieser wenigen Delawaren wagt, um zu stehlen, mag sicher sein, daß seine Kopfhaut vor der Thür des Schwarzen Bibers in einem Pfirsichbaume trocknen wird. Denn, wenn auch nur noch wenige Abkömmlinge von dem großen, mächtigen Stamme geblieben sind, so lebt doch in jedem einzelnen Mitgliede das Blut und der Geist seiner muthigen Vorältern, wodurch er noch jetzt zum Schrecken seiner Feinde, und zum treuen, aufopfernden Begleiter seiner Freunde wird.

Die Delawaren, jetzt nur noch 800 Köpfe zählend, bewohnten ursprünglich, in einer Stärke von über 15,000 Seelen, den östlichen Theil der Staaten Pensylvania, New-Jersey und Delaware. Wie das der Shawnees, so war es auch ihr Loos, neue Jagdgründe zu erkämpfen, um dieselben wieder an die Gouvernements abzutreten. Immer weiter westlich wurden sie getrieben, und auf der Scholle Landes, auf der sie rasteten, mußten sie die Waffen zur Selbstvertheidigung gegen mächtige Feinde gebrauchen, ehe sie dieselben gegen das Wild kehren durften, um sich mit Nahrung und Kleidung zu versehen. Viel Mühe wurde verschwendet, um das Christenthum in diesem Stamme einzuführen, doch stets vergebens. Von den Christen wurden sie betrogen und verrathen, wie wilde Thiere von den Gräbern ihrer Väter gejagt und niedergemacht, weshalb sie auch mit Mißmuth und Verachtung die Missionaire von sich wiesen, die als erste Vor-

boten der Civilisation das Verderben für die rechtmäßigen Besitzer des gro=
ßen Continents im Gefolge hatten. An der äußersten Grenze der Civilisation
und am Rande der unendlichen Urwildnisse können die wenigen Delawaren
nun nach Herzenslust ihren abenteuerlichen Neigungen nachhängen. Ihre
Jagdzüge dehnen sie bis zum stillen Ocean aus, und lassen sich dann Jahre
lang nicht in ihren Niederlassungen blicken. Die lange Kette der Rocky
Mountains hat keinen heimlichen Paß, durch welchen nicht schon ein kleiner
Trupp dieser kühnen Abenteurer gezogen, und keine Quelle, deren Wasser
sie nicht gekostet. Der Delaware kämpft mit dem grauen Bären in Cali=
fornien und jagt den Büffel in den Steppen am Nebraska, er verfolgt das
Elennthier an den Quellen des Yellowstone River und wirft in Texas den
Lasso über das mähnige Haupt des Mustangs; doch Skalpe erbeutet er, wo
es ihm gelegen, sei es aus der Mitte eines sorglosen Dorfes oder von dem
einzeln jagenden Feinde in der Wüste.

Bei der Lebensweise dieser Leute ist es leicht erklärlich, daß man ge=
wöhnlich nur wenige Männer auf ihrer Ansiedelung findet, und Reisende
können sich besonders glücklich schätzen, denen es gelingt, einige dieses Stam=
mes als Kundschafter und Jäger anzuwerben. Eine hervorragende Stelle
des Landes, welche der Delaware nur einmal in seinem Leben gesehen,
wird er nach Jahren wiedererkennen, er mag sich derselben nähern, von
welcher Seite er wolle. Und Landstriche, die er zum ersten Male betritt,
braucht er nur einmal zu überblicken, um dann angeben zu können, auf
welcher Stelle mit Erfolg Wasser zu suchen sei.

Wenn die so unentbehrlichen Lastthiere sich während der Nacht entfernt
haben und von Allen verloren und aufgegeben sind, weil die Spur nicht
aufzufinden ist, oder feindliche Indianer das Nachsetzen Einzelner gefährlich
machen, so wird der Delaware die Spur nicht verfehlen und derselben
Tage, ja Wochen lang folgen, bis er mit den Flüchtlingen zurückkehren kann.
Solche Eigenschaften machen diese Leute zu den gesuchtesten Führern, und
ihre Dienste, von denen so oft die Existenz einer ganzen Gesellschaft ab=
hängt, können nie zu hoch bezahlt werden.

Si=ki=to=ma=ker, der Schwarze Biber, und John Bushman, sein Nach=
bar, haben sich als Führer weit und breit Ruf erworben, und es hatte
sich daher unsere in Fort Arbuckle einkehrende Expedition vorgenommen,
alles Mögliche aufzubieten, um wenigstens einen derselben zur Mitreise zu
bewegen.

Als die unserem Zuge Vorausgeeilten über den geräumigen Hof schrit=
ten und bei den in der Sonne lagernden Weibern und Kindern nach dem
Biber fragten, wurden sie nach dem kleinsten Blockhause gewiesen, wo unter
einem einfachen Corridor ein Indianer mit untergeschlagenen Beinen auf
einem rohgezimmerten Ruhebette saß und, ruhig seine Pfeife rauchend, den
Besuch erwartete. Er war ein hagerer Mann von mittlerer Größe, seine
langen schwarzen Haare faßten ein kluges Gesicht ein, welches einen trüben

Ausdruck von Krankheit und Leiden trug, obgleich noch nicht mehr als vier=
zig Winter darüber hingezogen waren.

Die Ankunft von Fremden unterbrach seine äußere Ruhe nicht im
mindesten; doch die Leichtigkeit und Unbefangenheit, mit der er sich benahm,
bewiesen genugsam, daß er vielfach im Verkehr mit den Weißen gewesen
sein mußte. Er sprach geläufig englisch, spanisch, französisch und vielleicht
noch an acht verschiedene indianische Sprachen. Nach den ersten Bewill=
kommnungen und Begrüßungen wurde also dem Biber der verlockende Vor=
schlag gemacht, mit an den stillen Ocean zu reisen. Die Augen des In=
dianers leuchteten einen Augenblick in ihrem gewohnten Feuer, nahmen aber
gleich wieder den trüben Ausdruck an, als er antwortete:

„Siebenmal bin ich an sieben verschiedenen Stellen am stillen Meer
gewesen; ich habe die Amerikaner in drei Kriegen begleitet, und habe von
meinen Jagdzügen mehr Skalpe mit heimgebracht, als einer von Euch mit
einem Male zu heben vermag; ich möchte das große Salzwasser zum achten
Male wiedersehen, aber ich bin krank. Ihr bietet mir mehr Geld, als man
mir jemals angeboten, doch kann ich nicht fort, ich bin krank; ich leide
keine Noth, denn mein Neger muß die Tauschgeschäfte besorgen und meine
Verwandten helfen ihm; ziehe ich mit Euch, so sterbe ich, und wenn ich
sterben soll, will ich von den Meinigen bestattet werden."

Da half kein Zureden, es halfen keine Anerbietungen; der Indianer
blieb bei seinem Vorsatz, der aus der Idee entsprang, daß diese Reise die
Ursache zu seinem Tode sein würde. Dieser Gedanke schien von seiner
Frau herzurühren, die abwechselnd mit ihrem einzigen Sohne und einem
jungen schwarzen Bären spielte, nebenbei auch ihre für uns unverständlichen
Worte an ihren kranken Gatten richtete. Es lag am Tage, daß sie ihn
nicht wollte ziehen lassen, wohl voraussehend, daß, wenn derselbe erst un=
terweges, er auch in langer Zeit nicht zurückkehren würde. Seine Kränk=
lichkeit schlau benutzend, hatte sie ihm so viel von bösen Ahnungen und
Träumen erzählt, daß zuletzt aller Frohsinn und Lebensmuth den erprobten
Krieger verlassen hatte, der jetzt seine Waffen nur noch gebrauchte, um sei=
nen Bedarf an Hausthieren damit zu schlachten. Drei Tage gingen ver=
gebens mit den Bemühungen hin, den Schwarzen Biber dem Einfluß der
Seinigen zu entziehen. War er am Abend überzeugt, daß, einmal zurück=
gekehrt in sein Element, er wieder genesen und in den vollen Besitz seiner
Kräfte gelangen würde, und war er dann halb entschlossen, uns durch die
Steppen zu begleiten, so fand man ihn am nächsten Morgen wieder in
seinen Starrsinn zurückgesunken, und es blieb zuletzt nichts weiter übrig,
als die wenige Zeit zu benutzen, den Rathschlägen des klugen Indianers zu
lauschen, um dieselben späterhin in Anwendung bringen zu können. Auch
John Bushman machte mit seiner schönen Squaw*) und einem kleinen
Sohne seine Aufwartung im Lager, doch nur um zu beweisen, wie unmög=

---

*) Squaw, indianische Benennung für Weib.

lich es sei, zu der jetzigen Zeit sein kleines Eigenthum zu verlassen. John =
son, der Shawnee, kehrte zu seinem Stamme zurück, und es blieb uns
also überlassen, nach besten Kräften einen Weg von Holz zu Holz, von
Wasser zu Wasser, durch die trostlosen, an vielen Orten schon brennenden
Grasebenen zu suchen. Nur dem Zufall konnten wir es verdanken, daß
es uns gelang, einen Dollmetscher in der Person eines kleinen mexikani =
schen Burschen aufzutreiben, wodurch wenigstens eine Verständigung mit
den zu begegnenden Indianerstämmen bewerkstelligt werden konnte. Vin =
centi (echt spanisch: Vinconte), ein schöner, wohlaussehender junger
Mexikaner, mit einem verschmitzten Ausdruck in seinen Zügen, befand sich
seit einigen Jahren im Dienste bei einem Creek=Indianer Namens Shia =
sem. Von diesem war er mit einem Pferde belohnt worden, und es war
ihm zu gleicher Zeit anheimgestellt worden, sich in sein Vaterland zurück =
zubegeben.

Er war der Sprache der Comanches und Kaddos vollkommen mächtig,
und war diese Reisegelegenheit erwünscht für den kleinen, verwilderten Bur =
schen, so war er durch seine Sprachkenntniß doppelt bei der Expedition
willkommen. Erst vierzehn Jahre alt, hatte Vincenti von seiner frühesten
Kindheit an fortwährend den merkwürdigsten Wechsel des Schicksals kennen
gelernt. Seiner Eltern und seiner Heimath konnte er sich nur dunkel er =
innern. Er hatte in einem Hause gelebt, wo gekleidete, freundliche Men =
schen ihn umgaben, die ihn Vincenti nannten; bei dem Hause waren
Bäume mit Obst, viel Kühe und Pferde, auch konnte er sich mit den Leu =
ten unterhalten, und noch waren die spanischen Worte nicht ganz seinem
Gedächtnisse entschwunden; des Nachts schlief er in Decken gehüllt an der
Seite seiner Mutter. In der letzten Nacht, welche er dort zubrachte, wurde
er durch furchtbares Geheul geweckt; er hörte den Schrei seiner Mutter,
doch war diese von seiner Seite verschwunden, die Stube war voll wilder,
bemalter Männer, welche das Hausgeräthe in's Kaminfeuer warfen, um
die Räumlichkeit zu erhellen. Einer der Wilden wurde darauf des kleinen,
vierjährigen Vincenti ansichtig und hob ihn schnell auf seinen Arm. Ein
Ruf von außen wurde aus der Stube durch lautes Heulen beantwortet,
und Alle stürzten in's Freie zu ihren Pferden. Ein Gewirr folgte darauf
in der Dunkelheit. Vincenti fühlte sich auf ein Pferd von einem Reiter
gehoben, die Flammen schlugen aus der brennenden Wohnung, und bei der
Beleuchtung waren die Indianer zu erkennen, wie sie eine Heerde Vieh
tobend und schreiend vor sich hertrieben.

Die ganze Nacht ritten sie; am nächsten Morgen wurde eine kurze
Zeit gerastet, und Vincenti erhielt zum Frühmahl etwas getrocknetes Fleisch
und Wasser. So schnell als die Heerde nur fortzubringen war, wurde die
Reise fortgesetzt; den Tag verbrachte der kleine Mexikaner auf dem Sattel
vor seinem Räuber und die Nacht schlief er mit ihm unter einer Decke.
Viele Tage zogen sie so fort, bis endlich das Dorf der Wilden, die sich
als Comanches auswiesen, erreicht war. Vincenti wurde darauf jeder

Spur von Kleidung beraubt, und der Fürsorge eines schrecklich aussehenden
Weibes übergeben. Diese wieder brachte ihn in die Mitte eines Rudels
junger indianischer Sprößlinge, und hier war es, wo Vincenti seine erste
Schule durchgemacht hatte, aus welcher er für ein ruhiges, civilisirtes Leben
verdorben hervorging. Acht oder neun Jahre mochten ihm auf diese Weise
verflossen sein, als er im Tauschhandel von seinem Comanche = Gebieter an
Sbiasem abgetreten wurde, der ihn mit sich in die Ansiedelungen nahm
und zu leichten Dienstleistungen gebrauchte. Der klare, offene Verstand des
Burschen brachte ihn bald auf die Stufe der Civilisation der Creeks, und
sein wohlwollender Herr gab ihm jetzt Gelegenheit, sich als Dollmetscher
nützlich zu machen und zu gleicher Zeit sich nach seinen Verwandten in
Mexiko zu erkundigen. Vincenti freute sich aber mehr, seine alten Peiniger
wieder zu sehen, als den heimathlichen Boden zu betreten. Wie weit sein
Charakter durch die indianische Erziehung gediehen war, mag aus folgendem
Gespräch entnommen werden.

„Vincenti, wenn die Comanches Dich wieder fangen, was wirst Du
thun?" Ohne Zögern gab er zur Antwort: „Ich werde sie als alte,
„liebe Bekannte begrüßen und mir in kurzer Zeit durch meine Freundlich=
„keit ihr Vertrauen gewinnen und sie dann auf ihren Raubzügen begleiten.
„Ich werde mit offenen Augen und Ohren schlafen, und die günstige Ge=
„legenheit nicht entschlüpfen lassen, Einige von ihnen zu vergiften oder im
„Schlafe zu erstechen und mit ihren besten Pferden davon zu gehen."

Bei solchen Grundsätzen war es natürlich, daß der unverbesserliche,
kleine Bösewicht überwacht wurde, denn es war anzunehmen, daß er nach
derselben Theorie und mit derselben Gemüthsruhe bei passender Gelegenheit
eine ganze Gesellschaft weißer Reisender an die Indianer verrathen würde,
um sich in den wilden Melodien derselben als einen Krieger besingen zu
lassen.

Die Zeit der Rast bei Camp Arbuckle ging uns Allen wie im Fluge
dahin; Einige machten Ausflüge zu den benachbarten Delawaren und an
den Canadian, den sie bald auf lange Zeit verlassen sollten, um ihn hinter
den Antelope Hills erst wieder zu begrüßen; Andere botanisirten auf seinen
öden, nur noch mit Weiden bewachsenen Ufern, oder spähten in seinem
breiten, sandigen Bette nach tieferen Canälen, um sich darin im Bade ab=
zukühlen, oder mit kleinen Netzen zu fischen. Wieder Andere saßen in den
Zelten und schrieben Briefe, um die letzte Gelegenheit zu benutzen, Nach=
richten nach der fernen Heimath zu senden: denn einige Patienten oder
muthlos Gewordene zogen es vor, von hier aus mit dem zurückreisenden
Kornlieferanten der lieben Heimath und den vollen Töpfen wieder zuzueilen.
An Jagd war, so nahe den Indianern, gar nicht zu denken, es sei denn
auf Hornfrösche und kleine Eidechsen mit stahlblauen Schwänzen, die in
dieser Gegend sich zu zeigen anfingen. Die Leute wurden im Gebrauch der
Büchse und des Revolvers geübt, eine Beschäftigung, welcher der kleine
Vincenti vom frühen Morgen bis zum späten Abend mit Eifer oblag, denn

auch er war jetzt vollständig bewaffnet worden, und zeigte sich bald als einer der besten Schützen der Gesellschaft, obgleich es ihm noch schwer wurde, die Büchse ohne Stütze zu handhaben. Wenn nun unter solchen Beschäftigungen die Abenddämmerung fast unbemerkt sich eingestellt hatte, und die Astronomen zu ihren Beobachtungen des neuentdeckten Kometen (⁴) Ruhe im Lager verlangten, dann versammelten sich die übrigen Mitglieder der Gesellschaft beim Schwarzen Biber, um denselben durch künstlich gestellte Fragen zu veranlassen, einzelne Erlebnisse aus früheren Zeiten mitzutheilen; und seinen einfachen Erzählungen, mit einem gewissen Stempel von Wahrheit vorgetragen, schenkte gewiß Jeder gern die gespannteste Aufmerksamkeit.

"Biber," redete ihn also einer an, "waret Ihr nicht in der Nähe, als der amerikanische Capitain von den Indianern dort oben in den Felsengebirgen ermordet wurde?"

"Allerdings," antwortete Si-ki-to-ma-ker, "und der Capitain würde heute noch leben, wenn er damals meinem Rathe Folge geleistet hätte; er war aber zu leidenschaftlicher Jäger, wodurch er zum Narren wurde und endlich sein eigenes Verderben herbeiführte. Er war zuletzt auf einem Fort weit im Norden in den Felsengebirgen, auf der Grenze von Canada, da wo die Blackfoot-Indianer vorbeistreifen. Ich hielt mich zur selben Zeit dort auf, jagte den grauen Bären, stellte meine Biberfallen, und wenn ich einen Blackfoot erwischen konnte, so nahm ich seine Kopfhaut herzlich gern mit. Gewöhnlich leistete mir der Capitain Gesellschaft auf meinen Ausflügen; konnte er indessen keines Begleiters habhaft werden, so streifte er auch wohl allein umher, um den Elkhirsch zu schießen, deren es dort noch sehr viele giebt. Mehrfach hatte ich ihn gewarnt, sich nicht unvorsichtiger Weise allein zu weit zu entfernen, um so mehr, da ich frische Blackfoot-Spuren entdeckt hatte; doch er antwortete stets, daß er alle Indianer der Welt nicht fürchte, und nach wie vor lief er wie toll umher. Eines Morgens, noch ehe sich die übrigen Bewohner des Forts von ihren Lagern erhoben hatten, war er wieder hinausgegangen, einem schwarzen Bären am Wasser aufzulauern, der sich regelmäßig dort einstellte, um seinen Frühtrunk zu nehmen. Der Capitain hatte die Absicht ausgesprochen, er wolle zum Mittagessen wieder zurück sein. Es wurde Mittag, doch kam er nicht. Sein Nichterscheinen beunruhigte indessen noch nicht, weil Jeder an die Unzuverlässigkeit solcher Versprechen gewöhnt war. Doch als der Abend näher rückte und er immer noch ausblieb, wurden Alle besorgt, und Patrouillen wurden nach ihm ausgesendet, die erst spät in der finstern Nacht heimkehrten, ohne irgend eine Spur aufgefunden zu haben. Als beim nächsten Tagesanbruch die Nachforschungen erneuert werden sollten und die Patrouillen sich dazu rüsteten, war ich schon weit vom Fort entfernt. Die Lieblingswege des Capitains kennend, hatte ich dennoch viel Mühe, seinen Spuren, die an einem Bache entlang führten, zu folgen. Plötzlich bemerkte ich, daß seine Fußtapfen von Blackfoot-Mokkasins ausgetreten waren. Ich wußte jetzt, daß der Capitain nicht mehr am Leben war, und es blieb mir nur noch übrig nachzuforschen, auf welche Weise er sein Ende gefunden. Auf einer langen Strecke waren die Mörder dem ohne Argwohn dahin Schreitenden geräuschlos gefolgt, und als er dann auf eine kleine Lichtung getreten, so daß die Blackfoot-Hunde seine ganze Figur vor sich hatten, war er das Ziel für ihre scharfen Pfeile geworden, die ihn wie ein Hagel trafen und zu Boden warfen. Ehe er nach seinen Waffen hatte greifen können, waren ihm dieselben entrissen, und obgleich er schon tödtlich verwundet war, waren seine Hände mit Ranken gefesselt worden; der Stiefeln hatten ihn die Mörder gleich beraubt, und ihn dann noch über zwei Meilen weit barfuß mit fortgeschleppt. Dort nun mußte er kraftlos zusammengesunken sein, denn ich fand den Capitain entkleidet auf dem Rücken liegen; seine Brust war von einer Kugel durchbohrt, die abgebrochenen Pfeile steckten noch hin und wieder in seinem Körper und die Kopfhaut war vom Schädel getrennt, doch merkwürdiger Weise nicht mitgenommen worden, sondern lag dicht bei dem blutigen Leichnam. Die Blackfoot-Hunde hatten ihre Sache gut gemacht; sie mußten einen Vorsprung von 24 Stunden haben, eine Verfolgung wäre also fruchtlos, ja gefährlich gewesen, und die kleine Garnison konnte jetzt also weiter nichts mehr unternehmen, als den Capitain begraben. Ich verließ bald den Militairposten, habe aber noch manchem Blackfoot den Skalp abgezogen; sie hängen bemalt und geordnet im Wigwam des Delawaren-Häuptlings am Kansas. Die Kopfhäute dort am Baume sind von den Pawnees, die hierher gekommen waren, um Pferde zu stehlen; sie hängen ganz gut da, die Vögel können mit denselben spielen." Bei diesen Worten ließ der Schwarze Biber den Tabaksdampf durch die Nase ziehen, mit einer Miene, als wenn er von ganz alltäglichen Sachen gesprochen hätte, während einzelne der Zuhörer verwunderungsvoll bald den kranken Indianer, bald die Siegestrophäen anschauten. „Welche Art von Jagd wird sich in den großen Ebenen uns bieten?" fragte ein Anderer den Schwarzen Biber nach einer Pause. „Manches Thier durchstreift die Prairie," erwiederte der Indianer, „manches Thier, auf welches Ihr Jagd machen könnt, und besonders ist es der Büffel, der in zahllosen Heerden dort umher wandert; doch nur wenige derselben werden Euch zu dieser Jahreszeit zu einer guten Hetzjagd Gelegenheit geben; sie sind jetzt alle nach dem Norden gezogen, die Sonne scheint ihnen hier zu warm auf den zottigen Pelz, und wenn sie im Herbst zurückkehren, um den nordischen Schneestürmen auszuweichen, dann werdet Ihr die Felsengebirge schon überschritten haben und mithin in Landstrichen reisen, wo noch nie ein Büffel grasset hat. Sie haben Scheu vor dieser Gebirgskette, und nur an zwei Stellen, in der Nähe von Pässen, fand ich untrügliche Spuren, daß in früheren Jahren die Büffel sich auf die andere Seite der Rocky Mountains gewagt hatten. Einzelnen, vor Alter grau gewordenen, werdet Ihr vielleicht begegnen, doch ist es dann nicht der Mühe werth, ein Pferd hinter denselben anzuspornen, ihr Fleisch ist zähe und ohne Kraft, und höchstens ihre Zunge noch zu gebrauchen.

Truthühner und weißschwänzige Hirsche (Cervus virginianus) sind zahlreich an jedem guten Wasser und am Rande jedes Gehölzes, mit welchem an niedrigen Stellen die Ufer der Nebenflüsse des Canadian eingefaßt sind. Ihr solltet es nur verstehen, den Hirsch zu locken, so wie ein Delaware. Wenn wir nämlich an einer Waldung hinreiten, dann ahmen wir mittelst einer kleinen Pfeife den Klageruf des Hirschkalbes nach; das alte Thier, welches sich schon von seinen Jungen getrennt hat, stürzt dann blindlings in vollem Lauf nach der Stelle hin, wo es den falschen Ruf vernommen, und wird eine leichte Beute für den lauernden Jäger. Wenn nun der Eine oder Andere von Euch den Versuch machen sollte, auf diese Weise den Hirsch zu jagen, so mag er seine Augen gut offen halten, denn der beutesuchende Panther (Couguar oder Felis concolor *L.*) und der grimmige Jaguar (Felis onca) lassen sich ebenfalls durch die Lockpfeife täuschen und eilen in langen Sprüngen nach der Stelle hin. Bei ihren raschen Bewegungen ist es schwierig, ihnen die Kugel mit todbringender Sicherheit in den Schädel oder durch's Herz zu senden, und verwundet werden diese Thiere dem Jäger manchmal gefährlich. Antilopen (Antilope [Dicranoceros] furcifer *Ham. Smith*) nun endlich findet Ihr überall, zwischen hier und dem stillen Ocean, manchmal einzeln, manchmal in großen Heerden. Sie sind sehr scheu und geschwind, aber auch eben so neugierig, und weiß man letztere Eigenschaft zu benutzen, so ist die Antilopenjagd die allerbequemste. Tage lang umkreisen diese unermüdlichen Thiere den Reisenden in den buntesten Schlangenlinien, doch nähern sie sich äußerst selten nur auf Schußweite. Findet sich nun ein Strauch, ein Grasbusch oder einige Steine, wodurch es dem Jäger möglich wird, sich in der kahlen Ebene zu verbergen, und er steckt auf sichere Schußweite einen Stab in den Boden, von dessen Ende ein Stückchen Zeug oder Leder flattert, so ist seine Geduld in dem Versteck keiner gar so langen Probe unterworfen. Die Antilopen, deren Neugierde durch solch ungewohnten Anblick auf's Aeußerste gesteigert ist, werden sich nähern, indem sie bald springen, bald langsam schreiten und mit den Vorderfüßen herausfordernd den Boden stampfen, bis es dem Schützen gelingt, durch einen wohlgezielten Schuß eine zu Boden zu strecken. Gedankenschnell fliehen die übrigen erschrocken davon; doch der Schuß hat ihre Neugierde doppelt rege gemacht, und kaum ist der Jäger wieder zu ihrem Empfange bereit, so sind alle wieder da, um von Neuem eine aus ihrer Mitte zu verlieren; dreimal, sogar viermal kehren sie zurück, ehe sie sich gänzlich von der Unglücksstelle trennen können.

Gelingt es Euch, den schwarzen Bären (Ursus americanus) in seinem Versteck am Canadian ausfindig zu machen und Ihr könnt ihn verwunden, so, daß er sich kampfbereit vor Euch hinstellt, dann werdet Ihr eine genußreiche Jagd haben, Euch über seine Tapferkeit freuen und über seine komischen Stellungen lachen; doch nehmt Euch in Acht, daß er Euch nicht zu nahe kommt: er verkauft Euch sonst seinen Pelz und sein schönes Fleisch zu theuer. Zieht der verfolgte Bär sich aber in seine Höhle zurück, dann macht von dürrem Grase oder Holz oder sonstigen brennbaren Stoffen eine Fackel, und folgt ihm nur dreist bis in sein Lager nach. Trifft der leuchtende Schein das Auge des unwirschen Patrons, so setzt er sich aufrecht hin und bedeckt seine Augen mit seinen ungeschickten Tatzen. Nährt dann nur den Feuerbrand, daß er hell aufflackert, und Ihr werdet einen Wirbel in den Haaren auf der Brust des Bären entdecken, und wenn Ihr dahinein die Kugel mit Sicherheit schickt, so wird er zusammenbrechen wie ein Pawnee-Zelt, an dem die Stützen gebrochen. Ihn durch Rauch aus seiner Höhle an's Tageslicht zu bringen, gelingt nicht immer; auch kommt es vor, daß das so belästigte Thier nach der Oeffnung seines Hauses eilt, das Feuer mit den Tatzen auseinander scharrt, und eben so geheimnißvoll, wie es gekommen, sich wieder zurückzieht.

Die Goldmountains in Neu-Mexiko, an denen Eure Straße vorbeiführt, sind noch voller grauer Bären (Ursus forox *Lewis-Clark*); vermeidet aber denselben anzugreifen, wenn Ihr nicht zu Zweien oder Mehreren seid. Wem der Anblick eines solchen riesenhaften Burschen neu ist, der kann leicht etwas von der nöthigen Ruhe verlieren: er wird sein Ziel verfehlen und eine leichte Berührung von den Krallen seines wüthenden Feindes reicht hin, um ihm jede Jagdlust auf ewig zu vertreiben. Der Bär, wenn er wüthend, verliert ganz und gar sein ehrliches Aeußere, die Ohren verschwinden, die kleinen Augen sprühen Feuer, und man glaubt nichts zu sehen, als lauter Blitze und Zähne, und seine Geschwindigkeit übertrifft die eines Pferdes.

Als ich vor einigen Jahren mit mehreren Weißen durch die Felsengebirge zog, hatte ich einen solchen unerfahrenen Jäger bei mir, der sich hoch und theuer verschwor, den ersten grauen Bären, den er sehen würde, anzugreifen. Er hat Wort gehalten, aber kann nicht genug von Glück sagen, daß er mit dem Leben davon gekommen ist, und ich bin überzeugt, daß er bei der nächsten Gelegenheit Bedenken tragen wird, so rasch und unbesonnen einer solchen Bestie entgegenzutreten. Wir hatten nämlich unserer Pferde wegen unser Nachtquartier auf einer grünen Wiese nahe dem Fuße eines Berges aufgeschlagen, so daß wir wohl tausend Schritte gehen mußten, um an eine Quelle zu gelangen, von welcher wir in Schläuchen den Bedarf an Wasser zu unserer einfachen Küche heranholen mußten. Zu diesem Zwecke nun war ich mit dem jungen oder vielmehr grünen Jäger an den Bach gewandert. Im Begriff, von dem klar rieselnden Bache zu schöpfen, bemerkten wir plötzlich einen dieser silbergrauen Bären, der, wahrscheinlich durch unsere Pferde angelockt, dem Lager zutrabte. Ich trug nur eine lange Dragoner-Pistole im Gürtel, während mein junger Kamerad seine Büchse mitgenommen hatte. Trotz meiner Gegenrede stellte er sich so hin, daß der riesige Geselle, der sich mit dem Winde näherte, auf sichere Schußweite an ihm vorüber mußte. Ich beobachtete beide aus der Nähe. Der Schuß fiel, der Bär krümmte sich zusammen, stürzte aber augenblicklich dem unglücklichen, fliehenden Schützen nach; wenige Schritte von mir erreichte er sein Opfer, warf es zu Boden und riß ihm mit den Zähnen die halbe Schulter fort. Als er zum zweiten Male zufassen wollte, sprang ich hinter ihn, setzte ihm die Mündung der Pistole auf das Genick, und auf die Gefahr hin, den am Boden Liegenden mit zu verwunden, gab ich Feuer; der Bär stürzte todt zusammen, mein Kamerad war gerettet, befand sich aber in einem so elenden Zustande, daß wir mehrere Wochen warten mußten, ehe er wieder sein Pferd besteigen konnte." — „Capitain Biber," unterbrach jetzt einer der Zuhörer den Erzähler, „ich habe es aber erlebt, daß selbst der erfahrenste Trapper im Kampfe mit solchen ungehobelten Feinden den Kürzern gezogen hat; Ihr werdet gewiß den Canadier Villandrie kennen. Er ist der beste weiße Jäger am Yellowstone, er ist Freitrapper und bleibt Freitrapper, obschon die Pelzcompagnie in St. Louis ihm die glänzendsten Anerbietungen gemacht hat, um sich seine Dienste zu sichern. Villandrie lebt gewöhnlich bei den Sioux-Indianern, in deren Stamm er sich verheirathet hat. Als er eines Morgens ausritt, um nach seinen Biberfallen zu sehen, hatte er auf dem hohen Ufer eines Flüßchens sich seinen Weg durch dichtes Gestrüpp zu bahnen. Mit dem Laufe seiner Büchse die Ranken abwehrend und das nahe abschüssige Ufer stets im Auge behaltend, war er unverhofft in die Nähe einer alten, grauen Bärenmutter gekommen, die sich aus ihrem verdeckten Lager plötzlich erhob und blitzschnell mit rasender Wuth sich auf das mit Ranken und Gestrüpp kämpfende Pferd warf. Ein Schlag der kolossalen Tatze genügte, dem bäumenden Pferde das Kreuz zu brechen, und Villandrie bis an's Ufer, seine Büchse aber hinab in's Wasser zu schleudern. Drei halberwachsene Junge beschäftigten sich sogleich auf die gelehrigste Weise mit dem ohnmächtig ringenden Pferde, während ihre wüthende Mutter dem sich erhebenden Villandrie zueilte. Kaum hatte dieser nun sein langes Messer gezogen, als die Bärin ihre Krallen in seine Schultern und Oberarme schlug; seinen rechten Arm konnte er noch frei bewegen, und Stich auf Stich versetzte er der grimmigen Feindin in den Hals, die mit den Zähnen das Messer aufzufangen versuchte, und deshalb noch mit dem tödtlichen Griffe nach des Trappers Kehle zögerte. Bei jeder Bewegung faßte sie aber von Neuem mit den langen Krallen und riß ihm jedesmal tiefe Furchen in die Schultern und Lenden.

Keine Minute mochte dieser Kampf gedauert haben, als der sandige Uferrand nachgab und beide die Höhe hinab in's Wasser stürzten. Das kalte Bad trennte die Kämpfenden, die Bärin kehrte zu ihren Jungen zurück und gestattete dem zerfleischten Villandrie, sich ebenfalls seinen Weg an's Ufer und heimwärts zu suchen. Vom Blutverluste geschwächt, erreichte er am andern Tage erst das Dorf der Sioux, wo ihm seine Wunden leidlich verbunden und geheilt wurden, und noch heutigen Tages ist der Canadier Villandrie der beste weiße Trapper am Yellowstone." — „Ich kenne diesen Mann sehr genau," erwiederte der Schwarze Biber, „sein Körper sieht aus, als wenn er Bekanntschaft mit den Blattern gemacht hätte, und doch ist er noch nie in seinem Leben ernstlich krank gewesen."

Unter solchen Gesprächen wurden die schönen Sommerabende während des Aufenthaltes in Camp Arbuckle beim Schwarzen Biber verbracht, und immer mehr bedauerten wir, den erfahrenen Indianer zurücklassen zu müssen.

Am 22. August verließ unsere Gesellschaft Camp Arbuckle. Der Kornlieferant nebst einigen Kleinmüthigen zogen gegen Sonnenaufgang, während die Uebrigen rüstig und mit frohem Muthe dem Wege folgten, den ihnen die Sonne selbst angab.

Der Schwarze Biber gab am ersten Tage das Geleite und brachte den Zug bald an die Stelle, wo noch Spuren von alten Wagengeleisen bei genauer Untersuchung zu entdecken waren. Es war die Straße, auf welcher vor Jahren derselbe Delaware den Capitain Marcy geführt hatte.

„Geht nur immer dieser Straße nach," sprach scheidend der Schwarze Biber, „und Ihr werdet den Rio Grande erreichen." Doch nur ein Indianer konnte hier von einer Straße sprechen, wo das Auge nichts entdeckte, und man nur mit Mokkasins vom weichsten Leder im Stande war, während des Gehens eine Unebenheit des Bodens unter dem dichten Grase zu entdecken.

Als wir die von dem Schwarzen Biber angegebene Richtung einschlugen und in der Nähe des Walnut Creek hinzogen, mußten wir bald über lang gedehnte grasige Höhen, bald durch tiefe, waldige Schluchten setzen. Es war noch immer die wellenförmige Prairie (⁵), aber die Wellen waren zu mächtigen Wogen geschwollen, und die Betten der rieselnden Bäche hatten sich zu tiefen Abgründen umgestaltet, an deren Rande oftmals überlegt werden mußte, auf welche Weise das jenseitige Ufer zu gewinnen sei. Weiden und Eichen beschatteten die spärlich fließenden Quellen, und besonders letztgenannte Baumart hatte sich häufig weit über die benachbarten Hügelketten ausgebreitet. Es war dann aber nicht mehr der hohe, kräftige Baum, der aus kühlem, fruchtbarem Boden seine Lebenskraft trinkt, sondern der niedrige, knorrige Stamm, der mit seinen zerstreuten Kameraden vergebens versucht, die brennenden Sonnenstrahlen von seinem vertrocknenden Innern abzuhalten.

Der Wind, aus dem Westen kommend, hatte uns schon während des ganzen Tages Rauchwolken entgegengetrieben, die sich vor dem leichten Luftzuge langsam über uns hinwälzten oder vor stärkeren Windstößen zerstoben. Es war augenscheinlich, daß die Prairie, so weit das Auge von Süden nach Norden reichte, in Flammen stand, und der Brand von dem wachsenden Winde mit Schnelligkeit in dem hohen Grase gegen Osten gelenkt wurde. Auf diese Weise vor der drohenden Gefahr gewarnt, wurde bei der Wahl einer Stelle zum Nachtlager mit der größten Umsicht zu Werke geschritten. Zwischen zwei in nicht großer Entfernung an einander hinlaufenden Schluchten glaubten wir auf eine leidliche Sicherheit rechnen zu können. Die Schluchten waren breit und tief, ihre steilen Uferwände durch zeitweise herabströmende Wassermassen von aller Vegetation, die dem Feuer Nahrung bieten können, gänzlich entblößt, und so bildete die westliche dieser

Möllhausen, Tagebuch.   5

Tiefen eine natürliche Schranke gegen das immer näher rückende Flammen=
meer. In die östliche wurden unsere Thiere hinabgetrieben, um ihnen den
Anblick des Feuers zu entziehen, und als auf diese Weise einer durch pani=
schen Schrecken veranlaßten wilden Flucht (Stampede) der ängstlichen Maul=
thiere vorgebeugt war, begab sich der größte Theil unserer Gesellschaft nach
der andern Schlucht, um von dem Ufer derselben aus den Brand zu beob=
achten und die herüberfliegenden Funken rechtzeitig zu ersticken.

Wenn auch häufig die Brände in den Prairien ihr Entstehen dem
Zufall oder der Nachlässigkeit reisender oder jagender Indianer verdanken,
so geschieht es doch gewöhnlich mit Vorbedacht, daß die Steppenbewohner
große Strecken ihrer grasigen Ebenen niederbrennen, um dadurch jungen,
kräftigen Graswuchs zu erzielen. Zwischen versengten Grasstoppeln keimen
in der That auch schon nach wenigen Tagen wieder seine Grasspitzen her=
vor, die schnell wachsen und die schwarzen Flächen bald in ein lichtes Grün
kleiden, wodurch dieselben dann das Aussehen sorgfältig kultivirter, mit
junger Saat bedeckter Felder erhalten. Dorthin ziehen dann die Indianer
mit ihren Heerden, nachdem sie vorher Feuer an andere Landstriche gelegt
haben.

Nur zu oft gereicht aber auch ein vorsätzlich hervorgerufener Prairie=
brand den Indianern zum Nachtheil, so wie ihren Heerden und dem Wilde
zum Verderben; denn vermag auch der Mensch nach Willkühr an jeder be=
liebigen Stelle das wogende Gras anzuzünden, so liegt es doch außer dem
Bereiche der Macht eines Sterblichen, den Brand zu lenken, wenn er von
dem plötzlich sich erhebenden Sturme über unermeßliche Flächen getrieben wird.

Als wir so am Rande der Schlucht saßen, den aufwirbelnden Rauch
und die in der Ferne schon sichtbaren Flammen beobachteten, oder mit den
Augen dem Wilde folgten, welches erschreckt und verstört durch's hohe Gras
eilte, und Rettung suchend der Schlucht zustürzte, wurden wir in unseren
Betrachtungen durch plötzlichen Feuerlärm vom Lager her gestört.

Die Wirkung des Rufes auf die durch die große Naturscene aufge=
regten Gemüther war ein jäher Schrecken; denn Jeder wußte nur zu wohl,
daß die Existenz der ganzen Expedition, ja das Leben der an derselben Be=
theiligten auf dem Spiele stand. Alles stürzte daher dem Lager zu, wo
durch die Unachtsamkeit der Köche das nächste Gras von den Flammen er=
griffen worden war, die durch den heftigen Wind auf schreckenerregende
Weise an Ausdehnung gewannen. Glücklicher Weise war das Uebel auf
der Ostseite unserer Zelte und der Wagen entstanden; der Wind trieb also
die Hauptgefahr abwärts, während auf der andern Seite die Gluth dem
Luftzuge entgegenarbeitete und sich langsamer dem Lager näherte. Hier
nun bildete unser ganzes Personal eine dicht geschlossene Reihe, die dem
immer weiter um sich greifenden Brande von der einen Schlucht bis hin=
über zur andern nachging, und durch rasch auf einander folgende Schläge
mit Decken, Säcken und Kleidungsstücken die Flamme erstickte. Nach über=
mäßigen Anstrengungen war endlich die Gefahr abgewendet. Nur einzelne

Funken glimmten noch dem Lager zu, während auf der andern Seite der Brand wüthend weitertobte.

Die Flammen hatten unterdessen in einer schrägen Linie die westliche Schlucht erreicht und zogen an derselben hinauf. Der Zwischenraum war zu groß, als daß die fliegenden Funken auf unserer Seite hätten zünden können; sie erloschen auf halbem Wege, und ungestört schenkten wir unsere ganze Aufmerksamkeit dem lodernden Brande, der majestätisch über die Ebene zog, weit vor sich die saftigen Grasmassen dörrte und sie dann durch leichte Berührung in Asche verwandelte.

Die hereinbrechende Nacht zeigte uns ein erhabenes Bild, ein Bild, wie es weder mit Worten beschrieben, noch mit einem Pinsel dargestellt werden kann. Die hellen Flammen ließen den nächtlichen Himmel in noch dunklerem Schwarz erscheinen, und verliehen zugleich den Rauchwolken, die sich in grauen Massen dahinwälzten, eine rothglühende Beleuchtung, die fortwährend wechselte, je nachdem das Feuer von stärkeren Windstößen gejagt und von üppiger oder spärlicher Vegetation genährt wurde.

Ein unheimliches Getöse begleitete den wilden Brand; es war kein Donnern, kein Rauschen oder Sausen, es glich dem fernen, dumpfen Beben der Erde, wenn Tausende von fliehenden Büffeln mit schweren Hufen den Boden stampfen. Drohend klang es zu uns in's Lager herüber. Mit Bewunderung und Grauen blickten Alle auf die furchtbar schöne Naturscene. Wenn der Orkan das Meer bis in seine verborgensten Tiefen aufwühlt und die schäumenden Wassermassen gegen die wetterleuchtenden Wolken treibt, um sie mit unwiderstehlicher Gewalt, Alles unter sich zerschmetternd, zurücksinken zu lassen; wenn der Sturm, den eisigen Norden verlassend, wild über die kahlen Steppen fegt, dichten Schnee vor sich hinwälzt und Alles, was ihm begegnet, erstarrt: dann ist es die Stimme Gottes, die durch die Elemente zu dem schwachen Sterblichen spricht. Doch seine Worte sind eben so laut und vernehmlich, wenn der Orkan die Flammen wüthend durch die üppigen Grasebenen treibt, die Fluren vor sich zerstört und ein schwarzes, dampfendes Aschenfeld, das Bild eines grausigen Todes, hinter sich läßt. Der Mensch, wenn er als ein würdiges Ebenbild seines Schöpfers auftritt, sieht muthig und ergeben dem Kampfe entgegen: denn Er, der die Elemente gegen ihn aufgeregt, hat ihm dafür die Mittel gegeben, sich ihrer Wuth zu entziehen, und geht der Mensch siegreich hervor, dann ist es nicht Stolz, nein, es ist ein unendliches Gefühl der Dankbarkeit, der bewundernden Anbetung, was ihn beseelt.

Der gegen jede Gefahr gerüstete und erfahrene Jäger beobachtet die schwarzen Rauchwolken, wie sie sich aufthürmen und als Vorboten eines Flammenmeeres über seinem Haupte hinziehen. Sinnend legt er einen neuen Brand vor sich in's hohe Gras und entfernt schnell durch Feuer alles Brennbare von einer Stelle, die groß genug ist, ihn rettend aufzunehmen, und von dieser Stelle aus sieht er dann ruhig die drohende Gefahr harmlos an sich vorüberziehen. Doch wehe dem, der unvorbereitet vom

5 *

Prairiebrande überfallen wird! vergebens wird er versuchen, sich durch die Schnelligkeit seines Pferdes zu retten. Im Grase, dessen Aehren ihm die Schultern peitschen, wickeln sich Halme und Ranken um den flüchtigen Huf und halten das fliehende Roß auf, um es sammt seinem Reiter eher dem unerbittlichen Feinde als Opfer übergeben zu können. Der rothe Steppenbewohner, der trotzig selbst dem überlegenen Feinde Hohn spricht, bebt bei dem Gedanken an das eilende Feuer, und fragst Du ihn, ob er es fürchtet, so wird der stolzeste Krieger sein herausfordernd geschmücktes Haupt beschämt neigen und leise flüstern: „Wecke nicht die Rache des großen Geistes, er ist im Besitze einer furchtbaren Medizin."

Als der Zug am nächsten Morgen in gewohnter Ordnung seine Weiterreise antrat, hatte er mehrere Stunden über eine verbrannte Fläche zu ziehen, wo die zermalmenden Räder und die stampfenden Hufe in Kohlen und Asche wühlten und seinen, schwarzen Staub aufregten, der Menschen und Thieren das Athmen erschwerte. Die gänzliche Windstille in Verbindung mit dem schweren Thau, der während der Nacht gefallen, hatte das Feuer der Steppe allmälig eingeschläfert, doch keineswegs getödtet; denn weiße Wölkchen, die sich hin und wieder steil in die Höhe kräuselten und endlich in der klaren Atmosphäre zergingen, verriethen das Fortglimmen von Funken, die nur eines Hauches bedurften, um die Scenen des vorhergehenden Tages zu erneuern und das Verderben über einen andern noch unversehrten Landstrich zu treiben. Das Auge, gewohnt, seit langer Zeit auf frischem, wohlthuendem Grün zu ruhen, wird unsanft berührt durch die schwarzgraue Farbe der ausgestorbenen Vegetation; vergebens sucht es auf den kahlen Flächen nach Punkten, die ihm Abwechselung bieten könnten; die Blumen sind verschwunden und die fröhlichen Eidechsen und Hornfrösche wagen sich nicht aus ihren Verstecken. Nur gebleichte, vom Brande theilweise geschwärzte Schädel des Wildes starren mit ihren hohlen Augen zwischen versengten Stoppeln hervor, und erwecken bei dem Reisenden Muthmaßungen und Nachdenken über die erfolgreichen Jagden, die seit uralten Zeiten der wilde Steppenbewohner in diesen Gründen gehalten haben muß. Ein durch den Einfluß der Zeit schon verkalktes Geweih liegt dort zwischen kolossalen Büffelknochen; wo ist aber der schlaue Jäger, der mit scharfem Pfeile den stolzen, virginischen Hirsch zu erlegen wußte? Auch seine Gebeine sind wieder in Staub zerfallen! Hier wiederum zeigt der riesige Büffelschädel wie drohend seine kräftigen Hörner; vor nicht allzu langer Zeit wanderte er noch grasend umher, und sein zottiges Kleid hängt zur Zeit wohl noch auf der kupferig glänzenden Schulter eines Comanche. — Asche und Gebeine blieben zurück und von Neuem führte der Weg durch blüthenreiche Wiesen. Das kaum fühlbare Athmen des Westwindes verstärkte sich plötzlich, blies über die Ebenen, wirbelte Asche und Staub hoch in die Lüfte, weckte das schlafende Element, fachte es zur Weiterreise an, und knisternd und sausend, qualmend und rauchend, zog der verheerende Brand gegen Osten. Jetzt erhoben sich nicht weit vor dem Zuge neue

Rauchfäulen, was den allgemeinen Argwohn rege machte, daß feindliche oder muthwillige Indianer abfichtlich unferer Expedition Hinderniffe in den Weg legen wollten. Wie oben erwähnt, brennen die Prairie-Indianer alljährlich große Streden ihres Reviers nieder, um junges Gras und dadurch frifche Weiden für Heerden und Wild zu erzielen; doch da der Sommer noch nicht weit genug vorgerückt war, um die Brände folchen Zweden zuschreiben zu können, ebenfo die Brandftifter immer unfichtbar blieben, fo konnte ihrem Benehmen natürlich nur eine unfreundliche Abficht untergeschoben werden. Nur kurzen Aufenthalt verurfachte das noch langfam schreitende Feuer, vor dem fich die kleinen Nagethiere bequem flüchten konnten; jedoch hatten diefe eine Schaar von weißen Gabelweihen und braunen Falken herbeigezogen, die fpielend in dem fchwarzen Rauche kreiften und gelegentlich pfeilfchnell niederfchoffen, um dicht vor den Flammen ihre geängftigte Beute mit Sicherheit zu erfaffen und in den fcharfen Fängen davon zu tragen. Eine Straße, breit genug, unfere ganze Expedition zu faffen, wurde von unferen Leuten fchnell freigebrannt, und auf diefelbe begaben wir uns dann, um den heranrüdenden Brand zu erwarten, der, an dem kahlen Streifen angekommen, fich öffnete und uns ein weites, ficheres Thor zeigte. Wiederum Afche und Staub, doch nur auf eine kurze Strede, und ununterbrochen wand fich dann der lange Wagenzug durch die hügeligen Wiefen in der Nähe des Walnut Creek hin, wo fich alles vor dem Prairiebrande geflüchtete Leben verfammelt zu haben fchien. Gemächlich fchritt dort in einer Schlucht das Leitthier, begleitet von einem Rudel feifter Hirfche, und geftattete dem auf dem hohen Ufer folgenden Schützen, den beften Zwölfender zum Ziel für feine Kugel zu machen. Der weiße Wolf hatte fich ermattet im Schatten eines einzeln ftehenden Baumes hingeftredt, die trodene Zunge hing lang aus feinem Rachen, und die Gefahr nicht ahnend, fah er nach der Mündung der Büchfe, aus der er den Tod empfangen follte. Die kleinen, Gärten ähnlichen Waldungen waren belebt von Familien von Truthühnern; große Prairiehafen durchkreuzten in allen Richtungen die kleinen Thäler, und verfuchten vergeblich durch Zurüdlegen der langen Ohren fich unbemerkbar zu machen.

VIII.

Die Waekow-Indianer. — Die Witchita-Indianer. — Die Kechie-In-
dianer. — Erzählung der Abenteuer am Nebraska. — Die Büffeljagd. —
Der Büffel. — Die Büffeljagd der Indianer. — Die Croß Timbers. —
Das Wild am Deer Creek. — Lager am Deer Creek.

Am Rande einer kühlen, wasserhaltigen Schlucht erhoben sich unsere
lustigen Zelte. Abgespannt und ermattet vom langen Ritte und von der
schwülen Hitze des Tages, lag die Gesellschaft gruppenweise im Schatten
umher, als ihre Aufmerksamkeit auf zwei Reiter gelenkt wurde, die, über
die westliche Ebene kommend, die nächste Richtung nach dem Lager zu einschlugen. In diesen wilden Regionen kann man nur erwarten, auf Indianer zu stoßen, weshalb Jeder im Lager neugierig der Ankunft der beiden
Fremdlinge entgegensah. Es waren zwei junge Burschen, die sorglos in
den Kreis ritten, gewandt von ihren starken Pferden sprangen und freundschaftlich die ihnen dargereichten Hände schüttelten. Schlank und hoch gewachsen, hatten ihre Glieder etwas mädchenhaft Zartes, und verglich man
den starken Bogen mit den feinen Handgelenken, so mußte man fast bezweifeln, daß diese jungen Krieger die straffe Sehne mit dem befiederten Pfeil
bis an's Ohr würden ziehen können. Eine leichte, baumwollene Decke war
um ihre Hüfte geschlungen, Leggins (lange Gamaschen) und Mokkasins von
weichgegerbtem Leder bekleideten ihre Füße; der Oberkörper war aber entblößt und nur ein Köcher, aus schönem Pelzwerk angefertigt und mit ver-
gifteten Pfeilen angefüllt, schlang sich an breitem Riemen nachlässig um die
kupferfarbigen Schultern. Lange, schwarze Haare faßten ihre jugendlichen,
indianischen Gesichter ein, denen der Ausdruck einer gediegenen Verschmitzt-
heit nicht fehlte. Rothe und blaue Linien hatten sie kunstfertig um ihre
Augen und über die vorstehenden Backenknochen gezogen und bunte Federn
schmückten auf phantastische Weise ihre geflochtenen Skalp-Locken.

Nachdem sie ihren regen Appetit durch die ihnen dargereichten unbekannten Leckerbissen etwas gestillt hatten, und dann auf würdige Weise den
Tabaksdampf durch die Nase wirbeln ließen, wurde Vincenti beauftragt, sie
auszuforschen, eine Arbeit, welcher sich der kleine Spitzbube mit Seufzen
und Stöhnen unterzog. Mit den Indianern sich zu unterhalten, wäre ihm
ganz angenehm gewesen, aber auf Befehl jedes ihrer Worte zu übersetzen,
war ihm lästig, und diesen Widerwillen zur Schau zu stellen, genirte er
sich auch nicht weiter. Die beiden Fremden waren junge Leute vom Stamme
der Wakos oder Waekos, die als Nachbarn der Witchita-Indianer, östlich

vom Witchita=Gebirge, an einem dort entspringenden Flüßchen ihr Dorf haben. Sie waren auf einer Reise nach dem Canadian zu einem Tausch= händler begriffen. Sobald sie die Nähe unserer Expedition entdeckt hatten, waren sie von ihrer Straße abgebogen, um uns ihren Besuch abzustatten.

Waekos oder Witchitas unterscheiden sich nur durch den Namen und einige Abweichungen in der Sprache; ihre Dörfer, in demselben Style gebaut, sind nur tausend Schritte von einander entfernt.

Die einzelnen Hütten, deren die Witchita zwei und vierzig, die Waeko nur zwanzig zählen, gleichen beinahe eben so vielen Heuschobern. Lange, biegsame Stangen, 18 bis 20 Fuß*) lang, sind in einem Kreise von 25 Fuß im Durchmesser in den Boden gesteckt, mit den Spitzen zusammen= gebogen und an einander befestigt; die Zwischenräume sind mit Weiden und Rasen dicht ausgeflochten, eine niedrige Oeffnung ist als Thüre, und eine andere in der Spitze als Rauchfang gelassen. In der Mitte der Hütte befindet sich eine Höhlung im Boden, die zur gemeinschaftlichen Feuerstelle dient; um diese herum ziehen sich die Lager der einzelnen Hausbewohner, die etwas erhöht und mit Büffelhäuten bedeckt, leidlich bequeme Ruhestellen bilden. Zwei Familien bewohnen gewöhnlich eine solche Behausung. Der Stamm der Waekos zählt an zweihundert, der der Witchitas hingegen über achthundert Mitglieder. Etwas Ackerbau treiben diese Indianer; Mais, Bohnen, Erbsen, Kürbisse und Melonen sieht man um ihre Dörfer gedeihen, doch bestehen ihre Ackergeräthschaften einzig aus kleinen Hacken. Mittels dieser bringen sie die Saat nothdürftig in die Erde, und der fruchtbare Boden vergilt diese geringe Mühe mit dem reichsten Ertrage. Kaum ist aber die Melone genießbar, kaum hat der Mais Kolben gesetzt, so fangen diese sorglosen Leute an zu essen und Gastmahle zu feiern, und hören dann nicht eher wieder damit auf, als bis der ganze Vorrath erschöpft ist, so daß sie hernach angewiesen sind, durch Jagd den übrigen Theil des Jahres hindurch ihr Leben zu fristen. Sie sind geschickte Büffeljäger und erlegen ihre Beute, wie alle Prairiestämme, vom Pferde herab mit Pfeilen. In den benachbarten Wiesen haben sie große Heerden von Pferden und Maul= thieren, von denen manches durch ein Brandzeichen verräth, daß sein recht= mäßiger Besitzer viele Tagereisen weit im südlichen Texas lebt. — Obgleich die indianischen Besucher vertrauensvoll in unsere Zelte getreten waren, so konnten sie doch nicht bewegt werden, die Nacht bei uns zu weilen. Wir hatten nämlich die Straße verloren, und hätten am folgenden Tage die beiden jungen Leute gern als Kundschafter benutzt; sie ließen sich aber nicht halten. Vielleicht lag ein unüberwindlicher Argwohn zu Grunde oder auch diebische Absichten, indem sie nur über die nächsten Hügel zu gehen brauch= ten, um während der Nacht zurückzukehren und einige der zerstreut weiden=

---

*) Es ist hier nur nach englischem Maßstabe gerechnet; 50 englische Fuß = 46 Fuß 15 Zoll 11$\frac{7}{10}$ Linien Pariser Maß.

den Maulthiere wegzufangen. Genug, mit der scheidenden Sonne empfahlen sich die beiden Waekos; scharfe Wache wurde gehalten und die Nacht verging ruhig und ohne Störung. Kurz vor Anbruch am folgenden Morgen fand sich ein Indianer vom Stamme der Kechies ein, Indianer, die ebenfalls in der Nähe der Witchita-Gebirge leben, und die gleich den Witchitas ungefähr hundert Krieger zu stellen im Stande sind. Geführt von diesem Indianer, gelangte unser Zug bald wieder auf die alte, mit Rasen dicht bewachsene Straße, und derselben folgend, konnten wir die tiefen und wasserreichen Bäche an solchen Stellen überschreiten, wo bei früherer Gelegenheit die Ufer niedergestochen und Bäume gefällt waren, so daß es jetzt nur geringer Arbeit bedurfte, den jedesmaligen Uebergang zu bewerkstelligen. Indeß konnten doch nur kleine Märsche zurückgelegt werden, weil die Straße in diesem Landstriche zu häufig von solchen kleinen Flüssen durchschnitten war, die in den buntesten Windungen die Niederungen durchzogen und einen paradiesischen Landstrich bewässerten, der an Fruchtbarkeit gewiß nicht leicht übertroffen werden kann. Schildkröten und Fische aller Gattungen spielten in den eilenden Fluthen und ließen die glühenden Sonnenstrahlen auf ihrem gepanzerten Rücken glitzern. Auf den Höhen, im Schatten der zerstreut stehenden Eichen, lagerte sich gemächlich das Wild und ließ seinen Blick über das wogende Grasmeer in den Thälern und über die dichten Waldsäume an den schlängelnden Flüssen schweifen; die Schwärme der Mosquitos hatten es von dort vertrieben, vermochten ihm aber nicht nach der luftigen Höhe zu folgen und fielen dafür Jeden mit wüthenden Bissen an, der sich in ihr dunkelgrünes, schattiges Reich wagte.

In einiger Entfernung von dem lärmenden Wagenzuge sah man während des Marsches gewöhnlich zwei Reiter sich ihren eigenen Weg suchen; bald folgten sie dem Laufe des Wassers, bald kletterten sie durch tiefe Schluchten, bald ritten sie über kahle Hügel oder wanden sich durch Gestrüpp und Ranken. Es war der alte, ehrliche Doctor und Botaniker, der in der Gesellschaft des deutschen Naturaliensammlers diese einsamen Wanderungen unternahm. Ein inniges Freundschaftsverhältniß hatte sich zwischen den Beiden gebildet, gemeinsam fischten sie in den verschiedenen Gewässern, vereint krochen sie durch Sümpfe und feuchte Erdspalten, der Eine nach Gewürm, der Andere nach Pflanzen suchend. Streitigkeiten würzten manchmal ihre Unterhaltung: der Doctor schalt, wenn der Deutsche von einem Hirsch, der gewiß seine Beute geworden wäre, abließ, um einer unbekannten Schlange nachzusetzen, wogegen der Deutsche sich in Strafpredigten erschöpfte, wenn der eifrige Doctor auf eine Viertelmeile weit nach Wild schoß und dasselbe verjagte. Geduldig horchte der unglückliche Jäger dann, zupfte sich gutmüthig an seinem beschneiten Barte, entschuldigte sich auch wohl, indem er angab, eine Viertelmeile könne für eine Büchse nicht zu weit sein, wenn man dieselbe nur in einem Winkel von 45 Grad halte. Dergleichen Vorfälle beeinträchtigten indessen in keiner Weise das gute Vernehmen zwischen ihnen, die Unterhaltung wurde immer wieder da aufgenommen, wo sie unterbrochen worden war, und gewöhnlich gesellten sich noch einige unserer Expedition zu ihnen, um ihrem Zwiegespräch und ihren Erzählungen zu lauschen.

„Sie haben also früher die Prairien schon bereis't, Freund Dutch= man?" sagte der Doctor zu seinem Gefährten. „Viele Hunderte von Meilen habe ich in den Steppen schon zurückgelegt," erwiederte Jener; „ich habe die Ebenen am Nebrasca gesehen, wenn die warme Frühlingssonne aus den eben gekeimten Kräutern und Gräsern Millionen von Knospen trieb, der heiße Sommer sie entfaltete und verschwenderisch alle nur denk= baren Farben darüber hingegossen hatte; ich habe sie gesehen, wenn von dem Herbstwinde bewegt die gefüllten, reifen Samenkapseln leise rasselten und die gebleichten Halme sich neigten; ich habe sie gesehen, wenn der Winter sein weißes Leichentuch über die unabsehbare, verbrannte Wüste ge= deckt hatte, und der Schneesturm mit all seinem Schrecken darüber hin= ras'te." — „Ich meines Theils," erwiederte der Doctor, „habe die grüne, die blumige und die verbrannte Prairie gesehen. Es sind jetzt kaum zwei Jahre verflossen, als ich mit einer Vermessungs=Commission an die mexika= nische Grenze gezogen war, doch kenne ich die Steppen noch nicht im win= terlichen Kleide; erzählen Sie uns' doch, wie es Ihnen gelang, den Schnee= stürmen Trotz zu bieten, und wie Sie unter die Indianer gerathen sind, so lange mit ihnen gelebt und sich endlich wieder zu den Weißen gerettet haben." — „Gern, Doctor, erfülle ich Ihren Wunsch, obgleich ich nur mit Grausen an manche Scenen zurückdenken kann; es ist aber eine lange Ge= schichte, und Sie werden Geduld haben müssen, wenn Sie dieselbe bis zu Ende hören wollen." — „Was Sie heute nicht mittheilen können," unter= brach hier der Doctor, „das tragen Sie morgen vor; manchen Tag werden wir noch so zusammen reiten, ehe wir den Stillen Ocean erreichen, und unsere Gefährten hier sind gewiß nicht weniger neugierig wie ich selbst." — „Wohlan denn, unser Weg scheint für lange Zeit keine Unterbrechung zu leiden, und während unsere Thiere ihren trägen, gemessenen Schritt bei= behalten, will ich Alles, was mir Wundersames begegnet ist, Ihnen um= ständlich mittheilen.

Es war im Spätherbst 1851, als ich in Gesellschaft eines andern Herrn auf der Rückreise von den Felsengebirgen nach dem Missouri begriffen war. Wir waren nur unserer Zwei. Als wir so am öden Nebrasca oder Flachen Flusse hinzogen und uns zeitweise zwischen Büffelheerden hindurch= wanden, hatten wir manches böse Abenteuer mit den Indianern zu bestehen, die uns auf alle mögliche Weise belästigten, ausplünderten, und was das Schlimmste war, eines unserer Pferde durch einen wüthenden Tomahawk= hieb in den Kopf tödteten. Die Last, die sonst von vier kräftigen Pferden getragen worden, fiel nunmehr auf drei, oder vielmehr auf zwei Pferde und einen Maulesel, die, durch langen Futtermangel schon sehr geschwächt, nun vollends ihre letzten Kräfte zusetzten. Wir konnten mit Bestimmtheit an= nehmen, daß der erste Schneesturm uns auf einmal unserer letzten Thiere berauben, und uns selbst dadurch dem größten Elende preisgeben würde. Es traf so ein, wie wir vorausgesehen. Bis an den Sandy Hill Creek, der in den Big Blue mündet, hatten wir uns mühsam geschleppt, als der plötzlich aufspringende, eisige Nordsturm uns fast im Schnee begrub und unser letztes Pferd tödtete. In einem kleinen indianischen Zelte, welches wir bei Fort Laramie von einem Pelzjäger erstanden, bei schlechtem Büffel= fleisch, etwas Reis und türkischem Weizen mußten wir nun unser Geschick ruhig erwarten. Mehrere Tage hatten wir auf die kläglichste Weise hinge= bracht, als die vom Fort Kearney am Flachen Fluß kommende Post uns sand und es so einzurichten wußte, daß einer von uns Beiden noch in dem kleinen mit sechs Maulthieren bespannten Wagen Platz sand, während es dem Andern überlassen blieb, sich so bequem wie möglich in dem kleinen Zelte einzurichten und nach besten Kräften sein Dasein zu fristen. In der katholischen Mission, an welcher der Wagen vorbei mußte, und die nur noch 80 bis 100 Meilen vom Sandy Hill Creek entfernt sein konnte, sollte der Gerettete Leute mit Pferden annehmen, um den Zurückgebliebenen nebst den Sachen zu retten, der sonst ein gewisses, qualvolles Ende vor sich hatte. Mich traf denn das unglückliche Loos, in der winterlichen Wildniß in der schrecklichsten Lage allein zurückzubleiben. Ich hatte keine andere Gesellschaft als die der Wölfe, die sich mit jedem Tage in größerer Menge um mich herum einstellten, und wüthend von Heißhunger nur den Zeit= punkt abzuwarten schienen, in welchem ich, kraftlos, ihnen keinen Wider= stand mehr würde leisten können, um dann über mich herzufallen und mich und vielleicht auch das lederne Zelt in ihrer Gier zu verzehren.

Als ich den Wagen mit den einzigen menschlichen Wesen, die ich auf Hunderte von Meilen im Umkreise wußte, auf der weißen Fläche hatte verschwinden sehen, war meine erste Arbeit, meine Schußwaffen in die beste Ordnung zu bringen und mir in dem engen Zelte, so gut es gehen wollte, zur Hand zu legen. Es waren eine doppelte und eine einsache Büchse, eine Doppelflinte, vier Pistolen und ein sechsläufiger Revolver, wozu noch eine schwere Axt und ein langes Messer kam. Mit diesen Mordinstrumen= ten glaubte ich mich schon gegen eine ganze Anzahl von Wilden bei einer etwaigen, ungewünschten Zusammenkunft vertheidigen zu können, und von dieser Seite gewissermaßen beruhigt, ging ich daran, mich noch besser gegen die immer mehr zunehmende Kälte und den treibenden Schnee zu sichern, der mit äußerster Genauigkeit die kleinsten Oeffnungen im Zeltleder als Thüren zu benutzen wußte. Ein Wall von festgestampftem Schnee umgab bald meine improvisirte Wohnung, und einen Vorrath Holz, welchen ich vom nahen Fluß heraufgeschleppt hatte, häufte ich vor meiner niedrigen Thüre auf; eine kleine Höhlung im Boden vor meinem Lager, welches aus Büffelhäuten und Decken bestand, bildete Kochherd und Ofen zugleich. Meine Lebensmittel nun, die aus einigen Stücken Büffelfleisch, etwas Reis, Kaffee und Pferdefutter bestanden, theilte ich mir in vierzehn Tagesrationen ein; ich lebte nämlich der Meinung, daß spätestens nach Ablauf von vier=

zehn Tagen die von der Mission zu erwartende Hülfe eintreffen würde.
Nachdem ich also auf diese Weise meine ersten Vorkehrungen getroffen, ver=
troch ich mich in meine Decken und Pelze, um liegend das kleine Feuer
vor mir zu schüren, das kärgliche Mahl zu bereiten, und dann die erste
Nacht in der großen Wildniß einsam zu verbringen. Wenn man einen
Menschen nahe weiß, und wenn es nur ein Kind ist, kann man sich nie
so ganz verlassen fühlen; die menschliche Stimme, selbst klagend, klingt trö=
stend, und nie ist es mir mehr aufgefallen, als an diesem ersten Abende;
ich versuchte laut mit mir selbst zu sprechen, doch grauenhaft verhallt der
Ton der eigenen Stimme, wenn er nur das eigene Ohr trifft. Als die
Sonne im Begriff war, hinter neu aufsteigenden Schneewolken zu verschwin=
den, und ihre letzten Strahlen über das weite Schneefeld sandte, begann
ein Concert, welches mir zwar nicht mehr neu, jetzt aber doppelt unange=
nehm in der Einsamkeit klang. Eine Heerde von Prairiewölfen brach in
helles Geheul aus, und zu ihrem langgezogenen Diskant gesellte sich der
tiefe Baß des grauen und des großen, weißen Wolfes; auf Minuten ver=
stummte die wilde Musik, und erhob dann ein Vorsänger seine helle, durch=
dringende Stimme, so fiel der ganze Chor mit voller Kraft ein, und der
Wind trug die unharmonischen Klänge weit fort über die Einöde. — In
der Schlucht, wo von den gefallenen Pferden nichts geblieben war, als die
polirten Gebeine, von den Halftern und Leinen nichts, als die eisernen
Ringe, da entspann sich ein wüthender Kampf, und an dem hellen Gejam=
mer konnte ich deutlich erkennen, daß die kleinen Prairiewölfe immer das
Feld räumen mußten. Ich versuchte Stunden lang, die Zahl der in der
Schlucht versammelten Thiere aus den Stimmen herauszufinden, doch mußte
ich es zuletzt aufgeben; es war eine traurige Beschäftigung, die mir in=
dessen in der schwarzen, stürmischen Nacht einige Zerstreuung gewährte. Ich
schlief endlich vor Ermattung ein und wurde durch den Hunger geweckt,
als die Sonne schon hoch am Himmel stand. Eine Nacht ist überstanden,
dachte ich, indem ich einen Kerb in eine der Zeltstangen schnitt, wenn doch
erst vierzehn Tage vorbei und die zu erwartenden Menschen hier wären!
Es mußte zwischen dem 16. und 18. November sein, und ich rechnete aus,
daß ich zu Weihnachten auf der Mission würde sein können, glaubte da=
mals aber noch nicht, wie sehr ich mich verrechnete. Der Tag verging
langsam und trübe, ich schleppte Holz und Wasser zu meinem Bedarf
heran, und bemerkte zu meinem größten Schrecken, daß eine lähmende
Schwäche in meine Füße gezogen war, die mich wie einen Betrunkenen
taumeln machte.

In trauriger Stimmung saß ich vor meinem Zelte und beobachtete
gierig, vom Hunger getrieben, das in einem Kessel kochende und brodelnde
Wasser, wie es die einzelnen Maiskörner in die Höhe und Tiefe warf.
Meine kleine Thonpfeife hatte ich mit gedörrten Weidenblättern gestopft,
und mechanisch blies ich den beißenden Dampf von mir, als ich einige
Reiter sich von Norden her nähern sah, die bepackte Pferde vor sich her=

trieben. Auf alle Fälle vorbereitet, erwartete ich dieselben unbeweglich und mit Ruhe. Ich erkannte sie bald als Indianer, die, von der Biberjagd kommend, ihren Ansiedelungen am Kansas zueilten, und wußte daher, daß ich von ihnen nichts zu fürchten haben würde. Auf Schußweite angekommen, redete der Eine von ihnen mich auf Englisch an, und benahm mir jedes Mißtrauen, indem er sich als einen Delawaren zu erkennen gab. Bald saß er an meiner Seite vor dem Feuer in meiner kleinen Wohnung, während seine beiden Begleiter, ein paar wild aussehende junge Burschen, draußen am Feuer es sich ebenfalls auf ihre Art bequem machten. Lange und eindringlich redete der Indianer mir zu, um mich zu bewegen, alle meine und meines Gefährten Sachen den Indianern und den Wölfen zu überlassen, und mit ihm an den Missouri in sein Wigwam zu ziehen. Die Wölfe, sagte er, werden sich mehr und mehr um Dich zusammenziehen, und Dir nicht Tag oder Nacht Ruhe lassen, und wenn Dich die bis hierher streifenden Pawnees entdecken, dann werden sie Dich ausplündern und obendrein skalpiren. Ich schlug sein Anerbieten aus, und suchte ihm zu beweisen, daß in spätestens zwei Wochen Leute mit Pferden eintreffen müßten, wodurch es mir möglich sein würde, nicht nur alle Sachen, von denen die wenigsten mir gehörten, zu retten, sondern auch die Reise in einem kleinen Wagen zu machen, eine Reise, die mir jetzt zu Pferde oder gar zu Fuße wegen meiner Schwäche unmöglich sei.

Die Hülfe der Weißen wird Dir nicht werden, sprach der ehrliche Delaware, schlechte Pferde können nicht bis zu Dir durchdringen, und gute Pferde und ihr eigenes Leben wagen die Weißen auf der Mission nicht, um einen Menschen zu retten, den sie nach der Schilderung, die ihnen Dein Gefährte gemacht, längst werden aufgegeben haben. Aber ich sehe, das Wort eines Weißen gilt Dir mehr, als der Wille und die That einer Rothhaut; Du hast die Wahl, mögest Du Dich nicht täuschen. Ich verharrete in meinem Vorsatz, und habe es oftmals bitter, sehr bitter bereut. Zum Abschied gab mir der Indianer zur Vermehrung meines so kleinen Proviants noch die frische Keule einer Antilope, drückte mir die Hand, und ohne sich weiter nach meinem Zelte umzusehen, verfolgte er seinen Weg in südlicher Richtung, und ich war wieder allein. Es ist mir nicht möglich, die Leiden der nächsten acht Tage zu beschreiben; ich war dergestalt gelähmt, daß ich auf den Knieen zum Wasser und zurück in mein Zelt kriechen mußte, im Kopfe wirbelte es mir wie einem Betrunkenen und mein Gedächtniß fing an zu schwinden, wie ich glaube in Folge der furchtbaren Kälte. Die Schneestürme heulten über die öde Steppe und drohten mich zu begraben; während der Nächte durfte ich kein Auge schließen, denn die Wölfe, durch den Heißhunger noch wüthender und dreister gemacht, schwärmten immer dichter um mich umher. Dumpf heulend beschrieben besonders die großen, weißen immer engere Kreise um meine Wohnung, ich hörte den Schnee unter ihren Füßen knistern; gespannt lauschte ich auf jedes Geräusch, und wartete, bis der erste seine Zähne in das Zeltleder geschlagen hatte; schnell

feuerte ich dann auf gut Glück mit dem Revolver durch die dünne Wand
in die dunkle Nacht hinaus. — Erschreckt flohen die Bestien, um nach
einigen Stunden den Angriff mit demselben Erfolge zu wiederholen.

Den Tag über, wenn die lichtscheuen Thiere sich nicht zu nähern
wagten, konnte ich etwas ruhen, doch welcher Art war die Ruhe dann?
Ich hatte unter den Sachen, die mich wie ein Chaos in dem engen Raume
umgaben, eine Flasche Laudanum entdeckt, die in Verbindung mit einer
Büchse Chinin unsere Feldapotheke ausgemacht hatte. Durch eine gute
Dosis Laudanum also, die ich des Morgens nach Beendigung meines
kärglichen Mahles zu mir nahm, bewerkstelligte ich einen künstlichen Schlaf,
der mehrere Stunden dauerte. Fröhliche, bunte Bilder umgaukelten mich
dann im Traume, ich fühlte weder Kälte noch Schmerzen, ich war empfindungs-
los, ich war glücklich. Beim Erwachen trat aber die nackte Wirklichkeit
mit all' ihren Schrecknissen und Qualen wieder vor meine Sinne. Da
lag ich mit steifen, fast gelähmten Gliedern; die einzigen Kleidungsstücke,
die mir von den räuberischen Pawnees gelassen waren, reichten nicht mehr
aus, mich während des Aufenthaltes im Freien gegen die Kälte zu schützen,
und eine um die Schultern geworfene Büffelhaut mußte Alles ersetzen.
Neun Tage hatte ich auf diese Weise verlebt, neun Kerbe hatte ich in die
Zeltstange geschnitten, als ich früh beim Erwachen unfähig war, mich so weit
zu bewegen, um Holzvorrath zum wärmenden Feuer heranzuschleppen.
Düster sann ich über meine Lage nach, Rettung auf gewöhnlichem Wege
schien mir nicht mehr möglich; ohne einen wirklichen Entschluß gefaßt zu
haben, setzte ich die Opiumflasche an die Lippen, ich trank mehrere lange
Züge, ich trank die Flasche fast leer. Bald darauf fiel ich in eine tiefe
Betäubung, so daß ich selbst unzugänglich für Träume war. Wie lange
ich gelegen habe, weiß ich nicht; als ich erwachte, war es dunkle Nacht,
der Sturm tobte und rüttelte wüthend an den Zeltstangen und übertönte
fast das Geheul der Wölfe; ein brennender Durst quälte mich und meine
Füße waren erstarrt von Kälte. Mit Mühe blies ich die unter der Asche
glimmenden Kohlen zur Flamme und netzte meinen trockenen Gaumen mit
schmelzendem Schnee. Als nun der erste Durst gestillt war, da stellte sich
der peinigendste Hunger ein, der mich trieb, wie wahnsinnig an dem rohen,
gefrorenen Büffelfleisch zu nagen; es schmeckte mir köstlich; ohne an die
Zukunft zu denken, röstete ich mir ein Stückchen nach dem andern auf den
Kohlen, und verzehrte wenigstens drei Tagesrationen. Gegen Morgen fühlte
ich mich freier, die quälende Krankheit war wie durch einen Zauber gebrochen, und doppelt süß schien mir wieder das Leben, selbst ein Leben
unter den entmuthigendsten Umständen. Auf meine Büchse mich stützend,
wanderte ich wieder etwas umher, die Bewegung wirkte wohlthuend auf
mich, und in wenigen Tagen war ich so weit, daß ich mich nach
einer nahen Anhöhe begeben konnte, um von dort aus meine Blicke
in der trostlosen Ferne umherirren zu lassen. So wie meine Kräfte trotz
der gräßlichsten Noth zunahmen, so nahm mein kleiner Vorrath von Lebens-

mitteln ab; ich mußte darauf sinnen, auf irgend eine Weise neue anzu-
schaffen, denn noch auf Nachricht oder Hülfe von der Mission zu hoffen,
wäre thöricht gewesen; ich war darauf gefaßt, den ganzen langen Winter
an dieser Stelle liegen zu bleiben. Der Gedanke war mir unangenehm,
doch weniger beunruhigend, denn so lange die Wölfe noch nicht verhungerten, mußten sie mich nähren. Ich hatte zwar bis jetzt meine Zuflucht
noch nicht zu ihrem Fleisch genommen, doch Hunger vertreibt sehr leicht
den Ekel, und es kostete mich gar keine Ueberwindung, zum ersten Male
an dem zähen, sehnigen Fleisch, welches jedes Antheils von Fett entbehrte
und einem Stück Sohlenleder nicht ganz unähnlich war, mich müde zu
kauen. Als ich diese erste merkwürdige Mahlzeit gehalten, und fand, daß
sie mir trefflich gemundet hatte, da war ich fröhlich und guter Dinge, denn
meine Speisekammer war mit einem Male reichlich gefüllt, und Pulver wie
Kugeln im Ueberfluß vorhanden. Beim Aufgang der Sonne brauchte ich
nur den kleinen Vorhang meines Zeltes zu lüften, in der Oeffnung, die
mir die Aussicht nach dem Ufer des Flüßchens bot, im Anschlage liegen
zu bleiben, und ich konnte gewiß sein, daß die eine oder die andere der
dort im Gebüsche umherschleichenden Bestien mir gestatten würde, ihr eine
Kugel durch den Schädel zu schicken. Den kleinsten und besten Theil des
erlegten Wolfes erklärte ich nur als gute Beute. Ich habe mich übrigens
bei dieser Gelegenheit davon überzeugt, was ich sonst nie habe glauben
wollen, daß diese Thiere ihre eigenen Kameraden verzehren, denn es genügte eine Nacht, um den von mir unbenutzten Theil bis auf die blanken,
zerstreut liegenden Knochen verschwinden zu sehen. — Träge gingen die
Tage dahin, langsamer noch die Nächte, meine Spaziergänge hatte ich allmälig etwas weiter ausgedehnt, ich war wieder im Stande zu singen und
zu pfeifen, was ich übrigens nur übte, um mich aufzuheitern und meine
Sinne zusammenzuhalten; ich hatte nämlich meine Gedanken schon mehrere
Male auf Abwegen ertappt, was mir nicht wenig Besorgniß einflößte. Die
sechzehnte Kerbe hatte ich auf meiner Kalenderstange eingeschnitten, als ich,
wie gewöhnlich nach Beendigung meines überkargen Mahles, eine Büffelhaut
fest um meine Glieder schnürte, die Büchse unter den Arm nahm und meinen alten Weg nach dem nahen Hügel einschlug. Der nächtliche Schneesturm hatte die Spuren, die ich am vorhergehenden Tage zurückgelassen,
zugeweht, und langsam watete ich im tiefen Schnee die Anhöhe hinauf.
Die Sonne war schon im Sinken und ließ ihre Strahlen in schräger Richtung auf die endlose, weiße Ebene fallen; kein Lüftchen regte sich; es wurde
mir warm in dem zottigen Büffelpelz, obgleich der Athem, wie Perlen in
der schwarzen Wolle, die mein Gesicht umgab, festfror.

Oben auf dem Hügel angekommen, schaute ich nach allen Seiten in
die weite Ferne und bemerkte zu meinem größten Schrecken zwei menschliche Gestalten, die sich von Norden her, in der Richtung nach meinem Lager
zu, bewegten. Ich sage zu meinem Schrecken, denn der Anblick eines Menschen war mir so fremd geworden, daß ich weit entfernt war, Freude dar-

über zu empfinden, um so mehr, da die Beiden, die sich erst wie Punkte in
der schimmernden Ebene ausnahmen, aus einer Gegend kamen, von wo ich
nur die räuberischen Pawnees vermuthen konnte. Waren es Pawnees,
so durften sie mich nicht unvorbereitet in meinem Zelte finden, ich mußte
sie im Freien erwarten, ihre Gesinnungen und Absichten ausfindig zu machen
suchen, und ihnen meinen Skalp so theuer wie nur möglich zu verkaufen.
Ich hatte nur beinahe eine Stunde Zeit, um meine Vorkehrungen zu treffen;
hatten sie nämlich erst den Punkt erreicht, wo ich gestanden, und von wo
aus sie mein kleines Reich zu übersehen vermochten, so war es zu spät,
mich selbst ihren scharfen Augen zu entziehen. Unverzüglich eilte ich in
mein Zelt zurück und bewaffnete mich mit Allem, was ich nur schleppen
konnte. Die zurückgelassenen Waffen, nachdem ich die Zündhütchen von
denselben entfernt hatte, versteckte ich unter den Decken, legte hinreichend
Holz auf die glimmenden Kohlen, so daß fortwährend eine Rauchsäule der
Kamin = Oeffnung entstieg, und indem ich dann rückwärts das Zelt verließ,
schloß ich vorsichtig den Vorhang, der als Thüre diente, jedoch so, daß es
den Anschein gewann, als habe der am Feuer ruhende Bewohner denselben
von innen befestigt.

Der Sandy Hill Creek war nur 100 bis 150 Schritte von dem
Zelte entfernt und floß in einem ziemlich genauen Halbkreise um dasselbe
herum; er hatte hohe, mit Gestrüpp bewachsene Ufer, und deshalb lenkte
ich dorthin meine Schritte, um mir ein Versteck zu suchen. Vorsichtig und
genau setzte ich meine Füße in die Spuren, welche ich im tiefen Schnee
zurückgelassen, als ich am Morgen, um Wasser zu schöpfen, an den Fluß
gegangen war, und die mich an einer bequemen Stelle auf das spiegelglatte Eis führten, von welchem der nächtliche Sturm jede Probe von
Schnee hinweggeweht und am steilen Ufer in hohe Bänke zusammengetrieben
hatte. Auf dem Eise zog ich die Ueberreste der Schuhe von meinen Füßen,
um mit den daran befindlichen Nägeln keine verrätherischen Schrammen
auf der glatten Fläche zu reißen, und schlich, leise auftretend, der Krümmung des Flusses auf eine kurze Strecke nach, so daß die Entfernung zwischen mir und dem Zelte etwas verringert wurde, und ich dasselbe von
einer andern Seite dennoch deutlich beobachten konnte. Zwischen zwei
Schneebänken kroch ich die steile Uferwand hinauf und setzte mich am Rande
derselben in eine solche Lage, daß ich zwischen den aus dem Schnee hervorragenden Halmen und Sträuchern hindurch unbemerkt einen Blick auf die
Scene vor mir werfen konnte, jedoch ohne dabei in dem freien Gebrauch
meiner Waffen gehindert zu sein. Lange lag ich und lauschte, die unruhige
Erwartung ließ mich die Kälte nicht fühlen, obgleich meine Hand an dem
kalten Büchsenlauf beinahe festfror. Jetzt tauchten die Köpfe der beiden
Wanderer hinter dem nahen Hügel hervor, und in einigen Minuten standen
sie auf dem Gipfel, von wo aus sie mit Ueberlegung mein Lager betrachteten und augenscheinlich mit einander berathschlagten. Ich verfolgte mit
den Augen ihre leisesten Bewegungen und konnte mich eines Bebens nicht

erwehren, als ich wahrnahm, daß sie ihre Büffelhäute zurückwarfen, ihre gefüllten Köcher nach vorne zogen und die Sehnen ihrer Bogen aufspannten. Ihre feindlichen Gesinnungen waren unverkennbar; ich sah voraus, was mir bevorstand, wenn ich unterlag; ich war aber gerüstet und wußte, daß, einmal im Bereich meiner Büchse, ihr Leben mir gehörte. Entkommen durfte ich sie nicht lassen, wenn ich sie nicht in einigen Tagen mit einer ganzen Rotte ihrer Gefährten zurückkehren sehen wollte. Nachdem die beiden Indianer einige Zeichen mit einander gewechselt, trennten sie sich, der eine, um der von mir auf dem Hügel zurückgelassenen Spur, die geradezu in's Zelt führte, zu folgen, während der andere, die Blicke auf den Boden gerichtet, in einem Bogen das kleine Lager umschlich. Die nach dem Wasser führende Fährte untersuchte er aufmerksam, doch schien er befriedigt, nachdem er sich überzeugt hatte, daß die eine nach dem Flusse hin und die andere von da zurückführte. Geräuschlos näherte er sich seinem Kameraden, der, in der linken Hand mit dem Bogen, in der rechten mit einem Pfeile, die verdeckte Oeffnung des Zeltes bewachte. Kein Wort wurde gewechselt; der zuletzt Angekommene hob einen Finger, machte das Zeichen des Schlafens, indem er die rechte Hand auf seine Wange legte und den Kopf auf die Seite neigte, wies dann auf den wirbelnden Rauch, stellte den Bogen vor sich auf den Boden, nahm den bereit gehaltenen Pfeil zwischen die Lippen, machte mit den Händen das Zeichen des Schießens, worauf er wieder nach seinem Bogen griff und den Pfeil, wie sein Gefährte, auf die Sehne legte. Ein Schauder überlief mich; hätte ich mich wirklich noch im Zelte befunden, so wäre ich rettungslos verloren gewesen, nur zu gut hatte ich ihre Zeichen verstanden: „Es lebt hier nur ein Mann, er liegt dort am Feuer und schläft, einige Pfeilschüsse reichen hin, uns die reiche Beute zu sichern." Dies waren ihre Gedanken; beide stellten sich so auf, daß die rasch nach einander abgeschickten Pfeile, nachdem sie sich leicht ihren Weg durch die dünnen, straff gespannten Zeltwände gebohrt, im rechten Winkel auf der leeren Lagerstelle begegnen mußten."

„Doctor!" rief hier plötzlich der Erzähler, indem er seinen Gefährten an der Schulter faßte und mit der andern Hand in die Ferne deutete, „Doctor, lenken Sie Ihre Blicke links an dem ersten Hügel vorbei und Sie werden eine Waldung wahrnehmen, lassen Sie Ihr Auge an dem dunklen Streifen entlang gleiten, am Ende desselben bemerken Sie schwarze Punkte, die vereinzelt stehenden Büschen nicht unähnlich sind — das sind Büffel*)! Des alten, leidenschaftlichen Doctors Jagdlust wurde rege, um so mehr als er Reiter sah, die aus dem vorangeeilten Wagenzuge hervorsprengten und spornstreichs der Gegend zueilten, wo eine kleine Heerde alter Bisons im hohen Grase gemächlich der Ruhe pflegte. Hurrah, die Büffel! rief der eifrige alte Herr, indem er den Hahn seiner Büchse spannte, und gleich

*) Bos Americanus wird auf dem amerikanischen Continent fälschlicher Weise Buffalo, Büffel, genannt.

seinen Gefährten kräftig die Sporen gebrauchte. In voller Jagd aufge=
schreckte Büffel mit Maulthieren einzuholen, wäre natürlich keine Möglich=
keit gewesen, es wurde daher versucht, durch die Hügel verdeckt und unbe=
merkt auf Schußweite in ihre Nähe zu gelangen. Doch jeder der zwölf
oder sechzehn heranstürmenden Jäger, getrieben von dem natürlichen Ver=
langen, den ersten tödtenden Schuß auf Wild dieser Art zu thun, ver=
suchte seine Kameraden auszudrängen und ihnen zuvorzukommen; der Wind
wurde nicht beachtet, der scharfen Organe der scheuen Bisons nicht gedacht,
und als die Gesellschaft um die letzte Waldecke bog, ward ihr der Genuß,
die kleine Heerde in der Entfernung von einer Viertelmeile in voller Flucht
zu erblicken. Unmuthig sah Jeder den schwer galoppirenden Riesen nach,
wie sie die kurzen Schwänze mit den langen Büscheln in die Höhe streckten
und den trockenen Boden unter sich zu Staub stampften. Der Doctor
brach zuerst das Schweigen, indem er seine Büchse abfeuerte und mit
komischem Ernste hinzufügte: „Erlegte ich auch den ersten Büffel nicht, so
habe ich doch eher, als Sie Alle, auf einen solchen gezielt und geschossen!"
Ein schallendes Gelächter, in welches der gutmüthige alte Herr aus vollem
Herzen mit einstimmte, war der Lohn für seinen Einfall und die dampfen=
den Thiere wendend, ritten die getäuschten Jäger, jetzt vereinigt, langsam
dem Wagenzuge nach, der am fernen Horizont kaum noch sichtbar war, und
lange war der Gegenstand ihrer lebhaften Unterhaltung der Büffel und
seine Jagd.

In zahllosen Heerden beleben die Büffel die endlosen Prairien westlich
vom Missouri, ihre Wanderungen dehnen sie von Canada bis hinunter zu
den Küstenländern am mexikanischen Golf und vom Missouri bis zu den
Felsengebirgen aus. Es ist anzunehmen, daß die Hauptmasse dieser Thiere
regelmäßig im Frühjahr nördlich und im Spätherbst wieder zurück in wär=
mere Gegenden wandert; zwar findet man einzelne, die im Winter an den
Quellen des Yellowstone und noch weiter nördlich ihre Nahrung aus tiefem
Schnee scharren, ebenso andere, die im Sommer in Texas das von der
tropischen Sonne gedörrte Gras abnagen, doch sind das gewöhnlich nur
wenige und meistens alte Stiere, die schon zu steif oder zu träge sind, den
schwarzen Heersäulen, die von ihren jüngeren Kameraden gebildet werden,
zu folgen.

In den Monaten August und September ziehen sich die vom frischen
Frühlingsgrase wohlgenährten Büffel in Heerden zusammen und zwar in
solchen Massen, daß die Ebene, oftmals soweit das Auge reicht, schwarz
von ihnen ist und ein Ueberschlag ihrer Zahl nach möglicher Weise nur
gemacht werden kann, indem man den Flächenraum, welchen diese Thiere
bedecken, nach Quadratmeilen berechnet. Tausende und aber Tausende drän=
gen sich in einen wilden, verworrenen Haufen zusammen, der Staub wir=
belt in Wolken unter den scharrenden und stampfenden Hufen hervor, wenn
die Stiere grimmig einander anfallen und bekämpfen; ein tiefes, hohles
Gebrüll zittert fortwährend weit durch die Lüfte wie dumpfes Rollen des

Möllhausen, Tagebuch. 6

fernen Donners. Wochen, ja Monate lang kann der Jäger zu dieser Zeit über die öde Steppe wandern, ohne auch nur die frische Spur eines Bisons zu finden, und führt ihn der Zufall nicht an eine Heerde, die ihm mitunter Tage lang förmlich den Weg versperrt, so muß er die Steppe ausgestorben wähnen; er beschleunigt seine Schritte, um bald wieder auf lebende Wesen zu stoßen und die öde Prairie hinter sich zu wissen. Wenige Wochen bringen indessen eine Veränderung hervor: die großen Heerden lösen sich auf, zerstreuen sich nach allen Seiten und bringen weit und breit Leben in die vor Kurzem noch so unheimliche Einsamkeit. Bald begegnet man einzelnen Büffeln, die ruhig grasen und mit dem langen Barte bedächtig den Boden fegen, bald kleinen Heerden, die gemächlich wiederkäuend im Grase ruhen oder ausgelassen mit einander spielen und dabei die possirlichsten Wendungen mit größter Beweglichkeit ausführen; oder man sieht diese bequemen Thiere in langen Reihen ihren alten, tiefausgetretenen Pfaden folgen, auf denen sie an Flüssen oder Gebirgen zu den Stellen gelangen, die am wenigsten mühsam zu überschreiten sind, oder die an sumpfige Wiesen führen, wo sie ihre alten Wälzpfuhle auffrischen, oder neue gründen. Mit komischem Ernste sucht bei solcher Gelegenheit der leitende Stier der Heerde in der Niederung nach einer Stelle, die seinen Wünschen entspricht, und hat er eine solche gefunden, so legt er sich auf die Kniee und beginnt den Boden mit seinen kurzen, dicken Hörnern aufzuwühlen. Mit den Füßen scharrend, mit den Hörnern schleudernd entfernt er lose Erde und Rasen, wodurch eine trichterförmige Höhlung entsteht, in welcher sich schnell Wasser sammelt; in diesen Pfuhl nun legt sich das von der Hitze und den Mosquitos geplagte Thier, und senkt sich allmälig tiefer und tiefer in den Morast, indem es mit den Füßen stampft und sich im Kreise herumschiebt. Hat es sich zur Genüge diesem Genuß hingegeben und entsteigt dann dem Moderbade, so sieht es keinem lebenden Wesen mehr ähnlich; der lange Bart und die dichten, zottigen Mähnen sind in eine triefende, Uebrige Masse verwandelt, und nur die rollenden Augen sind im vollen Sinne des Wortes das Einzige, was an dem wandernden Erdhaufen von dem stattlichen Büffel geblieben ist. Kaum ist der Pfuhl vom ersten verlassen, so nimmt ein anderer darin Platz, um ihn später einem dritten zu überlassen. So treibt die Heerde es fort, bis jeder der anwesenden die Merkmale dieses eigenthümlichen Bades auf seinen Schultern trägt, wo dieselben in eine feste Kruste zusammentrocknen, die dann durch Wälzen im Grase oder den nächsten Regen allmälig entfernt wird.

In früheren Zeiten, als die Büffel gewissermaßen nur die Hausthiere der Indianer waren, war keine Verminderung der unabsehbaren Heerden bemerkbar; im Gegentheil, sie gediehen und vermehrten sich auf den üppigen Weiden. Nun kamen aber die Weißen in diese Regionen; die weichhaarigen, großen Pelze gefielen ihnen, das fette Büffelfleisch fanden sie nach ihrem Geschmack, und von beiden versprachen sie sich reichen Gewinn in civilisirten Ländern. Es wurden zuerst bei den Steppenbewohnern

Begierden nach glänzenden oder betäubenden Erzeugnissen der Weißen geweckt, dann im kleinsten Maße für ihre Jagdbeute geboten, worauf die
Verheerung begann. Tausende von Büffeln wurden der Zungen wegen,
häufiger noch der zottigen Pelze halber erlegt, und in wenigen Jahren war
eine bedeutende Verminderung derselben auffallend bemerkbar. Der sorg-
lose Indianer gedenkt nicht der Zukunft, er lebt nur der Gegenwart und
ihren Genüssen; es bedarf bei ihm nicht mehr der Aufmunterung: er wird
den Büffel jagen, bis der letzte ihm sein Kleid gelassen. Sicher ist die
Zeit nicht mehr fern, wann die imposanten Heerden nur noch in der Erinnerung leben, und 300,000 Indianer ihres Unterhaltes beraubt und, vom
wüthenden Hunger getrieben, nebst Millionen von Wölfen eine Landplage
der benachbarten Civilisation und als solche mit der Wurzel ausgerottet
werden. Viele sind der Feinde, die der Büffel zählt, unter ihnen der ge-
fährlichste der Indianer; ebenso vielfach ist die Art und Weise, auf welche
er seinen Verfolgern unterliegen muß.

Die Büffeljagd der Prairie-Indianer ist eine Beschäftigung, durch welche
sie sich nicht nur ihren Unterhalt verschaffen, sondern die ihnen zugleich
als höchstes Vergnügen gilt. Beritten auf flinken und ausdauernden Pferden, die sie größtentheils wild von der Steppe eingefangen haben, sind sie
im Stande, jedes Wild in der Ebene einzuholen, und suchen einen besondern
Ruhm darin, mit der größten Schnelligkeit und möglichst gutem Erfolg
vom Pferde herab ihre tödtlichen Geschosse unter eine fliehende Heerde zu
versenden. Beabsichtigt der Indianer eine Büffelheerde zu überholen, so
entledigt er sich und sein Pferd aller nur entbehrlichen und beschwerenden
Gegenstände; Kleidung und Sattelzeug bleibt zurück, nur eine 40 Fuß
lange Leine, von rohem Leder geflochten, ist um die Kinnlade des Pferdes
geschnürt und schleppt, über den Hals geworfen, in ihrer ganzen Länge
auf der Erde nach; sie dient zum Lenken, zugleich aber auch, um bei einem
etwaigen Sturz oder sonstigem Unfall das lose Pferd wieder leichter in die
Gewalt des Reiters zu bringen.

Der Jäger führt in der linken Hand den Bogen und so viele Pfeile,
als er bequem halten kann, in der rechten eine schwere Peitsche, mittelst
welcher er sein flüchtiges Roß durch unbarmherzige Schläge unter die fliehende Heerde und an die Seite einer fetten Kuh oder eines jungen Stieres
treibt. Das gelehrige Pferd versteht leicht die Absicht seines Reiters und
keiner weitern Führung bedürfend, eilt es dicht an die auserwählte Beute
heran, um dem Jäger Gelegenheit zu geben, im günstigen Momente den
Pfeil bis an die Federn in die Weichen des Büffels zu senden. Kaum
schwirrt die straffe Sehne des Bogens, kaum gräbt sich das scharfe Eisen
durch die krause Wolle in's fette Fleisch, so entfernt sich das Pferd von
dem verwundeten Thiere durch einen mächtigen Sprung, um den Hörnern des wüthend gewordenen Feindes zu entgehen, und ein anderer wird
zum Opfer ausgesucht. So geht die Hetzjagd mit Sturmes Eile über die
Ebene hin, bis die Ermüdung des Pferdes den wilden Jäger mahnt, seiner

6 *

unersättlichen Jagdlust Einhalt zu thun. Die verwundeten Büffel haben
sich indessen von der Heerde getrennt und liegen erschöpft oder verendend
auf der Straße, auf welcher vor wenigen Minuten die wilde Jagd donnernd
dahin brauste. Die Weiber des Jägers sind seinen Spuren gefolgt und
beschäftigen sich emsig damit, die Beute zu zerlegen und die besten Stücke
nebst den Häuten nach den Wigwams zu schaffen, wo das Fleisch in dünne
Streifen zerschnitten und getrocknet, die Felle auf einfache Art gegerbt werden. Natürlich wird der bei weitem größte Theil den Wölfen überlassen,
die immer in ansehnlicher Menge im Gefolge der Büffel angetroffen werden.

Da die lange Kopfmähne des Büffels demselben die Augen wie mit
einem Schleier verdeckt und ihn am klaren Sehen und Unterscheiden hindert, so wird es dem Indianer um so leichter, selbst auch ohne Pferd auf
Beute auszugehen. Er befestigt dann eine Wolfshaut an seinen Kopf und
Körper und indem er seine Waffen vor sich herschiebt, geht er auf Händen
und Füßen im Zickzack auf sein Ziel los; wenn dann der Wind nicht
plötzlich den Indianer in der Verkleidung verräth, so gelingt es ihm sicher,
aus nächster Nähe einen Büffel zu erlegen, ohne daß dadurch die übrige
Heerde aus der Ruhe gestört würde. Selbst den Knall der Büchse scheuen
diese Thiere nicht, so lange sie mit ihren feinen Geruchsorganen die Anwesenheit eines Menschen nicht wahrnehmen, und ein wohlverborgener
Schütze vermag manchen Büffel einer ruhig grasenden Heerde ohne große
Störung mit der Kugel zu fällen; selbst das Todesröcheln des Verwundeten
veranlaßt höchstens den einen oder den andern, den mähnigen Kopf auf
einige Momente forschend zu heben, um dann wieder an seine Lieblings-
beschäftigung, das Grasen, zu gehen. Zu allen Jahreszeiten wird dem
armen Büffel nachgestellt, selbst dann, wenn der Schneesturm die Niederungen mit einer tiefen Decke überzogen hat und die beliebte Jagd mit den
Pferden unmöglich geworden ist. Langsam nur kann sich dann die Heerde
durch den mehrere Fuß hohen Schnee wühlen, doch der sinnreiche Indianer
hat sich breite, geflochtene Schneeschuhe an die leichten Füße befestigt und
ohne auf dem unsichern Boden einzubrechen, eilt er schnell an dem mühsam
watenden Riesen hin und stößt das wehrlose Thier mit der Lanze nieder.
Auf solche Weise werden mehr Büffel der unbezwinglichen Jagdlust, als
dem wirklichen Nutzen geopfert und der Ausrottungskrieg gegen die Zierde
der Grassteppen auf unbarmherzige Weise fortgeführt; kein Gedanke an
Schonung wird rege werden, bis der letzte Büffel, bald nachher die letzte
Rothhaut und mit ihr die einzige Naturpoesie des großen nordamerikanischen
Continents verschwunden sein wird. Wohin die Vorsehung lebende Wesen
setzte, da reichte sie ihnen freundlich die Mittel, bestehen zu können; lange
bebte die Civilisation vor den großen Steppen zurück, furchtsam wagte sie
sich nicht in die anscheinend öden Ebenen. Doch die Ebenen waren nicht
verödet, viele Tausende menschlicher Wesen, die noch keine andern Wünsche
hatten als solche, die sie zu befriedigen im Stande waren, lebten dort;
sie lebten im Ueberfluß, denn zahllose Büffel waren ihnen gegeben worden,

und fette Weiden wiederum den Heerden, die gediehen und zur unerschöpf=
lichen Quelle des Unterhaltes jener wurden.

Der Durst nach Geld und Gewinn zeigte der Civilisation den Weg in
diese Regionen, kalt und berechnend tritt sie die schönen und herrlichen
Meisterwerke des Schöpfers in den Staub und blickt dereinst vielleicht stolz
auf die brausende Locomotive, welche die beiden Oceane mit einander ver=
binden und durch die jagdlosen Prairien eilen wird. —

Spät erreichten die Büffeljäger, den Doctor an ihrer Spitze, das
Lager, welches an diesem Tage zwischen den Quellen des Walnut Creek
und dem nur noch einige Meilen entfernten Deer Creek aufgeschlagen war,
also ungefähr in der Mitte der Croß Timbers(6), oder vielmehr des Wald=
streifens, der eine so auffallende Erscheinung in diesen Regionen ist. Dieser
Streifen beginnt schon am Arkansas und zieht sich in südwestlicher Richtung
hinunter bis an den Brazos, also über eine Strecke von mehr als 400
Meilen, wobei die Breite immer zwischen 5 und 30 Meilen schwankt. In
der ganzen Ausdehnung zeigen die Croß Timbers denselben Charakter.
Die Bäume, hauptsächlich niedrige Eichen, stehen in solchen Zwischenräumen,
daß Wagen sich ziemlich bequem hindurchwinden können; der Boden ist
sandig und unfruchtbar und nur in der Nähe größerer Flüsse durchschneiden
einzelne Bäche die waldigen Ebenen, wo dann die Eichen sogleich einen
höhern, kräftigern Wuchs zeigen und Weiden in ihrer Nähe dulden. Wo
Regengüsse den Boden aufgewühlt haben, da sieht man feste, röthliche Lehm=
erde mit weißen Gypsstreifen durchzogen, die in dem Grade zunehmen, als
man westlich zieht, bis endlich die ungeheure Gypsregion erreicht ist, die
bei dem Rock Mary und den Natural Mounds ihren Anfang nimmt. Diese
Croß Timbers bilden gewissermaßen die Grenze zwischen den Ländern, die
sich zur Kultur eignen, und den unfruchtbaren Steppen, zwischen den civili=
sirten und den wilden Menschen. Denn östlich von dieser natürlichen
Grenze sind zahlreiche Quellen und Bäche, die sich zu kleinen Flüssen ver=
einigen, ihre Wasser theils dem Canadian, theils dem Witchita zuführen,
und auf ihren Reisen überall Segen und Fülle zurücklassen. Stolze Wal=
dungen in der üppigsten Pracht spiegeln sich in ihren Fluthen, und blüthen=
reiche Wiesen in unbeschreiblicher Lieblichkeit bekränzen die Ufer. Westlich
von den Croß Timbers dagegen dehnen sich die großen Ebenen in ihrer
Einförmigkeit, aber auch in ihrer ganzen Erhabenheit aus. Kein Berg zeigt sich
dort dem schmachtenden Wanderer, an dessen Fuße er eine sprudelnde Quelle
vermuthen könnte, es seien denn dürre Ueberreste einer Hochebene, die dem
Reisenden als Landmarke dienen und wie Pfeiler hin und wieder empor=
ragen, als Zeugnisse, wie mächtig zerstörend in Tausenden von Jahren die
Natur wirken kann. Keine Baumgruppe erfreut dort das ruhelos irrende
Auge, um den Müden in ihren Schatten einzuladen, es sei denn an den
Ufern der Flüsse. Die Wasser, welche über Gypslager fließen, sind mit
Bittersalz versetzt, die wenigen guten Quellen spenden nur kärglich von

ihren Schätzen und schon nach kurzem Lauf sind ihre letzten Tropfen von dem Sande wieder eingesogen.

Der Marsch des nächsten Tages brachte uns in die Nähe des Deer Creek (Hirschbach), eines Flüßchens, welches seine krystallhellen Fluthen dem Canadian zuträgt und seinen Namen gewiß nicht mit Unrecht erhalten hat. Feiste Hirsche wurden durch den lärmenden Zug aus ihrem weichen Lager im hohen Grase aufgeschreckt, weshalb sie aus ihrem Versteck aufbrachen, leicht über die Ranken der vielen Schlingpflanzen hinwegsetzten und dem Flusse zueilten, um sich in der dichten Waldung am Ufer zu verbergen. Schaaren von Truthühnern schritten bedächtig auf den Lichtungen umher oder brüsteten sich stolz mit dem radförmig gespreizten Schweife, der unter den glänzenden Strahlen der Sonne in allen Farben des Regenbogens schillerte; doch erschreckt von dem Poltern der Wagen, flüchteten sie sich eilig mit lang gereckten Hälsen unter Dornen und verworrenes Gestrüpp, wo ihre Anwesenheit dem lauschenden Jäger nur durch leises Geräusch im Laube verrathen wurde. Wild war jetzt im Ueberflusse vorhanden, fröhlich knallten die Büchsen nah und fern, der wohlgeordnete Zug hatte sich lang gedehnt und fast aufgelöst. Niemand vermochte auf solchem Revier der Jagdlust zu widerstehen und hin und wieder konnte man in der Ferne die einzelnen Schützen wahrnehmen, wie sie keuchend sich ihren Weg durch ganze Felder von Brombeerranken bahnten. Behaglich lagen am Abend die verschiedenen Gruppen auf den ausgebreiteten Zeltdecken umher, priesen die Vortrefflichkeit des vor dem gesunden Appetit verschwundenen frischen Wildbratens, vertrieben die lästigen Insekten durch Tabakswolken und erzählten sich von der zurückgelegten Meilenzahl, sehr verschiedentlich berechnend die Entfernung, welche Jeden von der lieben Heimath trennte. Sie sprachen von den guten Alten zu Hause, von traulichen Abendspaziergängen und dem zufriedenen Lachen der jüngern Geschwister; vom treuen Hofhunde, von der ausgelassenen Fröhlichkeit der Neger und ihren eintönigen, aber sentimentalen Melodien. Bisweilen stimmte einer die Weise an, die er als Kind von seiner schwarzen Wärterin gelernt, und der ganze Chor fiel kräftig ein, daß ihre Stimmen weit über die Wiesen und durch den Forst schallten und das wilde Concert der finstern Uhus und der räuberischen Cayotas davor verstummte. Die Laubfrösche aber und die Grillen stimmten mit ein, und der kleine Fluß (Deer Creek) begleitete mit leisem Murmeln die heimathlichen Lieder.

IX.

Erzählung der Abenteuer am Nebrasca. (Fortsetzung.) — Die Mirage.
— Natural Mounds und Rock Mary. — Die Gypsregion. — Die
Gypshöhle. — Des Doctors Bärenjagd am Gila. — Die große Prairie.

Der Uebergang über den Deer Creek wurde leicht bewerkstelligt; mehr
Schwierigkeiten boten die Bäche, die, von den vielen Quellen dieser Gegend
gebildet, aus allen Richtungen dem Deer Creek zuflossen, und deren tief
ausgewaschene Betten häufig auf hindernde Weise unsere Straße unterbrachen. Ein allmäliges Steigen des Bodens war bemerklich, und da die
Strecke durch die Croß Timbers beinahe zurückgelegt war, mithin die Waldungen wieder spärlicher wurden, so war dem Auge eine weitere Aussicht
über die Ländereien vergönnt, die von Neuem langen, rollenden Wogen
ähnlich schienen. Ein guter Tagemarsch ward vom Uebergangspunkt am
Deer Creek bis zu der Stelle zurückgelegt, von wo aus zuerst der Rock
Mary und die Natural Mounds, eine Gruppe kahler, steiler Hügel, in der
von dort ab baumlosen Ebene wahrgenommen werden konnten. Eine besondere Abwechselung in der äußern Umgebung war bis dahin nicht bemerkbar; immer dasselbe saftige Grün in den Prairien und dieselben knorrigen,
niederen Eichen in den Waldungen, dieselbe ebene Straße und derselbe ge-
messene Schritt der Zug- und Reitthiere.

„Doctor!" rief der Naturaliensammler dem voraneilenden Botaniker
zu, „wenn Sie langsamer reiten und mit meinem Thiere Schritt halten
wollen, und mir sagen, wo ich mit der Erzählung meiner Abenteuer stehen
geblieben, als ich durch die Büffel unterbrochen wurde, so will ich den
Faden wieder aufnehmen, vorausgesetzt, daß Sie mir willig Ihr Ohr
leihen." — „Allerdings weiß ich, wo Sie stehen geblieben sind," antwortete lebhaft der Doctor, indem er sich auf das Zeugniß mehrerer hinzukom-
mender Gefährten berief, sein Maulthier an die Seite des Erzählers brachte,
die Zügel auf den Hals legte und einen großen Strauß Blumen behutsam
in seine lange Ledertasche steckte. „Sie schlossen die interessante Erzählung
Ihrer wunderbaren Lebensgeschichte mit den Worten: Die beiden Indianer
schossen in's Zelt, Sie saßen auf der Lauer und beobachteten die hinter-
listigen Räuber." — „Nun ja, ich saß in der Schneebank und blinzelte
zwischen den bereiften Grashalmen hindurch, die auf dem Ufer aus dem
Schnee hervorragten, und war Zeuge ihres heimtückischen Benehmens. Das
Blut stockte mir in den Adern und ich hörte mein Herz pochen, als ich

jeden der beiden Wilden rasch hintereinander je vier oder fünf Pfeile in
das Zelt schicken sah; in diesem Augenblicke merkte ich so recht, mit wel=
cher Liebe der Mensch, selbst in der trostlosesten Lage, doch an seinem Leben
hängt. Nichts rührte sich hinter den dünnen Lederwänden; die Indianer
lauschten und näherten sich vorsichtig der verhangenen Thüröffnung. Der
Eine legte den Bogen zur Seite, ergriff seinen Tomahawk und ließ sich vor
der Oeffnung auf die Kniee nieder, während der Andere mit dem Pfeil auf
der Sehne einige Schritte entfernt Wache stand. Ich hatte unterdessen den
geschornen Schädel des Knieenden auf's Korn genommen und in dem Augen=
blicke, wo er die Hand nach dem Vorhang ausstreckte, stach ich den Drücker
des Büchsenlaufes. So leise das Geräusch auch war, so schien es doch,
als hätten sie Beide es vernommen. Sie stutzten, indem sie ihre Blicke
sorgfältig umherwarfen. Der Knieende war mir jetzt weniger gefährlich, ich
änderte daher die Richtung meines Gewehres so, daß die nackte Brust des
Andern, der schußfertig dastand, meine Zielscheibe wurde, und ohne zu zö=
gern gab ich Feuer. In dem Augenblicke, als ich abdrückte, mußte des
Indianers scharfes Auge mich entdeckt haben, denn er sprang blitzschnell zur
Seite; die Kugel hatte ihn aber noch gefaßt und er fiel mit einem lauten,
durch Mark und Bein dringenden Schrei zu Boden. Der Zweite war
aufgesprungen, doch nur um eine ganze Ladung Rehposten in Gesicht und
Hals in Empfang zu nehmen und lautlos neben seinem stöhnenden Kame=
raden hinzustürzen. Meine Feinde waren jetzt todt oder unschädlich, aber
ein unbeschreibliches Gefühl der Verzweiflung überfiel mich, als ich an das
dachte, was ich eben vollbracht, und was meiner vielleicht noch harrte.
Nachdem ich mein Gewehr wieder geladen, näherte ich mich mechanisch der
blutigen Scene; ich vermochte kaum den Blick auf dieselbe hinzurichten,
und nur das Stöhnen des Verwundeten weckte mich aus meinem sinnlosen
Brüten. Schrecklicher Anblick! da lagen Beide vor mir in ihrem Blute,
sie, die noch vor wenigen Minuten in voller Lebenskraft dastanden. Frei=
lich, was veranlaßte sie, einen Mann hinterlistig zu überfallen, einen Mann,
den sie noch nie gesehen und der ihnen noch viel weniger ein Leid zuge=
fügt hatte? Sie waren ein Opfer ihrer eigenen Raubsucht geworden. Der
leblose Körper des jungen Burschen lag ausgestreckt vor mir, der Tomahawk
war der erschlafften Faust entfallen, das mörderische Blei war ihm in den
Hals und in das Auge gedrungen und hatte sein broncefarbenes Gesicht
gräßlich entstellt. Ich legte ihn auf die andere Seite, um dem entsetzlichen
Anblick zu entgehen, und wendete mich zu dem Verwundeten. Es war ein
älterer Mann, seine langen, schwarzen Haare bedeckten fast ganz sein Ge=
sicht, aus welchem zwei Augen mit dem Feuer des grimmigsten Hasses mir
entgegen funkelten. Die Kugel war unterhalb der linken Schulter durch
die Brust gegangen, ob nun tödtlich oder nicht, ich kann es nicht sagen;
die blutende Wunde aber und die vor Schmerz krampfhaft verbissenen Zähne
erweckten das unendlichste Mitleid in mir. Ich beugte mich über ihn und
suchte mich ihm durch Zeichen und einzelne Worte verständlich zu machen,

theilte ihm mit, daß ich ihn in mein Zelt schleppen und seine Wunden waschen und heilen, ihn mit meinen Decken erwärmen und pflegen wolle, wenn ich dadurch seine Freundschaft und Treue erwerben könne. Er verstand meine Absicht, eine wilde Freude leuchtete plötzlich in seinem Gesicht auf, als er mir durch das indianische: Han, hau! seine Zustimmung zu erkennen gab. Ich war froh, ich war glücklich; ich hoffte den Leidenden zu retten und einen treuen Freund und Gefährten in der schrecklichen Einsamkeit an ihm zu gewinnen. Als ich in mein Zelt eilen wollte, um darin einige Vorbereitungen zur Aufnahme des Verwundeten zu treffen, rief mich sein lautes Stöhnen zurück; er winkte mir, mich ihm zu nähern und mit dem Finger der linken Hand auf den rechten Arm deutend, welcher auf unbequeme Art unter seinem Rücken lag, bat er mich durch Zeichen, denselben hervorzuziehen. Ohne Argwohn kniete ich bei ihm nieder, doch kaum berührte ich seinen Arm, als die mit dem Messer bewaffnete Hand blitzschnell unter seinem Körper herausfuhr, und während seine Linke mich in der Seite ergriff, führte er rasch hinter einander mit der Rechten zwei Stöße nach meiner Brust. Die Stöße waren mit großer Sicherheit, aber mit geringer Kraft geführt: ich wehrte beide mit dem rechten Arme ab, und mit dem linken mein Messer ziehend, welches ich, wie die Indianer, auf dem Rücken im Gurt trug, stieß ich dem rachsüchtigen Indianer dasselbe mehrere Male in die Brust. Er röchelte leise, ein Blutstrom entstürzte seinem Munde, er reckte sich lang aus und ich war wieder allein, allein in der unendlichen, winterlichen Wüste, allein unter Leichen und Todten! — Als ich mich erhob, fühlte ich warmes Blut an meinem Arme herunterrieseln und jetzt sah ich erst, daß ich selbst verwundet war. Beim Zurückschlagen des Messers war mir das erste Mal die scharfe Schneide über die ganze Länge des Unterarmes gefahren, und beim zweiten Stoß hatte die Spitze den Arm fast an derselben Stelle, doch nur leicht getroffen." Bei diesen Worten streifte der Erzähler den Aermel der rothen Flanelljacke zurück und zeigte dem Doctor und den anderen Mitreitenden die beiden Narben, welche nur noch als weiße Male auf dem gebräunten Arme sich auszeichneten.

„Die Wunden waren nur leicht," versetzte der Doctor, nachdem er einen Kennerblick auf die bezeichneten Stellen geworfen, „sie sind aber doch gut geheilt, besser, als sich unter solchen Verhältnissen erwarten ließ."

„Die Nacht, die auf diesen verhängnißvollen Tag folgte," fuhr der Erzähler fort, „war die schrecklichste meines Lebens, denn ich war nahe daran, wahnsinnig zu werden. Die beiden Leichen waren nur wenige Schritte von mir entfernt und ich selbst lag auf meinen Decken und kühlte mit Schnee meine Wunden. An Ruhe oder Schlaf war nicht zu denken: denn die Wölfe, durch den Geruch des frischen Blutes zur größten Wuth gereizt, heulten auf grauenvolle Weise um mich herum und hätten mir nicht erlaubt, die Augen zu schließen, selbst wenn die innere Aufregung nicht schon hinreichend gewesen wäre, dem Schlafe Widerstand zu leisten.

Mehrere Male feuerte ich mit den Piſtolen in die finſtere Nacht hinaus, um die hungrigen Beſtien zu vertreiben, doch blieb mir zuletzt weiter nichts übrig, als geduldig und in mein Schickſal ergeben den Anbruch des Tages zu erwarten. Bei erſtem Tagesanbruch beeilte ich mich, die beiden Er= ſchlagenen fortzuſchaffen, um dadurch zugleich die gefährliche Geſellſchaft der Wölfe aus meiner Nachbarſchaft zu entfernen; hierbei mußte es aber auch meine Aufgabe ſein, die beiden Indianer ſpurlos verſchwinden zu laſſen, da ich nicht wiſſen konnte, ob nicht neue Feinde dieſes Weges kämen, in welchem Falle die blutigen Spuren augenblicklich über mein Geſchick ent= ſchieden haben würden. Ich näherte mich alſo den lebloſen Körpern und fand den einen zu meinem namenloſen Schrecken in veränderter Lage und auf die ekelhafteſte Weiſe von den Wölfen angefreſſen.

Der Hunger trieb mich an, die Leichen zu durchſuchen und ich eignete mir die unter ihrem Gürtel verborgenen Stücke getrockneten Büffelfleiſches zu. Alles Uebrige, was dazu hätte dienen können, mich zu verrathen, wickelte ich zu den Leichnamen in die entſprechenden Büffeldecken, ſchnürte dieſelben feſt zu und brachte dann einen nach dem andern unter den größ= ten Anſtrengungen nach dem nahen Fluß, wo ich die Oeffnung im Eiſe, die mir als Brunnen diente, erweiterte und beide unter die ſtarke Eisdecke ſchob, um ſie von der Strömung unter derſelben fortrollen zu laſſen. Nach= dem ich dieſe traurige Arbeit vollbracht hatte, zündete ich Feuer auf der Stelle an, wo die beiden Räuber ihr Blut gelaſſen, ſo daß ſelbſt der Wolf vor den Aſchenhaufen die Witterung verlieren mußte. Zur Nacht ſtellte ſich der gewöhnliche Schneeſturm wieder ein und vertilgte vollends die letzten Spuren, die zu einer Entdeckung hätten führen können; der heiſere Ruf der Raben miſchte ſich nach gewohnter Weiſe mit dem Geheul der Wölfe, und jetzt erſt gab ich mich wieder dem Gefühle der Sicherheit und der Hoffnung auf Rettung hin, um ſo mehr, da mein Vorrath an Lebensmit= teln durch etwas gedörrtes Fleiſch vermehrt war.

Die Weihnachtszeit rückte heran, die Einſamkeit war mir faſt zur Ge= wohnheit geworden, und mechaniſch friſtete ich auf die dürftigſte Weiſe mein Leben; die Wildniß hatte ihre Schreckniſſe für mich verloren und ziemlich gleichgültig gedachte ich der Zukunſt, deren dichten Schleier zu lüften ich nicht das leiſeſte Verlangen trug. Es machte ſogar einen unangenehmen Eindruck auf mich, wenn ich mir zuweilen die Frage aufwarf, was wohl das Ende einer ſolchen Lage ſein würde. Wehmüthig gedachte ich dann der Vergangenheit und wanderte in Gedanken weit, weit zurück bis dahin, wo mich zum erſten Male der helle Glanz des Weihnachtsbaumes entzückte und freundliche, liebende Menſchen mich umgaben; meine Weihnachtsfreuden waren jetzt einfacherer Art: etwas Thee miſchte ich unter die dürren Wei= denblätter und erfreute mich an dem Duft, den dieſelben in meiner Pfeife glimmend erzeugten, während ich auf dem Rücken lag und meine Augen auf den Rauchfang meines Zeltes gerichtet hatte. Durch dieſen ſah ich den durch Tauſende von Sternen erleuchteten Himmel, und die Sterne flim=

merten und funkelten wie ebenso viele Lichtchen, manchmal schienen sie sogar wie ich selbst vor Frost zu beben und sahen dennoch ebenso freund= lich auf mich nieder, als ehemals in der sorgenlosen Heimath. — Als ich am nächsten Morgen in's Freie trat, fiel mir eine Heerde Prairiehühner, die in den Bäumen am Ufer des Flusses saßen, sofort in's Auge. Das Herz klopfte mir vor Freude, als ich an den Weihnachtsbraten dachte, der mir in Aussicht stand. Nach langer Entbehrung, nach dem widrigen Ge= nuß des zähen Wolfsfleisches steigt (ich sage es fast mit Scham) die sinn= liche Begierde. Um diese zu befriedigen, untersuchte ich meine Büchse, wohl wissend, daß die scheuen Vögel mir nicht gestatten würden, mich soweit zu nähern, um eine Schrotflinte gebrauchen zu können. Ein stolzer Hahn war in dem Bereich meiner Kugel, eine unwiderstehliche Beutelust trieb mich indessen, meine Stellung so zu verändern, daß zwei Mitglieder der Heerde mit einem Male fallen sollten; da knackte ein unter dem Schnee verbor= gener, trockener Zweig unter meinem Fuß und erschreckte die Hühner, die mit schnellem Flügelschlage davonflogen.

Bis zu den ersten Tagen des Januar war mir die Zeit unter Hoff= nung und Täuschung, unter Qualen und Entbehrungen hingegangen. Ich lag unter meinen Decken in einem Mittelzustand zwischen Wachen und Schlafen. Da plötzlich in der Mitte eines Tages ward ich durch das Ge= räusch menschlicher Tritte und zugleich durch den indianischen Anruf: An= tarro-hau! (Halloh, mein Freund!) aus meinen Träumereien geweckt. Blitzschnell waren die Waffen in meiner Hand und fest antwortete ich in derselben Weise; doch ehe ich den Ausgang meines Zeltes erreicht hatte, trafen wie die lieblichste Musik folgende auf Englisch gesprochenen Worte mein Ohr: „Du bist in einer schlechten Lage, Freund!" — „Komm her= ein!" rief ich vor Freude außer mir dem Fremden zu; der Vorhang hob sich und herein kroch, nicht, wie ich vermuthete, ein weißer Biberjäger oder reisender Mormone, sondern ein ebenso schmutzig als wild aussehender In= dianer, der eine fünf Fuß lange Büchse vor sich her schob. Als ich miß= trauisch eine abwehrende Bewegung machte, rief er mir zu: „Du kannst englisch mit mir sprechen, ich verstehe Dich wohl." — „Du bist doch ein Indianer," erwiederte ich. — „Mein Vater war weiß," antwortete Jener, „meine Mutter war roth, und ich selbst ziehe es vor, Indianer zu sein. Ich bin vom Stamm der Ottoes und befinde mich mit meinen fünf Ge= fährten und unsern Weibern auf der Heimkehr von der Jagd am Nebrasca nach unsern Wigwams an den Council Bluffs. Der Rauch Deines Feuers hat uns hierher gelockt. Unser Lager ist in einer tiefen Schlucht zwei Meilen von hier, bald werden meine Gefährten zu mir stoßen. Wenn Du willst, so ziehe in mein Zelt und wandere mit uns nach unserem Dorfe am Missouri; der Weg ist weit und es liegt viel Schnee; wir müssen gehen, denn unsere Thiere sind mit Beute beladen und wenig Raum wird nur noch für Deine Sachen sein; unsere Weiber werden Mokasins an Deine Füße schnüren, damit Du keine blutige Spur im scharfen Schnee zurückzulassen brauchst. Entschließe Dich und sage, was Du willst; zuerst gieb mir aber zu essen, ich bin hungrig!" — „Ich kenne die Ottoes als Brüder der Weißen," antwortete ich ihm, „ich werde mit Dir ziehen und sei es bis an's Ende der Welt. Was Deinen Hunger anbetrifft, so will ich Dir meinen ganzen Vorrath zu Gebote stellen. Hier sind zuerst die beiden frischen Keulen eines Prairiewolfes, sie sind zwar nicht übertrieben fett, aber wenn Dich so hungert wie mich, so wirst Du zulangen. Hier ist noch ein Bissen getrocknetes Büffelfleisch, hier noch etwas Pferdefutter (Mais) und wenn Du Salz liebst, so brauchst Du nur die Hand nach jenem kleinen Sack auszustrecken, er ist damit angefüllt." — „Wolfsfleisch ist schlechte Speise," erwiederte Louis Farfar, der Halbindianer, „wir Roth- häute essen es nur im höchsten Nothfalle, oder gebrauchen es als Heil- mittel, wenn wir von Zahnschmerz oder Rheumatismus heimgesucht wer- den, doch ich bin hungrig, gieb nur her." Bei diesen Worten schnitt er sich dünne Streifen von den erwähnten Keulen herunter, legte sie auf die Kohlen und füllte die Zeit des Röstens mit Kauen des harten, aber wohl- schmeckenden Büffelfleisches aus. Louis Farfar hatte sein Mahl noch nicht beendet, als zwei neue Ankömmlinge sich meldeten, zu uns hereinkrochen und die kleine Wohnung vollständig ausfüllten. Es waren ebenfalls zwei Wilde, die mir ihre Hände freundschaftlich über dem Feuer entgegenstreckten. Der erstere, ein alter, runzliger Krieger mit dem Namen Wo-nes-hee, rieb sich die Hände, warf seine Decke von den Schultern, zog seinen Tomahawk, so wie einen ledernen, mit blauen Perlen gestickten Beutel aus dem Gür- tel, um das wichtige Geschäft des Rauchens, als Zeichen der wohlwollend- sten Gesinnungen, vorzunehmen. Der eiserne Hammer des Kriegsbeiles war als Pfeifenkopf ausgehöhlt, eine feine Röhre in dem langen Stiele mündete in denselben, und so konnte die gefährliche Waffe zugleich als harmloses Friedenszeichen benutzt werden.

Während Wo-nes-hee nun Tabak und Kine-te-nick, eine Mischung von Schumach-Blättern und Weidenrinde aus dem Beutel nahm, wendete ich meine Aufmerksamkeit seinem jüngern Gefährten zu. Dieser war ein Mann von riesenhafter Größe und wie ich, trotzdem er zusammengekauert dasaß, wahrnehmen konnte, von untadelhaftem, kräftigem Wuchse. Seine Haare waren ziemlich kurz geschnitten und durch sorgfältige Pflege zum Aufrecht- stehen gebracht, während die geflochtene Skalp-Locke (auf dem Wirbel des Kopfes) tief auf den bloßen Rücken herabhing. Sein Gesicht war mit schwarzen Streifen geschmückt und trotz des wilden Ausdruckes in seinen Zügen glaubte ich nie einen schöneren Indianer gesehen zu haben. Sein Name war Wa-li-ta-mo-nee oder der dicke Soldat; er war einer der ange- sehensten Krieger der Ottoes, und mancher Skalp, der seinen Schild zierte, gab Zeugniß seiner tapferen Thaten. Mit der Eigenschaft eines gefürchteten Kriegers verband er auch den Namen eines großen Medizinmannes, das heißt eines Arztes und Zauberers. Meine unglückliche Lage, besonders aber das Wolfsfleisch, schien das Gefühl des Mitleids in ihm rege zu machen, denn als der alte Wo-nes-hee mir die brennende Pfeife reichte, streckte Wa-ki-ta-mo-nee seine Hand unter dem Vorhang hindurch in's Freie, und zog das frische, blutige Viertel eines Hirsches herein, welches er bei seiner Ankunft daselbst niedergelegt hatte und jetzt mit gutmüthigem Nicken an meine Seite warf. Ein Mahl wurde nun gehalten, wie ich es in lan-ger Zeit nicht genossen. Farsar's scharfe Nase hatte unter den unordent-lich über einander geworfenen Sachen ein Gefäß mit Talg gewittert, welches zum Schmieren des Wagens mitgenommen war; von diesem wurde ein Theil in der Pfanne geschmolzen, um von dem frischen Hirschfleisch einen duftenden Braten zu schaffen; und wohl gelang es, denn er duftete nicht nur, sondern hatte auch einen so feinen Wohlgeschmack, daß es mir vor-kam, als habe ich nie etwas Besseres gekostet. Wie aßen, wir rauchten und aßen wieder, wenig Worte oder Zeichen wurden unterdessen gewechselt; bei jedem saftigen Streifen, den ich abschnitt, segnete ich in Gedanken meine rothhäutigen Retter, die ohne weitere Aussicht auf Gewinn bei ihrem Ein-tritt in verständlichem Englisch sagten: „Du bist hungrig, hier ist zu essen; Du mußt hier untergehen, ziehe mit uns; Du bist krank, wir wollen Dich pflegen und kleiden," und dennoch waren es vor den Augen der frommen Missionäre nur verworfene Heiden, nicht gut genug, als geringste Diener an ihrer Seite zu leben!

Nach Beendigung der Mahlzeit folgte ein Kaffee von gebranntem Pferdefutter, der wiederum von der kreisenden Pfeife des alten Wo-nes-hee gewürzt wurde. Dann trafen wir für den nächsten Tag unsere Verabre-dung, die dahin ging, daß mit Tagesanbruch meine indianischen Freunde in ihrer ganzen Stärke bei mir eintreffen sollten, um mich nebst allen mei-nen Sachen in ihr Lager zu führen. Ich hatte von da ab ihre Zelte als meine Heimath und die gastfreundlichen Bewohner derselben als meine Brüder und als treue Gefährten auf Leben und Tod anzusehen. Mit einem herzlichen Lebewohl verließen mich die braven Rothhäute gegen Abend, um zu ihren mehr wohnlichen Wigwams in der tiefen Schlucht zurückzukehren, und ich hatte also nur noch eine einzige Nacht einsam in der Steppe zu-zubringen.

Mit wie ganz anderen Gefühlen wickelte ich mich an diesem Abend in meine Decken, nachdem mir ein so tief rührender Beweis geworden, wie liebevoll die Vorsehung in jeder Lage des Lebens über den Menschen wacht; wie glücklich und zufrieden fühlte ich mich jetzt darüber, daß ich während dieser gräßlichen sechs Wochen mich nicht einer gänzlichen Ver-zweiflung und deren etwaigen Folgen hingegeben hatte. Lange lag ich und sann über den Wechsel des Schicksals nach. Vor wenigen Stunden noch heimathlos, hülflos und einem gewissen Verderben preisgegeben — und jetzt? — Ich hätte jauchzen mögen bei dem Gedanken, gerettet und wieder unter Menschen zu sein. Freilich wußte ich nicht, auf wie lange ich mit den Wilden zu leben gezwungen sein würde, doch ich frohlockte, daß ich zu Menschen gelangen würde, die keines Verrathes fähig schienen und die in mir den Bruder erblickten. Ich bin ihnen Bruder geblieben, so lange ich in ihrer gastfreundlichen Mitte lebte, bis zu dem Augenblicke, wo ich ihnen beim Abschiede auf Nimmerwiedersehen die braunen Hände herzlich drückte, und einen traurigen, melancholischen Ausdruck über die Trennung in ihren schwarzen, blitzenden Augen sah; ich bin es ihnen geblieben bis auf den heutigen Tag, an welchem ich mich Gottes schöner, großer Natur erfreue und in voller, üppiger Lebenskraft dastehe. Ihnen, meinen alten, treuen, indianischen Gefährten habe ich dieses zu danken und nie werde ich sie vergessen, sondern brüderliche Gefühle noch für sie hegen, wenn wir einst Rechenschaft über unser irdisches Leben vor dem abzulegen haben, den diese armen Wilden ihren großen, guten Geist nennen.

Als am nächsten Morgen die kleine Schaar der Ottoes zu mir stieß, hatte ich alle nur werthvollen Sachen, die theils mir gehörten, theils noch von meinem frühern Gefährten herrührten, in Bündel zusammengepackt; mit dem lebhaftesten Interesse betrachtete ich die übrigen mir noch unbekannten Mitglieder der Karavane, als sie einzeln zu mir traten, um Freundschaft mit mir zu schließen. Außer den schon genannten waren es noch Schin-ges-in-ti-nee, ein junger Krieger, Scha-ho-ka-ta-to, ein Bursche von achtzehn Jahren, Sohn des alten Wo-nes-hee, und der junge Wa-ti-ta-mo-nee, Sohn des Medizinmannes, ebenfalls ein kräftiger Jüngling. Ein Schwarm von Weibern folgte in bescheidener Entfernung den Männern und machte sich, sobald sie angelangt waren, an die Arbeit, alle umherliegenden Sachen in den halbverschneiten Wagen, der noch von meinem frühern Gefährten herrührte, einzupacken, wobei sie nichts vergaßen; selbst das festgefrorene Zeltleder wurde über dem Schnee abgeschnitten und zu den übrigen Sachen geworfen. Zu welchem Zwecke der kleine Wagen beladen wurde, konnte ich mir erst dann erklären, als die jungen Leute nebst den Frauen sich vor denselben spannten und theils schiebend, theils ziehend, unter fröhlichem Geschrei und Gejauchze mit ihrer Last die Richtung nach ihrem Lager zu einschlugen. Ich selbst, nur meine Waffen tragend, folgte langsam mit den alten Kriegern nach. Auf der Höhe angekommen, wendete ich mich noch einmal zurück, um einen letzten Blick auf die alte, verlassene Lagerstelle, den Ort meiner unbeschreiblichen Leiden und Qualen, zu werfen. Wie öde und stille nahm sich Alles unter der weißen Decke aus: dort hatte mein Zelt gestanden, dort ich so manche schreckliche Nacht schlaflos zugebracht; seine Rauchwölkchen, die dem Aschenhaufen entstiegen, unter welchem die Kohlen noch glimmten, bezeichneten die Stelle genau. Weiter unten am Ufer hatte ich an jenem verhängnißvollen Tage mit meiner Büchse im Anschlage gelegen, hier waren die Indianer tödtlich getroffen zusammengesunken; ich blickte auf meinen nackten Arm, wo sich die Wunden kaum geschlossen, und dann nach der Oeffnung im Eise des Flusses, in welche ich die Körper der beiden Erschlagenen versenkt hatte, — ich schauderte — vielleicht auch mit vor Kälte, denn bleifarben und schwer hingen die Wolken hernieder und seine Flocken fingen an zu wirbeln. Dichter zog ich die Büffelhaut um mich

und rüstig folgte ich dem vorangeeilten Trupp über den knisternden Schnee."
— So weit war der Erzähler gekommen, als beim Herausbiegen aus einer
mit niedrigem Eichengestrüpp bewachsenen Schlucht die Aufmerksamkeit auf
die breite Ebene vor uns gelenkt wurde. Seit langer Zeit sahen wir hier
zum ersten Male wieder die ferne Prairie sich mit dem Horizonte vereinigen.
Die sich weit hinziehende Grenzlinie wurde nur durch die Natural Mounds
unterbrochen, eine Gruppe von Hügeln in Gestalt von Zuckerhüten oder
Heuschobern, welche durch die zu der Zeit herrschende Stimmung (mirage)
zu den wunderlichsten Figuren umgestaltet, bald aus einem weiten See
emporzusteigen, bald von dem sonnigen, klaren Horizont herabzuhängen
schienen*).
    Die außerordentliche Strahlenbrechung am Horizonte in den westlichen
Regionen wird dem dort Reisenden bald eine bekannte Erscheinung und
gewährt ihm Stunden lang Unterhaltung auf dem einsamen Pfade. Doch
Tantalusqualen bereitet sie demjenigen, welcher, frische Quellen und Bäche
weit hinter sich wissend, mit den letzten Tropfen warmen Wassers aus der
Ledertasche die brennende Zunge netzt und sich mühsam weiter durch die
nackte, wasserlose Wüste schleppt: es dehnt sich plötzlich ein großer See vor
den Augen des durstigen Wanderers aus und hebt den gesunkenen Muth;
Baumgruppen und Gebüsch bekränzen in nebliger Ferne das jenseitige
Ufer; Gesträuch und Schilf ragt hin und wieder aus dem klaren Wasserspiegel hervor, als solle es ihm Labung und Schatten bieten, und spornt
ihn an, seinen Schritt zu beschleunigen, um endlich das ersehnte Ziel zu
erreichen. Eine aufgescheuchte Antilope jagt, durch gleiche Täuschung getrieben, in langen Sprüngen dem Wasser zu, der flüchtige Huf findet aber
keinen Widerstand in den vermeintlichen Wellen; bald sich scheu umsehend,
bald kleine Windungen beschreibend, fliegt das erschreckte Thier über dürren, staubigen Boden dahin. Getäuscht und zagend mag dann der arme
Wanderer auf die Luftspiegelung vor sich schauen, der See ist noch da,
ein zitternder Wellenschlag ist sogar bemerklich, die wunderlichsten Gestalten
aber, in welche sich fortwährend die flüchtige Antilope verwandelt, rufen
ihm höhnisch zu: „Es ist optische Täuschung." Kaum hat das Thier die
ersten Sprünge in dem trügerischen See gethan, so fängt es an zu wachsen, immer größer und größer, bis es zuletzt als riesiger Büffel erscheint,
der grimmig drohend rückwärts schaut; weiter bewegt sich jetzt der Riese
und wiederum fängt er an zu wachsen, bis er zur langen, formlosen Gestalt geworden. Die Mitte des Scheinkörpers wird allmälig dünner, die
gespenstische Gestalt zerreißt und im fernen Dunste glaubt man wahrzunehmen, wie zwei Gebilde sich übereinander bewegen. Das untere ver-
schwindet meist zuerst, während das obere wiederum mehr und mehr die

---

*) Ueber die mirage, das Trugbild des wellenschlagenden Wasserspiegels,
vergl. Alexander von Humboldt, Ansichten der Natur. I. S. 223.

Gestalt der Antilope annimmt, die, nachdem sie das jenseitige Ufer erreicht, mit weitausgestrecktem Halse sich zu den Kronen der Bäume herabneigt. Dies ist das wundersam wechselnde Spiel der Luftspiegelung in der Steppe! Bald ist verschwunden See, Wald und Schilf, nur die Antilope ist geblieben, die auf dem erwärmten, trockenen Sande umherirrt und von Zeit zu Zeit sich bückt, um ein frisches Blättchen von den zerstreut stehenden Ranken abzupflücken, und der Wanderer, welcher vergeblich nach einer Quelle späht. —

Der Blick konnte nun wieder ungehindert über die weite Fläche schweifen, die wie das Meer in ruhiger Erhabenheit dalag. Einzelne ausgetrocknete Vertiefungen wilder Gießbäche mußten noch mitunter überschritten werden, doch bildeten dieselben keine sonderlichen Hindernisse; denn statt der früheren, sandigen Lehmerde lag jetzt ein fester, rother Sandstein (¹) nahe der Oberfläche des Bodens, der dem nagenden Zahn der Zeit und dem wild stürzenden Wasser zu viel Festigkeit entgegengesetzt hatte, als daß, wie auf der Ostseite der Croß Timbers, tiefe Schluchten hätten entstehen können. Doch auch der Felsen hatte dem Einflusse von Jahrtausenden nachgegeben und war an einzelnen Stellen heruntergewaschen; da, wo härtere, ungefügigere Adern den weichen Sandstein durchzogen, erblickte man die merkwürdigsten Formen und Figuren, manche sogar so regelmäßig, daß man Werke, von Menschenhänden in Augenblicken muthwilliger Laune sorgsam mit dem Meisel ausgearbeitet, vor sich zu haben vermeinte. Besonders in's Auge fallend war die Mündung einer solchen Vertiefung in eine größere, wo auf ebenem Sandsteinfelsen sich eine Anzahl von Kuppeln erhob, die selbst in der Nähe sich wie riesenhafte Urnen oder Vasen ausnahmen. Es waren ziegelrothe Sandsteinfelsgebilde, die bei einer Höhe von 8 bis 10 Fuß an den umfangreichsten Stellen vielleicht 4 bis 6 Fuß im Durchmesser haben mochten. Auf breitem, rundem Fuße standen schwächere Säulen, die gegen oben bedeutend an Umfang zunahmen und von der größten Breite dann plötzlich spitz zuliefen, daß gleichsam dadurch Deckel auf den Vasen gebildet wurden. An dieser Stelle vorbei führte der Weg und lang hin zog er sich zu den Natural Mounds. Die große Ebenheit der Steppe, die durch nichts unterbrochen wurde, ließ die Hügelgruppe näher erscheinen, als sie wirklich war. Meile auf Meile wurde zurückgelegt, und schon senkte die Sonne sich tief gegen Westen, als der Wagenzug, nördlich am Rock Mary vorbei, zwischen den Hügeln sich hindurchwindend, am westlichen Abhange derselben das Nachtlager aufschlug, wo ein Bach sich schon lange durch die einzeln aus seinem Bette hervorragenden Cottonwood-Bäume verrathen hatte. Die Natural Mounds, von denen der vornehmste den Namen Rock Mary führt, bilden eine Reihe zuckerhutförmiger Hügel, die in der Richtung von Nordwest nach Südost einzeln und getrennt von einander liegen. Alle sind gleich hoch, und zwar an 80 Fuß, und mit einer horizontalen Lage von rothem Sandstein bedeckt. Anscheinend sind es Ueberreste einer frühern Hochebene, die durch einzelne in derselben aufrechtstehende Felsblöcke

vor gänzlichem Verschwinden bewahrt wurden, was vielleicht daraus zu
schließen ist, daß westlich von derselben sich eine Säulenreihe auf der ebenen
Fläche erhebt, welche aus regelmäßig übereinander liegenden Sandsteinblöcken besteht, bei deren Anblick man kaum die Ueberzeugung gewinnen
kann, daß die Natur wirklich diese, wenn auch nicht imposanten, doch höchst
überraschenden Bauten aufgeführt oder vielmehr bei einer jüngeren Zerstö-
rungskatastrophe stehen gelassen habe. Es mögen noch 12 oder 14 kleinere
und größere dieser Säulen stehen, mehr noch von der Zeit allmälig verwittert sein.   Die größten erreichen eine Höhe von ungefähr 25 Fuß;
einige bestehen aus gleichförmigen, mächtigen Quadern, während andere,
von derselben Höhe, nur noch einen Durchmesser von 2 bis 3 Fuß haben
und über kurz oder lang in sich zusammenstürzen werden.

Krystallklar rieselte eine Quelle in der Nähe dieser Colonnade über
Bänke festen Sandsteins.   Sie schwoll bald an zu einem Bächlein, gespeist
durch andere Adern, die sich überall in dem Gestein öffneten.   Das Bächlein wird ein kleiner, kräftig rieselnder Fluß an seiner Mündung in den
Canadian River.   Es war hier die Grenze zwischen den süßen und den
salzigen Wassern und am andern Tage schon wurde die große Gypsregion(⁸)
betreten, die mit Recht als die größte des Continents von Nordamerika
bezeichnet und von den großen Gypslagern in Chili, an der Westküste Süd-
Amerika's, wohl nur in der Ausdehnung der Länge übertroffen wird (nach
Darwin).   In einer Breite von 50 Meilen beginnt dieses Lager bereits
am Arkansas und zieht sich in südwestlicher Richtung über den Canadian,
an den Quellen des Red River vorbei, dehnt sich dann aus über einen
Theil der Hochebene (Llano Estacado), berührt zu gleicher Zeit den Colorado und zieht sich über den Brazos und Pecos hinaus; also in einer
Länge von wenigstens 400 Meilen. Allerorts, wo der Gyps auf dieser
Strecke zu Tage tritt, zeigt er sich in jeder nur denkbaren Formation: bald
bildet er weiße Adern, die den rothen Lehm in den Ufern der tiefausge-
waschenen Flußbetten durchziehen, bald alabasterähnliche Felsmassen, die an
der Oberfläche der Ebene liegen und große Oeffnungen und Spalten zeigen,
so daß man mit Leichtigkeit in ihren Schooß hinabzusteigen vermag; dann
aber auch klare, feinblättrige, spathartige Selenit-Tafeln, die nicht selten bei
einer Stärke von 2 Zoll mehrere Quadratfuß Flächeninhalt haben, so daß
es leicht sein würde, große Fensterscheiben aus solchen Stücken herzustellen.
Durch solche dünne Tafeln findet man in den Städten der Pueblo-Indianer, der Abkömmlinge der alten Azteken, am Rio Grande, alle Lichtöffnungen der Häuser geschlossen, und es haben derartige Scheiben noch den Vortheil, daß sie dem Bewohner die Aussicht in's Freie gönnen, dabei aber
selbst dem schärfsten Auge einen Blick von Außen durch die Scheibe in das
Innere der schwach erleuchteten Stube unmöglich machen.   Das Wasser der
oben genannten Flüsse, die ihren Anfang in diesen Gypsregionen nehmen,
hat durchweg einen Beigeschmack von Magnesia und Soda, der an Ort
und Stelle so stark ist, daß es untrinkbar dadurch wird und der Genuß

deſſelben nicht ohne Wirkung auf den Körper bleibt. Darum beeilt ſich auch Jeder, der am Rande dieſer Wüſte ſteht, ſo ſchnell wie möglich die Strecke über ein Land zurückzulegen, wo der Anblick des kühlen, klaren und doch untrinkbaren Waſſers quälender iſt, als der Gedanke, noch manchen mühevollen Tagemarſch durch eine ganz waſſerloſe Prairie zurücklegen zu müſſen.

Nicht ohne die nöthigſten Vorſichtsmaßregeln verließ alſo unſere Reiſe=geſellſchaft die letzte ſüße Quelle bei den Natural Mounds. Um ſo wenig wie möglich auf das bittere Waſſer angewieſen zu ſein, wurden die Schläuche und die zu dieſem Zweck mitgenommenen Fäſſer, ſogar die Küchengeräth=ſchaften, mit gutem Waſſer gefüllt, und als Alles zum Aufbruch bereit war und die Thiere getränkt und geſattelt umherſtanden, da ſah man die ein=zelnen Mitglieder noch den Abhang hinuntereilen, ſich an der Quelle nie=derlegen und in langen Zügen von dem für ſie ſo koſtbaren Trank ſchlürfen, gleichſam als wollten ſie im Bewußtſein kommender Noth auf Tage und Wochen ihren Durſt im Voraus ſtillen.

So kam unſer Zug denn endlich in Bewegung. Die Straße auf der unabſehbaren Ebene war vortrefflich, die Natural Mounds und Rock Mary blieben in bläulicher Ferne zurück und ungehindert, wie auf dem weiten Ocean, konnte das Auge ringsum der Linie folgen, die von dem Horizont und der Prairie gebildet wurde. Es war eine ungewohnte, eine neue Scene, noch zu neu, um etwas Anderes als das allgemeinſte Intereſſe zu erregen. Eine erhabene Ruhe, eine Todtenſtille herrſchte überall. Selbſt das Getöſe der Wagen ſchien erſtorben in dieſer Unendlichkeit.

Die Reiter hatten ſich von dem Zuge getrennt und ritten ſorglos über das kurze, harte Gras; Gefahr, ſich zu verirren, war nicht mehr vorhanden, denn es bedurfte faſt einer Tagereiſe, um die Gefährten aus dem Auge zu verlieren; und wenn auch einige Rauchſäulen im Weſten aufſtiegen und Kunde von der Anweſenheit menſchlicher Weſen gaben, ſo waren ſie doch ſo fern, daß jede Vorſicht unnöthig wurde, da ein größerer Trupp der Kiowas oder Comanches nicht im Stande geweſen wäre, ſich unbemerkt auf 3 Meilen zu nähern. Die kleinen Schwellungen und Erhöhungen, die ſich hin und wieder zeigten, entbehrten jeglicher Vegetation, aber Tauſende blitzender Funken entlockten dem Boden die brennenden Strahlen der Sonne. Mancher wurde deshalb veranlaßt, ſein Thier nach ſolchen Stellen zu len=ken, um nach Schätzen zu ſuchen, die aber bei näherer Unterſuchung aus weiter nichts beſtanden, als aus halbdurchſichtigen, ſpathartigen Bruchſtücken von Gyps. Ein kleiner Trupp dieſer Reiter, welche in eifriger Unterhal=tung ihre Straße in ſchnellem Schritte verfolgten und einen bedeutenden Vorſprung vor dem langſam folgenden Train und den bedeckenden Infan=teriſten gewonnen hatten, machte jetzt an einem ſolchen ſchillernden Hügel Halt. Die Fangleinen wurden auf die Erde geworfen, ſo daß ſie von den Zäumen herabhängend lang nachſchleiften, während die Thiere graſend um=herſchritten, und es wurde beſchloſſen, bis zur Ankunft der letzten Nachzügler

zu tasten. Der nie fehlende Doctor suchte nach Pflanzen unter dem schim=
mernden Gestein, während der Geologe tapfer mit seinem Hammer darauf
losschlug. Der Topograph gab sich die größte Mühe, einige Senkungen
der Ebene auf der Karte zu notiren, und der Naturaliensammler quälte
sich, größere Gypsblöcke umzustoßen, um Eidechsen oder Schlangen aus
ihren sichern Verstecken in die Spiritusflasche wandern zu lassen. Kaum
hatte der alte Doctor die Spitze des Hügels erreicht, als er mit freudigem
Ausdruck seine Kameraden zu sich rief. „Kommt Alle herauf," jubelte er
ihnen zu, „die Erde ist hier gespalten, so daß wir tief hinabsteigen können."
Diese ließen ihrerseits nicht lange auf sich warten und fanden wirklich eine
weite, trichterförmige Oeffnung im Boden, die in einer Tiefe von 12 Fuß
sich erweiterte und Eingänge in niedrige Nebenspalten zeigte. Nachdem die
erste Ueberraschung vorüber war, wurde Anstalt gemacht, die dunkle Höhle
näher zu untersuchen. Die rauhe, alabasterähnliche Gypsformation der
Wände bot hinlänglich Haltepunkte für Hände und Füße; in kurzer Zeit
war die kleine Gesellschaft hinabgestiegen und versuchte durch die niedrigen
Eingänge in die nächsten Grotten zu dringen; doch pechschwarze Finsterniß
herrschte überall und Spuren wilder Thiere, die dicht neben einander auf
dem weichen Sande des Fußbodens abgedrückt waren, ließen es nicht ge=
rathen erscheinen, sich blindlings in diese Höhlen weiter zu wagen. Ein
Licht, welches sich glücklicher Weise in einer der Jagdtaschen vorgefunden
hatte, wurde angezündet, und nach einigem Hin = und Herreden entschloß
sich Einer, den Weg zu eröffnen. Seine Kameraden hinter sich, kroch die=
ser auf den Knieen in den nächsten Gang, indem er mit der einen Hand
das Licht, mit der andern vorsichtig den Revolver voranschob. Der enge
Pfad führte nach kurzer Strecke in ein hohes, geräumiges Gemach, dessen
gewölbte Decke auf zwei unregelmäßigen Säulen ruhte. Diese eisig kühle
Grotte, obgleich nur klein, zeigte dennoch schöne und malerische Theile und
Formen. Hier hingen tropfsteinartige Gypsmassen von der Decke herab,
dort hoben sich durchlöcherte, krause Felsen aus dem Boden, hier war die
Wand von oben bis unten gespalten, dort wiederum zeigte sich die Mün=
dung einer Röhre, zu eng, als daß sie den Durchgang einem menschlichen
Wesen erlaubt hätte, und bei jeder Bewegung, welche die Beschauer in der
Grotte machten, zeigten sich ihnen neue und interessante Erscheinungen.
Trotz der schwachen Beleuchtung schimmerten die weißen Felsmassen dabei,
wie ein Gebäude aus flimmerndem Schnee und Eis. Alle in dieses Ge=
wölbe mündenden Gänge führten wieder an's Tageslicht, doch waren die
Oeffnungen nur groß genug, um Wölfe und wilde Katzen durchzulassen,
die gewiß auch vor unserer Annäherung das Weite gesucht haben werden.
Mehrere solcher Gemächer der Gypsschlotte wurden noch durchsucht, doch
ohne irgend besondere Merkwürdigkeiten zu zeigen; nur in einem, welches
oben eine weite Oeffnung hatte, befanden sich die Ueberreste eines Büffels,
der, wahrscheinlich unter einer dichten Heerde grasend, dem gefährlichen
Punkte zu nahe gekommen war, und von seinen Kameraden hineingedrängt,

7*

eine leichte Beute der Wölfe geworden war. Obgleich diese unterirdische Wanderung für die vier Abenteurer etwas ganz Unerwartetes auf solch ebenem Landstrich war, so fehlte doch, um der Unterhaltung die Krone aufzusetzen, eine unterirdische Bärenjagd in den dunklen Räumen. Solcher absonderlichen Ansicht war nämlich der alte Doctor, als sich Alle in dem kühlen Raume gelagert hatten, um im Schatten die Ankunft des Haupttrains zu erwarten. „Aber, lieber Doctor, was würden Sie gethan haben, wenn ein tüchtiger Petz Ihnen auf den Leib gerückt wäre?" fragte Einer aus der Gesellschaft. — „Ich würde als vernünftiger Mann den Bären getödtet haben," gab der Doctor zur Antwort. „Ihr wißt noch gar nicht, welch großes Glück ich auf dergleichen Jagden habe! darum laßt Euch erzählen. Als ich vor zwei Jahren zur Vermessung der mexikanischen Grenze mitgezogen war, traf es sich, daß wir in der Nähe der alten Kupferminen unser Lager für längere Zeit aufgeschlagen hatten. Wie sich von selbst versteht, streifte ich alle Tage in der nächsten Umgebung umher, um mein Herbarium zu bereichern, natürlich nie unbewaffnet, denn Bären und Indianer sind in dortiger Gegend nichts Neues, und weil mir mein Revolver zu schwer war, begnügte ich mich, ein kleines, einfaches Terzerol mitzunehmen. Ein junger Mann der Vermessungs-Commission, welcher, beiläufig gesagt, beinahe ein eben so guter Jäger war wie ich, faßte eines Tages den Entschluß, sich mit einer Büchse zu bewaffnen und mich zu begleiten. Erzählend und botanisirend krochen wir in den wildesten Schluchten umher und woran wir am wenigsten dachten, das war eine Bärenjagd. Als wir uns so durch eine Strecke Buschwerk gewunden hatten und auf eine kleine Lichtung traten, könnt Ihr Euch unsern Schrecken vorstellen, als wir uns keine zwanzig Schritte gegenüber einer alten, schwarzen Bärin sahen. Sie stand an einem großen Baume auf den Hinterfüßen, mit zurückgelegten Ohren und fletschenden Zähnen. Ihre kleinen, blitzenden Augen ruhten bald auf uns, bald auf der dichtesten Stelle im Baume, woselbst ein junger Bär auf die possirlichste Art zwischen dicken Aesten zusammengekauert saß, die Ursache, daß die Alte sich nicht von der Stelle bewegte und es nur bei einem herausfordernden Brummen bewenden ließ. Umzukehren schämten wir uns und dann zähmte ich mir auch schon in Gedanken den kleinen, zottigen Burschen, während mein Gefährte, wie er später äußerte, sich den Schinken der Alten bereits wohl schmeden ließ. Unsere Verabredung war schnell getroffen. Mein Kamerad nahm sich den Kopf der grimmigen Feindin zum Ziel seiner Büchse, ich hielt mein Terzerol so, daß die Kugel ihr durch's Herz fahren mußte, und zugleich gaben wir Feuer. Kaum hatte es geknallt, so machte die Bärin zwei Sätze auf uns zu, bei jedem Sprunge fürchterlich schnaubend, kehrte aber schleunigst wieder zu ihrem Jungen zurück, welches kopfüber von dem Baume gefallen war, und verschwand mit demselben im Gebüsch. Mein Kamerad und ich sahen uns verwundert an, versuchten es, unsern Schrecken fortzulachen, und ohne uns lange mit Verfolgung oder Spüren aufzuhalten, trabten wir eiligst dem Lager zu. Es

war eine Tollkühnheit, den Bären anzugreifen, um so mehr, da er in Be=
gleitung seines Jungen war; ich will aber den sehen, der einen glücklichern
Schuß gethan hätte als wir Beide: denn hätte eine unserer Kugeln das
Ungethüm berührt und verwundet, so würden wir wohl nicht mit dem
bloßen Schrecken davongekommen sein." — Alle pflichteten natürlich dem
fröhlichen, alten Doctor bei und erhoben seinen Muth bis in den Himmel,
was bei der ganzen Gesellschaft die heiterste, die ausgelassenste Laune her=
vorrief. Es wurde gelacht, gejubelt und gesungen, zur nicht geringen Ver=
wunderung einiger neuen Ankömmlinge, welche die grasenden Thiere und
keine Reiter wahrgenommen hatten, und nun lauschend um den kleinen
Hügel ritten, aus dessen Innerem ihnen lachende und singende Stimmen
dumpf entgegenschallten. Das Versteck= und Suchenspiel dauerte indessen
nicht lange; es hatte sich bald eine neue Gesellschaft oben an dem Ein=
gange in die Unterwelt gebildet, die den an's Tageslicht Kletternden hülf=
reiche Hand leistete und zum Dank dafür mit Erzählungen schrecklicher
Abenteuer in den Zaubergärten der Unterwelt überschüttet wurde.

Die Reise über die Gypsregion dauerte fünf Tage. Der Mangel des
guten Wassers wurde besonders in der letzten Zeit fühlbar, als der mitge=
nommene Vorrath erschöpft war und sich Jeder in die unabänderliche Noth=
wendigkeit fügen mußte, seinen Durst nach besten Kräften mit dem bittern
Wasser zu stillen. Doch leider wurde durch den Genuß desselben der Durst
nicht nur peinigender, sondern ein allgemeines Unwohlsein stellte sich bei
unserer Gesellschaft ein, wodurch die Speisen, die an sich schon den unan=
genehmen Beigeschmack hatten, nur noch widerlicher wurden. Unter solchen
Umständen war es erklärlich, daß der gewohnte gute Humor fast gänzlich
verschwand und Jeder, wenn auch geduldig und ergeben, doch ziemlich ver=
drossen seines Weges zog. Noch zwei Tagereisen vor den Antelope Hills,
der Grenze der Gypslager und zugleich der östlichen Grenze zwischen dem
nördlichen Texas und den Indianer=Ländereien, hatte es den Anschein, als
habe die Formation eine Aenderung erlitten: denn die kleinen Anhöhen
waren nicht mehr wie gewöhnlich mit Bruchstücken von Gyps, sondern mit
fossilen Austerschalen bedeckt. Nur auf eine kurze Strecke war diese Aen=
derung sichtbar und die Ebene trug dann wieder denselben Charakter, wie
die in den letzten Tagen durchreis'ten Gegenden. Die Maulthiere und die
kleine Heerde des mitgeführten Schlachtviehes befanden sich indessen ganz wohl;
der salzige Beigeschmack war ihnen eine angenehme Würze, und üppiges
Gras, wenn auch nicht hoch, wucherte überall. Waren diese Gegenden nur
spärlich bewässert, so wurde doch an jedem Abend ein Bach erreicht, der
hinlänglich Wasser bot und dessen Ufer Nahrung für die Heerden bargen.
Alle diese Gewässer nun, darunter das bedeutendste der Gypsum Creek,
eilten in vielen Windungen theils dem Witchita, theils dem Canadian zu;
sie wimmelten von Fischen jeder Art, unter denen sich besonders der mit
furchtbarem Gebiß bewaffnete Schnabelfisch auszeichnete, der gemeinschaftlich
mit der weichschaligen Lederschildkröte in dem nassen Elemente zu herrschen

schien. Die Kioway-Indianer durchstreiften hauptsächlich diese Gegenden, doch ist eine besondere Grenze zwischen ihrem Gebiet und dem ihrer westlichen Nachbarn, der Comanches, nicht bestimmt.

Die großen Stämme der Comanches und der Kioways leben auf freundschaftlichem Fuße mit einander und dehnen ihre Raub- und Jagdzüge von den Ansiedelungen der Shawnees bis zum Rio Grande, und von den Colonien am mexikanischen Golf bis hinauf an den Nebrasca oder Flachen Fluß aus.

X.

Die Antelope Hills. — Der Prairie-Hund. — Erzählung der Abenteuer am Nebrasca. (Fortsetzung.) — Weintrauben. — Die Comanche-Indianer. — Die wilden Pferde oder Mustangs. — Des Naturaliensammlers Unfall.

So wurde denn der Canadian erreicht. Zu gleicher Zeit, als sein breiter Spiegel wahrgenommen wurde, konnte man in bläulicher Ferne einen Fernblick auf die nebligen Antelope Hills gewinnen. Diese verschwanden indessen wieder vor unseren Augen, als wir, um an den Fluß zu gelangen, unsern Weg zwischen wilden Hügeln hinab in's Thal suchten.

Wie änderte beim Näherrücken sich das Aussehen des Flusses! Träge sickerte die trübe, ziegelfarbige Fluth in dem breiten Bette dahin, kaum im Stande, den rollenden Treibsand zu bedecken; die Löcher, die gescharrt wurden, um Wasser zum Trinken aufzufangen, versandeten gleich wieder, und gelang es endlich, eines kärglichen Trunkes habhaft zu werden, so genügten einige Tropfen zur Belehrung, daß das Wasser des Canadian, welches weiter unterhalb zu jedem Gebrauch hinlänglich gut war, an dieser Stelle an Widerlichkeit dem der salzigen Nebenflüsse durchaus nichts nachgab. Doppelt beeilte sich daher Jeder, die Antelope Hills endlich zurückzulassen, um an dem westlichen Abhange derselben, in dem so lang entbehrten, unverdorbenen Elemente, schwelgen zu können.

Die Antelope oder Boundary Hills, die Antilopen- oder Grenzhügel, sind sechs tafelförmige Berge, die sich an 150 Fuß über der Ebene erheben. Ihre Form ist regelmäßig, einige sind ovalen, andere wieder runden, riesenhaften Wällen ähnlich. Alle sind mit einer horizontalen Lage oder Tafel weißen Sandsteines bedeckt, die eine Stärke von 18 Fuß hat, ohne Zweifel Ueberreste von Hochebenen, die hier so merkwürdig aus der unabsehbaren Ebene aufsteigen. Jeder dieser Wälle hat Stellen, an welchen leicht auf die Plattform zu gelangen ist; die Aussicht von da herab wird rings herum von dem Horizont begrenzt, der sich mit der dem Auge fast entschwindenden Grasebene verbindet.

Wie groß und wie still, wie erhaben und doch wie beängstigend ist diese Aussicht; nichts als die ewige, wellenförmige, grüne Prairie; kleine Streifen von verkümmertem Buschwerk ragen hin und wieder aus Schluchten oder Flußbetten hervor, aber grün, Alles ist grün bis auf die rothen Stellen am nördlichen Ufer des Canadian, Stellen, die, durch schweren Regen aller Vegetation beraubt, die weißen Adern zur Schau tragen, von welchen sie durchzogen sind. Der ziegelfarbige Fluß selbst kommt von Südwest herauf, und einen großen Bogen gegen Norden um die Hügel beschreibend, verliert er sich in östlicher Richtung.

Der Weg führte uns zwischen den Hügeln hindurch und im Westen derselben auf eine ebene Fläche, welche den Charakter des Landes plötzlich änderte. Wir fanden kurzes, festes Buffalo-Gras, Prairiehunde und pfützenartige Teiche, die theilweise reichlich gutes Wasser enthielten. Die meisten der Teiche und alten Flußbetten waren ganz trocken, einige derselben auf lange Strecken mit Holz eingefaßt, andere wiederum nur an einzelnen Stellen des Ufers mit Buschwerk bewachsen, entbehrten fast gänzlich des Schmuckes schattiger Bäume.

So nun, wie eben beschrieben, blieb manche Tagereise ohne Abwechselung landschaftlicher Formen, und selten nur wurde die Einförmigkeit durch einen vereinzelt stehenden, konischen Hügel oder einen Tafelfelsen unterbrochen, welche ihrer Seltenheit wegen mit um so größerem Interesse von den Vorbeireisenden betrachtet und untersucht wurden.

Eins der merkwürdigsten lebenden Wesen, welches auf den Prairien und den hohen Tafelländern gefunden wird, ist unstreitig der Prairiehund (Arctomys ludovicianus *And.*), der in der That nichts Anderes ist, als ein Murmelthier. Die alten canadischen Trapper nannten ihn zuerst petit chien, wozu der Lärm, welchen er zu machen pflegt und der dem Bellen eines kleinen Hundes nicht unähnlich ist, wohl den ersten Grund gegeben hat; hieraus entstand der Name Prairiehund, der auch bis auf den heutigen Tag geblieben ist. Zu welcher unglaublichen Ausdehnung die Ansiedelungen dieser friedlichen Erdbewohner herangewachsen sind, davon kann man sich am besten überzeugen, wenn man ununterbrochen Tage lang zwischen kleinen Hügeln hinzieht, deren jeder eine Wohnung zweier oder mehrerer solcher Thiere bezeichnet.

Die einzelnen Wohnungen sind gewöhnlich **15 bis 20 Fuß** von einander entfernt, und jeder kleine Hügel, der sich vor dem Eingange in dieselben erhebt, mag aus einer guten Wagenladung Erde bestehen, die allmälig von den Bewohnern aus den unterirdischen Gängen an's Tageslicht befördert worden ist. Manche haben e i n e n, andere dagegen z w e i Eingänge; ein festgetretener Pfad führt von einer Wohnung zur andern, bei deren Anblick die Vermuthung rege wird, daß eine innige Freundschaft unter diesen lebhaften, kleinen Thieren herrschen muß. Bei der Wahl einer Stelle zur Anlage ihrer Städte scheint ein kurzes, krauses Gras sie zu bestimmen, welches besonders auf höheren Ebenen gedeiht und nebst einer Wurzel die einzige Nahrung dieser Thierchen ausmacht. Sogar auf den Hochebenen von Neu-Mexiko, wo viele Meilen im Umkreise kein Tropfen Wasser zu finden ist, giebt es sehr bevölkerte Republiken dieser Art, und da in dortiger Gegend mehrere Monate hindurch kein Regen fällt und man, um Grundwasser zu erreichen, über 100 Fuß in die Tiefe graben müßte, so ist fast anzunehmen, daß die Prairiehunde keines Wassers bedürfen, sondern sich mit der Feuchtigkeit begnügen, welche zeitweise ein starker Thau auf den feinen Grashalmen zurückläßt. Daß diese Thierchen ihren Winterschlaf halten, ist wohl nicht zu bezweifeln, denn sie legen keinen Futtervorrath für den Winter an; das Gras um ihre Höhlen vertrocknet im Herbste gänzlich und der Frost macht den Boden so hart, daß es unmöglich für sie sein würde, auf gewöhnlichem Wege sich Nahrung zu verschaffen. Wenn der Prairiehund die Annäherung seiner Schlafzeit fühlt, welches gewöhnlich in den letzten Tagen des Octobers geschieht, so schließt er alle Ausgänge seiner Wohnung, um sich gegen die kalte Winterluft zu schützen, und übergiebt sich dann dem Schlafe, um nicht eher wieder auf der Oberwelt zu erscheinen, als bis die warmen Frühlingstage ihn zu neuem, fröhlichem Leben erwecken. Den Aussagen der Indianer gemäß, öffnet der Prairiehund manchmal bei noch kalter Witterung die Thüren seiner Behausung: dies ist alsdann aber als sicheres Zeichen anzusehen, daß bald warme Tage zu erwarten sind.

Eine kleine Erdeule (Athene hypogrea *Bonaparte*) ist die Mitbewohnerin dieser unterirdischen Ansiedelungen; sie lebt auf dem vertraulichsten Fuße mit den kleinen Vierfüßlern, doch gewöhnlich findet man die Eule nur in solchen Höhlen, die von ihren ursprünglichen Eigenthümern verlassen sind. Die Prairie-Klapperschlange wird ebenfalls vielfach in solchen Dörfern angetroffen, eine Erscheinung, die zu dem irrigen Glauben Anlaß gegeben hat, daß ein freundschaftliches Verhältniß zwischen Thieren bestehe, die doch nach dem Gesetze der Natur einander feindlich gegenüber stehen müssen. Allerdings schallt aus mancher Höhle das unheimliche Rasseln des giftigen Reptils dem forschenden Reisenden entgegen, doch sind das Wohnungen, die schon lange verlassen oder deren Bewohner durch den ungebetenen Gast verdrängt oder wohl gar verzehrt wurden.

Einen merkwürdigen Anblick gewährt eine solche Colonie, wenn es glückt, von dem Wachtposten unbeachtet in ihre Nähe zu gelangen. So weit das Auge nur reicht, herrscht ein reges Leben und Treiben: fast auf jedem Hügel sitzt aufrecht, wie ein Eichhörnchen, das kleine gelbbraune Murmelthier; das aufwärts stehende Schwänzchen ist in immerwährender Bewegung und zu einem förmlichen Summen vereinigen sich die feinen, bellenden Stimmchen vieler Tausende. Nähert sich der Beschauer um einige Schritte, so vernimmt und unterscheidet er die tieferen Stimmen älterer und erfahrener Häupter, aber bald wie durch Zauberschlag ist alles Leben von der Oberfläche verschwunden. Nur hin und wieder ragt aus der Oeffnung einer Höhle der Kopf eines Kundschafters hervor, der durch anhaltend herausforderndes Bellen seine Angehörigen vor der gefährlichen Nähe eines Menschen warnt. Legt man sich alsdann nieder und beobachtet bewegungslos und geduldig die nächste Umgebung, so wird in kurzer Zeit der Wachtposten den Platz auf dem Hügel vor seiner Thür einnehmen und durch unausgesetztes Bellen seine Gefährten von dem Verschwinden der Gefahr in Kenntniß setzen. Er lockt dadurch einen nach dem andern aus den dunklen Gängen auf die Oberfläche, wo alsbald das harmlose Treiben dieser geselligen Thiere von Neuem beginnt. Ein älteres Mitglied von sehr gesetztem Aeußern stattet dann wohl einen Besuch bei dem Nachbar ab, der ihn auf seinem Hügel in aufrechter Stellung mit wedelndem Schwänzchen erwartet und dem Besucher an seiner Seite Platz macht. Beide scheinen nun durch abwechselndes Bellen sich gegenseitig gleichsam Gedanken und Gefühle mittheilen zu wollen; sich fortwährend eifrig unterhaltend, verschwinden sie in der Wohnung, erscheinen nach kurzem Verweilen wieder, um gemeinschaftlich eine Wanderung zu einem entfernter lebenden Verwandten anzutreten, welcher nach gastfreundlicher Aufnahme an dem Spaziergange Theil nimmt; sie begegnen Anderen, kurze, aber laute Begrüßungen finden statt, die Gesellschaft trennt sich und Jeder schlägt die Richtung nach der eigenen Wohnung ein. Stunden lang könnte man, ohne zu ermüden, das immerwährend wechselnde Schauspiel betrachten, und es kann nicht wundern, wenn der Wunsch rege wird, die Sprache der Thiere zu verstehen, um sich unter sie mischen und ihre geheimen Unterhaltungen belauschen zu können.

Furchtlos sucht sich der Prairiehund seinen Weg zwischen den Hufen der wandernden Büffel hindurch, doch der Jäger im Hinterhalte braucht sich nur unvorsichtig zu bewegen und scheu und furchtsam flieht Alles hinab in dunkle Gänge. Ein leises Bellen, welches aus dem Schooße der Erde dumpf herauf klingt, so wie die Anzahl kleiner, verlassener Hügel verrathen dann allein noch den so reich bevölkerten Staat.

Das Fleisch dieser Thiere ist schmackhaft, doch die Jagd auf dieselben so schwierig und so selten von Erfolg gekrönt, daß man selten aus anderer Absicht den Versuch macht eins zu erlegen, als um die Neugierde zu befriedigen. Da der Prairiehund kaum die Größe eines guten Eichhörnchens erreicht, so würden auch zu viele Exemplare dazu gehören, um für eine kleine Gesellschaft ein ausreichendes Mahl zu beschaffen, und manches getödtete Thierchen rollt außerdem noch in die fast senkrechte Höhle tief hinab, ehe es gelingt dasselbe zu erhaschen. —

Ringsum grüne Ebene; blaues Tafelland bezeichnet hin und wieder den nebligen Horizont; ein glühender Wind bewegt Halme und Blumen und wirbelt gelegentlich eine schmale Säule von Staub und Gräsern zu den Wolken empor; in gemessenem Schritt stampfen die keuchenden Maulthiere mechanisch eine neue Straße; nachdenkend oder träumend hängen die Reiter im Sattel; das Athmen in der drückenden Atmosphäre wird ihnen schwer, sie haben Langeweile und wünschen den Abend herbei. Einförmigkeit, Eintönigkeit überall, nur nicht in der Erzählung des deutschen Naturaliensammlers, der in dem Doctor Bigelow und mehreren andern Mitgliedern unserer Expedition aufmerksame und geduldige Zuhörer gefunden hat und daher in der Mittheilung seiner frühern Erlebnisse in lebhaftem Tone fortfährt.

„Der Weg zum Lager der Indianer mochte nur zwei Meilen betragen," begann er, „doch schien er mir sehr lang. Der kleine Trupp, welcher mir vorangezogen war, hatte eine Bahn oder vielmehr einen Pfad im tiefen Schnee gebrochen; diesem folgend fühlte ich so recht, wie weit meine Kräfte mich verlassen hatten. Eine grenzenlose Mattigkeit bemächtigte sich meiner und zagend gedachte ich der weiten Märsche, die ich in den nächsten Tagen zurückzulegen hatte. Meinen neuen Gefährten war meine Kraftlosigkeit nicht unbemerkt geblieben und sorglich änderten sie den ganzen Reiseplan, aus steter Rücksicht für mein Wohl. Ihr kleines Lager, welches zwei große Zelte bildeten, stand in einer tiefen, mit verkrüppelten Eichen bewachsenen Schlucht, am Rande eines ausgetretenen Baches, dessen Wasser mit dicker Eiskruste überzogen war. Schnee lag überall, doch konnte der Sturm seinen Weg nicht hinab finden, um an den Zeltstangen zu rütteln oder die neun kleinen, zottigen Pferde in ihrer Arbeit zu stören, wenn sie ihr bescheidenes Futter mit den scharrenden Hufen bloßlegten. Ein Gefühl angenehmer Behaglichkeit überkam mich, als ich die steile Uferwand hinabkletterte und meines künftigen Asyls ansichtig wurde. Meine Gefährten waren schon angelangt, der kleine Wagen ebenfalls und die braune, wild aussehende Schaar war emsig damit beschäftigt, den verschiedenen Packeten und Bündeln in den geräumigen Zelten Plätze anzuweisen. An-tarro-hau! tönte es mir entgegen und dieser Ausruf des Willkommen wurde von den Männern durch einen wohlgemeinten Händedruck bekräftigt, während die Weiber und Kinder mich neugierig bewunderten und eine gewisse Genugthuung darüber zu empfinden schienen, daß ein Weißer sich unter ihnen befand, der schlechter und weniger bekleidet war, als sie selbst. Die Kinder wichen scheu vor mir zurück, doch konnte mich dieses nicht befremden, denn mein Aussehen mußte wirklich abschreckend sein: Bart und Kopfhaar bildeten eine wild verworrene Masse und die Haut war durch den Einfluß des Wetters, mehr aber noch durch den Rauch, dem ich fortwährend ausgesetzt gewesen, dunkelbraun gefärbt. Nur noch Fragmente von Kleidungsstücken umgaben meinen Körper und Reste von Schuhen hatte ich mit Riemen an meinen Füßen befestigt. In diesem gewiß nicht unmalerischen Aufzuge stand ich vor den Zelten der gastfreundlichen Ottoes. „Wigwam-Pet-sche-Pi-ke!" redete der Medizinmann mich jetzt an und zeigte auf die Oeffnung

in seinem Zelte, „im Wigwam ist gutes Feuer," übersetzte Farsar, „geh'
hinein und wärme Deine Glieder, iß und trink mit Wa-li-ta-mo-nee und
komm' dann in mein Zelt, dort kannst Du wohnen, dort kannst Du schlafen, mein Haus ist groß genug und warm." Willig leistete ich der Aufforderung Folge, kroch in die Behausung des Medizinmannes und nahm
an seiner Seite vor dem flackernden Feuer Platz. Um uns her lagerten
oder hockten auf den Knieen die übrigen Mitbewohner. Die alte Mutter,
mit der Zubereitung des Mahles beschäftigt, zunächst der Thüröffnung, ihr
zu beiden Seiten ihre Töchter, von denen die älteste ungefähr achtzehn und
die jüngste nur zwei Jahre zählen mochte. Der Hausvater, sein Sohn
und Schin-ges-in-ki-nee hatten auf indianische Weise die besten Plätze für
sich behalten, was mir, der ich mich in ihre Mitte setzte, ganz gut zu Statten kam. Die Medizinpfeife, mit einem Kopf aus rothem Stein geschnitten,
machte fleißig die Runde und die Zeit, welche mit dem Vertheilen des zum
Mahle bestimmten Fleisches hinging, machte ich mir zu Nutze, um das
Innere einer indianischen Wohnung genauer in Augenschein zu nehmen.
Sechzehn lange Pfähle, von schlanken Fichten leicht ausgearbeitet, waren
so hingestellt, daß sie auf dem Boden einen Kreis von sechzehn bis achtzehn Fuß im Durchmesser bildeten, während ihre Spitzen sich an einander
lehnten und zusammengebunden waren. Um dieses Gerüst schlang sich
mantelartig das Zeltleder, welches aus vielen weißgegerbten Büffelhäuten
bestand, die zu diesem Zwecke sauber mit Sehnen zusammengenäht waren.
Das Leder reichte indessen nicht ganz bis zur Spitze hinauf, wodurch eine
Oeffnung entstand, die dazu diente, dem fortwährend aufsteigenden Rauch
einen Weg in's Freie zu lassen; zwei dort angebrachte flaggenähnliche Verlängerungen der Zeltwände, die von außen durch besondere Stangen nach
Belieben gestellt werden konnten, bildeten bei stürmischem Wetter oder
widrigem Winde einen hinlänglich guten Rauchfang. Mittels kleiner Pflöcke
war das Zelt dicht auf dem Boden befestigt, so, daß die straff gespannten
Seiten weder Regen, noch den durch die Nähe des Feuers schmelzenden
Schnee hindurchließen, und die Bewohner sich nicht nur eines sichern Ob-
daches, sondern sogar einer leidlich behaglichen Wohnung erfreuen konnten.
Ringsum an den Pfählen und Pflöcken reihten sich die Habseligkeiten der
Indianer; sie nahmen dort den entbehrlichsten Platz ein und hielten zu-
gleich noch Kälte ab, die sich dort am leichtesten hätte hineinstehlen können.
Auf dem übrigen Raume, der sich um die in der Mitte ausgegrabene
Feuergrube hinzog, waren Büffelhäute ausgebreitet, die während der Nacht
wärmende Lager und am Tage, zusammengerollt, bequeme Sitze gewährten.
Die Feuergrube war einen halben Fuß tief und in einem Zirkel von zwei
und einem halben Fuß im Durchmesser angelegt; ein Haufen glühender
Kohlen in derselben und darüber eine Anzahl flackernder Scheite verbreiteten
eine angenehme Wärme in dem engen Raume. In der Nähe des Feuers
war ein gabelförmiger Baumast in die Erde gesteckt, auf welchem eine Quer-
stange ruhte, die über die ganze Breite des Zeltes reichte; an dieser hing

über den Flammen das einzige und unentbehrlichste Haus- und Küchenge-
räth in Gestalt eines großen Kessels; der übrige Theil der Stange war
mit nassen Leggins oder Gamaschen und zerrissenen Mokasins geschmückt,
die sich in bunter Ordnung und gewiß nicht auf die lieblichste Weise aneinander reihten.

Dieses, mein lieber Doctor, ist die Beschreibung eines Zeltes, so wie
es die Ottoes oder besser gesagt alle Prairie-Indianer auf ihren Reisen
mit sich führen. Freilich finden sich bei den verschiedenen Stämmen einzelne kleine
Unterschiede in der Einrichtung: so graben z. B. die Kioways ihre Feuer-
gruben zwei Fuß breit, die Comanches dagegen, die nächsten Nachbarn der
Kioways, legen dieselben nur ein und einen halben Fuß im Durchmesser
an, doch sind das Abweichungen, die man nur durch längeren Aufenthalt
unter den Wilden ausfindig machen kann, und namentlich wenn man darauf angewiesen ist, auf einer verlassenen Lagerstelle der eigenen Sicherheit
wegen einen Schluß zu ziehen, ob es freundliche oder feindliche Indianer
sind, deren Spuren man kreuzt.

Außer den wilden, halbnackten Gestalten belebten noch einige alte und
junge Hunde Wa-ki-ta-mo-nee's Zelt. Die Aufmerksamkeit der Hausmutter,
einer schmutzigen, alten Squaw, war ausschließlich dem Kessel und seinem
brodelnden Inhalt zugewendet. Roh geschnitzte hölzerne Schüsseln standen
in einer Reihe vor ihr und mittels eines zugespitzten Stabes fischte sie
ganze Viertel von Waschbären und halbe Truthühner aus dem großen Behälter und versah jede der Schüsseln mit einer bedeutenden Portion der angenehm duftenden Speise. Sie gerieth bei dieser Beschäftigung mehrfach
in Streit mit den diebischen Hunden, wobei sie genöthigt war, auf un-
sanfte Weise ihren hölzernen Bratspieß auf die gefühllosen Köpfe der hungrigen Hausthiere fallen zu lassen, um ihren scharfen Zähnen einen schon
erfaßten Braten zu entreißen. Knurrend und jammernd krochen die unglücklichen Hunde umher; das Austheilen des Fleisches nahm ruhig seinen
Fortgang, wobei ich auf eine so freigebige Weise mit fetten Bissen bedacht
wurde, daß trotz meines großen Hungers gewiß zwei Tage für mich nöthig
gewesen wären, einen solchen Vorrath von Lebensmitteln zu vertilgen. Es
schmeckte mir vortrefflich, wobei der Medizinmann es nicht an freundlichem
Zureden fehlen ließ, doch trotz des besten Willens konnte ich mich der mir
zugetheilten Portion nicht bemeistern; ich schob das Uebrige zurück, wodurch
ich unschuldiger Weise bedeutend im Ansehen bei meinen Gastfreunden verlor, die eine Art Beleidigung in meinem Benehmen fanden, welches so sehr
gegen indianische Sitte verstieß. Man ließ mich indessen ungestört, fast
unberücksichtigt meinen Einzug in das Zelt des Halbindianers Farfar bewerkstelligen. Farfars Wohnung unterschied sich von der des Medizinmannes nur durch größern Umfang, der außerdem von wenigeren Mitgliedern eingenommen wurde. Denn außer Farfar und seiner jungen, hübschen
Squaw Sche-ne-lo-töm waren noch der alte Wo-nes-hee, seine Gemahlin
und Scha-ho-ka-ta-to Mitbewohner oder vielmehr meine Hausgenossen. Ich

wurde Schlafkamerad des jungen Scha-ho-ka-ta-to und begab mich also mit
meinen Waffen zu ihm auf sein Lager, um mich häuslich einzurichten. Der
alte Wo-nes-hee ließ die Pfeife die Runde machen und ich hatte seit langer
Zeit zum ersten Male wieder den Genuß, mich mit einem Nebenmenschen
in eine förmliche Unterhaltung einlassen zu können. Obgleich ich aus Farfars Worten und Ideen entnehmen konnte, daß ich in die Gesellschaft eines
Schurken gerathen war, vor dem ich beständig auf meiner Hut zu sein habe,
so fand ich doch nicht wenig Ergötzen daran, mich mittheilen und ver-
ständliche Worte vernehmen zu können. Mit Schrecken nahm ich wahr, daß
auch hier Anstalten zu einem bevorstehenden Mahle getroffen wurden. Ich
wendete mich daher an Farfar mit den Worten: „Sage Deinen Weibern,
ich sei so zur Genüge gesättigt, daß es mir eine Unmöglichkeit wäre, an
der kleinen Erfrischung, wie Du diese Masse von Fleischproviant zu nennen
beliebst, Theil zu nehmen." — „Du erfreust Dich jetzt der Gastfreundschaft
der Ottoes," antwortete Farfar, „und Du thust wohl, Dich in ihre Sitten
und Gebräuche zu fügen, wenigstens so lange Du bei ihnen weilst. Siehe,
ich habe lange unter den Weißen gelebt und verlache alle Thorheiten der
Indianer; es ist mir aber plötzlich eingefallen, Indianer zu sein, ich habe
mir eine Squaw genommen, und mische mich in die Kriegs- und Medizintänze wie eine vollblütige Rothhaut, man traut mir und ich bin angesehen. Wenn Du in die Wohnung einer Rothhaut trittst, so ist die Pfeife
das Erste, was sie Dir als Zeichen der Freundschaft bietet und das Zweite
Nahrung, und je freundschaftlicher die Gefühle, um so größer sind die angebotenen Portionen. Der Medizinmann liebte in Dir den zähen Jäger
und Krieger, demgemäß wurde Dir auch ein Achtung gebietendes Mahl verabreicht, so wie Dir gleich ein zweites durch Wo-nes-hee zukommen wird.
Deine Pflicht war es, die Freundschaftserklärung durch Verzehren der ganzen Gaben anzuerkennen, Du hast Wa-ki-ta-mo-nee beleidigt, Du hast mehr
als die Hälfte übrig gelassen, Du wirst es in Zukunft besser machen und
es gleich in unserem Zelte beweisen, da Du jetzt unsere Gebräuche kennst."
— „Soll ich Eure hölzernen Schüsseln nicht auch gleich mit verzehren?"
fragte ich unmuthig. „Nein," erwiederte er ruhig, „damit wäre uns ein
schlechter Dienst geleistet, denn es kostet viel Mühe, einen solchen Behälter
zu schnitzen." — „Dann soll ich mich zur Strafe, daß ich dem Hunger-
tode entgangen bin, wohl jetzt zu Tode essen?" — „Auch das nicht,"
antwortete Farfar, „ich will Dir einen Ausweg sagen. Wenn Du wieder
zum Essen in anderen Zelten geladen bist, dann nimm so viel zu Dir, wie
Du willst und magst, das Uebrige packe stillschweigend und ungenirt in
Deine Büffelhaut oder Kopfbedeckung und bringe es nur hierher, wir werden Dir dann helfen, den Medizinmann zufrieden zu stellen." — „Eure
Gebräuche sind doch etwas verschieden von denen in den Vereinigten Staaten," bemerkte ich mit halberleichtertem Herzen; „aber sage mir, wie wird
es, wenn mir hier in Deinem Zelte eine solch' unerhörte Masse von Fleisch
verabreicht wird? soll ich das, was ich übrig lasse, vielleicht in Wa-ki-ta-

mo=nee's Zelt tragen?" „Nein," antwortete der Halfbreed *), „iß etwas und lege das Uebrige hinter Dein Lager, und zwar so, daß, wenn Du während der Nacht aufwachst, Du nur zuzulangen brauchst; die Nächte sind jetzt lang." Auf diese Weise pflogen wir unsere Unterhaltung weiter, ich versuchend alle Indianer zu civilisiren, Farsar mich belehrend und unterweisend, mir immer mehr und mehr die indianischen Gewohnheiten anzueignen. Wie ich auf solche Weise in dieser Schule Schritt für Schritt weiter ging und dem Aeußern nach zuletzt mich nur noch wenig von meinen Gefährten unterschied, da mußte ich mir doch manchmal sagen, daß ein Weißer leichter zum Indianer, als ein Indianer den Sitten und Gebräuchen nach zu einem weißen Manne wird.

Hell flackerte am ersten Abende meines Aufenthaltes in der neuen Heimath das Feuer in Farsars Zelt, getrocknetes Büffelfleisch und Biberschwänze siedeten in dem mächtigen Kessel und mit Ausnahme einer alten Squaw, welche die Angelegenheiten der Küche zu besorgen hatte, war jedes weibliche Wesen aus unserer Nähe verschwunden. Mit ernster, gewichtiger Miene saßen junge und alte Krieger im Kreise um die leuchtende Flamme, die Pfeife ging von Hand zu Hand, es sollte Rath gehalten werden. Der Medizinmann war Vorsitzender und der Halbindianer vertrat die Stelle des Dollmetschers.

Wa=ki=ta=mo=nee nahm einen langen Zug aus der mit grünen Entenköpfen und weißen Schnäbeln von schwarzen Spechten geschmückten Medizinpfeife, ließ den Dampf langsam durch die Nase wirbeln, beobachtete die bläulichen Tabakswölkchen, wie sie in die Höhe zogen und sich mit dem Qualm der Holzscheite vereinigten, und hielt dann eine lange Rede, die natürlich mich betraf, von der ich indessen kein Wort verstand. Nichts desto weniger lauschte ich aufmerksam der klangreichen Stimme und den Worten, die wie Musik in einander zu verschwimmen schienen und die nach der Uebersetzung des Halbindianers ungefähr folgenden Inhaltes waren:

„Der Weg zu unsern Wigwams ist lang und wenn die Füße ruhen, versteckt sie tiefer Schnee; der Weg ist lang von Holz zu Holz, er dauert von Sonnenaufgang bis Sonnenuntergang. Die Pferde sind beladen mit Fleisch und Fellen, die Rücken unserer Weiber mit ihren Kindern; wir Alle müssen gehen; der Amerikaner soll mit uns ziehen. Das Fleisch der Wölfe war lange seine Nahrung, er ist hungrig und ohne Kraft, er kann am Abend das Holz nicht erreichen, er ist müde; er hat lange die Augen schließen müssen, denn der Schnee fiel hinein, er hat sie offen halten müssen, denn der weiße Wolf bedrohte ihn. Der Amerikaner muß schlafen und essen drei Tage und drei Nächte, er muß frisches und getrocknetes Fleisch essen und dann kann er gehen, daß die Squaws und Kinder seiner nicht lachen.

---

*) Halfbreed, englische Bezeichnung für Halbindianer.

„Unsere Weiber sollen Mokkasins an seine Füße schnüren und rohe Büffelhaut unter dieselben befestigen, die verbrannten Grasstoppeln stechen sonst in sein weißes Fleisch. Der Amerikaner hat eine kurze Flinte, er hat aber lange Kugeln, der Ponka, dem wir begegnen, wird zuerst auf den weißen Bruder schießen, der weiße Bruder muß ein Ottoe sein. Laßt uns seine gelben Haare von seinem Schädel scheeren, die Skalp=Locke schwarz färben und Vermillion in sein Gesicht reiben, er ist dann ein Ottoe und kann eine Ottoe=Squaw zu seiner Frau machen!"

Dieses, lieber Doctor, war ungefähr der Inhalt von Wa=ki=ta=mo=nee's Rede. Handgreiflich war es, daß es die Leute redlich mit mir meinten, und ich war auch ganz einverstanden mit dem ersten Theil der Rede; allein die letzten beiden Vorschläge verdienten von meiner Seite noch einer besondern Erwägung. Von meinen blonden Locken wollte ich mich auf keinen Fall trennen, obgleich dieselben einem Haufen Filz nicht unähnlich waren; aber mit rasirtem Schädel umherzulaufen, dazu im Januar, schien mir noch gefährlicher als den Pfeilen und Kugeln der feindlichen Ponkas und Sioux ausgesetzt zu sein. Dann dachte ich auch, daß im Falle eines Zusammentreffens mit diesen Stämmen ein kahler Kopf mich schwerlich vor dem Skalpirt= werden schützen würde, da ich ja mit ihren Feinden, den Ottoes, reis'te. Bedenklicher aber noch als Kopfrasiren und alles Andere erschien mir das Heirathen; denn Haare wachsen wieder nach, aber eine mit Gewalt aufge= drungene indianische Frau wieder los zu werden, ist nicht ganz so leicht. In dieser unangenehmen Lage mußte ich mich mit der größten Vorsicht be= nehmen. Um die Leute nicht zu beleidigen und mir ihre wohlwollenden Gesinnungen zu erhalten, sann ich hin und her, konnte aber zu keinem Entschluß gelangen, bis Farfar mir aus der Verlegenheit half und in mei= nem Namen folgende Worte an seine Gefährten richtete: „Der Amerikaner ist ein Bruder der Ottoes, er liebt sie, denn sie haben ihn gerettet, er wird mit ihnen rauchen, essen, jagen und ihre Feinde bekriegen. Er hat lange im Schnee geschlafen und hat manchen guten Traum gehabt, und im Traume Ottoe=Krieger gesehen, die seine Haare schoren, aber aus jedem Haare kamen Schneeflocken, und der Sturm kam hinter die Flocken und trieb sie nach dem Wigwam der Ottoes und begrub Alles im Schnee. Der Amerikaner ist jetzt arm, er muß im Wigwam der Ottoes schlafen, er muß aus ihren Händen essen, er will zwei Töchter des Wa=ki=ta=mo=nee in sein Zelt nehmen, er will aber mit offenen Händen für seine Squaws zahlen und im eigenen Wigwam schlafen. . Er will dreißig Büffel schießen, dreißig Büffelfelle von den Squaws der Ottoes gerben und in ein Zelt= leder nähen lassen; er will sechs Pferde stehlen, zwei für sich, zwei für seine Weiber, und zwei, um damit dem großen Medizinmann die Töchter abzukaufen."

Mit Aufmerksamkeit und augenscheinlicher Zufriedenheit lauschte der Ottoe=Krieger den Worten, die Farfar aus dem Stegreif erzählte, und war so erfreut über meinen eben beschriebenen, ritterlichen Sinn, daß er, wie der schlaue Halbindianer vorhergesehen hatte, mir seine Töchter augenblicklich zu Frauen anbot, vorausgesetzt, daß ich später die Pferde richtig bezahlen wolle. Bart und Haare durfte ich mir nach seiner Meinung aber nicht abschneiden, weil der gute Traum für diesen Fall Unglück geweissaget habe. Farsar rettete mich abermals vor einer Convenienzheirath, indem er rundweg erklärte, es sei gegen meine Medizin, eine Verbindung einzugehen, ohne den geforderten Preis bezahlt zu haben. So blieb ich unverheirathet und hatte wo möglich noch im Ansehen meiner Gastfreunde gewonnen, denn ich erhielt fast täglich von Wa=li=ta=mo=nee als Beweise seiner Zuneigung solche Fleischrationen, wie ein Indianer sie seinem zukünftigen Schwiegersohne nur immer zu geben vermag. Der Berathung folgte ein Schmaus, worauf sich Jeder zur Ruhe begab. Mit einem besondern Gefühl der Behaglichkeit dehnte ich mich unter meinen Decken, die Gluth der Feuergrube wärmte mich von der einen, und Scha=ho=ka=ta=lo, der mit mir sein Bett getheilt hatte, von der andern Seite. Mein Schlaf würde nichts zu wünschen übrig gelassen haben, wenn nicht zu häufig die Hunde auf meinen abgemagerten Gliedern, dieser spärlich wärmenden Unterlage, Platz genommen hätten. Was sie dazu bewog, weiß ich nicht: glaubten sie mich als einen Fremdling so mißbrauchen zu dürfen, oder hatte ich in der That ihren alten, gewohnten Platz eingenommen? genug, ich lebte in ewigem Krieg mit diesen Thieren, habe mir dafür aber ihr Fleisch, wenn bei besonderen Gelegenheiten der eine oder der andere geschlachtet und zubereitet wurde, vortrefflich schmecken lassen. Unter Essen, Trinken, Schlafen und zeitweisem Bändigen zweier Pferde in meinem kleinen Wagen gingen die drei Tage hin.

Ich war dem Aeußern nach fast gar nicht mehr von meinen rothhäutigen Gefährten zu unterscheiden: meine Kleidung war nach ihrer Mode gearbeitet und mein Gesicht zum Ueberfluß mit gelber und rother Oelfarbe auf's Kunstfertigste bemalt. Die Indianer hielten mich, auf diese Weise geschmückt, für einen jungen Mann von einnehmendem Aeußern und schienen sich ganz der Hoffnung hinzugeben, mit der Zeit noch einmal aus mir einen recht ansehnlichen Ottoe=Krieger zu machen. Die Kinder fürchteten sich nicht mehr vor mir und die Weiber ließen ihre blitzenden Augen mit besonderem Wohlgefallen auf meinen Zügen ruhen, die in fast allen Regenbogenfarben prangten. Ich fügte mich gern in die harmlosen Gebräuche dieser freundlichen Menschen, um so mehr als ich bemerkt hatte, daß eine gute Lage dieser fettigen Farbe ein sicheres Mittel gegen die schneidende Kälte war und das Einspringen der Haut bei dem eisigen, scharfen Winde verhütete. In dem Maße, wie ich meinen Körper pflegte, nahmen meine Kräfte wieder zu; doch war ich nach Verlauf der drei Tage dem Ausspruche des weisen Zauberers zufolge noch nicht im Stande zu wandern und zwei Tage wurden zugegeben, nach deren Ablauf die Reise unbedingt angetreten werden sollte."

„Ich muß Sie jetzt unterbrechen," fiel der Doctor ein, „aber lange genug habe ich Botanik studirt, um jenen dunkelfarbigen Streifen in der Niederung für Weinranken zu erkennen; die Trauben müssen jetzt reif sein und ich lade Sie daher zu einem Frühstück ein." „Angenommen," riefen wir Alle, „vorausgesetzt, daß Ihre Trauben nicht sauer sind!" Ein kurzer Ritt brachte uns an die besagte Stelle und wir überzeugten uns bald, daß des Doctors scharfes Auge sich nicht getäuscht hatte. Ueber eine weite Fläche dehnten sich die niedern Ranken aus und zwar mit einem solchen Segen von Früchten beschwert, daß die schon herbstlich gefärbten Blätter fast ganz unter denselben verschwanden.

Ein Weideplätzchen für die Thiere wurde gesucht, worauf wir uns auf das Gemüthlichste zwischen den Ranken lagerten, um nach Herzenslust unter blauen, schwellenden Trauben uns gütlich zu thun.

Der Ruf: „die Comanches!" brachte unsere unter Ranken verborgene Gesellschaft schleunigst in den Sattel und in die Nähe des vorangeeilten Zuges, zu welchem zwei Spione oder Kundschafter dieses Stammes gestoßen waren, während in der Ferne einzelne ihrer Gefährten ihre Rosse tummelten, ohne sonderlich Lust zu bezeigen sich unter die Weißen zu mischen, und auf geheimnißvolle Weise in der Richtung nach dem Canadian zu verschwanden. Die Besucher, zwei ältere, finster aussehende Krieger, ritten ausgezeichnete Pferde, welche auf die annuthigste Weise dem leisesten Druck der um den Unterkiefer befestigten Leine Folge leisteten, und ungesattelt wie sie waren mit ihren Reitern ein Körper zu sein schienen. Eine blaue, baumwollene Decke verhüllte die Glieder der beiden Wilden und Pfeil und Bogen hielten sie vor sich zum augenblicklichen Gebrauch bereit. Der wilde Ausdruck ihres Gesichts wurde noch vermehrt durch die auffallend langen Haare, welche ihre broncefarbigen Züge einfaßten und theilweise verdeckten. Ihrer Aussage gemäß sollte unsere Expedition nicht sehr von ihrem Stamme belästigt werden, indem nur ein kleiner Theil desselben in der Entfernung einer Tagereise auf der Nordseite des Canadian ein stehendes Lager hatte, eine größere Abtheilung auf einem Raubzuge nach den südlichen Ansiedelungen der Weißen begriffen war, die Hauptmasse des Stammes aber den Büffeln in die nördlichen Regionen gefolgt war, um erst im Spätherbste mit denselben von dort wieder zurückzukehren.

Die kriegerische und weitverzweigte Nation der Comanches theilt sich in die drei besonderen Stämme der nördlichen, der mittleren und der südlichen Comanches, deren jeder einzelne wiederum in verschiedene Banden zerfällt, die von angesehenen Kriegern, Medizinmännern oder kleinen Häuptlingen geführt, die großen Prairien in allen Richtungen durchstreifen. Die nördlichen so wie die mittleren Comanches folgen beständig den wandernden Büffeln, von deren saftigem Fleische sie fast ausschließlich leben; sie werden daher von ihren Nachbarn gewiß nicht mit Unrecht die Büffelesser genannt. Die weite Steppe ist ihre liebe Heimath und einem unwiderstehlichen Hange zum Wandern nachgebend, ziehen sie in diesen öden und ungastlichen Ebenen von Ort zu Ort, wo nur das Einathmen einer reinen, den Körper

kräftigenden Atmosphäre sie für den Mangel an Holz und Wasser zu ent-
schädigen vermag. Ihr Gebiet ist frei von Sümpfen, stehenden Wassern
und dichten Waldungen, in denen sich schädliche Miasmen erzeugen, tödtliche Fieber verbreitend; die Luftströmungen finden kein Hinderniß auf der
endlosen Fläche, sie streichen von allen Seiten darüber hin und reinigen
die Luft, welche mit Wonne der freie Steppenbewohner einathmet, welche
seinen Körper stählt und seinen Geist kräftigt. Die Mutter Natur, die
wohlthätig überall den Menschen Ersatz für widrige Verhängnisse des Lebens
und die damit verbundenen Entbehrungen finden läßt, reichte ihm das beste
ihrer Güter: sie gab ihm die Gesundheit, den frischen Muth und die ausdauernde, physische Kraft. Abhängig von den Einflüssen des Klimas und
der Bodenfläche, glückt es der flexiblen Natur des Menschen sich den härtesten Lebensbedingungen fügsam und froh zu unterwerfen und es gelangen
die wandernden Stämme zu der Ueberzeugung, daß ihre eigene Lage bei
weitem allen übrigen der Welt vorzuziehen sei. Giebt es doch selbst weiße
Ansiedler genug im fernen Westen, die scheu vor der andringenden Civilisation und der dichter werdenden Bevölkerung zurückweichen und ein Dasein
unter den oft gefahrdrohenden Abenteuern in der Einsamkeit weit über
persönliche Sicherheit, Bequemlichkeit und Vergnügungen des geselligen
Lebens stellen. Um wie viel mehr muß der wilde Steppenbewohner mit
Liebe an seinen grasigen Ebenen hängen, in denen er geboren? Ist er fern
seiner großen Heimath, wie nagt da gleich einem giftigen Wurm an seinem
Leben die Sehnsucht nach seinen Prairien, seinen Pferden, seinen Waffen
und nach seiner Jagd. Frei und glücklich fühlt sich der Comanche-Indianer
nur in der Heimath, frei wie die unabsehbare, grüne Ebene, die er durchstreift; außer seinen Pferden kennt er keinen Reichthum als den, welchen
er dem Büffel und der Antilope abgewinnt: diese geben ihm Nahrung,
Kleidung und Obdach, mithin Alles, was im Bereiche seiner Wünsche liegt;
seine Gedanken sind nicht beschäftigt mit Sorgen für den folgenden Tag;
er sucht seine Ehre im Kampfe mit dem Feinde und in der unübertrefflichen
Handhabung seines Pferdes.

Von frühester Kindheit bis zum spätesten Greisenalter ist der Comanche
im Sattel; dort ist er zu Hause, dort zeigt er sich auf die vortheilhafteste
Weise. Sein Körper, der beim Gehen jeder Grazie entbehrt, ist auf dem
Rosse wie umgewandelt, wenn seine schlanken Glieder sich fest an die
dampfenden Seiten des wilden Renners schließen. Die Bewegungen des
Pferdes theilen sich auf gefällige Weise dem Reiter mit, der vermittelst des
einfachen Zaumzeuges und einer schweren Peitsche sein Thier zu den un-
glaublichsten Kunststücken zwingt und sich selbst dann für den größten und
unabhängigsten Herrn auf dem ganzen Erdboden hält. So tummeln sich
oft Haufen dieser Wilden in den buntesten Schlangenlinien durcheinander;
ausgelassen hängen sie bald an der einen, bald an der andern Seite der
Pferde, während sie mit erstaunlicher Genauigkeit Pfeile und Lanzen unter
dem Halse ihrer Thiere hindurch einem ausgesteckten Ziele zusenden.

Einen prächtigen Anblick gewährt eine solche Schaar dem Beobachter, dem der Gedanke nicht fern bleiben kann, daß die fortwährende Uebung, welche diese Leute zu den geschicktesten Reitern der Welt heranbildet, sie auch zu gefährlichen Feinden auf ihren Raub- und Kriegszügen machen muß.

Jeder Comanche-Krieger hält sich ein besonderes Streitroß, bei dessen Wahl mehr auf Schnelligkeit als auf andere gute Eigenschaften Rücksicht genommen wird. Dieses ist, wie bei den arabischen Stämmen, sein bester Freund, sein heiligstes Gut und durch keine Schätze der Welt von ihm zu erlangen; er besteigt es nur zum Kampfe, bei besonderen festlichen Gelegenheiten oder zur Büffeljagd; kehrt er dann heim von dergleichen Ausflügen, so erwarten ihn seine Weiber an der Thüre des Wigwams, nehmen das Lieblingsroß in Empfang, um es zu liebkosen und mit der größten Sorgfalt zu pflegen.

Der einzige Reichthum dieser Stämme besteht, mit Ausnahme einiger wenigen Hausgeräthe, in Pferden und Maulthieren, welche größtentheils in den Ansiedelungen der Weißen geraubt werden, wie aus den verschiedenen Brandzeichen, welche die Thiere tragen, zu erkennen ist. Da das Aneignen fremden Eigenthumes bei ihnen als Ehrensache gilt und ein junger Mann noch nicht zu den Kriegern gezählt wird, wenn er nicht schon von einigen Raubzügen in die mexikanischen Provinzen mit Erfolg zurückgekehrt ist, so versteht es sich von selbst, daß die glücklichsten Diebe nicht allein den größten Reichthum, sondern auch mit diesem das bedeutendste Ansehen erlangen. Als Beleg hierfür mag die naive Aeußerung eines greisen Kriegers über seine beiden Söhne dienen, die er mit Stolz die Freude und die Stütze seines hohen Alters nannte, indem sie nicht nur hübsche, junge Leute seien, sondern auch besser als irgend einer der ganzen Nation Pferde zu stehlen verständen. Es kann also nicht in Verwunderung setzen, wenn man Comanche-Krieger findet, die durch Glück und Verwegenheit ihren Reichthum bis auf zweihundert Thiere gebracht haben.

Zu solchen Raubzügen, die wegen der damit verbundenen Gefahren und Entbehrungen in den Rang der Kriegszüge gestellt werden, vereinigen sich sechs bis dreißig junge Leute. Jeder rüstet sich mit einem Pferde und den nöthigen Waffen aus, um eine Hunderte von Meilen lange Straße durch die Steppe zu ziehen, wo das gelegentlich erlegte Wild ihnen oftmals nur die kärglichste Nahrung gewährt. So reisen sie Monate lang weiter, bis sie sich endlich den Ansiedelungen nähern; dort lauern sie so lange in einem Hinterhalte, bis sie den günstigen Zeitpunkt wahrnehmen, in welchem sie mit Geschrei und Heulen auf die Wächter einer einsam weidenden Heerde stürzen, dieselben verjagen oder, im Falle des Widerstandes, niedermachen, um Weiber und Kinder gefangen fortzuschleppen und ungestört mit der reichen Beute den Rückweg zu ihren Wigwams anzutreten Hier treffen sie häufig erst nach einer Abwesenheit von zwei Jahren wieder ein, da es mitunter lange währt, ehe ihr räuberisches Vorhaben mit Erfolg gekrönt wird und Jeder sich vor der Schande fürchtet, mit leeren Händen zu den

8 *

Seinigen heimzukehren. Diese Streifzüge glücken aber nicht immer ohne Verlust. Wir wissen aus dem Reisewerke Alexander's von Humboldt, daß in den Gefängnissen der Stadt Mexiko im Anfange dieses Jahrhunderts noch bisweilen Banden von gefangenen Comanches gesehen wurden, die man zwecklos von Taos und Santa Fe de Nuevo Mexiko weit südlich geschickt hatte.

Die andere Art, auf welche die Prairie-Indianer ihren Reichthum an Pferden vergrößern, besteht in dem Einfangen der Mustangs oder wilden Pferde. Die wilden Pferde der amerikanischen Steppe sind klein, aber kräftig gebaut; sie zeichnen sich aus durch ein feuriges Auge, scharfe Nase, weite Nüstern, zierliche Beine und Füße und sind unzweifelhaft die Abkömmlinge einer Raçe, die zur Zeit der Eroberung Mexiko's durch die Spanier, als die arabische Raçe in der Halbinsel schon sehr gemischt war, dort eingeführt wurde, seitdem verwilderte, sich vermehrte und zuletzt in Heerden von Tausenden die Prairien von den Küstenländern von Texas und Mexiko bis hinauf an den Yellowstone River, einem Zufluß des nördlichen Missouri, belebte.

Die Indianer lernten bald den Nutzen der neuen Thierart kennen und schätzen: mit denselben waren sie leichter im Stande, das flüchtige Wild zu überholen, auf ihren Wanderungen konnten sie dieselben als Lastträger benutzen und waren Büffel und sonstiges Wild ferne, so sicherte das Fleisch der Mustangs sie vor Noth. Obgleich die Comanches, so wie die meisten Prairie-Indianerstämme, sich Pferde zu ihrem Gebrauch auf unrechtmäßige Weise aus den Ansiedelungen der Weißen verschaffen, so ist das Einfangen der Mustangs doch immer eine ihrer Lieblingsbeschäftigungen, der sie sich mit aller Leidenschaft, mit aller Wildheit, deren die unbändigen Kinder der Natur fähig sind, so wie nur die günstige Gelegenheit sich darbietet, hingeben.

Mit dem Lasso, einer 40 Fuß langen, aus rohem Leder geflochtenen Leine und einer schweren Peitsche versehen, folgt der Comanche auf seinem Renner der flüchtigen Heerde. Unbarmherzige Schläge bringen sein Roß in die erforderliche Nähe, um den Lasso mit Erfolg gebrauchen zu können, und ohne die Schnelligkeit der Bewegung seines Pferdes zu mäßigen, läßt er die wirbelnde Schlinge seiner Hand mit Sicherheit entfliegen, so, daß sich dieselbe genau unterhalb des Kopfes um den Hals eines auserkornen Opfers legt. Es erfolgt dann ein kurzer Kampf und der Mustang, unfähig zu athmen, stürzt zusammen. Ein fesselnder Riemen wird schnell um die Vorderfüße geschlungen und dann erst die Schlinge am Halse so weit gelöst, um das Leben nicht gänzlich entfliehen zu lassen. Der wilde Reiter befestigt eine zweite Schlinge um den Unterkiefer seines Gefangenen, wodurch derselbe ganz in seine Gewalt gegeben wird, haucht ihm mehrmals in die geöffneten Nüstern, entfernt die Fesseln vom Halse und von den Füßen, schwingt sich auf seinen Rücken; es folgt ein kurzer Ritt auf Leben und Tod und er fügt das nunmehr gebändigte und zu seinem Gebrauche hinlänglich gezähmte Pferd zu seiner Heerde. So wild und grausam der Indianer auch immer bei dergleichen Unternehmungen zu Werke gehen mag, so ist er doch äußerst vorsichtig, um nicht zugleich mit der Wildheit auch den feurigen Geist des Mustangs zu brechen, in welchem Falle das Fleisch des vollständig geschwächten Thieres der einzige Lohn für eine anstrengende und gefahrvolle Jagd sein würde.

Die beiden Comanches zogen nur auf eine kurze Strecke mit unserer Expedition weiter und entfernten sich dann in nördlicher Richtung, nachdem sie sich vielleicht überzeugt hatten, daß die durch ihr Gebiet reisende Schaar eine zu wohlgeordnete und bewaffnete Macht bildete, als daß sie auf gewaltsame Weise von ihr einen Tribut hätten erheben können. Mit den Indianern war auch zugleich Alles verschwunden, was die einzelnen Mitglieder der Expedition hätte interessiren oder anregen können.

Die vielen ausgetrockneten Betten von Flüssen oder Bächen mit ihrem röthlichen Sande trugen dazu bei, die Umgebung nur noch öder und trauriger erscheinen zu lassen, in der hin und wieder horizontale Gesteinschichten als Tafelfelsen, die Ueberreste der Llano Estacado, wie Theile eines mächtigen Gerippes hervorragten. Die Antelope Hills, zwischen denen hindurch uns am 7. September der Weg geführt hatte, verschwanden am 8. in bläulicher Ferne. Wir hatten an diesem Tage eine Strecke von 424 Meilen seit dem Aufbruch von Fort Smith zurückgelegt. Damals, ja damals sehnte sich Jeder nach dem ersten Anblick der großen, erhabenen Prairie mit all' ihren Wundern und jetzt waren wohl wenige, die es nicht vorgezogen hätten im schattigen Forst, welchen schon herbstlich gefärbtes Laub schmückte, zu jagen, als Schritt für Schritt über harten Boden und kurzes Gras, in der drückenden Septembersonne, eine Meile nach der andern zurückzulegen.

Während des ganzen Tages hatten wir eine kleine Waldung in einer Schlucht am Canadian River nicht aus den Augen verloren, was die Veranlassung war, daß sich Alle beeilten diesen Punkt, wenn möglich noch vor dem Untergange der Sonne zu erreichen, um das Nachtlager an einer Stelle aufschlagen zu können, wo Jeder erwarten durfte, einige Vortheile oder Bequemlichkeiten zu finden, die seinen individuellen Neigungen entsprachen. Wo Cottonwood-Bäume wachsen, muß Wasser sein, rechneten diejenigen, denen das Wohl der Thiere am meisten am Herzen lag, denn die Fluthen des Canadian waren hier kaum im Stande, den rollenden Treibsand zu bedecken, und ein Pfuhl des seichtesten Wassers an der Mündung eines Nebenflüßchens wäre eine Wohlthat für die ganze Expedition gewesen. Wo in den Steppen sich Bäume zeigen, ist Wild nahe, sagten sich die Jagdliebhaber und drückten die Sporen in die Weichen ihrer Thiere. Wo Holz ist, brauchen wir keine Grasstoppeln und Büffelholz*) zu brennen,

---

*) Büffeldung.

dachten die Köche und eilten dem Zuge weit voraus, wohlweislich berechnend, daß die ganze Expedition ihnen lieber nachziehen, als eine Strecke vor der Waldung auf der kahlen Ebene ihre Rückkehr erwarten würde. Sie hatten sich nicht verrechnet: noch lange vor Sonnenuntergang standen die staubigen Wagen im Kreise, die luftigen Zelte reihten sich aneinander, die Lagerfeuer flackerten, und um dieselben herum war reges Leben und Thätigkeit, während einige der Gesellschaft dem Gehölz zueilten, um Wasser zu suchen und bei dieser Gelegenheit vielleicht einen Truthahn zu erlegen. Die meisten kehrten indessen bald mit unwillkommenen Nachrichten zurück. Es schlängelte sich allerdings das Bett eines Flüßchens unter den hohen Bäumen hin, doch bis zu dem feuchten Sande des Canadian war kein Tropfen Wasser, viel weniger eine passende Stelle zum Tränken der Heerde zu finden. Diese wurde darauf hinab an den seichten Fluß getrieben, zum Kochen mußte mit Sand gemischtes Wasser benutzt werden und die Gesellschaft zerstreute sich im Lager, um ihren verschiedenen Beschäftigungen nachzuhängen, und des Wassermangels wurde nicht weiter gedacht.

„Das Abendbrod fertig, Gentlemen!" riefen die rußigen Köche, ein Ruf, der alle Mitglieder schleunig an die Tische und auf die Feldstühle brachte. Nur ein Sitz blieb leer. „Wo steckt aber der Deutsche?" rief einer der jungen Leute. — „Ich traf ihn auf der andern Seite des Gehölzes," antwortete ein zweiter, „er war emsig damit beschäftigt, der Spur eines Panthers zu folgen; da die Fährte sich aber immer weiter vom Lager entfernte, so zog ich es vor umzukehren und ihn seinem Eigensinne und dem Panther zu überlassen." Ein Schuß krachte jetzt im Walde. „Das wird er wohl sein," hieß es und Jeder beruhigte sich über das Geschick des Abwesenden und das willkommene Abendbrod wurde eifrig von allen Seiten in Angriff genommen. Das Mahl war noch nicht beendigt, als aus dem dunkeln Schatten des Waldes eine Gestalt trat, die eiligst dem Lager zuschritt und in der sogleich der Vermißte erkannt wurde. Doch in welchem Aufzuge erschien er? Bei jedem Schritte rasselte das Wasser in seinen Stiefeln und schwer klebten die nassen Kleidungsstücke an seinen Körper; auf der einen Schulter trug er seine Büchse, auf der andern einen mächtigen Truthahn.

„Was ist vorgefallen?" schallte es ihm von allen Seiten entgegen, „Sie haben ja mehr Wasser in Ihren Kleidern, als der ganze Canadian River auf der Strecke einer Tagereise." — „Was sollte vorgefallen sein?" erwiederte der Jäger, „wir haben am Tage vergeblich nach Wasser gesucht und jetzt in der Nacht, da wir uns mit trübem ausgeholfen haben und keines anderen mehr bedürfen, stürze ich in einen tiefen, trichterförmigen Pfuhl, und zwar so, daß ich die größte Mühe hatte, mein Leben aus dem unfreiwilligen Bade zu retten. Doch laßt mich nur erst die schweren Kleidungsstücke beseitigen, einige Bissen genießen, und während ich mein Gewehr trockne, will ich Euch die Beschreibung meines Abenteuers geben, das mir

beinahe meine schöne Büchse und, was noch schlimmer gewesen wäre, mein
Leben gekostet hätte. Als ich Wasser suchend das Holz durchstreifte, ent=
deckte ich auf dem trockenen Sande des Flußbettes die frischen Spuren eines
ausgewachsenen Panthers; ich vermuthete ihn noch in der kleinen Waldung
und mit der größten Aufmerksamkeit schlich ich der Fährte nach. Der
Bursche mußte bei unserer Ankunft im Dickicht gelagert haben, denn seine
Spuren kreuzten sich in allen Richtungen, als sei er vor seinem Aufbruch
gleichsam noch nicht mit sich einig gewesen, was bei der Ankunft der frem=
den Eindringlinge zu beginnen sei. Geduldig folgte ich seinen breit aus=
getretenen Fußstapfen, die mich an die andere Seite des Hölzchens, wo ich
mit Mr. Cambell zusammentraf, und von dort in gerader Linie an den
Canadian führten, von wo aus das schlaue Thier in östlicher Richtung
unter dem Schutze des hohen Ufers der vereinzelt stehenden Büsche und
Bäume fortgeschlichen war. Ich hoffte, es in einem solchen Versteck zu
überraschen, und trabte so lange weiter, bis die untergehende Sonne mich
zur Rückkehr mahnte. Verdrießlich gab ich meine Jagd auf, warf die
Büchse auf die Schulter und wendete mich um; da, keine zehn Schritte
vor mir, hörte ich ein Rascheln im Gebüsch, aber nicht der Panther war
es, wie Sie wohl Alle vermuthen, sondern dieser feiste Truthahn hier flat=
terte mit schwerem Flügelschlage in den nächsten Baum, wo ihn meine
Kugel erreichte. Der Knall meiner Büchse hatte nicht allein das Echo an
den hohen Ufern geweckt, sondern zugleich eine ganze Heerde dieser Vögel
aus ihrem Versteck unter den Ranken hervorgejagt, die nach allen Seiten
auseinander stoben; einen zweiten traf ich mit dem linken Rohre, hing,
nachdem ich mein Gewehr geladen, die beiden Vögel über die Schulter und
ging, ziemlich befriedigt mit dem Erfolge meiner Jagd, denselben Weg, den
ich gekommen war, wieder zurück. Als ich die Mündung der Schlucht dort
unten erreichte, war es vollständig dunkel, und nur mit Mühe bahnte ich
mir einen Weg durch das verworrene Gestrüpp. Plötzlich schrak ich aber=
mals vor einem Geräusch dicht vor mir zurück; es war ein verschlafener
Truthahn, wahrscheinlich einer der Heerde, die ich auseinander gesprengt
hatte, der jetzt mühsam einem verdorrten Baume zuflog und sich mir so
recht zu Schuß setzte. Ich hatte den einen Vogel an meinem Gürtel be=
festigt, den andern trug ich in der Hand; letzteren legte ich also vor mir
nieder, um noch den dritten zu erlegen; lange zielte ich in der Dunkelheit
und gab Feuer; auf meinen Schuß fiel der Vogel, mit seinen Schwingen
schlagend, am Fuße des Baumes nieder. Seine Bewegung sagte mir, daß
er nicht gänzlich todt sei, und um ihn zu erhaschen, ehe er wieder zur
Besinnung gekommen, sprang ich schnell nach und bis über den Kopf in
tiefes Wasser. Wie tief ich sank, kann ich nicht sagen, weiß aber, daß ich
den Boden nicht mit meinen Füßen berührte. Ich war in einer verzwei=
felten Lage; mein Gewehr wollte ich nicht fahren lassen und der schwere
Vogel saß an meinem Gürtel und an meiner Schulter fest, doch glaube

ich kaum, daß dieser mich niederzog, im Gegentheil half er mir wohl noch
schwimmen. Glücklicher Weise hatte ich mit der linken Hand einen überhängenden Zweig erfaßt, wodurch es mir nach ziemlich anstrengender Arbeit
gelang, mich sammt Truthahn und Waffen wieder auf's Trockene zu bringen. Hätte ich meine Büchse eingebüßt, so würde ich mich nie über deren
Verlust haben trösten können; so waren es nur die beiden Truthähne, die
ich zu betrauern hatte; ich konnte nämlich in der Dunkelheit die Stelle
nicht wieder finden, wo ich den einen niedergelegt hatte, und nach dem zuletzt geschossenen zu suchen, wäre eben so thöricht wie lächerlich gewesen,
zumal ich vermuthen konnte, bei jedem Schritte in einen neuen Pfuhl zu
stürzen. Ich arbeitete mich also ohne weiteren Zeitverlust nach der Lichtung zu durch, wo die Lagerfeuer meine Wegweiser wurden, und da bin
ich, anstatt mit dreien nur mit einem Truthahn, mit nassen Kleidern und
mit der Genugthuung, im Dunkeln mehr Wasser gefunden zu haben, als
es unseren vereinten Kräften am hellen Tage gelungen ist." — „Es ist
nur gut, daß Sie wenigstens den einen Braten gerettet, der uns morgen
vortrefflich munden soll," rief Einer der Anwesenden. — „Freilich ist der
eine gerettet," antwortete der Jäger, „aber auch den möchte ich gern dafür
hingeben, wenn ich hätte ausfindig machen können, auf welche Weise an
einer Stelle, wo der nasse Triebsand jede ausgescharrte oder ausgegrabene
Höhlung augenblicklich wieder schließt, ein so tiefer Trichter von so kleinem
Umfang entstanden ist und ohne zu versanden fortbestehen kann."

XI.

Der Dry River und seine Eigenschaften. — Der große Cottonwood
Tree. — Art des Reisens der Steppenbewohner. — Des Naturalien-
sammlers Erzählung seiner Reise mit den Ottoe-Indianern. — Ankunft
der Expedition bei den Kioway-Indianern. — Unterredung mit den
Kioway-Indianern. — Die Kioway-Indianer. — Uebergang über den
Canadian. — Doctor Bigelow's Entkommen aus dem Triebsand.

Der Marsch des folgenden Tages brachte uns schon in den Frühstunden an den Dry River, einen Fluß, der seiner merkwürdigen Eigenschaften wegen gewiß besonderer Erwähnung verdient.

Der Dry River entspringt an den Llano Estacado, in der Nähe
der Quellen des Sweet Water Creek, oder vielmehr der Northfork des Red
River von Texas, und führt seine Wasser in nordwestlicher Richtung dem
Canadian zu. Das Bett des Dry River ist verhältnißmäßig breit, denn
nahe seiner Mündung mißt es über 600 Fuß, was um so auffallender ist,
als dieser Fluß nur eine kurze Strecke zu durchlaufen hat. Sein Thal
mit den zerrissenen, hohen Ufern dehnt sich in demselben Verhältniß wie
das Flußbett zu beiden Seiten aus und hat schon zehn Meilen vor der
Mündung eine Breite mehrerer Meilen. Der geologische Charakter dieses
Thales macht recht anschaulich, auf welche Weise die in der Prairie zerstreut liegenden konischen Hügeln mit den breiten Tafeln entstanden sind,
und warum dieselben als die Ueberreste der Llano Estacado angesehen werden müssen. Der Dry River mit seinem breiten Thale verdankt sein Entstehen vielleicht nur einem Büffelpfade; wild stürzende Wasser verwandelten
diesen in einen Bach, Furchen und Spalten, auf gleiche Weise gebildet,
mündeten in denselben, führten dem Bache neue Wassermassen zu, die mit
vereinigten Kräften bald im Stande waren, den sandigen Boden fortzuführ-
ren und die in demselben horizontal liegende Schicht von weißem Sandstein zu durchbrechen; der Bach wurde zur tiefen Schlucht, in welcher der
entstehende Fluß sich allmälig ein bequemes, breites Bett wühlte, sein Thal
bis zur jetzigen Ausdehnung brachte und noch erweitern wird, da dieselben
einwirkenden Ursachen noch immer in Thätigkeit sind. Die Höhen nun,
welche das Thal einfassen, wurden auf diese Weise unterminirt, von der
Ebene losgewaschen und getrennt, und da die deckende Sandsteinlage sich
gegen den zerstörenden Einfluß der Zeit und der Elemente weniger nachgiebig zeigte, so entstanden allmälig Hügel, die mit der Ebene ringsum
abschneiden, und bedeckt mit der nach allen Seiten vorragenden Felstafel,

den Antelope Hills und Natural Mounds ähnlich sind. Natürlich ist ihr
Umfang kleiner; ihre Bildung gehört einer neuern Epoche an, während die
anderen Felsen zugleich von älterer Formation zu sein scheinen. Eine
Eigenschaft, die bei den meisten fließenden Gewässern dieser Gegend bemerk=
bar ist, fällt beim Dry River besonders in's Auge. Bei niedrigem Was=
serstande nämlich ist dieser Fluß nach seiner Mündung zu trocken, dagegen
weiter aufwärts Wasser haltend, und an Stellen, die während des Tages
vollkommen trocken sind, sammelt sich während der Nacht Wasser, welches,
sobald die Sonne höher steigt und mit voller Kraft wirkt, sogleich wieder
eintrocknet. Für ersteres mag der Grund sein, daß die Sandanhäufung
nahe der Mündung zu groß ist und der Fluß unter derselben durchrieselt,
wie es bei den Nebenflüssen des großen Colorado des Westens auf der
Strecke zwischen dem 34. und 37. Grad nördlicher Breite so häufig und
in so auffallender Weise vorkommt. Reißend fließende Wasser verlieren sich
nämlich dort plötzlich im Sande, rieseln viele Meilen weit unter der Ober=
fläche fort und, eben so unerwartet wie sie verschwanden, sprudeln sie aus
dem dem Ansehen nach trockenen Erdreich wieder hervor. Für die zweite
Eigenschaft kann als Ursache angenommen werden, daß die Verdünstung
während des Tages durch den von der Sonne erhitzten Sand zu sehr ver=
stärkt wird, als daß das Wasser die Oberhand zu gewinnen vermöchte, und
erst nachdem die Atmosphäre kühler geworden, die fließende Wasserschicht
Siegerin bleibt.

Nur eine Meile von seiner Mündung in den Canadian zog unsere
Expedition durch das sandige Bett des Dry River; es war noch am frühen
Tage. Hin und wieder waren kleine Wasserspiegel sichtbar, von deren Vor=
handensein und Dauer das Wild genaue Kenntniß haben mußte, denn die
nahe denselben eingedrückten Spuren, so wie die in der Nachbarschaft lau=
schenden Hirsche und Antilopen, ließen keinen Zweifel darüber, daß nur in
den Morgenstunden, wenn das Wasser seinen höchsten Standpunkt erreicht
hatte, an diesen Stellen Labung geboten wurde, die für den ganzen Tag
ausreichen mußte. Freilich fand sich in einigen Niederungen westlich von
diesem Flusse Wasser genug, doch dieses war bitter und untrinkbar. Auch
hatte sich in ausgetrockneten Niederungen Magnesia wie weißer Reif an
spitze Gräser und seine Halme gesetzt.

Um die Mittagszeit führte uns der Weg an einem Baume vorbei,
der sich einsam in der Ebene erhob und durch seinen riesenhaften Umfang
und seine merkwürdig verschlungenen Zweige und Aeste nicht nur reges
Interesse, sondern das größte Erstaunen hervorrief. Es war eine alte,
hundertjährige Pappelweide (Cottonwood tree). In einem Durchmesser
von 12 Fuß ragte der knorrige Stamm aus der Erde, theilte sich in der
Höhe von 6 Fuß in zwei mächtige Arme, die sich mit ihren zahllosen
Aesten weit ausbreiteten und den dürren Boden unter sich beschatteten.
Junge, niederhängende Schößlinge waren zu Bäumen geworden, stützten
sich mit ihrer ganzen Schwere auf den Boden, um mit erneuter Kraft dicht

belaubte Kronen emporzuheben, die sich mit der ganzen Laubmasse ihres ehrwürdigen Erzeugers vereinigten und das Großartige seiner Erscheinung vermehren halfen. Wie der Gruß eines alten, lieben Freundes wirkt der Anblick eines Baumes in der öden, sonnigen Steppe auf den müden Wanderer; er lenkt seine Schritte fast unwillkürlich nach demselben hin und scheut selbst große Umwege nicht, um endlich im willkommenen Schatten auszuruhen, sich dort Träumen und Phantasien ungestört hinzugeben bei dem Anblick der Umgebung oder der Zeichen, die andächtige Indianer oder muthwillige Weiße einst in die narbige Rinde schnitten. Eine ernste, zum Nachdenken auffordernde Erscheinung steht der alte, erhabene Baum da mit seinen geheimnißvoll verschlungenen Zweigen, mit seinen glänzenden Blättern, die vor jedem leisen Hauche des Windes beben und zittern. Jahrhunderte zogen an ihm vorüber, und doch ist sein Leben nur eine kurze Spanne, im Vergleich mit den Jahrtausenden, die nöthig waren, um den von Salzwasser bespülten Meeresgrund in die grüne Prairie mit ihrem jetzigen Naturcharakter zu verwandeln, nachdem ein mächtiger Wille den Boden gehoben und die Wasser zurückgewiesen hatte, um der Vegetation ein neues, unabsehbares Feld zur Thätigkeit zu eröffnen. Winde und Vögel trugen Saamen nach der neugeschaffenen Ebene, die sich schnell in einen Mantel üppiger Gräser und vielfarbiger Blumen hüllte, und zwar so dicht, so undurchdringlich und erstickend, daß es nur selten dem zarten Keime eines jungen Baumes gelang, sein Haupt über das wogende Grasmeer zu erheben. Als ein Traumbild der Phantasie, welches die Einsamkeit der Steppe hervorruft, denkt man sich, wie vor vielen, vielen Jahren der alte, ehrwürdige, einzeln stehende Baum ein Pflänzchen war, das kräftig emporwuchs und weit um sich zu schauen vermochte, wie das Bäumchen zum Baume wurde, als sei es von der Sehnsucht belebt, den Blick auf den Theil der Hochebene zu werfen, die sich in südlicher Richtung von ihm hinzog. Es wuchs und breitete seine Schatten aus, daß die Thiere in seinem Laube sich erquickten, Schaaren geselliger Vögel ihr Nest bauten, daß die rothen Menschen ihn verehrten und Gebilde von Klapperschlangen und langhälsigen Pferden in seine Rinde zeichneten.

Einer unserer Gefährten hatte Spuren reisender Indianer erkannt. „Frische Spuren von Indianern sind frische Ursachen zur Vorsicht," sagte er zu den übrigen unter dem Riesenbaume Lagernden, „unsere Wagen befinden sich weit voraus, wir sind unserer nur Wenige, und es muß ein ganzer Trupp Kioways oder Comanches sein, wie aus den Spuren zu entnehmen ist, der in der Nachbarschaft hauset; unsere Thiere sind gesättigt und werden gewiß mit uns einverstanden sein." Die Nachzügler, denen ich mich angeschlossen hatte, zäumten ihre geduldigen Maulthiere, kletterten gemächlich in die Sättel, warfen noch einen letzten Scheideblick auf den schönen Baum und bogen dann in einen frisch gebrochenen Indianerpfad ein, der sie in der Richtung, welche die Expedition eingeschlagen hatte, weiter führte." — „Wie merkwürdig!" sagte der Doctor, der zwischen einem Ingenieur und seinem deutschen Freunde ritt, „wir reiten hier zu Dreien neben einander und haben Jeder einen besondern und guten Pfad; unsere Gesellschaft mit ihren schweren Wagen läßt nur zwei Geleise zurück, während die Indianer, die zu Fuß und zu Pferde reisen, deren drei schaffen, die, wie wir hier vor uns wahrnehmen können, eben so parallel wie unsere Wagengeleise neben einander hinlaufen. Was kann die Ursache davon sein?" — „Sehr einfach," antwortete der Amerikaner, „die Indianer haben keine Wagen, wie Sie bemerkten, lieber Doctor, damit ist aber noch nicht festgestellt, daß sie keine einspännigen Karren mit sich führen." — „Es müßte eine breite Karre sein," erwiederte lachend der Doctor, „an der die Räder über 8 Fuß weit auseinander stehen; nein! das sind keine Karrenspuren." — „Ich will es Ihnen erklären," fiel sein Begleiter zur andern Seite mit gewichtiger Miene ein, auf der es geschrieben stand, wie angenehm es ihm sei, mit seinen Erfahrungen aushelfen zu können: „Bei einer frühern Gelegenheit habe ich Ihnen die Beschreibung eines indianischen Zeltes gegeben, wie dasselbe aus Büffelleder und Zeltstangen besteht; wollen die Indianer nun wandern, so schnüren sie das Zeltleder, so wie alle übrigen Habseligkeiten, in kleinere oder größere Bündel und packen dieselben nach unserer gewöhnlichen Art auf den Rücken ihrer Thiere. Die Zeltstangen werden so auf die Packpferde vertheilt, daß vier oder sechs derselben auf jedes bepackte Thier kommen, und dann mit dem dicken Ende an die äußeren Bündel so befestigt, daß der obere und schwächere Theil der Stangen auf der Erde nachschleift. Da die Thiere nun auf jeder Seite zwei oder drei derselben mit sich schleppen und immer eins in die Fußtapfen des andern tritt, so entstehen diese drei Pfade; in den beiden äußern schleifen die Stangen, in dem mittlern geht das Pferd und die dazu gehörige Squaw, die das Pferd führt, welchem die übrigen zu dem Wigwam gehörigen Thiere, immer eins an des andern Schwanz gebunden, folgen. Mitunter werden die beiden Stangen durch eine ausgespannte Büffelhaut verbunden, um auf derselben kranken und schwachen Mitgliedern des Stammes einen Sitz zu verschaffen und die Mühe des Reitens zu ersparen. Den Hunden, die ebenfalls zur Arbeit angehalten werden, befestigen die Indianer mittels eines breiten Riemens auf dieselbe Weise an den Seiten zwei kleine Pfähle, die dann mit leichteren Gegenständen, zuweilen auch mit Kindern, beladen werden. Findet man solche Fährte, so kann man ihr ohne Gefahr nachfolgen, als einem sicheren Zeichen, daß Weiber und Kinder im Gefolge des Zuges sind und man auf keine Kriegspartei stößt. Denn Indianer auf Kriegs- und Raubzügen beschweren sich nicht mit Zelten, einestheils um durch die Last nicht behindert zu sein, anderntheils um nicht in die Nothwendigkeit zu gerathen, ein Zelt aufschlagen zu müssen, eine Arbeit, die den Weibern gebührt, mithin als entehrend für den Mann angesehen wird.

Wenn ein Trupp dieser Wilden in rauhen Jahreszeiten nach einer Rast mehrerer Tage aufzubrechen und schnell zu wandern beabsichtigt und zu diesem Zweck gutes Wetter wünscht, so wenden sie sich direct an ihren

Manitu. Sie rauchen und singen zu ihm und setzen dieses so lange fort, bis sie am klaren Wetter erkennen, daß ihr großer Geist sie erhört hat und mit den ganzen Vorbereitungen zur Reise zufrieden ist. Ich wohnte zum ersten Male dergleichen Feierlichkeiten bei, als ich die Gastfreundschaft der Ottoes, die mich aus der schon früher von mir beschriebenen schrecklichen Lage am Sandy Hill Creek errettet hatten, genoß, und nach einer Pflege von fünf Tagen, welchen Zeitraum diese Leute meinem entkräfteten Körper zuerkannt hatten, für stark genug befunden wurde, von des Morgens bis gegen Abend im tiefen Schnee zu waten. Der Tag des Aufbruchs war also bestimmt und die Vorbereitungen dazu wurden am vorhergehenden Abend getroffen, das heißt, es wurde gutes Wetter für die Dauer der Reise herbeigesungen, und dabei auf folgende Weise zu Werke gegangen:

Hell flackerte das Feuer in Farfars Zelt, ernst saßen und hockten die Krieger um dasselbe herum; Weiber und Kinder, mit Ausnahme von Wones-hee's Gemahlin, hatten das Zelt verlassen. Der Kessel hing über den Flammen, doch war sein Inhalt nur brodelndes und dampfendes Wasser. Da ich während des Tages die Festlichkeiten des Abends und mit diesen eine reichliche Mahlzeit vermuthete, so hatte ich meinen Appetit etwas geschont, um in der Reihe der Krieger endlich einmal mit Ehren bestehen zu können. Beinahe ungeduldig harrte ich des Augenblicks, in welchem getrocknetes Büffelfleisch und Biberschwänze zum Medizinmahl dem wild schäumenden Kessel übergeben werden sollten. Die Biberschwänze waren schon bereit, doch noch kein Büffelfleisch zu sehen; statt dessen lag nahe dem Feuer an einem Riemen befestigt ein großer, zottiger Wolfshund, der verschlafen mit den Augen blinzelte.

Zufällig war es gerade der Hund, dessen besonderer Zuneigung oder vielmehr nächtlicher Zudringlichkeit ich mich zu erfreuen gehabt hatte, und ich schrieb daher seine Fesseln diesem Umstande und der indianischen Höflichkeit zu, die mich in so feierlichen Momenten vielleicht nicht von Hunden belästigt sehen wollte. Ich war ganz unbekannt mit dem tragischen Ende, welches dem armen Thiere bevorstand. Nachdem Wa-ki-ta-mo-nee mit kunstgeübter Hand einige gelbe Linien in meinem Gesicht verbessert und in symmetrische Ordnung gebracht hatte, nahmen die Feierlichkeiten ihren Anfang.

Die indianische Trommel, ein ausgehöhlter, mit Büffelhaut überzogener Block, wurde in langsamem Takte von den beiden jungen Burschen geschlagen, und zu dieser eintönigen, dröhnenden Musik gesellte sich alsbald der wilde, Ohren und Nerven zerreißende Gesang aller Mitglieder: Hau-Hau-Hau Ottoe-Wine-bag-Ottoe-Wine-bag-kero-kero-li-la! Es war um davon zu laufen. „Kero, Kero, Kero!" brüllte der Medizinmann und ließ seinen Tomahawk über seinem Kopfe wirbeln, „Kero, Kero, Kero!" heulte er, als das Beil niedersauste und dem armen, schnarchenden Hunde den Schädel zerschmetterte. Der Gesang verstummte, nur wenige Minuten und der Hund war seines Pelzes entledigt und zerlegt. Er wurde alsdann ftüdweife, nebft einigen Biberfchwänzen, in den fiedenden Keffel geworfen. Um dich, armes, unglückliches Thier verzehren zu helfen, habe ich alfo heute mehr als mäßig gelebt! fo dachte ich, als ich jede Probe von Appetit fchwinden fühlte. Ich mußte aber von dem Medizinmahle genießen; ich wußte, ich fühlte, daß ich beobachtet wurde, und war auf meiner Hut. — Das Fleifch der Wölfe, welches weit hinter dem der Hunde zurücksteht, hatte ich ja fchon effen gelernt, und nur ein kleines Vorurtheil hatte ich alfo in diefem Falle zu befiegen. Hätte ich das Thier nicht fo genau ge- kannt, fo wäre es mir wahrfcheinlich leichter geworden. Ich überwand in- deffen meinen Widerwillen und kann Ihnen verfichern, daß kein Hammel- fleifch beffer fchmecken kann, als die wohl zubereiteten Stücke eines Hundes. Nach Beendigung der reichlichen Medizinmahlzeit wurde noch etwas geraucht und dann gingen wir Alle fehr zufrieden hinaus in's Freie, um den Stand des Wetters zu beobachten. Es war furchtbar kalt, der Schnee knirfchte unter den Mokkafins, die Sterne funkelten und heifer tönte das Geheul der hungrigen Wölfe durch die Nacht. Der Medizinmann ließ feine Blicke nach allen Himmelsgegenden fchweifen, wo keine Wolke das fchimmernde Firmament trübte. „Der Gefang war gut!" rief er aus, „die aufgehende Sonne bringt günftiges Reifewetter." — „Wenn aber trotz Hundefleifch und Singen ein Schneefturm eintritt?" fragte ich Farfar, den Halbindianer. — „Es kommt oft genug vor," antwortete diefer, „dann fingen und effen wir aber unverdroffen fo lange, bis wir einen fchönen Tag haben, und find wir erft unterwegs, dann kehren wir uns nicht an Stürme, wenn nur bei unferm Aufbruch die Sonne freundlich gefchienen hat."

Am nächften Morgen waren unfere Weiber fchon in aller Frühe in Bewegung; ich hörte von meinem Lager aus das Getrappel unferer Pferde, die herangetrieben und gefattelt wurden, was mich nicht wenig verwunderte, da ich die Männer, in ihren Decken eingehüllt, noch ruhig liegen fah. Ich war aber mit den Sitten und Gebräuchen diefer Leute noch nicht hinläng- lich bekannt, um dies natürlich zu finden. Ich kann Ihnen, lieber Doc- tor, übrigens verfichern, daß fich nichts leichter lernt, als das Zufehen, wenn andere Menfchen arbeiten; fo wurde es mir denn auch in der That nicht fchwer, mit meinen Gefährten am Feuer fitzen zu bleiben, bis die Zelte über unferen Köpfen verfchwunden und unfere Lagerpelze buchftäblich unter uns fortgezogen waren. Als nun zwei Pferde vor mein fchwer be- ladenes Wägelchen gefpannt und die übrigen mit dem Refte unferer Hab- feligkeiten bepackt waren, fetzte fich der alte Wo-nes-hee an die Spitze des Zuges und fchritt in nordweftlicher Richtung über die weiße Ebene dahin. Ich blieb mit den Kriegern am Feuer fitzen, die noch eine Pfeife rauchten und anfcheinend fich verabredeten, um welche Zeit fie im neuen Lager ein- treffen wollten. Endlich trennten wir uns; zu Zweien oder Dreien ver- fchiedene Richtungen einfchlagend, folgten wir dem Lauf kleiner Bäche, an deren Ufer fich fpärliches Holz zeigte, wo wir aber Wild im Ueberfluß finden mußten. Ich folgte dem Halfbreed und Sha-ho-ha-ta-ko, und wußte in kurzer Zeit nicht mehr, in welcher Richtung unsere übrige Gesellschaft ge= funden werden könnte. Ich muß gestehen, es ist mir heute noch unerklär= lich, wie die Indianer in einer endlosen mit Schnee bedeckten Steppe, ohne sich je zu verirren, reisen können, da sich nichts dort dem Auge bietet, was als Landmarke dienen könnte. So lange ich auch mit den Eingebornen lebte und wanderte, so weiß ich doch keinen einzigen Fall, in welchem sich Einer verirrt hätte oder nicht zur bestimmten Zeit in dem neu errichteten Lager erschienen wäre. Es wurde mir schwer, mit meinen beiden Gefähr= ten, die halb gehend, halb trabend den Windungen der Bäche nachfolgten und dabei nur selten in den festgefrorenen, tiefen Schnee einbrachen, glei= chen Schritt zu halten. Ich wählte meinen Weg auf den Höhen, von welchen der Wind den meisten Schnee fort und in Niederungen geweht hatte; das Gehen wurde mir dort leichter, und da ich die beiden Indianer nicht aus den Augen verlor, zugleich auch die von ihnen zu haltende Rich= tung weit hin an dem schmalen Holzstreifen zu erkennen vermochte, so kam es mir zu Statten, daß ich mitunter eine Ecke oder einen Winkel ihrer Straße abschneiden konnte. Die scharfe Eiskruste, über welcher die Indianer leicht hinwegglitten, die aber unter meinen Füßen fortwährend einbrach, hatte bald meine Füße durch die weichen Mokkasins hindurch zerschnitten, und nur unter den größten Schmerzen schleppte ich mich weiter. Wie sehr ich litt, mögen Sie, meine Herren, daraus entnehmen, daß ich mich bei Gelegenheit einer Waschbärenjagd ruhig auf den Boden warf und dem Treiben meiner Kameraden zusah, ohne selbst an einem Vergnügen Theil zu nehmen, welches mir stets die angenehmste Aufregung und Unterhaltung gewährt hatte. Waschbären oder Racoons, wie die Thiere hier zu Lande genannt werden, waren dort im Ueberfluß, und das zarte Fleisch, beson= ders aber das wohlschmeckende Fett dieser Thiere veranlaßte uns, mit allem Eifer denselben nachzustellen und sie aus den hohlen Bäumen, ihrem Lieb= lingsaufenthalt, herauszuräuchern. War ein Waschbär erst ausgespürt, so genügte eine kurze Zeit, um denselben in unsere Gewalt zu bringen. Mit einer kleinen Axt wurde eine Oeffnung in den hohlen Stamm geschlagen, die groß genug war, einen brennenden Grasbüschel durch und in den Stamm hinein gleiten zu lassen; dürre Blätter und Ranken wurden nach= geschoben und mußten den Brand nähren, der einen dicken, erstickenden Qualm inwendig hinaufschickte. War dann ein Waschbär oder irgend ein anderes Thier in dem Baume verborgen, so steckte es schon nach wenigen Minuten seine Schnauze aus einer oberen Oeffnung, um frische Luft zu schöpfen; der zunehmende Qualm ließ aber nicht nach und das unglückliche Thier rettete sich auf den nächsten Zweig, wo es dann von einer Kugel oder von Pfeilen begrüßt wurde.

Doch, wie ich schon bemerkte, konnte ich in den ersten Tagen an der= gleichen Vergnügungen keinen Theil nehmen; ich mußte jeden Schritt zu sparen suchen, um überhaupt nachzukommen. Blieb ich zurück oder verlor die leitenden Spuren, so mußte ich rettungslos in der ersten Nacht der furchtbaren Kälte, gegen die ich mich durch Feuer allein nicht hätte schützen können, unterliegen. Gewartet oder meinetwegen zurückgegangen wären die Indianer nicht, denn Farfar wäre gewiß recht gern mein Erbe geworden, wogegen die Andern ein solches Vertrauen in ihren Medizingesang setzten, daß ihnen mein Untergang unmöglich schien, wenn ihr Manitu es nicht anders bestimmt hatte, in welchem Falle sie seinem Willen unter keiner Bedingung würden entgegen gehandelt haben und mich lieber hätten verderben lassen.

Wir hatten am ersten Tage 18 bis 20 Meilen zurückgelegt, und ich war glücklich, als ich kurz vor Sonnenuntergang einem kleinen, dichten Gehölz vor mir Rauchsäulen entsteigen sah. Alle meine Leiden waren plötzlich vergessen und rüstig eilte ich Farfar nach, um mich so bald als möglich im schirmenden Zelte wieder erholen zu können. Die Zelte standen schon, als ich anlangte; tüchtige Scheiterhaufen wärmten die Luft in denselben und thauten zugleich die letzte Probe vom Schnee an den Stellen auf, wo große Bündel frischgerupften, dürren Grases gestreut werden sollten, um die Felle und Decken nicht in unmittelbare Berührung mit dem gefrorenen Boden kommen zu lassen. Matt und erschöpft lag ich endlich am Feuer; Wa-ki-ta-mo-nee's Töchter hatten die nassen Leggins und Mokassins von meinen Füßen entfernt, um dieselben zu trocknen und mit stärkeren Sohlen zu versehen. Ich blieb aber gleichgültig bei aller Aufmerksamkeit und Freundlichkeit: ich war zu hungrig, um an etwas Anderes als an Essen denken zu können, ich kaute mechanisch an einem Riemen gedörrten Fleisches und wendete meine Blicke nicht von Wo-nes-hee's Squaw, die einen Haufen Mais stampfte, der in einen wohlschmeckenden Brei verwandelt werden sollte. Wenn ich jetzt daran zurückdenke, wie ich an diesem Abende mit Heißhunger über den Berg der nicht übermäßig reinlich zubereiteten Mehlspeise herfiel und dazu noch das Viertel eines Racoons verzehrte, so kommt es mir noch immer wie ein wilder Traum vor. Ich ließ es mir aber schmecken, und damit noch nicht zufrieden, blieb ich den ganzen Abend damit beschäftigt, wie die übrige Gesellschaft zwischen zwei Steinen süße Hickory-Nüsse aufzuschlagen, deren von den Weibern und Kindern eine Unmasse aus dem Schnee hervorgekratzt worden waren und die einen kleinen Winkel im Zelt einnahmen, so daß sie Jedem bequem zur Hand lagen.

Selbst in einem indianischen Zelte kann man sich so recht behaglich und zufrieden fühlen; so ging es mir an diesem Abend, nachdem ich meinen Hunger gestillt und meine Glieder aufgewärmt hatte. Ich lag auf meiner Büffeldecke am helllodernden Feuer und hatte keine anderen Sorgen, als höchstens die, welche mir von einer etwas härteren Nuß verursacht wurden; meine Füße schmerzten nicht mehr und Wo-nes-hee trug dafür Sorge, daß die Pfeife nie kalt wurde. Der alte Wo-nes-hee war überhaupt für mich eine Person von größerem Interesse geworden, seit ich erfahren hatte, daß er ein Geisterseher sei, dem alle Dahingeschiedenen

seines eigenen, so wie anderer Stämme des Nachts erschien und Mitthei=
lungen machten.

Wenn der greise Krieger die Decke über sein Haupt zog und während
mehrerer Stunden mit klagender Stimme die Worte: „Ottoe Winebag"
sang, dann waren die Geister Derjenigen um uns herum, deren Skalpe
von ihren Feinden genommen waren und die deshalb in den glückseligen
Jagdgefilden keine Ruhe finden konnten; sie waren in unserem Zelte und
zeigten dem alten Wo=nes=hee ihre klaffenden Wunden, ihre blutigen Schä=
del und mahnten zur Rache, wobei sie aber für jeden Andern unsichtbar
blieben. Alle Uebrigen waren an die nächtlichen Gesänge des beschneiten
Kriegers schon gewöhnt, doch machten sie auf mich nicht den angenehmsten
Eindruck, obgleich Farfar mich von der großen Medizin Wo=nes=hee's in
Kenntniß gesetzt hatte. Diese Medizin schrumpfte indessen in meinen Augen
bedeutend zusammen, als ich mich davon überzeugt hatte, daß eine merk=
würdige Einbildungskraft dem braven, halbschlafenden Wo=nes=hee die ihn
umgebenden Gegenstände in ganz veränderter Gestalt erscheinen ließ. So
weiß ich, daß er in einer Nacht ein Paar zum Trocknen aufgehangener
Leggins für zwei Pferde ansah, die er in seiner Jugend hätte stehlen kön=
nen, jedoch zu nehmen versäumt hatte, und daß er sich jetzt singend die
bittersten Vorwürfe über das Versehen machte. Ein anderes Mal wurde
mir am frühen Morgen mitgetheilt, daß während der ganzen Nacht ein
skalpirter Missouri=Häuptling auf mir gesessen und vergebens seinen blutigen
Kopf am Feuer zu trocknen versucht habe. Ich erwiederte, daß ich den
Druck wohl gefühlt und eben so wohl wisse, welcher von unseren Hunden
auf mir gelegen habe. Doch Wo=nes=hee ließ sich nicht irre machen; nach
seiner Meinung konnten nicht alle Menschen im Besitz derselben Medizin sein,
und was ich für einen Hund gehalten, konnte nur der Missouri=Häuptling
gewesen sein.

Als ich am nächsten Morgen erwachte, war ich fast unfähig, auf mei=
nen Füßen zu stehen, und wünschte sehnlichst einen Tag zu rasten. Um
meinen Zweck zu erreichen, erklärte ich, daß ich, am ganzen Körper krank,
durchaus unfähig zum Reisen sei, und verlangte, es solle Ruhetag gehalten
werden. Wäre ich mehr an die indianischen Schuhe gewöhnt gewesen, so
hätten meine Kräfte schon wieder so weit gereicht, wie die einer Rothhaut,
allein mit Wunden an den Füßen glaubte ich am zweiten Tage unserer .
Reise das neue Nachtlager nicht erreichen zu können. Mein Entschluß
wurde also dem Doctor Wa=ki=ta=mo=nee mitgetheilt, der es denn auch so=
gleich übernahm, mich sofort von Grund aus zu kuriren. Nun merken
Sie wohl auf, lieber Doctor," wendete der Erzähler sich an seinen Freund,
„damit Sie etwas lernen, was Sie später bei unseren eigenen Fußkranken
vielleicht in Anwendung bringen können. Wa=ki=ta=mo=nee besuchte mich
auf meinem Lager und zwar mit der gewichtigen Miene eines Studenten,
der eben sein Doctorexamen bestanden hat. Er faßte nicht nach meinem
Puls, sondern fing an, auf eine fürchterliche Weise meinen Magen zu

tneten; seiner Meinung nach war ein böser Geist in meinen Körper gefahren, der nur einer kleinen Aufforderung bedürfe, um seinen jetzigen Aufenthaltsort sogleich wieder zu verlassen. Mein Lachen über diese komische
Ansicht bestärkte ihn in seinem Glauben, und ohne länger zu säumen, ging
er sogleich an die Arbeit. Mit einer indianischen Trommel und einem
tüchtigen Schlägel bewaffnet, setzte er sich zu mir auf's Lager und zwar
so, daß die Trommel recht nahe an meine Ohren zu stehen kam, und dann
fing er an, die über den Kloß gespannte Haut so fürchterlich zu bearbeiten,
daß mir beinahe Hören und Sehen verging. Er begann mit gellender
Stimme zu singen, von dem tiefsten Baß bis hinauf zu den höchsten Ca-
denzen, der Schweiß rieselte seine bemalten Wangen hinunter und seine
Augen funkelten in wilder Wuth. Ich hoffte den aufgeregten Indianer
zu ermüden und in mein Unglück ergeben, fast betäubt von der gräßlichen
Musik, blieb ich regungslos und versuchte einige seiner Worte zu erhaschen;
doch vermochte ich nur das immerwährende Hau hau und den Ruf Ra-
van-ga tan-ga zu unterscheiden, was so viel heißt wie großer Mos-
quito, eine Benennung, welche mir von meinen Ottoe-Freunden beigelegt
worden war, weil ihnen die Aussprache meines Namens zu viel Schwierigkeit verursachte. An zwei Stunden hatte ich auf dieser Folter gelegen, als
ich die Unmöglichkeit einsah, meines besorgten Arztes Geduld zu erschöpfen,
zugleich aber auch wahrnahm, daß meine eigene schon längst ihr Ende genommen. Ich machte Anstalt, mich vom Lager zu erheben und zu entfernen, doch kaum bemerkte Wa-ki-ta-mo-nee, daß ich mich rührte, als er
seinen Gesang in lautes, gräßliches Heulen verwandelte und auf seine
Trommel einhieb, als wolle er dieselbe in Stücke schlagen. Seiner Meinung
nach hatte der halsstarrige böse Geist endlich dem Einfluß der großen Medizin nachgegeben, und es bedurfte nur noch dieses letzten kräftigen Angriffs,
um ihn auf immer zu verscheuchen. Freilich war er verscheucht, denn ich
kroch in's Freie mit dem festen Willen, lieber meinen Pfad nach dem Missouri durch eine Blutspur zu bezeichnen, als noch länger solch rasendem
Getöse und Lärmen in nächster Nähe ausgesetzt zu sein. Wa-ki-ta-mo-nee
trocknete sich indessen den Schweiß von der Stirne und erklärte mit trium-
phirender Miene seiner Umgebung, daß seine Medizin so ausgezeichnet sei,
daß nichts derselben zu widerstehen vermöchte. Er gab alsbald das Zeichen
zum Aufbruch. Die Medizin war wirklich nicht so schlecht; meine Füße
gewöhnten sich an die Mokkasins, die Wunden heilten während des Laufens
und bald war ich so weit hergestellt, daß ich wie eine vollblütige Rothhaut
dem Elkhirsch und dem Bären auf dem scharfen Schnee nachspürte. Unsere
Reise ging nun glücklich von Statten, bald brachten wir einen Hirsch, bald
eine wilde Katze oder einen schwarzen Bären in's Lager und erfreuten
uns auf diese Weise einer Art von Luxus; wir erreichten allabendlich ein
kleines Gehölz und Wasser und es blieb uns also nichts, gar nichts zu
wünschen übrig: wir besaßen das unter solchen Verhältnissen Wünschens-
wertheste.

Die erste Unterbrechung erlitt unsere Reise durch einen Regentag, der nicht nur unsere Straße furchtbar glatt machte und verdarb, sondern auch die Bäche in reißende Ströme umwandelte, so daß wir genöthigt waren, am waldigen Ufer eines solchen Wassers still zu liegen, um eine Aenderung des Wetters abzuwarten. Wir litten indessen keine Noth und die Lange-weile vertrieben wir uns durch Aufknacken von Nüssen, die durch das ein-getretene milde Wetter in großen Massen blosgewaschen waren. Dem Regenwetter folgte klarer Frost und wir zogen weiter. Das Eis auf den Gewässern, welche unsere Straße durchschnitten, war nicht stark genug, um uns und unsere Pferde zu tragen; der jedesmalige Uebergang mußte daher auf eine Weise bewerkstelligt werden, die für Menschen und Thiere gewissen-los genannt werden konnte; wir kamen indessen hinüber, und das genügte uns. Uebrigens habe ich mich in dieser widerwärtigen Zeit davon über-zeugt, daß eine indianische Squaw mit Recht zu den besten Arbeitern der Welt gerechnet werden kann, so lange sie nur allein die Sklavin ihres Gatten ist und nur für sich und die Ihrigen zu arbeiten braucht.

Um bei solchen Gelegenheiten also das jenseitige Ufer zu gewinnen, wurde der Anfang damit gemacht, daß wir die Thiere ihres Gepäcks ent-ledigten, dem stärksten Pferde eine lederne Leine oder Lasso um den Unter-kiefer schnürten und an seinen Schwanz ein zweites Pferd befestigten, wel-chem die übrigen dann auf dieselbe Weise zu folgen gezwungen wurden. Waren diese Vorkehrungen getroffen, so watete die Hälfte der Männer, das Eis vor sich zerbrechend, durch den Strom und nahm das eine Ende der zusammengeknüpften Leine mit hinüber. Ich war schon etwas an Kälte gewöhnt, kann Ihnen aber die Versicherung geben, daß man sich gar keinen Begriff von der Empfindung machen kann, sobald man dem eisigen Bade entsteigt und augenblicklich die nasse Lederkleidung steif gefriert; wie ein Messer wühlt die Kälte in der Haut und trostlos sieht man die Unmöglichkeit ein, sich zu erwärmen. Aus Verzweiflung greift man dann gern nach dem Lasso, an dessen anderem Ende auf dem jenseitigen Ufer in langer Reihe die Pferde gefesselt harren, und zieht mit allen nur zu Ge-bote stehenden Kräften, während die zurückgebliebenen Männer, Weiber und Kinder durch Schläge und Stöße die Thiere in die Fluthen treiben, vor denen sie zitternd zurückbeben. Sind sie erst im Wasser, so werden sie leicht nach dem andern Ufer hinübergelenkt und gezogen. Das Gepäck wird auf Eisschollen nachgeflößt, schnell wieder auf die zitternden Thiere geladen und weiter geht es im Trabe über die blendende Schneefläche, um den stocken-den Kreislauf des Blutes durch die rasche Bewegung wieder herzustellen.

Doch auch diese Leiden nahmen ihr Ende, scharfer Frost baute uns sichere Brücken, und starker Schneefall, der uns dicht vor einer rettenden Schlucht beinahe tödtete und begrub, verschaffte uns eine bessere Straße, so daß wir uns rasch der Mündung des Nebrasca und dem daselbst ge-legenen Dorfe der Ottoes näherten. Unsere Jagden fielen fast immer glücklich aus und ich glaube mit Recht sagen zu können, daß ich nie eine

9*

interessantere Zeit verlebt hatte, als gerade auf diesem Theile der Reise. Es ist wahr, ich hatte fast fortwährend mit Strapazen und Entbehrungen zu kämpfen, doch wie gern vergißt der Mensch dergleichen, wenn er mit jedem Augenblicke mehr fühlt, wie wohlthätig Gottes schöne, freie Natur auf den Körper und den Geist einwirkt; mit Stolz blickte ich auf meine zerrissenen Mokkasins und vernarbten Füße und lachte des eisigen Nordwindes, der zwischen den Falten meiner Büffelhaut meine bloße Brust suchte.

Ich war glücklich, überschwenglich froh, weil die Träume meiner Jugendzeit, hervorgerufen durch Cooper und Washington Irving, verwirklicht worden waren, und wenn ich dem mächtigen Riesenhirsch den Gnadenstoß gab oder dem Bären mit meiner Kugel den Schädel zerschmetterte, dann war es mir in der Begeisterung des Augenblickes, als möchte ich mit keinem Menschen auf Gottes Erdboden tauschen; und wenn die rothhäutigen Krieger mir die Pfeife reichten und zuriefen: Ra-van-ga tan-ga, Ka-hi-ga tanga!*) dann war ich über alle Maßen für meine Entbehrungen bezahlt.

Vier Wochen waren wir unterwegs, als Farsar mir mittheilte, daß wir an diesem Tage den Missouri erreichen würden, auf dessen östlichem Ufer weiße Pelztauscher kleine Ansiedelungen gegründet hatten. Er machte zugleich den Vorschlag, daß er selbst vorauseilen wolle, um Leute über den Fluß zu holen, die mir behülflich sein sollten, gleich bei unserer Ankunft meine Uebersiedelung von den Ottoes zu den Weißen zu bewerkstelligen. Farsar handelte unserer Verabredung gemäß und war schon in aller Frühe verschwunden; ich folgte mit den Uebrigen etwas später nach und gegen Mittag näherten wir uns dem Waldstreifen, der den Lauf des Missouri bezeichnete. Ehe wir hinab in das Thal zogen, kamen wir an dem Begräbnißplatze der Ottoes und bald darauf an ihrem Dorfe vorbei. Ersterer zeigte eine Anzahl von Hügeln, die von rohen Palissaden eingeschlossen und mit Stäben geschmückt waren, von denen bunte Zeugstreifen und Federn herabflatterten. Das nur wenige hundert Schritte weiter entfernte Dorf bestand aus ungefähr sechzig Hütten verschiedener Bauart; einige, von Erde aufgeführt, glichen großen Backöfen oder Heuschobern, während andere, in Form kleiner Häuser, von dicker Eichenrinde zusammengefügt waren. Die Wohnungen standen größtentheils leer, indem die Bewohner ihre Zelte auf den beiden Winkeln, die vom Nebrasca und Missouri gebildet werden, aufgeschlagen hatten; sie waren daselbst in der Niederung mit ihren Thieren mehr gegen die heftigen Stürme geschützt und fetteres Gras war in den Bottom-Ländereien unter dem bergenden Schnee in Fülle vorhanden.

Wa-ki-ta-mo-nee mit seinen Hausangehörigen blieb im obern Dorfe, während Wo-nes-hee mit den Seinigen hinab in die Niederung zog, und kurz vor Abend stand ich auf dem Eise des Missouri und machte die Bekanntschaft eines Mr. Marten, der mich freundlich zu sich in seine Behausung

---

*) „Der große Mosquito, ein großer Häuptling."

auf dem jenseitigen Ufer des Flusses einlud. Ich nahm einen vorläufigen
Abschied von meinen Ottoe-Freunden und bezeichnete ihnen das kleine
Blockhaus, in welchem ich vorläufig wohnen würde und wo ich sie Alle
wiederzusehen wünschte. Meine Sachen wurden in den kleinen Wagen geworfen, in demselben über das dicke Eis des Flusses geschoben und bald
befand ich mich unter freundlichen, weißen Menschen, die miteinander wett-
eiferten, mich wieder mit Kleidungsstücken zu versehen, die der weißen Hautfarbe angemessener waren. Förmlich umgewandelt saß ich an diesem Abend
am flackernden Kaminfeuer, aß gutes Brod zu einem Glase Whisky-Punsch
und unterhielt meine Umgebung mit der Erzählung meiner Reisen und
Abenteuer. Ich hatte die Genugthuung zu bemerken, daß selbst diese rauhen Ansiedler des fernen Westens Antheil an meinen Leiden und Freude
über meine Rettung bezeugten. Ich blieb indessen nicht lange dort, sondern
ging nach acht Tagen schon wieder zurück zu den Ottoes und von diesen
weiter nördlich zum Stamme der Omaha's, mit denen ich noch vierzehn
Wochen verlebte. Ich verschaffte mir während meines Aufenthaltes daselbst
ziemlich genaue Kenntniß der dortigen Indianer, ihrer Sitten und Gebräuche,
und ich glaube, es wird Sie interessiren, wenn ich Ihnen zu gelegener
Zeit weitere Mittheilungen über meine ferneren Erlebnisse an den Council
Bluffs mache."

Unter solchen Gesprächen waren wir fortgezogen; wir hatten die Wagen bald überholt, die Heerden waren hinter uns zurückgeblieben, einzelne
der jungen Leute hatten sich noch zu uns gesellt, so daß unser kleiner
Trupp den Zug in der Entfernung von einer halben Meile eröffnete. An
kahlen Hügeln, deren einzigen Schmuck niedrige Cacteen bildeten, schlängelte
sich der Indianerpfad hin; die Windungen waren kurz, so daß wir nicht
weit um uns zu schauen vermochten, und ehe wir es vermutheten, uns
unter einer kleinen Heerde prächtiger Pferde befanden, die, über die Störung erschreckt, mit gehobenen Schweifen und geöffneten Nüstern schnaubend
auseinander stoben. Es waren zahme Pferde, obwohl ohne Hüter; das
Lager der Indianer mußte ganz in der Nähe sein und vorsichtig wurde
deshalb in mehr geschlossener Ordnung weiter geritten.

Bei einer neuen Biegung des Weges erblickten wir einen kleinen
Fluß, der, von Cottonwood-Bäumen und niedrigem Strauchwerk beschattet,
auf seinem westlichen Ufer ein indianisches Lager zeigte, welches aus achtzehn großen Zelten bestand. Die Bewohner schienen noch keine Ahnung
von der Annäherung einer so starken Abtheilung der Weißen zu haben,
denn Weiber wie Kinder, auf ungezäumten Pferden beritten, umkreisten
sorglos eine zahlreiche Heerde, die an dem Flüßchen ruhig weidete. Das
Auftauchen von Bleichgesichtern in unmittelbarer Nähe des Dorfes brachte
eine plötzliche Veränderung hervor. Die hütenden Weiber wurden durch
junge Bursche ersetzt, welche die Heerde dem Canadian River zutrieben, um
sie aus dem Bereich eines Besuches zu bringen, dessen Absichten ihnen noch
fremd waren. Der Vortrab unserer Expedition hatte unterdessen den kleinen

Fluß erreicht und machte Miene, durch denselben zu reiten, als auf dem jenseitigen Ufer einige Indianer erschienen, die uns die deutlichsten Zeichen gaben, daß unsere Gegenwart in dem Dorfe vorläufig noch nicht gewünscht würde, sondern daß sie selbst vorher hinüberkommen wollten, um mit den Bleichgesichtern Freundschaft zu schließen. Dem Verlangen der Indianer gaben wir willig nach und erwarteten den Häuptling nebst einigen seiner Krieger, die ihre Decken, welche ihre Glieder verhüllten, über die Schulter warfen und durch das Wasser wateten. Als der Häuptling uns erreichte, stellte er sich als Ku-tat-su, den Häuptling der Kiowans, vor und fragte in gebrochenem Spanisch und durch Zeichen nach dem Capitano des Zuges. Da der Lieutenant Whipple bei den Feldmessern und dem Wagenzuge zurückgeblieben war, so kam einer der jungen Amerikaner auf den Einfall, den Doctor Bigelow als Häuptling zu bezeichnen. Ku-tat-su betrachtete aufmerksam den Doctor und fragte die Umstehenden, ob dieser wirklich der Capitano wäre, als sei er gleichsam noch im Zweifel, daß die kleine, schmächtige Figur dieses Herrn mit dem sanften Ausdruck in seinen Zügen, der, nur auf einem bescheidenen Maulthiere sitzend, jeder kriegerischen Aus-zeichnung entbehrte, ein Häuptling sein könne. Es wurde ihm indessen versichert, daß der Doctor nicht nur ein Häuptling, sondern auch ein großer Medizinmann sei, und sogleich schritt der Indianer zur Begrüßung; er nahm seine Decke zurück, reckte seine Arme weit aus, trat vor den Doctor hin und umarmte ihn auf die zärtlichste Weise, indem er sein bemaltes Gesicht an des Doctors bärtiger Wange rieb, ein Gebrauch, der sich von Mexiko bis zu den Wilden verpflanzt haben muß. „Guter, alter Bursche!" rief der Doctor förmlich gerührt aus, beugte sich ebenso zärtlich von Billy zu dem Wilden nieder und klopfte ihm schmeichelnd mit der Hand auf seine broncefarbenen Schultern. Die gefühlvolle Scene, in welcher der alte Herr sich zur größten Belustigung seiner Freunde so ziemlich wie in der Umarmung eines Bären ausnahm, wurde durch die Ankunft des Lieutenant Whipple unterbrochen, der, nachdem er den Kiowans als erster Häuptling bezeichnet worden war, sich ebenfalls ihren Liebkosungen unterwerfen mußte. Freund-schaft war nun mit den Indianern geschlossen, der Wagenzug angelangt und es wurde dem Ueberschreiten des Flusses weiter kein Hinderniß ent-gegengestellt. Junge und alte Krieger, die sich in der Eile geschminkt und geschmückt hatten, stellten sich in größerer Anzahl ein, während andere, wie in den halbzurückgeschlagenen Zelten wahrgenommen werden konnte, noch emsig vor den kleinen Spiegeln mit ihrer Toilette und dem unvermeidlichen Anstreichen ihres Gesichts beschäftigt waren. Unter den zuerst Angekommenen erregte ein ganz greiser Krieger besondere Aufmerksamkeit; sein Anzug be-stand nur aus einem blauen amerikanischen Blanketrock, der ihm viel zu groß war, auf den er aber bedeutenden Werth zu legen schien; außerdem besaß er eine besondere Zungenfertigkeit, mit der er es sich äußerst ange-legen sein ließ, einen guten Eindruck auf die Amerikaner zu machen. Da er vielleicht von dem früheren Kriege zwischen den Vereinigten Staaten

und Mexiko gehört hatte, so suchte er nun auf alle mögliche Weise zu ver-
deutlichen, daß die Kiowahs geschworene Freunde der Amerikaner seien,
daß nur ein kleiner Theil des Stammes sein Lager hier aufgeschlagen habe,
während die Uebrigen nach Mexiko gezogen seien, um den Feinden der
Amerikaner Pferde zu stehlen, wobei der alte Redner nicht verfehlte, recht
oft zu wiederholen: „Stehlen, Hausen, Pferde, viele Pferde."

In Folge einer Aufforderung kletterte der Häuptling in den kleinen
Wagen, der zum Transport von Instrumenten diente und immer voraus
fuhr, und hielt seinen Einzug in das Dorf, wobei er sehr darauf bedacht
war, von allen den Seinigen gesehen zu werden, welche ihm die größte
Bewunderung über sein ehrenwerthes Auftreten zollten. Nur kurze Zeit
hielt unser Zug auf dem freien Platze vor den Zelten und begab sich dann
wieder auf den Weg, um gemäß einer Uebereinkunft mit den Wilden das
Nachtlager einige hundert Schritte weiter westlich vom Indianerdorfe aufzuschlagen, wo sich die angesehensten Krieger dann einfinden wollten, um
eine Unterredung mit den Weißen zu halten und, da auf gewaltsame Art
nichts zu gewinnen war, auf gütlichem Wege durch Schmeicheln und Betteln
einen kleinen Tribut zu erheben. Ku-tat-su (das fuchsrothe Pferd), begleitet
von dreien seiner angesehensten Krieger, erschien demnächst vor dem Zelte
des Lieutenant Whipple. Jasa-sorra, Pat-soot-loe-cat und Tu-ga-sone, die
Gefährten des Häuptlings, waren große, kräftig gebaute Männer, die, wie
Ku-tat-su, dem vorgerückten Alter angehörten und sich, wie dieser, auf alle
bei den Indianern nur denkbare Weise geschmückt und bemalt hatten. Der
Häuptling trug auf seinem Kopfe einen prächtigen Schmuck von Adlerfedern,
während seine Krieger ihr langes, schwarzes Haar als einzige Kopfbedeckung
benutzten, und nur die Skalp-Locke mit langen Schnüren aufgereihter runder
Blechstücke verziert hatten. In der Malerei, die ihr Gesicht und den Oberkörper
bedeckte, war eine besondere Vorliebe für die gelbe Farbe zu erkennen, so wie
gelbe, messingene Ringe in großer Zahl an Arm, Hals und in den Ohren
befestigt waren. So traten sie in das Zelt, wo sie von dem Commandeur,
von einigen Mitgliedern unserer Expedition und dem kleinen Dollmetscher
Vincenti erwartet wurden. Vor dem Beginn der Unterhaltung kreiste die
Pfeife, worauf Lieutenant Whipple durch Vincenti folgende Worte an
seine Gäste richten ließ: „Unser großer Großvater in Washington (der
Präsident der Vereinigten Staaten) hat uns geschickt, wir sollen sehr weit
nach Sonnenuntergang reisen, wir sollen bis an's große Wasser ziehen
und alle seine rothen Kinder besuchen; wir sollen durch das Gebiet der
Kiowahs wandern und die Pfeife des Friedens mit ihnen rauchen; wir
sollen uns überzeugen, ob die Kiowahs sich wie Freunde und Brüder der
Amerikaner betragen, ob sie keine Reisenden morden und keine Pferde stehlen und wir sollen ihnen dann Geschenke verabreichen. Sollte der Stamm
der Kiowahs aber schlecht und böswillig sein, dann wird der große Großvater in Washington so viele Soldaten schicken, wie die Kiowahs Pferde

haben, überdies viele dicke Flinten (Kanonen), und die ganze Nation bis auf den letzten Mann vertilgen laſſen."

Dieſe Anrede, wiewohl nicht ſehr ceremoniös, war doch ganz für die Kioways berechnet, die ſchon ſeit langen Jahren als die verrätheriſchſten Indianer in den Steppen bekannt waren und ſchon vielmals einſame An= ſiedelungen überfallen und ausgeplündert, die Männer auf die grauſamſte Weiſe gemordet, Weiber und Kinder dagegen gefangen mit fortgeſchleppt hatten. Hierzu kam noch, daß Lieutenant Whipple durch vier mexikaniſche Tauſchhändler, die mit der Expedition bei den Kioways zuſammengetroffen waren, in Erfahrung gebracht hatte, daß dieſer kleine Trupp Indianer zwei gefangene Mexikaner mit ſich führe. Er wünſchte alſo die Wilden einzu= ſchüchtern, um die Befreiung der Gefangenen leichter erwirken zu können. Dieſe nun waren ein junger Mann und eine Frau, die ſchon als Kinder geraubt worden waren und ſeitdem unausgeſetzt mit ihren Räubern zu= ſammen gelebt hatten. Der junge Mann war indeſſen ſchon zu einem vollſtändigen Indianer geworden, deſſen lockige ſchwarze Haare allein noch die ſpaniſche Abkunft verriethen; zudem verſtand er noch kaum genug von ſeiner Mutterſprache, um ſich dahin zu erklären, daß er gar nicht geneigt ſei, ſeinen jetzigen Aufenthaltsort mit einem andern zu vertauſchen. Die Frau dagegen hatte offen ihren Wunſch ausgeſprochen, wieder in ihre Hei= math zurückzukehren, trotzdem ſie Gattin des Ku=tat=ju und Mutter eines jungen Häuptlings geworden war. Es ließ ſich unter dieſen Verhältniſſen mit Recht annehmen, daß jede Bemühung, wenn auch nur die junge Frau zu befreien, vergeblich ſein würde, doch wurden die Verſuche gemacht. Auf die Anſprache des Lieutenant Whipple antwortete der Indianerhäuptling in folgender Weiſe: „Die Rede iſt gut und nicht geſpalten, der große Großvater liebt aber ſeine rothen Kinder nicht, ſonſt würde er denen, die durch unſer Dorf reiſen, geſagt haben: zuerſt gebt den Kioways Geſchenke, dann redet mit ihnen." Nach dieſer etwas anmaßenden Meinungsäußerung ließ Lieutenant Whipple den Wilden auseinanderſetzen, daß er zuerſt mit ihnen reden und dann Geſchenke machen wolle; damit indeſſen Alle ſehen ſollten, mit welchen friedfertigen Geſinnungen die Amerikaner zu ihnen ge= kommen ſeien, wolle er ſogleich einige Sachen unter ſie vertheilen laſſen und ſie dann weiter hören und mit ihnen reden. Es wurden nun Glas= perlen, rothe Farbe, einige Decken, Meſſer und Tabak unter ſie vertheilt und dann die Unterredung wieder aufgenommen. Wie gewöhnlich erklärten ſich die Kioways als geſchworene Freunde und Brüder der Amerikaner, wo= bei ſie gewiß im Stillen herzlich bedauerten, daß ihr jetziger Beſuch zu ſtark ſei, um denſelben auszuplündern oder gar ſkalpiren zu können. Die Forderung, ihre Gefangenen frei zu laſſen, wieſen ſie ohne Bedenken zurück, und für die größten Geſchenke war der alte Häuptling nicht zu bewegen, ſeine Frau und ſein Kind anzugeben, die wiederum ohne ihr Kind ſich nicht von den Indianern trennen wollte. Die Unterredung nahm hier ihr Ende, worauf Lieutenant Whipple zum Zweck eines allgemeinen

Festessens im Namen des großen Großvaters in Washington eine Kuh an das Dorf schenkte, welche augenblicklich auf gierige Weise mit Pfeilen getödtet, zerlegt, vertheilt und fast ebenso schnell von der wilden Horde verzehrt wurde. Rothhäute und Bleichgesichter mischten sich alsdann in beiden Lagern unter einander, um kleine Tauschgeschäfte zu betreiben. Knöpfe, Münzen, Schnallen und dergleichen wurden für Büffelhäute und gestickte Moktasins hingegeben und erst nach Sonnenuntergang wurden die verschiedenen Besucher aufgefordert, sich, der allgemeinen Sicherheit wegen, in ihr entsprechendes Gebiet zurückzuziehen.

Die Kioways unterscheiden sich in ihrem Aeußern, in Sitten und Gebräuchen nur wenig von den Comanches, die nicht nur ihre nächsten Nachbarn sind, sondern auch dieselben Reviere mit ihnen durchstreifen. Trotzdem ist nicht die geringste Verwandtschaft in den Sprachen dieser beiden Nationen zu entdecken; nur durch ihre Dollmetscher vermögen die Leute dieser verschiedenen Stämme sich mit einander zu verständigen, wenn sie nicht ihre Zuflucht zu der Sprache der Kaddo-Indianer, eines weiter südlich lebenden Stammes, oder zu der allgemeinen Prairiesprache nehmen wollen. Die erstere wird von beiden Nationen hinlänglich verstanden, um darin mit einander verkehren zu können. Die andere dagegen besteht fast ausschließlich aus Zeichen, ist aber ausreichend, um eine Verständigung zwischen allen Indianern der Steppe zu ermöglichen; zu gleicher Zeit giebt sie den weißen Tauschhändlern die Mittel an die Hand, mit den verschiedenen Stämmen in Verbindung treten zu können. Wie die Comanches zeigen die Kioways in ihren politischen und häuslichen Einrichtungen große Aehnlichkeit mit den Nomaden-Völkern der alten Welt. Sie werden von einem Häuptlinge regiert, dessen Würde so lange erblich bleibt, als sein Regiment die Billigung seines Stammes findet. Er ist Anführer im Kriege und Vorsitzender bei den Rathsversammlungen, doch wird er ohne weitere Rücksicht seines Amtes entsetzt, sobald er sich durch eine feige That oder schlechte Verwaltung entwürdigt, und alsdann ein anderer, fähigerer Krieger in seine Stelle gewählt. Ihre Gesetze entsprechen ganz ihrer eigenthümlichen Lebensweise und sind von dem Willen des ungetheilten Stammes abhängig; die Ausführung derselben geschieht mit Genauigkeit und Strenge und liegt den kleineren Häuptlingen ob.

Ihre Begriffe über Eigenthumsrecht sind höchst ungezwungen; sie halten den Diebstahl für durchaus ehrenhaft und ruhmwürdig, in Folge dessen größere Räuber kaum denkbar sind, als gerade diese Wilden. Sie nun durch offenen Krieg für ihre Räubereien bestrafen zu wollen, würde gewiß eine schwere Aufgabe sein, denn wie die Prairie-Indianer von frühester Jugend im Gebrauch der Waffen und des Pferdes erzogen werden und keine bestimmten Dörfer oder Verstecke haben, so entspringen ihnen keine Unbequemlichkeiten daraus, wenn sie genöthigt werden, mit ihren Familien und ganzen Habseligkeiten plötzlich von einem Ende der Büffelregion nach dem andern zu ziehen. Im Besitz vieler und ausdauernder Pferde vermögen

sie mit der größten Schnelligkeit zu wandern, wobei ihnen die genaue Kenntniß der Oertlichkeiten und Quellen bedeutend zu Statten kommt; leicht
entziehen sie sich in den Grassteppen jeder Verfolgung. Ein Krieg würde
daher für sie bei weitem nicht das Elend im Gefolge haben, wie bei
andern Stämmen, die ihre alten Dörfer und Wohnsitze niemals ändern.
Auch wäre es nutzlos, ihnen die Quellen ihres Unterhaltes abschneiden zu
wollen, denn ihre zahlreichen Pferde- und Maulthierheerden würden ihnen
auf lange Zeit hinreichende Nahrung gewähren. Sie kennen indessen ihre
Unzugänglichkeit, und dieses Bewußtsein macht sie um so verwegener und
gefährlicher.

Aberglaube ist bei allen Indianern zu Hause, so auch bei den Kioways.
Sie setzten ihr Vertrauen in Träume, tragen Medizinbeutel, Amulette und
suchen die Gunst der unsichtbaren Geister durch Opfer, Tanz und Musik
zu erwerben. Die Existenz und die Kraft eines großen übernatürlichen
Wesens, welches Alles lenkt und regiert, erkennen sie an und gleich den
Comanches verehren sie dieses in der Sonne. Auch glauben sie an ein
Fortbestehen der Seele, doch nehmen sie an, daß die zukünftige Existenz der
irdischen ähnlich sein wird; darum geben sie stets den Kriegern ihre Jagd-
und Kriegsrüstung mit in's Grab, damit sie ehrenvoll in den ewigen Jagdgefilden erscheinen mögen. Bis jetzt sind noch keine Versuche gemacht worden, die moralische oder physische Bildung dieser Wilden auf eine höhere
Stufe zu bringen und dadurch den Grund zur Civilisation und zum
Christenthum zu legen. Die frommen Männer Amerikas sehen gleichgültig
auf die Heiden vor ihrer Thüre und senden ihre Missionäre nach andern
Ländern und Welttheilen, um das Christenthum zu predigen. Erst dann,
wenn durch die Habsucht der weißen, civilisirten Raçe die freien Steppenbewohner verdorben und ausgerottet sind, wird die christliche Liebe ihren
Weg zu den leeren Wigwams dieser Stämme finden und Kirchen und
Bethäuser auf den Gräbern der armen, geopferten, rechtmäßigen Besitzer
der grünen Prairien gründen. —

Die Nacht ging ruhig und ohne Störung vorüber, ruhiger als sich
in der Nähe der diebischen Indianer erwarten ließ, die sich am andern
Morgen in aller Frühe schon wieder einstellten, um den Aufbruch der Weißen zu beobachten und vergessene oder verlorene Gegenstände auf der verlassenen Lagerstelle sogleich mit Beschlag belegen zu können, ähnlich den
Wölfen, die bisher nach dem Abzug des letzten Menschen die rauchenden
Lagerfeuer umschlichen und nach Abfällen gespürt hatten. Der Weg gegen
Westen war durch hohe Sanddünen und sumpfige Niederungen versperrt,
es wurde daher beschlossen umzukehren, zurück durch das Dorf der Kioways
und durch den seichten Canadian zu ziehen, um auf der Nordseite desselben
die vorgeschriebene Richtung zu verfolgen. Der Boden daselbst war indessen so uneben und erschwerte das Reisen mit Wagen so sehr, daß Alle
das südliche Ufer wieder zu gewinnen suchten, sobald die Dünen nicht
mehr hindernd im Wege waren. Bei dem Zurückgehen durch den Fluß

ereignete sich ein Unfall, der glücklicher Weise nur ein derbes Lachen hervorrief, aber auch ebenso leicht für den Doctor Bigelow sammt seinem Billy hätte verderblich werden können. Um einen passenden Uebergangspunkt für den Wagenzug ausfindig zu machen, waren der Doctor und ich an einer Stelle in den Fluß geritten, wo eine breite Insel einige Erleichterung versprach, und zwischen welcher und dem Ufer kein Tropfen Wasser über den feuchten Sand rieselte, so, daß wie der Doctor sich äußerte, unter seiner Führung kein Maulthier der Expedition sich die Hufeisen zu befeuchten brauchte. Kaum waren wir hundert Schritte vom Ufer entfernt, als unter den Hufen unserer Thiere der Boden sich wellenförmig zu bewegen begann. Die drohende Gefahr erkennend, trieb ich mein Thier zur Eile und beschrieb einen weiten Bogen, um die Last der beiden Maulthiere mehr auf dem gefährlichen Boden zu vertheilen, und erreichte nach kurzer Anstrengung das Ufer. Der Doctor versuchte gleichfalls, auf den warnenden Zuruf, sein Thier auf derselben Stelle umzuwenden, doch bei jedem Schritt erhielt der trügerische Sand eine glänzendere Farbe, Wasser zeigt sich auf der Oberfläche, die sich immer mehr unter der Last des Reiters bog, schwankte und endlich den Hufen des Maulthieres keinen Widerstand mehr entgegenzusetzen vermochte, welches ringend und kämpfend einbrach. Glücklicher Weise war der Doctor durch Billy's Anstrengungen im entscheidenden Augenblick weit aus dem Sattel geschleudert worden und ehe noch der Triebsand unzerreißbare Fesseln um die Glieder des Thieres gelegt, arbeitete sich dieses, nun von der Last des Reiters befreit, mit Anwendung aller seiner Kräfte empor. Es eilte durch den Morast dem Ufer zu, wo es von seinem Herrn in Empfang genommen wurde, der ebenfalls noch zur rechten Zeit das Weite gesucht hatte und, wie Billy, die ziegelrothe Farbe des Canadian auf seinem ganzen Körper trug. Der eifrige Botaniker schenkte indessen seinem Aufzuge ebenso wenig Aufmerksamkeit, wie der überstandenen Gefahr, er öffnete seine Ledertasche und blickte mit dem Ausrufe hinein: „Ein wahres Glück, daß kein Wasser in meine Tasche gelaufen ist, wodurch mir ein äußerst werthvolles Exemplar einer Cactus hätte verderben können."

Natürlich wurde ein anderer Uebergangspunkt gewählt und zwar an einer Stelle, wo klares Wasser über festen Boden rieselte und sich nicht im wilden Sande verlor.

XII.

Weiterreise der Expedition am Canadian hinauf. — Shady Creek. — Sommerwohnungen und Medizinzelt der Comanche-Indianer. — Fandango in der Steppe. — Pueblo-Indianer. — Opuntia arborescens. — Ueber das Verhältniß zwischen den Mexikanern und Indianern. — Jñez Gonzales. — Beautiful View Creek. — El Llano Estacado.

Für den Zeitraum von mehreren Tagen führte unser Weg am Canadian hinauf; einzelne sandige Stellen erschwerten zeitweise das Fortschreiten, wenn die Expedition durch die Windungen des Flusses genöthigt wurde, einen Weg zwischen Sanddünen hindurch zu brechen. Südlich von der Straße wurden die Ueberreste der Hochebene häufiger und zusammenhängender und die an ihrem Fuß entspringenden Quellen vereinigten sich zu Bächen, welche ihr klares Wasser fröhlich dem Canadian zusendeten, ihre Schätze bald an durstiges, undankbares Erdreich verschwendeten, bald die Wurzeln der auf fruchtbarerem Boden wuchernden Bäume und Stauden netzten und erquickten. Wenn man lange Zeit über harten, kiesigen Boden gewandert ist, schattige Baumgruppen höchstens in bläulicher Ferne wahrgenommen hat, und sich plötzlich und unvermuthet am Rande eines tiefen Thales befindet, wo dunkle Wäldchen und grüne Wiesen, durch welche sich ein kräftiger Bach schlängelt, dem Wanderer so recht einladend entgegenlachen, dann wird gewiß nicht die Frage aufgeworfen: wie früh am Tage ist es noch? oder wie manche Meile könnte noch am heutigen Tage zurückgelegt werden? Nein! man eilt hinab, giebt dem Reitthiere die Freiheit, damit es nach Willkür in den Wiesen grase, während man sich selbst im Schatten nahe dem murmelnden Wasser gütlich thut.

So war es, als unsere Expedition sich vom hohen Ufer hinab in das Thal des Shady Creek wand und des reichen und lieblichen Schmuckes der Landschaft erfreute. Die Sonne hatte noch nicht die höchste Höhe erreicht, eine heimliche Stille ruhte über Wald, Wiese und Bach, eine Ruhe, die noch gehoben wurde durch mehrere Hunderte von Lauben, die, von grünen Zweigen erbaut, den Comanches als Sommerwohnungen gedient hatten. Sie waren jetzt verlassen und leer, aber nicht ohne Leben, denn der Spottvogel saß zwischen den getrockneten Blättern und sang lustig in die Welt hinaus, das Prairiehuhn schlüpfte zwischen dürrem Reisig hindurch und Raben spielten vor den Hütten mit abgenagten Knochen und Lederstücken. Auch die Wilden hatten Gefallen an diesem Thale gefunden und die ersten

Monate des Sommers in demselben zugebracht; nur die wandernden Büffel hatten sie fortgelockt und gegen Norden geführt. Das tolle, wilde Treiben war verstummt, aber das Thal so frisch und so grün lag vor uns; nur wenige Minuten nach Ankunft unserer Expedition kreuzten wieder Gruppen von Menschen und zerstreute Heerden durch Wald und Wiese nach allen Richtungen, trieben die Drosseln in's Dickicht, die Prairiehennen in's hohe Gras, die krächzenden Raben aber hinauf auf die dürre Ebene.

Die indianischen Sommerwohnungen erregten allgemeine Aufmerksamkeit und kaum hatte sich Jeder in dem neu aufgeschlagenen Lager häuslich eingerichtet, als er auch hinauseilte, um die Laubhütten näher in Augenschein zu nehmen und auf indianische Weise nach vergessenen oder verlorenen Merkwürdigkeiten zu spüren.

Die Wohnungen bestanden aus grünen Zweigen, die, einander gegenüber in den Boden gesteckt, mit den Kronen so verbunden waren, daß dadurch längliche Lauben gebildet wurden, die indessen nicht hoch genug waren, um Menschen anders als in gebückter oder liegender Stellung aufzunehmen. Die Küche vor jeder Laube, an dem Aschenhaufen in einer Höhlung kenntlich, half die einfache Häuslichkeit vervollständigen. Auch die Medizinhütte fehlte nicht; sie war auf dem Ufer des Baches in derselben Weise, nur in kleinerem Maßstabe als die übrigen Wohnungen, angelegt; zwei Haufen Steine, von kleinen Gräben eingefaßt, befanden sich in derselben und eine Feuerstelle zum Glühen der Steine vor der Thüröffnung. Bei fast allen Krankheiten benutzen die Indianer das Medizinzelt oder, mit anderen Worten, die etwas rohe Art eines Dampfbades, wobei auf folgende Weise zu Werke gegangen wird. Nachdem die Hütte von außen mit Fellen dicht verschlossen und glühende Steine in derselben angehäuft sind, begiebt sich der Patient hinein und nimmt zwischen den beiden Steinhaufen Platz, über welche sodann Wasser gegossen wird. Ein heißer Dampf füllt alsbald den engen Raum und bringt den Eingeschlossenen in Schweiß, der, wenn die Hitze den höchsten Grad erreicht hat, aus dem Zelte heraus und kopfüber in's Wasser stürzt. Dieses wird mehrmals wiederholt, je nachdem die Kräfte des Leidenden ausreichen, und gewöhnlich hat dieses Verfahren, welches vielleicht ganz der indianischen Constitution entspricht, den besten Erfolg. Es versteht sich von selbst, daß ein Medizinmann diese Bäder überwacht und es dabei nicht an heilenden Gesängen und Beschwörungen fehlen läßt. Außer den Kranken unterziehen sich auch junge Leute, welche in die Reihe der Krieger treten wollen, dem Bade, so wie einzelne Krieger, die im Begriffe sind, sich auf einen Kriegs- oder Raubzug zu begeben.

Die vier Mexikaner, welche im Lager der Kioways zu uns gestoßen waren und sich nicht der besten Behandlung von Seiten der Indianer zu erfreuen gehabt, sogar ihre Waffen theilweise daselbst eingebüßt hatten, waren unter dem Schutz unserer Expedition mit fortgezogen. Einige Pueblo-Indianer von Santo Domingo am Rio Grande, die ebenfalls wegen Tauschhandels die Steppen bereis'ten, hatten sich noch zu uns gesellt, hielten mit

uns gleichen Schritt, halfen in einer mondhellen Nacht das wilde Bild
eines Fandango in der Steppe vervollständigen und trennten sich dann,
mit den Mexikanern eine kleine Karawane bildend, am Shady Creek von
der Expedition, um in größeren Märschen ihrer Heimath am Rio Grande
zuzueilen.

Hundert Schritte von unseren Wagen lag in einem Halbkreise das
Gepäck und die Waaren der Mexikaner und Pueblo-Indianer. Der Mond
schien hell über die weite Ebene, die Nacht war so still, so schön, nur selten tönte aus der Ferne das Geheul der Prairiewölfe zum Lager hinüber,
wo die Menschen verschiedenster Raçen sich nachlässig unter einander bewegten. Es war eine schöne, eine herrliche Nacht, eine Nacht, die wohl im
Stande war, die musikalischen Gefühle eines amerikanischen Wagentreibers
zu wecken, der sich auf dem Gepäck das höchste und bequemste Plätzchen
aussuchte und einer verstimmten Violine, die er mit vieler Mühe aus seiner
fernen Heimath bis hierher gebracht hatte, die wildesten Töne zu entloden
begann. Die schrillen Klänge erreichten jedes Ohr und ein Haufen der
verschiedenartigsten Gestalten versammelte sich schnell um den Virtuosen, der,
stolz auf die Wirkung seiner Kunst, immer toller mit dem Bogen über die
bestaubten und verschimmelten Saiten fuhr. Yankee Doodle und Hail Columbia warf er mit Negerliedern durcheinander. Ha! das waren Melodien,
die Jedem an's Herz drangen, denen Niemand zu widerstehen vermochte.
Holzscheite flogen in's Feuer, um die dunklen Schatten von dem röthlichen
Schein der Flammen beleuchten zu lassen, bärtige Amerikaner, gelbe Abkömmlinge der Spanier und halbnackte Pueblos, Alle von Kopf bis zu
Fuß bewaffnet und in Kostümen, welche die Merkmale langer, beschwerlicher
Reisen trugen, reihten sich zum wilden, tobenden Tanz. Hier umfaßten sich
zwei Amerikaner, um sich in tollen Sprüngen im Kreise zu drehen, dort
versuchte ein Mexikaner mit einem Pueblo zu walzen, hier wurde von zwei
Söhnen Kentucky's auf energische Weise der Yankee Doodle getanzt, dort
reichte sich eine Gesellschaft die Hände zur Quadrille. In einem Winkel
aber standen in der Uniform der Vereinigten-Staaten-Infanterie zwei Irländer einander gegenüber, die Hände stützten sie in die Seiten, während
ihre Füße den Boden emsig stampften: sie führten einen Nationaltanz auf
und gedachten dabei ihrer fernen Heimath jenseits des Oceans, wobei sie
sich seufzend zuflüsterten: O! if we had plenty of whisky! und Ould
Ireland for ever!

Auf einer andern Seite befand sich der Wachtposten; er stützte sich auf
die Muskete und summte wehmüthig vor sich hin: J'aime à revoir ma
Normandie! Der Musiker aber saß auf seinem erhabenen Sitze und sah
ernst auf das Gewühl vor sich; er war unermüdlich, und triumphirend bemerkte er, daß nach dem Takte seiner Melodien alle Tänze der Welt zugleich
aufgeführt und alle Lieder der Erde zugleich gesungen werden konnten. Er
spielte die halbe Nacht, bis eine dicke Staublage sein Gesicht und seine Violine bedeckte und die erschöpften Tänzer bei dem Gepäck niedersanken oder

sich auf ihr Lager verfügten, um durch einige Stunden Ruhe frischen Muth und neue Kräfte für den Marsch des folgenden Tages zu sammeln. Mancher träumte vielleicht von der fröhlichen Nacht und dem Fandango in der Steppe.

Ein friedlicherer Menschenstamm, als die Pueblo=Indianer, welche sich auf so gutmüthige Weise zur Theilnahme an dem tollen Fandango bewegen ließen, ist kaum denkbar. Freundlich und gefällig zeigen sie sich gegen Fremde, wo sie ihnen auch immer begegnen mögen, so wie die größte Gastfreundschaft denen zu Theil wird, welche sie in ihren Städten und Wohnungen besuchen. Manche reich bevölkerte Indianer=Stadt blüht noch in Reu=Meriko, doch sind es nur die Ueberreste des einstmals mächtigen und weitverzweigten Stammes, dessen Spuren und Trümmer in allen Richtungen vom Rio Grande bis an den großen Colorado des Westens zu finden sind. Seit langer Zeit in stetem Verkehr mit den Mexikauern, haben sie vieles in Beziehung auf Sitten und Tracht von denselben angenommen, ist sogar der größte Theil der Bevölkerung der spanischen Sprache mächtig. Fleiß und Betriebsamkeit ist eine ihrer Haupttugenden; sie treiben Acker= und Gartenbau und unternehmen gelegentlich Reisen zu den wildesten Indianern der Steppe, um nach Art der Weißen für Tauschartikel Pelzwerk und Häute mit heimzubringen. Daher kommt es auch, daß Reisende, die sich den Grenzen von Neu=Meriko nähern, so häufig kleinen Karawanen der Pueblo=Indianer begegnen, die in eiligem Schritt ihre bepackten Esel und Maulthiere über die Ebene treiben.

Als unsere Expedition das Thal am Shady Creek verlassen und sich zwischen rauhen Hügeln und Sandsteinblöcken hindurch wieder nach der Ebene hinaufgearbeitet hatte, nahmen wir sogleich eine Veränderung der Vegetation wahr. Eine neue Cactusart, die Opuntia arborescens, zeigte sich hier zum ersten Male in aller Ueppigkeit und Pracht. Einem Zwergbäumchen ähnlich, hob sich der kurze Stamm aus dem Boden und theilte sich dann in Aeste und Zweige, die sich in eine Krone ausbreiteten und außer den unzähligen Stacheln eine Menge gelber Samenknollen zur Schau trugen. Wir reis'ten von nun ab nicht mehr im Thale des Canadian River (⁹); die Entfernung zwischen uns und dem Flusse vergrößernd, näherten wir uns allmälig dem östlichen Ende der Llano Estacado. Oede und todt dehnte sich die Ebene bis dahin aus, der unfruchtbare Boden war spärlich mit Grammagras bewachsen und vereinsamt zeigte sich die schöne Cactus, die sich gern mit der schlechtesten Nahrung und Pflege begnügt. Red Bank Creek wurde überschritten, die rothen Ufer desselben hatten nicht die geringste Vegetation aufzuweisen, und Jeder sehnte sich, den Beautiful View Creek zu erreichen, um durch die an diesem Flüßchen zu erwartende weite Aussicht für Entbehrungen anderer Art entschädigt zu werden. Doch der Weg bis dahin war noch weit, und da die äußere Umgebung so wenig ansprechend war und außer Prairiehunden und Erdeulen kein einziges lebendes Wesen sich zeigte, so versuchte Jeder die Langeweile, die er empfand, durch lebhafte Unterhaltung zu verscheuchen. „Mr. Whipple," redete Einer unserer Gesellschaft den Commandeur der Expedition an, „hätten wir die junge Mexikanerin nicht den Kioways mit Gewalt entreißen können, um sie wieder nach ihrer Heimath zurückzuführen?" — „Allerdings hätten wir das gekonnt," antwortete Jener, „da die Macht auf unserer Seite war, doch wären wir dann gewiß daran verhindert worden, die uns vom Gouvernement ertheilten Instructionen in Ausführung zu bringen. Unsere Reise bis zum Rio Grande würde ein fortwährender Kampf gewesen sein; die Indianer hätten uns wie Bienen umschwärmt, unfähig zu unseren Arbeiten gemacht, und der Zweck unserer ganzen Reise wäre verloren gewesen. Wir sollen auf unserem Wege genaue Nachforschungen anstellen und nicht Indianer bekriegen, wir werden ohnehin noch gezwungen werden, unsere Waffen zur Nothwehr gegen dieselben zu kehren, ohne daß wir Krieg aus Gründen anfachen, welche es unentschieden lassen, ob ein anderes Recht als das des Stärkeren auf unserer Seite ist. Natürlich werden wir nach unserer Ankunft in Neu-Mexiko die Sache bekannt machen, doch glaube ich kaum, daß ein Versuch zur Befreiung gemacht werden wird. Die Verhältnisse zwischen den Mexikanern und Eingeborenen sind zu verwickelt, und es ist kaum denkbar, daß weniger Mexikaner in der Gefangenschaft der Wilden schmachten, als Indianer Leibeigene der Mexikaner geworden sind, nur mit dem Unterschiede, daß die Indianer ihre Gefangenen selbst unter Gefahren aus den Ansiedelungen holen, während letztere durch Tauschhandel die von anderen Stämmen gemachten indianischen Sklaven in ihre Gewalt bringen, theils um dieselben zu ihren Arbeiten zu gebrauchen, dann aber auch, um sie an ihre Stämme zurückzutauschen, was besonders in dem Falle geschieht, daß solche Individuen böswillig oder untauglich zur Arbeit sind. Auf diese Weise kaufen die Mexikaner oft genug einzelne ihrer gefangenen Landsleute los, wodurch deren Geschick aber nur wenig verbessert wird. Sie bleiben alsdann Leibeigene oder Peons ihrer neuen Herren, bis diese es für gut oder vortheilhaft finden, sie an Nachbarn oder Landsleute in andere Provinzen zu verkaufen. Es ist himmelschreiend, wie namentlich mit dem weiblichen Geschlecht in dieser Beziehung umgegangen wird; ich habe selbst Gelegenheit gehabt, einen solchen Fall beobachten und genau verfolgen zu können, als ich vor einigen Jahren zur mexikanischen Grenzvermessung commandirt war. Ich will Ihnen die Geschichte mittheilen, soweit ich selbst Augenzeuge davon war und soweit mir das Uebrige von Mr. Bartlett, dem ebenfalls zu der Zeit dorthin commandirten Vereinigten-Staaten-Commissair, erzählt wurde. Mein bester Zeuge für die Wahrheit wird Doctor Bigelow sein, der zu damaliger Zeit Mitglied der Expedition war. Wir hatten ein stehendes Lager bei den alten Kupferminen in Neu-Mexiko bezogen und leiteten von dort aus einen Theil unserer Arbeiten und Beobachtungen. Wir standen in ziemlich freundschaftlichem Vernehmen mit den Apache-Indianern, die uns haufenweise umlagerten, doch besuchten uns auch Karawanen von Mexikanern, die einen beschwerlichen Handel treibend das

Land durchstreiften. Eines Abends erreichte also eine solche Gesellschaft
unser Lager, sie führte eine Heerde Pferde und Maulthiere mit sich und
war von einem jungen Mädchen begleitet. Einige aus dieser Gesellschaft
wünschten Lebensmittel von uns zu beziehen und im Laufe der Unterhal=
tung erfuhren wir, daß sie das Mädchen sowohl wie die Thiere von In=
dianern erhalten und beide Theile nach einer nördlichen Stadt in Reu=
Mexiko führen wollten, um einen so hohen Preis wie nur irgend möglich
dafür zu erzielen. Da nun die commandirenden Offiziere der Expedition
durch Verträge verpflichtet waren, jeden Gefangenen, mit dem sie in Berüh=
rung kommen sollten, zu befreien und in seine Heimath zu senden, so wur=
den unverzüglich Schritte gethan, das junge Mädchen, die sich als eine
Mexikanerin auswies, den Händen ihrer grausamen Landsleute zu entreißen,
und zu diesem Zwecke die drei ersten Tauschhändler verhört. Nach ihren
Aussagen gehörten sie zu einer funfzig Mann starken Karawane, die nörd=
lich vom Gila mit den Indianern verkehrte. Ungefähr dreißig Personen
dieser Gesellschaft waren zurückgeblieben, während die übrigen sich mit ihrem
Erwerb auf der Heimkehr nach Santa Fé befanden, wohin sie auch das
junge Mädchen, welches sie von den Piñol=Indianern erstanden, zu bringen
beabsichtigten, also nach der entgegengesetzten Richtung von der, welche sie
hätten einschlagen müssen, um dieselbe den Ihrigen, die in Santa Cruz
wohnten, wieder zuzuführen. Es lag also am Tage, die junge Gefangene
war zur Leibeigenen bestimmt, die wie gewöhnliche Waare verkauft werden
sollte. Auf die Verträge sich stützend, erklärten die Commandeure den
Tauschhändlern ihren festen Willen, die Gefangene zurückbehalten und später
den Ihrigen wiedergeben zu wollen, und ihr bis dahin alle mögliche Gast=
freundschaft angedeihen zu lassen. Alle Widerrede der Tauschhändler, alle
die falschen Versicherungen ihrer ehrenhaften Absichten waren vergebens;
das Mädchen blieb bei uns im Lager, wo sie die allgemeine Theilnahme
in so hohem Grade erregt hatte, daß sich selbst von den rohesten Arbeitern
nie Jemand die geringste Unhöflichkeit gegen das arme Wesen zu Schulden
kommen ließ. Inez Gonzales war die Tochter von Jesus Gonzales
in Santa Cruz, einer kleinen Grenzstadt am San=Pedro=Fluß in Sonora.
Sie hatte das funfzehnte Jahr noch nicht erreicht, war lieblich und inter=
essant in ihrer Erscheinung, bescheiden und für sich gewinnend in ihrem
Benehmen. Im September des vorhergehenden Jahres hatte sie in der
Gesellschaft ihres Onkels, ihrer Tante, einer andern Frau und des jungen
Sohnes derselben, Santa Cruz verlassen, um zur Feier des heiligen Fran=
ciscus zu der 15 Meilen entfernten Stadt Magdalena zu reisen. Zum
Schutz gegen umherstreifende, räuberische Indianer wurden sie von einer
Wache von zehn Soldaten begleitet. Am zweiten Tage ihrer Reise führte
der Weg die Gesellschaft durch eine Schlucht, in welcher ein klarer Bach
rieselte, dessen Ufer von dichtem Gebüsch eingefaßt waren. In der Mitte
der Schlucht erhob sich ein roh gezimmertes Kreuz, welches dem Andenken
irgend eines erschlagenen Mexikaners errichtet war. Als die Reisenden das

Möllhausen, Tagebuch. 10

Kreuz erreichten und anhielten, um für die Ruhe des Ermordeten ein Ge=
bet zu sprechen, erhob sich wildes Geheul hinter dem nahen Gebüsch, und
eine Bande der blutdürstigen Piñol=Indianer stürzte auf die Arglosen; ehe
diese an Flucht zu denken vermochten, waren der Onkel der Iñez nebst
sieben Soldaten erschossen oder von den langen Lanzen der Wilden durch=
bohrt; nur drei von der Wache entkamen, um in der Heimath das blutige
Schicksal ihrer Gefährten verkünden zu können. Iñez, ihre beiden Beglei=
terinnen, so wie der Knabe wurden gefangen mit fortgeschleppt und getrennt.
Die beiden Frauen und der Knabe wurden bald von mexikanischen Tausch=
händlern losgekauft und als Leibeigene mit in die nördlichen Ansiedelungen
genommen, während Iñez bis zur Ankunft der Mexikaner, von welchen sie
erstanden worden, fortwährend bei den Indianern lebte. Obgleich sie wäh=
rend ihres Aufenthaltes unter denselben hart arbeiten mußte und ihrer
Kleidung fast gänzlich beraubt worden war, so hatte sie doch keine Ursache
gehabt, über sonstige ungebührliche Behandlung zu klagen. Die Piñol=
oder Piñoleno=Indianer zählen in ihrem Stamme kaum 500 Seelen und
durchstreifen das ausgedehnte Gebiet zwischen der Sierra Piñol und Sierra
Blanca, welche beiden Gebirge fast an den obern San=Francisco=Fluß
stoßen. Ihre Nahrung besteht fast ausschließlich aus der Wurzel der Agave
Mexicana, aus der sie eine Art Brod bereiten. Alles Uebrige verschaffen
sie sich durch Raub; ihre Gier nach Fortschleppen von Gefangenen hat nur
darin ihren Grund, daß sie dieselben auf vortheilhafte Weise wieder an die
Mexikaner veräußern können, von welchen sie dadurch, wenn auch nur
mittelbar, zu neuen Räubereien aufgemuntert werden. So wußte sich Iñez
mehr als zwölf Fälle zu erinnern, daß gefangene Weiber und Männer
während ihres Aufenthaltes daselbst eingebracht worden waren, die alle ihr
Schicksal theilen mußten.

Die schöne Gefangene wurde also von unserer Commission aufgenom=
men und alles Mögliche aufgeboten, ihr den Aufenthalt bei derselben er=
träglich zu machen. Sie wurde so gut gekleidet, wie es die Mittel im
Lager erlaubten, und von allen Seiten reich beschenkt; sie füllte ihre Zeit
mit weiblichen Handarbeiten und dem Lesen einiger spanischer Bücher aus,
die sich zufällig bei der Gesellschaft vorgefunden hatten. Der wehmüthige
Ausdruck ihres lieblichen Gesichts verrieth indessen die innige Sehnsucht,
mit der sie fortwährend der Lieben in der Heimath gedachte. Wir verließen
endlich die Kupferminen, und unsere Arbeiten führten uns südlich in die
Nähe von Santa Cruz. Mangel an Fleisch veranlaßte uns, zwei unserer
Arbeiter voraus zu senden, um in den Ansiedelungen Schafe zu erstehen.
Sie folgten einen Tag lang dem Laufe des San=Pedro=Flusses und erreich=
ten das Lager einiger dreißig Mexikaner, die sich dort aufhielten, um wil=
des Rindvieh zu jagen. Sie sprachen zu denselben von unserer Expedition,
unserer Absicht, nach Santa Cruz zu gehen, und erwähnten zu gleicher Zeit
der schönen Iñez. Zufälliger Weise befand sich unter den Leuten, die alle
in Santa Cruz wohnhaft waren, der Vater und ein Onkel des jungen

Mädchens; es war überhaupt kein Einziger bei dem Trupp, dem die verloren geglaubte Iñez nicht bekannt gewesen wäre. Auf die fast unglaubliche Nachricht von Iñez' Rettung entstand eine plötzliche Aufregung; die Bewachung der Heerde wurde einem einzelnen Mitgliede überlassen, worauf sich alle Uebrigen beeilten, unser Lager in kürzester Frist zu erreichen, um sich von der Wahrheit zu überzeugen, denn bis jetzt war es noch etwas Unerhörtes, daß ein von den Indianern geraubtes Mädchen je wieder zurückgekehrt wäre.

Die Freude des Vaters und der Freunde, als sie die längst verloren Geglaubte erblickten, war unbeschreiblich; Einer nach dem Andern lief zu dem jungen Mädchen hin, um sie auf mexikanische Weise zu umarmen; Thränen der Freude weinten die gebräunten und halbnackten Gestalten, denen die tiefste Rührung die Sprache geraubt hatte.

Laut schluchzend lag das Mädchen in den Armen der Ihrigen, und lange währte es, ehe sie so viel Fassung gewann, daß sie sich nach ihrer Mutter und ihren Geschwistern erkundigen konnte. Die Nachricht über das Wohlbefinden derselben entlockte ihr abermals einen Strom von Thränen, doch waren es Thränen der innigsten Glückseligkeit und Freude, die ein tiefes Gefühl, ein gutes Herz verriethen, und bei deren Anblick selbst die abgehärteten, sonnverbrannten Arbeiter der Commission vergebens ihre Bewegung zu verbergen suchten. Die Urheber so vielen Glückes fanden darin den schönsten Lohn für ihre edle That. Als wir uns Santa Cruz näherten, gingen zwei Mexikaner voraus, um Iñez' Mutter von der Rettung ihrer Tochter in Kenntniß zu setzen und auf das baldige Wiedersehen vorzubereiten. Die Ankunft des Mädchens in der Stadt zu erwarten, wäre für die Mutter zu viel gewesen; zu Fuße und auf Maulthieren zogen die Verwandten und Freunde hinaus und uns entgegen. Als sich der Zug soweit genähert hatte, daß Iñez ihre Mutter zu erkennen vermochte, sprang sie vom Pferde und eilte in ihre Arme. In den lauten Ausrufungen, die Beide im Uebermaß ihres Glückes ausstießen, lag zugleich eine ganze Welt voll Schmerzen und Qualen, welche sie während der langen Trennung gelitten; die Mutter umarmte ihre Tochter immer und immer wieder und ließ sie nur los, um in ihren Zügen zu lesen und sich gleichsam von der Wirklichkeit dessen, was so lange unmöglich geschienen, zu überzeugen. Die Scene war beinahe schmerzlich für uns und langsam zogen wir weiter. Immer neue Bekannte trafen ein, um die schöne Iñez zu bewillkommnen, unter diesen auch zwei Knaben, die Brüder des jungen Mädchens, die zu ihr auf's Pferd kletterten und ihre Freude in knabenhafter Ausgelassenheit zu erkennen gaben. Neben dem Pferde schlich in stummer Verzweiflung ein anderer Knabe; bittere Thränen rollten über seine dunkelfarbigen Wangen, denn seine Mutter war ebenfalls geraubt und sein Hoffen auf Nachricht von derselben vergeblich gewesen; nichts wurde ihm an diesem Tage der Freude zu Theil, als Blicke der innigsten Theilnahme und des Mitleids.

Oft habe ich noch an diese Zeit gedacht und mir nie zusammenreimen

10*

können, daß ein Volk, welches so tiefe Gefühle verräth, dennoch so viele Menschen unter sich haben kann, die um schnöden Gewinn das häusliche Glück so mancher Familie zu Grunde gehen lassen und sogar noch mit dazu beitragen. Wenn Diejenigen, welche beabsichtigten, Iñez in Santa Fé als Leibeigene zu verkaufen, Zeugen bei diesem Wiedersehen hätten sein können, sie würden nicht kalt geblieben sein, sie würden Erbarmen gehabt und den gewissenlosen Menschenhandel aufgegeben haben. Von den wilden Eingeborenen ist solches freilich nicht zu verlangen, doch wenn ihnen fest und muthig entgegengetreten würde, anstatt sie, wie es jetzt geschieht, gewissermaßen als nur zu willige Mittel zu schändlichen Zwecken zu benutzen, dann würden der Räubereien allmälig weniger werden und die Wilden, denen solche Erwerbsquellen abgeschnitten, sich wahrscheinlich eher zur Civilisation hinneigen. Doch hören Sie das Weitere über Iñez. Auch ihr wurde ein trauriges, bitteres Loos zu Theil, welches sie nur der Schwachheit ihrer Verwandten zu verdanken hatte, so wie dem Umstande, daß die gesammte dortige Bevölkerung auf einer so niedrigen Stufe der Kultur steht, daß sie ohne Murren gestattet, daß ein Offizier ihres Landes mit dem Glücke ganzer Familien straflos spielen und seine Opfer in den Staub treten darf.

Als wir durch die Stadt zogen, um auf der andern Seite derselben unsere Zelte aufzuschlagen, die uns besser als die mexikanischen AdobeHäuser zusagten, sahen wir Iñez und die Ihrigen in der Kirche, um Gott und den Heiligen ihren Dank für die Wiedervereinigung darzubringen. Wir hatten Abschied von ihr genommen und glaubten nicht, daß wir jemals wieder von ihr hören würden, denn unsere Arbeiten riefen uns nach anderen Regionen.

Die schöne Iñez blieb indessen bei Allen in frischem Andenken, und es verging kein Tag, an welchem ihrer nicht von dem Einen oder dem Anderen in der Unterhaltung gedacht worden wäre. Ueber ein halbes Jahr war seitdem verflossen, als unser Weg uns wieder in die Nähe von Santa Cruz nach Tubac, einem mexikanischen Militairposten, führte, dessen Gebäude halbzerfallene Hütten und Lehmhäuser waren, und dessen schwache Garnison von einem gewissen Capitain Gomez befehligt wurde. Nun stellen Sie sich also unser Erstaunen vor, als wir dort erfuhren, daß Iñez Gonzales in der Gewalt des mexikanischen Offiziers sei und sich an eben diesem Orte befinde. Dieser wurde von unserer Seite darüber zur Rede gestellt und gab an, daß Iñez allerdings bei ihm sei, jedoch mit ihrer Mutter zurückzukehren gedenke. Nur mit Widerstreben gestattete er uns eine Zusammenkunft mit dem unglücklichen Mädchen. Die Freude, ihre alten Reisegefährten wiederzusehen, war groß, doch sah sie traurig und niedergedrückt aus, wovon Capitain Gomez, der sie nicht aus den Augen ließ, die Ursache zu sein schien. Als wir fragten, ob sie geneigt sei, mit uns nach Santa Cruz zu reisen, antwortete sie zagend, um ihren neuen Herrn nicht zu beleidigen, daß sie sich in den Willen desselben füge. Der Offizier gab uns das feierliche Versprechen, daß Iñez uns am folgenden Tage mit ihrer

Mutter, die zur Zeit dort anwesend war, nachfolgen solle. Wir zogen weiter; das Einzige, was wir in Santa Cruz über Iñez erfahren konnten, war, daß die Mutter allein zurückgekehrt sei, daß Gomez Beide durch List nach Tubac gelockt, das Mädchen mit Gewalt zurückbehalten und die Mutter heimgeschickt habe. Ein letzter Weg, Iñez Gonzales zu nützen, wurde eingeschlagen. Mr. Bartlett wendete sich nämlich brieflich an Cubillas, den Gouverneur von Sonora, und versuchte, ihn für das unglückliche Mädchen zu interessiren.

Welchen Erfolg dieser Schritt gehabt hat, ist uns nie kund geworden. Wir kehrten zurück nach den Vereinigten Staaten; der Eine wurde hierhin, der Andere dorthin gesendet, und manches Jahr mag darüber hingehen, ehe Einer von uns wieder jene Gegenden berührt. Ich bin aber überzeugt, daß alle Diejenigen, welche damals die liebenswürdige Iñez und ihr trauriges Schicksal kennen lernten, ihrer noch oft gedenken und ihr ein besseres Loos wünschen*)!" — „Gewiß!" rief Doctor Bigelow aus, „hätte das junge Mädchen ein besseres Loos verdient, und was den verrätherischen Capitain Gomez betrifft, so hätte ich ihm gern eine Kugel durch den Kopf geschossen. Er gehörte indessen dem Staate Sonora an, war also außer dem Bereiche unserer Macht; übrigens glaube ich, daß es einen ganzen Theil der dortigen Bevölkerung kosten würde, wenn alle dergleichen Verbrechen mit dem Tode bestraft werden sollten."

„Dieses wäre also der Beautiful View Creek," bemerkte Lieutenant Whipple, der am Rande eines Thales von großer Ausdehnung anhielt, und wie seine Gefährten die Blicke über dasselbe hinstreifen ließ. „In dem Staate New-York würde in dem kleinen District von Columbia würde einer Aussicht wie dieser wenig Aufmerksamkeit geschenkt werden, und doch fühlt man sich von dem Bilde angenehm überrascht, welches sich vor den Augen ausbreitet, wenn man diesen Punkt erreicht hat, obschon das Thal ebenso unfruchtbar zu sein scheint, wie die dürre Steppe, über welche wir hingezogen sind. Wir befinden uns jetzt genau dem östlichen Ende der Hochebene gegenüber, und da es noch früh am Tage und die Entfernung bis zu dem Punkte, wo wir die Llano Estacado zu ersteigen haben, nicht mehr allzu groß ist, so werden wir wahrscheinlich am Fuße derselben in der Nähe irgend einer Quelle die Nacht zubringen."

Es war so, wie Lieutenant Whipple vorausgesagt hatte; weithin vermochte das Auge dem Laufe des Flüßchens zu folgen, welches in seinem breiten Thale in kurzen Windungen dem Canadian River zueilte.

Die Einfassung der Niederung bestand aus den zerrissenen und von der Natur phantastisch gebildeten Ueberresten der Ebene. Die keilförmigen Hügel, die weit in das Thal hineinragten, auf anderen Stellen mehr zurück-

---

*) Die näheren Umstände, Zeit und Ortsangaben aus Bartlett's Personal Narrative.

blieben, bildeten eine überraschende Perspective. Die röthliche Farbe des Bodens, auf welchem verkrüppelte Cedern in fast regelmäßiger Entfernung von einander zerstreut standen, hoben das Merkwürdige der ganzen Land= schaft. Einzelne der Schluchten, nur für sich beobachtet, zeigten ein wildes Chaos von gelben und rothen Sandsteinblöcken, dunkelfarbigen Cedern und sandigem Boden, auf welchem kaum etwas Anderes als die bescheidene Cactus Wurzel zu schlagen vermochte.

Mit leichter Mühe gelangte unsere Expedition hinab in's Thal, über= schritt das Flüßchen, erreichte ohne große Schwierigkeit auf dem jenseitigen Ufer die Ebene und zog am Rande der Llano Estacado hinauf, deren cedern= bewachsene Schluchten und Spalten auf groteske Weise tief in die Hoch= ebene hineinreichten und Hügel von derselben ganz oder theilweise trennten, die dadurch das Ansehen von riesenhaften Wällen und Befestigungen ge= wannen. In dem Maße, als sich nun der Wagenzug diesem Tafellande näherte, nahm die Unebenheit des Bodens zu; trotzdem wurde der Schritt der Thiere beschleunigt, um das für diesen Tag gesteckte Ziel, die Schlucht mit der Quelle, zu erreichen, an welcher vorbei die Straße nach der Ebene hinaufführte. Der Weg in der Prairie war freilich bequemer als der, auf welchem die Expedition sich jetzt fortbewegte, doch fröhlicher ging es nun Berg auf Berg ab, das Auge weidete sich an der Umgebung und fand immer neue Gegenstände, an denen es beobachtend haften bleiben konnte. Antilopen sprangen ausgelassen auf den dürren Hügeln umher, Hirsche lug= ten hinter blaugrünen Cedern hervor, Adler und Weihen beschrieben ihre Kreise in den Lüften, und zierliche Prairiehündchen schauten scheltend und bellend aus den Oeffnungen ihrer dunklen Wohnungen.

Gewiß birgt die Majestät der Natur mit ihren wilden, schattigen Schluchten, ihren grauen Felsmassen, welche stolz ragenden Vesten nicht un= ähnlich sind, etwas in sich, was die schlummernden Kräfte aufregt und den Geist zum Nachdenken weckt. Wer daher gewohnt ist, in öden Wildnissen zu wandern, wird ermüdende und gefahrvolle Unternehmungen leichteren Arbeiten vorziehen, wenn ihm nur hin und wieder der Genuß geboten wird, im Anblick der ihn umgebenden wilden Natur schwelgen und sich einer hochfliegenden Begeisterung hingeben zu können. Die Zeit verrinnt ihm dann unmerklich, ungern trennt er sich von solchen Scenen und nur zu rasch senkt sich für ihn die Sonne gegen Westen.

Die Quelle war gefunden, das Ziel erreicht; in der Nähe natürlicher Weinberge, die eine Fülle schwellender Trauben boten, wurde am 16. Sep= tember das Lager aufgeschlagen. Die Expedition hatte bis zu dieser Stelle seit dem Aufbruch von Fort Smith eine Strecke von 564 Meilen in ziem= lich gerader Richtung über ebene und rollende Prairie zurückgelegt. Obgleich unmerklich, waren wir während des Marsches allmälig doch zu einer be= deutenden Höhe gestiegen. Fort Smith liegt nämlich nur 460 Fuß über der Meeresfläche, der zweite hervorragende Punkt dagegen, die Antelope Hills oder Grenzhügel von Texas, 2100, und in dem Lager am Fuße der

Hochebene befanden wir uns in der Höhe von 4278 Fuß. Die Hochebene, oder el Llano Estacado (die abgestedte Ebene)*), die sich über 4 Längen= und 4 Breitengrade erstredt, erreicht an ihren hervorragendsten Punkten eine Höhe von 4707 Fuß, und die durchschnittliche Erhebung wird auf 4500 Fuß, also 222 Fuß über ihrer Basis gerechnet. Der Boden auf derselben ist sandig, und horizontale Lagen von rothem und weißem Sandstein ziehen sich von einer Grenze bis zur andern. Nur wenig von dieser ausgedehnten Fläche ist bis jetzt bekannt, indem Reisende sich scheuen, in Regionen vorzudringen, wo sie durch gänzlichen Mangel an Holz und Wasser dem Untergange preisgegeben sein würden, und abgesehen davon, daß das Ersteigen derselben nicht zu den leichtesten Arbeiten gehört, bequemt man sich doch ungern dazu, einzelne Eden derselben abzuschneiden, um dadurch einen großen und beschwerlichen Umweg zu sparen.

Die Strecke, welche Lieutenant Whipple mit seinem Commando auf der wasserlosen Hochebene zurückzulegen hatte, betrug 27 Meilen, mithin einen starken Tagemarsch; es wurde freilich der Encampment Creek im Laufe des Tages berührt, doch war vorauszusehen, daß derselbe trocken sein würde, und daher beschlossen wir, am folgenden Morgen noch vor Aufgang der Sonne die Ebene zu ersteigen, am Encampment Creek eine Stunde zu rasten und dann mit erneuten Kräften dem Rocky Dell Creek, der westlichen Grenze von Texas, zuzueilen, um an demselben von der trostlosen Llano wieder hinabzusteigen Die kalte Abendluft, so wie der in Aussicht stehende lange Marsch, veranlaßten Jeden, sich früher als gewöhnlich in die wärmenden Decken zu hüllen und der Nachtruhe zu pflegen.

Der Mond war eben untergegangen und Dunkelheit an die Stelle der milden Beleuchtung getreten, als das Signal zum Rüsten gegeben wurde. Halbschlafende Gestalten erhoben sich ringsum im Lager und eilten den niedergebrannten Feuern zu, um dieselben zu schüren und nahe der wärmenden Flamme der unangenehmen Wirkung der schneidend kalten Nachtluft zu entgehen. Undurchdringlich schwarze Finsterniß lag in den Schluchten und Thälern, geheimnißvoll und nur undeutlich stachen die Thürme und Wälle der Hochebene gegen den tiefgrauen Himmel ab. Wir hatten noch zwei Stunden vor dem Aufgange der Sonne, als der erste Schein im Osten das Herannahen des jungen Tages verkündete, breite, milchweiße Strahlen nach allen Richtungen aussendete und in regelmäßigen Zwischenräumen das Firmament bis zum Zenith hinauf bedeckte. Es war kein gewöhnliches Morgenroth, welches schon eine matte Beleuchtung auf

---

*) Auf dieser Hochebene befindet sich durchaus gar nichts, was dem Reisenden als Landmarke dienen könnte. Merikanische Tauschhändler hatten deshalb vormals durch lange Stangen, die sie in gewisser Entfernung von einander aufrecht in den Boden stedten, den Reisenden die vortheilhafteste Richtung angegeben, woher der Name el Llano Estacado.

die dunklen Schatten geworfen hätte; es war noch zu früh, um ein solches erwarten zu können, denn die äußersten Streifen, die sich schräg gegen Norden und Süden hinneigten, ließen leicht berechnen, wie tief die Sonne noch stehen mußte. Licht ging von den Strahlen Anfangs nicht aus, die bleiche Farbe derselben ließ im Gegentheil den Himmel in noch dunklerem Grau erscheinen.

Als die Strahlen eine röthliche Färbung anzunehmen begannen und dann ein magisches Licht verbreiteten, welches allmälig zunahm und die Dämmerung erzeugte, glimmten nur noch Kohlen in dem verlassenen Lager, in deren Nähe hungrige Wölfe sich um die Abfälle des Frühmahles bissen. Wir waren schon weit fort, einzelne Reiter hielten auf der Hochebene([10]) und rüstig folgte ein Wagen dem andern die steile Höhe hinauf. Oben angekommen, rollten die Räder leicht auf der glatten Fläche, auf der sie keinen Widerstand fanden; kaum merklich lehnten sich die Thiere in die Geschirre und die schweren Lasten folgten willig und leicht nach. Blitzender Glanz im fernen Osten lenkte alle Blicke nach der Richtung hin, wo dunkelglühend die Sonne der Llano Estacado entstieg. Gerade so erhebt sich die Sonne aus dem endlosen Ocean, wenn die wilden Wogen schlafen, kein Hauch die spiegelglatte Fläche trübt und ein feuriger Streifen sich von der Sonne bis zu dem Beobachter erstreckt. Auch auf der Llano fehlte der glanzvolle Schein nicht, doch nicht auf glatter Wasserfläche brachen sich die ersten Strahlen, sondern in Milliarden von Thautropfen, die verschwenderisch die dürren Halme und Gräser beschwerten. Auf dem Ocean späht Jeder, sobald der junge Tag erwacht ist, am fernen Horizont nach Segeln und freut sich bei dem Anblick eines solchen; er wähnt sich dann nicht verlassen und allein in der erhabenen Einsamkeit. Auf der Llano schweifen des Wanderers Blicke vergeblich in die Ferne, kein Baum, kein Strauch grüßt dort sein Auge. Das spiegelglatte Meer schläft nur, und wie das Athmen eines Leviathans verrathen die Schwellungen sein Leben; die Llano Estacado aber ist todt, und geheimnißvoll baut die Mirage ihre trügerischen Nebelbilder auf derselben und giebt dem Menschen eine leise Ahnung von dem, was einst gewesen.

XIII.

Fortsetzung der Erzählung des Naturaliensammlers. — Encampment
Creek. — Reise auf der Llano Estacado. — Ankunft am Rocky Dell
Creek. — Indianische Malereien.

„Es wird Ihnen nicht besser gehen wie mir," rief der Doctor dem
Naturaliensammler zu, indem er die Zügel seinem Maulthier auf den Hals
legte, seinen zerdrückten, vielgebrauchten Hut zurecht klopfte und in die
ursprüngliche Form zu bringen versuchte, „es wird Ihnen ganz gewiß
nicht besser gehen; da reite ich schon seit einer Stunde umher, aber auch
nicht das kleinste Pflänzchen habe ich gefunden, welches der Mühe des
Mitnehmens werth gewesen wäre, und außer einigen Heuschrecken und den
Schatten von Antilopen am fernen Horizont habe ich noch kein einziges
lebendes Wesen wahrgenommen, was mich denn auf den Gedanken gebracht
hat, daß Ihre Schlangen = und Eidechsenjagd heute so erfolglos bleiben
wird, wie mein Botanisiren." — „Ich fürchte, Sie haben Recht," ant=
wortete jener; „die Natur scheint hier oben ausgestorben zu sein, und
werfen wir die Blicke auf unseren langen Zug, so ist es in's Auge fallend,
wie die trostlose Umgebung sogar auf die rohesten Arbeiter einwirkt: alle
scheinen zu träumen und sich wie unbelebte Maschinen fortzubewegen.
„Der Einfluß der Umgebung auf das Gemüth des Menschen, selbst des=
jenigen, dem kein tiefes Gefühl zugeschrieben werden kann, ist unwidersteh=
lich," erwiederte der Doctor; „ich werde gewiß nicht leicht ein Opfer der
Langeweile, so lange ich mich in Gottes schöner, freier Natur bewege, denn
die Natur ist nicht stumm, sie gewährt uns eine schöne, eine edle Unter=
haltung, die der Aufmerksame versteht. Sogar das dürre, spärliche Gras,
welches unter den Hufen unserer Thiere zu Staub zerfällt, redet zu dem
Menschen und belehrt ihn; dennoch muß ich ehrlich gestehen, daß hier oben,
wo selbst die Cacteen nicht vermögen Wurzel zu schlagen, ich mich lieber
mit meinem Nebenmenschen als mit der so wenig ansprechenden Natur=
umgebung unterhalte." Der Doctor, voll Interesse für die Schilderungen
des innern Indianerlebens, wandte sich nun an den, der ihm mehrfach
bei frühern Gelegenheiten von seinen Erlebnissen während seines Aufent=
haltes unter den Ottoe = und Omaha = Indianern erzählt hatte. „Beginnen
Sie da," sagte er, „wo Sie von dem Mr. Marten Abschied nahmen und zu
den Ottoes übersiedelten. Wir Alle sind darauf gespannt zu erfahren, wie
es Ihnen weiter erging."

„Mit Freuden," antwortete der Erzähler, „willige ich in Ihren Vorschlag, um so mehr als ich gern und oft an jene Zeiten zurückdenke, um
sie im Geiste gewissermaßen noch einmal zu durchleben. Ich befand mich
also wieder unter weißen Menschen und erfreute mich eines solchen Luxus,
wie er im fernen Westen nur denkbar ist. Ich schlief in einem rohgezimmerten Bette und nahm meine Mahlzeiten an einem Tische ein, wobei
ich auf einem Stuhle saß. Letzteres blieb indessen nicht ohne unangenehme
Folgen für mich, denn ein fortwährendes Einschlafen der Füße, sowie un-
leidliche Schmerzen in denselben erinnerten mich stets daran, daß die
sitzende Stellung mir nicht nur ungewohnt, sondern beinahe fremd geworden
war. Den Tag über befand ich mich größtentheils in dem Raume, der
zugleich als Waarenlager und Tauschladen diente, und blieb in fortwäh-
rendem Verkehr mit den Ottoes, die haufenweise über den gefrorenen
Missouri kamen, um ihr Pelzwerk gegen Fabrikate der Weißen umzusetzen.
Der alte Wo-nes-hee stellte sich regelmäßig des Morgens ein und zwar jedesmal in tiefer Trauer um seinen vor vielen Jahren erschlagenen Sohn. Die
Haare hatte er sich mit einem Brei von Asche und Wasser zusammengeklebt
und sein Gesicht ganz schwarz gefärbt. So trat er denn zu mir und weinte
bitterlich; wenn ich ihn dann nicht gleich durch ein Gläschen Branntwein
tröstete, brach er in ein lautes Klagegeheul aus, mit welchem er zur größten Belustigung meiner weißen Freunde nicht eher wieder einhielt, als bis
ich ihm meine Theilnahme auf die erwünschte Art bewiesen hatte. Freilich
bequemte ich mich nur ungern dazu: einestheils war ich ganz ohne Geld
und gezwungen, die geringsten Kleinigkeiten auf Credit zu nehmen, ohne zu
wissen, wann und wie ich dieselben jemals würde bezahlen können; dann
aber auch war es mir ein schreclicher Gedanke, daß ich dem alten Wo-nes-
hee die Hand zur Befriedigung seiner verabscheuungswürdigen Gelüste bieten mußte. So wie meine alten Reisegefährten sich täglich bei mir zeigten,
machte ich ihnen ebenfalls meine Besuche in ihren Wigwams; ich fand stets
eine herzliche Aufnahme und eine Schüssel Fleisch für mich in Bereitschaft;
ich jagte mit ihnen und fand in dem Umgange mit diesen armen Wilden
reichen Stoff zur Unterhaltung, aber auch zum Nachdenken. So gingen
acht Tage schnell vorüber und am Ende dieser Zeit war ich wieder im
Stande, mich in meinen eigenen Kleidern zu präsentiren, welche ich der
Geschicklichkeit einer Frau zu verdanken hatte, die mir aus einer grünen
gestreiften Decke einen prächtigen Rock herstellte, mit welchem ich im Dorfe
der Indianer nicht wenig Aufsehen erregte. Kaum hatte ich mich also etwas
erholt und meine Waffen in gehörige Ordnung gebracht, als ich mich hinlänglich mit Munition versah, von meinen Gastfreunden Abschied nahm
und zurück zu den Ottoes wanderte. Ich hatte nämlich in Erfahrung gebracht, daß 12 Meilen nördlich von Bethlehem, unter welchem Namen die
Ansiedelung, wo ich mich aufgehalten, bekannt ist, das Dorf der Omaha-
Indianer sei und nicht weit von diesem sollte sich ein Handelsposten der
St. Louis-Pelzcompagnie, eine Indianer-Agentur und eine presbyterianische

Mission befinden. Dorthin nun beabsichtigte ich überzusiedeln, doch nicht
ohne mich vorher bei den Ottoes gehörig umgesehen zu haben.

Die Ottoes (ursprünglich O=ta=ta=toes) zählen kaum noch 600 See=
len; die Missouris, ihre früheren Nachbarn, sind seit einer Reihe von Jah=
ren dem Ottoe=Stamme einverleibt, wozu die Aehnlichkeit der Sprache, be=
sonders aber die Abnahme ihrer Seelenzahl, die Veranlassung gewesen sein
mag, denn die Missouris waren schon bis auf 400 Köpfe herabgekommen.
Beide Stämme bewohnen jetzt gemeinsam ein Dorf, stehen aber unter be=
sonderen Häuptlingen. Ottoes und Missouris sind indessen gewöhnlich zu=
sammen zu finden, vereint ziehen sie zum Kampf und auf die Jagd, und
gemeinschaftlich führen sie ihre wilden, malerischen Tänze in dem Thale an
der Mündung des Nebrasca auf. Die Männer sind groß und kräftig ge=
baut, während die Weiber und Mädchen manches schöne Gesicht aufzuweisen
haben. Bei den freundlichen Gesinnungen, welche dieser Stamm gegen die
Weißen hegt, können Sie sich denken, lieber Doctor, wie frei ich mich unter
diesen Wilden bewegen durfte und mit welcher Herzlichkeit mir jedes Wig=
wam geöffnet wurde. Schade nur, daß ich vor den Betrunkenen sehr auf
meiner Hut sein mußte; denn da es ihnen leicht wurde, Branntwein von
den Weißen jenseits des zugefrorenen Missouri zu erlangen, so waren fast
fortwährend einige von ihnen in einer so vergnügten Laune, daß sie mit
Messer und Tomahawk wie mit Federbällen spielten, und ich oftmals meine
ganze Gewandtheit aufbieten mußte, um einem sausenden Mordinstrumente
auszuweichen. Ich war indessen vorsichtig genug, derartig aufgeregte Ge=
müther nicht durch unzeitige Empfindsamkeit zur Wuth zu reizen, sondern
lachte zu ihren Späßen, und niemals bin ich mit Einem in Streit gerathen.
Am zweiten Abende meines Verweilens in dem Dorfe wurde mein Gleich=
muth auf eine so harte Probe gestellt, daß, hätte ich nur die Möglichkeit
eines heimlichen Entkommens gesehen, ich mich gewiß geflüchtet hätte, um
nicht länger Scenen ausgesetzt zu bleiben, die für mich zu ernsthaft zu
werden drohten, während sie mich von einer anderen Seite, ihrer Merk=
würdigkeit wegen, doch wieder mächtig anzogen. Der Pferdetanz wurde
nämlich aufgeführt und zwar mit einer Leidenschaft, Feierlichkeit und Pracht,
wie sie nur immer bei Indianern gefunden werden kann. Wären alle Mit=
glieder nüchtern gewesen, so hätte der Anblick ein wahrer Genuß sein müs=
sen. Denken Sie sich einen Haufen Männer, deren nackte Oberkörper und
Gesichter auf's Schrecklichste bemalt und deren Glieder mit den phantastischsten
Schmucksachen bedeckt sind, die mit flatternden Skalplocken und Federn ge=
putzt und, von Kopf bis zu Fuß bewaffnet, laut heulend ein mächtiges
Feuer umkreisen, dessen lodernde Flammen die Nacht weithin erhellt, dabei
springen und hüpfen und ihre schön gewachsenen Glieder auf das Wunder=
lichste verdrehen, ihre Waffen kräftig schwingend, als gälte es unsichtbare
Feinde zu bekriegen. Denken Sie sich also einen solchen Anblick und Sie
werden gewiß zugeben, daß dadurch die Aufmerksamkeit auf's Höchste ge=
fesselt werden muß. Ich saß beim Beginne des Tanzes im Schnee bei

einem kleinen Feuer und sah auf das tolle Treiben vor mir. Nach dem
Takte dreier Trommeln, einiger Pfeifen und nach dem allgemeinen Gesang
und Heulen drehte sich die wilde Schaar im Kreise; die Melodien ihrer
Schlachtgesänge und die Erinnerung an ihre Kriegsthaten regten die Gemüther heftig auf, stampfend fielen die Füße auf den gefrorenen Boden,
die Waffen blitzten im röthlichen Schein der Flamme und der Schweiß lief
in Folge der Anstrengung reichlich über die bemalten Wangen. Ein riesenhafter Krieger, der an mir vorübertanzte, stieß plötzlich mit der Lanze nach
meiner Brust, aber natürlich nicht in der Absicht, mir zu schaden; ich fuhr
erschrocken vor der feindlichen Geberde zurück, erregte aber dadurch ein allgemeines Hohngelächter bei der ganzen Versammlung, und zu meinem größten Aerger auch bei den Weibern und Kindern, die in bescheidener Ferne
dem Tanze aufmerksam zuschauten. Ich hatte eine Blöße gegeben, die
wieder gut gemacht werden mußte, und ohne mit den Augen zu zucken sah
ich einen geschwungenen Tomahawk an mir vorübersausen, Waffen aller
Art wie grüßend und in höchst unangenehmer Nähe an mir vorbeifahren,
so daß ich anfing ernstlich zu befürchten, daß die unsichere Hand eines Betrunkenen das scharfe Kriegsbeil in verderbliche Berührung mit meinem
Schädel bringen würde. Ich saß und rauchte mein Pfeifchen Tabak, über-
legte aber dabei, auf welche Weise ich mich am sichersten dieser Lage
würde entziehen können; entfernen durfte ich mich nicht, wenn ich nicht
als Feigling gebrandmarkt und mit Hohn und Spott verfolgt werden
wollte, und länger sitzen zu bleiben schien mir eben so wenig rathsam. Die
Leute waren mir freilich zugethan, wie selbst aus dem Benehmen während
des Tanzes hervorging, aber welche Sicherheit konnte dieses Wohlwollen mir
gewähren, wenn die Waffe der Hand eines Betrunkenen entglitt und mein
Leben dadurch gefährdet wurde?

Die braven Ottoes sowohl wie die benachbarten Weißen würden
meinen Tod als einen Unglücksfall betrachtet und davon gesprochen haben,
wie wir, wenn wir eines unglücklichen Zufalles auf einem Balle gedenken,
wo vielleicht durch eine unvorhergesehene Bewegung eines Tanzenden dem
Kellner einige Gläser Wein aus den Händen gestoßen und deren Inhalt
auf das neue Ballkleid einer Dame gegossen wird. Jedenfalls hätte ich
ein ruhmloses Ende genommen; deshalb, wenn auch nur um der scheinbaren Gefahr zu entgehen, entschloß ich mich zu einem Schritte, der mir
bei den Indianern die größte Achtung verschaffte, mir aber, wenn ich davon
den sogenannten Förderern der Civilisation erzähle, manches Lächeln über
meine Schwachheit einbringen wird. Ich warf meinen Rock zur Seite, ent-
blößte meine Arme und beschmierte diese, sowie mein Gesicht, mit Fett und
rother Farbe, welche mir dienstfertig von allen Seiten dargeboten wurden,
nahm in die linke Hand mein langes Jagdmesser, in die rechte Hand einen
Revolver, und sprang in den Kreis, um meine Lungen und Füße ächt
indianisch arbeiten zu lassen. Mein Benehmen erregte eine allgemeine
Heiterkeit, wie ich an dem verdoppelten Gellen und Heulen wahrnehmen

konnte, und dadurch aufgemuntert, gab ich mir die größte Mühe, es meinen würdigen Vortänzern gleich zu thun. Das war eine harte Arbeit, doch führte ich dieselbe zur größten Zufriedenheit Aller aus; abgesehen davon, daß ich mich durch die Anstrengung erwärmte, war ich auch der früheren unangenehmen Lage enthoben. Ja, was noch mehr war, die Krieger hielten mich für ein ganz hoffnungsvolles Bleichgesicht und manche hübsche, aber noch mehr die häßlichen Squaws bewiesen mir durch kleine Geschenke, Erzeugnisse ihrer eigenen Geschicklichkeit und Phantasie, in welchem vortheilhaften Lichte ich mich an diesem Abend in den Augen des schönen Geschlechtes gezeigt hatte. Dies war also ein indianischer Ball, Herr Doctor; eine gewisse Scheu vor einer Wiederholung veranlaßte mich, früher, als ich sonst gethan haben würde, von den Ottoes Abschied zu nehmen, um in der Begleitung Farfar's und mehrerer anderer jungen Bursche zu den Omahas und dem Handelsposten der großen Pelzcompagnie zu wandern. Mein Verkehr mit den Ottoes hatte hiermit sein Ende noch lange nicht erreicht, denn oftmals kamen meine alten Gefährten zur Agentur oder in den Tauschladen und verabsäumten dann nie, mir ihre Aufwartung zu machen und bei dieser Gelegenheit nach Tabak und bunter Farbe zu fragen. Besonders feierlich war der Besuch, als zwei hervorragende Männer des Stammes, Wa=ruck=scha=mo=nee und Ki=ta=peo, die, mit Geschenken beladen, von einer Reise nach Washington zurückgekehrt waren, von den angesehensten Kriegern begleitet, zur Agentur kamen, um über die Unterredung, die sie mit dem großen Großvater gehabt, Bericht zu erstatten.

Auch Wa=ki=ta=mo=nee war zu der Zeit im Gefolge dieser Häuptlinge und redete mir freundschaftlich zu, mit dem Stehlen der Pferde und Jagen der Büffel zeitig im Frühjahre den Anfang zu machen. Er ließ dabei einige Andeutungen fallen, daß die Pferde, wenn sie von den Sioux, den Erbfeinden der Ottoes, genommen wären, viel größeren Werth haben würden und daß ein Raubzug zu dieser Nation um so mehr zu empfehlen sei, als ich dort Gelegenheit finden könne, einen oder mehrere Skalpe zu erbeuten. Daß dort Gefahr für meine eigenen Locken sei, sagte er gerade nicht, mag es auch wohl vergessen haben.

An einem klaren, aber entsetzlich kalten Morgen kehrten wir dem Ottoe=Dorfe den Rücken und wanderten rüstig am Missouri hinauf; der Schnee war mit einer harten Kruste überzogen und leicht ging es über denselben hin. Je näher wir unserem Ziele rückten, je lichter wurde die Waldung, und als wir den Papillon oder Butterfly Creek, wie das Flüßchen zuweilen genannt wird, nicht weit von seiner Mündung in den Missouri überschritten hatten, befanden wir uns am Rande einer weiten Prairie, an deren anderem Ende die Mission und die Agentur mit ihren Einfriedigungen und Nebengebäuden uns freundlich entgegenschimmerten. Ohne zu rasten eilten wir vorwärts, die Mission blieb links von uns auf einem Hügel liegen, und als die Sonne ihre letzten Strahlen über die Anhöhen sandte, stand ich in der Thüre des Mr. Sarpy, des Chefs des

Handelspostens, welcher mich mit der dem fernen Westen eigenthümlichen Höflichkeit und Gastfreundschaft empfing.

„Wie geht's, Herr? Kaltes Wetter, Herr! Werfen Sie Ihr dünnes Schuhzeug in die Ecke! Ziehen Sie ein Paar von den meinigen an! Bill! Jo! wälzt frische Blöcke in's Kamin! Sehen Sie mein Haus als Ihre Heimath an, Herr!" Dies waren ungefähr die Worte, die Mr. Sarpy mir wie einen Hagel entgegenwarf, jedoch mit einer solchen Herzlichkeit, daß ich mich sogleich zu ihm hingezogen fühlte, um so mehr, als er bei meinem Eintritt in die Stube ein kurzes Negerpfeifchen aus seinem Munde nahm, mir dasselbe auf indianische Weise darreichte, um einige Züge daraus zu thun, und sie nach diesem Zeichen des Willkommens wieder zwischen seine Zähne schob. Die Stube, ein geräumiges Gemach, schien das Unterhaltungs- und Gesellschaftszimmer zu sein; ein Schreibtisch, ein Wiegenstuhl, einige Sessel und ein altes Sopha waren die einzigen Möbel, während mehrere alte Lithographien, Portraits von Indianern, die rohen Blockwände zierten. Trotz der wenigen Sitze war der Raum fast überfüllt von Menschen, die in Ermangelung besserer Gelegenheit sich auf die bequemste Weise auf den Fußboden gelagert hatten und sich der behaglichen Wärme erfreuten, die von dem kolossalen Kamine ausströmte. Ich folgte dem Mr. Sarpy zwischen Indianern, Halbindianern und Weißen hindurch nach und nahm ihm gegenüber neben dem Scheiterhaufen Platz, um in gemüthlicher Unterhaltung den Abend zu verplaudern. Dieser Mr. P. A. Sarpy ist das merkwürdigste Exemplar eines Hinterwäldlers (backwoodman), welches ich je gesehen habe. Zu den Häuptern der Pelzcompagnie gehörend und seit mehr denn dreißig Jahren ein thätiger Mitarbeiter, hat derselbe ein Vermögen erworben, welches einer Million nahe kommen muß. Da er nun mit einer Indianerin verheirathet ist und keine Nachkommen hat, so fällt der ganze Reichthum dereinst den Kindern seines Bruders zu; trotzdem erträgt er lieber die größten Unbequemlichkeiten und Entbehrungen, als daß er sich von einer Lebensweise lossagte, die ihm nicht nur zur Gewohnheit, sondern zur anderen Natur geworden ist. Ich fragte ihn einst, warum er sich seiner Schätze nicht besser erfreue und in irgend einer Hauptstadt Europa's auf seinen Lorbeern oder vielmehr Geldsäcken ruhe. „Sie haben gut reden," gab er mir zur Antwort; „ich gehe schon seit vierzehn Jahren mit diesem Gedanken um und bin seit dieser Zeit alljährlich nach St. Louis gereist, um nicht wieder hierher zurückzukehren, doch hielt ich es daselbst nie länger als vier Wochen aus. Die ersten acht Tage vergingen mir auf die angenehmste Weise in Saus und Braus, die zweiten acht Tage fing ich an mich zu langweilen, in der dritten Woche dachte ich an das gemüthliche Leben im fernen Westen, und in der vierten kaufte ich mir einen neuen Anzug, einige Paar Stiefeln, sah mich nach einem Dampfboot um und kehrte so rasch wie möglich zu meiner alten Recoma heim, die sich vor Freude nicht zu lassen wußte, wenn ich wieder da war. So ist es nun schon seit einer Reihe von Jahren gegangen, bis ich endlich alle Hoffnung aufgegeben habe, etwas Anderes zu werden als was ich jetzt bin, und im Grunde genommen möchte ich auch mit keinem anderen Menschen der Welt tauschen."

So steht es also mit dem Mr. Sarpy; seine Blockhäuser sind für ihn Paläste, der weite Westen ist seine Welt, die Indianer bieten ihm Unterhaltung, das Reisen zu den verschiedenen Prairien Beschäftigung; die dabei vorkommenden Gefahren und Entbehrungen würzen sein Leben und erhalten ihn jung und rüstig; so wie er vielleicht vor funfzehn Jahren ausgesehen hat, findet man ihn an dem heutigen Tage noch unverändert wieder, wenn auch einige Schneeflocken auf seinem Haupte zurückgeblieben sind. Als Mr. Sarpy sich am späten Abend von mir trennte, um in seine etwas bequemer eingerichtete Schlafstube hinauf zu steigen, war er mit dem größten Theile meiner Lebensgeschichte bekannt, namentlich auch mit dem Umstande, daß ich außer meinen Waffen nichts mein Eigenthum nennen konnte, im Gegentheile für die Kleidung, die ich trug, noch schuldete. Aeußerst leicht nahm er das Letztere und von der Thür aus rief er mir noch zu: „Ihre erste Sorge unter meinem Dache muß sein, Ihre Gesundheit und Ihre Kräfte vollständig herzustellen und dann erst denken Sie an's Geldverdienen. Gelegenheit wird Ihnen reichlich dazu geboten werden, weniger jedoch, dasselbe wieder zu verbrauchen. Gute Nacht für heute! dort in der Ecke liegen Büffelhäute, Otter- und Biberfelle, machen Sie es sich bequem und schlafen Sie wohl!" Die Wärme, die von dem Kamin ausströmte und das Gemach erfüllte, trug dazu bei, ein Lager angenehm zu machen, welches aus weichgegerbten Büffelhäuten und zottigen Bärenpelzen bestand, und ich kann wohl sagen, daß mir diese Art von Bett ausgezeichnet gefiel, besser als das Schlafgerüste bei Herrn Marten. Die Flammen flackerten lustig, erleuchteten das Gemach bis in die äußersten Winkel und ließen deutlich die wilden Gestalten erkennen, die halb oder ganz in ihre Decken gehüllt reihenweise nebeneinander auf dem Fußboden lagen; einzelne schliefen, andere sangen oder unterhielten sich mit einander, bis der Schlaf sich auf alle Augenlider senkte und kein anderes Geräusch vernehmbar war als das tiefe Athmen, das Knistern des Feuers und das Heulen des Sturmes im Schlot. Nur auf wenige Minuten trat zuweilen eine Unterbrechung ein, wenn ein träumender Krieger eine wilde Weise summte oder wenn eine nackte glänzende Gestalt sich erhob, leise an's Kamin trat und das erlöschende Feuer schürte. In solcher Umgebung brachte ich meine erste Nacht bei Mr. Sarpy zu und so lange ich mich dort aufgehalten habe, vergingen mir alle folgenden Nächte in derselben Weise, nur daß das Personal, welches hier versammelt war, mit Ausnahme der Weißen, sich an jedem Tage veränderte. In der ersten Zeit hatte ich fast nichts Anderes zu thun, als immer neue Bekanntschaften zu schließen; Leute kamen, Leute gingen, immer neue Gesichter und Gestalten belebten Mr. Sarpy's Halle, die dadurch einer wohlbesetzten Bühne nicht unähnlich wurde, um so mehr, als der furchtbar strenge Winter Hausbewohner wie Besuchende hinter geschlossene Thüren bannte. Ich hatte auf diese Weise unausgesetzt die beste Gelegenheit, mich im Zeichnen zu üben, welcher Beschäftigung ich mit um so größerem Fleiße oblag, als es mir darum zu thun war, dereinst mehr als die bloße Erinnerung an diese Zeit mit in meine Heimath zu nehmen. Wenn ich Ihnen nun erzählen sollte, wie ich jeden Tag in Belle Vue, dem Etablissement des Mr. Sarpy, verlebte, so würde das zu viel von mir verlangt sein und Ihnen langweilig werden; ich will daher nur von einzelnen Erlebnissen und Gegenständen Ihnen erzählen.

Wie ich schon früher bemerkte, verkehrten wir hauptsächlich mit Omaha-Indianern, einem Stamme, der sich sowohl durch gute Häuptlinge wie durch freundliches Benehmen gegen die Weißen stets ausgezeichnet hat. Auf dem hohen Ufer des Papillon Creek, ungefähr 6 Meilen vom Missouri, liegt das Dorf dieses Stammes. Es hat eine klug gewählte Lage, so daß die Bewohner, deren Zahl kaum noch 1500 übersteigt, vollkommen im Stande sind, sich gegen eine bedeutend überlegene Macht zu vertheidigen. Der Häuptling, Ongpa-tonga (der große Hirsch), steht in großem Ansehen, wenn auch nicht in so hohem Grade wie sein Vater, der als achtzigjähriger blinder Greis starb und nicht nur von seinem ganzen Stamme, sondern auch von der weißen Bevölkerung, die auf der andern Seite des Missouri lebt, betrauert wurde. Das Grab dieses hervorragenden Kriegers befindet sich auf einem Hügel, von welchem man das Thal des Missouri weithin übersieht; dort liegt der große Elkhirsch mit seinem Streitroß und seinen Waffen; ein Pfahl und Steine bezeichnen die Stelle, um jeden Vorübergehenden an den Dahingeschiedenen zu erinnern. Doch bedarf es nicht solcher Zeichen; der Name Ongpa-tonga's wird an den Council Bluffs fortleben, selbst noch wenn der Pflug den Rasen über seinen irdischen Ueberresten aufgerissen und betriebsame Menschen Saamen in die Furchen gestreut haben. Einen Zug aus dem Leben dieses Wilden kann ich Ihnen mittheilen, in welchem sein edler Charakter so recht klar zu Tage tritt. Die westlichen Handelsposten der St. Louis-Pelzcompagnie, obgleich weit von einander entfernt, halten dennoch fortwährend einen gewissen Verkehr unter sich aufrecht. Die Chefs der Forts bedienen sich zur Beförderung ihrer Nachrichten und Befehle gewöhnlich weißer, doch auch indianischer Läufer, die, mit einigen Lebensmitteln und ihren Waffen versehen, Hunderte von Meilen durch die Urwildniß wandern, ihre Briefe und Bestellungen an Ort und Stelle schaffen und nach kurzer Rast sich wieder auf den Heimweg begeben. Um weniger Spuren zurückzulassen und sich in der Nähe feindlicher Indianer leichter verbergen zu können, reisen diese Läufer gewöhnlich zu Fuße, und dennoch schneller, als es ihnen zu Pferde in der pfadlosen Wildniß möglich sein würde. Vor einer Reihe von Jahren also, als der große Ongpa-tonga noch lebte, und, zwar schon ein alter Mann, doch immer noch rüstig mit seinen jungen Kriegern auf die Jagd zog, wurde von Belle Vue aus ein Canadier mit Briefen und Depeschen an den Commandeur des Handelspostens der Ponta-Indianer am Eau qui court abgesendet. Der Läufer, ein junger, rüstiger Jäger, zog es aus den oben angeführten Gründen vor, die Reise, die an 200 Meilen den Missouri hinaufführte, zu Fuße zurückzulegen und begab sich wohlgemuth auf den Weg. Eine Woche hatte er seine Straße verfolgt, ohne irgendwie auf Hindernisse gestoßen zu sein, als er sich des Morgens beim Erwachen in einem so krankhaften Zustande fühlte, daß es ihm un- möglich war, sich von der Stelle zu bewegen. Hülflos lag er mehrere Tage da, als er inne wurde, daß er von den Blattern, der fürchterlichen Seuche, welche die westlichen Regionen auf so unbarmherzige Weise heimsucht, befallen sei. In sein Geschick ergeben, sah der Unglückliche seinem Ende entgegen und dankte in seinem Herzen der Vorsehung, die ihn wenigstens einen sprudelnden Quell hatte erreichen lassen, in welchem er seine fieberhaft glühende Zunge zu kühlen vermochte.

Zu derselben Zeit befand sich der alte Ongpa-tonga mit sechs seiner Krieger auf der Jagd und wie der Zufall es oft so wunderbar fügt, so geschah es hier, daß der kranke Weiße von den Indianern gefunden wurde. Auf den ersten Blick erkannte der Häuptling die ansteckende Krankheit, hieß seine Leute sich aus der gefährlichen Nähe des Jägers entfernen und faßte nach kurzer Berathung einen Entschluß, der manchem frommen Missionair zur Ehre gereicht haben würde. Es ergab sich nämlich, daß drei von Ongpa- tonga's Leuten in früherer Zeit einen Anfall dieser schrecklichen Krankheit glücklich überstanden hatten, während er selbst so wie die drei Uebrigen von derselben verschont geblieben waren. Die Ersteren waren also nach seiner Ansicht gegen eine neue Ansteckung geschützt, und in Verbindung mit diesen unternahm es der Häuptling, den Weißen zu retten und zurück nach Belle Vue zu schaffen, während er die Anderen anwies, Wege einzuschlagen, auf welchen sie dem Kranken nicht würden begegnen können. Seinen Befehlen wurde Folge geleistet; auf eine von Zweigen geflochtene Bahre legten die edel- müthigen Indianer den leidenden Jäger und traten dann, die Last auf ihre Schultern vertheilend, den Heimweg an. Nach einer unbeschreiblich mühe- vollen Reise von vierzehn Tagen erreichten sie Belle Vue, wo sie von ihren Gefährten schon angemeldet waren; für die aufopfernde Mühe fanden sie reichen Lohn, denn der Zustand des jungen Jägers hatte sich auf der Reise so weit gebessert, daß derselbe zur großen Genugthuung der Indianer nach kurzer Zeit schon wieder s inen Arbeiten obliegen konnte und nur noch die unauslöschlichen Zeichen der überstandenen Leiden in seinem Gesichte trug. Durch solche Handlungen hatte sich der greise Krieger die allgemeine Zu- neigung und Achtung der Weißen erworben und mit in's Grab genommen, und wenn sich Jemand an den Council Bluffs nach dem großen Häuptling erkundigt, dann schallt ihm von allen Seiten entgegen: bei den Leiden seiner Mitmenschen war er weichherzig wie ein Kind, doch schrecklich klang sein wilder Kriegsruf in die Ohren seiner Feinde, von denen er sich manchen geschmückten Skalp erbeutete, der jetzt mit ihm an seiner Seite in Verwesung übergegangen ist. Als dieser Häuptling einst nach Washington gezogen war, wurde er daselbst auf Befehl des Gouvernements portraitirt; sein wohlge- troffenes Bildniß, umgeben von den Portraits anderer berühmter indianischer

Möllhausen, Tagebuch.   11

Krieger, wurde in dem Saale der ethnologischen Sammlung in der Patent Office aufgehangen, wo man es noch heute sehen kann.

Der junge Ongpa-tonga ist ebenfalls ein tüchtiger Häuptling, doch vermißt man an demselben die edleren Gefühle, die seinen Vater auszeichneten. Er ist indessen gastfreundlich gegen Fremde, und da ich eine Art Freundschaft mit ihm geschlossen hatte, so wurde es mir nicht schwer, häufig Zeuge der Medizintänze der Omahas zu sein. Die Krieger dieses Stammes sind in zwei Compagnien getheilt, die ihre verschiedenen Trachten und Gebräuche haben; die jungen Leute schließen sich der einen oder der andern an, je nachdem sie durch Träume oder Ansichten über Medizin und Zaubereien dazu veranlaßt werden. Die eine Abtheilung trägt langes Haar, welches bei besonderen Gelegenheiten mit einem mächtigen Busch Eulen- und Geierfedern geschmückt wird, an deren jeder ein Büschel gefärbter Pferdehaare prangt. Die andere dagegen scheert den Schädel kahl und läßt nur den Wirbelbusch wachsen, an welchem der hochrothgefärbte Schweif des virginischen Hirsches befestigt wird, so daß er sich wie ein Kamm über das Haupt zieht und auf herausfordernde Weise dem Feinde einen bequemen Griff bei der Procedur des Skalpirens bietet. In der Malerei herrscht keine Gleichmäßigkeit, sondern Jeder färbt Gesicht und Körper nach seinem Geschmack und sucht es dabei an Absonderlichkeit seinen Gefährten zuvor zu thun. Beim Rauchen werden ebenfalls verschiedene Formen beobachtet: die Einen lassen nämlich bei ihren Versammlungen die Pfeife von Hand zu Hand gehen, während die Anderen den Pfeifenkopf mit der glimmenden Füllung in beiden Händen halten und die Spitze des Rohres von Mund zu Mund reichen, wobei es den Rauchenden verwehrt ist, die dargereichte Pfeife mit den Händen zu berühren. Alle indianischen Tänze haben in so weit Aehnlichkeit mit einander, als sie in Stampfen mit den Füßen nach dem Takte von Trommeln bestehen. Die Tanzenden bleiben dann entweder auf derselben Stelle und hüpfen von einem Fuß auf den andern, oder bewegen sich im Kreise und ahmen dabei die Bewegungen von Thieren nach, wodurch die Tänze dann ihre verschiedene Bezeichnung erhalten, wie z. B. Büffel-, Biber-, Bären-, Pferde- und Hundetänze.

Das Interessanteste dieser Art sah ich einst in Belle Vue, als ein Trupp der langhaarigen Omahas uns besuchte und Tänze vor unserer Thüre aufführte. Der Aufzug allein hatte schon so viel Merkwürdiges und zeigte ein solches Durcheinander greller Farben, daß es wirklich Mühe kostete, die schlanken menschlichen Gestalten unter der Ueberladung der eigenthümlichsten Schmucksachen zu erkennen. Der Kopfschmuck war bei Allen derselbe, nämlich der große Federbusch; außerdem waren aber bei der ganzen Gesellschaft, die über dreißig Mann zählte, auch nicht zwei Linien in der Malerei einander ähnlich. Die Gesichter und Oberkörper schienen dem Chamäleon entnommen zu sein, und die aus weichem Leder angefertigten Kleidungsstücke waren mit bunten Perlen und gefärbten Stacheln des nordamerikanischen Stachelschweines reich gestickt. Ganze Massen lederner Fran-

sen, Skalp-Locken, Pferdehaare, Bälge von Vögeln, vierfüßigen Thieren und
Reptilien waren an den Armen und an den Leggins befestigt, Ketten von
Perlen, Muscheln, Tigerzähnen und Bärenkrallen vielfach um die bemalten
und tätowirten Hälse geschlungen, und messingene Spangen reihten sich auf
den Armen dicht aneinander. Diese wilde Schaar in ihrem festlichen Anzuge bot in der That einen prächtigen Anblick, als sie sich in weitem Bogen in einer Reihe aufstellte. Jeder hielt in der rechten Hand eine Rassel
in Form eines zierlich geschnitzten Stäbchens, an welchem eine Anzahl
Hirschklauen befestigt war, und begleitete das Dröhnen der Trommel, die
von vier alten Kriegern geschlagen wurde, mit taktmäßigem Gerassel; alle
Tanzenden stimmten in den wilden Gesang ein, und schrilles Pfeifen auf
ausgehöhlten Schwanenknochen half das unharmonische Concert vervollständigen. Alte schwarzbemalte Krieger gingen hinter den Tanzenden auf und
ab, munterten mit lauter Stimme zu neuen Anstrengungen auf, prahlten
mit der Tapferkeit ihres Stammes und redeten den Zuschauern zu, mit
offenen Händen Geschenke zu spenden. Jeder der anwesenden Weißen und
Halbindianer leistete denn auch der Aufforderung Folge und steuerte nach
Kräften dazu bei, die Tänzer durch Geschenke zu erfreuen.

Mehl, Decken, Farbe, Tabak, ja Pferde wurden ihnen zu Theil, so
daß der gute Humor zur wilden Ausgelassenheit gesteigert wurde, bis endlich ein Medizinmann den Tanz für beendigt erklärte und die Mitglieder
sich trennten, um für den übrigen Theil des Tages in ihren phantastischen
Anzügen umherzustolziren und sich von Jedermann bewundern zu lassen.
Die Indianer sind überhaupt außerordentlich eitel; sie verwenden viel Zeit
und Mühe auf ihren Putz, und ich glaube kaum, daß die feinsten Dandys
der civilisirten Welt mit größerer Gewissenhaftigkeit ihren Anzug vor einem
Trumeau ordnen, als die Indianer vor einem kleinen Handspiegel die bunten Linien auf Gesicht und Körper ziehen. Daher mag es auch wohl
kommen, daß ich beim Anblick eines geckenhaft gekleideten Stutzers immer
an uncivilisirte Menschen denken muß; natürlich flößt aber das Aeußere
einer Rothhaut mehr Achtung ein, weil man neben zarter Schminke die
Krallen eines erlegten Bären und neben unschuldigem Flitterstaat die gegerbten Kopfhäute erschlagener Feinde sehen kann. Das Skalpiren nun,
dessen von der civilisirten Welt mit gerechtem Abscheu gedacht wird, ist
ohne Zweifel ein barbarischer Brauch, der aber bei näherer Kenntniß der
Operation von seinem schaudererregenden Eindrucke verliert. Die Vorstellung
von den dabei zu erduldenden Schmerzen wird weniger entsetzlich, wenn
man erwägt, daß der Indianer nur dann im Stande ist, die Haut von
dem Schädel seines Feindes zu entfernen, wenn derselbe der letzten Lebenskraft beraubt ist, denn jeder Widerstand würde dem Skalpiren hinderlich
sein; doch soll es, freilich selten, vorgekommen sein, daß der Besiegte durch
einen heftigen Schlag nur betäubt war und skalpirt erwachte, denn die
Entfernung der Schädelhaut allein verursacht nicht den Tod und macht die
Wiederherstellung des Verwundeten nicht unmöglich.

11 *

Der Gebrauch des Skalpirens hat sich aus dem grauen Alterthume bis auf den heutigen Tag erhalten und wird so lange dauern, als noch Indianer im Urzustande die Wälder und Steppen Amerika's beleben. — Selbst der Halbcivilisirte wird der ererbten Neigung nicht so leicht wider= stehen können und noch oft heimlicher Weise die Locken eines Feindes an seinem Gürtel befestigen. Diese Operation, obgleich an und für sich mit geringer Mühe ausgeführt, ist doch fast immer mit den größten Schwierig= keiten und Gefahren verbunden, und es gehört unstreitig mehr persönlicher Muth dazu, im Schlachtgetümmel um die blutige Trophäe zu kämpfen, als aus weiter, sicherer Ferne das tödtliche Blei in eine nackte Brust zu senden. Das heiße Streben nach so sprechenden, untrüglichen Beweisen eines kalten Muthes stempelt den indianischen Jüngling zum Krieger und verschafft dem Krieger Achtung und Ansehen. Da Prahlen eine der Haupteigenschaften der amerikanischen Eingeborenen ist und sie vom Prahlen zu leicht zum Lügen hingerissen werden, so folgt daraus, daß ein Krieger nie von einem überwundenen Feinde spricht, wenn er dessen Skalp nicht in dem Rauche seines Wigwams aufgehängt hat. Er weiß, es würde ihm nicht geglaubt werden und Jeder ihn für einen Lügner halten." — „Das Skalpiren eines Erschlagenen," unterbrach hier der Doctor den Erzähler, „billige ich keines= weges, doch halte ich es gewiß nicht für so verabscheuungswürdig, wie das Benehmen so vieler civilisirter Menschen, die auf kalte, berechnende Weise ihren Nächsten um Eigenthum und, was noch schlimmer ist, um Ehre und Ruf bringen."

„Doctor, sehen Sie dort den Vincenti," rief einer der uns zunächst Reitenden, „wie der sein armes Pferd grausam behandelt; ist Ihnen je so etwas vorgekommen?" — „Ich beobachte ihn schon seit einer Weile," antwortete der Doctor, „der wilde Junge macht seinen indianischen Lehrern alle Ehre, sonst würde er nie auf die Idee gekommen sein, mit seinem klei= nen Schimmel die flüchtigen Antilopen einholen zu wollen." — Die Wen= dung in der Unterhaltung war durch den kleinen Mexikaner veranlaßt worden, der eine Heerde Antilopen verfolgte, und als ihn sein Pferd den= selben nicht näher brachte, in blinder Wuth auf dasselbe einhieb, ohne von der so fruchtlosen Jagd abzustehen. Aller Augen folgten den Bewegungen des wilden Burschen, als plötzlich Antilopen und Reiter verschwanden und scheinbar in der kahlen Ebene versanken. Der ganze Zug war weit hinter dem wilden Jäger zurückgeblieben und Mancher konnte sich das Gesehene nicht erklären, zumal die weite Fläche keine Erhebung oder Senkung zeigte, welche die Jagd hätten verbergen können. Das Räthsel löste sich, als wir bei weiterem Fortschreiten durch eine breite Schlucht aufgehalten wurden, welche sich von Norden nach Süden erstreckte und durch die zerrissenen Ufer und Nebenspalten andeutete, wie die schweren Regen nicht nur an dem Rande der Hochebene emsig nagen, sondern auch mitten auf derselben die dicken Sandsteinlagen durchbrechen, um dann nach allen Richtungen zerstö= rend wirken und neue Thäler bilden zu können. Es war der Encamp=

ment Creek, an welchem unsere Expedition hielt und sich dann einen Weg hinunterbahnte, um unter vereinzelten, schattigen Pappelweiden die Wagen zusammenzufahren und den Thieren einige Stunden Ruhe zu gönnen. Wenn auch die Mannschaft für einen Tag hinlänglich mit Wasser versehen war, so machte sich der Mangel desselben bei den Thieren um so fühlbarer, und ein Trunk, wenn auch nur ein karger, wäre gewiß mehr als erwünscht gewesen. Einige Leute wurden daher beauftragt, das staubige Bett des Baches nach allen Richtungen zu untersuchen, ob vielleicht ein Wasserpfuhl zu entdecken sei. Kaum waren sie indessen hinabgestiegen, als ihnen Vincenti begegnete, der eine weite Strecke unterhalb in das Thal hinabgeritten war, wodurch sich sein plötzliches Verschwinden erklärte, und der die unerfreuliche Nachricht überbrachte, daß, soweit er den Encampment Creek gesehen, kein Merkmal der Nähe von Wasser zu finden sei. Es wurde darauf der Versuch mit Schaufeln gemacht und tief in den Sand hinein gegraben, aber vergebens. Die Thiere mußten sich mit etwas frischem Grase, das spärlich in dem wilden Thale emporschoß, und mit der Hoffnung auf reichlichere Labung am späten Abend begnügen. Kurz vor dem Aufbruch brachte ein Soldat der Escorte, der in der Nachbarschaft suchend umhergestreift war, die Nachricht, daß er in einer Schlucht eine kleine Quelle entdeckt habe. Die nähere Untersuchung ergab, daß er sich nicht getäuscht hatte und daß wirklich aus den Adern einer mächtigen Sandsteinlage klare Tropfen rieselten, welche bis auf 50 Schritte von der Quelle allmälig kleine Pfützen gebildet hatten, da das harte Gestein das Eindringen des Wassers verhinderte; über dieselben hinaus hatte es sich dagegen spurlos in dem Sande verloren. Bei der geringen Wassermenge wäre das Tränken der Thiere in der engen, unbequemen Schlucht nur zeitraubend gewesen, und bald zogen wir daher vom Encampment Creek wieder nach der Höhe hinauf, über die dürre Ebene weiter eilend. Zwei Reiter waren indessen zurückgeblieben, die auf dem Ufer einen Punkt suchten, von welchem sie die beste Aussicht über das Thal zu haben glaubten. Der Geologe der Expedition hatte mich als den Zeichner derselben aufgefordert, ihm eine Skizze des Encampment Creek zu entwerfen. Er machte deshalb auf die Punkte aufmerksam, die er besonders hervorgehoben wünschte, unter diesen auf die horizontalen, grauen Sandstein=Niederlagen, die nur einige Fuß unter der Oberfläche die Hochebene deckten und die an den zerrissenen und gespaltenen Ufern, soweit das Thal zu übersehen war, stets in derselben Höhe wieder hervortraten; dann auf das gewundene Bett des Flüßchens und auf die große Ebenheit der Llano. Da der Encampment Creek das einzige Flüßchen war, welches auf der Llano Estacado von der Expedition berührt wurde, so verstand es sich von selbst, daß dieses mit größerer Aufmerksamkeit untersucht wurde, um so mehr, da die Ufer bis zu einer Tiefe von 180 Fuß die geologische Formation bloßlegten.

Sobald wir unsere Arbeiten vollendet, wendeten wir unsere Thiere und beeilten uns, unsere Kameraden wieder einzuholen; in kurzer Entfernung vom Encampment Creek schauten wir noch einmal zurück, doch zeigte sich überall nur die Ebene in ihrer ganzen Oede und Einförmigkeit, die Spalten und Schluchten mit ihrer spärlichen Vegetation waren unseren Augen schon entzogen.

Die Sonne neigte sich ihrem Untergange entgegen, als noch ein weites, unabsehbares Feld sich vor uns ausdehnte und uns darauf vorbereitete, an diesem Tage ein spätes Nachtlager zu finden.

Kleine Heerden von Antilopen begleiteten den Zug und sprengten neugierig in geringer Entfernung an demselben auf und ab, neckten die jagdlustigen Schützen, munterten sie immer wieder zu neuen erfolglosen Anstrengungen auf, führten sie weit von dem Zuge fort und wie im Fluge eilten sie zurück, um sich wieder in den ungewohnten Anblick von Reitern und Wagen zu versenken. Schräger fielen die Strahlen der Sonne auf die Ebene, bis sie endlich den kleinen Hügeln der weit ausgedehnten Dörfer der Prairiehunde kurze Schatten entlockten, die sich verlängerten und endlich einander berührten; der trockne Wind, der während des Tages über die graue Fläche hingestrichen, schlief ein und ließ das leiseste Geräusch aus großer Ferne zu unsern Ohren dringen. Wie Gemurmel klang der Chor der feinen Stimmchen von Tausenden der fröhlichen Erdbewohner durch die stille Abendluft, matt schnaubten die ermüdeten Thiere, der Staub, der während des Tages von dem Luftzuge entführt worden war, wirbelte vor ihnen auf, vermischte sich mit ihrem Athem und wurde ihnen beschwerlich; wir Alle schauten gegen Westen, doch nichts verkündigte uns das Ende der Llano Estacado und das Ziel eines langen, ermüdenden Marsches. Immer tiefer sank die Sonne und wie ein feuriger Ball lag sie wenige Momente lang auf der öden Fläche; doch nicht funkelnd und strahlend wie am frühen Morgen, sondern dunkelrothglühend warf sie ihre Scheideblicke auf die müden Wanderer; auch die Sonne sah ermattet von ihrer weiten Reise aus, träge und schläfrig begab sie sich zur Ruhe, führte neidisch die Dämmerung mit sich fort, und Nacht verhüllte die Reisenden und ihre Straße.

Wenn am Tage schon die spiegelglatte, unabsehbar hingestreckte Prairie an den weiten Ocean erinnerte, so gehörte bei Nacht nur wenig Einbildungskraft dazu, sich am Meeresstrand oder auf einer kleinen Insel in der großen Wasserwüste des Oceans zu wähnen. Das nächtliche Schauspiel ward durch den Aufgang der Gestirne am äußersten Saume der Ebene verschönert. Sie stiegen auf wie am Meereshorizont, funkelnd an der tiefblauen Himmelsdecke; der hochgekrümmte Bogen der Milchstraße goß sein mildschimmerndes Licht über uns aus. Das erhabene Schauspiel der aufsteigenden und niederfinkenden Sternbilder erfüllte uns mit ernsten, frommen Betrachtungen. Schweigend wie ein schwarzer Schatten verfolgte unsere Expedition die dunkle Straße. Ein mildes Licht im Osten verkündigte den baldigen Aufgang des Mondes; es verstärkte sich, bis es dem röthlich gelben Schein einer fernen Feuersbrunst glich; die Atmosphäre wurde heller und verbleichte allmälig den Glanz der Sterne, bis in glühender Röthe die

Scheibe des Mondes sich von der Ebene trennte, die, von magischem Lichte übergossen, vor uns lag. So bewundert, auf das fern erleuchtete Meer hinblickend, der Schiffer das oft gesehene große Schauspiel des Aufganges, wenn er müßig auf dem Verdeck schreitet und darüber die Windstille vergißt.

„Halt!" tönte es plötzlich von der Spitze des Zuges zurück; dem Rufe wurde augenblicklich Folge geleistet und nach der Ursache des Still-standes geforscht. Die Thiere wieherten und schüttelten sich in den bestaub-ten Geschirren, der Instinkt hatte ihnen gesagt, daß das Ende der Hochebene erreicht und Wasser in der Nähe sei. Die Reiter eilten nach vorn, um die günstigste Bahn in das Thal hinab aufzusuchen, in welches das Licht des Mondes noch nicht dringen konnte, und das sie noch wie ein schwarzer Abgrund angähnte. Vorausgeschickte Mexikaner hatten bei Tage schon das Thal untersucht und die passendste Stelle zu einem Nachtlager am Rocky Dell Creek ausgekundschaftet; diese nun erleichterten durch angezündete Feuer und durch Schießen die Aufgabe, die ganze Expedition über Gerölle an Schluchten vorbei die steile Höhe hinabzubringen. Alle kamen wohlbe-halten an dem bezeichneten Orte an und waren bald mit dem Aufschlagen des Lagers emsig beschäftigt, wobei sie zuweilen ihre Blicke hinüber nach der Hochebene sendeten, wo ihnen der Mond zum zweiten Male an diesem Tage, doch nun hinter schwarzen Felsenmassen, aufging und zu ihren Be-schäftigungen leuchtete.

Als wir am nächsten Morgen die Zelte verließen, machten wir die Entdeckung, daß wir uns auf einem rauhen, steinigen Landstrich befanden, der sich am Fuße der Hochebene hinzog. Obgleich die Unfruchtbarkeit des Bodens nur kärgliche Nahrung für die Thiere bot, so wurde doch beschlossen, an diesem Tage zu rasten, wodurch die einzelnen Mitglieder hinlänglich Zeit gewannen, die nächste Nachbarschaft forschend zu durchstreifen. Der Rocky Dell Creek, in dessen Nähe die Zelte mit vieler Mühe auf dem sandigen Boden zum Stehen gebracht waren, zeigte ein Bett, welches rothe und graue Sandsteinfelsen und Gerölle einfaßten. Zur Zeit unserer Ankunft trieb kein Wasser in dem Flusse; doch waren die tiefen Bassins, welche im Laufe der Zeit von den stürzenden Wassermassen ausgewaschen waren und einen klaren und kühlen Trunk boten, bis zum Rande gefüllt und von Fischen aller Art belebt. Mächtige Felsblöcke hingen malerisch übereinander und bildeten Höhlen und Gemächer, manche so groß, daß sie bei schlechtem Wetter einen bequemen Zufluchtsort für eine Gesellschaft von zwanzig Mann hätten bieten können. Die Spalten in den Höhlen schienen ein Lieblingsaufenthalt der rautenförmig gezeichneten Klapperschlange zu sein, deren mehrere von außerordentlicher Größe von den umherstreifenden Leuten getödtet wurden. Die überhängenden Felsen waren dagegen mit kleinen Schwalbennestern reich verziert, die in bunten Guirlanden dicht aneinander geklebt waren. Es wurde mehrfach der Versuch gemacht, einzelne derselben von dem Felsen zu trennen, um sie der Naturaliensammlung einzuverleiben, allein, so sorgfältig auch dabei zu Werke gegangen wurde, so gelang es doch nicht, ein einziges unbeschädigt zu erhalten, denn die leiseste Berührung zerstörte den zarten Bau, der aus Lehmerde bestand und dabei so fest an die Mauer gekittet war, daß nur mit einem Messer die letzten Ueberreste derselben entfernt werden konnten. Eine der größten Höhlen erregte besondere Aufmerksamkeit durch die Malereien, die an den glatten Stellen der Wände und Decken aufgetragen oder mittels Eisenstückchen und Pfeilspitzen in den weichen Stein gemeißelt waren. Natürlich hatten viele der absonderlichen Darstellungen ihren Ursprung in der Laune muthwilliger Indianer oder Mexikaner gefunden, doch trugen die meisten einen Charakter, der nur in den Ideen abergläubischer Pueblo = Indianer *) entstanden sein konnte.

Vor Allem fiel das phantastische Bild eines großen Thieres in's Auge, welches halb Drache, halb Klapperschlange, und mit zwei menschlichen Füßen versehen war. Dieses Ungethüm, welches die Hälfte der Länge der ganzen Höhle einnahm, konnte nur eine Art Gottheit der Abkömmlinge der Azteken sein und wurde von zwei hinzugekommenen Pueblo = Indianern auf folgende Weise erklärt. Die Gewalt über Meere, Seen, Flüsse, so wie über den Regen, sei einer großen Klapperschlange ertheilt worden, die so dick wie viele Männer zusammengenommen, und viel länger als alle Schlangen der Welt sei; sie bewege sich in großen, bogenförmigen Windungen und sei den bösen Menschen verderblich; sie herrsche über alle Wasser, von ihr erbäten sich die Bewohner der Pueblos Regen und verehrten ihre Macht. Die Abbildungen zweier unförmlicher, rothhaariger Männer wurden von denselben Indianern (kühn genug) als Abbildungen Montezuma's bezeichnet, auf dessen Wiedererscheinen die Bewohner der Pueblos, obgleich sie sich Christen nennen, noch immer im Stillen hoffen.

Die Sonne, als das Bild der größten Macht, fehlte nicht unter den Malereien, die im Uebrigen aus naiven Darstellungen aller dort lebenden Thiere, Indianer und deren Kämpfe bestanden.

Wenn man an einem Rasttage unser aufgeschlagenes Lager beobachtete, so wurde man fast überrascht, daß das sonst gewöhnlich geschäftige Treiben und die eiligen Bewegungen verschwunden waren. Nur phlegmatisch werden dann kleine, nothwendige Arbeiten vorgenommen, wobei Jeder seine individuelle Bequemlichkeit sucht und seine eigene Person, so viel wie nur immer möglich, pflegt. Die Meisten liegen dann auf ihren Decken, bessern ihre Kleidungsstücke und ihr Schuhzeug aus, Andere lesen in abgenutzten Büchern oder vergnügen sich mit Kartenspiel, manche der bärtigen Gestalten liegen am Rande des Wassers und sind mit der Wäsche beschäftigt, mit

---

*) Pueblo - Indianer werden von den Amerikanern nur die Eingeborenen genannt, die in Städten oder zusammenhängend gebauten Dörfern leben, abgeleitet von der spanischen Bezeichnung: Pueblo, die Stadt, das Dorf, also Städte-Indianer, wie man auch sagt Prairie - oder Steppen-Indianer.

welcher ungewohnten Arbeit auf solcher Reise es nicht so sehr genau ge=
nommen werden kann und die deshalb sehr oberflächlich besorgt wird. Nur
von der Feldschmiede dröhnen dann gewöhnlich Hammerschläge zu dem Lager
herüber und verrathen einige fleißige Hände, die mit dem Ersetzen der auf
dem harten Boden abgenutzten Hufeisen der Thiere beschäftigt sind. Dem
Astronomen fallen unterdessen bei Berechnung der aufgenommenen Winkel
und beim Aufschlagen der Logarithmentafeln manchmal die Augen zu und
die Bleifeder liegt müßig auf dem Tagebuche neben einem Schläfer; das
letzte halb ausgeschriebene Wort beweist deutlich, daß Bequemlichkeit an=
steckend ist. Der Botaniker hat indessen am frühen Morgen schon einen
ganzen Stoß feuchten Papieres sorgfältig auf der Ebene zum Trocknen aus=
gebreitet und sitzt im Schatten eines Zeltes vor dem Naturaliensammler,
dem er beim Ausbalgen eines Wolfes behülflich ist und dabei Vorlesungen
über Anatomie hält. „Ich bin recht glücklich, daß wir heute Ruhetag und
gutes Wetter haben," bemerkte der gemüthliche Doctor, „mein Vorrath
trockenen Papieres ist beinahe verbraucht und so werde ich in wenigen
Stunden, wenn kein besonderer Unfall eintritt, wieder auf lange Zeit mit
solchem versehen sein." Kaum hatte der alte Herr diese Worte gesprochen,
als ein unheimliches Rauschen sich über dem Lager vernehmen ließ; Zelte
wankten und stürzten zu Boden vor der unsichtbaren Gewalt eines Wirbel=
windes, der Staub und Sand in die Lüfte trieb und zu des Botanikers
namenlosem Schrecken sich in der Richtung nach dem ausgebreiteten Lösch=
papier fortbewegte. „Mein schönes Papier!" rief der Doctor klagend aus,
ließ den blutigen Körper des Wolfes auf den Schooß seines Freundes fallen
und stürzte nach der Stelle hin, wo die Bogen zu Hunderten in die Luft
wirbelten und wie eine Wolke von dannen zogen. Unaufhaltsam folgte der
Doctor nach, fort über den Rocky Dell Creek die Felswand hinauf, das
treibende Papier behielt er stets im Auge und spornstreichs ging es über
die Ebene. Gewiß war es verzeihlich, daß Jeder, der diese komische Jagd
beobachtete, auf's Höchste durch dieselbe belustigt wurde und auf Rechnung
des eifrigen Herrn aus vollem Halse lachte. Endlich erstarb der neckende
Wirbelwind und wie leichte Flocken hin= und herwiegend sanken die zer=
knitterten Bogen allmälig zur Erde nieder. Als nun der Doctor keuchend
hin= und herlief, um sich wieder in den Besitz der leichtfertigen Flüchtlinge
zu setzen, erregte sein Unglück wiederum Mitleid und mancher Bogen wurde
ihm von gefälligen Händen zurückerstattet. Von der mühsamen Arbeit end=
lich nach seinem Zelte zurückkehrend, wurde er von seinem Freunde mit
der Bitte angerufen, bei dem Präpariren der Wolfshaut seine Hand mit
anzulegen, doch in dem Zustande höchster Aufregung gab ihm der Doctor
zur Antwort: „In drei Tagen kann ich an weiter nichts, als an das
Glätten meines zerknitterten Papieres denken," und verschwand damit hinter
den leinenen Vorhang. „Sie sind mir noch Entschädigung schuldig dafür,
daß durch Ihre Schuld meine Kleidung über und über mit Blut besudelt
ist," rief der Andere dem ärgerlichen Herrn lachend nach, und beendigte

seine Arbeit, um dann an der allgemeinen Schießübung Theil zu nehmen, mit welcher Beschäftigung der Rest des Tages ausgefüllt wurde.

Ich schildere kleine Begebenheiten unseres Wanderlebens, weil sie den Charakter einer militairischen und zugleich wissenschaftlichen Expedition bezeichnen, die ausgeschickt ist, nicht bloß einen neuen sichern Weg zu eröffnen und sich dabei im Nothfalle gegen feindliche Angriffe zu vertheidigen, sondern auch die geologische Formation des Bodens, die Pflanzendecke und das Thierleben zu erforschen, und ein Bild des Landes nach astronomischen Ortsbestimmungen zu entwerfen.

XIV.

Westliche Grenze von Texas. — Cerro de Tucumcari. — Die Räuber in Neu-Mexiko. — Tucumcari Creek. — Pyramid Rock.

Mit dem Rocky Dell Creek wurde zugleich die westliche Grenze von Texas überschritten, nachdem die Reise über die ganze Breite dieses Staates, von den Antelope Hills bis zu letztgenanntem Flüßchen, eine Strecke von 185 Meilen, zurückgelegt worden war.

Immer am Fuße der Hochebene hinauf ging es von dort weiter; der Canadian entfernte sich mehr nach Norden, die Straße dagegen nach Süden, so daß der Zwischenraum zunahm und wir gegen Norden fortwährend eine rollende Ebene und im Süden den zerrissenen Rand der Llano Estacado vor Augen hatten. Der gefurchte, unebene Boden gestattete nicht, uns so weit südlich zu halten, daß wir von dem Holze der bewaldeten Schluchten zu wärmenden Feuern hätten verwenden können; die Abende wurden empfindlich kalt und sehnsüchtig blickten Alle nach den verkrüppelten Cedern hinüber, während sie sich dichter in ihre Decken hüllten. Die kühle Abendluft war um so fühlbarer, als während des Tages die Wärme so zunahm, daß sie in den Mittagsstunden lästig wurde. Dafür waren aber die Mosquitos plötzlich verschwunden und Menschen wie Thiere damit einer großen Qual enthoben. Ueberhaupt meldete sich überall der Herbst an: Schaaren von Vögeln kamen aus dem hohen Norden, richteten ihren Flug gegen Süden und belebten die kleinen Gewässer und deren Ufer; sie zeigten wenig Scheu vor den Jägern und wurden daher in großer Anzahl von denselben erlegt. Die Jagd wurde in jeder Beziehung einträglicher und

leicht gelang es auf dem unebenen Boden, an eine Antilopenheerde heran=
zuschleichen und einen stattlichen Bock aus der Mitte derselben zu erlegen.
Mit dem Wilde nahm aber auch die allgemeine Jagdlust zu und in allen
Richtungen konnte man vereinzelte Reiter wahrnehmen, die mit dem besten
Willen, einen Braten für die Küche zu liefern, sich von dem Zuge getrennt
hatten. Manche waren glücklich, Andere wieder nicht; so viel war aber
sichtbar, daß es an manchem Tage auch den Wagentreibern der Expedition
nicht an Wildbraten gebrach.

Auf einer Strecke von 45 Meilen, oder vielmehr so lange die Hoch=
ebene die Straße bestimmte, also vom Rocky Dell bis zum Fossil Creek,
war keine Veränderung in der äußeren Umgebung bemerkbar: selten nur
wurde ein Bach überschritten, der Wasser führte und auf Quellen in den
dunklen Schluchten deutete, obgleich manches Bett, von Regenwasser aus=
gewühlt, die Richtung nach dem Canadian angab. Die Straße selbst trug
Spuren eines nicht unbedeutenden Verkehres, der zu gewissen Jahreszeiten
zwischen den Bewohnern von Neu=Mexiko und den Indianern besteht und
vielleicht schon seit Hunderten von Jahren stattgefunden hat. Die Civili=
sation hatte in den uralten Zeiten ihren Weg vom Golf von Mexiko am
Rio Grande hinauf genommen und sich nur selten aus dessen Thale ent=
fernt; der Unternehmungsgeist der alten Spanier war allmälig in ihren
Nachkommen abgestumpft, die es nicht wagten, sich östlich oder westlich von
ihren ererbten Ansiedelungen niederzulassen, einestheils um die Beeinträch=
tigungen der Eingeborenen zu vermeiden, denen sie am Rio Grande kaum
im Stande waren, die Stirne zu bieten, anderentheils mochten die flachen,
öden Regionen zu wenig Einladendes für sie haben. Sie blieben, wo sie
geboren, und begnügten sich damit, in kleinen Karawanen über die Steppen
zu ziehen, die Indianer in ihren Dörfern aufzusuchen und auf diese Weise
einen beschwerlichen Handel mit denselben aufrecht zu erhalten. Auf der
anderen Seite nun wieder, wo die anglo=sächsische Civilisation fast ein Jahr=
hundert später festen Fuß faßte, wurde wacker vorwärts geschritten, und
wie durch Zauber vermehrte sich die Bevölkerung und mit dieser der Unter=
nehmungsgeist. Weit über den Mississippi und Missouri hinaus drang die
Civilisation siegreich vor, sie scheute sich nicht vor undurchdringlich scheinen=
den Forsten, nicht vor wasserlosen Steppen oder deren wilden Bewohnern.
Wie eine mächtige Woge wälzte sie sich vom Atlantischen Ocean über den
amerikanischen Continent, um einer andern, die ihren Anfang in neuester
Zeit am stillen Ocean genommen, an den Felsengebirgen zu begegnen und
mit derselben vereint in kurzer Zeit über die Bevölkerung von Neu=Mexiko
zusammenzuschlagen und dieselbe in sich aufgehen zu lassen. Diese ernsten
Betrachtungen stiegen Manchem auf, der sinnend auf der Straße einherzog
und Merkmale eines uralten Verkehres wahrnahm, und gewiß konnte Nie=
mand umhin, die größte, wohlverdiente Bewunderung den alten, kühnen
Spaniern zu zollen, die vor mehr denn zweihundert Jahren ihre Inschriften
und Merkzeichen in Gegenden zurückgelassen, welche vor wenigen Jahren zum

ersten Male von den Amerikanern bereist und beschrieben wurden, wie es besonders an mehreren Stellen westlich von den Rocky Mountains der Fall ist.

Ungefähr 20 Meilen von dem Ende der Hochebene und dem Fossil Creek tauchte in nebeliger Ferne wie blaues Gewölk ein Gebirge aus der Ebene, welches um so eher bemerkt wurde, als wir gewohnt waren, in westlicher Richtung den Horizont sich mit dem Flachlande vereinigen zu sehen. So wie eine Meile nach der andern zurückgelegt wurde und unsere Expedition sich dem beobachteten Gegenstande näherte, traten die Umrisse eines Tafelfelsens deutlich hervor, der sich abgesondert von der Llano wie ein Dom von riesenhaftem Umfange in der Ebene erhob. Doch zwei Tagereisen waren noch bis zu diesem Punkte zurückzulegen, an welchem die Straße vorbeiführen mußte, wenn er sich wirklich als der von einem früheren Reisenden beschriebene Cerro de Tecumcari erwies, und mancher Schritt mußte noch bis dahin auf hartem, unfruchtbarem Boden gethan werden, der nur die kärglichste Nahrung für die Heerden bot. Der frohe Muth der jungen Leute blieb deswegen doch immer derselbe und mit Freuden gedachten sie der Zeit, die sie nun bald in den Ansiedelungen von Neu-Mexiko verleben sollten. Wenn sich Mehrere zu einer Gesellschaft vereinigt hatten und plaudernd dem Wagenzuge voranschlenderten, dann konnte man sicher darauf rechnen, daß ihre Unterhaltung den Aufenthalt in Albuquerque betraf, der ihnen sicher in Aussicht stand.

„So werden wir denn bald in dem gepriesenen Lande reisen," hob Mr. Garner, ein Amerikaner, an, der in der Mitte mehrerer Kameraden sein Maulthier nach eigenem Gutdünken ausschreiten ließ, „in dem Lande der Fandangos und Bowiemesser, der Lassos und des rothen Pfeffers, der Quien Sabes und Señoritas. Manchen vergnügten Tag habe ich daselbst schon zugebracht, denn auch ich gehörte vor zwei Jahren, wie Doctor Bigelow, zu der Grenzvermessungs-Commission; möchten wir auf dieser Reise nur weniger genöthigt werden, Zeugen von Greuelscenen zu sein, als damals." Bei diesen Worten wendete er sich an den Doctor. „Erinnern Sie sich noch," rief er ihm zu, „wie Sie in Sucorro mit einer ungeladenen Flinte einen Haufen Mörder aus Ihrer Stube trieben, wohin man ein sterbendes Opfer der zügellosen Barbaren gebracht hatte?" — „Gewiß erinnere ich mich noch jener Zeiten," antwortete der Doctor, „sie waren schrecklich und man sollte kaum glauben, daß Begebenheiten, wie wir sie erlebten, dem neunzehnten Jahrhundert angehören könnten." — „Um Ihnen, meine Herren, den Verlauf der eben erwähnten Begebenheiten mit allen Nebenumständen mittheilen zu können," fuhr Mr. Garner fort, „muß ich weit ausholen. Als die Grenzvermessungs-Commission im August 1850 an den Ufern von Texas landete, war sie genöthigt, ungefähr funfzig Wagentreiber und Arbeiter in Dienst zu nehmen. Der Quartiermeister, dem die schwierige Aufgabe der Anwerbung oblag, konnte sich auf eine besondere Auswahl nicht einlassen, sondern war gezwungen die Leute anzu-

nehmen, wie sie sich gerade anboten. Es war also natürlich, daß ein Hau=
fen der gesunkensten und verworfensten Charaktere auf diese Weise in den
Dienst unseres Gouvernements gelangte, so daß es nach unserer Ankunft
in El Paso und San Eleazario für nothwendig befunden wurde, eine An=
zahl der schlimmsten Subjecte zu entlassen. Züge von Emigranten, die sich
auf der Reise nach Californien befanden, so wie Handelskarawanen hatten
an eben denselben Orten ein gleiches Verfahren angewendet und es war
dadurch der Auswurf der Menschheit in diesen Ansiedelungen zusammen=
gekommen, dem die Mittel zu einem ehrlichen Lebenswandel fehlten, wenn
es wirklich dem Einen oder dem Anderen eingefallen wäre, auf dem übel
gewählten Lebenswege umzukehren. Geld kam bei diesen Leuten übrigens
gar nicht in Betracht, denn Diejenigen, die im Besitz klingender Münze
waren, hatten in kurzer Zeit den letzten Cent in unwürdigen Spielen ver=
loren.

Die friedlichen Einwohner von Socorro, wo alle Karawanen gewöhnlich
für kurze Zeit anhielten, wurden durch solche widrige Umstände hart gedrückt,
denn nicht nur auf der Straße, sondern sogar an ihrem Heerde waren sie
ihres Lebens nicht mehr sicher, indem die frechen Räuber sich überall ein=
drängten, brandschatzten und nur zu oft mit dem Blute der harmlosen Fa=
milien befleckt solche Wohnungen wieder verließen. Viele der Mexikaner,
im Bewußtsein ihrer Ohnmacht einer solchen brutalen Macht gegenüber,
packten ihre Habseligkeiten zusammen, verließen ihre Heimath und wanderten
nach entlegeneren Ansiedlungen. So standen die Sachen, als unsere Com=
mission dort anlangte. Das Erscheinen eines wohlgeordneten, bewaffneten
Commando's in Socorro machte die Bande der Spieler, Pferdediebe und
Mörder stutzen und vorsichtiger in ihrem Treiben. Kaum wurden indessen
die einzelnen Vermessungs=Compagnien hierhin und dorthin entsendet, als
sich die früheren Scenen erneuerten. Häuser wurden schonungslos erbrochen,
um die schändlichsten und verbrecherischsten Leidenschaften zu befriedigen, und
jede neue Schandthat gab der schrecklichen Bande, die uns umgab, im Be=
wußtsein ihrer Straflosigkeit doppelte Dreistigkeit. Nachdem mehrere Morde
verübt worden waren, traten die besser gesinnten Bürger Socorro's zusammen
und erbaten sich von dem Militairposten in San Eleazario Unterstützung,
um dem verderblichen Treiben endlich ein Ziel zu setzen. Die nachgesuchte
Hülfe wurde von dem commandirenden Offizier abgeschlagen, indem er darauf
fußte, daß zuerst von den Civilbehörden der Beistand verlangt werden müsse;
daher blieben die Sachen beim Alten und das Städtchen drohte ganz ent=
völkert zu werden, weil die Einwohner sich nach allen Seiten flüchteten.
Eines Abends wurde ein Ball an diesem Orte veranstaltet, ein gewöhnliches
nächtliches Vergnügen in allen mexikanischen Städten. Da diese sogenannten
Fandangos für Jedermann geöffnet sind, so läßt sich denken, daß die Räuber=
bande an diesem Abende auch nicht fehlte und sich bald durch ihr brutales
Auftreten bemerklich machte. Pistolen wurden über den Köpfen der Weiber
abgefeuert und als diese erschreckt zu entfliehen suchten, fanden sie die Thüre

durch einige der Bösewichte besetzt, die sie zum Bleiben zwangen. Die Auf=
regung im geschlossenen Raume wurde größer, Bowiemesser wurden hervor=
geholt und auf Menschen gezückt, und Mr. Clarke, der Assistent unseres
Quartiermeisters, der gerade gegenwärtig war, fiel als erstes Opfer. Vier
der Banditen griffen ihn mit Bowiemessern an und tödtlich getroffen stürzte
der Unglückliche nahe der Thüre zusammen. Schleunigst wurde der Ver=
wundete in das Quartier des Doctor Bigelow gebracht, der, nachdem er
die neun oder zehn Wunden untersucht hatte, sogleich jede Hoffnung auf
Rettung aufgab. Hier nun war es, wo die Mörder sich eindrängten, um
den sterbenden Clarke vollends zu tödten. Doctor Bigelow, durch den
Blutdurst der Räuber zur blinden Wuth gereizt, ergriff eine zufällig unge=
ladene Doppelflinte, legte auf den vordersten Banditen an und drohte ihn
zu erschießen, wenn er und seine Kameraden nicht augenblicklich das Gemach
räumten; die feigen Mörder leisteten der Aufforderung Folge, doch bleibt
es zweifelhaft, ob sie es gethan, wenn sie die wirkliche Hülflosigkeit des
Doctors geahnt hätten. Als die Nachricht von dem Morde eines Mitgliedes
der Commission unser Lager erreichte, geriethen Alle in die größte Auf=
regung und es wurde die erste Frage aufgeworfen, auf welche Weise man
der Mörder würde habhaft werden können. Auf Hülfe der Militairstation
durften wir nicht rechnen und der Alcade der Stadt war ein schwacher,
kränklicher Mann, der seine Autorität einem anderen, noch feigeren Wichte
übertragen hatte, von welchem ebenfalls kein energisches Einschreiten erwartet
werden konnte. Es blieb also nur übrig, daß sämmtliche Mitglieder der
Commission sich vereinigten, um die öffentliche Sicherheit einigermaßen wieder
herzustellen. Boten wurden augenblicklich nach San Cleazario, wo unsere
Hauptabtheilung lag, gesendet, um diese von dem Vorgefallenen in Kennt=
niß zu setzen und zum Beistande aufzufordern. Alle leisteten dem Rufe
pünktlich Folge, ein Trupp Amerikaner und Mexikaner wurde gesammelt,
welche sich schnell bewaffneten und in Begleitung der Mitglieder der Com=
mission schleunigst nach Socorro eilten, wo wir nebst vielen der Bürger sie
schon erwarteten. Unsere Macht wurde darauf in Trupps getheilt und diese
angewiesen, genaue Nachforschungen nach den Mördern anzustellen.

Alle gingen mit Eifer an die Arbeit. Jedes Haus wurde durchsucht
und acht oder zehn der Banditen festgenommen, wobei es sich ergab, daß
der Führer der Bande, ein gewisser Young, schon am frühen Morgen seine
Flucht aus dem Flecken bewerkstelligt hatte. Unsere Gefangenen wurden
von einer bewaffneten Wache nach dem Hause eines dortigen Richters, Namens
Berthold, gebracht, unter strengem Verwahrsam gehalten und unterdessen zur
Bildung der Jury geschritten, wozu man sechs Mexikaner und sechs unserer
eigenen Leute wählte. Ein Vertheidiger wurde den Verbrechern angeboten,
jedoch von diesen ausgeschlagen, indem sie das ganze Verfahren für bloße
Form hielten und sich leicht von der Anklage glaubten losschwören zu
können. Das Verhör wurde indessen auf die ernsteste Weise eingeleitet und
beschleunigt, weil es ruchbar geworden, daß sich in der Gegend ein Complot

zur Befreiung der Verbrecher gebildet habe, welches nur auf eine günstige Gelegenheit warte, um mit seinen Absichten zu Tage zu treten. Eine eigenthümlichere Gerichtssitzung, als diese war, ist wohl kaum denkbar. Alle, Betheiligte sowohl wie Zuschauer, welche letztere zu gleicher Zeit Stelle der Sicherheitswache vertraten, waren von Kopf bis zu Fuß bewaffnet und bildeten in ihren verschiedenartigen Costümen eine Scene, die dem Mittelalter entnommen zu sein schien. Die hellere, aber sonnverbrannte Gesichtsfarbe der amerikanischen Geschworenen, die ruhig ihre Pfeife rauchten, zeigte einen auffallenden Contrast mit der dunklen Farbe der Mexikaner, die, in ihre gestreiften Serapes gewickelt, ihre breiten Hüte in den Händen und kleine Cigaritos zwischen den Lippen hielten. Der Richter saß vor einem roh gezimmerten Tische, auf welchem statt der Altenstöße seine Pistolen lagen. Die Gefangenen auf einer Bank inmitten der ernsten, entschlossenen Versammlung hatten Nichts von ihrem verhärteten und gleichgültigen Wesen verloren; wie ächte Banditen schauten sie wild und trotzig umher. Zwei Tage dauerte das Verhör; von den Freunden der Verbrecher wurde der Versuch gemacht, das Urtheil weiter hinaus zu schieben, augenscheinlich um Zeit zu gewinnen und die Gefangenen auf die eine oder die andere Weise zu befreien. Dergleichen Versuche blieben indessen ohne Erfolg und nach Feststellung der Beweise wurde das Schuldig über drei Mitglieder der Bande ausgesprochen, welche darauf zum Tode verurtheilt wurden. An demselben Abende wurde noch zur Vollstreckung des Urtheils geschritten. Ein Priester geleitete die Mörder auf den Richtplatz, doch trotzig und mit Verachtung wiesen die verstockten Bösewichte jeden angebotenen Trost von sich und starben, wie sie gelebt hatten. Die untergehende Sonne sah drei menschliche Körper an einer Pappelweide hängen. Das Urtheil war vollzogen und Betheiligte so wie Zuschauer gingen auseinander, um nach ihren Wohnsitzen und Quartieren zurückzukehren.

Um des Anführers der Bande noch habhaft zu werden, bestimmte unsere Gesellschaft die Summe von 400 Dollars, die demjenigen als Lohn zu Theil werden sollte, der den Young zur Stelle schaffen würde. Die Belohnung war anlockend und nach allen Richtungen durchstreiften kleine Trupps die Gegend. Nach wenigen Tagen schickten uns die Bewohner von Guadalupe den Mörder gefesselt zu; pünktlich wurde die Belohnung ausgezahlt und es blieb uns nur noch die traurige Aufgabe, die längst verdiente Strafe an dem Hauptverbrecher zu vollziehen. Sein Prozeß war kurz: er starb wie seine Spießgesellen an demselben Baume.

In Socorro war nun wieder die alte, gewohnte Ordnung hergestellt. Alle Diejenigen, deren Charakter zweifelhaft war und die in keiner Beziehung zu der Vermessungs-Commission standen oder ohne Beschäftigung waren, wurden angewiesen, innerhalb 24 Stunden die Gegend zu verlassen. Doch war dieses Verfahren kaum nöthig, denn durch die Hinrichtung der vier gefährlichsten Räuber schien der übrigen Bande ein längerer Aufenthalt in unserer Nähe nicht mehr rathsam, und noch vor dem Ende des folgenden

Tages waren alle verschwunden. Das Benehmen der Vermessungs = Com = mission wurde von den Militair = und Civilbehörden vollständig gebilligt; ein solches Beispiel hatte schon seit langer Zeit gefehlt und dankbar erkannten die Bewohner von Socorro es an, daß sie nunmehr des Abends ungestört vor ihren Häusern sitzen konnten und nicht mehr, wie sonst, bei eintretender Dämmerung sich hinter verschlossene Thüren zurückziehen mußten. So hat also Neu=Mexiko nicht nur von den Einfällen der wilden Indianerhorden zu leiden, sondern auch die größten Bösewichte der weißen Race drängen sich daselbst ein, um eine drückende Landplage der friedlichen Bürger zu werden, die ihre vielen, freilich auch unverzeihlichen Fehler haben, aber doch wieder zu einem guten, friedlichen Lebenswandel hinneigen*)."

„Ich sollte kaum denken," bemerkte Einer unserer Gesellschaft, „daß wir dergleichen in Albuquerque zu befürchten hätten, weil die Haupthandelsstadt des fernen Westens Santa Fé ist, wohin sich das Gesindel gewiß mehr hingezogen fühlt." — „Ich bin aber überzeugt," fiel Mr. Garner ein, „daß wir selbst einige recht saubere Banditen unter unseren Arbeitern haben, die nach unserer Ankunft in Albuquerque gewiß ihr Treiben beginnen werden; sie sehen jetzt zwar harmlos und ehrlich aus, doch werden diejenigen, die dort entlassen werden, nicht wieder zu erkennen sein, sobald sie ihre eigenen Herren geworden sind. Wir werden gewiß alle Ursache haben, unsere Maulthiere mit scharfen Augen zu bewachen, wenn wir nicht wollen, daß allnächtlich eins oder mehrere derselben verschwinden, um nach einigen Tagen von unbekannten Menschen in Santa Fé zum Verkauf ausgeboten zu werden."

Eine Tagereise vor dem Berge, der uns schon seit langer Zeit sichtbar gewesen, wurde nördlich von demselben ein zweiter Tafelfelsen wahrgenommen, der dem ersten ähnlich, nur von bedeutend kleinerem Umfange war. Alle Zweifel waren nun gehoben: der große und der kleine Tucumcari, zwischen welchen hindurch die Straße führte, lagen vor uns. Am Fossil Creek, zwölf Meilen vor den genannten Bergen, schlug unsere Expedition ihr Nachtlager auf. Das Ende der Hochebene war nunmehr erreicht, das heißt die Stelle, wo sie in der seit längerer Zeit beibehaltenen westlichen Richtung abbricht und mehr südlich sich weiter zieht. Fossil Creek ist eines der vielen kleinen Gewässer, die ihre Quellen in den Schluchten der Hochebene haben und in vielen Windungen dem Canadian zueilen. Der Name verräth schon die Eigenthümlichkeit des Baches, in dessen Bette Kies und fossile Austerschalen durcheinander liegen; doch gehören keineswegs diese Muscheln dorthin, sondern sind von dem Hochlande losgerissen und bis an den Canadian River fortgerollt worden, was um so erklärlicher ist, als es sich auswies, daß die Tafelfelsen wenige Meilen westlich von Tucumcari unter der deckenden Schicht von Sandstein mit einer Lage fossiler Austerschalen durchzogen waren.

---

*) Die näheren Umstände dieser Begebenheit sind in Bartlett's Personal Narrative (Vol. I. p. 163) erzählt.

Um die Mittagszeit des folgenden Tages bewegte sich der Wagenzug langsam am Cerro de Tucumcari vorbei. Einen imposanten Anblick gewährt dieser Berg, der wie eine uneinnehmbare Festung sich in einer Höhe von 600 Fuß aus der Ebene erhebt. Der Umfang an der Basis mag vielleicht vier Meilen betragen, und da sich die Wände steil und theilweise senkrecht erheben, der Umfang der Plattform nur um ein Geringes kleiner sein. Die starke, weiße Sandsteinlage, die dicht unter der Oberfläche des Berges überall zu Tage tritt und hin und wieder hervorragt, ist auf lange Strecken regelmäßig gekerbt oder mit senkrechten Einschnitten versehen, wie sie im Laufe der Zeit von dem heruntertriefenden Wasser gebildet wurden, so daß das Ganze ein Ansehen gewinnt, als ob mächtige Wälle und Mauern, mit langen Reihen von Schießscharten versehen, den Platz uneinnehmbar machen sollten. Ueberall, wo nur ein wenig Erde der Wurzel einige Nahrung gewährt, sind Cedern aus dem unfruchtbaren Boden hervorgeschossen, die indessen unter so ungünstigen Verhältnissen ihre Kronen nicht hoch zu erheben vermochten, sondern verkrüppelten und allmälig die Abhänge und Schluchten mit ihren dunklen Schatten phantastisch zierten. Dieses war also der Tucumcari; im Vergleich mit den malerischen Ufern des Hudson oder den stolzen Gipfeln des Alleghany-Gebirges würde er sehr zurückstehen müssen, aber hier in der weiten Ebene erfreut der regelmäßige Bau des Berges das Auge; mit Wohlgefallen ruht es auf den wunderlichen Formen, an welchen die Natur seit Tausenden von Jahren meißelte und putzte, bis endlich die ursprünglich unförmliche Bergmasse ihre jetzige eigenthümliche Gestalt erhielt. Ueberall, in den wasserlosen Wüsten, im schattigen Urwald, in gigantischen Gebirgen, auf grünen Wiesen, baute die Natur ihre erhabenen Dome, die ein kindlich frommes Gemüth zur innigen Verehrung hinreißen und Gefühle in ihm erwecken, denen es keine Worte zu geben vermag, die aber verstanden werden. Wie könnte doch die reine Freude über die Werke eines allmächtigen Meisters anders genannt werden, als eine heilige Anbetung? Selbst Wilde, die auf ihren Kriegspfaden in der Nähe solcher hervorragender Punkte rasten, sind den Eindrücken derselben unterworfen: sie neigen sich nicht allein vor dem Werke selbst, sondern auch vor demjenigen, der dies Zeichen seiner Macht vor sie hinstellte und den sie ihren Manitu nennen. Da nun gewöhnlich in der Nähe solcher Stellen klares Wasser aus festem Gestein sprudelt und den müden Wanderer einladet, sich zu erquicken und im Schatten auszuruhen, so mag der nachdenkende und forschende Reisende leicht auf die Idee verfallen, daß nicht ohne Absicht die Adern des harten Felsens sich der Quelle öffneten, sondern den Zweck hatten, den Menschen länger vor den Altären der Natur zu fesseln. Auch der Indianer weilt dort gern und vergegenwärtigt sich die Sagen, die sich aus dem undurchdringlichen, grauen Alterthume bis auf die jetzige Zeit erhalten haben, Sagen, die bei verschiedenen Stämmen in weit von einander entfernten Regionen immer dieselben sind. So heißt es von den Manitu-Felsen am Erie-See, von dem kleinen und großen Manitu an den

Möllhausen, Tagebuch. 12

Ufern des Missouri, vom Chimney Rock (Schornsteinfelsen) und Court=
house (Rathhaus) an den Felsengebirgen und noch vielen anderen hervor=
ragenden Punkten auf dem amerikanischen Continente, daß der große, gute
Geist zu einer Zeit, als seine rothen Kinder ihn vergessen hatten, diese
Zeichen hingestellt habe, um die Abtrünnigen wieder zurückzuführen. Wenn
nun die Indianer sich diesen Zeichen nähern, dann denken sie mit Vereh=
rung an ihren großen Geist und schmücken solche Stellen mit bunten Bil=
dern, den Schöpfungen ihrer wilden Phantasie.

Hat sich ein Wanderer mit unsäglicher Mühe und selbst mit Gefahr
seines Lebens an den steilen Wänden des Tucumcari hinaufgearbeitet, dann
findet er reichen Lohn in der weiten und herrlichen Aussicht, die ihm von
dem höchsten Punkte des Berges geboten wird. Nach allen Seiten vermag
das Auge über eine Strecke von vielen Meilen hinzuschweifen. Im Süden
und Westen dehnt sich eine unregelmäßige Masse von Hügeln aus, hinter
diesen tauchen in nebeliger Ferne die blauen Gipfel eines höheren Gebirges
empor, gegen Norden und Nordosten liegt ausgebreitet die endlose, rollende
Prairie; doch so weit auch das Auge reicht, ist keine Spur des seichten
Canadian River zu entdecken, der heimlich und ungesehen durch die Steppe
schleicht. Im Osten und Südosten endlich erhebt sich die Llano Estacado,
deren weit dahinziehende Höhen sich im Süden mit dem Horizont ver=
binden.

Wer nun um die Mittagszeit am Tucumcari vorbeizieht, der wird
gegen Abend den Bach gleiches Namens erreichen und auf dessen Ufer die
Vorbereitungen zum Nachtlager treffen. So geschah es auch bei unserer
Expedition, die am 23. September an eben dieser Stelle anlangte und
nunmehr von Fort Smith aus eine Strecke von 650 Meilen zurückgelegt
hatte. Dieses Flüßchen entspringt nicht, wie man aus dem Namen schlie=
ßen sollte, an dem oben beschriebenen Berge, sondern weiter westlich an
den Höhen, die der Expedition die Weiterreise zu versperren schienen.

Der Tucumcari Creek mußte den ersten Reisenden als Wegweiser
gedient haben, denn in geringer Entfernung von demselben zog sich die
Straße hin; nachdem sie auf mehrere Meilen von der Lagerstelle die süd=
liche Richtung beibehalten hatte, bog sie eben so wie das Flüßchen gegen
Westen in das Gebirge ein, und nach kurzer Zeit reisten wir in einem
weiten, ebenen Thale, welches von Tafelländern und Felsen eingeschlossen
war und nur gegen Westen eine Oeffnung zeigte. Bei dem weiteren Fort=
schreiten erhob sich unter den einzelnen Mitgliedern vielfach die Frage über
die muthmaßliche Breite des Thales; manche Behauptung wurde darüber
ausgesprochen und wieder bestritten, bis es sich zuletzt erwies, daß sich
Alle getäuscht hatten und mit ihren Berechnungen weit hinter der Wirk=
lichkeit zurückgeblieben waren. Es konnte übrigens nicht Wunder nehmen,
denn blickte man über die Ebene, die sich zu beiden Seiten ausdehnte, sich
leise hob und plötzlich durch cedernbewaldete, hoch aufstrebende Berge be=
grenzt wurde, so mußte man glauben, nach einem scharfen Ritte von einer

halben Stunde von dem einen Abhange aus über die ganze Breite des Thales hinweg die jenseitige Hügelkette erreichen zu können. Gerade diese Täuschung war Ursache, daß eine kleine Gesellschaft, den Geologen Mr. Marcou an der Spitze, sich leichter dazu entschloß, in südlicher Richtung von der Straße abzubiegen, um die Formationen der Tafelländer genauer an einer Stelle zu untersuchen, wo ein von der zusammenhängenden Kette getrennter, pyramidenförmiger Berg in einem senkrechten Durchschnitte die verschiedenfarbigsten, horizontalen Lagen und Schichten zeigte. Auch ich hatte mich der Gesellschaft angeschlossen. Eine Meile nach der andern legte unser aus fünf Reitern bestehender Trupp zurück, doch hartnäckig schien sich die Entfernung, die uns von dem Ziele trennte, nicht verringern zu wollen, wenngleich der Wagenzug und die ihn begleitenden Gestalten allmälig in der Ferne verschwanden. Die Hälfte des Weges mochten wir zurückgelegt haben, als wir vom Tucumcari Creek aufgehalten wurden, dessen Ufer weithin mit Schilfgras und Rohr bewachsen waren. Hatten auf der kahlen Ebene die Antilopen schon unsere Jagdlust rege gemacht, so wurde diese verdoppelt, als lange Ketten von Enten sich lärmend von dem Bache erhoben und davon flogen. Hin und wieder richteten sich im hohen Grase kleine Rudel von Hirschen auf und schauten verwundert zu den Ruhestörern hinüber; der Vorderste unserer Gesellschaft konnte solcher Gelegenheit nicht widerstehen; anstatt den sichern Weg des Schleichens einzuschlagen, legte er die Zügel auf den Hals seines geduldig stehenden Thieres, hob leise die Mündung seiner Büchse in der Richtung nach einem starken Zehn-Ender, und gab trotz des Abrathens der Gefährten Feuer. Harmlos und ruhig hatte uns der Hirsch bis dahin angeschaut, bei dem Knall aber sprang er mit allen vier Füßen zugleich vom Boden, so daß er über dem hohen Schilf zu schweben schien; es war ein mächtiger Satz, doch war es sein letzter, denn er stürzte tödtlich getroffen zusammen. Der laute Knall hatte alles Wild in der Nähe aufgescheucht, welches erschreckt in größter Hast entfloh und den Schluchten zueilte.

„Hier möchte ich einige Wochen bleiben," wendete sich der Naturaliensammler zu seinen Gefährten, als er den Hirsch zerlegte; „wie manche schöne Jagd ließe sich hier am Flusse und dort in den Schluchten machen; ich verlasse wirklich mit blutendem Herzen diese einladenden Gründe."

„Auch ich bliebe mit Freuden noch eine Zeit lang hier," fiel der Botaniker ein; „abgesehen davon, daß ich herzlich gern auch einmal ein Stück Wild erlegen möchte, würde es die größte Wonne für mich sein, unter den Cedern an den Abhängen umherzukriechen, um nach Cacteen und schönen Moosen zu spüren, deren es gewiß hier neue Species giebt."
— „Keiner bliebe lieber hier als ich!" bemerkte der Geologe, „denn wenn auch die Pyramide hier vor uns ein ungewöhnlich schönes Bild der Formationen der nächsten Tafelländer zeigt und auf der steilen Felswand die deutlichsten Worte für den Kenner zu lesen sind, so möchte ich doch noch

12*

hierhin und dorthin wandern — mit anderen Worten, wir Menschen sind schwer zufrieden zu stellen."

„Ich kann Sie vom Gegentheil überzeugen," fiel ein junger Assistent ein, der in einem ledernen Futteral einen Barometer auf dem Rücken trug und deshalb vorsichtig die besten Pfade für sein Reitthier aufsuchte; „ich werde ganz gewiß zufrieden sein, wenn ich mit dem zerbrechlichen Instrumente auf der Spitze jenes Berges gewesen bin und, ohne dasselbe zertrümmert zu haben, nach Berechnung der Höhe glücklich zurückgeklettert, mich wieder im Sattel befinden werde." — „Auch ich würde zufrieden sein," sagte zuletzt der Ingenieur, „wenn unser glücklicher Jäger das Rückenstück, welches er allem Anscheine nach für sich selbst bestimmt hat, nicht auf Kosten unserer Antheile zu groß schneiden wollte!" — „Und doch werden Sie zufrieden sein mit dem, was Sie erhalten!" erwiederte Jener lachend und befestigte, wie die Anderen, den Braten am Sattelknopf, worauf wir Alle die Maulthiere wieder bestiegen und fröhlichen Muthes den Weg nach dem verabredeten Punkte fortsetzten. Dieser ragte aus der Ebene hervor wie eine Pyramide, die von der Spitze bis auf den Boden gespalten war und deren eine Hälfte, in Trümmer zerfallen, am Fuße des Berges kleine Hügel von buntem Gerölle bildete.

Als wir uns dem Berge näherten, wurde unsere Aufmerksamkeit besonders durch die verschiedenen Farben des Erdreichs und des Gesteins gefesselt, welches in schwächeren oder stärkeren horizontalen Schichten über einander lag. Die rothen, gelben, blauen und weißen Schattirungen stachen eigenthümlich gegen das dunkle Grün der Cedern ab, die sich bis zur Spitze hinauf verbreitet hatten, wo sie von mächtigen, kieselartigen, weißen, sehr festen Kalksteinblöcken, welche die Spitze bildeten, überragt wurden. Diese nun ruhten auf einer weißen Lage, die sich bei näherer Untersuchung als fossile, der Juraformation angehörende Austerschalen auswiesen. Schroff wie eine Mauer hob sich der Pyramid Rock gegen Norden aus den Trümmerhaufen und war daher nur auf den anderen drei Seiten ersteigbar, wohin wir uns begaben, unsere Thiere an den Leinen befestigten und dann an verschiedenen Stellen die schwierige Aufgabe des Ersteigens unternahmen. Im Anfange kamen wir schnell aufwärts und Zögerung trat nur dann ein, wenn gut erhaltene Exemplare von Muscheln den Einen oder den Anderen vom nächsten Wege abzogen. Die Hälfte der Höhe war indessen noch nicht erreicht, als loses Gerölle und Felsblöcke überall hemmend im Wege lagen; dafür boten aber die etwas dichter stehenden Cedern den Händen sowohl wie den Füßen immer wieder neue Haltpunkte, so daß wir, wie in einem Baume von Zweig zu Zweig steigend, uns nur langsam unserem Ziele näherten. Endlich nach langer angestrengter Arbeit tauchte Einer nach dem Anderen unter der Spitze auf, wo man sich bemühte, Vertiefungen und rauhe Stellen in dem Gesteine zu entdecken, um mit Hülfe derselben auf den höchsten Punkt des Berges zu gelangen. Nach einigem vergeblichen Suchen fanden wir endlich nahe der schroffen

Wand Abstufungen, die für Hände und Füße schwache Haltpunkte boten. Vorsichtig und ohne die Blicke zu wenden, folgte Einer dem Anderen auf dem gefährlichen Wege; kein Wort wurde gesprochen, denn Jeder wußte zu genau, daß der geringste Fehltritt ihn auf seine folgenden Kameraden und mit diesen in die grauenvolle Tiefe hinabstürzen mußte. Alle kamen glücklich auf dem kleinen Plateau an, sogar das Barometer-Instrument hatte sich gut gehalten und verkündigte, daß wir uns 500 Fuß über der Basis des Berges befanden. Die Höhe war allerdings nur gering, da aber der Felsen wie ein Zuckerhut spitz zulief, so brauchte man sich nur auf derselben Stelle zu wenden, um einer weiten, herrlichen Aussicht nach allen Himmelsgegenden zu genießen Gegen Osten, wo das Thal sich öffnete, erblickte man die regelmäßigen Formen und Linien des Tucumcari, gegen Norden zusammenhängendes Tafelland, welches sich in westlicher Richtung ausdehnte und in der Entfernung von ungefähr 8 Meilen schein=bar mit der Bergkette, die südlich vom Pyramid Rock hinlief, sich ver=einigte. Das Thal, welches wie ein Panorama vor unseren Blicken lag, verrieth, von oben herab gesehen, nicht die leiseste Schwellung oder Un=ebenheit; der Herbst hatte freilich schon die grüne Farbe des Grases ge=bleicht, doch verlor die Ebene dadurch Nichts von ihrem sammetweichen Aussehen, und die dunklere Färbung der Vegetation, so wie das Blitzen kleiner Wasserspiegel, verriethen weithin den gewundenen Lauf des Tucum=cari Creek. Wie die Wasserschlange der Pueblo=Indianer nahm sich der lange Zug der Wagen und Reiter auf der weiten Fläche aus, doch mußte das Auge genau darauf hinschauen, um wahrzunehmen, daß der Troß nicht still stand, sondern in gemessenem Schritte seine Straße zog, was bei der großen Entfernung natürlich nur wie ein langsames Schleichen erschien. Fast unter uns weideten ruhig unsere Maulthiere; welch' herrliche Gelegen=heit wäre es für einen Comanche gewesen, sich vor unseren Augen der fünf Thiere zu bemächtigen und mit denselben davon zu reiten! Wohl gedachten Alle dieser Möglichkeit und spähten schärfer nach jedem Punkte in der Ebene, der nur eine entfernte Aehnlichkeit mit einem verdächtigen Gegenstande hatte. Doch solcher Verdruß stand uns auf dem lustigen Sitze nicht bevor, ungestört konnten wir uns dort oben dem kühnen Schwunge der Phantasie überlassen, auf welche die klare, reine Luft und die sanfte, kühle Brise ihren Einfluß auszuüben nicht verfehlten."

„Wir sind die mächtigen Herrscher in diesen Regionen," rief Einer der jungen Leute aus, „unser Reich ist das größte der Welt, denn wir selbst bestimmen seine Grenzen. Die zahllosen Büffelheerden auf jener Seite des Arkansas sind die unsrigen, so wie die Hirsche und Antilopen hier vor uns in der Ebene; der Bär in den Gebirgen muß unsere Macht anerkennen und scheu flieht vor uns der räuberische Wolf; wir gehen, wo=hin wir wollen, und schießen, was uns beliebt!"

Nachdem die ersten Eindrücke vorüber waren, der Topograph einige

Berichtigungen auf seiner Karte nachgeholt, der Meteorolog sein Instrument beobachtet und der Botaniker, von dem Naturaliensammler an einem Stricke gehalten, mit Gefahr seines Lebens etwas Moos von der senkrechten Felsenwand gepflückt hatte, wurden von Mehreren Vorschläge zu muthwilligen Beschäftigungen gemacht, die der gute Doctor sogleich mit allem Eifer auffaßte und in deren Ausführung er seine jüngeren Gefährten kräftig unterstützte. Es lagen nämlich dort oben Felsstücke umher, die unseren vereinten Kräften nachgaben und sich an den Rand des Abgrundes wälzen ließen. Es verstand sich also von selbst, daß alle nur beweglichen Steine dorthin geschleppt und einer nach dem andern hinabgestoßen wurden, und wohl lohnte es sich dann der Mühe, über die Felswand gelehnt, den Flug einer solchen fallenden Masse zu beobachten, wie sie leicht in weitem Bogen dahinsauste, an vorstehendes Gestein anschlug, einen Haufen von Trümmern mit unwiderstehlicher Gewalt in den Abgrund hinabriß und ein donnerndes Getöse unten zwischen den kleinen Hügeln erzeugte, daß die Maulthiere ängstlich an ihren Leinen zogen und die neugierigen Antilopen erschreckt zusammenfuhren. Stein auf Stein folgte, bis sich nichts Bewegliches mehr auf der Felsenplatte vorfand und wir daran erinnert wurden, nunmehr selbst den Weg hinab anzutreten, wenn wir überhaupt noch gesonnen waren, in dieser Nacht unter Zelten zu schlafen. —

„Ich möchte gern ein Zeichen von uns zurücklassen," redete der Naturaliensammler den Doctor an, „und zwar ein solches, worüber der Indianer, der zunächst diesen Berg wieder ersteigt und hier dasselbe erblickt, sich den Kopf zerbrechen soll; ich werde diese Spitzkugel auf den äußersten Rand des Felsens stellen. Jahre mögen darüber hingehen, ehe sie ihre Stelle wieder verläßt, um neue Bekanntschaft mit Menschenhänden zu schließen." Er that darauf, wie er gesprochen, erquickte sich mit einem Trunke warmen Wassers aus der Lederflasche, die ihm der freundliche Doctor reichte, und folgte auf der gefährlichen Treppe dem Vorangeeilten nach; nur der Geolog war noch hämmernd oben zurückgeblieben, schloß sich indessen bald uns an, die wir, von einer Masse rollenden Gesteins begleitet, uns einen Weg abwärts bahnten. Bald waren wir bei unseren Thieren und schlugen, nachdem wir die Satteltaschen mit fossilen Muscheln angefüllt, die Richtung ein, in welcher wir zuerst auf die Spuren des Wagenzuges kommen mußten, der unseren Augen zu der Zeit schon entschwunden war.

Auf ein ziemlich spätes Nachtlager mußten wir uns schon gefaßt machen, denn so weit das Auge reichte, war nichts mehr von der Expedition zu erblicken: die Wagen hatten das Thal bereits verlassen und waren in der Ferne hinter blauen Felsmassen verschwunden. Wie weit sie daher zu ziehen genöthigt sein würden, um das nächste Wasser zu erreichen, mußte dem Glücke anheimgestellt werden, weil sie die Quellen des Tucumcari Creek schon hinter sich zurückgelassen hatten. „Wir dürfen unsern

Schritt nicht beschleunigen," hob Einer der jungen Leute an, „denn bei dem langen Marsche, den wir noch vor uns haben, würden unsere Thiere zu sehr leiden und wir doch nur wenig früher bei unseren Kameraden eintreffen. Wie spät es am Tage ist, merke ich übrigens an meinem Appetite, glaube aber nicht, daß wir vor Mitternacht auf Erfrischungen rechnen können, wir müßten denn unsere blutigen Braten gerade so roh, wie sie sind, in Angriff nehmen!" — „Es wäre gewiß nichts Außerordentliches," fuhr ein Anderer fort, „wenn wir nur Pfeffer und Salz zur Stelle hätten; doch denke ich nicht, daß wir in den nächsten zwei Stunden verhungern werden. Es könnte bis dahin aber Einer von uns die Mühe des Erzählens übernehmen, während den Anderen dann nichts zu thun bleibt, als über dem Zuhören den Mangel eines guten Abendbrodes zu vergessen."

„Der Herr Franzose soll uns von seiner schönen Heimath erzählen!" bemerkte der Doctor.

„Um Gotteswillen nicht!" rief der junge Meteorolog; „seine englischen Worte kommen mit so holperigem Accente zu Tage, daß mein treues Maulthier darüber stolpern müßte, und was sollte dann aus meinem Barometer werden? Nein! ich schlage vielmehr vor, daß uns der Deutsche seine erste Liebe ohne Ausschmückung erzähle!"

„Es wird dieses keine schwere Aufgabe sein," erwiederte Jener, „indem ich Ihnen nur eine Fortsetzung der Erzählung meiner Erlebnisse in den Council Bluffs zu geben brauche, deren Anfang ich Ihnen schon bei einer früheren Gelegenheit mitgetheilt habe."

XV.

Fortsetzung der Erzählung des Naturaliensammlers. — Lager der Expedition an der Laguna Colorado. — Der Gallinas. — Schafheerden in Neu-Mexiko. — Ankunft der Expedition am Pecos und in Anton Chico.

„Eines Abends," fuhr der Deutsche fort, „saß ich in Belle Vue am oberen Missouri mit meinen Freunden Sarpy und Decatur vor dem sladernden Kaminfeuer; wir plauderten auf gemüthliche Weise über Dieses und Jenes, besonders aber über meine Abenteuer mit den Ottoes, die mir noch in frischem Andenken waren, weil ich mich erst seit kurzer Zeit unter dem gastlichen Dache des Herrn Sarpy befand. Die Stube war ungewöhnlich leer, nur einige Indianer hockten in unserer Nähe, rauchten mit stoischer Ruhe ihre Pfeife und hatten dabei eine Miene angenommen, als ob sie jedes unserer Worte verständen. Ein bescheidenes Klopfen an der Thüre, etwas ganz Ungewöhnliches für die dortigen Verhältnisse, störte uns in unserer Unterhaltung; ich blickte neugierig hinüber, wo auf unser „Herein!" die Thüre sich leise öffnete und zwei Frauengestalten eintraten, die zu meiner größten Verwunderung ihrer Kleidung nach keine Indianerinnen waren. „Guten Abend, Mrs. Alison! guten Abend, Amalie!" riefen meine Freunde den Eintretenden zu, indem sie ihnen höflich die nächsten Plätze am Kamin anboten. Der Gruß wurde freundlich erwiedert und nachdem ich ohne große Förmlichkeiten den beiden Fremden vorgestellt worden, setzte ich mich so ihnen gegenüber, daß ich ihre Physiognomien bei dem hellen Scheine des Feuers genau beobachten konnte, was mir, der ich so lange kein der Civilisation angehöriges Damenkostüm gesehen hatte, gewiß nicht verdacht werden kann. Ebenso wenig wird mich ein Vorwurf treffen, wenn ich zugebe, daß ich die jüngere der beiden Damen, die ich auf den ersten Blick für eine Halbindianerin erkannte, für mehr als hübsch hielt. War nun der Grund der, daß ich seit vielen Monaten das schöne Geschlecht nur durch unliebenswürdige Squaws vertreten gesehen hatte und eine so unvermuthete Erscheinung das Restchen Verstand, was mir die rasende Kälte noch gelassen hatte, vollends verwirrte, oder war das Wesen in der That ein indianisches Medizinmädchen, der widerstehen zu wollen vergebliche Mühe gewesen wäre: genug, meine Herren, ich muß gestehen, die schöne Amalie hatte in der Geschwindigkeit einen so tiefen Eindruck auf mich gemacht, daß mir alle Lust zur Unterhaltung verging und ich das junge Mädchen ununterbrochen anstarrte, deren schwarze Augen dagegen mit einem unbeschreiblichen Ausdruck von Unschuld und Neugierde auf mir ruhten.

Doch lassen Sie mich Ihnen vor allen Dingen die Beschreibung einer Schönheit des fernen Westens geben. Amalie Papin, die Tochter einer Pawnee-Indianerin und eines Franzosen, der, beiläufig gesagt, mit Hinterlassung eines nicht unbedeutenden Vermögens schon vor Jahren zu seinen Vätern heimgegangen war, hatte das fünfzehnte Jahr noch nicht erreicht. Als kleines Kind war sie von einem Mr. Alison, der viel mit dem Stamme der Pawnees verkehrte, zeitweise bei demselben lebte und wirklich menschenfreundlich daselbst zu lehren und zu wirken strebte, angenommen worden. Mrs. Alison, eine Frau, die den gebildeteren Ständen angehörte, war ihrem Manne mit aufopfernder Liebe überallhin nachgefolgt, hatte Beschwerden und Unbequemlichkeiten mit ihm getheilt und der kleinen Halbindianerin zugleich mit ihren eigenen Kindern eine Erziehung angedeihen lassen, wie es ihr unter so schwierigen Verhältnissen nur immer möglich gewesen. Die natürlichen Anlagen des Kindes waren ihr dabei sehr zu Hülfe gekommen, weil sich dieses mehr zu den Sitten seiner Pflegeeltern, als zu den Gewohnheiten seiner mütterlichen Verwandten hingezogen fühlte. So war denn die junge Waise zu einer Jungfrau herangewachsen, die nun in aller Lieblichkeit neben ihrer Pflegemutter gerade vor mir saß. Ihr einfaches Kleid, nach amerikanischem Schnitte gearbeitet und eng an den Oberkörper anschließend, ließ eine Figur erkennen, an der auch nicht das Geringste zu wünschen übrig blieb. Die Bewegungen und der natürliche Anstand des jungen Mädchens waren so ungekünstelt, so zart und dabei doch so geschmeidig, daß ich kaum meinen Augen zu trauen vermochte, wenn ich auf die dunkle Gesichtsfarbe schaute. Auf dem schlanken Halse ruhte der reizendste Kopf, den man sich nur denken kann; pechschwarze Haare, die in zwei langen Zöpfen über die Schultern hingen, faßten ein rundes, broncefarbenes Gesichtchen ein, auf welchem sich ein so eigenthümlicher Liebreiz spiegelte, daß man die weiße Hautfarbe durchaus nicht vermißte und gar nicht darüber in Zweifel blieb, daß keine Farbe zu dem ganzen Bilde besser hätte passen können, als der dunkle Anflug, der die Haut wie Atlas schimmern ließ und dennoch die sanfte Röthe der Wangen nicht gänzlich zu verdrängen vermochte. Die etwas vorstehenden Backenknochen verriethen die indianische Abkunft, ebenso der Schnitt der Augen, die groß und schwarz von langen Wimpern beschattet wurden. Ihr Mund war so wohlgeformt, so zierlich und so frisch, daß unserem Doctor bei dessen Anblick, trotz der sechs und zwanzig Jahre seines glücklichen Ehestandslebens, ganz gewiß das Blut rascher in den Adern gereist haben würde, besonders wenn er das Mädchen gesehen hätte, indem sie sprach. Zwei Reihen der herrlichsten Zähne schimmerten wie ächte Perlen unter den rothen Lippen hervor, ihre Hände waren klein wie bei allen Indianerinnen, und ein Füßchen hatte sie, daß ein Paar ihrer abgelegten Mokkasins verdient hätten, zur Weltausstellung nach London geschickt zu werden. Dieses war also Amalie Papin, die schöne Halfbreed, in die ich mich in der erſten halben Stunde verliebt hatte. Mr. Sarpy, den ſeine heitere Laune niemals verließ, hatte bald die lebhafteſte Unter= haltung hervorgerufen; es wurde gelacht und geſcherzt, ich ſelbſt immer= während mit in's Geſpräch gezogen, doch wußte ich nie den Gegenſtand der Unterhaltung feſtzuhalten, was übrigens ſehr natürlich war, denn ich dachte an ganz andere Dinge, ſah mich ſchon im Gedanken als den Helden eines Romanes, und malte mir die Ueberraſchung der Bekannten und Ver= wandten in der Heimath aus, welche die Nachricht meiner Verheirathung mit einer indianiſchen Prinzeſſin bereiten würde. Natürlich regte ſich ſogleich der Wunſch in mir, ebenfalls einen guten Eindruck auf die ſchöne Halfbreed zu machen, und es entlockt mir noch immer ein Lächeln, wenn ich daran denke, zu welchen komiſchen Mitteln ich meine Zuflucht nahm, um meine eigene geliebte Perſon in vortheilhaftem Lichte erſcheinen zu laſſen.

Ich freute mich innig, als ich bemerkte, daß Amalie mir einige Auf= merkſamkeit ſchenkte; hätte ich aber damals ihre Gedanken errathen können, ſo würde meine Eitelkeit einen argen Stoß erlitten haben. Genirte ſich doch ſpäter das unbefangene Mädchen nicht, mir mitzutheilen, daß ich furcht= bar häßlich ſei und mit den Haaren im Geſichte mehr einen Büffel, als einem Menſchen gleiche. Glücklicherweiſe aber vermochte ich nicht in ihrem Herzen zu leſen, und in angenehmer Täuſchung fuhr ich fort, Pläne für die Zukunft zu ſchmieden und mich den ſchönſten Hoffnungen hinzugeben. Der Abend verging auf dieſe Weiſe; ſpät erſt kam Mr. Aliſon, um ſeine Damen abzuholen und nach ihrer Wohnung, die mit der Pawnee=Indianer= Agentur in Verbindung ſtand, zurückzuführen. Kaum waren wir wieder allein, als Mr. Sarpy mich folgendermaßen anredete: „Wie finden Sie meine Nichte?" — „Alſo Ihre Nichte?" fragte ich zurück. „Ja, meine Nichte," erwiederte er, „und eine hübſche Nichte obendrein; der Vater des Mädchens war ein Verwandter von mir und ihre Mutter die Tochter eines großen Häuptlings; ich habe gemerkt, daß ſie Ihnen gefällt. Sie können ſie heirathen, doch müſſen Sie mir wenigſtens zwanzig Pferde für meine Erlaubniß geben, ehe Sie ſich von dem Miſſionär auf dem Berge, dem Herrn M. Kenney dürfen zuſammenknüpfen laſſen; denn da Amalie eine Chriſtin iſt, ſo wird ſie ſich wohl ſchwerlich zu einer indianiſchen Hei= rath verſtehen wollen." Dieſe Worte waren freilich im Scherz geſprochen, doch merkte ich mir dieſelben wohl, um ſpäter vielleicht noch einmal darauf zurückkommen zu können.

Am folgenden Tage beſuchte ich, wie ſich von ſelbſt verſteht, die Familie Aliſon, die nur einige hundert Schritte von unſerem Etabliſſement in einem bequem eingerichteten Blockhauſe wohnte. Ich fand daſelbſt die freundlichſte Aufnahme, ſo daß ich meinen Beſuch öfter wiederholte und zuletzt faſt täg= lich einſprach. Auch lernte ich dort eine Menge Pawnee=Indianer kennen, die einestheils ihren Freund Aliſon beſuchten, anderntheils ſich nach der jungen, blühenden Verwandten umſahen. Es war ein gemüthliches Leben in dieſer Zeit; den Tag über malte ich auf indianiſche Weiſe Büffelhäute aus, in welcher Kunst ich es bald den geschicktesten Rothhäuten zuvor that und mir viel Geld von der Pelzcompagnie verdiente. Den Abend brachte ich dann gewöhnlich bei Mr. Alison zu, spielte mit den Kindern, erzählte von Europa und lehrte die schöne Amalie englisch schreiben, was ihr übrigens nicht ganz fremd war. Meine Absichten, das junge Mädchen zu heirathen, waren bald kein Geheimniß mehr und Jeder gratulirte mir zu der sehr vortheilhaften Partie, denn meine vermeintliche Braut galt für ein reiches Mädchen, weil von den Pawnee-Indianern allein sie schon eine gute Anzahl von Büffelhäuten bezog, die dort eben so gut wie baares Geld sind. Das einzige Ueble an der Sache blieb, daß die beiden Hauptpersonen noch nicht mit einander einig waren; ich selbst wäre gern einig gewesen, hätte mir sogar dem Mädchen zu Liebe mit Freuden den Schädel rasiren lassen und wäre indianischer Bürger geworden, aber sie wußte leider nicht, was sie wollte. Bald reichte sie mir ihre frischen Lippen zum Kusse entgegen, bald lief sie wie eine Antilope scheu davon, indem sie mir lachend zurief, ich sei ein häßlicher, weißer Mann, ein zweibeiniger Büffel. Solche Benennungen waren freilich nicht sehr schmeichelhaft, doch könnte ich nicht sagen, daß mir das Mädchen, die halb aus Verschämtheit, halb aus Muthwillen zusammengesetzt schien, weniger lieb geworden wäre; auch bin ich überzeugt, daß derjenige, welcher diese schöne Prairieblume später heimgeführt, eine brave Frau an ihr gewonnen hat, um so mehr, als sie auch eine fromme, sittsame Christin war. Merkwürdiger Weise hegte ich damals gegen die Pawnee-Indianer, denen ich früher im offenen Kampfe gegenüber gestanden hatte, die brüderlichsten Gesinnungen, weshalb ich bei der schönen Amalie der Lobeserhebungen über ihren Stamm kein Ende wußte, obschon ihr das ziemlich gleichgültig schien. Daß aber die Pawnees meine Gefühle nicht theilten, mich wegen meiner Liebe zu ihrer schönen Prairieblume noch im Geheimen haßten, wurde mir gelegentlich auf eine äußerst unzarte, wenn auch sehr deutliche Weise zu verstehen gegeben; möglich, daß auch etwas Eifersucht dabei mit im Spiele war. Doch hören Sie weiter. Als nämlich das Eis im Missouri aufzubrechen und zu treiben begann und die Niederungen an der Mündung des Papillon Creek überschwemmt wurden, war es eine meiner Hauptbeschäftigungen, Enten, Gänse, Schwäne, Pelikane und Kraniche zu schießen, mit denen die seichten Gewässer förmlich bedeckt waren. Auf meinen Jagden begleiteten mich stets zwei junge Omaha-Burschen; sie waren Verwandte von Mr. Sarpy's Necoma und so treue, brave Jungen, als nur unter einer kupferfarbigen Haut gefunden werden können. Durch freundliche Begegnung hatte ich mir ihre ganze Zuneigung gewonnen, die sie mir auf alle nur denkbare Weise zu erkennen gaben. Ich brauchte nur meine Kugeltasche umzuhängen, so waren auch die beiden Brüder Hug-ha und Scha-gree-ga-gee mit ihren Karabinern auf der Schulter an meiner Seite. Ihre Gesellschaft behagte mir auf meinen Jagdzügen in doppelter Beziehung; einestheils war ich dadurch nie ohne eine treffliche Sicherheitswache, dann aber auch vertraten die gewandten Jungen die Stelle von

Hühnerhunden, indem sie das von mir geschossene Wild trotz der Eisschollen aus dem Wasser holten.

Eines Tages jedoch, als ich meiner beiden Indianerburschen nicht sogleich ansichtig wurde, machte ich mich allein auf den Weg, um wie gewöhnlich am Papillon zu jagen. Es waren vier Meilen bis dahin und vergnügt trabte ich über die Prairie, die mich von meinem schönen Revier trennte. Ich hatte einen glücklichen Tag gewählt, denn noch keine Stunde war ich am Wasser hinaufgegangen, als mein Gürtel keine Enten mehr zu fassen vermochte. Ich wollte einen Augenblick auf einem Steine ausruhen und war eben im Begriffe zu laden, als plötzlich ein Indianer vor mich hintrat und barsch Pulver und Blei von mir verlangte. Denselben Menschen hatte ich früher schon in Mr. Alison's Behausung gesehen und war damals gerade nicht sehr von seinem Benehmen gegen mich erbaut. Er verbarg nämlich den Verdruß nicht, den er empfand, als er meine Vorliebe für die schöne Halfbreed wahrnahm. Als nun der wilde Bursche, ein vollblütiger Pawnee, vor mir stand, erinnerte ich mich seiner ganz genau; ich drückte daher schnell Kupferhütchen auf die Cylinder und schlug dann seine unverschämte Forderung ab, indem ich ihm bedeutete, daß sein Bogen ganz gut ohne Pulver und Blei losgehe. Sein nochmaliges dringendes Verlangen hatte denselben Erfolg, worauf er sich von mir abwendete, einen englischen Fluch, eines der wenigen englischen Worte, die er verstand, mehrere Mal hinter einander ausstieß, langsam der dichteren Waldung zuschritt und bald meinen Augen entschwunden war. Ich legte meine Beute bei dem Steine, auf welchem ich gesessen, nieder und begann meine Jagd von Neuem, wobei ich mich aber hütete, obgleich ich den Indianer nicht weiter fürchtete, beide Läufe meines Gewehres zugleich abzuschießen. Nach kurzer Zeit hatte ich abermals meinen Gürtel gefüllt; ich beschloß nunmehr mit der reichen Ladung heimzukehren und schlenderte langsam der Stelle zu, wo ich die zuerst geschossenen Enten niedergelegt hatte. Als ich den Stein erreichte, bemerkte ich, daß alle meine Braten spurlos verschwunden waren. Verwundert und argwöhnisch blickte ich umher, als plötzlich in dem Gesträuch, welches mich vom Papillon trennte, etwas an die Zweige schlug und in demselben Augenblicke ein Pfeil in meinem Schenkel haftete. Gedankenschnell legte ich mein Gewehr an und zwar nach der Gegend, aus welcher der Pfeil gekommen war. Der verrätherische Pawnee, ein Anderer konnte es nicht gewesen sein, befand sich aber auf dem jenseitigen Ufer und außer dem Bereiche meiner Macht, indem er sich so geschickt hinter umgefallenen Baumstämmen verborgen hatte, daß er mir unsichtbar blieb. Hinüberzugehen war mir nicht möglich; zudem mußte ich mich beeilen, den Pfeil, der glücklicher Weise nicht weiter als bis auf den Knochen hätte dringen können, zu entfernen. Mit einem kräftigen Rucke riß ich die Waffe aus der Wunde, die alsbald reichlich zu bluten anfing. Diesen unbewachten Augenblick benutzte der schlaue Indianer, um aus seinem Verstecke zu gleiten und spornstreichs davon zu laufen; ich gab ihm aber einen Brief mit, an den er noch lange denken wird. Ich schoß zwei Ladungen groben Schrotes hinter ihm her, und ob er schon leider weit von mir entfernt war, so bin ich doch überzeugt, daß ich seinen glatten Rücken besser geschröpft habe, als unser Doctor jemals seine Patienten, ich müßte denn die Wirkung meines Gewehres nicht kennen. Nachdem ich meine Wunde so lange mit eisigem Wasser gewaschen, bis das Blut zu fließen aufhörte, nahm ich meine Beute, meine Waffen, so wie den auf mich abgeschossenen Pfeil, und wanderte verdrießlich nach Hause, freute mich aber im Stillen darauf, von der schönen Amalie über mein Unglück bedauert zu werden. Noch an demselben Tage setzte ich Hug-ha und Scha-gree-ga-gee von meinem Abenteuer in Kenntniß, welche mir mit ihrem natürlichen Scharfsinn und auf ihre eigene Weise den Vorgang erklärten. Sie sprachen sich dahin aus, daß mir der Pawnee keineswegs nach dem Leben getrachtet habe, indem er sonst, um die Wunde tödtlich zu machen, jedenfalls einen Pfeil mit Widerhaken gebraucht hätte. Ferner würde er sich gehütet haben, ein mit den Abzeichen seines Stammes verziertes Geschoß bei einem Morde zu wählen, indem es dadurch leicht geworden wäre, den Thäter zu ermitteln. Gern war ich bereit, den Fall für einen etwas derben Scherz zu halten, es war mir so am bequemsten; dann aber auch wollte ich es verhüten, neue Feindschaft bei Diesem oder Jenem des Pawnee-Stammes zu erregen. Ich gedachte der ganzen Geschichte nicht weiter, um so weniger, als die Schramme mich nicht sehr belästigte und bald heilte. Von dem jungen Bösewicht habe ich nie wieder etwas gehört oder gesehen; indessen wurde ich durch dieses Ereigniß vorsichtiger und bin nie wieder ohne meine beiden jungen Freunde nach meinem Revier gezogen, wo ich vermuthen konnte, auf die räuberischen Pawnees zu stoßen.

Thränen des Mitleids glänzten in den dunklen Augen der reizenden Amalie, als ich ihr von meiner Verwundung erzählte; wildes Feuer sprühten ihre Blicke, als ich des verrätherischen Indianers gedachte. Ich glaube, das zarte Mädchen hätte ihm in diesem Augenblicke, wenn er vor ihr gestanden, ein Messer in die Brust gestoßen. Der Sturm legte sich indessen wieder und bald führten wir wie früher unsere harmlose Unterhaltung, die fast durchgängig meine ferne Heimath betraf, wohin ich die junge Indianerin, nach Anhäufung eines beträchtlichen Vermögens, mitzunehmen beabsichtigte. Es waren phantastische Träume, denen man in solcher Lage nur zu gern nachhängt, ohne zu ahnen, daß man in späteren Jahren an die Schwachheiten des Jugendalters wie an krankhafte Spiele der Einbildungskraft zurückdenken wird. Wie im Fluge gingen mir unter so angenehmen Verhältnissen die Tage dahin; wieder im vollen Besitze meiner eisernen Gesundheit und eines ungeschwächten Körpers, dachte ich aber auch daran, meine äußere Erscheinung einnehmender werden zu lassen. Die geübtesten Squaws wurden in Thätigkeit gesetzt und mußten ihre Kunstfertigkeit zeigen; in kurzer Zeit war meine Lederbekleidung von dem runden Hut auf meinen geölten, buschigen Haaren bis zu den weichen Mokkasins an meinen Füßen mit den schönsten Stickereien und Fransen besetzt. Meine Waffen, Kriegsbeil und Messer, die ich stets in einem von Amalie zierlich gearbeiteten Gürtel trug, waren reich mit Messingnägeln beschlagen, kurz Nichts, was dort zum Putze dient, hatte ich außer Acht gelassen, und wenn ich nicht das war, wofür ich mich damals hielt, nämlich unwiderstehlich, so war es nicht meine Schuld. Immer mehr beruhigte ich mich darüber, daß mir die Rückkehr in meine Heimath abgeschnitten war, denn die zwei Jahre meines Urlaubs hatten schon längst ihr Ende erreicht. Es blieb mir also weiter nichts übrig, als in der Heimath für todt zu gelten und inzwischen in den Steppen den Büffel zu jagen, eine Beschäftigung, die mir aus verzeihlichen Gründen allerdings annehmlicher schien, als zu Hause für ein unverschuldetes Versehen mich einer harten Strafe unterwerfen zu müssen. Die Jagd blieb immer meine Hauptbeschäftigung; ich arbeitete wenig, aber verdiente viel Geld, was mir jedenfalls lieber war, als wenn ich viel gearbeitet und wenig verdient hätte. Ernstlich begann ich daran zu denken, ein bestimmtes Geschäft anzufangen und mich am Missouri häuslich niederzulassen."

Hier trat eine Pause ein. Wir hielten unsere Pferde an und schaueten um uns. Wir hatten die Stelle erreicht, an welcher das Thal sich verengte und dann plötzlich wieder an Ausdehnung gewann. Es war die Laguna Colorado, ein Thal, an dessen westlichem Ende sich ein seichter Teich befindet, der in den Regenzeiten austritt und die ganze Umgebung in einen großen See verwandelt, dessen Wasser die rothe Farbe des lehmigen Bodens trägt, weshalb auch von den Mexikanern dem weiten Kessel der bezeichnende Name beigelegt worden ist.

Zur Zeit der Ankunft unserer Expedition war das ganze Thal trocken und wir sahen ein, daß wir noch über die ganze Breite der Laguna, eine Strecke von 5 Meilen, ziehen mußten, ehe wir erwarten durften, in der Nähe von Wasser mit unseren Gefährten im aufgeschlagenen Lager zusammenzutreffen. Die Sonne war hinter der grauen Hügelreihe verschwunden, Dämmerung ruhte auf dem trockenen Seebette, welches fast jeder Vegetation entbehrte und sich öde und todt vor uns ausdehnte. Wir setzten uns bald wieder in Marsch und ließen unsere Thiere den frischgebrochenen Wagengeleisen folgen, auf welchen sie zu den besten Uebergangspunkten über die vielen kleinen Spalten, die in allen Richtungen das Thal durchschnitten, geführt wurden. Die Abendluft war kühl und feucht, schmale Nebelstreifen ruhten auf der Ebene und reichten weithin bis in die dunklen Schluchten, wo die Uhu's dumpf lachend mit leisem Flügelschlage ihre Wohnungen in den Felsspalten verließen und die grauen Füchse sich von ihren Lagern unter dichtverzweigten Cedern erhoben, um beutelustig kläffend nach der Ebene zu eilen.

Nach einer Weile fuhr der Erzähler fort. „Ich dachte also ernstlich daran, mich an den Council Bluffs häuslich niederzulassen, und trat deshalb mit dem Mr. Sarpy in Unterhandlung, dem es besonders lobenswerth erschien, daß ein Mann von 24 Jahren damit umgehe, sich eine Lebensgefährtin zu nehmen. Nach seiner Ansicht verdiente ein verheiratheter Mann mehr Credit als ein Junggeselle, worin er übrigens nicht Unrecht hatte, und wenn er mich auch nicht zu diesem Schritte aufmunterte, so bot er mir doch auf die freundlichste Weise seinen Beistand an, um mich in eine solche Lage zu bringen, daß ich mit Ruhe in die Zukunft sehen, zugleich mich aber auch der Pelzcompagnie nützlich machen könne. Nun muß ich aber vor allen Dingen einige Bemerkungen über die Beschaffenheit der Ländereien am Missouri einschalten, um auf leichtere Weise das Eigenthümliche der dortigen Verhältnisse in meine Geschichte verflechten zu können. Die Entfernung von der Mündung des Nebrasca oder flachen Flusses bis nach Belle Vue an der südlichen Spitze der Council Bluffs beträgt 10 bis 12 Meilen. Genau in der Mitte zwischen diesen beiden Punkten liegt eine Insel im Missouri, die 4 Meilen im Umfange hat und größtentheils mit Weiden, doch auch mit Birken und einzelnen Eichen bewachsen ist, in deren Schatten ebenso wie auf den Lichtungen fettes Gras im Ueberfluß wuchert. Nach den Bäumen zu urtheilen, kann diese Insel kaum älter als siebenzig Jahre sein; erst um diese Zeit begann sie, den Wasserspiegel zu überragen. Der unruhige Strom, der bei hohem Wasserstande Unmassen von Treibholz, Schlamm und Sand mit sich führt, hat fortwährend einen Tribut an der entstehenden Insel zurückgelassen und dieselbe allmälig bis zu dem jetzigen Umfange vergrößert. Er setzt noch heute unermüdlich diese Arbeit fort, bis er endlich eine Biegung oberhalb Belle Vue gänzlich wird fortgerissen haben, dann aus leicht erklärlichen Ursachen mit ganzer Kraft seinen Hauptcanal an der Ostseite der Insel vorbeiwühlt und den westlichen Canal verstopft, so daß die Insel dem Festlande einverleibt wird. Viele Jahre mögen darüber hingehen, ehe es wirklich so weit kommt, doch kann ein Zweifel darüber, daß es geschehen wird, kaum obwalten, da Beweise genug vorliegen, daß der Missouri sein Bett in dem Thale der Council Bluffs, welches 6 Meilen breit ist, fortwährend gewechselt hat, vor Zeiten die felsigen Hügel, an denen sich noch lange See'n hinziehen und von deren Fuß er jetzt mehrere Meilen entfernt dahin fließt, bespülte, das jenseitige Ufer unterwühlt und alljährlich große Strecken desselben mit fortreißt. Mr. Sarpy hatte also diese Insel zu seinen besonderen Zwecken ausersehen und mir zu meiner Residenz bestimmt.

Neben seinem Tauschgeschäft hatte er nämlich noch Viehzucht getrieben und es in einer Reihe von Jahren zu einer ansehnlichen Heerde gebracht. Den Winter hindurch wurde diese in der Nähe des Forts gefüttert und im Frühjahre, kurz vor dem Brechen des Eises, nach der fetten Insel hinüber getrieben, wo sie dann bis zum nächsten Zufrieren des Missouri bleiben mußte. Mancher junge Stier wurde indessen von räuberischen Indianern auf der Insel geschlachtet, um demnächst in die rauchigen Wigwams zu wandern, wo dergleichen Leckerbissen von allen Bewohnern willkommen geheißen und schleunigst verschlungen wurden. Diesem Unwesen so viel als möglich zu steuern war nun Mr. Sarpy's Plan; er machte mir zu diesem Zwecke Vorschläge, die mir zu annehmbar schienen, als daß ich sie hätte zurückweisen mögen. Er setzte mich von seinen Absichten ungefähr auf folgende Weise in Kenntniß: „Ich werde Ihnen ein kleines Blockhaus mitten auf der Insel auf dem höchsten Punkte errichten, in welchem Sie mit Ihrer Amalie oder so vielen Squaws, wie Sie zu heirathen belieben, bequem wohnen können. Ein leichtes Canoe sollen Sie ebenfalls erhalten, in welchem Sie sich nach Belle Bue rudern können, um sich dort mit Lebensmitteln und sonstigen Bedürfnissen zu versehen. Dafür nun, daß Sie auf der Insel wohnen, dieselbe beschützen und diebische Absichten der Indianer zu verhüten suchen, werde ich Ihnen ein gewisses jährliches Einkommen sichern, welches Sie ganz bequem durch Malen von Büffelhäuten verdoppeln können. Mit Waffen müssen Sie natürlich reichlich versehen sein, auch werde ich Ihnen noch einige meiner besten Hunde geben, von denen Sie einen an Ihre Thüre ketten, die anderen aber frei umherlaufen lassen. Die etwaige Annäherung von Indianern werden die umherstreifenden Hunde wittern und durch Heulen verrathen, worauf Sie den zurückgebliebenen von der Kette lösen, um ihn als Wegweiser gebrauchen zu können; er wird Sie zu seinen Kameraden führen und es Ihnen bedeutend erleichtern, die Indianer am Landen zu verhindern. Diesen Zweck zu erreichen wird übrigens meist Ihr bloßes Erscheinen genügen, und im schlimmsten Falle haben Sie ja Ihre Büchse; das Vieh wird dann unter Ihrer Aufsicht vor fremden Eingriffen gesichert sein und gedeihen, und die Tage werden Ihnen in Ruhe und Zufriedenheit dahin gehen. Außerdem haben Sie auf der Insel Fischfang und eine herrliche Jagd, denn Tausende von Wasservögeln bedecken fortwährend das stehende Wasser auf jener Seite der Sandbänke." — „Ich gehe unbedingt auf den Vorschlag ein," antwortete ich dem Mr. Sarpy, „ein solches Robinson-Leben habe ich mir schon lange gewünscht, das einzige Bedenkliche an der ganzen Sache scheint mir, daß, wenn es erst ruchbar wird, daß ich einige Rothhäute erschossen habe, die Freunde der Erschlagenen sich gegen mich verbinden, mich eines guten Tages überfallen und, um sich zu rächen, mich sammt meiner Frau oder meinen Frauen todt schlagen und skalpiren werden." — „Sollte Ihnen eine solche Gefahr drohen," unterbrach mich Mr. Sarpy, „dann bitte ich Sie dringend, wehren Sie sich so lange, als Sie nur ein Glied rühren können, und ich verspreche Ihnen auf meine Ehre," setzte er scherzhaft hinzu, „daß, wenn Sie skalpirt werden, die Insel, so lange die Welt steht, Ihren Namen tragen soll." — „Bravo!" rief ich aus, indem ich in die dargebotene Rechte einschlug, „ich siedle mich auf der Insel an, mag auch kommen was da wolle, mögen Sie nur nie Veranlassung finden, meinen ehelichen Namen auf die Insel zu übertragen." Die schöne Halfbreed war aber nichts weniger als geneigt, so in der Abgeschiedenheit zu leben und erklärte rund heraus, daß sie mir nie dorthin folgen würde. Meine Drohung, mir eine Anzahl Squaws zu Frauen zu nehmen, schreckte sie nicht, im Gegentheil wir zankten uns und vertrugen uns wieder, wobei ich genöthigt war, viele gute Worte zu geben. Ich hoffte aber im Stillen noch immer, das junge Mäd-

chen meinen Wünschen nachgiebig zu machen, und berührte diesen Punkt absichtlich auf lange Zeit nicht wieder.

Das letzte Eis war inzwischen von den trüben Fluthen des Missouri
fortgerissen und dem Mississippi zur Weiterbeförderung oder Auflösung übergeben worden, die Knospen an den Bäumen fingen an zu schwellen, schaarenweise zogen die gefiederten Wanderer gegen Norden, schaarenweise versammelten sich die Auswanderer, die nach dem Utah-See oder Californien zu
ziehen beabsichtigten, in der Nähe von Belle Vue. Auch in mir regte sich
eine unwiderstehliche Reiselust. Mit Wehmuth beobachtete ich die fröhlichen
Abenteurer, wie sie umsichtig ihre Vorbereitungen zur Reise durch die Steppen
trafen, und blickte trübe zu den Vögeln hinauf, die jauchzend über mir hinzogen. Ihr schriller Ruf drang mir in's Herz. Ich wäre ihnen so gern
gefolgt! Ich gedachte meiner einsamen Insel, ich gedachte meiner goldenen
Freiheit, die ich auf derselben zu vergraben im Begriffe stand, ich gedachte
der großen und herrlichen Welt, die ich so gern nach allen Richtungen durchwandert hätte, und zum ersten Male wurde ich in meiner Liebe zur schönen
Amalie wankend. Um meine Zweifel auf's Höchste zu steigern, gesellten
sich hierzu noch vortheilhafte Anerbietungen, die mir von einigen begüterten
Mormonen gemacht wurden. Es lag nämlich im Plane der Angesehensten
der in Belle Vue gelagerten Karawane, mich als Büffeljäger anzuwerben.
Sie boten mir hohen Lohn, doch blieb ich standhaft; sie eröffneten mir die
schönsten Aussichten für die Zukunft, ich weigerte mich aber fortwährend;
selbst ihre allerliebsten Mädchen, theils Schwedinnen, theils Irländerinnen,
vermochten nichts über mich. Wenn die hübsche Amalie mit mir gezogen
und Mormonin geworden wäre, hätte ich mich vielleicht bereden lassen.
Doch schien diese eine besondere Scheu vor der neuen Sekte zu haben, so
wie es auch mir gar nicht in den Sinn kam, der Religion, in welcher ich
erzogen worden, zu entsagen. „Sie sollen sich ja nicht zu unserem Glauben
bekehren," sprach ein alter Mormone zu mir, „Sie sollen uns nur Dienste
leisten, wofür wir Sie bezahlen. Sie kennen die Straße bis zu den Rocky
Mountains und werden uns gleich leicht die vortheilhaftesten Lagerstellen bezeichnen können, außerdem wollen wir Ihnen jeden Büffel, den Sie schießen,
redlich abkaufen und Ihnen im Voraus unser bestes Jagdpferd geben." Das
war ein verlockender Vorschlag für einen leidenschaftlichen Jäger, ich betrachtete
das schöne Pferd, dessen Glieder zum Wettlauf geschaffen schienen, schwang
mich hinauf, legte die Mündung meiner Pistole zwischen seine Ohren und
drückte los; nur durch Kopfschütteln gab das edle Thier seine Unzufrieden-
heit über mein Verfahren zu erkennen, und im Uebermaß meiner Freude
über das vortreffliche Büffelpferd rief ich den Verführern zu: „Ich werde
mir die Sache überlegen!" Als ich heim ging, war ich so rathlos wie ein
kleines Kind; ich konnte nicht umhin, mich über die Schlauheit und Menschen-
kenntniß der Mormonen zu wundern, die durch ein gutes Pferd das bei
mir erreichten, was Geld und gute Worte nie bewirkt haben würden. Ich
verglich in Gedanken das einförmige Dasein auf der Insel mit dem wechsel-

Möllhausen, Tagebuch.   13

vollen Leben auf einer Reise durch die Steppen, ich verglich Mr. Sarpy's buntscheckige Kühe mit dem zottigen Bison, und nie verspürte ich weniger Lust, mich anzusiedeln, wie in diesem Augenblicke. Ich bin noch zu jung, flüsterte ich mir zu, um mich vor mir selber zu entschuldigen, auch Amalie ist noch zu jung zum Heirathen, fuhr ich fort zu philosophiren, ich werde den gordischen Knoten mit einem Hiebe trennen und weiter ziehen. O, wie Recht hatte Mr. Sarpy, als er sagte: Ein verheiratheter Mann verdient mehr Credit, als ein Junggeselle!

Meine einzige Sorge war nur, auf welche Weise ich am besten mit der Aenderung meiner Pläne würde hervortreten können; doch half mir der Zufall auch dies Mal. Ich hatte nämlich gleich nach meiner Ankunft in Belle Vue mehrere Briefe durch Indianer den Missouri hinuntergeschickt, von denen einer denn auch glücklich Fort Independence und später seinen Bestimmungsort St. Louis erreicht hatte. In Folge dessen erhielt ich nun endlich nach drei Monaten, gerade in dem Augenblicke, als ich am Wenigsten daran dachte und dennoch am Meisten dessen benöthigt war, Nachricht von meinem früheren Reise = und Leidensgefährten, der inzwischen glücklich New-Orleans erreicht und längst alle Hoffnung auf mein Wiedererscheinen unter den Lebenden aufgegeben hatte. Der Brief schloß mit folgenden Worten: „Nehmen Sie das erste Dampfboot, welches den Missouri hinuntergeht, und kommen Sie nach New-Orleans, wo ich Sie erwarten werde!" Außerdem waren noch Creditbriefe mit eingeschlossen, so daß meiner Abreise nichts mehr im Wege stand, zumal das Dampfboot, welches mir die Nachrichten überbracht hatte, am andern Morgen die Rückreise antreten sollte. Ohne mich weiter um die Mormonen zu kümmern und jetzt nur an die tropische Louisiana und an die Krokodiljagd in den Atacapas denkend, eilte ich, Mr. Sarpy sogleich von Allem in Kenntniß zu setzen, und war erfreut darüber, daß er durchaus meine Meinung theilte und für eine schnelle Abreise war. Nachdem ich dann in aller Hast meine Angelegenheiten geordnet, ging ich hinüber zu Mr. Alison, um daselbst noch einige Stunden zuzubringen und dann vielleicht auf ewig von meiner indianischen Liebe Abschied zu nehmen.

Alles ging leichter, als ich geglaubt. Den Brief in der Hand trat ich ein, erzählte von der bevorstehenden Trennung und, wie ich glaube, einem recht verlegenen Gesichte. „O, wie froh bin ich!" rief mir Amalie mit dem unverkennbarsten Ausdruck liebenswürdiger Fröhlichkeit zu, „ich hatte schon große Furcht, mit nach der Insel ziehen zu müssen!" — „Wenn ich aber wiederkomme?" fragte ich, etwas betroffen. — „Wenn Sie wiederkehren," antwortete die Halfbreed, „und sind noch nicht verheirathet, und ich bin noch frei, dann ist ja noch immer Zeit genug, Hochzeit zu machen." — „Das soll ein Wort sein!" rief ich nun ebenfalls fröhlich aus, indem ich ihr die Versicherung gab, daß sie das beste Mädchen auf Gottes Erdboden sei. Ich kann aber nicht verhehlen, daß es mich innerlich

dennoch ärgerte, statt einer sentimental rührenden Scene die größte Heiter=
keit in dem ganzen Familienkreise verbreitet zu sehen.

Das Dampfboot, auf welchem ich mich einschiffen wollte, war ein
äußerst zerbrechliches und fast ausgedientes, weshalb der Capitain desselben
in St. Louis ein Musikchor für die Reise angeworben hatte, das an jedem
Landungsplatze aufspielen mußte, um Passagiere anzulocken. Es ist dies
eine der gewöhnlichen Speculationen, die sich darauf stützt, daß die Besucher
des fernen Westens in den meisten Fällen lieber auf einem schlechten
Dampfboote mit Musik für einen hohen Preis, als auf einem neuen ohne
Musik für geringere Bezahlung reisen. Zufällig waren die Spielleute
Deutsche, die ich durch gute Getränke, an denen auf den Dampfern nie
Mangel ist, in eine so fröhliche Stimmung versetzte, daß sie sich willig fin=
den ließen, der liebenswürdigen Indianerin des Abends ein Abschiedsständ=
chen zu bringen. Unter Jubel sagte ich darauf Allen ein herzliches Lebe=
wohl, zerdrückte eine Thräne in meinen Augen, als ich Amalien den letzten
Kuß gab, und eilte nach dem Landungsplatze, wo ein Haufen Omaha=
Indianer das große feuerspeiende Canoe betrachtete. Da war Ongpa=tonga,
der große Hirsch, Oha=ginga, der kleine Koch, da war die weiße Kuh, der
gelbe Rauch und noch viele andere der Omaha=Aristokratie; ich umarmte
und küßte mich so lange mit den nackten Kriegern herum, bis ich von ihren
Farben so bunt wie ein Specht wurde. Alles bereit! rief der Steuermann
von seinem erhabenen Sitze; Alles bereit! antworteten Decatur und seine
Leute am Ufer; mit zwei Sätzen war ich an Bord, die Glocke läutete, die
Klingel schellte, die Räder schlugen die sandigen Wasser zu Schaum und
bald war das Boot in der Strömung des Flusses und trieb lustig den
Missouri hinunter. Ich stand noch lange auf dem Verdeck und blickte nach
Belle Vue hinüber, wo sich glänzende Gestalten von Indianern um ein
hell loderndes Feuer bewegten. Schnell glitt der schnaubende Dampfer an
meiner einsamen Insel vorüber, und wie ein schwarzer Vorhang in der
dunkeln Nacht trat diese vor die fernen Lichter, welche mir noch immer den
Ort bezeichneten, wo ich so viele Freunde und meine indianische Liebe zu=
rückgelassen hatte. Ich nahm nichts weiter von dort mit, als eine Erinne=
rung für's ganze Leben, eine Erinnerung an fröhliche, glückliche Tage." —
Hier schwieg der Erzähler. Die Nacht war inzwischen eingetreten, stumm
ritten wir eine Weile fort, die Spuren der Wagenräder vermochten wir
schon lange nicht mehr zu unterscheiden, wir überließen es daher dem In=
stinkt unserer Thiere, den richtigen Weg aufzufinden. Das Plätschern im
Wasser, so wie das Ausgleiten der Hufe machte uns darauf aufmerksam,
daß wir uns nicht mehr auf trockenem Boden, sondern im Morast oder an
dem kleinen See befanden. Büsche und niederes Gesträuch verdichteten sich
immer mehr um uns herum, und schon begannen wir über die eingeschla=
gene Richtung bedenklich zu werden, als wir an dem Flimmern von Feuern
die Nähe des Lagers erkannten. Wir trieben unsere Thiere von Neuem

13*

an, die eiligen Hufe trafen bald wieder auf trockenen Boden, ein lautes „Wer da!" schallte uns von dem Wachtposten entgegen.

Als wir am folgenden Morgen um uns zu schauen vermochten, sahen wir, daß wir uns am Fuße von Hügeln aus rothem Sandsteingerölle gelagert hatten. Das ganze weite Thal war mit Sandsteinfelsen eingefaßt, die mehr oder weniger mit Cedern und verkrüppelten Fichten bewachsen waren; hin und wieder ragten urnenförmige Gebilde zwischen unregelmäßigem Gerölle hervor, aus der Ferne Ruinen nicht unähnlich. Der kleine See, durch welchen sich ein klarer Bach schlängelte, war bis zu einem geringen Umfange ausgetrocknet, das seichte Wasser in demselben dick und ziegelfarbig, so daß der Kaffee, der vor dem Aufbruch unserer Expedition bereitet wurde, ganz das Aussehen einer kräftigen Chocolade hatte; in seinem Geschmacke konnte aber leider nicht die entfernteste Aehnlichkeit mit dem beliebten Getränke entdeckt werden. –

Rauhes, unebenes Land, kleine, freundliche Prairien, kahle Felsen, mit Cedern bewachsene Hügel und Sandsteingerölle blieben zu beiden Seiten liegen, als wir unsere alte Straße gegen Westen verfolgten. Wir befanden uns nunmehr auf der Wasserscheide (dividing ridge) zwischen dem Pecos und dem Canadian, und 5550 Fuß über der Meeresfläche. Der Hoorah Creek, an welchem Ruhetag gehalten wurde, war für unsere Expedition das erste Flüßchen, welches seine Wasser dem Pecos zutrug, und mithin war auch die mittelbare Verbindung mit dem Canadian, der seit so langer Zeit den Ingenieuren als Leiter gedient hatte, aufgehoben. Ein schwierigeres Terrain mußte nunmehr mit Sorgfalt und Umsicht überschritten, vermessen und topographisch aufgenommen werden. Der Höhenunterschied zwischen Fort Smith und der eben genannten Wasserscheide betrug allerdings 5000 Fuß, doch war das Steigen des Landes auf eine Strecke von 700 Meilen vertheilt und, die einzige Stelle an dem Llano Estacado abgerechnet, so allmälig, daß dieses bei der Anlage einer Eisenbahn durchaus nicht hindernd in den Weg getreten wäre. Nun aber war unsere Expedition nur noch 150 Meilen von ihrem Bestimmungsort Albuquerque am Rio Grande entfernt und mußte sich auf dieser kurzen Strecke bis zur Wasserscheide des Pecos und des Rio Grande, also zu einer Höhe von 7000 Fuß hinaufarbeiten, welches die durchschnittliche Erhebung des hohen Tafellandes oder Bassins östlich der Rocky Mountains über der Meeresfläche ist; dann aber zum Rio Grande niedersteigen, dessen Spiegel bei den Uebergangspunkten Isleta oder Albuquerque 2000 Fuß niedriger als die oben erwähnte Wasserscheide oder 4945 Fuß über der Meeresfläche liegt. Um nun möglicher Weise einen geeigneten Paß zu entdecken, hätte ein Theil der Expedition dem Thale des Pecos vielleicht bis zu seinen Quellen hinauf folgen können, um von dort aus die Quellen des Galisteo zu erreichen und dann dem Laufe dieses Flüßchens bis zu seiner Mündung in den Rio Grande zu folgen; doch wurde von diesem Versuche abgestanden, als sich herausstellte, daß der Pecos sich weiter oberhalb durch enge

Felsenthäler stürzte; unsere Gesellschaft blieb daher bis zu dem Passe Cañon Blanco, zwei Tagereisen westlich vom Uebergangspunkte des Pecos, vereinigt.

Die Unebenheit des Bodens war besonders auffallend, als unsere Expedition am 25. September den Gallinas wenige Meilen vor seiner Vereinigung mit dem Pecos erreichte und aus bedeutender Höhe in das Thal desselben hinunter und an dem jenseitigen Ufer wieder eben so hoch hinauf steigen mußte.

Die Quellen dieses Flusses sind nicht allzu weit von denen des Pecos, also nur wenig östlich von dem Fuße der Santa-Fé-Berge entfernt. Da nun beide Flüsse dieselbe Strecke in derselben Richtung durchlaufen, beinahe in gleichem Grade zunehmen und sich in einem ganz spitzen Winkel vereinigen, so könnte der Gallinas mit Recht als ein Arm des oberen Pecos bezeichnet werden. Niedrig und kahl sind die Ufer des ersteren, und eben diese bescheidene Einfassung ist Ursache, daß dieser Fluß aus der Ferne auf den Reisenden nur den Eindruck eines Baches macht. Steht man aber auf seinem Ufer und sieht die Breite, die zwischen 20 und 50 Fuß schwankt, blickt man auf die klaren Fluthen, die hurtig über glatte Kiesel rollen, sich kräftig gegen vorspringende Ufer stürzen, an den harten Lehmwänden abprallen und ungeduldig Blasen auf die Oberfläche werfen, dann möchte man ausrufen: Warum entbehrt doch ein so lieblicher Strom des schönen Schmuckes einer üppigen Vegetation? Warum spiegeln sich keine dichtbelaubten Bäume in den klaren Fluthen und gewähren dem einsamen mexikanischen Hirten Schutz vor den fast senkrechten Strahlen der Sonne, während seine zahlreiche Heerde sich in der wohlthuenden Wärme auf dem kurzen Rasen reckt und dehnt und träge an den Fluß zieht, um von dem kühlen Tranke zu schlürfen? Doch wunderbar ist die Natur in ihren Anordnungen, und was unergründliche Weisheit geschaffen, hält der schwache Sterbliche nur zu leicht für ein Spiel des Zufalls und der Laune. Himmelanstrebende Bäume gedeihen auf dem trockenen, goldhaltigen Sande Californiens; gigantische Cacteen saugen ihre Lebenskraft aus schwarzen Trappfelsen und aus kalter Lava, die, jeder treibenden Kraft beraubt, vor undenklichen Zeiten von den jetzt ruhenden Vulkanen, den Abzugskanälen des unterirdischen Feuers, auf die Oberwelt geschleudert wurde; selten nur grünt eine vereinzelte Pappelweide auf den fruchtbaren Ufern der Flüsse von Neu-Mexiko, in deren Wellen sich nur der blaue Himmel und Wandervögel spiegeln.

Deutlicher als die kurz abgenagten Grasstoppeln sagten uns die in der Ferne sichtbaren Schaf- und Ziegenheerden, daß wir uns den Ansiedelungen näherten, und kaum war das westliche hohe Ufer des Gallinasthales erreicht, als die Luft von einem verworrenen Geräusch zu leben schien, welches bei weiterem Fortschreiten immer deutlicher wurde. Tausende verschiedener Stimmen schallten wild durcheinander, wozu sich das Geläute einzelner Glocken gesellte; es war eine ungeheuere Heerde, die in einer

Niederung graste, an welcher wir vorbeizogen. Eine Heerde in der Heimath würde gewiß keine große Aufmerksamkeit bei den einzelnen Mitgliedern der Expedition erregt haben, doch war uns auf der weiten Reise ein solcher Anblick ungewohnt, ja neu geworden, und kaum war Einer im Zuge, der seine Blicke nicht mit besonderem Interesse auf den 5 bis 6000 Ziegen und Schafen hätte ruhen lassen. Stattlich sahen die bärtigen Böcke aus, als sie nach dem Wagenzuge hinüberschauten und wie drohend mit ihren starken Hörnern winkten, während die Schafe und Ziegen in rauschendem Chore durcheinander blökten und meckerten. Vor der Heerde stand, auf einen Knotenstock gelehnt, ein junger Mexikanerbursche, schwarze Haare hingen wild und verworren um seine braunen Züge, Schwielen bedeckten seine nackten Glieder, und sein zerrissener aschfarbiger Anzug war das Bild der tiefsten Dürftigkeit; ein magerer Wolfshund lag zu seinen Füßen und schielte mißtrauisch nach den Fremden. „Buenos Dies, Señores!" rief der Mexikaner uns zu, indem er höflich seinen zerlumpten Strohhut zog und in der Hand behielt; freundlich erwiederte unsere Gesellschaft den Gruß, und als Einige derselben Miene machten, Fragen über die Beschaffenheit des Landes an ihn zu stellen, warf er seine zerrissene, gestreifte Decke mit der eines Hidalgo würdigen Grandezza um seine Schultern und trat etwas schüchtern vor die Fremden hin. Nach seiner Aussage konnten es nur noch einige Meilen bis zu einer Quelle sein, von wo aus der Expedition, wenn sie daselbst übernachtete, am folgenden Morgen nur noch sechs Meilen bis zur ersten Ansiedelung Anton Chico zurückzulegen blieben. Viele gleichgültige Fragen wurden noch an den armen Jungen gerichtet, die er fast durchgängig mit: „Quien sabe" beantwortete, und als wir ihn wieder der Einsamkeit überließen, konnte Mancher gewiß nicht umhin, über das traurige Loos dieser armen Leute nachzudenken. Nur mit einem Beutel sein gemahlenen Maismehles ausgerüstet, verlassen diese Menschen ihr dürftiges Obdach, welches gewöhnlich in der roh gezimmerten Veranda des ersten besten Hauses besteht, und folgen Wochen, ja Monate lang den weidenden Heerden, ohne einem andern menschlichen Wesen zu begegnen, als höchstens in der Ferne dem Wächter einer andern Heerde, dem sich zu nähern ihnen untersagt ist, um die Vereinigung ihrer Pflegebefohlenen zu vermeiden. Ihre einzige Unterhaltung gewährt ihnen ein mürrischer Hund oder ein gezähmtes, verzärteltes Lieblingsthier der Heerde, und nur zu oft wird die trübe Einförmigkeit ihres Daseins von wilden Indianerhorden unterbrochen, die auf sie einstürzen, ungestraft rauben, was ihnen beliebt, und noch für großmüthig gehalten werden, wenn sie dem armen Hirten das Leben lassen. Gern wendet der Wanderer seine Aufmerksamkeit freundlicheren Bildern zu, welche ihm die blauen Gipfel der Santa-Fé-Gebirge gewähren, die vor ihm hinter grauen Tafelländern auftauchen. Wie geheimnißvoll wird der Mensch geleitet von der Wiege bis zur Bahre! Die Felsengebirge, nach welchen der Schulknabe auf der Karte vielleicht lange suchte, ehe er mit einem geheimen Grauen seine Hand auf die lange Kette

der ihm unerreichbar scheinenden Cordilleren legte, dieses Ziel seiner Jugend-
wünsche zeigt sich ihm endlich, und mit Stolz und Selbstzufriedenheit ruhen
seine Augen auf den fernen, nebligen Höhen; der Meilenzahl, die ihn von
der Heimath trennt, gedenkt er nicht, der forschende, freie Reisende kennt
keine Entfernung mehr, er geht dahin, wohin es ihn zieht, die große Welt
ist sein eigen, und jetzt erst vermag er sich die Worte zu erklären, über die
er als Kind vergebens gegrübelt:

> Glücklicher Säugling! Dir ist ein unendlicher Raum noch die Wiege;
> Werde ein Mann und Dir wird eng die unendliche Welt.

Je mehr unsere Expedition sich der Quelle näherte, desto häufiger
war die Straße von tiefen, ausgetretenen Pfaden durchschnitten, die indessen
alle zum Wasser führten. Buntscheckige Kühe lagen hin und wieder da,
umspielt von neugierigen Antilopen, die hier keine Furcht zu kennen schienen, doch die reisenden Amerikaner waren nicht harmlose, mexikanische Hirten, und manches Büchsenrohr senkte sich, um lauschende Antilopen zwischen
weidenden Rindern zu tödten und zugleich die unschuldige Freude der
Hirten zu stören, die vielleicht gern den besten Bock ihrer Heerde für
das Leben einer zutraulich gewordenen wilden Gefährtin hingegeben
hätten.

Als die Zelte bei der Quelle errichtet wurden, nahm Lieutenant
Whipple Abschied von uns und eilte in einem leichten Wagen voraus,
um noch an demselben Tage in Anton Chico die bevorstehende Ankunft
der Expedition zu melden. Obschon nun am Abend an allen Feuern im
Lager saftige Wildbraten schmorten und das klarste Wasser nur wenig
entfernt aus trockenem Erdreich rieselte, so erwartete dennoch Jeder ungeduldig den Aufgang der Sonne, um nach der Ansiedelung aufbrechen zu
können.

Nach einem kurzen Marsche über steinige, mit Nadelholz bewachsene
Höhen öffnete sich das Land vor unseren Blicken und gewährte die Aussicht über ein von hohen Felsen eingeschlossenes Thal, durch welches sich
der Pecos schlängelte. An dieser Stelle theilte sich die Straße, indem ein
Weg in nordwestlicher Richtung abbog, auf dem Tafellande am Pecos
hinauf, bei San Miguel durch diesen Fluß und dann nach Santa Fé
führte, während der andere in nächster Linie den Pecos berührte. Auf
diesem letzteren gelangte die Expedition auf bequeme Weise hinab an den
Fluß und befand sich nach Ueberschreitung desselben nur eine kurze Strecke
von der Grenzstadt Anton Chico, die sich auf der Ebene wie eine Anzahl
gewöhnlicher Ziegelöfen ausnahm. Eine passende Lagerstelle war bald gefunden, und nachdem die Heerden weit fort nach grasigen Schluchten getrieben worden waren (denn die nächste Umgebung der Ansiedelung glich
einer staubigen Tenne), und nachdem sich Jeder auf seine Art im lustigen
Zelte oder unter schirmendem Wagenverdeck häuslich eingerichtet hatte,

ging es in eiligen Schritten nach der Stadt, um auf gut Englisch oder in gebrochenem Spanisch mit den Don's und Señorita's Bekanntschaft zu schließen, und gelegentlich nach den Preisen von Hühnern, Eiern, Milch, Butter und etwas stärkeren Getränken als Wasser zu fragen.

XVI.

Anton Chico. — Fandango daselbst. — Aufbruch von Anton Chico. — Cuesta. — Cañon Blanco. — Der Wolkenbruch. — Galisteo. — Fitzwater. — Vulkane in Neu-Meriko. — Cañon Boca.

Anton Chico ist bereits eine sehr alte Ansiedelung, die es indessen nie über dreihundert Einwohner hat bringen können. Die Lage an sich ist keine glücklich gewählte, indem der Verkehr, der sich nach Santa Fé, der Haupthandelsstadt des Westens, hinzieht, nur auf Umwegen nach dieser kleinen Stadt gelangen kann; dann aber ist auch die Umgebung der Ansiedelung von der Natur nicht begünstigt genug, um den Ackerbau zur Haupterwerbsquelle der Einwohner werden zu lassen. Nur Viehzüchter und deren Hirten bewohnen die wenigen Häuser, die, von ungebrannten Steinen (Adobes) in Form größerer Quadern erbaut, durchaus jeder äußerlichen Schönheit und aller Bequemlichkeit im Inneren entbehren. Eine in demselben Stile ausgeführte Kirche und nebenan der Fandango-Saal (Fandango ist die dort gewöhnliche Benennung für jeden Tanz oder Ball) helfen die kleine Stadt vervollständigen. Der Raum zwischen den Häusern und dem Pecos ist eine kleine Strecke am Flusse hinunter zur Anlage von Gärten und Maisfeldern bestimmt worden, die auf künstliche Weise bewässert werden müssen. Kleine Gräben und Furchen laufen in den Feldern dicht aneinander hin und haben den wesentlichen Zweck, in trockenen Monaten den Früchten Wasser aus dem alsdann gestauten Flusse zuzuführen, und ebenso bei schwerem Regen die überflüssige Feuchtigkeit nach dem Pecos abzuleiten. Diese Vorkehrungen sind nämlich unerläßlich, wenn auf dem schweren Lehmboden Ernten erzielt werden sollen, denn derselbe Boden, der in trockenen Monaten die Festigkeit eines Felsens erhält, wird durch Regen schmierig und klebrig. Der Pecos hat viel Aehnlichkeit mit dem Gallinas, der ihm an Breite und Tiefe etwas nachsteht. Die hohen Tafelländer, welche das Thal von Anton Chico einschließen, halten die kalten Nordstürme ab; doch findet eine andere Plage ihren Weg zu den duldsamen Bewohnern: die wilden Eingeborenen, die von Zeit zu Zeit erscheinen und auf gewaltsame Weise einen Tribut erheben.

Die Ankunft von Fremden hatte die ganze Bevölkerung vor die Thü= ren oder auf die flachen Dächer ihrer Adobe=Häuser gelockt, von wo aus sie die Ankömmlinge mit neugierigen Blicken betrachteten. Die Fragen nach Kaufläden waren leicht beantwortet, und wie emsige Bienen schwärmten unsere Leute nach denselben hin, um die wenigen Schillinge, die sich hin und wieder vorgefunden hatten, so bald wie möglich umzusetzen. Bei einem Amerikaner, der sich inmitten der mexikanischen Bevölkerung angesiedelt und mit einer bildschönen Tochter des Landes verheirathet hatte, war Lieutenant Whipple am vorhergehenden Tage eingekehrt; er empfing uns daselbst, und stellte uns zugleich der ersten Magistratsperson des Ortes, dem Alcalde, vor. Dieser, ein breitschulteriger, ächter Mexikaner, stolzirte in Hemdsärmeln um= her und war lauter Höflichkeit gegen alle Besucher. Mit graziöser Be= wegung lüftete er bei jedem Gruß seinen breitrandigen Sombrero, beobachtete dabei aber eine steife, etwas theatralische Haltung, die dem stolzesten spa= nischen Granden Ehre gemacht haben würde, und verglich man seine Zuvor= kommenheit gegen Fremde mit seinem herablassenden Benehmen gegen die Bürger, so konnte gewiß kein Zweifel mehr über die hohe und wichtige Persönlichkeit eines mexikanischen Alcalde obwalten. Spät erst kehrte unsere Gesellschaft mit Schätzen beladen nach dem Lager zurück, wo nunmehr alle Delicatessen von Anton Chico mit Ausnahme des rothen Pfeffers in den Feldküchen zu finden waren.

Den rothen spanischen Pfeffer, mit welchem die äußeren Wände der Lehmhäuser, zum Zweck des Trocknens, behangen, ja auf's prächtigste deco= rirt und theilweise bedeckt waren, hatten die Amerikaner zur größten Ver= wunderung der Mexikaner verschmäht und zu ihrem noch größeren Erstaunen waren Diejenigen, welche sich hatten verleiten lassen, in den Wohnungen das sonderbare, ungewohnte Gemüse zu kosten, mit einer Anschwellung des Mundes und des Gesichtes gestraft worden, woher denn auch Alle mit Verachtung auf die schöne rothe Frucht schauten, die eine Lieblingsspeise der Mexikaner zu sein schien.

Am folgenden Tage in aller Frühe erschien der edle Alcalde in Be= gleitung der vornehmen Bürger im Lager, um auf feierliche Weise unsere ganze Gesellschaft zum Fandango, der am Abend veranstaltet werden sollte, einzuladen. Natürlich wurde die Einladung mit Freuden angenommen und Jeder ging sogleich an's Werk, eine Art von Ballstaat zusammenzusuchen, um sich am Abend auf würdige Weise unter die tanzenden Señorita's mischen zu können. Nadel und Zwirn wurden in Bewegung gesetzt und wie durch Zauberschlag verschwanden in den vielgebrauchten Kleidungsstücken Risse und Oeffnungen, die ihr Dasein theils dem schweren Dienste auf der langen Reise, theils auch unglücklichen Zufällen verdankten; künstliche Schwärze wurde seit langer Zeit zum ersten Male wieder auf das Schuhzeug gebracht und die prächtigsten Vatermörder und Chemisettes aus steifem Zeichenpapier angefertigt, kurz Alles wurde hervorgesucht, was nur immer zum Staat verwendet werden konnte. Wohl war es eine bunte Schaar, die sich am Abend auf den Weg machte, als die Kirchenglocke, die dort zum Gottes= dienste wie zum Fandango ruft, in's Lager hinüberschallte. Da waren Ge= stalten, die unten in lederne Leggins und schwere Stiefeln, oben dagegen in einen zerknitterten, modischen Jagdrock gekleidet waren, Andere, die um= gekehrt unten Civilisation und oben Mangel an Kultur zeigten. Mit papierner Wäsche paradirten die Meisten; doch auch ein Paar weißer Glacéhand= schuhe zeigte sich, obgleich freilich die geplatzten Nähte die sonnenverbrannte Haut durchschimmern ließen. Das Tragen von Waffen auf dem Balle war eigentlich verboten worden, doch stahl sich häufig aus den Falten der Ge= wänder der braune Kolben eines Revolvers oder das blanke Heft eines Bowiemessers hervor. In diesem malerischen Aufzuge erschienen also die Amerikaner vor dem Gebäude, welches neben der Kirche zu öffentlichen Zwecken errichtet worden war. Nachdem wir uns am Eingange mit schlech= ten Erfrischungen, gegen gute Bezahlung verabreicht, gütlich gethan hatten, traten wir in die kleine längliche Halle, wo wir vom Alcalde bewillkommnet und von einem Haufen Mexikaner in beschnürten Calcineros und Mexikane= rinnen in dicken Schleiern oder leichten Decken erwartet wurden. Die verschiedenen Nationen mischten sich bald unter einander und versuchten auf alle mögliche Weise sich einander verständlich zu machen; freilich ging es sehr mangelhaft, doch wurden die Zungen loser, als die schwarzäugigen Señorita's feine Cigaritos füllten, anrauchten und den Fremden darreichten, der Whisky=Punsch kreiste, das Orchester, bestehend aus zwei Guitarren und einer Violine, zum Walzer rief und Alles sich zum wilden Tanze die Hände reichte.

Der Tanz begann; ernst und gemessen bewegten sich anfänglich die Paare, doch der würdige Alcalde in seinen Hemdärmeln gab den Spielleuten ein Zeichen, auf welches die Finger derselben schneller über die klingenden Saiten eilten und in rascherem Takte die Füße der Tanzenden auf der staubigen Lehmtenne dahinglitten. Unermüdliche Tanzlust leuchtete aus den dunklen Augen der Señorita's, wohlgefällig schauten die ausgearteten Ab= kömmlinge der Spanier auf ihre eigenen beweglichen Glieder, während wilde Ausgelassenheit auf den bärtigen Zügen der Amerikaner strahlte. Da war kein Tanz, an dem die Fremden sich nicht betheiligt hätten, und wenn auch nicht nach den Regeln der Kunst und der dortigen Mode, so suchten sie doch mit dem besten Willen und nach Kräften in den verwickeltsten Touren ihren Platz zu behaupten. Mitleidig beobachteten die Mexikaner die der= beren Bewegungen unserer Leute und die von denselben gestörte Tanzord= nung, doch kümmerte das nicht die lachenden Töchter des Landes, die jede kleine Pause benutzten, um Cigaritos zu rollen, anzurauchen und glimmend auf die liebenswürdigste Weise ihren Tänzern anzubieten. Mit einem „thank you," woran gewöhnlich sich der Ausruf schloß: „Ach, wenn ich doch nur

etwas Spanisch verstände," wurden die Gaben angenommen. Die Unmög=
lichkeit einer Unterhaltung zwischen den verschiedenen Nationen that der
Fröhlichkeit indessen keinen Abbruch, es wurde getanzt, gesungen, gelacht,
getrunken, und erst gegen Morgen trennte sich die Gesellschaft, und zwar
ohne daß Balgereien und blutige Köpfe den Jubel auf's Höchste gesteigert
hätten, was um so merkwürdiger war, als Wagentreiber und Soldaten,
unter letzteren Exemplare aller Nationen Europas, mit wankenden Füßen
und benebelten Köpfen sich in das tolle Treiben gemischt hatten.

Als am folgenden Morgen die Sonne ihre ersten Strahlen über unser
kleines Lager sendete, herrschte in demselben die tiefste Ruhe; nur ein lau=
tes Schnarchen ließ sich mehrfach aus dem Innern der Zelte vernehmen
und deutete auf den erquickenden Schlummer, dem unsere ganze Expedition
nach der körperlichen Bewegung der vorigen Nacht und den geistigen Ge=
nüssen anheimgefallen war. Träge Ruhe schien über dem Thale von An=
ton Chico zu schweben; wohl krähten die Hähne in dem kleinen Städtchen,
wohl wieherten die Maulthiere in den fernen Schluchten, doch trafen diese
Töne kaum andere Ohren als die der Wachtposten, die, auf ihre Musketen
gelehnt, über das traurige Geschick nachzudenken schienen, welches ihnen
versagt hatte, an dem Jubel der verflossenen Nacht Theil zu nehmen. —
In der Frühe des 29. September, des zweiten Tages nach Ankunft unserer
Expedition in Anton Chico, trennte Lieutenant Whipple das Commando,
um zwei verschiedene Wege nach Albuquerque verfolgen und untersuchen zu
lassen. Er selbst, in Begleitung eines Topographen, des Geologen, des
Botanikers und meiner Person, beabsichtigte das Thal von Cuesta zu be=
suchen, demnächst am Ende der Canon Blance noch einmal mit der ganzen
Expedition zusammenzutreffen, dann aber in nordwestlicher Richtung abzu=
biegen, die Gold Mountans ([11]) oder Placer südlich liegen zu lassen, die
Stadt Galisteo zu berühren, dem Bette des Flüßchens gleiches Namens
folgend, den Rio Grande bei der Pueblo=Stadt Santo Domingo zu er=
reichen und dann an diesem Flusse hinunter bis nach Albuquerque zu zie=
hen. Das Hauptcorps sollte unterdessen in gerader Richtung südlich von
den Gold Mountains durch das Städtchen S. Antonio und den San=
Pedro=Paß an den gemeinsamen Bestimmungsort eilen, wo es, einer ober=
flächlichen Berechnung gemäß, zwei Tage früher als wir eintreffen mußte.

„Auf Wiedersehen am Rio Grande!" riefen Lieutenant Whipple
und sein kleiner Trupp, als wir mit zwei Wagen und fünf Soldaten un=
sere Reise antraten. „Auf Wiedersehen in Albuquerque!" antworteten die
Zurückbleibenden, die sich ebenfalls schon rüsteten, das Thal von Anton
Chico zu verlassen.

Auf den Regen, der am vorhergehenden Tage und während der Nacht
gefallen war, folgte drückende Hitze und da in den ersten Stunden während
des Marsches der Weg zu einer bedeutenden Höhe hinaufführte, so war der
Anfang der Reise nichts weniger als angenehm; und auf der Höhe, wo
wir, um nach Cuesta zu gelangen, von der Hauptstraße nördlich abbogen,

machten steiniger Boden und verwachsenes Cederngestrüpp das Fortschreiten beschwerlich. In den letzten Nachmittagsstunden gelangten wir endlich an den Rand des Thales von Cuesta, welches in schauerlicher Tiefe, von hohen Felsen eingeschlossen, einen herrlichen, imposanten Anblick gewährte.

Nur wenige Schritte von der Stelle entfernt, wo ein schmaler, gefährlicher Maulthierpfad hinabführte, wurde das kleine Lager errichtet. Mr. W h i p p l e stieg mit einem Wagentreiber in die Ansiedelungen hinunter, um einige Maiskolben für die Thiere, die in dieser Nacht das Wasser entbehren mußten, herbeizuschaffen, während wir anderen an den Abhängen umherkletterten, um von verschiedenen Punkten eine Aussicht auf die malerische Landschaft zu gewinnen. Hohe, gelbe Tafelländer, durchzogen mit weißen, horizontalen Kalkstreifen, begrenzten das längliche Thal von Cuesta, welches, in rechtwinkelige Korn= und Gartenfelder getheilt, von oben gesehen einem Gewebe glich. In vielen Windungen schlängelte sich der Pecos durch die romantische Ebene und an der Stadt C u e s t a vorbei, die einer kleinen Festung ähnlich auf einer niedrigeren Abstufung der Hochebene lag. Außerdem zeigten sich kleinere und größere Ansiedelungen, die wie zerstreute Würfel theils aus bergenden Schluchten hervorragten, theils, weiter vom Fuße der Berge entfernt, frei in der Ebene aufgeführt waren. Wir befanden uns in einer Höhe von 500 Fuß über dem Spiegel des Pecos, so daß die angebaute Niederung wie eine plastische Karte vor uns lag.

Nur wenig Buschwerk auf den Ufern des Flusses und selten eine vereinzelte Pappelweide zierten das Thal, über welches der Herbst hingestrichen war, doch ohne daß er vermocht hätte, alle Reize desselben zu zerstören. Was aber besonders die malerische Aussicht hob, das waren die lichten Cedernwaldungen auf den nächsten Tafelländern und die hinter diesen hochaufstrebenden dunkelblauen Berge und Felsenmassen, ihrerseits weit überragt von einer hohen Gebirgskette, deren lichtes, duftiges Blau kaum von der klaren Atmosphäre zu unterscheiden war. Unten in den Ansiedelungen fing es an zu dämmern, doch lange noch beleuchtete die Sonne die Kuppen der Gebirge und ließ dieselben in einem rosigen Lichte glühen.

Bei eintretender Dunkelheit versammelten wir uns vor den Zelten unter einer dichten Gruppe von Cedern; settes, sieniges Holz nährte ein lustig flackerndes Feuer, um welches sich die einzelnen Mitglieder in gemüthlicher Unterhaltung hingestreckt hatten und ungeduldig der Ankunft des Lieutenant W h i p p l e entgegensahen, um dann gemeinsam einer frugalen Abendmahlszeit gebührende Ehre zu erweisen.

„Es fehlt uns nur der Ingenieur," hob der Geologe an, „und wir wären wieder dieselbe Gesellschaft, die jenseits der Laguna Colorado den Pyramidenfelsen bestieg. Sie erinnern sich vielleicht, daß, als wir oben auf der Kuppe saßen und unsere Kräfte durch Hinunterschleudern von Gestein erprobten, Einige von uns die Meinung äußerten, daß wir wohl die ersten Weißen wären, die jemals den Pyramid Rock bestiegen hätten. Sie erinnern sich vielleicht auch, daß ich der Letzte war, der den lustigen Sitz

verließ? Nun wohl, was Anfangs unſern Augen entgangen war, entdeckte
ich, als ich, zuletzt noch auf die vorſpringende Felswand trat, nämlich den
ſichern Beweis, daß nicht nur Europäer vor uns dort oben geweſen, ſon=
dern ſogar in neueſter Zeit den Punkt beſucht haben müſſen. Sehen Sie,
dieſe Spitzkugel, die ich ſeit der Zeit bei mir geführt und faſt vergeſſen
habe, ſie war vorſichtig, wahrſcheinlich als Denkmal, auf den äußerſten
Rand der Kuppe geſtellt worden. Natürlich nahm ich ſie mit und ich be=
abſichtige dieſelbe als Andenken aufzubewahren.‟

Der Doctor und ſein Freund, die ſo lange geſchwiegen hatten, brachen
nunmehr in ein ſchallendes Gelächter aus und erzählten, daß ſich die Kugel
noch keine fünf Minuten an der Stelle befunden habe, als ſie von dem
Geologen entdeckt worden ſei. Nur unſeren vereinigten Verſicherungen ge=
lang es endlich, den glücklichen Finder von der Thatſache zu überzeugen,
der alsbald die Kugel verächtlich von ſich warf.

Noch lachten wir über dieſe komiſche Täuſchung, als die Schildwache
mit einer Meldung zum Feuer trat, die keine geringe Aufregung hervorrief.
Es waren nämlich am Fuße des Berges mehrere Schüſſe gefallen, und da
Lieutenant W h i p p l e noch immer nicht von ſeinem Ausflug zurückgekehrt,
zugleich Niemandem die ſo wenig freundliche Geſinnung der meiſten Meri=
kaner gegen ihre Beſieger, die Amerikaner, unbekannt war, ſo erregte dieſe
Nachricht große Beſorgniß. Jeder griff augenblicklich zu ſeinen Waſſen und
nur zwei Mann bei den Thieren und Wagen zurücklaſſend, eilten wir dem
Abhange zu, um trotz der großen Finſterniß den gefährlichen Weg in's
Thal hinab anzutreten. Schauerlich gähnte uns der ſchwarze Abgrund an,
den die flimmernden Lichter in den Wohnungen nur noch tiefer und ſchwärzer
erſcheinen ließen. Das Echo eines Schuſſes, welches ſchwach zu uns hinauf
drang, entfernte indeß die letzten Bedenklichkeiten. Jeder ſchnallte den Gurt
feſter um ſeine Hüften und ſtürzte vorwärts, ohne auf den gewundenen
Pfad in der Dunkelheit zu achten, oder ſich um nachrollendes Geſtein zu
kümmern. Halb fallend, halb gleitend ging es bergab. Das abermalige
Blitzen von Schüſſen ſpornte uns zur größten Eile auf dem gefährlichen
Wege, bis wir endlich leuchend vor Anſtrengung, mit blutenden Gliedern
und zerriſſenen Kleidern feſten Fuß auf einer breiten Straße faßten, die nach
der Richtung hin führte, wo ein neuer Schuß und lautes Schreien auf den
vermeintlichen Kampfplatz riefen. Geſchloſſen und im vollen Lauf eilten
wir auf dem Wege weiter, doch hatten wir die erſten Häuſer der Anſiedelung
noch nicht erreicht, als wir die Annäherung von Leuten vernahmen, die ſich
im Schatten von herabgerollten Felsblöcken uns entgegen bewegten. „Wer
da!‟ rief Einer unſerer kleinen kampfluſtigen Schaar den Unbekannten zu,
und das Knacken der Hähne von einem halben Dutzend Revolver und
Büchſen begleitete dieſen Ruf. „Sie werden mich doch nicht erſchießen
wollen?‟ fragte Lieutenant W h i p p l e zurück, der ſich wohlbehalten mit
einigen Merikanern und einem beladenen Maulthiere auf dem Rückwege in's
Lager befand. „Nein ſicherlich nicht!‟ wurde ihm erwiedert, „wir kommen

nur um zu retten!" Erklärungen folgten nun von beiden Seiten und es stellte sich heraus, daß Lieutenant W h i p p l e allerdings feindliche, selbst beleidigende Blicke und Worte genug erhalten hatte, doch war es zu einem Kampfe nicht gekommen und das Schießen und Schreien rührte nur von einigen aufgeregten Gemüthern her, die ihre ganzen Kräfte aufboten, einen Fandango auf die gewöhnliche geräuschvolle Weise zu verherrlichen. Langsam und verdrießlich über den mühsamen Weg kletterten wir wieder hinauf in's Lager, wo wir erst um Mitternacht, und zwar hungrig und gänzlich erschöpft, anlangten.

Die Aussicht über das Thal von Cuesta und die angrenzenden rauhen Gebirgszüge genügte, um uns zu überzeugen, daß es vergebliche Mühe sein würde, zum Zwecke der Auffindung eines zur Eisenbahn geeigneten Weges den Lauf des Pecos genauer untersuchen zu wollen; wir kehrten daher am folgenden Morgen zur Hauptstraße zurück, um unsern nunmehr vorangeeilten Gefährten durch den Paß Cañon B l a n c o nachzufolgen.

Es war ein breiter, bequemer Weg, der zwischen Bergketten hinführte; hochstämmige Fichten bedeckten die Thäler und beschatteten den Fuß der Gebirge, verkrüppeltes Nadelholz mancher Art hatte in den Spalten und Schluchten der Sandsteinfelsen Wurzel geschlagen, selbst auf den höchsten Punkten erhoben blaugrüne Cedern ihre dichten Kronen. Kleine baumlose Ebenen, die mit den Kiefernwaldungen abwechselten, waren die Heimath Tausender von Prairiehunden geworden, die bei der Annäherung unserer kleinen Karawane die Köpfe aus ihren Wohnungen steckten und übermüthig ihre feinen Stimmchen in den Wald hineinschallen ließen; graue und rothe Eichhörnchen sprangen fröhlich auf dem Rasen umher, flüchteten sich vor dem ungewohnten Geräusch in die höchsten Bäume hinauf und lugten neugierig hinter deckenden Zweigen hervor, während ihr buschiger Schweif von dem Winde bewegt wurde und dem vorbeiziehenden Jäger ihr Versteck verrieth. Niedrig kreisten Adler und Weihen in der nebligen Luft und kleine Rebhühner schlüpften mit genäßten Schwingen über feuchtes Moos. Der Nebel, der in den ersten Frühstunden die Luft getrübt hatte, verdichtete sich mehr und mehr, bis er als feiner Regen niedersank. Um diese Zeit erreichten wir die Lagerstelle des Haupttrains, die an rauchenden Aschenhaufen und verkohlenden Fichtenstämmen weithin zu erkennen war; natürlich wurde daselbst sogleich nach Wasser gesucht, doch erwies es sich, daß auch hier die Heerden die so nothwendige Erfrischung hatten entbehren müssen und durstig die Weiterreise angetreten hatten.

Von dort ab verengte sich der Paß immer mehr, steile Felswände hoben sich bis zu einer Höhe von 1000 Fuß senkrecht aus dem Boden und zeigten bunte, hauptsächlich hellfarbige Sandsteinlagen. Die Straße blieb indessen nach wie vor bequem und leicht rollten die Räder auf dem festen Boden, auf welchem der fallende Regen den Staub angeklebt hatte. Um die Mittagszeit zerstreuten sich die schweren Wolken und freundlich warf die Sonne ihre Strahlen über Berg und Wald; als wir aber aus der Cañon

Blanco traten, an welcher Stelle wir die Heerden und Nachzügler des Haupttrains überholten und wo wir weit um uns zu schauen vermochten, wurden wir gewahr, daß uns ein schreckliches Wetter bevorstand, welches uns die Aussicht auf die Gold Mountains benahm und mit Windeseile auf uns zutrieb.

Die Spitze des vorderen Zuges hatte unterdessen einen kleinen See erreicht, wo das Lager aufgeschlagen werden sollte. Alles beschleunigte seine Schritte, um so bald als möglich an Ort und Stelle zu gelangen und unter schirmendem Zelte das Unwetter zu erwarten. Doch war die Mühe vergeblich, denn noch war der Kreis der Wagen nicht geschlossen, als der Orkan losbrach, die halbstehenden Zelte zu Boden schleuderte und als Vorbote des Wolkenbruches mit unwiderstehlicher Gewalt über die Ebene sauste. Schwere Tropfen schlugen auf den Boden, ihnen folgten dichte Wassermassen, die bald zu Strömen wurden. Alle Versuche, Schutz vor dem Unwetter zu schaffen, wurden aufgegeben und Jeder begnügte sich damit, seinem Thiere die Freiheit zu geben, sich selbst auf dem umgekehrten Sattel zusammenzukauern, die Decke um die Schultern zu werfen und geduldig auf das Ende des Wetters zu harren. In wenigen Minuten glich die Umgebung, so weit die Blicke durchzudringen vermochten, einem rauschenden See und trotz des Gefälles des Bodens, durch welches das Ablaufen des Wassers befördert wurde, standen die Füße bis an die Knöchel in dem strömenden Elemente. Allmälig legte sich die Wuth des Sturmes, der Regen hörte auf, doch folgte ein eisiger Wind, der scharf über die Ebene strich und den aufgeweichten Boden wieder trocknete, zugleich aber auch die durchnäßten Gestalten bis auf's Mark erkältete. Das von dem Engpasse mitgenommene Holz war unter diesen Umständen nur mit vieler Mühe zu entzünden und, einmal im Brennen, wurde es rasch von den Flammen, die der Wind heftig peitschte, verzehrt, so daß der kleine Vorrath kaum zum Bereiten der Speisen ausreichte, und an Trocknen und Erwärmen der halberstarrten Leute nicht gedacht werden konnte. Kaum hatte daher der morastige Boden wieder so viel Festigkeit erlangt, daß die Zeltpflöcke einigen Halt in demselben fanden, als auch Jeder sich beeilte, ein nothdürftiges Obdach sich zu schaffen und sich dann in Decken und Büffelhäuten verkroch.

Der Wind hatte während der Nacht ununterbrochen geweht, so daß am Morgen die Räder der schwer beladenen Wagen nicht mehr allzu tief in den aufgeweichten Boden einschnitten und ein schleuniger Aufbruch bewerkstelligt werden konnte.

Wiederum trennte sich die Gesellschaft, indem Lieutenant Whipple nördlich abbog, um in die Straße zu gelangen, die ebenfalls von der Cañon Blanco auslief, von dort aber in nordwestlicher Richtung an den Gold Mountains vorbei nach Galisteo und Santa Fé führte.

Der rauhe Herbst hatte sich plötzlich eingestellt, eisiger Westwind trieb dicke Hagelschauer vor sich her, und wenn auch zeitweise die Sonne zwischen zerrissenen Wolken durchbrach, so war die Wirkung ihrer Strahlen doch taum zu fühlen. Wir befanden uns übrigens nahe an **7000** Fuß über dem Meeresspiegel, ein Umstand, der die Kälte in der so südlichen Breite nicht ungewöhnlich erscheinen ließ.

Im raschen Schritte zogen wir also unsere Straße; es waren **30** Meilen bis nach Galisteo und dieser Ort war das Ziel des Tagemarsches. So wie die Entfernung bis zu diesem Städtchen abnahm, färbten sich die blauen Massen der Gold Mountains dunkler, und deutlicher waren Schluchten und Bergrücken zu erkennen.

Felsig und unfruchtbar zeigte sich das Land auf dieser Strecke und da das Gras kurz abgenagt war, die Heerden sich aber in schützende Schluchten zurückgezogen hatten, so erhielt die Umgebung, die grünender Vegetation und lebender Wesen entbehrte, einen öden, traurigen Charakter. Kurz vor Sonnenuntergang setzte unser kleiner Trupp bei Galisteo über den Fluß gleiches Namens und bezog nahe den ersten Häusern sein Lager.

Das Städtchen, welches sich an einem sanften Abhange hinaufzog, hatte eine reizende Lage und machte in der Ferne den angenehmsten Eindruck, doch schwand derselbe, sobald wir in den schmutzigen Straßen umherwanderten, fast überall auf Dürftigkeit stießen und von Jedem mit mißtrauischen Blicken beobachtet wurden. Wie ächte Banditen schauten die Meisten der männlichen Bevölkerung mit ihren bärtigen Gesichtern aus schmutzigen Decken hervor, ein Ausdruck frecher Verworfenheit spiegelte sich in den Physiognomien der Weiber, die uns mit herausforderndem Spott begrüßten. In einer Art Gasthof, der von allen Gebäuden noch am einladendsten aussah, beschlossen wir den Abend hinzubringen. Wir traten in die Halle, die als Wohn-, Schlaf- und Gastzimmer zugleich diente, wo uns der Wirth nebst seiner Familie, so wie einige amerikanische Offiziere, die sich auf der Durchreise nach Santa Fé befanden, willkommen hießen. Decken wurden sogleich vor dem hell flackernden Kaminfeuer ausgebreitet, und in lebhafter Unterhaltung lagerten Alle im Kreise. Die Offiziere kamen von Albuquerque, wo ihrer Aussage gemäß, unsere Expedition noch nicht erwartet wurde; ebenso war die zu unserer Expedition gehörige Nebenabtheilung, die, von Texas herauskommend, mit dem Hauptcorps in Albuquerque zusammentreffen sollte, noch nicht angelangt, wodurch einige Besorgniß über deren Verbleiben erregt wurde. Doch da das kleine Commando zu schwach war, um allein über die Steppen zu reisen, und sich einem größeren Handels- oder Militairtrain anschließen mußte, so konnte der Grund der Verzögerung eben in diesem Umstande liegen.

Natürlich wurde von Lieutenant W h i p p l e's Gesellschaft manche Frage gestellt über Albuquerque, die dortigen Verhältnisse und Persönlichkeiten, mit denen wir nun bald in nähere Berührung kommen sollten, Fragen, die bereitwillig von den Andern beantwortet und zugleich von erläuternden Erzählungen begleitet wurden.

„Der alte Fißwater," hob einer der Offiziere an, „den Sie gewiß Alle dem Namen nach kennen, ist nunmehr auf Lebenszeit von unserem Gouver-

nement auf der Militairstation in Albuquerque angestellt. Dieser alte Krieger
ist wohl die größte Merkwürdigkeit, die Sie dort vorfinden werden, denn
ich glaube, daß er kaum noch einen Knochen an seinem Körper hat, der
nicht schon zerschossen oder zerschlagen worden und wieder zusammengeflickt
wäre. Sein linkes Bein wird z. B. mittelst einer Eisenstange steif gehalten,
weshalb er nur von der rechten Seite sein Pferd zu besteigen vermag. Die
meisten Narben hat er in Scharmützeln mit Indianern, die schwersten aber
in unserem Kriege mit den Mexikanern davon getragen. Er war damals
schon ein alter Sergeant, aber immer noch ein Soldat, der es ganz bequem
im Ertragen von Entbehrungen und Strapazen mit dem jüngsten Burschen
der Armee aufnehmen konnte. Ich weiß nicht, in welcher Schlacht es war,
als der alte Fitzwater mit seiner Section hinter Felsblöcken postirt stand,
so daß sein Rücken durch eine Granitwand gedeckt war. Er sowohl wie
seine Leute ließen ihre Musketen tüchtig auf die feindlichen Tirailleurs spielen,
die ihrerseits nach Kräften antworteten und gelegentlich durch einen Trauben=
schuß ihrer Artillerie unterstützt wurden. Fitzwater war eben im Begriff,
sein Gewehr zu laden, als eine Kartätschenkugel seinem Nebenmanne durch
den Hals fuhr und mit solcher Gewalt gegen die Felswand schlug, daß
die Granitstücken pfeifend umherflogen und eines derselben dem Fitzwater
ein Auge raubte. Kaum fühlte dieser die Verwundung, als er sich mit
blutendem Gesichte zu seinen Kameraden wendete und ausrief: So etwas
ist mir noch nicht vorgekommen und bis jetzt habe ich es für unmöglich
gehalten, daß eine Kugel, die schon vorbeigeflogen ist, noch rückwärts ver=
wunden kann; es ist nur gut, daß es nicht das rechte Auge getroffen hat.
So sprechend legte er ruhig sein Gewehr auf einen Mexikaner an. Nach
dem Kriege übernahm er es, die Post von Texas nach Santa Fé und wieder
zurück regelmäßig zu befördern, und auf diesen Reisen war es, wo er so
häufig mit feindlichen Indianern zusammengerieth. Die unendliche Kalt=
blütigkeit, die ihn in den Stunden der Gefahr stets auszeichnete, verließ
ihn auch hier nicht und nur seiner Ruhe und Geistesgegenwart hat es der
alte Fitzwater zu verdanken, daß er heute noch Fouragemeister in Albu=
querque ist. Seine grimmigsten Feinde waren von jeher die Apaches, die
ihm auf allen Wegen nachspürten und seiner habhaft zu werden suchten.
Eines Morgens nun, gar nicht mehr sehr weit von El Paso, saß der alte
Fitzwater um Feuer und bereitete für sich und seinen einzigen Gefährten
und Begleiter das Frühstück, das kein ganz gewöhnliches war, denn so
vielfach der Alte auch in seinem Leben zerhauen und zerschossen worden
war, so hatte das seinem gesunden Appetite doch nicht im mindesten ge=
schadet. Er hatte sich mit ganzer Seele in die Zubereitung eines saftigen
Bratens und eines trefflichen Kaffees vertieft, als er sich plötzlich von einem
Haufen Apaches umringt sah, die allem Anscheine nach die besten Absichten
auf sein Leben hatten. Fitzwater sah das Nutzlose eines Widerstandes ein,
denn er wußte, daß in demselben Augenblicke, in welchem er nach seinen
Waffen griffe, ein Tomahawk seinen Schädel zerschmettern würde. Er ließ

sich also durch die drohenden Gestalten nicht in seiner Beschäftigung stören, sondern rief mit gleichgültiger Miene den Wilden zu, sie möchten sich nur niederlassen und unter den schon fertigen Fleischschnitten zulangen, während er ihnen Kaffee einschenken und neue Fleischstücken zum Rösten an's Feuer legen wolle. Diese ungewöhnliche Kaltblütigkeit, vereint mit der freund= lichen Einladung zum Frühmahle, war für die Wilden so überraschend und machte einen solchen Eindruck auf sie, daß sie sich fast unwillkürlich wie auf Befehl niederkauerten, Fitzwater's Lederbissen in Angriff nahmen und nach Befriedigung ihres Appetites, ohne ihm ein Leid zuzufügen oder etwas von seinen Sachen anzurühren, davon gingen. Fitzwater war froh, nebst seinem Kameraden mit heiler Haut davon gekommen zu sein, erklärte indessen hinterher, daß er den Wilden lieber sein langes Messer als seinen Kaffee und Zucker zu kosten gegeben hätte." — Unter solchen Gesprächen ging uns die Zeit unbemerkt dahin, die Bewohner und Bewohnerinnen der Hacienda erinnerten zuerst an die vorgerückte Nacht, indem sie Matratzen auf dem Flur auseinander rollten, sich selbst entkleideten und mit dem Ausdruck der größten Behaglichkeit auf ihre einfachen, aber gewiß nicht unbequemen Lager verfügten. Wir nahmen Abschied, wickelten uns in unsere Decken und begaben uns nach unseren Zelten. Der Wind hatte sich gelegt, klarer Frost überzog die stehenden Gewässer mit einer Eiskruste, die Atmosphäre war rein und klar, und wie Milliarden von Diamanten funkelten die Sterne am Firmament. Ein schönerer Herbstmorgen ist wohl kaum über Neu-Mexiko aufgegangen, als der, an welchem wir Galisteo verließen. Kein Lüftchen regte sich, eine geheimnißvolle Ruhe lagerte auf dem zackigen Gebirge und der hügeligen Ebene; die Sonne schaute lachend auf die stille Landschaft, erreichte mit ihren Strahlen jeden kleinen Winkel und verdrängte die Schatten, doch störrisch behaupteten Steine und Fels= blöcke, die zerstreut umherlagen, ihr Recht; nicht so die gefälligen Cedern= büsche, die zwischen dunklen Nadeln hindurch den wärmenden Strahlen einen Blick in ihr dunkles Reich erlaubten. Am Fuße der Gold Mountains hin rieselte durch tiefe Schluchten der Galisteo, so daß von dem Versuche, dem Thale desselben ganz zu folgen, abgestanden werden mußte, und wir einen größeren Bogen um das Gebirge beschrieben, um erst in der Nähe des Rio Grande in das eben genannte Thal einzubiegen. Mehrere Stunden Weges hatten wir noch ein starkes Steigen des Bodens zu besiegen und befanden uns dann auf dem höchsten Punkte; von dort aber ging es schnell bergab einer Niederung zu, wo am Fuße ausgebrannter Vulkane Gärten und Wohnungen zur Rast einluden.

War in den letzten Tagen Mangel an Wasser fühlbar gewesen, so reisten wir nun plötzlich in einem Landstriche, wo in kurzen Zwischenräumen krystallklare Quellen aus schwarzem Gestein sprudelten und die Wahl von Lagerstellen nur von dem größeren oder geringeren Reichthume der Weide= plätze abhängig war. Das Vorhandensein so vieler Adern, welche gedrängt liegende Felder und Gärten bewässerten, hängt wahrscheinlich zusammen mit der Spalten erregenden Wirkung einer nahen Gruppe konischer Hügel, die als kleine ausgebrannte Vulkane nicht zu verkennen waren. Jahrhunderte hatten freilich schon auf die einstmals rauchenden Krater gewirkt, sie zugefüllt und die Narben mit einer zähen Grasdecke überzogen, doch ragten an den Seiten noch die scharfen Zacken der Lavabäche hervor, die während des Herunterrieselns erkalteten. Aehnliche vulkanische Ausbrüche an dem östlichen Abfalle der Rocky Mountains finden sich weiter nördlich gegen Santa Fé und Pecos hinunter, in der Kette, welche Raton Mountains heißt. Ein solches isolirtes, trachytisches Gebiet ist auf einer schönen geognostischen Karte von Marcou([12]) (fast im Meridian des Tucumcari) verzeichnet.

Auf schwankendem Boden in gefährlicher Nähe arbeitender Vulkane blühten in beiden Continenten vielfach Städte auf, die rasch an Bevölkerung zunahmen, jedoch nur zu häufig in Feuer und Asche untergingen; auf den Trümmern der Wohnungen ihrer Vorfahren entstanden neue Geschlechter, die, von süßen Quellen und fruchtbaren Niederungen angezogen, im Anblick eines majestätischen Naturschauspiels jeder Gefahr zu vergessen schienen und ihre Umgebung in paradiesische Gärten verwandelten. Die Vulkane von Neu-Mexiko aber sind todt oder ruhen vielmehr in einem langen festen Schlaf, und die Ansiedler, die sich am Fuße derselben niedergelassen, genießen die ihnen daselbst gebotenen Gaben, ohne zu ahnen, daß sie sich auf dem erkalteten Kampfplatze wüthender Elemente befinden, die ihren Hader im tiefen Schooße der Erde fortsetzen und ihnen durch die in die Erdoberfläche gerissenen Klüfte und Spalten reichen Segen zusenden. Langhörnige Rinder, feinwollige Schafe und bärtige Ziegen trinken an solchen Stellen mit Lust von dem kühlen Wasser, der schwarzschwänzige Hirsch und die Gabel-Antilope kommen dorthin, um ihre Zunge zu netzen; bedächtig steigt aus den dunklen Höhlen der nahen Gebirge der graue Bär hernieder, und von Durst getrieben schreitet er den entlegeneren Quellen zu.

Nahe diesen kleinen Ansiedelungen beschlossen wir zu übernachten, um so mehr, als saftige Melonen, schwellende Trauben und rothbäckige Pfirsiche, die uns von allen Seiten entgegenlachten, uns ein köstliches Mahl versprachen und zur Rast aufforderten.

Da am folgenden Tage der Rio Grande erreicht werden sollte, so setzten wir uns schon in aller Frühe in Bewegung und verfolgten unsere über rauhes Land in ein Thal hinabführende Straße, wo an den Ufern eines Nebenflüßchens des Galisteo sich mexikanische Ansiedelungen dicht aneinander reihten und förmlich eine Stadt bildeten. Nur kurze Zeit zogen wir in diesem Thale weiter und gelangten dann in das steinige Bett des Galisteo, welches, von hohen Trappfelsen und Gerölle eingeschlossen, den Namen einer langen Schlucht verdient. Starkes Senken des Bodens war bemerklich, denn das wenige Wasser, welches in dem Flusse zurückgeblieben war, rieselte eilig zwischen glatt gewaschenen Steinen hin dem Rio Grande

14*

zu. Die Wagen folgten den Windungen des Flusses, die so kurz waren, daß wir uns fortwährend in einem Felsenkessel befanden und unser Gesichts- kreis außerordentlich beschränkt war. Blickten wir aber dahin, woher wir gekommen waren oder wohin wir zu gehen beabsichtigten, so hatten wir eine herrliche Decoration vor uns, die von den vorspringenden oder zurück- tretenden Abhängen gebildet wurde, während sich zu beiden Seiten die rauhen Felsmassen zu einer Höhe von mehreren hundert Fuß aufthürmten. Zahllose Erd=Eichhörnchen sprangen zwischen losem Gestein umher, und hurtig schlüpften die Bruchhähne (Chapporal cock, Geococcyx mexica- nus) hinter bergende Gegenstände, um sich den Augen der spähenden Jäger zu entziehen.

Nach einem Marsche von einigen Stunden in der Cañon Boca, wie diese Schlucht von den Mexikanern benannt worden ist, senkte sich das linke Ufer zu einer weiten Ebene, die sich bis an die auslaufenden Schluch- ten des Placers und das tiefere Thal des Rio Grande erstreckte, und über welche die verschiedenen Wege nach den Ansiedelungen führten. Noch im Bette des Galisteo vermochten wir schon die blauen Bergmassen zu unter- scheiden, die sich auf dem westlichen Ufer des Rio Grande erhoben und uns den Lauf dieses Flusses bezeichneten, während südlich von uns die Kette des Sandia=Gebirges sich an die blauen Massen des Gebirges an- schloß, welches den Namen Placer führt. An der Stelle, wo wir die Cañon Boca verließen, um die bessere Straße über die Ebene einzuschlagen, erregten wunderbare, weiße Sandsteingebilde Aller Aufmerksamkeit in so hohem Grade, daß Jeder fast unwillkürlich vor denselben verweilte und sich im Anschauen des herrlichen Naturspieles versenkte.

Wie Pfeifen einer mächtigen Orgel ragten dicht aneinander geschlossene Säulen aus dem Bette des Galisteo hervor, die zusammenhängend sich nach dem Ufer hinaufzogen, gegen das Ende hin kürzer und schwächer wurden und aus geringer Entfernung solche Aehnlichkeit mit einem künstlichen Ge- bäude trugen, daß es kaum den Eindruck von etwas Ungewöhnlichem ge- macht haben würde, wenn feierliche Klänge aus dem Innern der zierlich gekerbten und beringten Säulen hervorgedrungen wären. Doch in erhabener Stille lagen die Felsen da, und nur dem sorgsamen Lauscher gelang es, Tausende der verschiedenartigsten Stimmen zu entdecken. In den klaren Lüften wiegte sich majestätisch der Bussard und sandte seinen durchdringen- den Ruf zur Erde hinab; tief unter ihm beschrieben zwitschernde Schwalben ihre bunten Zickzacklinien; an dürren Grashalmen hingen farbige Heu- schrecken und trillerten in die Welt hinaus; in dunklen Spalten des wei- chen Erdreichs zirpten die munteren Heimchen; der Bruchhahn scharrte im Sande, wo zarte Stimmchen an sein Ohr schlugen, und am Baume, der nahe der stummen Orgel sein alterndes, morsches Haupt neigte, hämmerte laut der Specht und schreckte die nagenden und schnarrenden Bewohner der durchlöcherten Rinde. Alle diese verschiedenartigen Töne und Stimmen vereinigten sich zu einem das Gemüth anregenden Chor und sangen in

übereinstimmender Weise das Loblied der Mutter Natur, ihrer großen Leh-
rerin. Wenn Reisende an den schönen Sandsteingebilden vorbeiziehen, dann
erfreuen sie sich des herrlichen Anblickes und bewundern in stillem Ernste
die Kraft der fallenden Wassertropfen, die im Laufe der Zeit so künstliche
Bildhauerarbeit herzustellen vermochten; fromme Mexikaner entblößen auch
wohl dort ihr Haupt, bekreuzigen sich und beten ein Ave Maria.

XVII.

**Das Thal des Rio Grande del Norte. — Santo Domingo und die
Pueblo-Indianer. — Sagen der Pueblo-Indianer. — Abschied von
Santo Domingo. — Ankunft in Albuquerque. — Anzeige im
El Amigo del Pais.**

Als wir auf der Ebene Fuß gefaßt hatten, ging es in raschem Trabe
auf der festen Straße weiter. Das Thal des Rio Grande winkte, und
Jeder sehnte sich nach dem ersten Anblick des vielfach besprochenen Flusses
und seiner Einfassung. An steilen Abhängen von harter Lehmerde wand
sich der Weg endlich hinab; doch — wie ganz anders hatte sich Mancher
den Rio Grande vorgestellt! Er träumte vielleicht von üppiger Vegetation,
von hochstämmigen Palmen und buntzackigen Farrenkräutern, von schattigen
Wäldern und schiffbarem Wasser, und nun dehnte sich eine baumlose Fläche
vor ihm aus, welche mit der überall vorherrschenden Lehmfarbe und dem
seichten, trüben Flusse eher einer weiten Wüste, als einer bevölkerten Niederung glich. Am Fuße der Hügel wendete sich die Straße gleich gegen
Süden, und der trübe Eindruck, den der erste Anblick der ganzen Landschaft auf uns gemacht hatte, schwand wieder etwas, als wir plötzlich eine
eigenthümlich gebaute Stadt, umgeben von Gärten und Feldern, vor uns
erblickten.

Es war Santo Domingo, eine alte Ansiedelung der Pueblo-
Indianer, durch welche der Weg führte, und die bei dem ersten Anblicke an die Casas Grandes am Gila und weiter südlich in Mexiko erinnerte. So wie bei den meisten Bauten in Mexiko, waren auch hier
getrocknete Lehmziegel als Material verwendet worden, wodurch das Ganze

etwas alterthümlich Ruinenartiges erhielt, was noch dadurch gehoben wurde, daß die verschiedenen Stockwerke terrassenförmig über einander lagen. Auf dem flachen Dache der unteren Etage war nämlich die obere bei weitem kleinere jedesmal so errichtet, daß vor derselben ein kleiner Hof blieb. Da nun die Häuser der verschiedenen Stadtviertel dicht gedrängt aneinander lagen, so entstanden dadurch erhöhte Straßen, die an den Thüren der Woh= nungen im zweiten und dritten Stock vorbeiführten und eine unmittelbare Verbindung herstellten.

Nur in den oberen Stockwerken befanden sich Eingänge, zu welchen von jeder Wohnung Leitern von der Straße auf hinaufführten, die, wenn es die Sicherheit der Bewohner erheischte, eingezogen werden konnten; durch eine Oeffnung im flachen Dache des ersten Stockes ging es hinab in die untersten Räume, während andere Leitern von der Plattform des ersten Stockwerkes aus auf das Dach der zweiten Etage und in die Wohnungen des dritten Stockwerkes führten.

Die Räume auf ebener Erde schienen ausschließlich zum Aufbewahren der Vorräthe bestimmt zu sein, wogegen in den oberen die Bewohner sich auf ihre Art bequem eingerichtet hatten und hinlängliches Licht durch kleine viereckige Oeffnungen erhielten, die sie zum Schutz gegen Stürme und Kälte mit durchsichtigen Tafeln von krystallisirtem, späthigem Gyps dicht ver= schlossen hatten. Nur wenig Leben gewahrte man auf den Straßen zur ebenen Erde, doch hatte sich ein großer Theil der Bevölkerung oben vor den Thüren versammelt; da sah man Tabak schmauchende Männer, arbei= tende Frauen und spielende Kinder, die bei unserer Annäherung in Bewe= gung geriethen, sich über die Brüstung ihrer Vorhöfe lehnten und auf die Vorbeiziehenden niederschauten. Das laute Geräusch, welches Städte und Ansiedelungen der Weißen so sehr charakterisirt, vermißte man hier ganz; da war kein Schreien, kein lautes Lachen oder Toben. In ruhiger Weise unterhielten sich die einzelnen Gruppen, mit leisem Schritt eilten halbver= hüllte Gestalten, bunt bemalte, irdene Gefäße auf den Köpfen tragend, durch die Straßen oder stiegen gewandt die weitsprossigen Leitern hinauf, ohne die Hand an die auf dem Kopfe freistehende Last zu legen oder von dem Inhalte das Geringste zu verschütten.

Wir gelangten unterdessen auf einen rechtwinkligen, freien Platz, von dem zwei Seiten durch Wohnungen, die anderen beiden durch die Kirche und die zu öffentlichen Versammlungen bestimmten Gebäude begrenzt wur= den. Wir nahmen uns indessen nicht Zeit, die Umgebung genauer zu be= trachten, sondern folgten einem Indianer, der uns vor die Stadt auf eine grüne Wiese führte, wo wir eilig unsere Zelte aufschlugen, um sobald wie möglich wieder zur Stadt zurückkehren zu können. Die ganze Bevölkerung von Santo Domingo mochte sich wohl auf 800 Seelen belaufen, und da der männliche Theil derselben fast durchgängig der spanischen Sprache mäch= tig war, so hielt es denn auch nicht schwer, eine Unterredung mit den dem Lager Zuströmenden zu Stande zu bringen.

Natürlich war die erste Frage nach dem Alcalde der Stadt, doch wurde mit geringschätzender Miene erwiedert, daß sich wohl ein Gobernador, aber kein Alcalde in den Mauern von Santo Domingo befinde. Der Verstoß gegen die Eitelkeit der guten Leute wurde indessen wieder doppelt gut gemacht, als Lieutenant Whipple den Gobernador José Antonio Herrera zum Abendbrod in sein Zelt bitten ließ. Ein dienstfertiger Indianer überbrachte schleunigst die Einladung, und nach kurzer Zeit erschien der Gobernador, ein würdiger Indianer, mit einem ganzen Gefolge, auf das er, als wären es seine Unterthanen, mit Stolz herabsah. Er wurde sogleich herzlich willkommen geheißen, und ein buntes Treiben entstand nunmehr in dem Lager. Alles wurde mit neugierigen Blicken betrachtet, und ganz gegen die Gewohnheit anderer Indianerstämme ließ auch nicht ein einziger der Besucher sich eine Unbescheidenheit oder gar den Versuch eines Diebstahls an umherliegendem fremden Eigenthume zu Schulden kommen. Es waren lauter schöne, wohlgebaute Menschen, die, trotz des indianischen Typus, etwas Ansprechendes in ihren Zügen hatten. Männer wie Weiber trugen die Haare lang, nur auf der Stirne waren dieselben über den Augenbrauen stumpf abgeschnitten; außerdem hatten die Männer ihre Wirbellocken in einen kurzen, dicken Zopf gedreht und diesen mit einem rothen Bande umwunden. Ihre Bekleidung war sehr verschieden: Einige trugen hellbraun gefärbte lederne Jagdhemden, welche, reichlich mit Fransen und Stickereien versehen, trefflich zu den farbigen Unterkleidern paßten, die, bis an die Kniee reichend, nach mexikanischer Mode reich mit gelben und weißen Knöpfen geschmückt waren. Andere hatten nur eine gestreifte Decke um die Schultern geworfen oder waren einfach mit einem Hemde von Kattun bekleidet. Die Weiber hatten um die Hüften einen dunkelfarbigen Rock, der beinahe bis auf die Füße reichte, befestigt; den Oberkörper verhüllten sie mit einer leichten Decke, die sie bald über den Kopf zogen, bald auf malerische Weise um die Schultern oder Hüften schlangen; an den Füßen trugen beide Theile Mokkasins, die in vielen Fällen zierlich gestickt und geschmückt waren.

Während die Zahl der Indianer im Lager mit jedem Augenblicke zunahm, ließ es sich der Gobernador im Zelte vortrefflich schmecken, und als die Fröhlichkeit der Seinigen draußen zu laut wurde, trat er hinter dem Vorhange hervor und richtete einige Worte an die Versammlung, die sich, gehorsam seinen Befehlen, alsbald auflöste und bis auf zwei Männer auf den Heimweg begab. Mit vielen Freundschaftsversicherungen empfahl sich der alte Herrera beim Untergang der Sonne, und da unser Aufenthalt bei Santo Domingo nur auf die eine Nacht beschränkt war, so beschlossen wir noch an demselben Abende, einige Indianer in ihren Wohnungen zu besuchen, um in der kurzen Zeit noch so viel als nur irgend möglich von den Sitten und Gebräuchen dieses so interessanten Volkes kennen zu lernen.

Wir stiegen also die erste Leiter*), die wir erreichten, hinauf und befanden uns dann auf einem kleinen, reinlichen Hofe, der mit einer Brüstung umgeben war; wir traten ohne Weiteres in eine geöffnete Thüre, durch welche uns ein Kaminfeuer entgegenschimmerte. Als die anwesenden Bewohner, ein junger Mann und zwei Mädchen, den Besuch bemerkten, nahm ersterer mehrere Decken aus einem Winkel, breitete dieselben vor dem Feuer aus und lud uns freundlich ein, uns auf denselben niederzulassen. Die beiden Mädchen, die mit der Bereitung von Speisen beschäftigt waren, reichten sogleich Jedem von uns einen warmen Mehlkuchen (Tortillas), setzten eine Schüssel mit einem anderen Gebäcke, welches einem großen Wespenneste glich, vor uns hin, und nöthigten durch unzweideutige Zeichen zum Essen. Das Gemach, in welchem wir uns befanden, war nur klein, doch rein bis in die dunkelsten Winkel, und die in den Ecken aufgestapelten Pelze und Decken gaben dem Ganzen einen Anstrich von Behaglichkeit. Die glatten Wände bedeckten Kleidungsstücke, Hausgeräth und Waffen, die mit einer gewissen Ordnungsliebe aneinander gereiht waren. Nachdem wir zur größten Befriedigung der freundlichen Wirthe von den verabreichten Speisen genossen, das übrig Gebliebene in die Taschen geschoben und unsere Neugierde an den umherliegenden und hängenden Gegenständen befriedigt hatten, wünschten wir den Indianern „Gute Nacht" und setzten unsere Entdeckungsreise auf den Dächern der Gebäude fort. In mancher Wohnung sprachen wir noch ein, doch fanden wir überall dieselbe Einrichtung, dieselbe Gastfreundschaft und Zuvorkommenheit, und spät erst kehrten wir zu unseren Zelten auf der grünen Wiese zurück.

---

*) Diese Leitern sind nur einfach an die vielstöckigen Gebäude angelehnt, um sie mit leichter Mühe der Sicherheit wegen bei Nacht oder zu jeder andern Zeit wegziehen zu können. Diese Gewohnheit ist von Interesse, weil die berühmten Casas grandes wohl ihrer Vielstöckigkeit wegen grandes heißen und darum hätten Casas altas genannt werden können. Diese aztekische Bauart, Wohnungen vieler Familien (Phalanstères, wie Mr. Owen sie empfiehlt), wird noch jetzt angewandt, und sie ist am schönsten gerade aus dem Pueblo de Santo Domingo abgebildet, im Report of Lieutenant J. W. Abert of his examination of New Mexico in the years 1846—47 und in Lieutenant Col. W. H. Emory's notes of a military reconnoissance from Fort Leavenworth in Missouri to San Diego in California in the years 1846—47. Bei meiner Beschreibung der Stadt Zuñi und deren alten Ruinen, so wie der von mir auf dieser Reise besuchten Ruinen am Colorado Chiquito, die im zweiten Theile dieses Werkes folgt, habe ich ausführlicher über diesen Gegenstand berichtet, und alle mir bekannten Beschreibungen von den Besuchern der Ruinen von Pueblos und von noch bewohnten Pueblos bei dieser Gelegenheit zu Hülfe genommen und mit einander verglichen. Der tiefe Friede, in welchem die Pueblo-Indianer mit ihren Nachbarn leben, macht solch vorsichtiges Verfahren jetzt überflüssig; wir schrieben es wenigstens diesem Umstande zu, daß es uns freistand, zur nächtlichen Stunde ungehindert zu jeder Wohnung hinaufsteigen und eintreten zu können.

In der Frühe des folgenden Tages wanderten wir wieder nach der Stadt, um vor allen Dingen die innere Einrichtung der Kirche in Augenschein zu nehmen, da uns der gefällige Gobernador die Erlaubniß, und mit dieser den Schlüssel zu der unförmlichen Kirchenthüre gegeben und sich sogar selbst mit der größten Bereitwilligkeit zur Begleitung angeboten hatte.

Die Kirche unterschied sich in ihrem Aeußeren gar nicht von den Gotteshäusern kleinerer mexikanischer Städte; rohe Mauern schlossen eine einfache Halle ein, deren Hauptgiebel an den freien Platz stieß und von zwei viereckigen, ebenfalls von Lehmerde aufgeführten Pfeilern, welche das Hauptgebäude etwas überragten, gehalten wurde. Zwischen den beiden Pfeilern befand sich der Eingang und über diesem eine Gallerie, die durch eine Thür mit dem Chor der Kirche in Verbindung stand. Auf dem Dache erhob sich ein gemauertes Gerüst, welches die kleine Glocke hielt und auf seiner höchsten Spitze das Zeichen des Kreuzes trug. Nebengebäude, die in demselben Stile aufgeführt waren, so wie der eingefriedigte Vorhof, halfen das Ganze der Pueblo-Kirche vervollständigen, deren Bau und Einrichtungen unzweifelhaft von katholischen Missionaren geleitet waren.

Das Innere der Kirche entsprach ganz ihrem Aeußeren. Eine Art von Altar, glatte Lehmwände, an denen einige alte spanische Gemälde hingen, bildeten die ganze Decoration, doch befanden sich auch einige rohe indianische Malereien daselbst; unter diesen war besonders hervorragend die Abbildung eines Mannes zu Pferde über einen Haufen von Menschen hinreitend, also ein Conquistador (Anspielung auf die erste spanische Ueberwindung). Eine Vermischung der katholischen und Azteken-Religion trat überhaupt deutlich hervor und vielseitig fand man daselbst die heilige Jungfrau in Verbindung mit einer Indianerfigur, die das unwissende Volk in diesem Norden, wohin nie die mexikanische Macht vom See von Tezcuco aus gedrungen war, Montezuma nennt; unter dem Bilde des Kreuzes waren die erhaltenen Höhlen zu sehen, wo einst das heilige Feuer brannte. In den reichbevölkerten Indianerstädten am Rio Grande und westlich der Rocky Mountains ist das ewige Feuer schon längst erloschen, doch scheint es aus Ueberlieferungen, die natürlich nicht verbürgt werden können, hervorzugehen, daß an den Quellen des Pecos, da wo jetzt noch die alten Ruinen von Pecos die Aufmerksamkeit des Wanderers fesseln, zuletzt die heiligen Flammen geschürt worden sind. Nach denselben Nachrichten soll Montezuma einen jungen Baum an eben diesen Ort verpflanzt und zugleich geäußert haben, daß, so lange derselbe stehe, die Abkömmlinge der Azteken, die jetzigen Pueblo-Indianer, eine mächtige, unabhängige Nation bilden würden, nach dem Verschwinden des Baumes aber würden weiße Menschen von Sonnenaufgang kommen und das Land überschwemmen. Die Bewohner der Pueblos sollten dann in Frieden mit dieser Nation leben und geduldig der Zeit harren, wo Montezuma zurückkehren würde, um sie wieder in einen großen, mächtigen Stamm zu vereinigen. So lauteten die dunklen, verwirrten Sagen, mit deren Erzählung die begleitenden Indianer

uns unterhielten, als wir noch einen Spaziergang durch die Stadt machten.
Doch die Zeit verrann schnell, nur flüchtig lugten wir noch hin und wieder
durch die Lichtöffnungen der unteren Stockwerke, um die darin arbeitenden
Weiber zu beobachten, die nach dem Takte von Gesang und Trommeln hart=
körnigen Mais zwischen zwei Steinen zu seinem Mehl rieben oder Hülsen=
früchte reinigten; auch stiegen wir gelegentlich auf die höchsten Dächer der
Häuser, um unter den dort aufgehäusten Geweihen ein hübsches Exemplar
auszusuchen. Dann eilten wir zu unseren bereit gehaltenen Thieren, nahmen
Abschied von den freundlichen Indianern und trabten fröhlich über die san=
dige Ebene, auf welcher die Wagen schon einen bedeutenden Vorsprung ge=
wonnen hatten. Es war noch früh am Tage, doch begegneten uns schon
betriebsame Leute, die hinter zweiräderigen Karren hergingen und mittels
einer langen Peitsche die vorgespannten, bedächtig schreitenden Ochsen lenk=
ten oder bepackte Esel vor sich hertrieben.

Auf einer kleinen Höhe hielten wir an und schauten noch einmal
nach Santo Domingo zurück, welches wie graue Ruinen aus herbstlich
gefärbten Wein= und Obstgärten hervorragte.

In einiger Entfernung vom Rio Grande führte die alte Landstraße
an diesem Flusse hinunter. Wir befanden uns dann nach einem Ritte von
sechs Meilen dem auf dem rechten Ufer gelegenen Pueblo San Felipe
gegenüber, das auf einer kleinen von kahlen Felsen eingeschlossenen Ebene
einen nichts weniger als freundlichen Anblick bot. Gleich darauf über=
schritten wir den Rio Tuerto nahe seiner Mündung, zogen durch die mexi=
kanische Stadt Algodones, und weiter ging es dann am Fuße des Sandia=
Gebirges (¹³) hin, zwischen dessen fortlaufender Kette und dem Rio Grande
wir ziemlich die Mitte zu halten hatten. Der Weg führte uns bald über
große Strecken sandigen, unfruchtbaren Bodens, einzig belebt von Prairie=
hunden und Eidechsen mancher Art, bald an ausgedehnten Wiesen oder
Mais= und Bohnenfeldern vorbei. Die Nähe der Ansiedelungen und kulti=
virten Ländereien war schon lange vorher an den Canälen und Gräben
zu erkennen, die nach allen Richtungen die Niederungen durchschnitten und
dazu bestimmt waren, das Wasser des Rio Grande den Pflanzen und Saa=
ten zuzuführen, denn ohne diese Vorkehrungen würde es schwerlich gelingen,
auch nur spärliche Ernten unter dem trockenen Himmel von Neu=Mexiko
zu erzielen. Schaaren von Sumpf= und Wasservögeln belebten die so be=
wässerten Felder, und häufig gelang es uns unter dem Schutze dichter
Maisstauden, den ungeheuren Zügen wilden Geflügels nahe zu schleichen
und mit wenigen Schüssen eine große Verheerung unter denselben anzu=
richten. Die Reise glich auf diese Art einer Vergnügungstour, um so mehr,
als blühende Ranchos und Ansiedelungen, die auf Wohlstand und Behag=
lichkeit der Besitzer deuteten, uns in kurzen Zwischenräumen anlächelten.
Eine kleine Tagereise konnte es nur noch bis Albuquerque sein, als wir
beschlossen, in der Nähe von Bernalillo, ebenfalls einer Indianerstadt, zu
rasten und den kommenden Morgen zu erwarten.

Dämmerung ruhte noch im Thale des Rio Grande; nur die höchsten Spitzen des Sandia-Gebirges begannen im Wiederschein der Morgenröthe zu glühen, als unsere ungeduldige Gesellschaft schon im Sattel saß und kräftig die trägen Thiere zur Eile antrieb. Die Umgebung hatte plötzlich alles Interesse verloren und Aller Augen spähten in die Ferne nach den Kirchthürmen von Albuquerque.

Jeder Vorüberziehende, ob nun Indianer oder Mexikaner, wurde nach der Entfernung bis zu diesem Orte gefragt, doch war die gewöhnliche Antwort: Quien sabe! womit wir uns zufrieden geben mußten.

So waren wir denn so weit gekommen, daß wir uns der südlichen Spitze der Sandia-Berge gegenüber befanden, wo eine breite Landstraße, aus dem Osten kommend, unseren Weg durchschnitt und nach einer anscheinend großen Ansiedelung am Rio Grande führte. Wieder wurden einige dort arbeitende Mexikanerinnen nach der Stadt Albuquerque gefragt, die denn auch lachend nach dem Flusse zeigten, wo eine lange Reihe niedriger Häuser und zwei kleine Thürmchen das Vorhandensein einer Stadt verriethen.

Schnell wurde in die Querstraße eingebogen, die Reiter spornten ihre Thiere, im Trabe folgten die Wagen nach, und bald befanden wir uns zwischen Einfriedigungen und langen Gebäuden, aus deren Thüren und Fenstern Männer in der Dragoneruniform der Vereinigten Staaten schauten. An den Gebäuden vorbei nach einem grünen Platze vor der Stadt, wo uns weiße Zelte entgegenschimmerten, lenkten wir den Schritt unserer Thiere, und bald schallte uns von allen Seiten ein herzliches Willkommen entgegen. Da gab es ein Händedrücken, ein Fragen und Erzählen, als wenn die alten Kameraden nicht drei Tage, sondern drei Jahre von einander getrennt gewesen wären. Wie durch Zauber erschienen Flaschen und Krüge mit vortrefflichen Wein von El Paso, und die Freude des Wiedersehens wurde verherrlicht durch ein festliches Mahl unter freiem Himmel. Nachdem der erste Freudenrausch vorüber, eilten wir, die zuletzt Angekommenen, nach der Stadt, um die für uns auf der Post bereit liegenden Briefe in Empfang zu nehmen, die von dem Gouvernement, in Washington durch die Santa-Fé-Post nach Albuquerque befördert worden waren, und gegen Abend noch sah man in den Zelten einzelne Gestalten, die, von Briefen umgeben, zum dritten und vierten Male Nachrichten aus der fernen Heimath durchlasen. —

Nach einigen Tagen lasen wir im Amigo del Pais, dem Wochenblatte von Albuquerque, folgende Anzeige, die von einigen angesehenen Bürgern der Stadt herrührte und die eine kurze, aber ziemlich genaue Beschreibung der von uns untersuchten Straße enthielt.

Die projectirte Eisenbahn von Albuquerque nach dem stillen Ocean betreffend:

„Wir hatten die Freude die Eisenbahn-Expedition unter dem Commando des Lieutenant Whipple, die am 3. October 1853 wohlbehalten hier eintraf, zu begrüßen. Die Gesellschaft besteht aus folgenden Mitgliedern: Lieutenant Ives vom Topographischen Departement, erster Assistent des Lieutenant Whipple, Doctor John, M. Bigelow, Arzt und Botaniker; Jules Marcou, Geolog und Mineralog; C. B. B. Kennerly, Doctor und Naturaliensammler; Albert Campbell, Ingenieur und Feldmesser; H. B. Möllhausen, Naturaliensammler und topographischer Zeichner; Hugh Campbell, Astronom; W. White, Meteorolog; Georg Garner, Astronom und Secretair; John Pitts Sherburn, Meteorolog; Thomas Park, Astronom; Lieutenant Johns vom 7. Infanterieregiment, Commandeur der Escorte; D. S. Stanley, Quartiermeister und Commissair.

Wir erhielten von Lieutenant Whipple die befriedigendsten Nachrichten über die von der Expedition untersuchte Straße. Von Memphis am Mississippi bis nach Fort Napoleon an der Mündung des Arkansas und diesen Fluß hinauf bis nach Fort Smith reiste die Expedition mit möglichster Eile und wurden die wirklichen Arbeiten erst am letztgenannten Orte begonnen. Von Fort Smith zog dieselbe durch die Ländereien der Choctaw-Indianer, folgte dem Thale des Canadian bis zu seiner großen Biegung, schnitt diesen Umweg ab, berührte während der Zeit die Zuflüsse des Washita-Flusses und gelangte nach einigen Tagen wieder an den Canadian, dessen Thal sie dann wieder auf 150 Meilen folgte. Diesen Fluß gänzlich verlassend zog sie die Höhe hinauf, gelangte auf die Llanos Estacados, legte auf denselben eine kurze Strecke zurück und reiste auf der Wasserscheide zwischen dem Canadian und Pecos weiter. Nach Ueberschreitung des Pecos gelangte sie nach Anton Chico, wo sie sich theilte. Mr. Albert Campbell zog mit dem Haupttrain via Laguna südlich am Sandia-Gebirge vorbei, während Lieutenant Whipple die Gebirge nördlich umging, Galisteo berührte und bei Santo Domingo den Rio Grande erreichte. — Auf dem östlichen Theile der Straße sind mächtige Waldungen, deren Holz sich vortrefflich zum Baue von Eisenbahnen eignet, und in solchem Ueberfluß, daß die ganze Länge der Bahn von dort aus mit dem nöthigen Bedarf versehen werden könnte. Doch findet sich auch viel gutes Bauholz in den Gebirgen bei Anton Chico so wie unerschöpfliche Kohlenlager im Staate Arkansas und zu beiden Seiten des Rio Grande Brennmaterialien auf Ewigkeiten sichern. Hindernisse des Terrains sind auf der ganzen Route bis hierher nicht vorhanden, nur selten hat die Expedition zur Nachtzeit Wasser entbehren müssen. Eine Brücke über den Rio Grande del Norte zu bauen wird zwar überall ohne große Schwierigkeiten möglich sein, doch sind als die passendsten Stellen San Felipe, 30 Meilen oberhalb Albuquerque und Isleta, 16 Meilen südlich von diesem Punkte, bezeichnet worden."

Bis dahin hatten wir uns also eines günstigen Resultates zu erfreuen zwischen dem 35. und 36. Grad nördlicher Breite, aber es blieben unserer Expedition noch die gänzlich unbekannten Regionen westlich von Zuñi bis

zu den Küstenstrichen der Südsee zu durchforschen. Wie wir vernahmen,
sollten wir in kurzer Zeit den schwierigsten Theil unserer Arbeit beginnen,
auch sollte zum Schutz gegen feindliche Indianerstämme noch eine zweite
Militairbedeckung von 25 Mann Vereinigte-Staaten-Infanterie unter dem
Befehl des Lieutenant Jittball vom Fort Defiance aus zu uns stoßen.
Der Winter war vor der Thüre und mußte voraussichtlich viel zu den
Hindernissen und Mühseligkeiten beitragen, mit denen unsere Expedition zu
kämpfen hatte. Wir genossen einige Tage einer wohlthätigen Ruhe und
wünschten uns gegenseitig Glück zur fröhlichen und baldigen Ankunft in
der Mission Pueblo de los Angelos am stillen Meere.

XVIII.

**Aufenthalt in Albuquerque. — Instructionen des Kriegsdepartements
in Washington. — Leben in Albuquerque. — Die Apache- und Navahoe-Indianer. — Der Rio Grande del Norte und dessen Thal. —
Fandango in Albuquerque.**

So befanden wir uns denn endlich mit unserer Expedition in Albuquerque am Rio Grande. Während der Reise hatten wir uns zu lange
schon auf den uns bevorstehenden Aufenthalt in dieser westlichen Stadt gefreut, zu vielfach unsere Ankunft und das Leben in derselben besprochen,
als daß wir sogleich nach unserem Eintreffen daselbst an etwas Anderes
als an kleine Vergnügungen, Erholungen und die Befriedigung unserer Neugierde hätten denken mögen. Auch den Bewohnern von Albuquerque schien
unser Besuch, mehr aber noch der Zweck, der uns dorthin geführt hatte,
äußerst angenehm zu sein; sie kamen uns in Allem freundlich entgegen,
und wenn auch die Zuvorkommenheit Vieler nicht rein philanthropischer Art
war, so kümmerte uns dieses wenig, wenn wir nur die schöne, glückliche
Gegenwart genießen, und nach Verlauf von einigen Wochen etwas reicher
an angenehmen Rückerinnerungen von diesem Orte scheiden konnten.
Unser erster Besuch galt den Offizieren der dort stationirten Vereinigten-
Staaten-Dragoner, die uns mit liebenswürdiger, ächt amerikanischer Gastfreundschaft aufnahmen und uns in ihren Baracken manche fröhliche, genußreiche Stunde verschafften. Im fernen Westen werden Bekanntschaften äußerst

schnell geschlossen; da giebt es dann ein Fragen, Erzählen und Erklären, daß man glaubt, gar kein Ende finden zu können, und bei so lebhafter Unterhaltung die Stunden unmerklich verrinnen. So gelangten wir denn auch schon am ersten Tage, eben durch die schnelle Bekanntschaft unter den Offizieren, zu einer ziemlich genauen Kenntniß der Stadt, ihrer Vorzüge und Mängel, ihrer Bewohner und Bewohnerinnen, so daß wir, ohne einen Schritt darnach gethan zu haben, bereits jede der freilich nur wenigen Straßen, jedes Haus der ebenfalls nicht sehr zahlreichen Honoratioren und besonders den Namen jeder hübschen Señorita kannten; daß wir wußten, wo der beste Wein zu haben war, und vor allen Dingen wohin wir uns gegen Abend zu verfügen hatten, wenn wir nach des Tages schwerer Arbeit am Schreib= und Zeichentische, im wilden Fandango die Gelenkigkeit unserer Glieder erproben und in Uebung erhalten wollten. So gingen unter fröhlicher Aufregung die ersten Tage dahin, ohne daß wir der zurückgelegten, oder der noch zurückzulegenden Reise gedachten. Doch auch dieses mußte sein Ende nehmen, wenn wir den Instructionen, die Lieutenant Whipple vom Gou= vernement in Washington erhalten hatte, und welche jeden Einzelnen unserer Gesellschaft mit betrafen, genau nachkommen wollten. Die Instructionen lauteten folgendermaßen:

Kriegsdepartement Washington, 14. Mai 1853.

In der 10. und 12. Abtheilung der militairischen Appropriations= Acte, die am 3. März 1853 vollzogen wurde und die vorschreibt, daß solche Untersuchungen und Vermessungen gemacht werden sollen, wie nöthig gehalten werden, um die geeignetste und vortheilhafteste Richtung einer Eisen= bahn vom Mississippi nach dem stillen Ocean zu bestimmen, befiehlt das Kriegsdepartement, daß Untersuchungen und Vermessungen vorgenommen werden sollen, um die Möglichkeit der Ausführung dieses Planes auf der Strecke des Territoriums darzulegen, welches nahe dem 35. Grad nördlicher Breite liegt.

Folgende Instructionen mit Bezug hierauf sind für die Behörden der verschiedenen Zweige des Staatsdienstes ertheilt worden:

1. Premier=Lieutenant A. W. Whipple wird diese Forschungs= und Vermessungsgesellschaft commandiren. Brevet=Seconde=Lieutenant J. C. Ives, vom Ingenieur=Corps, so wie die erforderlichen vom Kriegssecretair als noth= wendig befundenen Civilbeamten, werden denselben unterstützen.

2. Der General=Adjutant wird die nöthigen Bedeckungsmannschaften zutheilen; Transportmittel der Provisionen und sonstiger Ausrüstung werden durch den General=Quartiermeister gestellt werden. Seconde=Lieutenant D. S. Stanley von den 2 Dragonern wird als Quartiermeister und Com= missair dieser Expedition zugetheilt.

3. Die Offiziere, die als Quartiermeister und Commissaire auf die ver= schiedenen Militairposten, die auf der vorgeschriebenen Reiseroute liegen, commandirt sind, werden gegen ordnungsmäßige Requisitionen, soweit nur

immer möglich, die der Expedition nöthigen Vorräthe verabfolgen laſſen, für welche von der für die Expedition beſtimmten Summe der Koſtenpreis gezahlt werden ſoll.

4. Medicamente werden vom General-Arzte requirirt.

5. Waffen und Munition werden vom Ordonnanz-Departement bezogen.

6. Wenn dieſe Geſellſchaft organiſirt iſt, wird ſie die nöthigen Inſtrumente und die Ausrüſtung anſchaffen. Alsdann wird ſie mit größtmöglicher Eile in's Feld ziehen und die benannten Vermeſſungen und Forſchungen beginnen. Die Hauptexpedition wird ſich an irgend einem paſſenden Punkte am Miſſiſſippi verſammeln und von dort auf der günſtigſten Route in weſtlicher Richtung nach dem Rio Grande ziehen. Von vorläufigen Forſchungen, ſo wie von den aus anderen Quellen geſchöpften Nachrichten wird es abhängig ſein, an welchem Punkte am Miſſiſſippi die projectirte Eiſenbahn ihren Anfang nehmen ſoll, und ob auf vortheilhafte Weiſe irgend eine, ſchon von anderen Staaten oder Compagnien weſtlich dieſes Fluſſes projectirte Eiſenbahn benutzt werden kann.

Die Forſchungen werden die Richtung dem oberen Canadian entlang nehmen, den Rio Pecos überſchreiten, die Gebirge öſtlich des Rio del Norte umgehen und an einer paſſenden Stelle nahe Albuquerque in das Thal dieſes Fluſſes einbiegen.

Durch ausgedehnte Forſchungen muß von dort aus gegen Weſten der geeignetſte Paß für eine Eiſenbahn durch die Sierra Madre und die Gebirge weſtlich der Ländereien der Zuñis und Moquis zum Colorado beſtimmt werden. Bei dieſen Forſchungen kann Fort Defiance zum Depôt für die Vorräthe gemacht, und für die übrige Strecke der Reiſe können Unterhalt und Transportmittel von dort bezogen werden. Es wird rathſam ſein, vom Walters Paß aus, die geradeſte und geeignetſte Richtung an dem ſtillen Ocean zu verfolgen, welche wahrſcheinlich nach San Pedro, dem Hafen von Los Angelos, oder nach San Diego führen wird.

Lieutenant Whipple wird ſogleich einen Offizier mit einer kleinen Abtheilung abſenden, der ſich ohne Zeitverluſt nach Albuquerque in Neu-Mexiko zu verfügen hat, um dieſen Ort zu einem Hauptpunkte der aſtronomiſchen Beobachtungen der Expedition zu machen, und die Vorbereitungen für die nöthigen Forſchungen in den Gebirgsregionen von Neu-Mexiko vor Eintritt des Winters zu beſchleunigen. Auf den Strecken der Route, wo keine augenſcheinlichen Hinderniſſe dem Bau einer Eiſenbahn entgegentreten, wird eine oberflächliche Recognoscirung genügen. Doch muß dieſe Arbeit durch zahlreiche, aſtronomiſch beſtimmte geographiſche Punkte zu einer wichtigen gemacht werden. Eine größere Genauigkeit iſt in den Gebirgspäſſen erforderlich, um die Höhen und Niederungen, von deren Lage Vortheil gezogen werden ſoll, ſo wie die Koſten eines Baues annähernd beſtimmen zu können.

Auf die Zweige der Wiſſenſchaften, welche ſich mehr oder weniger auf die Löſung der Frage über die Anlage der projectirten Eiſenbahn beziehen, soll die größte Aufmerksamkeit verwendet werden, unter diesen auf die geologische Untersuchung der Felsen, des Bodens und auf die Art, wie in dürren Wüsten Wasser angeschafft werden kann, ob in Cisternen oder in artesischen Brunnen; ferner auf die Produkte des Landes, Thiere, Mineralien und Vegetabilien, auf die Bevölkerung und deren Hülfsquellen, auf die Waldungen und andere zum Bau einer Eisenbahn erforderliche Materialien. Die Vertheilung, die Charaktere, die Gebräuche, Traditionen und Sprachen der Indianerstämme sollen studirt, meteorologische und magnetische Beobachtungen angestellt, die hygrometrische und elektrische Beschaffenheit der Atmosphäre beobachtet werden, so wie alle geeigneten Maßregeln zu treffen sind, um den Charakter des Landes, durch welches die Expedition zu ziehen hat, zu erkunden.

An oder vor dem ersten Montag des nächsten Februar wird Lieutenant Whipple über die Resultate seiner Forschungen berichten; nach Beendigung der Arbeit im Felde wird die Gesellschaft in Californien entlassen werden. Die dann nicht mehr nothwendigen Soldaten werden dem commandirenden Offizier des Departements übergeben. Lieutenant Whipple mit den Offizieren und Assistenten, die ihm dabei unentbehrlich sind, wird einen ausführlichen Bericht über die Arbeiten der Expedition für den Congreß anfertigen.

Die Summe von 40,000 Dollars wird ausgesetzt, um die Ausgaben der Expedition, mit welcher Lieutenant Whipple betraut worden ist, zu bestreiten.

Jefferson Davis,
Kriegssecretair

An Lieutenant A. W. Whipple
im topographischen Corps in Washington.

Mit der Ankunft unserer Expedition in Albuquerque war somit die leichtere Hälfte unserer Aufgabe gelöst worden, ohne daß im Wesentlichen von obigen Instructionen abgewichen worden wäre; nur war Lieutenant Ives, der gemäß den Anordnungen des Kriegssecretairs die Reise von der Küste von Texas aus angetreten hatte, noch nicht angelangt. Es fiel also unserem Commando anheim, die astronomischen Beobachtungen anzustellen, so wie die nöthigen Vorbereitungen zur Weiterreise zu treffen. Da uns demgemäß ein längerer Aufenthalt in Albuquerque in Aussicht stand, der unseren Zug- und Reitthieren, die in der letzten Zeit sehr gelitten hatten, am meisten zu Statten kam, so wurde das Lager mit mehr Sorgfalt als gewöhnlich aufgeschlagen, und Jeder suchte sich sein Zelt so bequem und häuslich einzurichten, wie es nur immer die Umstände erlauben wollten. Der Boden, der sich nur 2 bis 3 Fuß über den Spiegel des Rio Grande erhob, war beständig naß und kalt, so daß wir kaum im Stande waren, die Feuchtigkeit von unseren Decken und sonstigen Gegenständen abzuhalten, und zu den verschiedenartigsten Mitteln unsere Zuflucht nehmen mußten, um während des Schlafes so wenig wie möglich in unmittelbare Berührung mit dem ungesunden Boden zu kommen.

Wenige Tage genügten, um ein geregeltes Leben bei unserer ganzen Gesellschaft herzustellen. Jedes einzelne Mitglied beschäftigte sich mit seinen Arbeiten, und zwar mit einem Eifer, als wenn wir uns in den Bureaus in Washington befunden hätten. Karten und Profile der von uns durch-forschten Territorien wurden ausgearbeitet und gezeichnet, die·astronomischen und meteorologischen Beobachtungen tabellarisch in neue Bücher eingetragen, der Botaniker fand reichliche Beschäftigung in seinem Herbarium, so wie Mr. Marcou in seiner mineralogischen und geologischen Sammlung Zu dem Ordnen unserer Arbeiten gesellte sich noch die Aufgabe, Alles gut und sicher zu verpacken, um es von Albuquerque aus mit einer Handelskara-wane zurück nach den Vereinigten Staaten schicken zu können. Einestheils geschah dieses, um uns jeder entbehrlichen Last zu entledigen, besonders aber auch um die werthvollen, ja unersetzlichen Arbeiten und Sammlungen auf die schnellste Weise in Sicherheit zu bringen, denn wir konnten nicht vorhersehen, mit welchen Gefahren wir noch würden zu kämpfen haben und ob es uns überhaupt gelingen würde, mehr als das nackte Leben bis an die Küsten der Südsee durchzubringen. So beschäftigte auch ich mich vor allen Dingen damit, meine besonders an Reptilien reichhaltige Sammlung gut zu verpacken, und verwendete dann die übrige Zeit dazu, von meinen Skizzen Duplicate anzufertigen, um durch deren Zurücksendung, bei etwaigen Unglücksfällen dem gänzlichen Verluste derselben vorzubeugen. Doctor Abadie, der Arzt der in Albuquerque stationirten Besatzung; hatte mir auf die freundlichste Weise eine Stube in seiner mexikanischen Wohnung eingeräumt, wo ich den Tag über ungestört bei meinen Zeichnungen sitzen konnte. An-genehm unterbrochen wurde meine Arbeit mitunter durch Mrs. Abadie, die Gattin des Doctors, eine überaus liebenswürdige Amerikanerin, nebst ihren drei rothwangigen Jungen, indem ich ihr zu meinen Zeichnungen Erklärungen geben oder einem und dem anderen ihrer muthwilligen Knaben ein Bildchen zeichnen mußte. Nur um so angenehmer wurde mir dadurch der Aufent-halt unter dem gastlichen Dache des Mr. Abadie, und nie fühlte ich dieses mehr, als wenn ich des Abends die reizende Häuslichkeit verließ und zurück-kehrte in's Lager zu dem wilden Leben an den flackernden Feuern. Die Ingenieure hatten sich ebenfalls zu ihren Arbeiten kleine Gemächer in der Stadt gemiethet, wo sie den Tag zubrachten.

Unser Lager war nur wenige hundert Schritte von der Stadt selbst entfernt, so daß es durchaus nichts Unbequemes für uns hatte, daß wir zu den verschiedenen Mahlzeiten uns nach unseren Zelten verfügten, und nach kurzem Aufenthalte daselbst wieder zurück nach der Stadt gingen. Ganz entvölkert war indessen unser Lager während des Tages nie, denn Lieute-nant Whipple war gewöhnlich mit seinem Secretair in demselben zu finden, wo er damit beschäftigt war, seine Rechnungen, Correspondenzen und Re-quisitionen zu ordnen. Auch war größtentheils dort Mr. Stanley, der seine Leute dazu anhielt, die von ihm angelauften Maulthiere zu bändigen und der Heerde einzureihen, denn mit bedeutend verstärkten Kräften sollte die Weiterreise angetreten werden. Außerdem hämmerten noch Schmiede und Stellmacher an den Hufen der Maulthiere und den schadhaft gewordenen Wagen, so wie einige Soldaten die frei umherliegenden Gegenstände zu bewachen hatten.

Die Abende brachten die meisten Mitglieder unserer Expedition theils im Gasthofe der Stadt, theils in den gastlichen Wohnungen der Offiziere zu, oder strömten, wenn die Kirchenglocke zum Fandango rief, nach der geräumigen Halle hin, wo tanzlustige Mexikanerinnen ihrer harrten. So war denn jede Stunde des Tages der Arbeit und jede müßige Abendstunde der Erholung und dem Vergnügen gewidmet. Tage wurden zu Wochen, und Jeder fing an, sich heimisch in dieser Lebensweise zu fühlen, doch war wohl kein Einziger in der Expedition, der nicht gewünscht hätte, daß der lange Aufenthalt endlich sein Ende erreichen möchte.

Wenige Städte in Neu-Mexiko zeichnen sich durch eine schöne Lage aus. In breiten Thälern, die in der Ferne von nackten Felsen begrenzt werden, erheben sich die einsiedigen Häuser der Ansiedelungen, die theilweise von Obstbäumen versteckt werden, welches außer einigen Alamos*) fast die einzigen Bäume in dortiger Gegend sind. Eine solche Lage hat auch Albuquerque, welches etwa 500 Schritte vom Rio Grande entfernt, dem Wanderer einen unfreundlichen ruinenartigen Anblick gewährt. Nur die Kirche mit den beiden Thürmchen ragt etwas hervor, so daß man aus der Ferne dadurch auf eine bedeutende Ansiedelung schließen kann. Häuser, Kirche, so wie die Baracken und Ställe der Besatzung sind auf mexikanische Weise von an der Luft getrockneten Steinen (adobes) aufgeführt; das Material, aus welchem diese Steine bestehen, ist die Erde des Thales, der, um größere Festigkeit zu erzielen, Stroh und kleine Steine beigefügt werden. Die Wände und Mauern sind 2 bis 3 Fuß dick und außer der Thüre nur spärlich mit Lichtöffnungen versehen. Die Wohnungen sind alle zu ebener Erde, oder nur durch eine Lehmanhäufung etwas erhöht; das Innere derselben ist einfach, doch entbehren sie nicht einer gewissen Art von Bequemlichkeit, und man findet besonders bei den mehr begüterten Bewohnern Räumlichkeiten, die durch Sauberkeit und den weißen Kalkanstrich einen angenehmen Eindruck machen. Gedielte Fußböden sind freilich dort unbekannt, bei Reich und Arm kennt man nur dieselbe festgestampfte Tenne, die hin und wieder bei der wohlhabenden Klasse mit Strohmatten und Teppichen belegt wird.

Durch die amerikanische Militairbesatzung hat Albuquerque in neuerer Zeit einige Wichtigkeit erlangt und seit deren Hineinlegung bedeutend an Ausdehnung gewonnen, doch wird es von Santa Fé und El Paso weit überragt, welche Städte seit langer Zeit schon die Haupthandelsplätze dieser

---

*) Spanische Bezeichnung für Cottonwood Tree (Populus angulata).

westlichen Regionen gewesen sind, während erstere eben nur als eine Tochter-
stadt von Santa Fe angesehen werden kann.

Die Zahl der Einwohner von Albuquerque mag sich auf 600 bis
800 Seelen belaufen; die meisten derselben treiben Handel oder Viehzucht,
doch besteht ein großer Theil der Bevölkerung aus ziemlich verworfenen Individuen; Spieler, die immer bereit sind, den Soldaten den eben empfangenen Sold abzunehmen, Räuber, die stets auf Gelegenheit warten, um mit
Pferden und Maulthieren der Einwohner davon zu reiten, und zur Siche-
rung ihres Diebstahls selbst den Mord nicht scheuen, treiben sich vielfach
umher und werden dem friedlichen Theile der Bevölkerung zur nicht geringen
Plage. Den Eingriffen der umherstreifenden Apache- und Navahoe-Indianer
ist die Stadt selbst nicht mehr in so hohem Grade ausgesetzt, seit die Militairbesatzung einigen Schutz gewährt, doch ziehen die wilden Horden in der
Nachbarschaft umher, eifrig nach Heerden und Gefangenen spähend. Nicht
selten ist es der Fall, daß auf solchen Raubzügen eine Rotte dieser Wilden
von einem Mexikaner geführt wird, der seinen Antheil am Raube bezieht
und sich auf diese schändliche Weise zu bereichern sucht.

Die Nation der Apache-Indianer kann als eine der größten und
am weitesten verzweigten von Neu-Mexiko bezeichnet werden. Sie umfaßt
zahlreiche Stämme, von denen viele kaum dem Namen nach bekannt sind.
Den Aussagen der dortigen Ansiedler, wie den Nachrichten von Reisenden
zufolge reicht das Gebiet der Apache-Indianer vom 103. bis zum 114. Grad
westlicher Länge von Greenwich, und von den Grenzen des Utah-Gebietes,
dem 38. Grad, bis hinunter zum 30. Grad nördlicher Breite. Sie streifen
aber weit über die angegebenen Territorialbestimmungen hinaus, doch ist
nicht anzunehmen, daß sie außerhalb derselben noch Wohnsitze haben, sondern lediglich die Raubgier treibt sie in die Staaten Sonora und Chihuahua.
Es mögen auf diesem weiten Terrain allerdings Indianerstämme leben, die
nicht mit den Apaches verwandt sind, doch würde darüber nur eine Vergleichung der Sprachen Gewißheit verschaffen.

Der Stamm der Navajoe- oder Navahoe-Indianer, der unbedingt der stärkste westlich der Felsengebirge im eben beschriebenen Gebiete ist, gehört ebenfalls zur Familie der Apaches, und es ist mehr als
wahrscheinlich, daß bei genauen Forschungen noch weiter nördlich Indianerstämme als verwandt mit dieser Nation befunden werden*).

Einen gewissen Anstrich von Ritterlichkeit, der die Stämme östlich der
Rocky Mountains charakterisirt, vermißt man bei den Eingeborenen westlich
derselben fast gänzlich; selbst das Aeußere der Letzteren ist viel weniger ansprechend, und selten nur findet man unter ihnen schöne wohlgebildete Ge-

---

*) Bartlett's Personal Narrative Vol. I., p. 326: In an essay read
before the Ethnological Society by my friend, Professor Wm. W. Turner,
he has shown that a close analogy exists between the languages of the
Apaches and Athapascaus, a tribe on the confines of the Polar Sea.

15*

stalten. Ihre Nahrung besteht fast ausschließlich aus Pferde = und Maul= thierfleisch, mit welchem sie sich in den mexikanischen Ansiedelungen zu ver= sehen wissen.

Die Navahoes sind fast die einzigen Indianer in Neu=Mexiko, die große Schafheerden halten und mit diesen ein Nomadenleben führen. Sie verstehen die Wolle zu spinnen und aus derselben buntfarbige, sehr dichte Decken zu weben, deren Güte wohl schwerlich von einer Deckenfabrik der civilisirten Welt übertroffen werden kann. Diese grellfarbigen Decken, mit denen die Navahoes ihre Glieder umhüllen, geben einer Schaar dieser Wil= den ein eigenthümliches und nichts weniger als häßliches Ansehen. Im Uebrigen unterscheiden sie sich in ihrem Anzuge nur wenig von ihren Bru= derstämmen, nur daß letztere noch schlechter oder gar nicht bekleidet sind. Ein baumwollenes Hemd ist z. B. bei diesen schon ein großer Luxusartikel. Auf die Verfertigung ihrer hirschledernen Fußbekleidung verwenden die Na= vahoes viel Sorgfalt und achten besonders darauf, daß die starken Sohlen an den Zehen in einem breiten Schnabel aufwärts stehen. Zu der Mühe, welche sie sich mit dieser Arbeit geben, werden sie gezwungen durch die stach= ligen Cacteen und dornentragenden Gewächse, die in dortigen Regionen ganze Landstriche dicht bedecken, in welchen sie ohne diese Vorkehrungen kaum einen Schritt zu thun im Stande wären. Auf dem Kopfe tragen sie ein helmartige Lederkappe, die gewöhnlich mit einem Busch kurzer, glänzen= der Truthahnfedern und einigen Geier= oder Adlerfedern geschmückt ist. Neben Bogen und Pfeilen führen sie noch sehr lange Lanzen, in deren Handhabung sie besonders gewandt sind und mit welchen sie auf ihren flin= ken Pferden gewiß keine zu verachtenden Gegner sind.

Ganz entgegengesetzt diesen räuberischen Stämmen, vor denen die An= siedler von Neu=Mexiko immer auf ihrer Hut sein müssen, sind die Pueblo= Indianer (Los Indios de los pueblos, Dorf=Indianer), deren Städte am Rio Grande und in den fruchtbaren Thälern seiner Zuflüsse zerstreut liegen. In freundlichem Verkehr mit allen Nachbarn lebend, dem Ackerbau und der Viehzucht mit Fleiß obliegend, sind diese Menschen als der bessere Theil der ganzen Bevölkerung von Neu=Mexiko anzusehen. Wenn man die pa= triarchalischen Gebräuche und Sitten dieser Leute beobachtet, ihre terrassen= förmigen Städte mit den Ruinen der Casas Grandes am Gila und in Chihuahua vergleicht, so liegt die Vermuthung nur zu nahe, daß diese Pueblo=Indianer in naher Verwandtschaft mit den alten Azteken stehen müssen. Wie weit einer solchen Vermuthung Raum gegeben werden darf, und wie weit sie sich der Wahrheit nähert, würde nur bestimmt werden können, wenn man diese Indianer zum Gegenstande der genauesten For= schungen machte und den Spuren von Norden nach Süden folgte, welche die alten Azteken auf ihrer großen Wanderung zurückgelassen haben. Diese verschiedenen Indianerstämme, welche vielfach, jedoch unrichtig, kupferfarbig genannt werden, und welche, verschieden von den weiter nördlich lebenden Nationen, eine mehr in's Gelbliche spielende, braune Hautfarbe zeigen, sind also außer den Abkömmlingen der Spanier oder den jetzigen Mexikanern die Bewohner von Neu-Mexiko.

Das Thal des Rio Grande del Norte ist von seiner Mündung bis hinauf nach Taos strichweise dicht angebaut; man findet bei dem größten Theile der dortigen Bevölkerung die spanische Physiognomie mit der indianischen so sehr verschmolzen, daß es selbst bei den genauesten Nachforschungen schwer halten würde, reines andalusisches Blut zu entdecken. Man möchte fast behaupten, daß von Generation zu Generation die indianische Trägheit immer mehr den Sieg über die alte spanische Energie davontrug, und Colonisation so wie Civilisation nur bis zu einem gewissen Grade vorschreiten ließ. Die neueren engeren Verbindungen mit den Amerikanern, so wie deren Beispiel, scheinen indessen die Bevölkerung von Neu-Mexiko zu größeren Anstrengungen zu veranlassen, und doch hatte schon lange vorher, ehe die ersten Ansiedler in Neu-England landeten und in Virginien Colonien gegründet wurden, das Christenthum hier seinen Weg in das Herz des amerikanischen Continents gefunden und war selbst den Indianern des jetzigen Neu-Mexiko nicht mehr fremd. Die Steppen, wo der zottige Bison grast, waren von Europäern besucht worden; durch die Engpässe in den Rocky Mountains waren gegen Osten und Westen die fremden Eindringlinge gezogen; der Gila und der Colorado, welche in neuerer Zeit als unbekannte Ströme allgemeines Interesse erregt haben, waren vielfach überschritten worden, und im stillen Ocean hatten die kühnen Spanier schon ihre Missionen und Colonien, die lange dauernden Denkmäler ihrer frühern Größe, gegründet. Ueberall in den dortigen Regionen südlich vom 36. Grade nördlicher Breite, wohin besonders die Aufmerksamkeit des Gouvernements der Vereinigten Staaten gerichtet ist, und wohin vielfach wohl ausgerüstete Expeditionen geschickt werden, stoßen die Reisenden auf Spuren der frühesten Colonisation durch Europäer, die indessen nur von kurzer Dauer gewesen sein kann, allmälig in Vergessenheit gerieth und deren Wiederentdeckung jetzt allgemeines Interesse erregt. Fast unwillkürlich stellt man beim Anblick der untergegangenen Größe Vergleiche zwischen der Colonisation durch die Spanier einerseits und derjenigen der Holländer und Engländer andererseits auf. Bei ersteren gingen Missionaire mit dem Kreuze voraus, und ihnen folgte das Banner ihres Heimathlandes, umgeben von trotzigen Kriegern; die Eingeborenen wurden getauft, an geeigneten Stellen wurden Missionen gegründet und die Bevölkerung ward zur Arbeit und zur Erhaltung der neuen Herren, so wie deren Kirche, angehalten. Bis zu diesem Punkte gediehen dergleichen Unternehmungen; Jahrhunderte zogen vorüber, ohne daß ein Fortschritt oder eine Vermehrung der Gemeinden bemerklich gewesen wäre; im Gegentheil, manche Nachkommen der ersten Christen in den mehr abgesonderten Landstrichen von Neu-Mexiko führen ein elendes Dasein, als Spielball der benachbarten Stämme der Eingeborenen, deren Ohren den Lehren des Christenthumes verschlossen blieben.

Die Art und den Pflug in der Hand, die Büchse auf der Schulter, landeten die holländischen und angelsächsischen Ansiedler an der Küste des Atlantischen Oceans. Die Waldungen wurden gelichtet, der Boden aufgerissen und Saamen hineingestreut; der tausendfältige Ertrag, mit welchem der dankbare Boden den Fleiß der Ansiedler segnete, setzte diese bald in den Stand, an der Stelle ihrer Betplätze unter dem Dache schattiger Bäume Kirchen zu gründen. Immer weiter schritt auf diese Weise die Civilisation auf dem einmal gebrochenen Pfade gegen Westen, vorauf die Art und die Büchse, im Gefolge derselben Religion, Handel, Gewerbe, Kunst und Wissenschaft.

Der unerschöpfliche Reichthum der Natur, welcher die Colonisation im östlichen Theile des nordamerikanischen Continents so sehr erleichterte und noch erleichtert, ist freilich nicht in so hohem Grade in Neu-Mexiko vorhanden; man stößt daselbst sogar auf fühlbare Mängel, doch bieten die fruchtbaren Thäler des Rio Grande und seiner Zuflüsse, so wie die Gold, Eisen und Kohlen enthaltenden Gebirge Mittel genug, um ganze Völker durch ihre Gaben nicht nur zu erhalten, sondern auch zu bereichern und auf die höchste Stufe der Kultur zu bringen. Dem Rio Grande kann nur der Vortheil der Bewässerung seines Thales abgewonnen werden, denn da seine Tiefe in gar keinem Verhältniß zu seiner Breite steht, so ist an eine Schiffbarmachung desselben wohl kaum jemals zu denken. Seine Breite in der Nähe von Santo Domingo bis hinauf nach Santa Fé, also in seinem oberen Laufe, wechselt zwischen 400 und 800 Fuß, wogegen die Tiefe durchschnittlich kaum 2 bis 3 Fuß erreicht, wenn auch hin und wieder sich tiefere Stellen finden. Daß näher dem Golf von Mexiko der Rio Grande nur wenig an Tiefe zunimmt, geht schon daraus hervor, daß von seiner Mündung bis zu seinen Quellen keine einzige Brücke die beiden Ufer dieses Flusses verbindet. Fast überall können Wagen durch das seichte Bette fahren, doch muß mit Umsicht eine sichere Stelle gewählt werden, um das Einsinken der Räder in den wilden Triebsand zu verhüten; denn das Herausziehen eines Wagens aus demselben gehört mit zu den schwierigsten Arbeiten und kann häufig nur, nachdem derselbe auseinander genommen worden, stückweise geschehen. Das Wasser des Flusses ist trübe und sandig, ausgenommen während der Ueberschwemmungen, die durch das Schmelzen des Schnee's in den Rocky Mountains entstehen.

Diese Ueberschwemmungen stellen sich gewöhnlich, wenn auch nicht alljährlich, im Sommer ein. Bleiben sie aus, so wird das Bette des Rio Grande beinahe ganz trocken, indem der Vorrath, den die Quellen dem Strome liefern, durch Gräben und Canäle (acequias) von den Ansiedlern sowohl, wie von den Pueblo-Indianern zur Bewässerung auf die Felder geleitet wird. Die Vortheile, die eine künstliche Bewässerung gegenüber einer natürlichen, aber unregelmäßigen gewährt, gehen verloren, wenn das Steigen des Flusses im Sommer vergeblich auf sich warten läßt. Freilich ist im Februar und März hinlänglich Wasser vorhanden, um zur Saatzeit den

Feldern die nöthige Frische und Fruchtbarkeit zu erhalten, doch nimmt die=
ser Vorrath schnell ab, wenn den Quellen durch die Schneemassen der Ge=
birge keine Beihülfe zu Theil wird; die kräftig emporgeschossenen Pflanzen
und Stauden vertrocknen dann, noch ehe die Aehren und Saamenkolben
ausgebildet sind, weil der dürre Boden ihnen keine Nahrung mehr zu geben
vermag. Der Feldbauer sieht in diesen Fällen seine Hoffnung auf eine
gesegnete Ernte größtentheils vernichtet, und obenein sind ihm vergebliche
Mühe und Kosten durch das Aufräumen der Canäle erwachsen. Solch
gänzliches Fehlschlagen der Ernten gehört aber zu den Seltenheiten, und in
günstigen Jahren ist der Ertrag der Felder ein überaus reicher zu nennen.
Es wird behauptet, daß von dem Thale des Rio Grande, welches in seiner
Breite zwischen ¼ und 4 Meilen schwankt, ein Achtel der Fläche wegen
Wassermangels nicht bestellt werden kann, doch viele Tausende, ja Hundert=
tausende von Ansiedlern noch dazu gehören würden, um die sieben Achtel
der so schwach bevölkerten Niederungen dieses Flusses vollständig zu kulti=
viren. Mais, Weizen und seit einigen Jahren auch Gerste, werden haupt=
sächlich dort gebaut, dagegen sind die Versuche, die Kartoffel einzuführen,
sonderbarer Weise bisher mißlungen, weshalb man auch selten, und dann
nur kleine Felder, mit der Frucht bestellt sieht, deren Heimath doch der
amerikanische Continent ist. Zwiebeln, Kürbisse, so wie Melonen gedeihen
in Neu=Mexiko ausgezeichnet und erlangen eine unerhörte Größe; herrliches
Obst wird in den Gärten gezogen und besonders der Weinbau mit größerer
Sorgfalt betrieben. Bei El Paso schon erblickt man große Weinberge, die
von schwellenden Trauben strotzen, von welchen der bekannte El Paso=Wein
gekeltert wird. Die Spanier sollen diese Traube dort eingeführt haben;
daß dieselbe so trefflich gedeiht, wie man sagt, steht indessen im Widerspruch
mit den Erfahrungen neuerer Jahre, die gelehrt haben, daß besser als die
eingeführte europäische, die veredelte amerikanische Rebe gedeiht. Auf sehr
einfache Weise pflegen die Bewohner von Neu=Mexiko ihre Weingärten; die
Reben werden nämlich nicht an Stangen oder Hecken gezogen, sondern im
Herbst dicht am Boden abgeschnitten, so daß im Frühjahre immer wieder
neue Schößlinge aus der Wurzel schlagen müssen. Die vorsichtigeren Wein=
bauer bedecken ihre Reben während des Winters mit Stroh, um sie vor
den gefährlichen Nachtfrösten zu sichern. Mit Frühlingsanfang werden die
Weingärten unter Wasser gesetzt und so lange unter demselben gehalten, bis
der Boden vollständig aufgeweicht ist, was dann in den meisten Fällen für
die Dauer des Sommers hinreichend sein muß. Im Juli fangen die ersten
Trauben an zu reisen, wogegen die letzten erst gegen das Ende des Octo=
bers geschnitten werden. In großen Behältern stampfen Männer mit nack=
ten Füßen die geernteten Beeren, pressen dieselben demnächst in Säcken von
roher Ochsenhaut, und dieses so einfache Verfahren liefert den trefflichen El
Paso=Wein, der einige Aehnlichkeit mit dem Madeira hat.

Während des Aufenthaltes unserer Expedition in Albuquerque hatten

wir die beste Zeit und Gelegenheit, dieses und manches Andere über die
Provinz Neu-Mexiko zu erfahren, denn die Mexikaner mit ihrer gewohnten
Höflichkeit ertheilten uns gern bei jeder Gelegenheit Auskunft und Beleh-
rung über Alles, was ihre Heimath betraf

Die schlechtesten Elemente der Bevölkerung in Albuquerque waren
Individuen fremder Nationen, die auf der Reise nach Californien diesen
Ort als ihren Wünschen genügend befunden hatten, oder auch solche, die
von vorbeiziehenden Karawanen und Expeditionen als unbrauchbar daselbst
entlassen worden waren. So hatte auch Lieutenant W h i p p l e gleich nach
unserer Ankunft mehrere unserer Wagenführer abgelohnt, die als untauglich
und zu böswillig für eine Expedition wie die unsrige befunden wurden.
Zwei derselben etablirten sich am andern Tage schon als Schlächter in Albuquerque, und als von diesen der Eine von den Blattern, einer beständig
dort grassirenden Krankheit, befallen wurde, fand es der Andere angemessen,
sich mit dem letzten Gelde seines kranken Gefährten und einem unserer besten
Maulthiere bei Nacht und Nebel zu entfernen. Zu meinem größten Leidwesen war es mein Reitthier, welches dem Diebe so besonders zugesagt
hatte, was mich übrigens nicht wunderte; denn einestheils war dasselbe
sehr schnell, gewandt und außerordentlich ruhig beim Gewehrfeuer, dann
aber auch hatte ich das treue Thier während des Aufenthaltes in Albuquerque mit dem besten Futter, welches zu erlangen war, gepflegt und immer sorgfältiger zur Jagd abgerichtet. Dieses Thier war also mit dem
Diebe zugleich verschwunden. Der Alcalde von Albuquerque wurde sogleich
von der Sache in Kenntniß gesetzt und selbigen Tages noch Leute nach
allen Richtungen zur Verfolgung ausgeschickt; es ward sogar eine hohe
Summe auf Ergreifung des Räubers gesetzt, doch das Thier, welches er
ritt, war zu gut, und der Bösewicht zu schlau und gewandt, als daß wir
seiner hätten habhaft werden können. Alle Mühe, die wir uns gaben, das
gestohlene Gut wieder zu erlangen, war vergeblich; ich mußte mich dazu
bequemen, einen neuen Maulesel, welcher mir gestellt wurde, zur Jagd ab-
zurichten, doch hatte ich später noch oftmals Ursache, den Verlust meines
treuen Thieres zu bedauern.

Die Kaufleute in Albuquerque hatten als Bürger einer westlichen
Grenzstadt alle nur denkbaren Gegenstände, die man im Leben gebraucht
oder gebrauchen kann, aufzuweisen. Da waren Kleidungsstücke und Medicamente, getrocknetes Obst und Eisenwaaren, Backwerk und Wäsche, Branntwein und Gebetbücher, Kaffee und geräucherte Schinken, Decken, Schuhzeug
und Hunderte von anderen verschiedenen Gegenständen, die Jedem, der
dorthin kam, für gute klingende Münze (Papiergeld wurde nicht angenommen) zu Diensten standen. Hier nun fanden wir willkommene Gelegenheit,
die Lücken, die in unseren Habseligkeiten schon entstanden waren, wieder
auszufüllen. Um vor allen Dingen auf den Bällen, deren in Albuquerque
so viele gegeben wurden, in würdigerer Weise als in Anton Chico erschei-

nen zu können, wurde mancher Dollar von unserer Gesellschaft in diese
Läden getragen und freudig der zehnfache Werth für die augenblicklich gewünschten Sachen bezahlt. Läutete dann am Abend die Glocke der alterthümlichen Kirche, so wußten die tanzlustigen Mitglieder unserer Expedition
schon immer, wohin sie sich zu begeben hatten, um im wilden Walzer sich
mit den schönen geputzten Mexikanerinnen zu drehen. Doch auch hier
schied sich die Bevölkerung in zwei besondere Klassen; auf dem einen Tanz-
platz waren die gebildeten Einwohner von Albuquerque zu finden, denen
sich die Offiziere der Garnison, so wie die Mitglieder unserer Expedition
anschlossen; auf dem anderen dagegen befand sich die wilde, rohe Masse,
die jubelnd, fluchend, tanzend und streitend ihr tolles Wesen trieb. Freilich waren die Bälle für Jeden offen, doch wagten die Ersteren sich eben so
wenig unter die tobende Gesellschaft, als diese Gefallen an dem gesetzteren
Wesen der Ersteren fand. Der alte Fitzwater, in dessen äußerer Erscheinung
man sein ganzes ereignißvolles Leben zu lesen vermochte, war einer der
eifrigsten Ballbesucher; freilich konnte er mit seinen steifen Gliedern nicht
tanzen, aber desto eindringlicher forderte er Tänzer und Tänzerinnen zu
neuen Anstrengungen auf, und theilte dabei auf launige Weise manches
Abenteuer aus seinen jüngeren Jahren mit. Selbst Doctor Bigelow ver-
gaß manchmal auf einige Stunden sein Herbarium, um an einem Fandango
Theil zu nehmen. Nachdem wir auf diese Weise manchen fröhlichen Abend
in der Stadt verbracht hatten, wurde von uns, als den Repräsentanten der
Expedition, einstimmig beschlossen, den Offizieren, den Bürgern und besonders den schönen Bürgerinnen einen glänzenden Ball zu geben.

Wir mietheten uns zu diesem Abend das geräumigste Local, welches
in der Stadt zu haben war, und ließen darauf Einladungen an alle Diejenigen ergehen, die wir in Albuquerque als einigermaßen gebildete Leute
kennen gelernt hatten. Was nur irgend an Leckerbissen und feinen Getränken aufzutreiben gewesen war, das hatten wir uns von Santa Fé kommen lassen und weder Mühe noch Kosten gescheut, ein Fest zu veranstalten,
wie nur wenige in Albuquerque gefeiert worden waren. Da waren selbst
Austern, die in luftdicht verschlossenen Büchsen eine Reise von Tausenden
von Meilen zurückgelegt hatten, da fehlte nicht der Champagner, der im
andern Theile der Welt gewachsen, und zwar war Alles in solchem Ueberfluß vorhanden, daß noch eine weit zahlreichere Gesellschaft an den rauschenden, etwas wilden Vergnügungen hätte Theil nehmen können. Unter
den Offizieren war besonders hervorragend der General Garland, der sich
auf einer Inspectionsreise nach den verschiedenen Militairposten befand, und
der zu jener Zeit mit einer Escadron Dragoner, die ihn auf seinen Reisen
durch die Wildniß begleitete, sein Lager ebenfalls bei Albuquerque aufgeschlagen hatte. Auch er bewies an diesem Abend, daß eine Reise durch
die Steppen angeborenen Humor nicht zu unterdrücken vermag, denn fröhlich und rüstig wie der jüngste Lieutenant mischte er sich unter die Tän-

zenden. Unsere Damen waren Mexikanerinnen, die größtentheils in weißen Kleidern und mit ihren einfachen, aber gut kleidenden Schmucksachen dem Ball einen förmlichen Glanz verliehen. Um in unserem Vergnügen nicht durch zudringliche Individuen, die der rohen Klasse der dortigen Bevölkerung angehörten, gestört zu werden, hatte Lieutenant J o h n s mehrere Schildwachen an die Eingänge des Tanzlocals gestellt, welche den strengen Befehl erhalten hatten, Niemanden außer den Geladenen hineinzulassen, und so konnten wir denn, auch von dieser Seite gesichert, unserer fröhlichen Laune freien Spiel= raum lassen. Der Tag war schon angebrochen, als die Letzten die Halle verließen und ermüdet ihr Lager suchten.

Dieses war also das Abschiedsfest, welches wir unseren dortigen Freunden und Bekannten gaben. Oftmals am flackernden Lagerfeuer in den hohen Schneeregionen der San Francisco=Gebirge und in den einsamen dürren Wüsten westlich vom Colorado unterhielten wir uns noch über die fröhliche Nacht in Albuquerque, und da war wohl Niemand, der nicht durch die Rückerinnerung fröhlicher gestimmt, irgend etwas von diesem Balle zu erzählen gewußt hätte. Diese und andere Vergnügungen wirkten indessen in keiner Weise hindernd auf die Vorbereitungen zum Aufbruch, die fortwäh= rend in dem Lager unserer Expedition getroffen wurden. Die Leute mußten sich im Gebrauch der Schußwaffen üben; warme dauerhafte Kleider für die kalten Wintermonate wurden angeschafft und immer noch neue Packknechte aus der dortigen mexikanischen Bevölkerung engagirt.

XIX.

Die Führer. — Leroux. — Die drei ältesten Backwoodmen. — Züge aus deren Leben. — Kit Carson. — Ankunft von Lieutenant Ives. — Aufbruch von Albuquerque. — Reise am Rio Grande hinauf. — Die Indianerstadt Isleta und deren Bewohner.

Ein Führer durch Länderstrecken, die nur die harten Sandalen oder der leichte Mokkasin der Eingeborenen und Trapper berührte, ist für Reisende von unbezahlbarem Werthe, aber auch oftmals gar nicht zu erlangen; denn unter den Weißen giebt es nur sehr Wenige, die genugsam solche Regionen kennen, um die Verantwortlichkeit eines Führers zu übernehmen, und die Eingeborenen sind wieder zu wenig mit der Sprache und den Gebräuchen der Weißen vertraut, um zu solchen Zwecken verwendet werden zu können. Von der Umsicht und Erfahrung der Führer hängt nicht nur oftmals der Erfolg der Arbeiten einer ausgesendeten Expedition, sondern auch häufig das Leben der ganzen Gesellschaft ab. Darum trachtet denn auch Jeder, der am Rande gänzlich unbekannter Territorien steht, einen Waldläufer, Trapper oder erfahrenen Indianer für seine Dienste zu gewinnen. Gleich nach Ankunft unserer Expedition am Rio Grande hatte Lieutenant Whipple Erkundigungen nach brauchbaren Führern angestellt, doch lange vergebens. Mancher aus der dortigen Bevölkerung wußte wohl von den wilden Indianerhorden und dem Edelsteine und Gold bergenden Sande in der Nähe des Colorado zu erzählen, auch wurden sogar kleine Säckchen mit schönen Granaten, einzelnen Rubinen und Smaragden aus dem Schuttlande vorgezeigt, doch waren mythische Erzählungen mit den anlangenden Steinchen von Mund zu Mund gegangen, welche von den listigen Navahoe-Indianern selbst herstammten, die Manches von undurchdringlichen Urwildnissen erdichtet hatten, um die Weißen von einer Reise dorthin abzuschrecken.

Die Edelsteine wurden überbracht, um andere, nützlichere Gegenstände dafür einzutauschen. Der Einzige, dessen Nachrichten einigermaaßen verbürgt schienen, war ein gewisser Aubrey, der mit Schafheerden in Californien gewesen und mehrfach in ernsten Conflict mit den Keulen-Indianern gekommen war. Sehr ermuthigend für den Zweck unserer Reise konnten die Nachrichten alle nicht genannt werden, doch versprachen wir uns in Folge der mancherlei Erzählungen nur um so mehr neue und interessante Erfahrungen, die wir in den westlichen Regionen zu erwerben Gelegenheit finden würden.

So hatte sich auch das abenteuerliche Gerücht verbreitet, daß die Eingeborenen, von denen Einige im Besitze von Feuerwaffen sein sollten, in Ermangelung von Blei mit goldenen Kugeln schössen. Wir bekamen in der That mehrere solcher Kugeln von reinem Golde in der Größe eines Reh= postens zu Gesicht, doch bewies deren ganzes Aussehen, daß sie aus Gold= staub, wie das meiste Gold in den Wäschen von Californien gewonnen wird, mit Quecksilber amalgamirt bestanden, und durch Druck zusammen= geballt waren. Dieses Verfahren konnte indessen nur von professionirten Goldgräbern angewendet worden sein, und die Exemplare, die uns gezeigt wurden, waren, wenn sie aus indianischen Händen kamen, von diesen durch Raub von den Goldgräbern erlangt worden. Je märchenhafter die Gerüchte klangen, um so fester wurden sie von einem großen Theile unserer Arbeiter und Maulthiertreiber geglaubt und Mancher speculirte in Gedanken schon auf eine wohlgefüllte indianische Kugeltasche.

Zu derselben Zeit, als wir Albuquerque erreichten, war ein gewisser Leroux, ein in den Steppen und Gebirgen ergrauter Canadier, in seine jetzige Heimath, die Stadt Taos, zurückgekehrt, welche einige Tagereisen nördlich von Santa Fé liegt. Er hatte den Capitain Gunnison, der die Ex= pedition commandirte, welche der Parallele vom 38. Grade nördlicher Breite folgen sollte, bis durch die Rocky Mountains begleitet und dann beschlossen, den Winter zu Hause zu verbringen. Der große Ruf, den sich Leroux als Trapper, besonders aber als Führer erworben, ließ es doppelt wünschens= werth erscheinen, gerade ihn für unsere Expedition zu gewinnen. Lieutenant Whipple schickte ihm deshalb eine Depesche mit den besten Anerbietungen, wenn er uns nach Californien begleiten wolle. Statt der Antwort kam Mr. Leroux selbst, um das Nähere zu erfahren, und je nach den Umständen sogleich den Contract abzuschließen. Einen Theil der Ländereien, durch welche wir zu ziehen beabsichtigen, kannte er allerdings, denn er war zwei Jahre früher mit der von Capitain Sitgreaves commandirten Expedition an den Colorado und diesen Fluß hinunter bis zum Gila gezogen, doch da wir von der uns vorgeschriebenen Richtung, dem 35. Grad nördlicher Breite nicht zu sehr abweichen durften, es aber auch nicht im Plane des Gouver= nements der Vereinigten Staaten liegen konnte, denselben Weg zweimal durchforschen zu lassen, so war anzunehmen, daß Leroux mit uns durch Gegenden kommen würde, die ihm selbst unbekannt sein mußten. Nichts desto weniger drang Lieutenant Whipple in ihn, das Engagement an= zunehmen, wohl wissend, daß derselbe durch langjährige Gewohnheit auch in unbekannten Gegenden sich bald orientiren, besonders aber bei Zusammen= künften mit den Eingeborenen am leichtesten eine Unterredung würde ver= mitteln können. Mr. Leroux nahm endlich das Anerbieten an, unsere Ex= pedition für 2400 Dollars nach Californien zu begleiten. Das Vertrauen, welches sich der alte Trapper in dem Zeitraume von einigen 30 Jahren seines Lebens in den Urwildnissen erworben hatte, war so groß, daß wir uns Alle nicht wenig freuten, als wir erfuhren, daß ein festes Ueberein= kommen mit ihm abgeschlossen war.

Die drei ältesten lebenden Backwoodmen (hinterwaldkundige Männer) oder Führer sind dem Alter nach, Fißpatrick, Kit Carson und Leroux. Alle drei sind Greise oder doch dem Greisenalter nahe, und Fißpatrick hatte schon über ein halbes Jahrhundert die Steppen und Wildnisse von Nordamerika durchwandert. Man kann gewiß nicht umhin, diesen Leuten die größte Achtung und Bewunderung zu zollen, wenn man bedenkt, wie oft seit ihrer ersten Bekanntschaft mit den westlichen Regionen und deren wilden Bewohnern nur ein kleiner Raum zwischen ihrem Schädel und dem Skalpirmesser der Rothhäute gewesen ist; wie oft ihnen der Tod in den schrecklichsten und verschiedenartigsten Gestalten gedroht hat; bald durch Hunger oder durch Durst, bald durch schwere Verwundungen und Krankheiten, bald durch die reißenden Thiere der Wildniß. Wie manchen ihrer Gefährten sahen diese Leute an ihrer Seite fallen oder zu Grunde gehen, und nichts desto weniger haben sie so viele Jahre unter Verhältnissen verlebt, vor denen die Mehrzahl der Menschen zurückschreckt, Verhältnisse, die ihnen aber lieb und werth geworden sind, und fortwährend ihren Körper und ihre Geisteskräfte jung erhalten, wenn auch das Greisenalter bei ihnen schon eingekehrt ist.

Einem Zufalle verdankt es z. B. Fißpatrick, daß er als ganz junger Mann nicht am Marterpfahl erschossen wurde, und noch heute in voller Rüstigkeit mit dem jüngsten und kräftigsten Wanderer Schritt zu halten vermag. Vor vielen Jahren nämlich, als die weißen Menschen, welche die Rocky Mountains gesehen hatten, noch zu zählen waren, und nur wenige der Prairie-Indianer das Schießgewehr kannten, jagte Fißpatrick, der sich etwas von seinen Gefährten getrennt hatte, einsam und allein an einer Stelle in den Felsengebirgen. Das Unglück wollte es, daß er in der Ferne einer Kriegspartei der dortigen Indianer ansichtig wurde, die auch ihn in demselben Moment erblickt hatte und sich sogleich anschickte Jagd auf ihn zu machen. An ein Entrinnen war nicht mehr zu denken, doch machte der junge Jäger den Versuch einer Flucht, um wenigstens so viel wie möglich Zeit zu gewinnen. Aus Erfahrung wußte er, daß diese mit der Feuerwaffe noch nicht vertrauten Wilden mehrmals weiße Jäger ergriffen, und die denselben entrissenen Büchsen aus der Nähe auf deren Brust abgedrückt hatten, um die neue Art Waffen und deren Wirkung genauer kennen zu lernen. Sich hieran erinnernd, zog Fißpatrick vorsichtig die Kugel aus seiner Büchse und setzte dann seine Flucht fort. Die Indianer folgten seiner Spur und brachten ihn nach kurzer Zeit in ihre Gewalt, worauf sie ihn entwaffneten und an einen Baum schnürten. Ein Krieger, der den Mechanismus des Losdrückens kannte, ergriff das Gewehr, stellte sich auf wenige Schritte vor den Gefesselten hin, zielte auf dessen Brust und gab Feuer. Als die Indianer darauf durch den Pulverdampf nach Fißpatrick hinblickten, stand er wohlbehalten an seiner Stelle, zog eine Kugel, die er an seinem Körper versteckt gehalten, hervor und warf sie seinen Feinden zu. Dies ging über die Begriffe der abergläubischen Indianer; vor ihren Augen hatte Fißpatrick die Kugel in ihrem Fluge aufgehalten, er war unverwundbar, und ein großer Zauberer, und dem ganzen Stamme drohte nach ihrer Meinung Gefahr, wenn sie ihn nicht schleunigst befreiten. Sie zerschnitten alsbald seine Banden, warfen ihm seine Büchse hin und entfernten sich so rasch als möglich, dem jungen Jäger anheimstellend, seine Wanderungen fortzusetzen oder sich wieder zu seinen Gefährten zu verfügen. Aehnliche Abenteuer könnten diese drei alten Jäger Hunderte und aber Hunderte beschreiben, und es geschieht auch, wenn sie mit ihren Kameraden in gemüthlicher Unterhaltung vergangener Zeiten gedenken; doch prahlen sie dann nicht mit ihren Erlebnissen, sondern einfach und treu schildern sie die schauderhaftesten Begebenheiten, die ihnen im Laufe der Zeit alltäglich geworden sind und weiter nichts als eine interessante Rückerinnerung hinterlassen haben.

Da ich selbst längere Zeit, durch seltsame Verhältnisse geleitet, das Leben eines Trappers geführt habe, und durch langen Verkehr mit den Pelzjägern des Westens sich mein Interesse für diese kühnen Abenteurer gesteigert hat, so war ich stets darauf bedacht, Näheres über die Erlebnisse des Einen oder des Anderen zu erfahren. Es gelang mir daher häufig, ganze Lebensbeschreibungen zu sammeln, von denen ich hier die des berühmten Kit Carson zu geben die beste Gelegenheit habe.

Carson, der dem Colonel Frémont auf seinen mühseligen Reisen und erfolgreichen Forschungen im fernen Westen stets als treuer Freund und Führer zur Seite gestanden hat, ist der Sohn eines Kentuckiers, der sich als Jäger und in den Kriegen gegen die Indianer einen bedeutenden Ruf erworben hatte. Der junge Kit oder Christopher Carson fand schon als Knabe von 15 Jahren seinen Weg nach Santa Fé und durch Neu-Mexiko nach den Silber- und Kupferbergwerken in Chihuahua, indem er sich Handelskarawanen anschloß, und später als Wagenführer sich verdingte. Mit dem 17. Jahre unternahm er seinen ersten Ausflug als Trapper, indem er in Gesellschaft von andern Pelzjägern den Rio Colorado of the west hinauf zog. Der Erfolg, von dem sein erstes Unternehmen dieser Art trotz der vielen ihn umgebenden Gefahren gekrönt wurde, verdoppelte seine Liebe zum Jagdleben. Er kehrte nach Taos zurück, zog mit einer andern Trapper-Expedition an die Quellen des Arkansas und von dort nördlich nach den Rocky Mountains, wo der Missouri und der Columbia River entspringen. In diesen Regionen blieb er 8 Jahre und erwarb sich bald den Ruf eines tüchtigen Fallenstellers, eines ausgezeichneten Schützen und sicheren Führers. Sein Muth, seine Klugheit und Ausdauer waren weit und breit bekannt, so daß bei gefährlichen Unternehmungen und bei Angriffen auf die Indianer er sich immer mit betheiligen mußte. So verfolgte er z. B. einmal mit 12 Gefährten die Spuren einer Bande von 60 Crow-Indianern, die einige Pferde der Trapper gestohlen hatten. Er holte dieselben ein und es gelang ihm und seinen Kameraden, sich unbemerkt an die Indianer heranzuschleichen, die in einem verlassenen Fort ein Unterkommen gesucht hatten. Die kleine entschlossene Gesellschaft schnitt die

Pferde, die nur 10 Fuß weit vom Fort angebunden waren, los, griff die Indianer an und entkam glücklich mit den wieder erlangten Pferden und einem Crow-Skalp, den ein Carson begleitender Indianer erbeutet hatte. Bei einem anderen Zusammentreffen mit den Indianern erhielt Carson eine Büchsenkugel in die linke Schulter, die den Knochen zerschmetterte, und dieses ist der einzige bedeutende Unfall, der ihn auf seinen gefahrvollen Wegen betroffen hat. Da die Trapper ihr Leben in einem Lande hinbringen, wo nur Gesetze gelten, die Jeder sich selber schafft, so ist es dem Friedfertigsten oft nicht möglich, sich von Streitigkeiten fern zu halten, die häufig unter ihnen ausbrechen und nicht selten ein blutiges Ende nehmen. So hatte auch Carson einst einen Kampf auf Leben und Tod mit einem Franzosen, ebenfalls einem Trapper, zu bestehen. Im Verlaufe einiger Streitigkeiten, die wie gewöhnlich um geringfügige Sachen entstanden waren, äußerte der Franzose, daß er schon manchen Amerikaner besiegt habe, und diese zu weiter nichts gut wären, als gepeitscht zu werden. Carson, der auf diese Weise seine Nationalität angegriffen sah, antwortete ihm, er sei nur ein unbedeutender Amerikaner und der Franzose würde gut thun, mit der Peitsche bei ihm den Anfang zu machen. Einige heftige Worte wurden noch gewechselt, worauf sich Beide bewaffneten und zu ihren Pferden eilten, um durch einen Kampf den so entstandenen Streit auszugleichen. Der Franzose führte eine Büchse, Carson dagegen nur eine Pistole; Beide machten sich schußfertig und ritten mit Gewalt auf einander los. Als die Pferde sich beinahe mit den Köpfen berührten, gab Carson Feuer und zerschmetterte seinem Feinde mit der Kugel den Schädel, noch ehe Jener Zeit gehabt hatte mit seiner Büchse auf ihn zu zielen. Carson rettete diesmal sein Leben durch seine Gewandtheit, denn unfehlbar hätte er sonst in diesem eigenthümlichen Duell von der sicheren Waffe des Franzosen fallen müssen. — Durch einen Zufall wurden Frémont und Carson auf einem Dampfboote mit einander bekannt, als Frémont im Begriffe war, seine erste Expedition nach Californien anzutreten. Carson schloß sich dem damals noch jungen Offizier an, begleitete ihn auf allen seinen späteren Expeditionen, und unter Gefahren und Entbehrungen wurde die Freundschaft zwischen diesen beiden Männern geschlossen, die noch heute warm und innig fortbesteht. Im Jahre 1847, als Carson Washington besuchte, wurde er von dem Präsidenten der Vereinigten Staaten zum Lieutenant in demselben Jägerregiment ernannt, in welchem Frémont als Lieutenant-Colonel diente.

Da wir immer noch nicht die Zeit unseres Aufbruches bestimmen konnten, so kehrte Mr. Leroux nach Taos zu den Seinigen zurück; um noch einige Tage bei denselben zu verweilen, zugleich aber auch sich auf eine längere Abwesenheit von seiner Heimath vorzubereiten, und zur Reise zu rüsten, so daß er auf die erste Nachricht gleich zu uns stoßen könne.

Außer Mr. Leroux engagirte Lieutenant Whipple als zweiten Führer noch einen Mexikaner, der vorgab, mehrmals am Colorado gewesen zu sein. Von einer andern Seite wurde uns mitgetheilt, daß derselbe wirklich mit mehreren seiner Landsleute dorthin gezogen sei, um mit den Eingebornen Tauschhandel zu treiben, vielleicht auch bei dieser Gelegenheit einige junge Indianer und Indianerinnen zu erbeuten. Das Unternehmen war indessen fehlgeschlagen, die Mexikaner mußten sich glücklich schätzen, überhaupt mit heiler Haut davon gekommen zu sein, und aus ihren Reisen waren ihnen daher nur Kosten und viele Mühseligkeiten erwachsen. Die auf solchen Streifzügen gewonnenen Erfahrungen konnten indessen vom größten Nutzen für uns sein, und dadurch, daß der würdige Don Antonio Survedro, wie er von dem amerikanischen Theil unserer Expedition genannt wurde, es übernahm, für die Summe von 120:) Dollar mit uns nach Californien zu wandern, gelang es ihm, den ersten Vortheil aus den von ihm früher vielleicht etwas leichtsinnig unternommenen Reisen zu ziehen.

Die Unruhe, die jeder Einzelne unserer Gesellschaft über das Ausbleiben des von Texas heraufkommenden Commandos allmälig zu empfinden begann, wurde endlich in der fünften Woche unseres Aufenthaltes in Albuquerque durch die Ankunft des Lieutenant Ives, des Doctor Kennerly und des Mr. Hugh Campbell gehoben. War die kleine Abtheilung nun auch glücklich mit ihren beiden Wagen und wenigen Leuten zu uns gestoßen, so hatte sie doch unterwegs mit mancherlei Schwierigkeiten zu kämpfen gehabt, die theils durch Krankheit der eben genannten Herren selbst, besonders aber dadurch entstanden waren, daß das Commando wegen seiner Schwäche sich nach andern Karawanen hatte richten müssen, unter deren Schutz es den verabredeten Punkt am Rio Grande zu erreichen beabsichtigte. Es waren somit nur noch die letzten Vorbereitungen zu treffen, und unserem Aufbruche stand alsdann nichts weiter im Wege.

Bedeutend verstärkt sollten wir den Rio Grande überschreiten, denn hatte das Personal unserer Expedition mit Einschluß der Militairbedeckung von 25 Mann auf dem ersten Theile der Reise aus 70 Köpfen bestanden, so wurde unsere Gesellschaft nunmehr auf 114 Mann gebracht, das heißt, mit Hinzurechnung einer zweiten Militair-Escorte von 25 Mann, die wir von dem am westlichen Abhange der Felsengebirge gelegenen Fort Defiance zu erwarten hatten, und die in der Nähe von Zuñi zu uns stoßen sollte. Die Zahl unserer Maulthiere war ebenfalls verdoppelt worden, so wie eine starke Schafheerde zum Unterhalte der Mannschaften mitgenommen wurde. Nicht ohne Grund wurden vorzugsweise Schafe und Ziegen gewählt; einige Ochsen und Kühe wurden zwar auch angekauft, doch waren diese dazu bestimmt, gleich im Anfange der Reise geschlachtet und an die Mannschaften vertheilt zu werden, um die Schafe für spätere Zeiten aufzusparen; denn einestheils finden Schafe und Ziegen leichter Nahrung in unwirthlichen Wüsten, anderseits aber ist das Rindvieh, wenn es lange über steinigen Boden und scharfe Lava zu schreiten hat, eher dem Erlahmen ausgesetzt.

So waren wir denn endlich so weit gediehen, daß der Tag des Aufbruches bestimmt werden konnte. Unsere Sammlungen und Arbeiten waren einem Kaufmanne zur Beförderung nach Washington übergeben worden.

Provisionen, Geräthschaften, Werkzeuge und sonstige Effecten hatten ihren Platz in den Wagen gefunden oder waren für die Rücken der Packthiere bestimmt worden. Leroux hatte sich eingestellt und sobald das Signal gegeben war, konnten die Zelte abgebrochen werden und demnächst unsere ganze Expedition durch den Rio Grande ziehen.

Gemäß der Anordnung des Lieutenant Whipple wurde unsere Gesellschaft getheilt, indem Lieutenant Ives nebst zwei Astronomen und Doctor Kennerly, deren Gesellschaft auch ich zugetheilt wurde, einen Tag früher aufbrechen und auf dem westlichen Ufer des Rio Grande 20 Meilen weit hinauf bis zur Indianerstadt Isleta ziehen sollte. Nachdem dieser Ort astronomisch bestimmt, zugleich aber auch Untersuchungen angestellt worden, in wie weit die beiden Ufer des Rio Grande an dieser Stelle sich zum Bau einer Brücke eignen würden, sollte die kleine Abtheilung Isleta verlassen und in gerader Linie westwärts ziehen. Einige Meilen vor der Indianerstadt Laguna mußte sie dann in die Landstraße gelangen, die von Albuquerque direct nach Laguna führt; dort sollte sie ihr Lager aufschlagen und den Hauptzug erwarten, der einen Tag später auf dem kürzeren Wege Albuquerque verlassend zu ihr stoßen mußte.

Unter den herzlichsten Glückwünschen nahmen wir daher von unseren Freunden und Bekannten in Albuquerque Abschied, sagten unseren Kameraden, die noch einen Tag länger verweilen sollten, auf drei Tage Lebewohl, und zogen am Abend des 8. November 1853 durch den Rio Grande. Auf dem westlichen Ufer des Flusses, gegenüber dem Lager der Zurückbleibenden schlugen wir unsere Zelte auf, um am folgenden Morgen in aller Frühe unsere Reise gegen Norden antreten zu können. Der Anfang derselben war nicht sehr ermuthigend, denn von den beiden Wagen, die uns begleiteten, blieb der eine dergestalt im Bette des Flusses stecken, daß es uns nur mit der größten Mühe und nach Zerbrechung der Deichsel gelang, denselben auf's Trockne zu bringen. Glücklicherweise war das Hauptlager so nahe, daß von demselben aus Schmied und Stellmacher geschickt werden konnten, die in der Nacht den Schaden wieder ausbesserten. Am flackernden Lagerfeuer wurde der erste Unfall indessen schnell vergessen; wenige Schritte von uns eilten die trüben Fluthen des Rio Grande vorüber, von dessen jenseitigem Ufer die fröhlichen Stimmen unserer Kameraden, die Musik und das laute Geräusch des ewigen Fandango's zu uns herüber schallten; in den dunkeln Schatten des Placers, nur an den einzelnen Lichtern erkennbar, lag die Stadt Albuquerque. Wir blickten hinüber nach dem Orte, wo wir ein so fröhliches, ungebundenes Leben geführt hatten; sogar eine Anwandlung von Wehmuth beschlich uns bei dem Gedanken, den Ort nie wieder zu sehen, doch blieb vorherrschend die Freude darüber, uns endlich wieder auf dem Wege zu befinden, der uns an unser Ziel führen mußte.

Am 9. November in aller Frühe war unsere kleine Karawane schon wieder in Bewegung und zog auf ebener Straße im Thale des Rio Grande dahin. Einzelne zerstreute Ansiedelungen oder mehr zusammengedrängt

Möllhausen, Tagebuch. 16

liegende Gehöfte verliehen der Landschaft einige Veränderung, die sonst einen öden wenig ansprechenden Charakter trug. Der Herbst mit seinen zerstörenden Nachtfrösten war über die sonst so grünen Wiesen hingezogen und hatte der Vegetation eine Färbung zurückgelassen, die sich nur wenig von der der dünenartigen Sandhügel unterschied, welche gewissermaßen den Ueber= gang von dem Thale zum Hochlande bildeten. Bäume oder Sträucher waren nur in Gärten zu sehen, wohin sie fleißige Hände mit Mühe ge= pflanzt hatten; an den dunkeln Streifen dagegen in den Gebirgen, die sich von allen Seiten erhoben, waren die Cedernwaldungen zu erkennen, welche den Ansiedlern Bau= und Brennholz lieferten. Ueber diese so wenig an= sprechende Landschaft wölbte sich der mexikanische Himmel in seiner fast ewigen Klarheit; doch war es kühl und die schräger fallenden Strahlen der Herbstsonne theilten nur noch wenig Wärme mit.

Wir waren alle auf guten Maulthieren beritten; Doctor Kennerly und ich beschlossen daher kleine Umwege zu machen, doch mußten wir bald die Jagd aufgeben, denn im Thale selbst hatten wir fortwährend mit Gräben und Canälen zu kämpfen, und auf den Anhöhen war es der lockere Sand, der den Schritt unserer Thiere hemmte und uns bald veranlaßte, uns wieder zu unseren Gefährten auf der Landstraße zu gesellen. Eine Meile nach der anderen legten wir schnell zurück; wir berührten die Städte Arisco, Pa= jarito und Padillas, Orte, die eigentlich nur den Namen von Dörfern ver= dienten, und begegneten auf unserem Wege Menschen aller dortigen Raçen, von verschiedenem Alter und Geschlecht. Der Contraste gab es viele; da galoppirte auf edlem Pferde der prunksüchtige Mexikaner, im gestickten, mit Knöpfen reich besetzten Jäckchen und mit weiten betreßten Beinkleidern stolz an uns vorüber, und trug Sorge, daß die Knöpfe und Kettchen an den kolossalen Spornen klingelten, als er gravitätisch seinen Hut mit einem Buenos dies zog. Dort kam auf einem bescheidenen, kleinen Esel der friedliche Pueblo=Indianer angetrabt, während des Reitens die Zehen aufwärts haltend, um mit den Füßen nicht in fortwährende Berührung mit Steinen und un= ebenem Boden zu kommen. Aus den Gärten bei den Gehöften schauten einzelne Mitglieder des weiblichen Geschlechts neugierig zu uns herüber. Das Alter so wie die Gesichtsbildung derselben waren indessen nicht zu erkennen, so sehr hatten sich diese Schönen das Gesicht mit Kalk oder Blut von ge= schlachtetem Vieh beschmiert. Ob die Bewohnerinnen von Neu=Mexiko diese Gewohnheit von den Indianern angenommen haben, oder solches Verfahren als Schutz gegen die Sonnenstrahlen und zum Bleichen der von Natur etwas dunkleren Haut anwenden, konnten wir nicht erfahren, doch entging es uns nicht, daß selbst die hübschesten Gesichter durch diese eigenthümliche Mode schrecklich entstellt wurden. Daß ihr Aeußeres unter einer Lage derartiger Schminke gerade nicht sehr gewann, schien den eitlen Schönen ebenfalls nicht fremd zu sein, denn Manche derselben verhüllte bei unserer Annäherung ihre Züge in ihre schleierartige Decke (rebosos) dergestalt, daß nur aus dichten Falten die schwarzen, feurigen Augen auf uns blitzten.

Auch kleinen Karawanen begegneten wir, die mit Packthieren nach Albu=
querque zogen, so wie Pueblo=Indianern, die auf plumpen zweirädrigen
Karren mit Holzladungen aus dem Gebirge kamen.

In den Nachmittagsstunden erreichten wir Isleta, eine Stadt, die
in ihrer Bauart, so wie in ihrer Lage viel Aehnlichkeit mit Santo Domingo
hat, nur daß in Isleta nahe den zwei= und dreistöckigen Wohnungen der
Indianer sich auch einstöckige Häuser einiger daselbst angesiedelter Mexikaner
finden. Als wir uns der Stadt näherten, bemerkten wir eine Anzahl
Indianer, die eifrig in einem Weingarten beschäftigt waren, mit Hacken
und sonstigen Geräthschaften unter lautem Jubel den Boden von saamen=
tragendem Unkraut zu reinigen, während die bequemen Mexikaner vor ihren
Thüren lagen und Cigaritos rauchten. Bei Letzteren hielten wir an, um
etwas Obst zu kaufen, zogen dann durch die Stadt und schlugen auf der
nördlichen Seite derselben nahe dem Flusse unser Lager auf. Wir befanden
uns zwischen Feldern, auf welchen die letzten Ueberreste einer gesegneten
Ernte zu erblicken waren und in deren losem, wohlkultivirten Boden wir
nur mit Mühe die Zeltpflöcke zum Straffhalten der ausgespannten Leinwand
befestigen konnten. Kaum standen unsere Zelte, als wir von allen Rich=
tungen von der Stadt her Indianerinnen, die Töpfe mit Milch und Körbe
mit Obst auf ihren Köpfen trugen, auf uns zueilen sahen. Freundlich
boten sie uns ihre Waaren zum Kauf an, von welchen wir einen kleinen
Vorrath erstanden; freilich kauften wir nur eben so viel, als wir verwenden
konnten, doch ergötzten wir uns bis zum Abend an den harmlosen Leuten,
die uns friedlich umschwärmten.

Die Nacht war schon vorgerückt, als Trommeln und wildes Singen
von der Stadt her zu uns in's Lager schallte und unsere Neugierde rege
machte. Das Wetter war kalt aber schön und einladend zu einem Spazier=
gang, weshalb Mehrere von uns der Richtung zuschritten, von woher wir
das laute Treiben vernahmen. Die Straßen waren öde und leer; nur ein
einziger Indianer begegnete uns, der an uns vorüberschritt und wie wir
vernehmen konnten, einige Schritte von uns entfernt, einen Stein zur Erde
fallen ließ. Es war klar, daß derselbe bei unserer Annäherung als nächste
Vertheidigungswaffe einen Stein ergriffen hatte, ein Beweis für uns, daß
selbst diese friedlichen Indianer sich in ihren Städten nicht ganz sicher fühlen
und zeitweise den Angriffen von Räubern und Vagabunden ausgesetzt sind,
obgleich sie nur wenig Werthvolles besitzen, was die Gier indianischer oder
gar weißer Räuber rege machen könnte. Wir ließen uns von den Tönen
des wilden Concerts auf unserm Wege leiten, doch mußten wir uns, vor
dem Hause angekommen, aus welchem uns die Musik entgegenschallte, damit
begnügen, durch eine Lichtöffnung in der Mauer des untern Stockwerkes
das Schauspiel zu beobachten. Bei der Beleuchtung, die von brennenden
Holzscheiten ausging, saß auf der Erde eine Anzahl von Männern, die laut
und kräftig die indianische Trommel rührten und mit heulenden Stimmen
dazu sangen, während Weiber und Mädchen dazu gedrängt umherknieten

16*

und nach dem Talte Mais stampften oder zwischen Steinen zu Mehl rieben. Es war ein eigenthümlicher Anblick, und lange standen wir beobachtend vor dem Hause, weil uns der Eintritt oder vielmehr das Hineinklettern nicht gestattet wurde. Spät kehrten wir in unser kleines Lager zurück, wo wir den Lieutenant Ives noch mit astronomischen Beobachtungen, die der mexikanische klare Himmel fast allnächtlich erlaubte, beschäftigt fanden.

Am folgenden Morgen stießen zwei Dragoner zu uns, die von der benachbarten Militairstation entsendet waren, um uns als Führer bis zur Zuñi-Straße zu dienen. Ehe wir uns jedoch wieder in Marsch setzten, nahmen wir sorgfältig die beiden Ufer des Rio Grande, so wie die nächste Umgebung topographisch auf, und sagten dann dem Flusse, vielleicht auf ewig, Lebewohl.

Eine belebte Scene gewährte die kleine Ebene, welche die Stadt Isleta vom Flusse trennt, in den ersten Morgenstunden. Fast die ganze weibliche Bevölkerung war daselbst zu sehen, wie sie, halb verhüllt in ihren Decken, große Thongefäße auf dem Kopfe tragend, mit leichten Schritten hinunter an den Fluß eilte, um den Wasserbedarf für den Tag in die Wohnungen zu schaffen. Die Männer waren ebenfalls nicht unbeschäftigt; Ackergeräthschaften oder die Art sah man in ihren Händen, während die Jugend munter um sie herumspielte.

Wir folgten der Straße, die in westlicher Richtung den Höhen und Gebirgen zuführte. Der Weg war eben und vielfach befahren, denn auf diesem hatten schon seit Bestehen der Stadt Isleta die Indianer ihren Holzbedarf herangeholt, welchen ihnen eine Cedernwaldung, die 12 Meilen weit westlich liegt, lieferte und noch liefert. Oede und unfruchtbar nahm sich bis dahin das hügelige Land aus, dessen Boden fortwährend anstieg.

Doctor Kennerly, der eben so wie ich Naturalien sammelte, war von nun an fast mein beständiger Gefährte; wir hatten uns in Washington kennen gelernt, und ich hatte dort schon eine besondere Vorliebe für seine offene, ehrliche Persönlichkeit gewonnen. Dadurch, daß wir verschiedene Wege nach Albuquerque eingeschlagen hatten, waren wir für lange Zeit getrennt gewesen, doch hatten wir uns schon vor Antritt unserer Reise darauf gefreut, vereint so interessanten Arbeiten obliegen zu können. Die ersten Tage unseres Zusammenreisens lieferten uns indessen nur eine geringe Ausbeute. Schlangen und sonstige Reptilien hatten sich vor der Annäherung der kalten Herbstnächte in ihre Höhlen zurückgezogen, und an anderen Thieren schien das Land förmlich ausgestorben zu sein. Nur der Wolf, der uns aus der Ferne mißtrauisch beobachtete, und Reihen von Gänsen und Kranichen, die gegen Süden zogen, verriethen Leben in der anscheinend schlafenden Natur. Unsere Büchsen ruhten müßig vor uns auf dem Sattel, denn selbst die kleinen Vögel, die mitunter die dürren Steppen beleben, waren verschwunden. Weit voraus dem kleinen Zuge ritten wir also unseres Weges und erzählten von den Reisen, die in den letzten Jahren nach dem fernen Westen unternommen worden waren. Wir gedachten dabei des

Mannes, der mit unerschütterlicher Energie unter den schrecklichsten Entbeh= rungen und Gefahren zuerst von dem höchsten Gipfel der Rocky Mountains das Banner der Vereinigten Staaten wehen ließ und die gänzlich unbe= kannten Regionen zu beiden Seiten des riesenhaften Gebirgszuges mit un= ermüdlichem Fleiße durchforschte, und der, wie Alexander von Humboldt mehrmals in seinen Werken hervorhebt, das größte, riesenhafteste, barome= trische Boden=Nivellement ausgeführt hat, das je unternommen worden ist*). Wir gedachten des Colonel Frémont, der sich zu derselben Zeit ebenfalls mit einer Expedition, die er auf eigene Kosten ausgerüstet hatte, auf dem Landwege nach Californien befand, um auf dieser seiner fünften Reise Ar= beiten wieder aufzunehmen, die auf seiner vorhergehenden durch Unglücks= fälle unterbrochen worden waren.

Als ich im Jahre 1851 auf derselben Straße nach den Rocky Moun= tains zog, auf welcher Colonel Frémont im Jahre 1842 seine erste Expe= dition unternahm, hatte ich schon die größte Bewunderung und Verehrung für den kühnen Forscher empfunden. Diese Gefühle wurden gesteigert, als ich auf eben dieser Straße die Leiden kennen lernte, mit welchen der ein= same Reisende in den schneebedeckten Wüsten zu kämpfen hat. Jede Gele= genheit, genauere Nachrichten über Colonel Frémont zu erhalten, war mir daher willkommen, und nicht wenig war ich erfreut, als ich durch Doctor Kennerly Manches erfuhr, was mir dazu diente, die mir von Mr. Le= roux und Andern mitgetheilten Bruchstücke aus dem Leben Frémont's in Verbindung zu bringen. Nur besser geordnet, lasse ich daher unsere Unter= haltung als Doctor Kennerly's Erzählung folgen.

*) Alexander von Humboldt, Ansichten der Natur. I. Theil, Seite 58.

XX.

Colonel Frémont und seine erste und zweite Reise. — Rio Puerco. —
Das Felsenthor. — Rio San José. — Ruinen einer Indianerstadt. —
Pueblo Laguna. — Covero. — Lavaströme. — Mount Taylor.

Colonel Frémont*) wurde geboren im Jahre 1813; er ist franzö-
sischer Abkunft, da sein Vater von Frankreich nach Amerika auswanderte
und sich dort mit einer Tochter des Landes, einer entfernten Verwandten
des Generals Washington, verheirathete. Wie bei allen jungen Leuten,
die vom Geschick mit nur sehr mäßigen Glücksgütern bedacht worden sind,
war es auch Frémont's Loos, sich durch eigene Kraft emporzuarbeiten und
sich selbst seine Stellung zu erwerben. Mathematik war sein Hauptstudium,
und im Jahre 1833 trat er zum ersten Male in die Dienste des Gouvernements der Vereinigten Staaten, indem er zum Lehrer der Mathematik
am Bord der Kriegsschaluppe Natchez und dann zum Professor dieser Wissenschaft am Bord der Fregatte Independence ernannt wurde. Das Feld,
welches in dieser Carriere vor ihm lag, war indessen seinen Wünschen und
Neigungen nicht genügend, und er beschloß, seine bedeutenden Kenntnisse
auf dem Lande zu verwerthen.

Die Bildung eines neuen Ingenieur-Corps unter dem Befehl des
später in der Schlacht von Monterey erschossenen Capitains G. W. William
bot ihm die gewünschte Gelegenheit, und bis zum Jahre 1837 war er bei
den Vermessungen von Eisenbahnwegen beschäftigt. Es ist möglich, daß
während dieser Zeit der junge Frémont die ersten Eindrücke der großartigen
Natur empfing, die ihn fortwährend umgab, Eindrücke, deren Einfluß blei-
bend für sein ganzes Leben war und ihn immer auf's Neue hinaustrieb
in die westlichen, wilden Regionen. In den Jahren 1838 und 1839 begleitete er in der Eigenschaft eines ersten Assistenten Herrn Nicollet, welcher
im Auftrage des Gouvernements zwei Expeditionen nach den Ländern zwischen dem oberen Mississippi und Missouri führte. Herr Nicollet, vormals
Astronome adjoint à l'observatoire de Paris, berühmt wegen seiner

---

*) Bei der Angabe der genaueren Umstände, so wie der Data in dieser
Biographie, habe ich ein Werk zu Hülfe genommen, welches zu der Zeit, als
Colonel Frémont von einem großen Theile der amerikanischen Bevölkerung als
Präsidentschafts-Candidat erwählt worden war, von Mr. John Bigelow
veröffentlicht und Alexander von Humboldt dedicirt wurde. Das Werk führt
den Titel: Memoir of the life and public services of John Charles Frémont.

außerordentlichen Fähigkeiten und wissenschaftlichen Forschungen, hatte im Dienste des Gouvernements der Vereinigten Staaten durch seine Arbeiten solche Resultate gewonnen, daß Alexander von Humboldt von ihm sagt: Sein früher Tod beraubte die Wissenschaft einer ihrer schönsten Zierden. Es ist daher wohl anzunehmen, daß das lange Zusammensein mit Herrn Nicollet einen dauernden Einfluß auf die wissenschaftliche Richtung und Ausbildung des Colonel Frémont ausübte, und der später noch fortgesetzte innige Verkehr mit Herrn Nicollet und Herrn Haßler im höchsten Grade belehrend für den jungen, anstrebenden Offizier war. Nachdem er im Jahre 1841 zur Erforschung der Ufer des Des Moines-Flusses ausgeschickt und nach Vollendung seiner Arbeiten noch in demselben Jahre nach Washington zurückgekehrt war, verheirathete er sich daselbst mit der Tochter eines Herrn Benton. Nur kurze Zeit der Ruhe war ihm gegönnt; denn in Ansehung der Erfahrungen, die er sich an den Grenzen des fernen Westens gesammelt hatte, wurde ihm der Befehl ertheilt, sich mit brauchbaren Leuten zu versehen, durch die Prairien gegen Westen zu reisen und einen Theil der Rocky Mountains zu durchforschen.

Es war im Jahre 1842, als er seine Instruction erhielt und sich sogleich nach der Grenze des Staates Missouri auf den Weg machte, um dort in einem der Etablissements der Pelzcompagnie seine Vorbereitungen zu treffen. In der Nähe von St. Louis, der gewöhnlichen Station der aus dem Westen zurückkehrenden Trapper, hatte er sich seine Leute, 21 an der Zahl, ausgesucht, größtentheils Creolen und Canadische voyageurs, die im Dienste der Pelzcompagnie schon mit dem Leben in der Wildniß vertraut geworden waren. Carl Preuß, ein Deutscher, schloß sich ihm als Assistent bei den wissenschaftlichen Arbeiten an, so wie Carson als Führer bei dieser Expedition eintrat. Mit dieser Gesellschaft nun unternahm es Frémont, die ihm gestellte Aufgabe zu lösen. Nur hin und wieder von kleinen Hindernissen aufgehalten, die unzertrennlich von solchen Reisen sind, zog Frémont mit seiner Gesellschaft am Platte River hinauf und erreichte Fort Laramie, einen Handelsposten der Pelzcompagnie am Fuße der Felsengebirge, schon am 12. Juli desselben Jahres. Von dort ab wurden die Hindernisse, die sich der Expedition täglich entgegenstellten, ernsterer und schwierigerer Art. So war zum Beispiel die Nachricht im höchsten Grade entmuthigend, daß die Indianer, die mit den Trappern feindlich aneinander gerathen waren und acht der Ihrigen verloren hatten, in Masse sich gerüstet hätten, um die Weißen zu bekriegen.

Frémont's Leute, sogar Kit Carson, fanden es nicht gerathen, unter solchen Umständen, ohne vorher ein gewisses Einverständniß mit den Eingeborenen zu Stande gebracht zu haben, mit denselben zusammenzustoßen. Durch eigenes Beispiel aber und durch kräftiges Zureden gelang es Frémont, die weniger Beherzten seiner Expedition aufzurichten, und die Vorbereitungen zum schleunigen Aufbruch nahmen ihren Fortgang. In dem Augenblicke, als die kleine Gesellschaft von ihren Bekannten in Fort Laramie

Abschied nehmen wollte, drängten sich einige neu angekommene Häuptlinge zu Frémont durch und übergaben ihm ein Schreiben, welches ihnen von einem Pelztauscher eingehändigt worden war, in welchem dieser ihm abrieth, seine Reise in die Gebirge anzutreten, bevor eine Kriegsabtheilung, die in Verfolgung der Weißen begriffen war, zurückgekehrt sei. Auch die Häupt-linge versicherten, daß ihre jungen Leute, die nichts von dem guten Ein-verständnisse ihres Stammes mit Frémont's Expedition wissen konnten, ihn, wenn sie auf ihn stoßen sollten, angreifen würden. Doch Frémont, der keine Zeit zu verlieren hatte, gab nichts desto weniger den Befehl zum Aufbruch und befand sich bald im Gebirge. Mit den Indianern kam er zwar nicht zusammen, doch stieß er auf einen schlimmeren Feind, nämlich den Mangel an Lebensmitteln. Große Nässe, so wie unzählige Heuschrecken hatten das dortige Territorium so heimgesucht, daß kein Grashalm zurück-geblieben war, und die Büffel, auf welche sich die Reisenden verlassen muß-ten, in Folge dessen nach grasreicheren Ebenen gewandert waren. Halbver-hungerte Sioux-Indianer, denen er begegnete, riethen ihm, umzukehren; doch Frémont's Entschluß, vorzudringen, blieb unerschütterlich; und darauf fußend, daß ihm und seinen Leuten im schlimmsten Falle die Maulthiere als Nah-rung würden dienen können, führte er seinen Entschluß aus. Die wichtigste Aufgabe auf dieser Reise war für Frémont die Ersteigung des Wind River Peak in den Rocky Mountains. Es war eine schwierige Arbeit, denn 1800 Fuß über der Basis des Berges begann schon der Schnee, und von dort aus bis zum Gipfel, der, eine mächtige Granitsäule bildend, sich 13,570 Fuß über die Meeresfläche erhob, war er mit seinen Gefährten genöthigt, an Stellen hinaufzuklettern, wo der geringste Fehltritt oder ein Ausgleiten im Schnee die kühnen Reisenden in einen gähnenden Abgrund stürzen mußte. Frémont erreichte seinen Zweck; er ließ die Streifen und die Sterne des amerikanischen Banners von der Spitze wehen und sandte seine Blicke hinaus in die Ferne, nach der einen Seite weit fort über Seen und Flüsse, nach der andern bis zu den Gebirgen, an denen der Missouri und der Yellowstone ihre Quellen haben.

Nach Erreichung dieses Zieles wendete Frémont sich wieder der Hei-math zu, um seinem Gouvernement die Resultate seiner Reise vorzulegen. Auf dieser Heimreise war es, wo Frémont mit einem Theil seiner Begleiter in einem zerbrechlichen Canoe die Fahrt über die Fälle des Platte River machte und beinahe die ganzen Resultate der Reise mit seinem Leben ver-lor. Den Fluß in dem leichten Fahrzeuge hinuntergleitend gelangte er an eine Stelle, die den Namen Cañon führt, wo sich der Fluß mit aller Ge-walt zwischen eng zusammen stehenden Felsen hindurch drängt und wild über Abgründe hinwegstürzt. Die kühnen Bootsleute ließen das Canoe willig der Strömung folgen, indem sie nur das Umschlagen desselben zu verhindern suchten. Ueber drei auf einander folgende Fälle flog das Boot wie ein Pfeil dahin; und zufrieden mit den Leistungen des schwachen Fahrzeuges, glaubten Alle, noch tiefere Fälle und schwierigere Hindernisse in demselben besiegen zu können. Auf eine Strecke breiten und ruhigen Wassers folgte abermals ein enges Felsenthor, welches mit den hochaufstrebenden Wänden, die sich an einander lehnten, einem Tunnel zu vergleichen war. Sie steuerten in die Höhle hinein, und kaum in derselben angelangt, war ihnen jede Möglichkeit genommen, wieder umzukehren. Der Sicherheit wegen waren drei der Leute am Ufer zurückgeblieben, die das Boot an einer Leine hielten; doch sobald die Strömung dasselbe erfaßt hatte, war ihre vereinte Kraft nicht mehr hinreichend, so daß zwei derselben die Leine fahren ließen, während der Dritte, ein ächter Gebirgsjäger, dieselbe festhielt und sich von der 12 Fuß hohen Wand hinab und kopfüber in den Strom reißen ließ. Schwimmend folgte er dem Canoe durch den Tunnel, in welchem die wüthenden Wasser sich an den Felsen zu schäumendem Gischt schlugen, doch der Jäger, so wie das Boot hielten glücklich die Mitte des Canals und landeten unversehrt auf der andern Seite des Passes in ruhigem Wasser. Der Jäger hatte sein Leben nur seiner Fertigkeit im Schwimmen zu verdanken. Die Zurückgebliebenen wurden nun wieder in's Canoe genommen, der gewandteste Steuermann mußte das Ruder ergreifen, und auf's Neue ging es in den Kampf mit den Fluthen, die donnernd von einer Abstufung auf die andere stürzten und das leichte Boot auf ihre Oberfläche mit hinabrissen; die Felsen schienen vorbeizufliegen, und mit einem Gefühl der Wonne in dem Kampfe mit dem tobenden Elemente begannen die wilden Jäger des Westens ihre Lieder anzustimmen. Die Wogen, wie im Verdruß über die Gleichgültigkeit der Menschen gegen jede Gefahr, ergriffen das Boot und warfen es gleich am Fuße eines Falles gegen einen verborgenen Felsen, dasselbe schlug mit seiner ganzen Ladung um, und zerstreut schwammen Canoe, Menschen und Sachen in den schäumenden Wirbeln. Drei der Leute, die nicht schwimmen konnten, wurden nur mit der größten Mühe von ihren Gefährten gerettet, und bei dieser Gelegenheit war es, wo nicht nur ein Beispiel von staunenerregender Kaltblütigkeit geliefert, sondern auch bewiesen wurde, wie diese Trapper bis zum letzten Athemzuge Einer für den Andern mit ihrem Leben einstehen. Ein gewisser Descoteaux war auf dem Punkte zu ertrinken, als ein Anderer, Namens Lambert, ihn bei den Haaren ergriff und mit seiner Last schwimmend, gegen die Strudel kämpfte. „Lâche pas cher frère!" rief Descoteaux mit erstickender Stimme und stellte jede Bewegung ein, um seinen Kameraden nicht zu hindern. „Crains pas," erwiederte Jener, „je m'en vais mourir avant que de te lâcher," und schleppte seinen Freund an's Ufer. Wenn auch kein Leben bei diesem Unfall verloren ging, sogar das Boot gerettet wurde, so hatte Frémont doch manchen harten Verlust an seinen Arbeiten zu bedauern, obgleich er so glücklich war, seine Journale und wichtigsten Bücher wieder zu erlangen; außer diesem Unglücksfalle aber legte Frémont den übrigen Theil des Weges glücklich zurück, und stattete am 29. October desselben Jahres dem Gouvernement seinen Bericht über die Expedition ab.

Die Resultate von Frémont's Arbeiten befriedigten in Washington so sehr und waren so unerwartet, daß das Gouvernement ihm sogleich wieder den Befehl ertheilte, ohne Zeitverlust eine neue Expedition zu organisiren, und so lange gegen Westen vorzudringen, bis er in Californien mit dem Capitain Wilkes, der den Auftrag hatte, vom stillen Ocean aus gegen Osten zu ziehen, am Columbia-Fluß zusammentreffen würde.

Mit 39 Mann, unter diesen Fitzpatrick, Kit Carson, Carl Preuß und Mehrere, die ihn auf der ersten Expedition begleitet hatten, trat Frémont am 3. Mai 1843 seine Reise an, die ihn am Kansas-Fluß hinauf zu den Quellen des Arkansas führen sollte, von wo aus er einen Paß durch die Rocky Mountains aufzusuchen beabsichtigte.

Der Hauptzweck dieser Expedition war, eine gute Straße nach Oregon und Californien zu bestimmen, zugleich aber genaue Nachrichten über die Flüsse, die berührt werden mußten, zu erhalten. Auf dieser Reise entdeckte Frémont den South-Paß, durch welchen nach ihm Tausende und aber Tausende von Emigranten nach dem fruchtbaren Oregon und dem Gold bergenden Californien gezogen sind.

Vorsichtiger noch als das erste Mal rüstete Frémont sich und seine Leute zu dieser Expedition aus; sogar eine kleine Haubitze nahm er mit auf diesen beschwerlichen Weg, doch mußte dieselbe, nachdem sie bis durch die Rocky Mountains mitgeführt worden war, im Schnee zurückgelassen werden. Die Expedition verließ die Grenzen des Staates Missouri im Monat Mai, und im November schon war Frémont Gast bei Doctor M. Laughlin, dem Gouverneur der englischen Hudson-Bay-Pelzcompagnie, im Fort Vancouver am Columbia River. Nach kurzem Aufenthalt daselbst trat er seine Rückreise mit 25 Mann und 100 Pferden und Maulthieren an, doch nicht den Weg, auf welchem er gekommen, wählte er, sondern eine mehr südliche Richtung, um zunächst den Tlamath-See, der sich auf dem Tafellande zwischen den Quellen des Fall River und dem Sacramento River befindet, geographisch zu bestimmen, dann einen See, der einige Tagereisen weiter südlich liegen sollte und den Namen S. Mary führte, zu besuchen, und drittens um sich von der Existenz des Flusses Buena-ventura zu überzeugen, von dem man vermuthete, daß er durch das große Bassin (Utah-Territorium) dem Golf von Californien zufließe und der sogar auf den alten Karten in dieser Richtung angezeigt war. Nach Vollbringung dieser Arbeit beabsichtigte er sodann über die Rocky Mountains nach den Quellen des Arkansas zu ziehen und von dort die nächste Richtung nach der Heimath einzuschlagen.

Es war am 10. November, als er aufbrach und sich nach kurzer Zeit in tiefem Schnee befand, der seine Reise über die Gebirge bedeutend erschwerte. Als er auf der Ostseite derselben niederstieg, fand er nicht den Buenaventura, wie er es erwartet hatte, sondern eine weite Niederung, die von allen Seiten von zackigen, mit tiefem Schnee bedeckten Gebirgsketten eingeschlossen war.

Lange zog er in südlicher Richtung weiter, bis er sich nach seinen

Berechnungen nur 70 Meilen östlich von San Francisco befand und durch die größte Noth gezwungen wurde, auf seine und seiner Begleiter Rettung zu denken. Kein Einziger der Expedition war jemals in diesen Regionen gewesen, und die Eingeborenen, denen er begegnete, ließen sich weder durch Geschenke noch durch Versprechungen dazu bewegen, ihm als Führer durch die Gebirge zu dienen, die ihn von den Küstenländern Californiens trennten und in welchen der Schnee klafterhoch lag.

Von allen Seiten grinste ihm der Tod in der schrecklichsten Gestalt entgegen, der Tod im Schnee und der Hungertod. Nur ein Weg zur Rettung blieb ihm noch, nämlich der Versuch, über die Gebirge zu gelangen und an deren anderer Seite den Sacramento-Fluß zu erreichen. Er schlug diesen Weg ein und legte ihn mit seinen Leuten zurück, doch unbeschreiblich waren die Leiden, welche die Gesellschaft auf der Strecke von 70 Meilen erdulden mußte, zu deren Zurücklegung sie 40 Tage gebrauchte. Die Eingeborenen sogar, mit welchen sie zusammentrafen, schauderten vor dem Gedanken, eine Bahn durch die Schneeanhäufungen in den Gebirgen zu brechen, doch konnte die Expedition nicht bleiben wo sie war, indem ihr dort ein gewisses Ende bevorstand.

Der Hunger wüthete in den Eingeweiden der Leute. Von ihren Thieren durften sie nur solche zu ihrer Nahrung bestimmen, die nicht mehr fortzubringen waren, denn mit jedem Lastthier, welches verloren ging, wurde eine Ladung der so nöthigen Sachen aufgegeben oder ein Reiter auf seine eigenen Füße angewiesen. Mehrere von Frémont's Leuten verloren vor Hunger und Kälte den Verstand und erzählten im fortwährenden Delirium zum Schreden ihrer Kameraden von Gegenständen, die sie gar nicht kannten. Eine schreckliche Zeit mußte es sein, in welcher selbst Trapper bebten und sogar den Verstand verloren, in welcher Maulthiere und Pferde vor Kälte und Noth starben und die verhungerten Thiere den Menschen zur Nahrung dienen mußten. Doch ohne zu murren folgten die dem Elende preisgegebenen Leute ihrem Commandeur, dem treuen Freunde, Führer und Gefährten.

Nach einer Reise von 40 Tagen unter den namenlosesten Leiden gelangte Frémont endlich zu Capitain Sutters Farm am Sacramento River, wo er mit seinen Leuten gastfreundlich aufgenommen wurde. Von den 67 Maulthieren, mit welchen er die Ueberschreitung des Gebirges unternommen hatte, waren ihm nur 33 geblieben und diese, zu schwach, Lasten zu tragen, mußten von den Leuten, die selbst kaum zu gehen im Stande waren, geführt werden.

Nachdem Frémont und seine Gefährten sich etwas erholt und auf's Neue ausgerüstet hatten, traten sie die Reise am 24. März 1844 wieder an. Frémont's Absicht war nun, den Paß an den Quellen des San Joaquin-Flusses, der sich ungefähr 500 Meilen südlich von Sutters Farm befinden sollte, zu erforschen und von dort aus dann nach den Quellen des Arkansas-Flusses zu ziehen. Dieser Theil der Reise wurde durch die feindlich gesinnten Eingeborenen erschwert, die ihn fortwährend umschwärmten und Einen seiner besten Leute auf gräßliche Weise ermordeten.

Am 23. Mai erreichte die Expedition den Utah-See, der durch einen Fluß in directer Verbindung mit dem nördlich gelegenen Salt Lake steht. Auf der Hinreise nach Californien hatte Frémont den Great Salt Lake schon kennen gelernt und in einem Leinwandboote die gefährliche Fahrt nach einer der Inseln unternommen. Acht Monate waren seit der Zeit verflossen, als Frémont, nachdem er in weiten Bogen eine Reise von 3500 Meilen zurückgelegt hatte, sich abermals an den Wassern des großen Beckens befand und dadurch im Stande war, die südliche Spitze desselben zu bestimmen, so wie er die nördliche schon geographisch bestimmt hatte. Von dort gelangte er ohne weitere Unfälle glücklich in seine Heimath, wo er auf die Empfehlungen des Generals Scott für seine großen Verdienste vom 2. Lieutenant sogleich zum Capitain befördert wurde. Die Ausarbeitung seines Rapports über die letzte Expedition füllt den Rest des Jahres 1844 aus. Im Frühjahre 1845 rüstete er sich abermals, um eine dritte Expedition zu unternehmen, deren Zweck sein sollte, die Regionen, die als das große Bassin bekannt sind, zugleich aber auch die Küstenländer vom Oregon und Californien zu durchforschen. Die Hauptaufgabe sollte indessen bleiben, die vortheilhafteste Richtung einer Landverbindung zwischen den Vereinigten Staaten und der Südsee zu bestimmen.

So strebt der Geist der amerikanischen Bevölkerung immer weiter vorwärts. Kein Project scheint in ihren Augen unausführbar, und kaum ist eine Aufgabe und eine Frage, die Vergrößerung ihrer Nation und ihres Landes betreffend, gelöst, so bildet sie schon neue Pläne, und schreitet ohne Zeitverlust mit aller Kraft und Energie zu deren Ausführung, wobei der ungeheure Reichthum des Landes ihr die Mittel an die Hand giebt.

Im Jahre 1853 schickte das amerikanische Gouvernement Expeditionen aus, um durch dieselben geeignete Wege zu einer Eisenbahn=Verbindung zwischen dem Mississippi und der Südsee aufsuchen zu lassen. Zehn Jahre früher dachte es nur daran, eine einfache Landstraße zwischen diesen beiden Punkten herzustellen, auf welcher Karawanen eine sichere Verbindung würden aufrecht erhalten können. Selbst der Amerikaner, der die Geschichte seines Heimathlandes vom Jahre 1842 bis zur jetzigen Zeit genau verfolgt, muß staunen über das, was in dem Zeitraum von 10 Jahren geleistet worden ist. In dem großen Bassin, dem jetzigen Utah=Territorium, welches Frémont unter Gefahren und Entbehrungen durchforschte, erheben sich jetzt die blühenden Ansiedelungen der Mormonen, die fruchtbaren Thäler der Flüsse bevölkernd. Durch den South=Paß, den Frémont in den Rocky Mountains entdeckte und bestimmte, sind Hunderttausende von Menschen gezogen, unter deren Händen dann in den paradiesischen Küstenstrichen der Südsee Städte, Kanäle und Eisenbahnen entstanden, und gewiß wird es nicht lange dauern, daß mittelst der Eisenbahn ein Weg durch die Wüste

in wenigen Tagen zurückgelegt werden kann, auf welchem man jetzt noch
Monate zubringen muß. —

Unter Gesprächen über Gegenstände dieser Art waren wir bis zu der
Stelle gekommen, wo die Straße sich theilte. Ein Weg bog südlich in eine
Cedernwaldung ein, welche die Abhänge der Höhe, auf die wir allmälig
gelangt waren, bedeckte. Am Fuße derselben dehnte sich ein breites Thal
aus, welches auf der andern Seite von hohen Felsen begrenzt wurde und
durch dessen Mitte sich ein Flüßchen, der Puerco, schlängelte. Der andere
Weg zog sich mehr gegen Norden und schien an einer entfernteren Stelle
in dasselbe Thal hinabzuführen. Ohne unsere Gefährten und die Wagen
zu erwarten, wählten wir den ersteren, auf welchem uns die dicht stehenden
Cedern bald jede Aussicht in die Ferne benahmen. Kaum waren wir in
der Waldung, als unser Weg sich vielfach theilte und von anderen durchschnitten wurde, und endlich alle Spuren einer Straße verschwanden. Die
vielen Stümpfe und modernd umherliegenden Zweige ließen uns keinen
Zweifel, daß wir die falsche Richtung eingeschlagen hatten, und uns auf
dem Holzplatz der Bewohner von Isleta befanden. Wir ritten indessen
ganz in's Thal hinab, um dann, demselben in nördlicher Richtung folgend,
wieder mit unseren Gefährten zusammenzustoßen. Bald waren wir an dem
Flüßchen, welches wir zu unserem größten Leidwesen gänzlich ausgetrocknet
fanden. Der Abend rückte immer näher; weithin vermochten wir das Thal
zu überblicken, doch keine Spur von unsern Gefährten zeigte sich. Um unsere
Thiere nicht durch nutzloses Umherreiten zu ermüden, faßten wir den Entschluß, die Nacht, so gut es gehen wollte, an dem ersten besten Orte zuzubringen und sahen uns daher nach einer Stelle um, wo unsere Thiere etwas Futter würden finden können, denn die Hoffnung auf Wasser hatten
wir schon längst aufgegeben. Doch Gras war eben so wenig wie Wasser
zu entdecken; das ebene Thal war wie mit trockener Asche überdeckt, und
nur dürres Gestrüpp ragte hin und wieder aus dem staubigen Boden hervor. Ein Rabe, den wir uns in Ermangelung von etwas Besserem zu
unserem Abendbrod auserkoren, hatte uns an einer Stelle wieder in das
Flußbett gelockt, wo Weidengesträuch und einige Cottonwood-Bäume dasselbe
einfaßten. Hungrig fielen unsere Thiere über die jungen Schößlinge und
dünnen Zweige her, uns gleichsam die Stelle zu unserem Nachtlager bezeichnend. Bald brannte vor uns ein tüchtiges Feuer, und wir hatten
uns ganz darein ergeben, am folgenden Tage unsere Gefährten aufsuchen
zu müssen. Die Dämmerung stellte sich allmälig ein; mißmuthig schauten
wir bald auf unseren Raben, der schon gerupft dalag, bald in die Ferne
hinaus, als zu unserer nicht geringen Freude der eine unserer sechsspännigen
Wagen sich aus dem Schatten des Waldes bewegte und langsam die Richtung nach dem Flußbette nahm. Schnell waren unsere Thiere gezäumt,
wir wieder im Sattel, und nach einem scharfen Ritt von einer halben
Stunde befanden wir uns bei unseren Gefährten, die an einer Stelle den
Fluß erreicht hatten, wo noch einige Pfützen trüben Wassers die allernoth-

wendigste Erfrischung boten. Dort erfuhren wir nun, daß den zweiten Wagen wieder ein Unfall betroffen habe und derselbe mit unseren Zelten und Sachen erst später nachfolgen würde. Es kam nach, aber erst nach Mitternacht, als wir Alle umherlagen und im besten Schlafe begriffen waren, nachdem wir die Ruhe unter freiem Himmel dem mühsamen Aufschlagen der Zelte vorgezogen hatten.

Kaum sandte am folgenden Morgen die Sonne ihre ersten Strahlen hinab in das Thal, als wir auch schon wieder so weit gerüstet waren, daß wir unsere Weiterreise antreten konnten. Nicht ganz ohne Mühe überschritten wir den kleinen Fluß und erreichten dann in kurzer Zeit das Ende des Thales, wo wir plötzlich eine ganz andere Naturumgebung fanden. Rauhes felsiges Terrain erschwerte unsere Reise fortwährend; bald waren es Berge von Sandsteingerölle, bald Hügel, in denen Anhäufungen von krystallisirtem spathigem Gyps vorherrschend waren, in welchen die Strahlen der Sonne sich schimmernd brachen. Der wenig befahrene Weg, den wir verfolgten, führte uns gleich in der ersten Morgenstunde an eine steile Hügelkette, deren Ueberschreitung uns viele Schwierigkeiten zu machen drohte. Bei einer Biegung des Weges kurz vor derselben fanden wir indessen, daß uns die Natur hier ein breites Thor geöffnet hatte, durch welches wir auf ebener Straße zogen, während sich uns zu beiden Seiten die Felsen, wenn auch nicht sehr hoch, doch steil wie Mauern aufthürmten. Die Hügelkette war nämlich durch eine mächtige Sandsteinniederlage gebildet worden, die an dieser Stelle mit dem westlichen Ende durch vulkanische Gewalt aus der Erde getrieben und dann quer durchgebrochen war. Die durch diesen Bruch entstandene Spalte bildet nunmehr das natürliche Thor. Dadurch, daß die horizontal übereinander liegenden Schichten wieder senkrechte Risse zeigten, gewährte das Ganze den Anblick eines großartigen, aus riesigen Quadern ausgeführten Mauerwerks.

Wie der forschende Reisende oft stumm und staunend erhabene Bau= werke der Natur betrachtet, andächtig des allmächtigen Bildners gedenkt und sich mit frommem Gemüthe vor der Alles umfassenden Macht neigt, so sucht der uncivilisirte Urbewohner der unwirthlichen Wildniß darzulegen, wie auch sein Gemüth den durch eine großartige Naturumgebung hervor= gerufenen Eindrücken unterworfen ist. Von solchen Gefühlen, die ihren Ursprung in dem göttlichen Funken haben, der in die Brust eines jeden menschlichen Wesens gelegt wurde, vermag sich der rohe Wilde keine Rechen= schaft abzulegen; aber ohne zu wissen warum, vielleicht auch seines Manitu gedenkend, drängt es ihn, seine noch ungeordneten Ideen in hieroglyphischen Bildern und Zeichen in den harten Felsen einzuschneiden. So trugen auch die glatten Wände des natürlichen Felsenthors vielfache Zeichen, die von vorbeireisenden Indianern in den Sandstein hineingemeißelt oder mit Farbe roh ausgemalt waren.

Immer rauher und schwieriger für die Fortsetzung unserer Reise wurde das Terrain, dem jede Vegetation fremd schien. Auf einigen Höhen entdeckten wir auf der Oberfläche des steinigen Bodens wohlerhaltene Stücke von kleinen und größeren Ammoniten, von welchen wir mitnahmen, was nur zu finden war, um von dem Geologen unserer Expedition, Mr. Mar-cou, der sich beim Haupttrain befand, Belehrung über die Formation des dortigen Terrains zu erhalten (¹⁴). Endlich erreichten wir eine Art Hoch-ebene, wo zwischen verkrüppelten Cedern spärliches Gras wuchs, wodurch wir veranlaßt wurden, eine Stunde zu rasten, um unseren Thieren einige Nahrung zu gönnen. Von diesem Punkte aus hatten wir wieder die Aus-sicht über ein großes Thal, welches sich weithin gegen Westen ausdehnte, wo es an hohen Felsmassen sein Ende zu erreichen schien. Nach welcher Richtung man auch blickte, überall zeigten sich blaue Gebirgsmassen, die den Horizont begränzten; vor denselben aber steilabschüssige Felsen, die oben abgeflacht und mit dunkeln Cedern bedeckt waren. Nördlich und südlich von uns erstreckten sich von Osten nach Westen in der Entfernung von 5—6 Meilen Felsenketten, die sich allmälig einander näherten und weit vor uns sich zu verbinden schienen; dort nun war die Stelle, wo der Rio San José sich aus dem Gebirge drängte, wo die von Albuquerque kommende Straße in's Gebirge führte und wo wir gemäß unserer Verab-redung mit Lieutenant Whipple und dem Haupttrain zusammentreffen sollten.

Nachdem unsere Thiere sich etwas erholt, wir selbst uns mit kalter Küche gestärkt hatten, traten wir rüstig unsere Weiterreise an und nach kurzem Marsche befanden wir uns da, wo der Weg, welchen wir gekommen waren, die Albuquerque-Straße berührte. Von diesem Punkte aus mochte die Entfernung nach oben genannter Stadt in gerader Linie 20 Meilen betragen, also einen guten Tagemarsch. — Da Lieutenant Whipple an diesem Tage Albuquerque verlassen hatte, so konnten wir auf eine Ver-einigung der ganzen Gesellschaft erst am folgenden Tage rechnen. Es war noch weit bis dahin, wo die Straße sich dem Rio San José, dessen Lauf wir aus der Ferne zu erkennen vermochten, näherte; und um diese Stelle noch vor Abend zu erreichen, beschleunigten wir den Schritt unserer Thiere. Der trockene Wind, der sich während des Tages immer mehr verstärkt hatte, wurde gegen Abend zum Sturm, der uns Staub und Sand in's Gesicht trieb und unsere Reise nicht zur angenehmsten machte, doch näherten wir uns allmälig der nördlichen Felsenkette, hinter welcher wir etwas Schutz gegen das Wetter fanden, so daß wir mit Muße unsere Aufmerksamkeit den grotesken Felsmassen schenken konnten, die bald als steilaufstrebende Granitwände, bald als wilde mit Gerölle bedeckte und mit Cedern bewachsene Schluchten die herrlichsten Bilder und Scenerien boten. Die Gebirgsketten näherten sich einander immer mehr, so daß zuletzt zwischen denselben nur noch ein Raum von wenigen hundert Schritten blieb, in dessen Mitte sich der San José hinwand.

Die Dämmerung war nicht mehr fern, als wir in dem Passe an einer mit dichtem Grase bewachsenen Wiese unsere Lagerstelle wählten, auf welcher wir den Lieutenant Whipple mit seinem Commando zu erwarten beab-

sichtigten. Es war ein langer und ermüdender Marsch an diesem Tage ge-
wesen, doppelt ermüdend dadurch, daß wir fortwährend gegen den starken
Wind hatten ankämpfen müssen, und so war denn auch bald nach unserer
Ankunft die einsame Schildwache, die ihre Aufmerksamkeit zwischen dem
Lager und den weidenden Maulthieren theilte, der einzige von unserer
kleinen Gesellschaft, der nicht im tiefsten Schlafe lag.

Auf das rauhe, stürmische Wetter folgte einer der in Neu-Mexiko so
häufig vorkommenden milden, klaren Herbsttage, der die schon halb in Winterschlaf versenkte Natur wieder zu neuem Leben zu erwecken schien. Die
Plateaus der uns umgebenden Felsmassen schwammen im Sonnenschein, und
leise zitterte die erwärmte Atmosphäre zwischen dem Auge und den schattigen Cedern auf den Höhen. Nur wenige Schritte von uns rieselte der
Rio San José eilig dem Puerco zu; Gänse und Enten wiegten sich auf
seinen klaren Fluthen und schienen dem heimlichen Murmeln des Flüßchens
zu lauschen. Unsere Gewehre brachten sehr bald Schrecken und Tod unter
die prachtvoll befiederten Wanderer, die, vor dem näher rückenden Winter
fliehend, auf ihrer weiten Reise nach dem Süden sich das einladende klare
Flüßchen zum Ruhepunkte erwählt hatten. Jagend folgten wir dem Lauf
des San José und erbeuteten außer Schneegänsen einige schön gezeichnete
Kreek-Enten, deren Bälge die ersten unserer neu anzulegenden Sammlung
wurden. Auch erstiegen wir die südlich von uns gelegene Felsenkette, um
die auf deren Plateau befindlichen Ruinen einer Stadt, die wir schon von
fern wahrgenommen hatten, näher in Augenschein zu nehmen. Nach den
Trümmern, den Grundmauern und noch erhaltenen Wänden zu urtheilen,
mußte diese Stadt in ihrer Bauart den noch jetzt bewohnten Pueblo's vollkommen geglichen haben, und mithin auch eine Aehnlichkeit mit den Casas
Grandes am Gila, in welche man auf den wegnehmbaren Leitern gelangte,
vorhanden gewesen sein*). Es ist wohl anzunehmen, daß diese Ruinen
meist von den Vorfahren der jetzigen Bewohner von der um 2 Meilen entfernten Indianerstadt Laguna erbaut und bewohnt wurden; denn vielfach
findet man in Neu-Mexiko, nahe den noch bewohnten Pueblos, Ruinen
auf den Höhen, die den Namen der nächsten Stadt tragen. Ob nun die
damaligen Bewohner dieser Regionen vor einer großen Wasserfluth (wie
manche Sagen lauten) sich auf die Höhen flüchteten und dort anbauten,
oder vor andringenden Völkerstämmen, welche durch die wandernden Azteken
ebenfalls in Bewegung gesetzt worden waren, wird noch lange eine schwer
zu lösende Frage bleiben. Die sicheren Traditionen der jetzigen städtebauenden Indianer von Neu-Mexiko reichen nicht so weit hinauf, daß sie von

---

*) Bei Gelegenheit der Beschreibung der Ruinen am Colorado Chiquito,
die weiter unten folgt, gebe ich eine Beschreibung der Casas Grandes am
Gila und in Chihuahua, und zugleich auch den Versuch eines Vergleiches zwischen den unter verschiedenen Breitengraden liegenden Ueberresten alter Städte.

der Zeit sprechen könnten, in welcher diese allgemeine Bewegung unter ihren Vorfahren stattgefunden hat, denn Alles, was über ein Jahrhundert hinausreicht, erscheint, von ihnen erzählt, schon im Gewande dunkler Sagen. — Lange suchten wir unter den Trümmern nach Gegenständen, die, von den verschollenen Bewohnern herstammend, von Werth für uns gewesen wären, doch fanden wir nur zahlreiche Scherben von Thongefäßen, welche Proben von Malerei zeigten, wie sie noch jetzt auf den Hausgeräthschaften der Pueblo-Indianer, dann aber auch auf den Scherben gefunden werden, die massenhaft bei den Casas Grandes zerstreut umherliegen.

Gegen Mittag traf Leroux nebst einigen unserer Kameraden, denen bald Lieutenant Whipple mit der ganzen Expedition nachfolgte, bei uns im Lager ein; sie hielten nur so lange an, um herzliche Begrüßungen mit uns auszutauschen, und zogen dann weiter der Stadt Laguna zu, wo sie die Nacht zuzubringen und uns am folgenden Morgen zu erwarten beabsichtigten, um dann, mit uns vereinigt, die Weiterreise anzutreten.

Mit dem Frühesten brachen wir daher am 13. November auf und waren bald in dem sich verengenden Passe, von Felsen und mächtigen Steinblöcken dicht umgeben; selbst die Straße, die fortwährend bergan führte, wurde durch zusammenhängendes Gestein gebildet, und war an manchen Stellen kaum zugänglich für unsere Wagen. Als wir uns fast in gleicher Höhe mit dem Plateau befanden, auf welchem wir Tags zuvor die Ruinen besucht hatten, senkte sich das Land auf eine kurze Strecke, und vor uns am Abhange eines sanft ansteigenden Hügels erblickten wir die Pueblo Laguna.

Die meisten Indianerstädte in Neu-Mexiko haben ein fast gleiches Aussehen, nur daß durch die Verschiedenheit der Lage und eine mehr ansprechende Naturumgebung das der einen oder der andern etwas gewinnt. So gewährte uns die Stadt, die wir jetzt vor uns sahen, mit ihren grauen Häusern, die terrassenförmig übereinander gebaut waren, nicht nur einen interessanten, sondern auch einen schönen, malerischen Anblick. Das Eigenthümliche derselben wurde gehoben durch die vielen Leitern, die von einem Stockwerk zum andern hinaufführten, so wie durch die indianischen Gestalten, die sich nach allen Richtungen hin bewegten, oder müßig auf den Dächern umherstanden. Einige Amerikaner und Mexikaner begrüßten uns bei unserer Annäherung. Dieselben hatten sich ihre Wohnungen fast zusammenhängend mit der Stadt erbaut und schienen Kaufläden daselbst eingerichtet zu haben; auch erblickten wir einen Missionair, der am vorhergehenden Tage, einem Sonntage, daselbst gepredigt hatte.

In der Stadt angekommen, eilten wir an den San José, der dicht an den Häusern vorüberfloß, hinab, um unsere Flaschen mit gutem, klarem Wasser zu füllen, denn an der Stelle, wo wir übernachteten, hatten wir dieses unterlassen, weil das über Gypslager fließende Wasser durch aufgelöste Magnesia dort fast untrinkbar war. Bevor wir dann unseren Wagen folgten, die schon in Lieutenant Whipple's Lager angekommen waren

Möllhausen, Tagebuch.   17

und dort des Befehls zur Weiterreise harrten, nahmen wir die Stadt noch in Augenschein, und bei dieser Gelegenheit gelang es meinem Freunde Kennerly, auf dem Begräbnißplatze der Indianer unbeobachtet einen gut erhaltenen Schädel zu erbeuten, den er mir, als wir uns außerhalb des Bereiches der scharfen indianischen Augen befanden, triumphirend zeigte. Auf dem Begräbnißplatze fiel es uns auf, daß eine Menge von Gebeinen nur spärlich mit Erde bedeckt, und Schädel sowohl wie Knochen anscheinend mittelst schwerer Steine zerschmettert waren, so daß es uns kaum gelang, einen brauchbaren Schädel zu entdecken; auch ist es wohl anzunehmen, daß, wenn die Indianer eine Ahnung von dem Raube gehabt hätten, wir nicht so leichten Kaufs davongekommen wären. Wir gelangten indessen unentdeckt mit unserer Beute in's Lager, wo wir dieselbe schleunigst in einem der Wagen verschwinden ließen.

Außer den 16 schweren sechs- und achtspännigen Wagen hatten wir noch einige funfzig Packthiere, die mit zum Transport unserer Sachen und Lebensmittel bestimmt waren. Da nun ein großer Theil der Maulthiere unbekannt mit dieser Art von Arbeit war, so konnte es nicht vermieden werden, daß an den ersten Tagen eine Zögerung bei dem jedesmaligen Aufbruche eintrat. Doch die mexikanischen Packknechte, die im Bändigen und Beladen der Lastthiere unübertrefflich sind, fanden bald Mittel, die störrigsten der Heerde fügsam zu machen und dann die Last auf deren Rücken so sicher zu befestigen, daß es ihnen weder durch Schlagen noch Laufen gelang, sich des wohlvertheilten Gepäckes zu entledigen.

Unsere Expedition, die noch eine Verstärkung von 25 Mann Soldaten mit 60 Maulthieren zu erwarten hatte, war schon zu einer ansehnlichen Stärke gediehen; weithin in die Ebene reichten die vordersten der in langer Reihe einander folgenden Wagen, als die letzten Packknechte mit ihren Thieren den Hügel der Stadt Laguna verließen.

Der Marsch dieses Tages führte unsere Expedition durch ein weites fruchtbares Thal, welches in allen Richtungen von Kanälen durchschnitten war. In diese, selbst in die kleinsten Gräben, war von den ackerbautreibenden Ansiedlern Wasser geleitet und dadurch das Erdreich in der Nähe derselben vollständig aufgeweicht worden. Die zahllosen Wasservögel, die, angelockt von einem umfangreichen See in der Mitte des Thales, die größeren und kleineren Wasserspiegel dicht bedeckten, verleiteten Mehrere von uns, die Landstraße zu verlassen, um möglicher Weise durch eine glückliche Jagd unsere Sammlung zu bereichern. Wir ritten uns indessen dergestalt zwischen Gräben und Kanälen fest, daß es uns förmlich Mühe kostete, über den moorigen Boden hinweg wieder zu unseren Wagen zu stoßen. Wir hatten auf unserer Jagd weiter nichts erlangt, als einen Blick auf die Schaaren von wildem Geflügel, welches kreischend und schnatternd auf dem See geschäftig umherschwamm, oder, sich gleichsam zur Wanderung rüstend, mit kräftigem Flügelschlage über dem Thale die Luft durchkreiste. — Ein Blick auf solche Scenen gehört freilich zu den Alltäglichkeiten, doch liegt wiederum etwas Rührendes in dem Treiben der Vögel, wenn sie, dem Instinkte folgend, den ihnen die Natur verliehen, ihre Vorbereitungen zu der weiten Reise treffen. Der Reisende, der selbst seiner Heimath fern auf der Wanderung begriffen ist, beobachtet vielleicht mit mehr Interesse und regerer Theilnahme solche reizende Scenen, in welchen Thiere mit einander zu sprechen und einander zu verstehen scheinen; er erinnert sich ihrer oft und vermag sich jeden Augenblick die lieblichen Bilder aus dem Reiche der Natur zu vergegenwärtigen. Da stehen z. B. nur wenige Schritte vom Wasser entfernt eine Anzahl Schneegänse; aufmerksam scheinen sie den Ermahnungen eines alten erfahrenen Gänserichs zu lauschen, der mit heiserer Stimme über Dieses und Jenes spricht und sie vielleicht auch von der Nähe eines Menschen in Kenntniß setzt. Die ernsteren der Zuhörer stehen regungslos, nur durch kurze Wendungen des Kopfes ihre Theilnahme verrathend, während die jüngeren und eitleren sich putzen und jedes kleine störrische Federchen glatt streichen. Unbeachtet von den Gänsen schreiten hochbeinige Schnepfen und Strandläufer vorüber; sie horchen einige Augenblicke den Rathschlägen des weisen Gänserichs, wenden ihm dann den Rücken zu, breiten ihre spitzen Schwingen aus und eilen pfeilschnell nach dem jenseitigen Ufer des See's hinüber. Auf dem See erblickt man Gruppen der verschiedenartigsten Enten, die sich schnatternd herumstreiten, und als ob sie ihren Zank wollten schlichten lassen, geschäftig zu einer anderen Gesellschaft hinüberschwimmen. Weise Rathschläge müssen dort ertheilt worden sein, denn die Versammlung löst sich auf, um sich, vielleicht im Vorgefühl einer glücklichen Reise, munteren Spielen hinzugeben, in die Fluthen zu tauchen oder die Kraft und Gelenkigkeit der Schwingen durch heftiges Zusammenschlagen derselben zu erproben. Abgesondert von dem geräuschvollen Leben schwimmen dort ernste und ruhige Schwäne; mit gebogenem Halse schauen sie wie sinnend vor sich in die Fluthen, als ob sie in Gedanken schon da wären, wohin sie erst nach einer langen, ermüdenden Reise gelangen können. Wer das fortwährend wechselnde Schauspiel eines regen Thierlebens aufmerksam und nachdenkend betrachtet, in jeder Bewegung, in jedem Zusammentreffen nicht Zufälligkeiten erblickt, sondern weise und sinnige Anordnungen der Natur bewundert, der versteht leicht den frommen Sinn in den Worten Goethe's: „So spricht die Natur zu bekannten, verkannten, unbekannten Sinnen, so spricht sie mit sich selbst und zu uns durch tausend Erscheinungen; dem Aufmerksamen bleibt sie nirgends todt noch stumm."

Nördlich von uns zog sich eine Berglette hin, an deren Fuß entlang unsere Straße führte. In einer Entfernung von 6 Meilen von Laguna bog dieselbe nördlich in einen Gebirgspaß ein, an dessen westlichem Ende wir einer mexikanischen Ansiedelung ansichtig wurden. Es war dieses die Stadt Covero, zu deren Anlage eine Quelle Ursache gegeben hat, die in einem starken Strahl aus einer Spalte des Gesteins sprudelt. Als wir durch den Engpaß ritten, bemerkten wir Wohnungen, die wie Schwalbennester an den Felswänden umherhingen, indem die Ansiedler theils aus

17*

Bequemlichkeit, theils aber auch, um den Häusern mehr Festigkeit zu geben, jede glatte Felswand und jede regelmäßigere Höhlung im Gestein geschickt bei ihren Bauten zu benutzen gewußt hatten. Am Ende des Flusses bildeten die Gebäude, mehr zusammengedrängt liegend, eine kleine Stadt, die uns einen traurigen Anblick von Unsauberkeit und Armuth gewährte, so wie die auf der Straße sich träge umhertreibende Bevölkerung nur den Eindruck von Leuten machte, die nicht gern mehr arbeiten mögen, als gerade nothwendig ist, um davon existiren und mitunter einen Fandango aufführen zu können.

Auf einem freien Platze inmitten der Stadt richteten wir unsere Zelte auf. Wir hatten dort die Quelle, die vortreffliches Wasser im Ueberfluß spendete, dicht vor uns. Auf dem breiten Sandsteinfelsen, der seine Adern dem Wasser geöffnet hatte, erblickten wir einen merkwürdigen Stein, der, einer mächtigen Urne mit ganz schwachem Fuße ähnlich, über 10 Fuß in die Höhe ragte und durch seine eigenthümliche Gestalt gewiß jedes Vorüberziehenden Bewunderung erregte. Es war dieses nicht etwa ein Felsblock, der von der Höhe losgerissen dorthin gerollt war und dann, dem Einfluß der Atmosphäre und dem Regen nachgebend, diese Form angenommen hatte, sondern diese natürliche Urne erwies sich als ein Theil von derselben Sandsteinniederlage, auf welcher sie ruht; der schwache Fuß, welcher die obere ganze Last trägt, fällt durch seine unregelmäßige Bildung noch besonders in's Auge, indem durch seine ganze Ausdehnung eine Höhlung sich zieht, die so groß ist, daß ein Mensch bequem hindurchkriechen kann.

Die Stadt Covero liegt am östlichen Ende einer weiten Ebene, die ebenfalls wieder von Bergen und Felsen eingeschlossen ist. Der Boden derselben ist indessen sandig und unfruchtbar, so daß sie selbst den Heerden der dortigen Bewohner nur geringe Nahrung bietet. Kleine fossile Muscheln und Austerschalen liegen auf derselben umher, doch sind dieselben augenscheinlich von den Gebirgen dorthin gewaschen worden [15].

Durch diese allmälig ansteigende Ebene zogen wir am folgenden Tage, und wenn auch die Formationen der näheren und der in nebliger Ferne liegenden Gebirge Interesse erregten, so wurde die ganze Umgebung doch erst wieder anziehender, als wir nach einem Marsche von 8 Meilen bergab zogen und uns abermals am San José befanden, welcher aus Nordwesten kommend gegen Süden floß und ein schmales Thal bewässerte. Hier stießen wir auf die ersten Lavaströme, die wie lange schwarze Wälle meilenweit das Land durchkreuzten. Wir befanden uns nunmehr nahe dem Hauptheerde dieser vulkanischen Regionen, nämlich noch einige Tagereisen südlich von Mount Taylor [16].

Wenn arbeitende Vulkane eine Gegend beleben, verschönern, und, indem sie majestätisch in derselben emporragen, sie gleichsam zu beherrschen scheinen und wie drohend Rauchsäulen zu den Wolken hinaufsenden, so wirkten wiederum die Ueberreste von erloschenen meistentheils unangenehm in einer schönen Naturumgebung. In Gegenden aber, die bei der

Schöpfung stiefmütterlich behandelt wurden und die den Namen von unfruchtbaren Wüsten verdienen, haben solche Erscheinungen etwas Gespensti-
ges; denn es liegt vor dem Wanderer der einst wild tobende, seine Umgebung erschütternde Vulkan wie eine gigantische Leiche da; an Stellen,
denen einst donnernd glühende Lavabäche entströmten, vermag der Reisende
jetzt seinen Forschungen obzuliegen und nach süßen Quellen zu suchen, die
heimlich und unbemerkt durch die kühlen Adern des schwarzen Gesteins
ihren Weg an's Tageslicht finden.

Die Stelle, an der wir am 14. November lagerten, entbehrte indessen
nicht jeglichen Schmuckes von Vegetation. Freilich hatten die Wiesenstreifen
ihr freundliches Grün, so wie ihre Blumen verloren und dafür die herbst-
liche Färbung angenommen, doch waren die Cederngebüsche, welche die
niedrigen rauhen Hügel, so wie die Kuppen der breiten Felsen bedeckten,
unverändert geblieben von dem verderblichen Reif, der zu dieser Zeit allnächtlich jeden hervorragenden Gegenstand mit kalter Rinde umgab. Zwischen verkrüppelten Cedern lagerten wir also an diesem Abend vor unseren
helllodernden Feuern. Für guten Braten war gesorgt worden, denn wilde
Enten hatten wir in großer Anzahl im Schilfe des nahen Flüßchens und
der kleinen überschwemmten Niederungen gefunden und manche derselben erlegt.

Die Hauptunterhaltung an diesem Abend betraf die Pässe durch die
Rocky Mountains und besonders den, durch welchen wir im Begriffe standen, mit unserer Expedition zu ziehen. Dem Rio San José bis zu seinen
Quellen folgend, die sich an der Sierra Madre*) befinden, hatten wir drei
Punkte vor uns, auf welchen wir die letzte Kette der Rocky Mountains
überschreiten konnten; nämlich erstens eine Stelle in der Nähe der Zuñi-
Straße oder Camino del Obispo, dann durch die Cañon del Gallo und
den Zuñi-Paß, und drittens durch den Campbells-Paß auf der Fort Defiance-Straße. Unsere Expedition sollte den Rio San José verlassen, um
dem Camino del Obispo zu folgen, während unser erster Ingenieur Mr.
Campbell in Begleitung von Mr. Leroux und einigen Soldaten die gegen Nordwesten führende Fort Defiance-Straße zu untersuchen hatte und
bei Zuñi erst wieder zu uns stoßen sollte. Den Paß durch Cañon del
Gallo untersuchte unsere Expedition nicht, doch wurde uns derselbe von
einigen sachverständigen Mexikanern als bedeutend niedriger denn die Camino del Obispo beschrieben, wobei sie besonders hervorhoben, daß bei der
Anlage einer Eisenbahn man dort auch auf viel weniger Hindernisse stoßen
wurde. Ueber den Campbells-Paß brachte Mr. Campbell indessen die
günstigsten Nachrichten, so daß bei der Wahl eines der drei Pässe durchaus
kein Zweifel obwalten kann und man sich für die Fort Defiance-Straße ent-
scheiden muß.

---

*) Sierra Madre wird dort der Hauptgebirgsrücken der Rocky Mountains
genannt, der die theilende Höhe zwischen den dem Golf von Mexiko einerseits
und der Südsee andererseits zufließenden Gewässern bildet.

XXI.

Mr. Campbell's Reise nach Fort Defiance. — Wassermangel. — Quelle am Fuße der Sierra Madre. — Uebergang über die Sierra Madre. — Inscription Rock. — Inschriften und Hieroglyphen. — Ruinen auf dem Inscription Rock. — Ueber die Ruinen in Neu-Merifo und ihren Ursprung. — Ruinen an der Zuñi-Straße. — Die verödete Stadt. — Das Lager vor Zuñi.

Am 15. November schlug Mr. Campbell also mit seiner Begleitung von unserem Lager aus die Richtung gegen Nordwesten ein, während die Hauptexpedition, nach Zurücklegung von einer Meile in fast derselben Richtung, gegen Westen bog. Auf dieser ersten kurzen Strecke zogen wir an einem hoch emporragenden Lavastrome hin, bis ein anderer aus Westen kommender Strom sich im rechten Winkel mit dem ersteren vereinigte und uns den Weg zu versperren schien.

Es war ein frischer schöner Herbstmorgen, starker Frost hatte die Straße erhärtet, und laut klapperten die beschlagenen Hufe unserer Thiere auf dem festen Boden; doch lauter noch, wie wenn Eisen auf Eisen fällt, erklang es, als wir unsere Wagen über die Lavamasse führten, die in einer Breite von 50 bis 100 Fuß und einer Höhe von 10 bis 20 Fuß wie ein mächtiger schwarzer Wall viele Meilen weit gegen Westen reichte.

Seit Jahrhunderten waren Menschen und Thiere an dieser Stelle über den Lavaberg gezogen, doch scharf und spitz ragten noch überall die Unebenheiten des Gesteins hervor, daß selbst die sicheren Maulthiere nur wankend und stolpernd darüber hinzuschreiten vermochten. Auf der andern Seite des Lavastromes dehnte sich eine weite baumlose Ebene vor uns aus, die ringsum wieder von Gebirgen und Felsen eingeschlossen war; gegen Westen schienen sich die Gebirgsmassen zu öffnen, und dorthin, wo hohe Fichten die Stelle der Cederngebüsche einnahmen, führte der vielbefahrene Weg unsere Expedition.

Zu Gesellschaft des Doctor Kennerly hatte ich am frühen Morgen schon unseren Train verlassen, und wir waren an dem Fuße der nördlichen Felsenkette hingeritten, wo dicht bewaldete Schluchten uns Gelegenheit zur Jagd boten. Unsere Jagdlust wurde indessen nur schlecht befriedigt; denn außer frischen Spuren der grauen Bären fanden wir nichts, was auf Wild daselbst gedeutet hätte, und um der Bären ansichtig zu werden, hätten wir Tage lang in den wilden Schluchten umherirren und klettern können. Wir begnügten uns daher, Vögel zu schießen und deren Bälge unserer Samm-

lung einzuverleiben; auch foſſile Muſcheln, die auf dem von uns eingeſchla=
genen Wege umherlagen, erregten vielfach unſere Aufmerkſamkeit.

Es war ſchon hoch Nachmittag, als wir am Ende des Thales mit
unſeren Gefährten wieder zuſammentrafen, daſelbſt den Vorſprung der nörd=
lich von uns liegenden Felſenkette umgingen und in nordweſtlicher Richtung
unſeren Weg verfolgten. Kiefernwaldungen wechſelten nun mit kleinen
baumloſen Wieſen ab, und wo die Waldungen ſich öffneten, zeigten ſich
uns immer neue Wälle von ſchwarzer Lava. Es lag in unſerer Abſicht,
an dieſem Tage noch die Quelle am Fuße der Sierra Madre zu erreichen,
weshalb die Mexikaner mit den Heerden und Packthieren vorausgeeilt wa=
ren. Auf Waſſer konnten wir vor dieſem Punkte nicht rechnen, und es
bequemte ſich daher gewiß Jeder gern zu dieſem langen Marſche, der an
25 Meilen betrug. Der Zufall vereitelte indeſſen unſere Pläne. Nur die
Heerden und Packthiere erreichten an dieſem Abende noch die gehoffte Quelle;
der Haupttrain dagegen wurde durch das Zerbrechen eines Wagens genö=
thigt, in einer graſigen Niederung des Waldes zurückzubleiben und die Nacht
ohne Waſſer zuzubringen. Wir, die wir alle unſere Sachen auf dem Wa=
gen hatten, blieben ebenfalls zurück und brachten die Zeit bis zum Abend
damit hin, in den dunklen Schluchten umherzuſtreifen. Unſer Suchen nach
Waſſer blieb indeſſen vergebens; trockener, rother Sand lag in den Betten
der Gießbäche, und keine Spur des Wildes verrieth die Nähe einer Quelle.
Die aſtronomiſchen Beobachtungen mußten an dieſem Abende eingeſtellt
werden, indem die magnetiſchen Inſtrumente durch die rings umher aufge=
thürmten Lavamaſſen geſtört wurden und keine Genauigkeit mehr boten.
Es war ein trockenes Mahl, welches in unſerem Lager gehalten wurde,
denn nur ein ganz kleiner Vorrath von Waſſer konnte durch Zuſammen=
bringung des Inhalts aller Flaſchen und Schläuche beſchafft werden, ſo daß
nicht ein Tropfen zum künftigen Morgen übrig blieb.

Der ſchadhafte Wagen war während der Nacht wieder hergeſtellt wor=
den, und ſo konnten wir am 16. November ſchon mit dem Früheſten un=
ſere Weiterreiſe antreten. Als es vollkommen Tag war und die erſten
Sonnenſtrahlen zwiſchen den ſchlanken Tannen hindurchſchimmerten, hatten
wir ſchon mehrere Meilen zurückgelegt, und nur noch eine kurze Strecke
trennte uns von der erſehnten Quelle. Unſere ſchon am Abend vorher an=
gelangten Maulthiertreiber hatten an paſſenden Stellen tüchtige Feuer an=
gezündet, die uns nach einem Ritte in der kalten Morgenluft trefflich zu
Statten kamen, ſo wie das ſchöne klare Waſſer, welches reichlich aus einer
Anhäufung von Lava hervorrieſelte, vollends den letzten Reſt der verdrieß=
lichen Stimmung verſcheuchte, welche uns noch als natürliche Folge eines
übergroßen Durſtes geblieben war. Es war eine anſprechende Umgebung
an dieſer Quelle; die Berge hielten den kalten Wind, der in den Wipfeln
der Tannen ſang, von uns ab, mächtige Scheiterhaufen verbreiteten eine
angenehme Wärme vor unſeren Zelten, und Menſchen wie Thiere gaben
ſich einem Gefühle der Behaglichkeit hin, hervorgerufen durch die Schätze,

welche die Natur hier spendete. Eine reiche Ernte für unsere Sammlungen hielten Doctor Kennerly und ich an dieser Quelle; denn kleine gestreifte Eichhörnchen belebten die Spalten und Ritzen in den Lavamassen und hüpften gewandt von Stein zu Stein, und Schaaren von Vögeln stellten sich während des Tages ein, um zwitschernd und pfeifend in der Nähe des Wassers zu spielen. So reichlich auch die Quelle aus dem Gestein hervorsprudelte, so verlor sie sich doch schon nach kurzem Laufe wieder im sandigen Boden, und da dieses wohl das einzige Wasser auf vielleicht viele Meilen im Umkreise war, so ließ es sich leicht erklären, daß so viele lebende Geschöpfe sich in der Nachbarschaft desselben zusammenfanden. Am Nachmittage machten wir noch einen Ausflug in die südlich gelegenen Schluchten, um dem schwarzschwänzigen Hirsche aufzulauern, dessen Spuren sich vielfach in der Nähe unseres Lagers zeigten. Doctor Bigelow begleitete uns, und als wir uns, einen Berg umgehend, von einander trennten, war leider gerade er der glückliche Jäger, der auf ein Rudel dieses Wildes stieß und aus weiter Ferne schon dasselbe durch einen Schuß verscheuchte. Manche Neckereien mußte dafür der leidenschaftliche Jäger sich später von uns gefallen lassen, weil er es so wenig verstand, seinen Jagdeifer im Zaume zu halten.

Wir waren schon längst in's Lager zurückgekehrt, und dunkle Nacht war eingetreten, als Doctor Bigelow vermißt wurde. Sein Ausbleiben erregte Besorgniß; es wurden hohe Feuer angezündet, Schüsse abgefeuert, und als sich Mehrere von uns auf den Weg machten, um den beliebten alten Herrn aufzusuchen, begegnete er uns nicht weit von unseren Zelten. Er war wirklich durch unsere Schüsse geleitet worden, und ohne vorher abgelegt zu haben, erzählte er vor allen Dingen den Umstehenden, wie glücklich er auf der Jagd gewesen sei, wie er auf die stolzen Hirsche geschossen und sich dann, denselben folgend, verirrt habe.

In aller Frühe setzten wir am 17. November unsere Weiterreise fort, und begannen damit, die vor uns liegende Bergkette, über welche der Weg führte, zu ersteigen. Nach kurzer Zeit und ziemlich angestrengter Arbeit befanden wir uns endlich auf dem Rücken der Sierra Madre, der Wasserscheide zwischen dem atlantischen und dem stillen Ocean, die an dieser Stelle eine Höhe von 8250 Fuß über dem Meeresspiegel erreicht. Von der Wasserscheide der Rocky Mountains zogen wir gleich wieder abwärts einem weiten Thale zu, in welches hin und wieder Gebirgsketten ausliefen, die theilweise als abgeflachtes Hochland mit horizontalen Lagen und Schichten, theils aber auch als wilde, zerrissene Hügel der Landschaft einen überaus schönen Charakter verliehen. Ueberall, wo Bäume zwischen Gestein Wurzeln zu schlagen vermochten, erblickte man dunkle Nadelholzwaldungen, und selten nur wurden die schwarzen Waldlinien durch das rothe verdorrte Laub einer vereinzelt stehenden Eiche unterbrochen; in der Ebene selbst, die sich wellenförmig gegen Westen senkte, zeigte sich nur in den Niederungen spärliches Nadelholz. Unser Weg führte in westlicher Richtung quer durch diese Ebene

einer von Süden nach Norden sich hinziehenden Bergkette zu und lief dann
am Fuße derselben in nördlicher Richtung weiter. Nach einiger Zeit bog
die Bergreihe gegen Westen und als wir den durch diese Biegung gebildeten
Winkel umgangen hatten, stand in der Entfernung von 2 Meilen der
Inscription Rock wie ein grauer Riese vor uns. Die Form des Fel=
sens ließ sich in dieser Entfernung noch nicht genau erkennen, doch hoben
sich senkrechte Wände hoch empor, wodurch das natürliche Gebäude einem Obe=
lisken ähnlich wurde.

Die Quelle an dem Felsen war als Ziel für den Marsch dieses Tages
bezeichnet worden; da wir nun Alle wünschten, die Ruinen und Inschriften
auf demselben, von welchen wir schon gehört hatten, kennen zu lernen, am
folgenden Morgen aber schon die Weiterreise anzutreten hatten, so trieben
wir unsere Thiere zur Eile an, und Berg auf, Berg ab ging es durch die
hügelige Ebene in raschem Schritt über den gefrorenen Boden. Mehrere
Stunden noch vor Einbruch der Nacht standen unsere Zelte schon, und wir
rüsteten uns, einen Weg, der auf die Felsen hinauf führte, ausfindig zu
machen. Von unserem Lager aus, welches sich unmittelbar an der Basis
des östlichen Punktes des Moro (wie der Felsen von den Mexikanern ge=
nannt wird) befand, erschien derselbe unersteiglich, denn steil und glatt wie
ein künstliches Mauerwerk hoben sich die Felsenwände über 200 Fuß hoch
aus dem Boden. Dieser Punkt war gewissermaßen der spitze Winkel eines
Dreiecks, dessen eine Seite gegen Westen und die andere gegen Südwesten
lief. Die südliche Wand wurde in der Entfernung von einigen hundert
Schritten von unserem Lager, bis wohin dieselbe eine ganz glatte Fläche
bildete, von Einschnitten und unregelmäßigen, niedrigen Formationen unter=
brochen, während die nördliche auf der Strecke von einer halben Meile fast
immer dieselbe Höhe und dieselbe Richtung beibehielt, nur daß hohe Tannen
und Cedern die Felsformationen auf dieser Seite theilweise verdeckten.

Die Quelle befand sich auf der Südseite in einer kleinen Schlucht, an
der Stelle, wo die glatte Felswand ihr Ende erreichte; sie mußte nur
spärlichen Zufluß haben, denn das Wasser, welches eine kleine Lache bildete,
war kaum hinreichend für unsere Expedition. Eine große Tanne stand ver=
einsamt in dem dunklen Winkel, wo sich das Wasser befand; der übrige
Theil der Südseite war von zerstreut stehenden, verkrüppelten Cedern bedeckt,
die sich bis auf das Felsplateau hinauf zogen und das Malerische der wild
romantischen Naturscenerie verschönern halfen. Die Formation des Fel=
sens ([17]) zeigte grauen Sandstein, der in mächtigen, dicht verbundenen
Schichten übereinander lag. Die Schichten neigten sich etwas gegen Westen,
wodurch die östliche Spitze zum höchsten Punkte des ganzen Felsens wurde,
und wir, um auf denselben zu gelangen, einen passenden Weg nahe dem
westlichen Abhange suchen mußten. Ehe wir indessen den Inscription Rock
erstiegen, suchten wir die Inschriften auf, von welchen Lieutenant Simpson
in seinem Report to the Secretary of war in the year 1850 schon
gesprochen. Sowohl an der Nord= wie an der Südseite, wo vertikale glatte

Felswände den vor denselben Stehenden bequeme Gelegenheit boten. Namen und Inschriften in den nachgiebigen Sandstein zu meißeln, war er mit solchen dicht bedeckt, die, bis auf wenige Ausnahmen in spanischer Sprache und alterthümlichen Charakteren geschrieben, uns die besten Beweise lieferten, wie weit die Spanier vor Jahrhunderten ihre Forschungen und Unternehmungen ausgedehnt haben.

Vor den ehrwürdigen Inschriften stehend, von denen manche halb verwittert und unleserlich geworden sind, versenkt man sich gern in die Erinnerung an vergangene Zeiten. Freilich befinden sich auf dem Erdball unzählige Denkmäler der Vorzeit, bei deren Anblick Bilder der Vergangenheit vor dem Beobachter auftauchen, doch sind diese uns bekannt und wir durch die Geschichte auf dieselben vorbereitet. Tiefer noch ist aber der Eindruck und schneller noch werden die Bilder der Gegenwart durch die Erinnerung an längst entschwundene, fast vergessene Geschlechter verdrängt, wenn man sich lesend und entziffernd auf derselben Stelle befindet, wo vor Jahrhunderten die eisenbekleideten Spanier mühsam schreibend und meißelnd standen, und wenn man der Umgebung ansieht, daß sie seit dieser Zeit unangetastet geblieben ist, und äußerst selten nur ein menschliches Auge auf den alterthümlichen Schriftzügen geruht haben kann.

Die Namen, welche einzelne Gruppen bilden, sind fast alle zu verschiedenen Zeiten dort angeschrieben worden, wie es der Zufall fügte, oder wie es den später kommenden Reisenden gefiel, ihre Namen unter ältere Inschriften oder in deren Nachbarschaft zu bringen. So heißt es z. B. an einer Stelle: „Im Jahre 1641, Bartolome Romelo" (einige Worte unleserlich). Ferner: „Im Jahre 1716 am 26. Tage des August kamen an dieser Stelle vorbei Don Feliz Martinez, Gouverneur und General-Capitain dieses Königreichs, um die Moquis zu unterwerfen und zu verbinden;" (folgen unleserliche Worte) „Am 28. Tage des Septembers im Jahre 1737, kam an dieser Stelle an: Bachelor Don Juan Ignacio de Arrasain;" „kam an dieser Stelle vorbei Diego Belasques." „Am 28. Tage des Septembers des Jahres 1737 erreichte diese Stelle der berühmte Doctor Don Martin de Liza Cochea, der Bischof von Durango und brach am 29. nach Zuñi auf." „Joseph Dominguez kam im October an dieser Stelle vorbei und Andere am 28. September mit vieler Vorsicht und einiger Besorgniß." „Juan Garica de la Rêvas, Chef Alcalde und der erste Erwählte der Stadt Santa Fé im Jahre 1716 am 26. August." „Durch die Hand des Bartolo Fernandez Antonio Fernandez Moro." „Bartolome Narrso, Gouverneur und General-Capitain der Provinz Neu-Mexito für unseren Herrn den König, kam an dieser Stelle vorbei auf seiner Rückkehr vom Pueblo de Zuñi am 29. Juli des Jahres 1620, und brachte sie zum Frieden, auf ihr Verlangen, indem sie um die Gunst baten, Unterthanen Sr. Majestät werden zu dürfen, und von Neuem wurden sie gehorsam; welches alles sie aus freiem Willen thaten, es für klug sowohl als christlich haltend, einen so berühmten tapferen Soldaten . . . ." (das

Weitere ist verwittert). „An dieser Stelle zog vorbei mit Depeschen (einige unleserliche Worte) am 16. Tage des April 1606."

Diese letztere scheint die älteste der Inschriften zu sein, die zu Hunderten die glatten Wände bedecken, und manchen Namen findet man unter diesen, der in der alten Geschichte der Eroberung von Neu=Mexiko eine Rolle gespielt hat.

Lieutenant Simpson, der im Jahre 1850 zuerst diese Inschriften genauer untersuchte und mit vieler Mühe entzifferte, erhielt von dem Secretair der Provinz Neu=Mexiko ein Schreiben mit Bezug auf obige Inschriften, dessen Uebersetzung ich hier gebe, so wie es in Simpson's Report veröffentlicht worden ist.

Der Brief lautet folgendermaßen:

„Die Inschriften, welche in den Felsen an der Fischquelle (Ojo pescado) nicht weit von der Pueblo de Zuñi hinein gemeißelt sind und von welchen Sie Copien genommen haben, gehören der Epoche an, auf welche sie sich beziehen. Ich habe nur eine unbestimmte Idee über das Vorhandensein derselben, denn, obgleich ich wohl dreimal an der Stelle vorbeigekommen bin, so habe ich doch niemals die Gelegenheit benutzt, um dieselben in Augenschein zu nehmen. Die anderen Zeichen und unverständlichen Charactere sind traditionelle Erinnerungen, mit welchen die Indianer historische Nachrichten ihrer hervorragenden Ereignisse überliefern. Aus diesen Sachen die richtigen Schlüsse zu ziehen ist schwierig, denn manche Indianer wenden bei solchen Nachrichten kleine Zeichen an, die nur von denen, welche mit ihren Ideen vertraut sind, verstanden werden können, indem es nur einfache Andeutungen sind. Die Völker, welche dieses Land von der Entdeckung durch die Spanier bewohnten, waren abergläubisch und verehrten die Sonne. Es würde mich glücklich machen, Ihnen über die damaligen Zustände recht genaue Mittheilungen zu machen; doch ist es mir nicht vergönnt, weil mir sichere Nachrichten, welche sich auf die Einzelnheiten beziehen, mangeln, und auch Manches nur wenige Jahre nach der Eroberung durch Juan de Oñate, im Jahre 1595 geschah. Alle vor dem Jahre 1689 niedergelegten Nachrichten gingen aber verloren, als die Indianer während ihrer Insurrection gegen die Eroberer, die damals das Land inne hatten, die Archive verbrannten. Im Jahre 1681 erhielt der Gouverneur Antonio de Otermin vom Vicekönig den Befehl zurückzukehren und das Land zu unterwerfen. Er drang in Pueblo de Cochiti ein, stieß auf Widerstand, und da die Streitkräfte, die er mitgebracht hatte, zu schwach waren, wurde er gezwungen, sich noch in demselben Jahre nach El Paso zurückzuziehen. Im folgenden Jahre machte Cruzat eine Expedition gegen Neu=Mexiko, nahm Besitz von der Hauptstadt und dehnte seine Eroberungen mit etwas mehr Erfolg aus, bis er im folgenden Jahre, als es unmöglich für ihn wurde, sich länger zu halten, ebenfalls nach El Paso zurückkehrte. Im Jahre 1693 drang Curro Diego de Vargas Zapatei noch bis Pueblo de Zuñi vor, und kehrte ohne mehr ausgerichtet zu haben nach El Paso zurück. Im Jahre 1695 brachte er den vollständigen Frieden des Landes zu Stande.

Hier war später eine Reihe von Gouverneuren, unter diesen Feliz Martinez und Juan Paez Hurtado, über welche genaue Auskunft geschafft werden kann, wenn man bis zu der Zeit der Administration eines jeden in den Registern der alten Archive des Gouvernements zurückgeht und nachforscht.

Die kurze Zeit vor Ihrer Abreise erlaubt mir nicht, genauere Forschungen anzustellen und Ihnen eine historische Verbindung dieser Begebenheiten mitzutheilen. Die Nachricht soll daher von Ihnen nicht als eine solche angesehen werden, welche für Ihre Ansichten allein maßgebend sein könnte, indem meine beschränkten Fähigkeiten mich nicht in den Stand setzten, besondere Punkte auf angemessene Weise zu durchforschen, doch mag sie Ihnen gewissermaßen als Führer bei Ihren eigenen Forschungen dienen, da die Begebenheiten chronologisch geordnet sind.

Sollten diese Bemerkungen sich Ihnen nützlich erweisen, und ich dann noch eben so leichten Zutritt zu den Archiven haben wie jetzt, so will ich mit Freuden jede Arbeit übernehmen und Ihnen die Resultate derselben zusenden.

Ich bin Señor Ihr gehorsamer Diener

Donaciano Virgil."

To Lieutenant J. H. Simpson,
Topographical Corps U. S. A.

Dieser Brief, den Lieutenant Simpson auf seine Anfrage erhielt, weist klar genug darauf hin, woher die Inschriften stammen, und auch das Vorhandensein der zu den spanischen Namenszügen sich gesellenden indianischen Hieroglyphen und Bilder erklärt sich leicht daher, daß an der einzigen Quelle auf mehrere Meilen im Umkreise, an welcher vorbei die alte Zuñi-Straße führt, die Reisenden, Europäer wie Indianer, gern rasteten, und, angelockt durch die glatten Wände von Sandsteinfelsen, ihre Namen oder hieroglyphischen Bilder aufzeichneten.

Noch vor Abend gingen wir an der Südseite des Felsens entlang, wo die sich mehr senkenden Niederlagen das Ersteigen des Inscription Rock erleichterten. Nach öfterem Ausgleiten auf den schrägen Steinflächen gelangten wir endlich auf den höchsten Punkt, von welchem uns eine weite und prachtvolle Aussicht auf die umliegenden Ländereien vergönnt war. Gegen Norden und Osten erblickten wir die Sierra de Zuñi oder Madre, die, mit dunklen Cedern- und Kiefernwaldungen bedeckt, sich von Nordwest gegen Südost hinzog. Gegen Süden war der Horizont von blauen Berggipfeln und Gebirgszügen begrenzt, die über die nahen waldigen Hügel und Tafelländer, welche an den Inscription Rock stießen, emporragten. Gegen Westen sahen wir die horizontalen Linien, gebildet von Hochland und Tafelfelsen.

Unmittelbar um die Felsen herum lagen kleine Prairien, die, von einzelnen Bäumen und Baumgruppen geschmückt, gewiß eine liebliche Abwechselung mit dem nahegelegenen wallartigen Tafelfelsen gebildet hätten, wenn statt der herbstlich grauen Farbe überall ein frisches Grün vorherrschend gewesen wäre. Was indeß noch mehr als die Inschriften und die herrliche Aussicht unsere Aufmerksamkeit fesselte, das waren die verwitterten Ruinen von zwei alten Städten eines verschollenen Volkes, welche die Höhe des Moro krönten.

Das Plateau des Felsens bildete keineswegs eine ununterbrochene Fläche, sondern von Westen her zog sich eine Schlucht bis in die Mitte desselben, wo sie sich erweiterte und eine Art Hof darstellte.

Die Wände der Schlucht waren indessen ebenfalls steil und ohne künstliche Hülfsmittel unersteiglich. Hohe Tannen wuchsen auf dem Boden der Schlucht und des natürlichen Hofes und reckten ihre Gipfel hoch empor, ohne jedoch die Höhe des Felsens, auf welchem wir standen, zu erreichen. Nur ein einzelner Felsblock, der, wie ein Pfeiler abgesondert von den Wänden in dem Hofe stand, erhob sich zur gleichen Höhe mit uns. Auf jeder Seite der Schlucht nun, die bis auf eine kurze Strecke den Felsen in zwei Hälften theilte, standen die alten Fundamente und Ueberbleibsel von Bauwerken. Die Ruinen an sich bildeten Rechtecke von 307 Fuß Länge und 206 Fuß Breite, in welchen die Seiten die vier Hauptpunkte waren, indem die Gemächer, wie die Fundamentmauern auswiesen, einen freien Raum in der Mitte lassend, hauptsächlich an den Seitenwänden gelegen haben müssen. Doch auch in dem eingeschlossenen Hofe waren die Spuren von Bauwerken sichtbar. Die Hauptmauern schienen, nach den Ueberresten zu schließen, sorgfältig von kleinen behauenen Sandsteinen aufgeführt gewesen zu sein, die man durch Lehm verbunden hatte. Wie bei allen Ruinen Neu-Mexiko's lagen auch hier Unmassen von Topfscherben zerstreut umher, und zwar so, daß es auf den ersten Blick auffallen mußte, und sich nothwendig der Gedanke aufdrängte, daß in den uralten Städten mehr Töpfe zerschlagen wurden (vielleicht bei Festlichkeiten oder Religionsgebräuchen und Opfern), als die Zufälligkeiten im gewöhnlichen Leben mit sich bringen. Noch die jetzigen Pueblo-Indianer brauchen ähnliche thönerne Hausgeräthe, doch ohne, daß man bei ihren Städten solche Scherbenanhäufungen findet.

Was die längst verschollenen Erbauer dieser nunmehr gänzlich zerfallenen Städte veranlaßte, ihre Wohnsitze auf fast unersteiglichen Felsen aufzuschlagen, darüber kann man jetzt nur noch Vermuthungen anstellen. Vielleicht geschah es, um sich gegen feindliche Ueberfälle leichter schützen zu können, vielleicht aber auch, um in den wasserarmen Gegenden den nothwendigsten Bedarf an Regenwasser auf den Felsenplateaus sammeln und in den Vertiefungen aufbewahren zu können. Allerdings befindet sich am Fuße des Inscription Rock die Quelle, doch wenn dieselbe in den uralten Zeiten, als sie noch von den Bewohnern der hochgelegenen Städte umschwärmt wurde, nicht reichlicher als jetzt floß, dann kann mit Gewißheit angenommen werden, daß die Vertiefungen auf dem Plateau zu damaliger Zeit als natürliche Cisternen benutzt worden sind, so wie es noch heutigen Tages bei den Bewohnern der Pueblo von Acoma und mehrerer anderer Indianer= städte geschieht. Das Aufsammeln des Regenwassers kann aber auch nicht der alleinige Grund zur Ansiedelung auf den Höhen gewesen sein, was durch die Lage der Ruinen bei den Pueblos Laguna und Zuñi erwiesen ist. Diese liegen nämlich ebenfalls auf hohen Felsen, an deren Fuße vor= bei aber nie versiegende Bäche fließen, die das Auffangen des Regenwassers überflüssig machten, wenn es nicht dennoch der bloßen Bequemlichkeit wegen geschah. Später zogen die Bewohner der Höhen hinab in die Thäler und gründeten an den Ufern der Flüsse neue Wohnungen, wo ihnen dieselben des Ackerbaues und der von den Spaniern eingeführten Viehzucht wegen geeigneter erschienen. Vergebens sieht man sich indessen von den Trümmern auf dem Inscription Rock nach einem noch bewohnten Pueblo in der Nach= barschaft um; ausgestorben oder ausgewandert sind die Nachkommen der Erbauer dieser verfallenen Städte, und die letzten Spuren derselben mögen schon vor langer Zeit im südlichen Mexiko verwischt worden sein.

Wenn man den Rio Grande del Norte verlassend zwischen dem 34. und 36. Grad nördlicher Breite gegen Westen zieht, so geben die zahl= reichen Trümmer und Ruinen, auf welche man in fruchtbaren und wasser= reichen Gegenden stößt, zum tiefsten Nachdenken Veranlassung. Wie reich bevölkert müssen diese nun so öden Landstriche gewesen sein, welche jetzt nur noch von räuberischen Apache= und Navahoe=Indianern durchzogen werden. Näher dem Rio Grande und Rio Gila zu erheben sich allerdings noch zwischen den mexikanischen Ansiedelungen und Städten die grauen Pueblos der Indianer; doch ist die Zahl dieser gering im Vergleich mit der Menge der alten Trümmerhaufen. In welchem Verhältniß stehen nun die jetzigen Pueblo=Indianer zu den Azteken und Tolteken, die einst diese Landstriche überschwemmten? Mancher Art sind die Vermuthungen, die dar= über ausgesprochen werden, und kaum ein Reisender hat Neu=Mexiko durch= streift, der sich nicht durch das, was er daselbst wahrgenommen, veranlaßt gefühlt hätte, seine Ansicht mit denen Anderer, die vor ihm dort gewesen sind, zu vergleichen und seine eigenen Schlüsse zu ziehen. Doch wer ver= möchte wohl das tiefe Dunkel, welches über der Geschichte der alten ver= schwundenen Völkerstämme ruht, zu durchdringen? Nur dem kundigsten Forscher im Gebiete der Natur, auf dem Felde der Völkerkunde ist es voll= ständig gelungen, hieroglyphische Bilder zu entziffern, und die gewonnenen Resultate mit den noch vorhandenen Trümmern so in Verbindung zu bringen, daß die meisten Lücken in der ältesten Geschichte Mexiko's ausge= füllt werden konnten. Auf diese Weise nun erfuhren wir, wie wohlbe= gründet die Nachrichten von der Wanderung und den drei Haltepunkten der Azteken oder alten Mexikaner sind, die Bartlett in seinem vortrefflichen Werke: Personal Narrative Vol. III pag. 283 noch als leere Sagen bezeichnet, darauf fußend, daß keine Aehnlichkeit zwischen der Sprache der alten Mexikaner und der irgend eines weiter nördlich hausenden Indianer=

stammes existire. Die mühseligen und gründlichen Arbeiten eines großen
Sprachforschers hingegen, des Professors Buschmann über die Grammatik
der aztekischen Sprachen beweisen das Gewagte dieses Ausspruchs. Die
Verbreitung der aztekischen Ortsnamen vom Innern des mexikanischen
Hochlandes, Coahuila, Chihuahua und Michuacan an, bis Guatemala,
Nicaragua, Honduras und Costa Rica, die vielen altaztekischen Wörter in
dem Sonorischen Sprachstamme wie in der Sprache der Gegenwart auf
der Insel Ometepec im großen See Nicaragua lehren uns die weiteren
Wanderungen der alten Bewohner von Anahuac*). Sollten außer den
alten untrüglichen hieroglyphischen Schriften der Kalender führenden Azteken
nicht noch andere Zeichen für die Wanderung sprechen? Sollten die Spuren,
die sie unterwegs zurückgelassen haben, nicht ebenfalls als Beweise dienen
können? Bei den Ruinen, die sich zwischen dem Thale des Rio Grande
und der Südsee unter den verschiedenen Parallelen befinden, ist es besonders
in's Auge fallend, daß weiter nach Süden die Trümmer der alten Städte
von einer größeren Kultur und Kunstfertigkeit ihrer Erbauer zeugen und
nicht so gänzlich zerfallen sind, wie die mehr nördlichen. Unwillkührlich
drängt sich dann dem Laien die Frage auf: woher sollten die Ruinen anders
stammen, als von den alten wandernden Völkerstämmen, die auf einer Jahrhunderte dauernden Reise auch in der Kultur fortschritten und die daher,
wenn sie einen Haltepunkt verlassen hatten und an einer neuen Stelle
Wohnsitze gründeten, umsichtig nach den in langen Zeiträumen gesammelten
Erfahrungen ihre Bauart verbesserten? Auf diese Weise läßt sich vielleicht
der Unterschied zwischen den Trümmerhaufen am kleinen Colorado, den
mehr erhaltenen Casas Grandes am Gila, und den kunstvollen Tempeln
und Bauwerken in Mexiko erklären. Die Städte der Pueblo-Indianer in
Neu-Mexiko sind freilich in mancher Beziehung verschieden von den meisten
alten Ruinen, doch herrscht andererseits auch wieder eine große Aehnlichkeit hinsichtlich der Fundamente, der terrassenförmig übereinander liegenden Wohnungen und der Anwendung von Leitern, um mittelst derselben
in das Innere der Gebäude zu gelangen. Die Abweichungen der neueren
Bauart von dem uralten Stile sind nur sehr geringe zu nennen im Vergleich mit dem Zeitraum, in welchem dieselben allmälig entstanden. Die
thönernen, phantastisch bemalten Hausgeräthe der jetzigen Bewohner der
Pueblos geben, wenn sie zerbrochen werden, Scherben, welche von denen,
die sich bei den alten Trümmerhaufen finden, gar nicht zu unterscheiden
sind; auch das Zähmen von Vögeln, namentlich von Adlern und wilden
Truthühnern, eine aus dem grauen Alterthume überkommene Sitte, herrscht
noch bei den Moquis, Zuñis und überhaupt in fast allen Pueblos.

*) Buschmann über die aztekischen Ortsnamen. Erste Abtheilung 1853.
S. 72, 95 und 171. Derselbe über die Lautwanderung aztekischer Wörter in
den sonorischen Sprachen 1857. S. 435 und 478.

Wenn nun erwiesen ist, daß die Ruinen in Neu=Mexiko von den alten Azteken, Tolteken und Chichimeken herrühren, so kann es fast keinem Zweifel unterliegen, daß die jetzigen Pueblo=Indianer, wenn auch nicht reine Ab= kömmlinge der eben genannten Völkerstämme, so doch nahe mit denselben verwandt sind; daß aber eine starke Vermischung statt gefunden haben muß. Die Verschiedenheit der Sprachen der jetzigen städtebauenden Indianer unter sich und ebenso von den Sprachen der alten Mexikaner ist freilich nach Bartlett ein Beweis gegen solche Vermuthung, doch es findet sich auf dem amerikanischen Continente öfter, daß Stämme von derselben Race, deren Wohnsitze nur durch geringe Zwischenräume von einander getrennt liegen, einander nicht verstehen können. Und so wie die Deutschen, Franzosen, kurz, die Repräsentanten aller Nationen Europas, die nach dem amerika= nischen Continente auswandern, die Sprache der Engländer, eines ebenfalls dort eingewanderten Volkes, erlernen und ihre Kinder schon die eigene Muttersprache vergessen, so mögen die bei der Wanderung auf der großen Straße zurückgebliebenen Individuen und Stämme sich den daselbst schon hausenden Horden angeschlossen, deren Sprache erlernt und entweder jene zum Städtebauen veranlaßt haben, oder selbst zum Nomadenleben gezwungen worden sein, je nachdem das Element der Urbewohner oder das der neu Eingewanderten, durch äußere Verhältnisse, vielleicht auch durch numerisches Uebergewicht bestimmt, Sieger blieb. Daher denn auch die beiden großen Abtheilungen in der braunrothen Bevölkerung von Neu=Mexiko, die sich so streng von einander scheiden; auf der einen Seite die friedlichen Pueblo= Indianer mit ihren patriarchalischen Sitten und Gebräuchen, auf der andern die nomadisirenden Apaches und ihre räuberischen Bruderstämme. Und so leben denn in allen Indianerstämmen von Neu=Mexiko die Azteken mehr oder weniger fort; vergebens sieht man sich indessen bei ihnen nach der zurückgebogenen Stirne und der großen Habichtsnase um, welche die Sculp= turen und Malereien der alten Azteken und Tolteken charakterisirt. Nur an einer Stelle auf dem nordamerikanischen Continente wird man lebhaft hieran erinnert und zwar nördlich nahe den Rocky Mountains, bei den Flathead= und Chinoot=Indianern. Doch ist bei diesen Stämmen die auf= fallende Gesichtsbildung keine Eigenthümlichkeit, welche eine besondere Race bezeichnete, sondern sie wird durch das Zurückpressen des Stirnknochens bei den neugeborenen Kindern künstlich bewirkt. Der Hinterkopf wird durch dieses Verfahren lang und spitz, die Nase ragt weit vor und das Profil gewinnt dadurch einen vogelartigen Ausdruck. Je mehr nun auf diese Weise die natürlichen Züge des Menschen verunstaltet werden, für um so schöner gelten solche Individuen bei ihrem Stamme. Auch unter den Choctaw=Indianern, die jetzt am Arkansas River ihre Ansiedelungen haben, soll nach ihren Traditionen, in welchen vielfach von einer gro= ßen Wanderung die Rede ist, dieser eigenthümliche Gebrauch geherrscht haben. —

Bis die Dämmerung eintrat, blieben wir oben auf dem Felsen, bald uns an der herrlichen Aussicht ergötzend, bald nach Alterthümern unter den Trümmern spähend; doch nichts als bemalte Topfscherben boten sich uns dar, und vergeblich suchten wir nach steinernen Pfeilspitzen und nach anderen Gegenständen, auf welche der Einfluß der Zeit und der Atmosphäre nicht zerstörend zu wirken vermag. Es dunkelte schon, als wir in unser Lager am Fuße des Moro zurückkehrten; der kalte Wind, der über die Ebene stürmte und heftig an unseren Zelten rüttelte, ließ Alle näher um die flackernden Feuer rücken und früher als gewöhnlich erquickenden Schlaf unter wärmenden Decken suchen.

Hell beleuchtete am folgenden Morgen die Sonne den ehrwürdigen Felsen. Es hatte scharf gefroren, und laut klapperten die Hufe der Thiere auf dem Wege, als wir nördlich am Inscription Rock vorbei in westlicher Richtung weiter zogen. Der interessante Punkt versteckte sich bald hinter hohen Tannen und Cedern, und verschwand unseren Augen ganz, als wir über vulkanisches Felsengeröll und schwarze Lava hinab in eine niedriger gelegene Ebene gelangten. War am frühen Morgen die Luft still, so sprang im Laufe des Tages der Wind wieder auf, so daß uns trotz des starken Schrittes, zu welchem wir unsere Maulthiere zwangen, zu frieren begann. Weite Ebenen wechselten an diesem Tage mit hügeligen Landstrichen ab, die bald von niedrigem Cederngesträpp beschattet, bald von Lavaströmen durchzogen waren. Antilopen umkreisten uns in großer Menge, doch waren sie zu scheu und wild, als daß unsere Jagd auf sie hätte mit Erfolg gekrönt werden können; wir zogen aber auch auf einer Landstraße, auf welcher seit Hunderten von Jahren schon die Antilopen den Menschen als gefährlich kennen gelernt hatten.

Vor uns im Westen tauchten wieder neue Gebirgsmassen auf, die uns den Weg zu versperren schienen, und dorthin, wo die Ebene, auf welcher wir reisten, einen spitzen Winkel bildend in die Gebirge hineinreichte, lenkten wir den Schritt unserer Thiere. Die kleinen Cedernwaldungen, die hin und wieder die Einförmigkeit unterbrochen hatten, wurden lichter und nach der Richtung hin, wo wir während der Nacht zu rasten beabsichtigten, verschwanden sie endlich ganz, so daß wir auf den Rath unserer Führer uns veranlaßt fühlten, trockenes Brennholz mit Stricken an den Wagen zu befestigen und bis zur Lagerstelle nachzuschleifen; denn die kalten Nächten machten tüchtige Feuer vor den Zelten nicht nur angenehm, sondern sogar nothwendig.

Nach einem Marsch von einigen 20 Meilen erreichten wir die Quellen des Rio del Pescado (Zuñi River), dort Los Ojos del Pescado genannt([13]). Schönes klares Wasser rieselte an verschiedenen Stellen aus Basaltfelsen und vereinigte sich zu einem Bache, der sich gegen Westen durch das Thal hinwand, an dessen südlicher und nördlicher Seite sich hohe Felsmassen und Tafelländer aufthürmten. Wiederum befanden wir uns ganz in der

Möllhausen, Tagebuch.   18

Nähe von den Ueberresten einer alten Ansiedelung oder Stadt, die indessen schon mit Rasen bedeckt und unter einem Grasteppiche verhüllt waren, so daß wir nur noch bei genauerer Untersuchung die Stellen an den Fundamentalmauern und den zahlreichen umherliegenden Scherben zu erkennen vermochten. Gegen Westen, ungefähr 1000 Schritte von unserem Lager, erblickten wir ebenfalls Ruinen, doch waren dies ziemlich wohl erhaltene Häuser, die zusammengedrängt liegend eine alterthümliche Stadt bildeten. Sie lagen am Flusse (Rio del Pescado), und da ich wahrnahm, daß am folgenden Tage unser Weg nicht an denselben vorbeiführen würde, so beschloß ich, noch an diesem Abende einen Ausflug dorthin zu machen. Ich folgte daher dem Laufe des Wassers, wo kleine und große Enten häufig von mir aufgescheucht wurden, und gelangte endlich an die verlassene Stadt. Sie erhob sich auf dem nördlichen Ufer des Flüßchens selbst, welches hier schon eine bedeutendere Breite erlangt hatte, so daß ich einen alten Steg benutzen mußte, den in's Wasser geworfene Steine bildeten, um trockenen Fußes hinüber zu kommen. Endlich befand ich mich in der alten Indianerstadt, die eine ungefähr 200 Schritt lange und 150 Schritt breite Fläche bedeckte. Die Häuser waren zusammenhängend gebaut, zwei Stockwerke hoch und von flachen Steinen aufgeführt, die durch Lehmerde verbunden waren. Die Häuserreihen schlossen einen rechtwinkligen Platz ein, in dessen Mitte sich die Trümmer von einem einzelnen Gebäude befanden. Diese Pueblo schien nicht der ganz alten Zeit anzugehören, denn Dächer und Wände waren noch in einem guten Zustande, sogar Kamine und Feuerplätze waren überall zu erkennen. Ich stieg in mehrere Wohnungen hinab, was trotz des Mangels an Leitern bei der niedrigen, mehrere Fuß in die Erde hinein reichenden Bauart keine Schwierigkeit hatte. Kalt und feucht wehte es mir aus den alten verödeten Räumen entgegen; das Tageslicht, welches durch Risse und Spalten in den Wänden die Gemächer nur theilweise erhellte, erlaubte mir jedoch genauer nach etwa vergessenen oder absichtlich zurückgelassenen Gegenständen zu forschen. Aber Alles war leer, nur etwas Stroh, das sich hin und wieder in einem Winkel fand, deutete darauf hin, daß Hirten dort manchmal ein Obdach suchen und den eingeschlossenen Platz vielleicht als Stall für ihre Heerden benutzen. Fast wehmüthig stimmte mich der Gedanke, daß vielleicht ansteckende Krankheiten diesen Ort entvölkert hatten. Denn Versiegen des Wassers, welches in vielen Fällen das Aufgeben von mexikanischen Ansiedelungen und Städten veranlaßt hat, konnte hier nicht die Ursache gewesen sein, da sich der Rio del Pescado krystallklar durch eine fruchtbare Niederung wand, auf welcher weithin die untrüglichsten Merkmale einer früheren Kultur und fleißiger, umsichtiger Bearbeitung zu bemerken waren. Ich konnte die Pfade erkennen, auf welchen einst die Weiber und Mädchen, irdene Gefäße auf den Köpfen tragend, dahin geeilt oder ernste Männer zur Bestellung ihrer Felder entlang gezogen waren. Auf den kleinen Hügeln, die an die Woh-

nungen stießen, hatten die greisen Häupter der Stadt vor Zeiten gewiß
manche Stunde sich sonnend zugebracht und die Jugend ihre wilden Spiele
gespielt. Jetzt war Alles todt und öde. Kein Laut war hörbar in den
verlassenen Räumen; nur zwei Wölfe, die bei meiner Annäherung die
Ruinen verlassen hatten, schlichen außerhalb der Gebäude umher. Ich
schickte ihnen eine Kugel zu, und die Bestien entfernten sich; Enten aber
und Schnepfen, aufgescheucht durch den Knall, erhoben sich vom Bache
und flogen schreiend davon; der Schuß verhallte schnell in den öden Stra=
ßen, langsamer in den fernen Gebirgen, und Alles war dann wieder un=
heimlich still wie zuvor. Ich trat den Rückweg in's Lager an und ge=
langte auf einem Umwege zu Feldern, die noch die Spuren kürzlich
abgeernteter Früchte trugen; auch erfuhr ich später, daß die Bewohner von
Zuñi alljährlich einige Male nach der verlassenen Stadt ziehen, um auf
den fruchtbaren Feldern zu säen und zu ernten. Es ist nicht unmöglich,
daß die letzten Bewohner der verlassenen Stadt sich zu den Zuñi=Indianern
übergesiedelt haben, und die von ihnen veranlaßten alljährlichen Wande=
rungen und Wallfahrten nach den Gräbern ihrer Vorfahren unter den heu=
tigen Zuñi's als eine Sitte fortbestehen, die auch Vortheil bringt, da die
dortigen Felder fruchtbarer sind, als die in der unmittelbaren Nähe von
Zuñi liegenden.

Das frischeste Herbstwetter begünstigte unseren zeitigen Aufbruch, und
unser Weg führte uns dorthin, wo das Thal sich verengte, und die nörd=
lich und südlich von uns hinlaufenden Gebirgsketten sich zu berühren schie=
nen. Die verödete Stadt blieb eine kleine Strecke nördlich von uns liegen,
eben so das Flüßchen, welches einen Bogen gegen Norden beschrieb und
dann der Stelle zueilte, wo die beiden Felsenketten sich einander näherten
und fast ein Thor bildeten. Als wir den Paß hinter uns hatten, öffnete
das Land sich wieder: doch war es von dort ab felsig, rauh und mehr
oder weniger mit Cedern bewachsen. Die Straße führte uns durch den
Zuñi River, dessen Bett an dieser Stelle sumpfig und daher nur mit
Mühe zu überschreiten war. Auf dem nördlichen Ufer wand sich unser
Wagenzug zwischen Hügeln hindurch aufwärts, bis wir eine kleine, grasige
Ebene erreichten, wo wir zu verweilen beabsichtigten, um unsere nach Fort
Defiance gereis'ten Gefährten mit der von dort zu erwartenden Escorte sich
der Expedition anschließen zu lassen; zugleich wollten wir auch an dieser
Stelle, ehe wir den befahrenen Landstraßen auf lange Zeit Lebewohl sag=
ten, die letzte Gelegenheit einer Communication mit den Vereinigten Staa=
ten benutzen, um Berichte und Briefe zu schreiben und zurück zu befördern.
Die Stadt Zuñi war freilich noch 3 Meilen von unserem Lager entfernt,
doch konnten wir uns mit unseren großen Maulthier= und Schafheerden
nicht näher in die Umgebung der Stadt wagen, wo jede Spur von Gras
von dem Vieh der Indianer gewiß längst vertilgt war. Wir schlugen also
unsere Zelte nahe der Straße auf, und hatten nur wenige Schritte bis zu

18*

einem Bache, der sich ein tiefes Bett mitten durch einen Hügel gewühlt hatte, wo bei Regengüssen das Wasser, kleine Fälle bildend, über Fels= blöcke hinabstürzte. Zur Zeit unserer Ankunft daselbst fanden wir nur die Vertiefungen in den Felsen mit Wasser angefüllt, doch waren diese natür= lichen Reservoirs sehr fischreich, ein Zeichen, daß das Wasser an diesen Stellen nicht austrocknete.

XXII.

Die geweihte Quelle. — Besuch von Zuñi=Indianern. — Ausflug in's Gebirge. — Die Bärenquelle. — Rückkehr Mr. Campbell's von Fort Defiance. — Aufbruch vom Lager von Zuñi. — Ruinen des alten Zuñi. — Sagen der Zuñi=Indianer. — Deren Opferstelle. — Pueblo de Zuñi. — Rio Zuñi. — Die indianischen Führer. — José Hatche und José Maria.

Auf Reisen, wie die unsrige, ist es gebräuchlich, daß in jedem neuen Lager vor allen Dingen die nächste Umgebung durchforscht und dabei nach Merkwürdigkeiten gespäht wird. So geschah es auch im Lager vor Zuñi. Kaum angelangt, streiften wir auch schon in der Nachbarschaft umher und entdeckten einige hundert Schritte von unseren Zelten eine Quelle, die einen Teich von 25 Fuß im Durchmesser bildete. So wie der Teich seinen Zu= fluß aus verborgen liegenden Adern erhielt, so sendete er sein überflüssiges Wasser in einer kleinen Rinne dem nächsten Bache und in diesem dem Zuñi River zu. Sorgfältig war der kleine See, dessen Tiefe über 12 Fuß betrug, von den Indianern mit einer Mauer eingefriedigt worden, wahrscheinlich um dem Andrange des Viehes dadurch vorzubeugen. Die kultivirten Fel= der, welche die Quelle umgaben, schienen ausschließlich aus derselben be= wässert zu werden, obgleich ein Bach eben so nahe war; denn zahlreiche Urnen und Gefäße, die zum Schöpfen und Tragen des Wassers gedient hatten, standen geordnet auf der Mauer umher. Angelockt durch die eigen= thümliche Form dieser Geräthe wollten Einige unserer Gesellschaft die leich= teren derselben mitnehmen, doch wurden sie durch die Indianer daran ver= hindert, die, aus welchem Grunde konnten wir nicht erfahren, die Ordnung an der Quelle nicht gestört haben wollten, was uns auf den Gedanken brachte, daß dieselbe von den Zuñis in irgend einer Weise verehrt werde.

Wir befanden uns, wie oben bemerkt, in einem Thale, dessen östliche Grenze durch Lavahaufen und vulkanische Hügel bestimmt wurde; gegen Süden erblickten wir die Gebirgsketten, zwischen denen wir hingezogen waren, gegen Westen eine Verlängerung dieser Gebirgsketten, die plötzlich mit einer steilen imposanten Felsmasse endigte, auf welcher sich die Trümmer des alten Zuñi befanden; gegen Norden stieg das Thal allmälig zu einer geringen Höhe auf, über welche hinweg die Straße nach der Indianerstadt führte.

Die Nachricht von der bevorstehenden Ankunft unserer Expedition mußte Zuñi schon früher erreicht haben und wir von den Indianern erwartet worden sein; denn noch ehe vollständige Ordnung in unserem Lager hergestellt war, begann sich dasselbe mit braunen Gestalten zu füllen, so daß sich vor jedem Kochfeuer und vor jedem Zelte einige derselben befanden. Im Aeußeren hatten diese unsere neuen Freunde die größte Aehnlichkeit mit den Pueblo-Indianern, die wir schon bei früheren Gelegenheiten kennen lernten. Sie zeigten sich sehr neugierig, zu erfahren, was eigentlich Veranlassung zu unserer Expedition gegeben habe. Der Zweck, eine directe Verbindung mit der Südsee herzustellen, schien ihnen sehr einzuleuchten, und es dauerte gar nicht lange, daß Pedro Pino, der Gobernador von Zuñi, im Festanzuge mit zweien seiner Häuptlinge erschien, um Bekanntschaft mit uns zu machen und sich näher über die Richtung unserer Reise zu erkundigen. Eine sehr traurige Nachricht überbrachten uns die Indianer, in Folge deren wir verhindert wurden, sie in ihrer Stadt zu besuchen und ihre Gastfreundschaft zu beanspruchen. Die Blattern herrschten nämlich bei ihnen und forderten manches Opfer von der hülflosen Bevölkerung. So theilte uns Pedro Pino mit, daß zwei seiner Neffen an dieser schrecklichen Krankheit gestorben seien, mit dem Bemerken, daß er sehr betrübt sei und alle seine Leute mit ihm; daß sie aber auch zugleich hofften, Derjenige, der ihnen die Krankheit geschickt habe, werde sie auch wieder von ihnen nehmen. Es waren überhaupt freundliche, friedfertige Leute, die uns umschwärmten, und es konnte im ganzen Lager keine Klage darüber geführt werden, daß sie zudringlich geworden wären oder sich irgendwie fremdes Eigenthum angeeignet hätten.

Die wilden Gebirgszüge, die in nicht allzu großer Entfernung gegen Westen vor uns lagen, ließen in mehreren Mitgliedern unserer Gesellschaft den Wunsch rege werden, die dunklen Schluchten jagend zu durchstreifen und nach grauen Bären zu spüren, welche dieselben nach den Aussagen der Indianer bevölkerten. Ein freundlicher Zuñi bot sich auch alsbald an, uns zu begleiten und nach einer von Bären besuchten Stelle zu führen. Der folgende Tag wurde zu diesem Ausfluge bestimmt, und kaum graute der Morgen, als auch Doctor Bigelow, Doctor Kennerly und ich im Sattel saßen und unserem indianischen Führer folgten, der auf einem schönen braunen Hengste ritt.

Das cedernbewaldete Thal, welches bis zum Fuße der ersten Berglette reichte, war bald überschritten, und über Felsengerölle, an steilen Abhängen vorbei, ging es dann aufwärts. Der Bergrücken, auf welchem wir uns endlich befanden, stand in Verbindung mit dem hohen Felsplateau, auf dem die Ruinen des alten Zuñi lagen; die Bergkette erreichte mit diesem Fel= sen ihr Ende, und leicht hätten wir auf bequemere Weise um die Spitze herumreiten können; doch ersparten wir durch Ueberschreitung der Höhen einen bedeutenden Umweg, wenn auch namentlich das Hinabklettern von denselben keineswegs gefahrlos war.

Als wir endlich am Fuße glücklich angelangt waren, befanden wir uns am Rande eines anderen Thales, welches gegen Westen von einer unabsehbaren Felsenkette eingeschlossen war. Diese erstreckte sich gegen Sü= den, fast parallel mit der hinter uns liegenden Kette, und engte, sich der= selben nähernd, das Thal allmälig so ein, daß es nur noch eine von Berg= strömen hin und wieder durchfurchte Schlucht bildete; diese Bergströme freilich waren zur Zeit unserer Ankunft alle trocken. In diese Schlucht hinein folgten wir also unserem Indianer, der sein Pferd zur Eile anspornte. Vielfach kamen wir an kultivirten Feldern vorbei, auch an leicht gebauten Hütten, die darauf hindeuteten, daß nur zeitweise, vielleicht um die Felder zu bestellen, und zur Erntezeit die Bewohner von Zuñi dieses Thal be= lebten. Die Waldungen, welche die stolz und majestätisch emporstrebenden Felswände bekränzten, zogen sich bei unserem Vorschreiten immer mehr zu= sammen und begegneten sich endlich in der Mitte der Schlucht, so daß wir zuletzt fast ununterbrochen durch Gehölz ritten und nur mitunter auf kleinen Lichtungen einen Blick auf die hohen phantastischen Felsformationen gewan= nen. Mehrfach machten wir uns gegenseitig darauf aufmerksam, wie lieb= lich die Umgebung sein müsse, wenn das Laubholz am Fuße der Berge statt der nackten Zweige frisches Frühlingsgrün zeige, prachtvoll abstechend gegen die dunklen, schattigen Cedernwaldungen auf den Bergen. Ohne an= zuhalten, waren wir bis um die Mittagszeit der Schlucht gefolgt, als plöz= lich der Indianer gegen Westen in eine Nebenschlucht einbog, wo uns bald das dichte Holz am Reiten verhinderte und wir, unsere Thiere zurücklassend, unsere Reise zu Fuß fortsetzen mußten. Nicht lange waren wir unserem schweigsamen Führer gefolgt, als derselbe, an einer kleinen Quelle anhal= tend, uns bedeutete, daß wir an dem Punkte angekommen seien, wo die Bären zu Wasser zu kommen pflegten. Ein einziger Blick genügte, uns zu überzeugen, daß unsere Bärenjagd sich nur auf einen langen Spazierritt beschränken würde, und nur mit äußerster Geduld und Aufopferung vieler Mondscheinnächte auf einen guten Erfolg gerechnet werden könne. Uebri= gens mußte schon mancher Bär an der Quelle seinen Pelz gelassen haben, denn sinnig hatten die Indianer daselbst solche Einrichtungen getroffen, daß es dem lauernden Schützen leicht gelingen konnte, aus sicherem Versteck dem Wasser suchenden Bären eine Kugel durch den Kopf zu senden. Die Quelle bestand nämlich nur aus einer kleinen Höhlung, die zwar Wasser hielt, doch nie so viel, um dasselbe überfließen zu lassen. Mit Felsblöcken war dann die Vertiefung so zugedeckt, daß nur eine Oeffnung blieb, groß genug, den Bären mit dem Kopf bis zum Wasser hindurchzulassen. Nur einige Schritte von dem Wasser entfernt, auf einer passenden gesicherten Stelle, war eine kleine Hütte errichtet worden, die nur eine Oeffnung nach der Quelle zu hatte, durch welche der Jäger in sein Versteck hineinkriechen mußte, und im entscheidenden Augenblicke mit Sicherheit auf das trinkende Thier schießen konnte. Beabsichtigt nun ein Jäger dort zu lauern, so schließt er, nachdem er sich von den regelmäßigen Besuchen eines Bären überzeugt hat, mit einem großen Steine die einzige Oeffnung zum Wasser und begiebt sich dann in sein Versteck, welches ihm erlaubt, zusammenge- lauert die Quelle und die gegenüberliegende Felswand zu beobachten. An dieser Felswand hinunter führt der Pfad der Bären, und auf demselben gewahrt der Schütze leicht die Annäherung eines solchen. Gelangt das durstige Thier dann an die bekannte Stelle und findet den Weg zum Wasser durch einen Stein versperrt, so beginnt es, ohne sich weiter umzu- sehen, mit den Vordertatzen den Stein hervorzuwälzen und giebt auf diese Weise dem Schützen Gelegenheit, mit Ruhe nach einer Stelle zu spähen, auf welche er die Kugel abschießen und den Bären auf einen Schuß erle- gen kann. — Diese Auseinandersetzung war das Einzige, was wir statt der so viel gerühmten Bärenjagd genossen. Wir kletterten noch den Pfad hinauf, auf welchem seit Jahrhunderten die Bären wie auf einer Treppe hinauf und hinunter gestiegen waren und die Stufen mit ihren unförmigen Tatzen gleichsam polirt hatten, und begaben uns dann getrost auf den Heim- weg. Als wir nach scharfem Ritte bis dahin gelangt waren, wo die Schlucht sich in das breite Thal öffnete, verschwand die Sonne hinter den Bergen. Der Indianer peitschte sein muthiges Pferd, eilte im Galopp über die Ebene seiner Stadt zu, und überließ es uns, bei der eintretenden Dun- kelheit entweder den gefährlichen Weg, den wir am Morgen über die Berge zurückgelegt hatten, wieder aufzusuchen, oder den weiten Umweg um das Felsplateau zu wählen. Einstimmig erklärten wir uns für das Letztere; denn, war uns auch der Weg unbekannt, so stachen doch die schloßähnlichen Felsenmassen genugsam gegen den nächtlichen gestirnten Himmel ab, um als Wegweiser dienen zu können, während auf dem Bergpfade Abgründe und Gesträpp in undurchdringlichem Schwarz so ineinander verschwammen, daß wir uns unseren Maulthieren in solcher Gefahr nicht anvertrauen, viel weniger zu Fuße den näheren Weg zurücklegen mochten. In weitem Kreise zogen wir daher um die Felsen. Der Himmel war sternenklar, kalt wehte der Nordwind über die Ebene und machte unsere Glieder fast erstarren; mit unerschütterlicher Ruhe aber trabten unsere Thiere über klingendes Ge- stein und brachten uns gegen Mitternacht zu unseren glimmenden Lager- feuern, um welche noch einige Kameraden plaudernd und rauchend saßen und uns scherzend nach fettem Bärenfleisch fragten, statt dessen wir nur er- starrte Glieder und einen mehr als regen Appetit aufzuweisen hatten.

An diesem Tage waren auch Mr Campbell und die übrigen Mitglieder unjerer Expedition, welche den Weg nach Fort Defiance eingejchlagen hatten, wieder zu uns gejtoßen, doch nicht in der Gejellichaft der von dort zu erwartenden Militair=Escorte, jondern jie überbrachten die Nachricht, daß diejelbe, zurückgehalten durch Vorbereitungen zum Marjch, erjt in einigen Tagen aufbrechen und die Richtung nach dem kleinen Colorado einjchlagen würde, um an diejem Fluje auf die Spuren unjerer Expedition zu jtoßen und derjelben in jtarken Märjchen zu folgen. Ueber die Bejchaffenheit der von ihnen eingejchlagenen Straße und des Campbells=Pajjes gab Mr. Campbell die befriedigendjten Aufjchlüje. Der Paß liegt ziemlich genau wejtlich vom Mount Taylor; man gelangt in denjelben durch ein jchönes, breites Thal, welches an der jchmaljten Stelle noch immer 3 Meilen breit ijt. Die nördliche Seite ijt von hohen, rothen Sandjteinfeljen gebildet, welche die verjchiedenartigjten Formen zeigen. Die Südjeite des Pajjes bilden die Abhänge der Zuñi=Gebirge. Die Zuñi-Gruppe der Sierra Madre wendet jich in nordwejtlicher Richtung von dem Camino del Obispo und endigt in diejem Pajje. Der Rio Puerco des Wejtens entjpringt öjt= lich von diejen Gebirgen (aljo nicht weit von den Hauptquellen des San Josè), zieht jich um die Spitze derjelben herum und fließt dem Colorado Chiquito zu. So lauteten Mr. Campbell's Angaben, die jich auf eine oberflächliche Unterjuchung gründeten, die aber hinreichend waren, den Campbells=Paß als den geeignetjten Weg durch die Rocky Mauntains erjchei= nen zu lajjen.

Noch ein dritter Tag ging uns im Lager hin, während welcher Zeit wir mit den Zuñi=Indianern unterhandelten, um von ihnen Führer bis an den kleinen Colorado zu erhalten, was um jo wünjchenswerther für unjere Expedition war, als wir von Zuñi ab nur unwirthliche Wildnijje und Wüjten vor uns hatten, durch welche jich höchjtens jchmale Indianer= und Wildpfade zogen. Pedro Pino, der Gobernador, der jtets in Beglei= tung jeiner erjten Krieger Josè Hatche und Josè Maria bei uns im Lager eintraf, hatte uns Führer verjprochen, doch jchien die Ausführung des Verjprechens von einer Berathjchlagung der Indianer abzuhängen; denn wir konnten noch immer keine bejtimmte Nachricht erhalten, weshalb wir am 25. November aufzubrechen bejchlojjen, um die Ebene([19]) in wel= cher Pueblo de Zuñi liegt, zu überjchreiten und an einer Quelle am wejt= lichen Ende derjelben vorläufig unjer Lager wieder aufzujchlagen. Der Un= jchlüjjigkeit der Indianer lag indejjen keine Unfreundlichkeit oder gar feindjelige Gejinnung zu Grunde, im Gegentheil, jie waren dem Unter= nehmen unjerer Expedition jehr geneigt und bewiejen jolches durch mancherlei Gefälligkeiten und durch die Bereitwilligkeit, mit der jie die über ihr Leben und Treiben, jo wie über die Bejchaffenheit des Landes gejtellten Fragen beantworteten. Auch bedurfte es bei Pedro Pino und anderen hervorragenden Perjönlichkeiten des Stammes keines großen Zuredens, jie zu bewegen, im kriegerijchen Schmuck bei uns zu erjcheinen und jich abzeichnen zu lajjen. Es zeigten jich uns in der That jchöne, kräftige Gejtalten, die durch den phantastischen Anzug und die rothe Malerei im Gesicht Nichts von ihrem Ansehen verloren. Für gewöhnlich war die Tracht dieser Indianer gar nicht von derjenigen der Bewohner anderer Pueblos verschieden und auch hier überall ein Schimmer der von den Spaniern dort eingeführten Gebräuche zu erkennen.

Am 25. November verließen wir also das Lager vor Zuñi, und begleitet von einer Anzahl Indianer zog unsere Expedition der Pueblo zu, während Mehrere aus unserer Gesellschaft, Lieutenant Whipple an der Spitze, einen Ausflug nach den Ruinen auf dem Felsplateau machten. Ein Indianer war bald gefunden, der uns als Führer begleiten wollte, denn ohne einen solchen würde es schwer für uns gewesen sein, einen Weg an den steil aufstrebenden Wänden hinauf zu finden, die sich an 800 Fuß hoch über ihre Basis erhoben. Der selbst für Maulthiere nicht zugängliche Pfad führte an so wunderlichen Formationen vorbei, wie nur immer von der Atmosphäre und dem Wetter allmälig aus nachgiebigem Gestein gebildet werden können. Bald waren es domartige Kuppeln oder regelmäßige Bogen, die wir bewunderten, bald Spalten oder Säulen, welche letztere in ihren äußeren Formen mitunter annähernde Aehnlichkeit mit menschlichen Figuren trugen. Besonders fielen zwei Säulen in's Auge, welche der uns begleitende Indianer als wirklich versteinerte Menschen bezeichnete, indem er zugleich das Nähere darüber auf folgende Weise erzählte.

„Als die Zuñis in uralten Zeiten noch auf der Höhe lebten, begannen einstmals die Wasser im Thale zu steigen; immer höher bespülten sie die Felsen, so daß sie die Stadt sammt ihren Bewohnern von denselben fortzuschwemmen drohten. In ihrer Noth nahmen die Zuñis auf den Rath ihrer weisen Männer einen Jüngling und eine Jungfrau und stürzten sie von dem Felsen hinab in's Wasser. Die Fluthen fingen in Folge dessen gleich an zu schwinden und verliefen sich endlich ganz; die beiden geopferten jungen Leute waren jedoch nicht untergesunken, sondern zwischen Felsen getrieben, wo sie zu Stein wurden.“

Es gehört übrigens nicht viel Einbildungskraft dazu, in den Säulen, auf welche sich diese alte Mythe bezieht, eine Aehnlichkeit mit menschlichen Figuren zu entdecken, und eben diese Aehnlichkeit mag auch wohl die erste Veranlassung zu der Sage gegeben haben. Die Plattform selbst war nicht so öde, als man von unten aus vielleicht vermuthen mochte, sondern Cederngesträpp wucherte auf dem dürren, steinigen Boden und verstedte theilweise die Ruinen, die nur noch in einzelnen Ueberresten von Mauern und alten Fundamenten bestanden. Auch erblidten wir einige Opferstellen oder Altäre, die noch im Gebrauch zu sein schienen. Um dieselben herum stedten in einer gewissen Ordnung in dem Boden zierlich geschnitzte Brettchen, Flechtwerk von Weiden und kleine mit Federn geschmüdte Stäbchen, lauter Gegenstände, die auf die eigenthümlichste Art und in den wunderlichsten Figuren ausgearbeitet waren. Haufen alter verwitterter Spielereien von derselben Art lagen umher und deuteten darauf hin, daß Brettchen, Stäbe, so wie Flechtwerk von Zeit zu Zeit von den indianischen Besuchern erneuert werden. Näheres hierüber zu erfahren war uns nicht möglich; nur daran, daß sich der Indianer widersetzte, als einige der umherliegenden Gegenstände als Andenken mit fortgenommen werden sollten, erkannten wir die Wichtigkeit, welche die Zuñis diesen Heiligthümern beilegen. Als wir uns entfernen wollten, zog unser Führer aus einem kleinen Beutel etwas Mehl, hielt dasselbe in der hohlen Hand vor den Mund und blies es, nach der Stelle gewendet, die wir eben verlassen hatten, in die Luft, als wolle er gleichsam den Ort vor Entheiligung bewahren und von dem Athem der Besuchenden reinigen; später gab er vor, daß er dadurch einem Mißwachs habe vorbeugen wollen.

Am Zuñi-Flusse, der seine Wasser dem Colorado Chiquito zuführt, erhebt sich auf einer kleinen Anhöhe Pueblo de Zuñi, die Indianer-stadt. Aehnlich wie Santo Domingo ist Zuñi terrassenförmig erbaut, so daß 3 bis 7 Stockwerke übereinander liegen. Das obere ist jedesmal kleiner als das, auf welchem es sich erhebt, wodurch jede Wohnung einen Vorhof oder eine Gallerie erhält. Die Straßen zwischen den Häusern sind eng und zuweilen durch Ueberbauung der oberen Stockwerke ganz verdeckt. Eine römisch-katholische Kirche befindet sich in der Stadt, die ebenso wie die übrigen Gebäude von Luftziegeln erbaut ist. Das Innere derselben ist sehr einfach, denn nur ein schlechtes Gemälde und einige noch schlechtere Statuen zieren die Wand hinter der Kanzel.

Die Zahl der Einwohner mag sich auf 1800 bis 2000 belaufen; die Blattern haben indessen unter ihnen so große Verheerungen angerichtet, daß es schwer ist, die Seelenzahl genau anzugeben. Einzelne Albinos sollen sich unter den Zuñis befinden, doch gelang es Keinem von unserer Expedition, eines solchen ansichtig zu werden; denn obgleich die Blattern schon einige unserer Leute befallen hatten, die wir deshalb in den Wagen mit uns füh-ren mußten, und wir also den Ansteckungsstoff in unserem eigenen Personal hatten, getrauten wir uns doch nicht, die Wohnungen der Indianer zu be-treten, aus welchen uns überall die schreckliche Krankheit drohend ent-gegentrat.

Bei den Zuñi-Indianern tritt die Hinneigung zur Civilisation noch mehr hervor, als in irgend einer anderen Pueblo. Sie treiben Schafzucht, halten sich Pferde und Esel und beschäftigen sich in ausgedehnterem Maß-stabe mit Aderbau. Als unsere Expedition dort vorbeizog, waren freilich die Ernten schon längst beendigt, doch erblickten wir überall auf der Ebene Felder, wo die Stoppeln von Weizen, Mais, Kürbissen und Melonen von dem Fleiße der Indianer zeugten. Außer diesen Feldfrüchten ziehen sie in ihren Gärten auch Zwiebeln, Bohnen und spanischen Pfeffer, und besonders letzterer war in großen Massen guirlandenweise an den Außenwänden der Häuser zum Trocknen aufgehängt. Doch nicht nur Aderbau und Viehzucht ist es, womit die Zuñis umzugehen wissen, sondern die Weiber derselben sind auch geschickte Weberinnen und verfertigen, wie die Navahoes, dauerhafte Decken. Das Zerreiben des Getreides zu Mehl ist ebenfalls Arbeit der Weiber und geschieht, indem die Arbeiterin mit einem Steine auf einem anderen schräg stehenden die Körner zermalmt. Auch eine Schmiede befindet sich in der Stadt, in welcher Indianer Hammer und Zange regieren.

Einen interessanten Anblick gewährt diese Pueblo in der Nähe mit ihren Terrassen, den hohen Straßen, den zahlreichen Leitern, den mancherlei Gestalten, die emsig auf denselben umherklettern, und den auf den Mauern umhersitzenden gezähmten Truthühnern und Adlern. Hat man die Stadt aber verlassen und schaut nach derselben zurück, dann ist es ein schönes Bild, welches am südlichen Ende der Ebene ausgebreitet liegt, und vor welchem man gern etwas länger verweilt, um die einzelnen Punkte dem Gedächtnisse fester einzuprägen. Die imposanten Felsenmassen, die fernen blauen Gebirge, die alterthümliche Stadt und vor derselben die Fläche, zu der Zeit entblößt vom reichen Ertrage, die in weitem Kreise zerstreut umherliegenden einsamen Warttthürme, alles dieses nahm sich so malerisch aus, und paßte so genau zu einander, daß mir die Aussicht, welche ich ½ Meile nördlich von der Stadt zurückblickend genoß, ewig unvergeßlich bleiben wird.

Der Rio Zuñi, aus Südost kommend, hat in der Nähe der Stadt eine Breite von ungefähr 200 Fuß; doch war er zur Zeit unserer Anwesenheit daselbst bei dem niedrigen Wasserstande nur ein Bach von kaum 12 Fuß Breite und wenigen Zollen Tiefe. Wir folgten nicht dem Laufe des Flüßchens, welches sich gegen Nordwesten zog, sondern bogen mehr gegen Norden, um an einer niedrigen Felsenkette nahe einer Quelle, welche uns die Indianer zeigten, zu übernachten. Es war ein Marsch von nur 8 Meilen an diesem Tage, und früh am Nachmittage schon erreichten wir die Quelle, die in einer wilden Schlucht aus rothem Sandstein hervorrieselte. Einestheils um nicht vor der uns folgenden Militairbedeckung einen zu großen Vorsprung zu gewinnen, zugleich aber auch um den Entschluß der Zuñis abzuwarten, die uns Führer versprochen hatten, beschlossen wir noch den folgenden Tag an dieser Quelle zu verweilen. Freilich hatten wir Leroux und den Mexikaner bei uns, doch kam es bei unserer Expedition besonders darauf an, uns noch die Dienste der Eingebornen zu sichern, um uns deren genaue Ortskenntniß in ihren Jagdrevieren, welcher gegenüber die Umsicht des erfahrensten Trappers zurückstehen muß, zu Nutzen zu machen.

Wir hatten nunmehr die Hauptgebirgszüge der Rocky Mountains hinter uns; vor uns schien sich das Land zu öffnen und bequemes Reisen zu versprechen, doch sollten die eigentlichen Schwierigkeiten hier erst ihren Anfang nehmen. So weit das Auge reichte, lagen niedrige Cedernwaldungen vor uns, die, obgleich nicht sehr dicht, doch den Durchzug der Wagen nicht erlaubten, wenn nicht vorher mit der Art ein Weg hindurchgehauen wurde. Diese Nachrichten hatten uns unsere Führer überbracht, die, um das Terrain zu untersuchen, vorweg geschickt worden waren. Sehr langsames Vorschreiten stand uns also in Aussicht, wenn nicht die Waldung umgangen werden konnte.

Der Himmel, den wir seit langer Zeit nicht anders als klar und wolkenleer gesehen hatten, wurde am Abend des 25. Novembers trübe; ehe die Nacht weit vorgerückt war, begann Regen, der erst am folgenden Abend wieder gänzlich aufhörte. Ein Ruhetag, der zugleich ein Regentag ist, gehört mit zu den unangenehmsten auf der Reise, denn, fühlt man sich auch behaglich unter dem Dache der schützenden Zelte in der Nähe eines glimmenden Holzkohlenfeuers, so möchte man doch lieber hinaus und in der Nachbarschaft umherstreifen, wenn nicht eben der Regen Einem die Möglichkeit dazu benähme. Dagegen ist Unwetter während des Marsches etwas zu Gewöhnliches, als daß man bei demselben etwas Anderes als das Naßwerden der Waffen und das in Folge dessen nöthige Reinigen derselben bedauert. So ging denn der Tag still hin, und die langweilige Eintönigkeit wurde erst gegen Abend durch eine Deputation von Indianern unterbrochen, die zu uns kamen, um uns die angenehme Mittheilung zu machen, daß am folgenden Morgen in aller Frühe José Hatche und José Maria bei uns eintreffen würden, um uns auf einem Wege durch das Holz zu führen, auf welchem die Wagen bequem würden folgen können, ohne daß vorher die Axt gebraucht werden müßte.

In einer Berathung, die Petro Pino mit den weisen Männern der Stadt gehalten hatte, war nämlich beschlossen worden, daß die Unternehmungen der Amerikaner auf alle Weise gefördert werden müßten, weil sie darauf ausgingen, geradere und nähere Straßen zwischen den Ansiedelungen der Weißen und den Pueblos herzustellen. Zu diesem Zwecke sollte also José Hatche unsere Expedition auf dem nächsten und besten Wege an den kleinen Colorado führen, während José Maria beauftragt wurde, in Gesellschaft eines anderen Indianers in nordwestlicher Richtung zu den Moqui-Indianern zu ziehen, um von denselben Leute zur Weiterführung vom kleinen Colorado bis nach den San Francisco-Gebirgen anzuwerben.

In Folge dessen rüsteten wir uns am 27. November in aller Frühe zum Aufbruch. Die Indianer hatten nicht auf sich warten lassen; sie begaben sich an die Spitze unseres Zuges, führten uns eine Strecke auf dem Wege, welchen wir gekommen waren, zurück und dann in südwestlicher Richtung an den Rio Zuñi. Dort nun riethen sie uns, die Thiere noch einmal zu tränken und uns selbst ebenfalls mit einem Vorrath von Wasser für den folgenden Tag zu versehen, wo wir erst spät am Abend wieder welches erreichen würden. Es geschah so und nach kurzem Verweilen zogen wir weiter. Wir befanden uns bald in der hügeligen Waldung, und so genau kannten die Indianer das Terrain und so geschickt wußten sie jede kleine Lichtung zu benutzen, daß wir fast gar nicht genöthigt wurden, zur Axt unsere Zuflucht zu nehmen. Ganz verschieden vom vorhergehenden Tage

war die Luft wieder klar, in den Morgenstunden wehte ein eisig kalter
Wind, der sich indessen gegen Abend legte, worauf klarer Frost folgte.

Unser Lager hatten wir in einem kleinen baumlosen Thale aufgeschlagen;
die sanft ansteigenden Hügel, die uns umgaben, waren mit frischen und
mit vertrockneten Cedern bedeckt, welche letztere uns das beste Brennholz
lieferten. Lange hatten wir nicht eine so schöne Nacht erlebt, vielleicht war
es auch die Umgebung, die wie zum Lager geschaffen schien, wodurch wir
an diesem Abend so fröhlich gestimmt wurden. Zu großen Scheiterhaufen
war ringsum trockenes Cedernholz aufgethürmt, und angenehme Wärme
verbreiteten die hochauflodernden Flammen.

Bis nach Mitternacht saßen wir plaudernd und unser Pfeifchen rauchend beisammen. Wir sprachen von verschiedenen Pässen in den Rocky
Mountains, von denen, die wir jetzt kennen gelernt hatten, so wie von den
weiter nördlich gelegenen, welche Colonel Frémont entdeckt hatte. Ueberhaupt war Frémont fast ausschließlich Gegenstand unserer Unterhaltung an
diesem Abend, theils weil wir uns unter denselben Längegraden befanden,
unter welchen er hauptsächlich seine Thätigkeit und seine Energie entwickelt
hatte, dann aber auch, weil wir uns allmälig dem Lande näherten, bei
dessen Eroberung Frémont eine so bedeutende Rolle gespielt hatte. Durch
Fragen gelang es mir, das Gespräch immer wieder auf Frémont zurückzu-
bringen, und was ich auf diese Weise als Bruchstücke von dem Einen und
dem Andern erfuhr, habe ich nach dem früher erwähnten Werke von
John Bigelow geordnet, um es hier im Zusammenhange erzählen zu
können.

XXIII.

Colonel Frémont's dritte Reise und seine Kämpfe mit den Eingebornen. — Befreiung Californiens. — Versteinertes Holz. — Der tiefgelegene Salzsee. — Trümmer von uralten Ansiedelungen. — Navahoe Spring. — Navahoe-Indianer. — Erster Anblick der San Francisco Mountains. — Edelsteine in den Ameisenhaufen.

Im Frühling des Jahres 1845 rüstete Colonel Frémont seine dritte Expedition aus, um den günstigsten Weg zu einer Verbindung zwischen den Vereinigten Staaten und den Küstenländern vom Oregon und Californien aufzusuchen, und zugleich Forschungen in dem großen Becken (Utah-Territorium) anzustellen. Doch auch für sich selbst beabsichtigte er Californien genau kennen zu lernen, indem es schon damals halb und halb sein Plan war, sich mit seiner Familie an irgend einem blühenden Orte in den Küstenländern der Südsee eine neue Heimath zu gründen. Der Sommer war ihm in den Steppen und in den Rocky Mountains mit der Untersuchung der Quellen größerer Flüsse hingegangen, so daß er im Anfange des Winters den Great Salt Lake erreichte und am westlichen Ende desselben am Rande einer großen, wasserlosen Wüste sein Lager aufschlug. So wie diese Ebene jeder Vegetation entbehrte, so schien dieselbe auch von den Eingebornen und den wilden Thieren gemieden zu werden; denn nur einzelne Indianer ließen sich blicken, die so wenig geistig begabt waren, daß sie nicht einmal als Führer benutzt werden konnten.

Es gelang Frémont, die 70 Meilen breite Wüste mit seiner Expedition und seiner Heerde zu überschreiten und am Ende derselben zwischen wilden, dürren Felsen eine rettende Quelle zu entdecken. Hier theilte er seine Expedition in zwei Abtheilungen. Die Hälfte unter dem Befehl eines gewissen Walker, eines berühmten und erfahrenen Trappers, sendete er gegen Süden mit der Anweisung, die Sierra Nevada südlich zu umgehen, während er selbst mit 10 Mann, Weißen und Delaware-Indianern, es unternahm, sich in gerader westlicher Richtung seinen Weg durch die Wüsten zu bahnen.

Obgleich der Winter schon weit vorgerückt war und er allen Hindernissen, die in den Gebirgsgegenden möglich sind, begegnete, so war er doch glücklich genug durch die Pässe zu gelangen und Sutters Farm auf der Westseite der Sierra Nevada zu erreichen, ehe noch die Passage durch tiefen Schnee gänzlich gehemmt wurde. Auf Sutters Farm versah sich Frémont wieder mit neuen Provisionen und brach Mitte December auf, um mit seiner

Hauptabtheilung, der Verabredung gemäß, im Thale des San Joaquin zusammenzutreffen.

Nach wenigen Tagen schon befand er sich wieder im Gebirge, wo er fortwährend von feindseligen Indianern umgeben war. An einer Stelle angekommen, wo er die zahlreichen Spuren dieser Wilden als ganz frisch erkannte, schickte er der Sicherheit wegen vier seiner Leute, unter diesen zwei Delawaren, voraus, um das Terrain vor sich recognosciren zu lassen. Des Abends erreichte er eine passende Lagerstelle, wo er die Nacht zu bleiben beabsichtigte. Seine Leute waren eben im Begriff abzusatteln, als aus der Ferne Indianergeheul zu ihnen herüberschallte und sie davon in Kenntniß setzte, daß die vier vorausgeschickten Jäger von den Indianern angegriffen waren. Augenblicklich wurden die Reitthiere wieder aufgezäumt, und vier Mann zur Bewachung im Lager zurücklassend, eilte Frémont mit den übrigen acht Männern in gestrecktem Galopp der Richtung zu, wo sie den Kampf vermutheten.

Noch keine halbe Meile hatte er zurückgelegt, als er mehrere Hundert Indianer erblickte, die von allen Seiten einen kleinen Hügel hinaustürmten, auf dessen Spitze seine vier Jäger, gedeckt durch Buschwerk und Felsblöcke, sich vertheidigten. Es war augenscheinlich, daß diese unvermuthet auf die Indianer gestoßen waren und als erfahrene Trapper von ihren Pferden springend, sich in die kleine natürliche Festung geworfen hatten, von wo aus sie sich nachdrücklich vertheidigen konnten. Die Indianer hatten den kleinen Berg dicht umzingelt und waren eben im Begriff, Hand an die Pferde zu legen, als Frémont mit seinen Reitern erschien. Sein Ruf, als er den Hügel hinauf stürmte, wurde von den Delawaren, die sich zu ihren Pferden stürzten, um sich dieselben nicht entreißen zu lassen, mit wildem Geheul beantwortet, so wie von dem Knall der Büchsen der weißen Jäger, welche einen der vordersten Indianer auf's Korn genommen hatten und topfüber mit zerschmettertem Schädel den Berg hinunter schickten. Wieder vereinigt, benutzte die Gesellschaft die erste Ueberraschung der Eingebornen, um sich eiligst auf den Weg nach ihrem Lager zu begeben, wo die vier Zurückgebliebenen ebenfalls angegriffen werden konnten. Die Indianer folgten ihnen nach, hielten sich indessen immer außerhalb des Bereiches der Büchsen, nur durch Schimpfen und Herausforderungen ihre feindseligen Gesinnungen zu erkennen gebend.

Frémont setzte die Forschungen mit seiner Hauptabtheilung fort und gerieth in wilde Gebirgsregionen, wo er förmlich einschneite. Es gelang ihm und seinen Leuten nur mit genauer Noth, sich zu retten, doch hatte er sein sämmtliches Rindvieh, welches er zur Nahrung mitgenommen hatte, im Gebirge eingebüßt. Er traf endlich mit Walker zusammen und wendete sich dem Thale von San Joaquin zu, wo er seine Leute zurückließ; er selbst schlug die Straße nach Monterey ein, welches damals noch zu Mexiko gehörte, um sich den Behörden vorzustellen und mit deren Zustimmung seine Begleitung auf's Neue zu ergänzen.

Ohne das Geringste zu ahnen, zog er seines Weges, als er plötzlich
von einem mexikanischen Offizier angehalten wurde, der ihm eine in feind=
seligen Ausdrücken abgefaßte Benachrichtigung von dem in Californien com=
mandirenden General Castro überbrachte, welche für ihn die Weisung ent=
hielt, sich augenblicklich aus dem Lande zu entfernen. Frémont gab die
Erklärung, daß er der Aufforderung nicht Folge leisten werde und nicht
Willens sei, sich in eine trostlose Wüste zurückzuziehen, die er eben erst ver=
lassen habe. Er begab sich darauf mit seinen Leuten auf einen Berg
(Hawk's peak), errichtete auf dem Gipfel desselben von gefällten Bäumen
eine rohe Befestigung und zog das Banner der Vereinigten Staaten auf.
General Castro lagerte mit seiner Streitmacht in der Ebene, so daß Frémont
und sein kleines Häuschen entschlossener Bärenjäger fast in jedes Zelt
hineinsehen konnten. Ein Angriff erfolgte indessen nicht, sondern nur eine
Aufforderung vom General Castro an Colonel Frémont, sich zu ihm zu
gesellen, mit ihm vereint das Banner der Unabhängigkeit zu erheben und
das mexikanische Joch abzuwerfen.

Frémont hatte jedoch seine feste Stellung schon verlassen und ohne
weiter belästigt zu werden, den Weg nach Oregon eingeschlagen, um dort
eine neue Route nach den Wah=lah=math=Ansiedelungen und den Regionen
nahe der Mündung des Columbia River zu erforschen.

Im Anfang des Mai 1846 befand er sich am Nordende des Tlamath=
Sees. Dort nun erreichten ihn zwei Boten des Lieutenant Gillespie von
der Marine der Vereinigten Staaten, welcher mit Briefen unter der Be=
deckung von 6 tüchtigen Gebirgsjägern an ihn abgesendet worden war.
Die Boten beschrieben Frémont die unglückliche Lage, in welcher sich Lieu=
tenant Gillespie mit seinen vier Jägern in der tiefsten Wildniß befand und
ersuchten ihn, demjelben Hülfe zu senden. Colonel Frémont machte sich
selbst mit zehn seiner besten Leute, unter diesen vier Delaware=Indianern,
auf den Weg und traf nach einigem vergeblichen Suchen glücklich mit
Lieutenant Gillespie zusammen. Während er die ihm zugegangenen Briefe
und Instructionen vor einem großen Feuer las, war ihm die Hälfte der
Nacht hingegangen. Alle Leute, von den fast übermenschlichen Anstrengungen
erschöpft, waren in tiefen Schlaf gesunken; auch Colonel Frémonts Feuer
brannte allmälig niedriger. Es war die zweite Nacht auf allen seinen
Reisen, in welcher er, die Mattigkeit der Leute berücksichtigend, keine Wache
ausgestellt hatte. Carson und ein gewisser Owens, die neben einander
schliefen, wurden plötzlich durch ein eigenthümliches Geräusch geweckt. „Was
ist los?" rief Carson einem nicht weit von ihm ruhenden Jäger, Namens
Basil zu; doch Basil antwortete nicht, denn der Tomahawk eines Tlamath=
Indianers hatte dem Schlafenden den Schädel zerschmettert. Das Stöhnen
eines zweiten zum Tode Verwundeten traf darauf Carsons Ohr, der mit
lautem Ruf seine Gefährten weckte und augenblicklich auf den Kampfplatz
stürzte. Die Delawaren hatten auf das erste Geräusch ihre Waffen ergriffen
und sich kühn den angreifenden Eingebornen gegenübergestellt; sie kämpften

wie verwundete Bären, besonders einer, der mit einem abgeschossenen Gewehr die Wilden so lange zurückhielt, bis er von zahlreichen Pfeilen durchbohrt, entseelt zu Boden stürzte. Frémont, Carson und noch vier Andere sprangen den Delawaren zu Hülfe, schossen unter die Angreifenden und tödteten glücklicher Weise sogleich den Häuptling derselben. Als die Tlamaths ihr Oberhaupt fallen sahen, geriethen sie in Unordnung und zogen sich schleunigst zurück.

Bis zum hellen Tage blieb Jeder im Lager mit der gespannten Büchse auf der Lauer liegen, um bei einem erneuten Angriff vollständig vorbereitet zu sein, doch wurden sie nicht weiter gestört.

Nachdem die Gesellschaft ihre beiden weißen und den indianischen Gefährten, die bei diesem Kampfe gefallen waren, begraben hatten (der Tlamath-Häuptling blieb, nachdem ihn ein verwundeter Delaware scalpirt hatte, liegen, wo ihn die Kugel hingestreckt), schlug sie den Rückweg nach Californien ein und stieß nach zwei Tagen auf ein großes Dorf der Tlamath-Indianer, die über hundert Krieger zu stellen vermochten. Carson ritt mit zehn Mann voraus und war von den Wilden entdeckt worden, als es zu spät war, Colonel Frémont mit den übrigen Leuten erst herankommen zu lassen. Es blieb ihm daher weiter nichts übrig, als die erste Ueberraschung zu benutzen und das Dorf anzugreifen. Entschlossen stürzte sich die kleine Abtheilung auf die Indianer, tödtete viele derselben und jagte die übrigen in die Flucht. Weiber und Kinder verschonten die erbitterten Jäger, doch verbrannten sie das ganze Dorf, sogar die Canoes und Fischnetze.

An demselben Tage hätte Carson in einem zweiten Scharmützel beinahe sein Leben eingebüßt. Er war nämlich einige Schritte vorausgaloppirt, als er einen Indianer bemerkte, der einen Pfeil auf seinen Bogen legte, um auf ihn zu schießen; Carson zielte mit der Büchse auf den Wilden, doch versagte ihm seine Waffe und sicher würde ihm der Pfeil in die Brust geflogen sein, wenn nicht in dem entscheidenden Augenblicke Frémont den Indianer übergeritten und niedergeschlagen hätte.

Unter solchen Gefahren führte Frémont seine Arbeiten in den wilden Regionen aus, als er durch die ihm überbrachten Briefe dazu bestimmt wurde, nicht nach Oregon, sondern zurück nach Californien zu ziehen.

Noch im Mai 1846 gelangte er in das Thal des Sacramento River und fand das ganze Land in Aufregung über drohende Gefahren, die nur durch die schleunigste Hülfe abgewendet werden konnten. Es sollten nämlich die Amerikaner ermordet und deren Ansiedelungen im Thale des Sacramento River zerstört werden. Californien sollte sich unter britischen Schutz begeben und die öffentliche Verwaltung britischen Unterthanen in die Hände geleitet werden. Auf die Bitten der amerikanischen Ansiedler, die Deputation auf Deputation in Frémonts Lager schickten und ihm diese Gefahren ausmalten, und die Nachricht, daß General Castro im Anmarsch sei und daß die Eingebornen zu Mord und Brand verleitet wurden, entschied sich Frémont, an die Spitze der Ansiedler zu treten, sie in dem bevorstehen-

Möllhausen, Tagebuch.   19

den Kampfe zu führen und das Land zu retten. Von allen Seiten kamen Amerikaner mit Waffen, Pferden und Munition zu ihm in's Lager und stellten sich freudig unter seinen Befehl.

In dreißig Tagen war das ganze nördliche Californien vom mexikanischen Joch befreit, die Unabhängigkeit erklärt, General Castro auf seiner Flucht nach dem Süden, die amerikanische Bevölkerung gerettet und die Pläne der britischen Partei in Californien zerstört.

Der erste Schritt zur Einverleibung Californiens in die Vereinigten Staaten war geschehen, doch hatte Frémont, der zu jener Zeit nichts von dem Ausbruch eines Krieges zwischen den Vereinigten Staaten und Mexiko wissen konnte, ohne den Befehl seines Gouvernements auf eigene Verantwortlichkeit gehandelt. Nichts desto weniger setzte er seine Operationen ununterbrochen fort, vereinigte sich mit dem Commandeur Stockton und brachte schleunigst die vollständige Unterwerfung Californiens im Januar 1847 zu Ende.

Dadurch daß Frémont von seinem Gouvernement nicht zu solchen Schritten ermächtigt worden war, wenn er freilich auch bei der großen Entfernung und der schwierigen Communication zwischen Washington und Californien im entscheidenden Augenblicke nicht so schnell die Ermächtigung einholen konnte, und obgleich er durch unvorhergesehene Zufälle und dringende Verhältnisse dazu gezwungen war, als Befreier Californiens aufzutreten, hatte er sich unter seinen Vorgesetzten, die nach ihm dorthin kamen, ja selbst unter seinen Kameraden, Feinde erworben. Vor seinen Vorgesetzten, die ihn mit einem Kriegsgericht bedrohten, verantwortete er sich mit Achtung, aber auch mit Festigkeit, seinen Kameraden, unter diesen Colonel R. R. Mason, mit welchem es bis zu einem Duell auf Doppelflinten kam, trat er als Ehrenmann gegenüber. Die amerikanische Bevölkerung von Californien aber jauchzte ihm als ihrem Befreier entgegen, und wie sehr sie seine Verdienste anerkannte und in wie hohem Grade sie ihm ihr volles Vertrauen schenkte, geht gewiß am besten daraus hervor, daß sie ihn freudig als ihren Gouverneur begrüßte.

Die widrigen Verhältnisse, hervorgerufen theils durch die Zwistigkeiten der commandirenden Land- und See-Offiziere unter sich, theils durch böswillige Gesinnungen gegen ihn selbst, machten Frémont die erste Hälfte des Jahres 1847 in Californien zu einem unangenehmen Zeitraume.

Im Juni desselben Jahres verließ er Californien zusammen mit dem General Kearney und dessen Abtheilung, und kehrte auf dem Landwege nach den Vereinigten Staaten zurück, wohin er durch einen Befehl von Washington aus berufen worden war. In der Mitte des Augusts erreichte er Fort Leavenworth am Missouri, wo ihm der Befehl ertheilt wurde, sich als Arrestant nach Washington zu begeben. Er reiste in Folge dessen sogleich den Missouri hinunter und gelangte nach wenigen Tagen nach St. Louis, wo er von den angesehensten Bürgern der Stadt erwartet und zu einem ihm zu Ehren veranstalteten Festmahle eingeladen wurde. Wenn auch gerührt durch die freundliche Aufnahme, glaubte er doch als Arrestant nicht an dergleichen Festlichkeiten Theil nehmen zu dürfen. Er lehnte die Einladung ab und setzte seine Reise mit möglichster Eile fort, bis er am 16. September 1847 in Washington eintraf und sich bei seiner Behörde meldete. Auf seinen Wunsch wurde sogleich ein Kriegsgericht gebildet, dessen Gutachten und Urtheil sein ganzes Thun und Treiben während der letzten zwei Jahre unterworfen werden sollte. Die Beschuldigungen gegen ihn lauteten: 1) auf Meuterei, 2) auf Ungehorsam gegen dienstliche Befehle eines höheren Offiziers, 3) auf Verstoß gegen militairische Ordnung und Disciplin. Die Untersuchung begann am 2. November 1847 und wurde am 31. Januar 1848 geschlossen, worauf Frémont der eben angeführten drei Vergehen schuldig erklärt und in Folge dessen aus dem Dienste entlassen wurde

Es war dies gewiß der merkwürdigste Prozeß, welcher jemals in den Vereinigten Staaten gehalten und dessen Verlauf von jedem einzelnen Bürger mit dem größten Interesse verfolgt wurde. Die Vergehen, welche Frémont zur Last gelegt wurden, hatten ihren Grund in dem Umstande, daß zwei Generäle, von denen jeder das Obercommando während der ereignißvollen Zeit in Californien zu führen glaubte oder vorgab, ihm zu gleicher Zeit Befehle ertheilt hatten. Deshalb wurde das Urtheil dem Präsidenten Polk vorgelegt und zur Milderung empfohlen. Der Präsident änderte dasselbe dahin, daß Frémont sowohl seiner früheren Verdienste wegen, als auch auf die Empfehlungen der meisten Mitglieder des Gerichts in Diensten zu verbleiben habe. Frémont, in dem Bewußtsein, das Urtheil des Kriegsgerichts nicht verdient zu haben und eines Gnadenactes des Präsidenten daher auch nicht zu bedürfen, kam um seinen Abschied ein und erhielt denselben nach einiger Zögerung am 15. Mai 1848.

Mit seinem vierundreißigsten Jahre hatte also Frémont's Militaircarriere schon ihr Ende erreicht, doch hatte er seinen Namen auf die engste Weise mit der historischen, geographischen, wissenschaftlichen und politischen Entwickelung des nordamerikanischen Continentes verflochten, zu gleicher Zeit aber auch unter seinen Landsleuten eine Popularität gewonnen, die kaum im Verhältniß mit seinem Alter stand. Dieser Umstand, so wie die Beweise freundlicher Theilnahme und Verehrung, die ihm von allen Seiten zu Theil wurden, dienten dazu, die bittern Gefühle, welche die letzten Erlebnisse in ihm angeregt hatten, zu mildern, und auf's Neue bildete er Pläne, seine Kenntnisse und Erfahrungen auf die nützlichste und erfolgreichste Weise anzuwenden. Wie sich denken läßt, waren es wiederum die Regionen des fernen Westens, wo er so viel gelernt, so viel erduldet hatte, die ihn unwiderstehlich anzogen.

Während seiner Anwesenheit in Californien war Frémont mit der Idee umgegangen, einen Landstrich, bekannt unter dem Namen Maripojas, anzukaufen. Den Werth dieser Ländereien hatte er auf seiner dritten Expedition kennen gelernt und daher beschlossen, sich auf demselben niederzulassen.

19*

Ehe er sich indessen Ruhe gönnte, hatte er sich die Aufgabe gestellt, die Wichtigkeit einer Verbindung der östlichen Staaten mit Californien mittels einer Landstraße darzulegen, und rüstete auf's Neue, dieses Mal aber auf seine eigenen Kosten, eine Expedition aus, an deren Spitze er abermals an den stillen Ocean zu ziehen beabsichtigte, um dort für sich und seine Familie eine neue Heimath zu gründen. Er wählte dieses Mal den Winter zu seiner Reise, indem er sich von allen Hindernissen überzeugen wollte, die in der ungünstigsten Zeit des Jahres bei der Anlage und Erhaltung einer öffentlichen Landstraße besiegt werden müßten.

Unglaublich ist es, was Frémont und seine braven Jäger auf dieser seiner vierten Expedition zu erdulden gehabt haben; Einen nach dem Andern der treuen Gefährten sah er an seiner Seite zu Grunde gehen, im Kampfe mit den Elementen und mit der gräßlichsten Noth, durch welche sie sogar gezwungen wurden, ihren Hunger mit dem Fleische ihrer gestorbenen Kameraden zu stillen. Mr. Leroux befand sich gerade in seiner Heimath Taos, als die letzten Ueberreste der unglücklichen Expedition Zuflucht suchend dort anlangten; und von ihm erfuhr ich bei einer späteren Gelegenheit die näheren Umstände dieser Reise. —

Am folgenden Morgen, dem 28. November, hatte es stark gefroren und gereift, doch wurde der Himmel gleich nach unserem Aufbruch von unserem zweiten Lager, westlich von Zuñi, trübe und das Wetter milder. Die Umwege, welchen unser Wagenzug in den Waldungen zu folgen genöthigt war, und die damit verbundene Verzögerung kamen uns sehr zu statten, denn wir gewannen dadurch Zeit genug, nach allen Richtungen das Holz zu durchstreifen. Außer den verschiedenen kleinen Vögeln, die wir für unsere Sammlung erlegten, fanden wir Nichts, was unsere Jagdlust hätte anregen können. Fossile Muscheln lagen an den Abhängen der Hügel umher, so wie Stückchen versteinerten Holzes, die in den grellsten Farben spielend den Boden bedeckten. Als José Hatché, unser Indianer, bemerkte, daß wir einige der interessantesten Exemplare aufsammelten und aufbewahrten, rieth er uns, von der Mühe abzustehen, indem wir bald an eine Stelle gelangen würden, wo so schwere Blöcke dieses Steinholzes (wie er es nannte) umherlägen, daß wir sie nicht von der Stelle zu bewegen im Stande wären, und wo wir uns nach Willkühr ganze Wagenladungen davon abschlagen könnten. An die Uebertreibungen der Indianer gewöhnt, schenkten wir seinen Worten nur wenig Glauben, bis wir nach einigen Tagen durch einen wirklichen versteinerten Wald an seine Bemerkung erinnert wurden.

Bis um die Mittagszeit hatten wir fortwährendes Ansteigen des Landes zu bekämpfen, erreichten aber dann eine Stelle, an welcher unser Fortschreiten durch einen rauhen und steilen Abhang gehemmt wurde. Es waren keine Felsen und Gerölle, sondern sandiger Boden, der das hohe Ufer bildete, welches durch Regengüsse in allen Richtungen aufgerissen und unterwühlt war. Von diesem Punkte aus hatten wir eine weite Aussicht über eine tief unter uns liegende Grasebene, die im Westen und Norden durch kahle Hügel und allmälig ansteigendes Land, im Süden aber durch niedrige Cedern und Tannenwaldungen begrenzt wurde. Einen öden, traurigen Charakter trug diese Fläche, denn so weit das Auge reichte, belebte nichts die schauerliche Einsamkeit. Am westlichen Ende der Ebene sollten wir, nach den Aussagen des Indianers, auf gutes Wasser stoßen, wenige Meilen vorher aber noch an einem Teiche mit salzigem Wasser vorbeikommen. Natürlich wünschten wir ersteres zu erreichen, doch war die Entfernung noch zu groß, und daß Alle, Arbeiter wie Wagenführer, mit Hacken und Schaufeln einen Weg hinab in das Thal ebenen mußten, auf welchem die Wagen einer nach dem anderen allmälig hinabgelassen werden konnten, war ebenfalls Ursache einer Verzögerung. Nach langem Aufenthalt waren wir endlich in der Ebene versammelt und zogen in gerader Richtung an dem südlichen Waldrande hin. Nichts störte die Einförmigkeit unserer Umgebung, unser Zug wurde länger und länger, je nachdem die ermüdeten Menschen und durstenden Thiere sich durch stärkeres oder schwächeres Ausschreiten von einander trennten.

Die Sonne war schon hinter den Hügeln verschwunden, als die Vordersten des Zuges bei dem salzigen Teiche, der einige Hundert Schritte von dem Holze und zugleich von unserer Richtung entfernt war, anlangten. Ohne unseren Führer würden wir denselben kaum entdeckt haben, denn nicht die geringste Schwellung oder Senkung des Bodens oder üppigere Vegetation verrieth die Nähe des Wassers. Mit einem Krater könnte man wohl diesen merkwürdigen See am besten vergleichen, denn wie ein Trichter gähnte uns der Abgrund an, in dessen Tiefe, trotz der schon eintretenden Dämmerung, ein kleiner Wasserspiegel glänzte. Dieser befand sich in einer sich nach unten verengenden Niederung; denn während die Breite der oberen Oeffnung wohl 200 Fuß betrug, war die Breite des etwa 200 Fuß darunter liegenden Wasserspiegels kaum 60. Ein schmaler Pfad wand sich inwendig in dem runden Trichter an der steilen, lehmigen Uferwand herum bis hinunter an's Wasser, und bot die einzige Möglichkeit, hinab und wieder hinauf zu steigen, wobei man aber vorsichtig zu Werke gehen mußte, um nicht durch Ausgleiten oder Stolpern einen Unfall zu erleiden. Nur in geringer Anzahl konnten unsere Thiere zu gleicher Zeit hinab getrieben werden, indem an einer einzigen Stelle das Wasser für dieselben zugänglich war und sie auch dort schon beim ersten Schritt bis über die Kniee in Morast sanken. Annäherungsweise die Tiefe dieses geheimnißvollen See's anzugeben ist nicht möglich, doch daß es noch sehr tief hinabging, bewies die dunkle Farbe des Wassers, in welchem sich einige verkrüppelte, am Ufer stehende Cottonwood-Bäume spiegelten, so wie die langen Binsen, die in der Entfernung weniger Fuß vom Lande nur gerade mit den Spitzen hervorragten. Das Wasser hatte ganz denselben Geschmack, wie das östlich der Felsengebirge in den Gypsregionen, und schien deshalb unseren Thieren nur noch angenehmer zu sein. Heerden von schwarzschwänzigen Hirschen und Antilopen zeigten sich noch in der Dämmerung und alarmirten unsere Leute, von welchen sie anfänglich für einen Trupp Navahoe-Indianer gehalten wurden. Das Wild wollte augenscheinlich zu dem See hinab, doch gestört durch unsere Gegenwart, zog es weiter gegen Westen.

Der Abend war wieder so frisch und klar wie der vorhergehende, doch fehlte es uns an trockenem Holze, um uns wieder eben so behaglich einrichten zu können; denn das dichte Cederngebüsch bot uns nur grüne, saftige Massen, die am Feuer knisterten und flackerten, ohne die geringste Wärme zu verbreiten. Dieses sowohl als die Ermüdung von dem langen Marsche veranlaßte uns, früher als gewöhnlich zu unseren wärmenden Decken unsere Zuflucht zu nehmen, und die Stille, die bald im Lager herrschte, wurde nur durch rauhes Wiehern der Maulthiere und das ferne Geheul Beute suchender Wölfe unterbrochen.

Von dem merkwürdigen See zogen wir am 29. November in mehr nördlicher Richtung weiter. Wir hatten noch keine 6 Meilen zurückgelegt, als wir die angedeuteten Quellen erreichten und auch sogleich Anstalt zum Rasten und Uebernachten trafen. An verschiedenen Stellen quoll hier das Wasser aus dem Boden, ohne jedoch sich in einem Bache zu vereinigen, vielmehr überschwemmte es nur die nächste niedrige Umgebung und verwandelte sie in einen seichten Sumpf, in dessen kleinen Lachen wir reichlich gutes Wasser für uns und unsere Heerden fanden. Die in der Nähe dieser Quelle umherliegenden Topfscherben veranlaßten uns, nach weiteren Spuren von den früheren Bewohnern dieser Regionen zu suchen, und so entdeckten wir denn auf einer kleinen Anhöhe die Grundmauern einer alten Ansiedelung oder Stadt. Erst bei näherer Untersuchung erkannten wir die Fundamente, von welchen die Lehmmauern schon seit Jahrhunderten fortgewaschen sein mußten; denn außer den kaum aus der Erde hervorragenden Steinen waren es nur noch die Scherbenmassen, welche Kunde von der entschwundenen Bevölkerung gaben. Trockenes Heidekraut und Gestrüpp lieferte uns an diesem Tage kaum Brennmaterial genug, um unsere Speisen bereiten zu können, und Mancher von uns sendete am Abend seine Blicke sehnsüchtig nach dem dunklen Cedernwalde hinüber und bedauerte, die Decke fester um die Schultern ziehend, gar sehr den Mangel eines guten Feuers.

Als die Dämmerung am Abende so stark geworden war, daß wir nur noch mit Mühe entferntere Gegenstände zu erkennen vermochten, wurden Alle im Lager durch den Ruf: „Navahoes!" alarmirt. Solche waren es in der That, doch nur zwei einzelne Reiter dieses räuberischen Stammes, die sich vorsichtig unserem Lager genähert hatten, um dasselbe zu beobachten. José Hatche und Leroux knüpften alsbald ein Gespräch mit ihnen an und luden sie auf Lieutenant Whipple's Befehl ein, abzusteigen

und im Zelte eine Unterredung mit den „von dem großen Großvater in
Washington abgeschickten weißen Capitanos" zu halten. Doch scheu wichen
die beiden Indianer zurück und führten in einiger Entfernung das Gespräch
mit José Hatche weiter. Nach ihren Aeußerungen fürchteten sie sich vor
José Hatche, indem derselbe aus einer Stadt komme, wo die Blattern
herrschten; als sie durch denselben erfuhren, daß auch wir in unserem Lager einige Blatterkranke hatten, wurde ihre Furcht vor Ansteckung noch
vergrößert, und schnell entfernten sich die beiden Reiter wieder. Leicht erklärlich ist es, daß die Indianer, die seit ihrer ersten Bekanntschaft mit
den Weißen von dieser Seuche auf so schreckenerregende Weise heimgesucht
wurden, sich nur mit Beben in die Nachbarschaft solcher Kranken wagen*),
und so hatten wir es vielleicht theilweise unseren Patienten zu verdanken,
daß wir auf unserer ganzen Reise durch die Reviere der Navahoes nie von
denselben belästigt wurden.

Als wir die Quelle, die den Namen N a v a h o e   S p r i n g erhielt,
am 30. November verließen, hatten wir wellenförmiges Land zu überschreiten, welches durch den unfruchtbaren Sand und den fast gänzlichen
Mangel an Vegetation nur zu sehr den Namen einer Wüste verdiente.
Tiefe Schluchten und trockene Flußbetten durchschnitten vielfach hindernd
unsere Straße, Wälder und Bäume traten immer weiter zurück, entschwan-
den unseren Augen endlich ganz, und nur ein trostloser Anblick war es,
der sich uns nach allen Seiten hin bot. Gerade vor uns in bläulicher
Ferne erblickten wir die Kuppen eines hohen Gebirges; es waren die
S a n   F r a n c i s c o   M o u n t a i n s , die riesigen ausgebrannten Vulkane,
an denen unser Weg vorbeiführen sollte. Doch manche Tagereise war es
noch bis dahin, manchen mühevollen Marsch hatten wir noch zurückzulegen
und manches Hinderniß zu besiegen, ehe wir an der Quelle (Leroux Spring,
nach unserem Führer, der sie früher schon entdeckt hatte, benannt) uns
laben konnten, die am Fuße des Hauptberges entspringt.

Bei den Zuñi-Indianern war es uns aufgefallen, daß Viele derselben
edle Steine, besonders schöne, große Granaten als Schmuck in den Ohren

_____

*) Die Blattern wurden schon, wie man behauptet, zur Zeit der Erobe-
rung Mexiko's durch Ferdinand Cortez von einem Neger im Gefolge des
Generals dorthin gebracht und richteten die furchtbarsten Verwüstungen unter
den Azteken an.
Die Blattern-Epidemie, welche im Jahre 1538 in Mexiko viele Eingeborne
hinraffte, hat Alexander von Humboldt bildlich dargestellt gefunden in
der Copie von altaztekischen Manuscripten, die einst der Erzbischof Le Tellier
zu Rheims besaß, und die jetzt der Bibliothek zu Paris gehören. (Codex Tel-
leriano-Remensis. Geroclyficos que usavan los Mexicanos. Manuscript von
1616.) Siehe Alexander von Humboldt: Vues des Cordillères et mo-
numents des peuples indigènes de l'Amérique. Planche 56. f. 3

trugen; wir hatten nur erfahren können, daß sie sich dieselben aus der Richtung von Sonnenuntergang her geholt hatten, und waren sehr gespannt darauf, den Edelstein bergenden Boden genauer kennen zu lernen. An diesem Tage nun endlich gelangten wir in die Regionen, wo dieselben gleich den uns schon in Albuquerque gezeigten gefunden sein mochten. Eine Menge kleiner, von großen Ameisen zusammengetragener Hügel bedeckte nämlich die Niederungen; die Hügel an sich bestanden aus lauter kleinen Steinchen, und ließen sich, da die Ameisen sich vor der Kälte tiefer in die Erde zurückgezogen hatten, auseinander scharren, ohne daß wir durch dieselben belästigt wurden. Der helle Sonnenschein begünstigte uns bei unserem Suchen, denn wo die Sonnenstrahlen einen edlen Stein trafen, da entlockten sie ihm einen rothen oder grünen Blitz, und wir brauchten dann nur den Granat, Rubin oder Smaragd aufzuheben. Leider mußten größere Steine die Kräfte der Ameisen überstiegen haben, denn selten fanden wir solche, welche die Größe einer Erbse überschritten. Es läßt sich aber denken, daß bei der Menge von kleinen Edelsteinen, die wir dort zu sammeln Gelegenheit fanden, der Boden auch große und werthvolle Steine von derselben Gattung bergen muß. Die Nothwendigkeit, die uns gebot, schnell zu reisen, um am Abend Wasser zu erreichen, ließ uns nur wenig Zeit, nach Schätzen zu suchen, und deshalb zurückzubleiben oder gar den Wagenzug aus den Augen zu verlieren, war nicht rathsam, denn wir konnten nicht wissen, ob nicht die Navahoe-Indianer nur auf Gelegenheit warteten, den Einen oder den Andern vom Zuge abzuschneiden, auszuplündern oder vielleicht gar zu erschlagen.

XXIV.

Rio Secco. — Der versteinerte Urwald. — Rio Colorado Chiquito. —
Thal des Colorado Chiquito. — Traurige Nachrichten von den Moqui=
Indianern. — Chevelon's Fork. — Stampede der Maulthierheerde. —
Ankunft des Lieutenant Tittball mit der Escorte. — Ausschickung einer
Recognoscirungs=Abtheilung. — Langsames Reisen der Expedition. —
Ruinen am Colorado Chiquito. — Die Casas Grandes am Rio Gila,
Rio Salinas und in Chihuahua. — Vergleich der Ruinen auf dem
35. Breitengrade mit den Casas Grandes.

Am 2. December wurden wir auf unserer beschwerlichen Reise über
den losen sandigen Boden gleich nach unserem Aufbruch aus einem öden
Thale, wo wir die Nacht sehr unbequem zugebracht hatten, durch eine breite
Schlucht aufgehalten, die das Hinüberbringen der Wagen geradezu unmög=
lich machte, weshalb sich der Zug gegen Süden wendete und an der
Schlucht hinunterzog, die, so weit das Auge reichte, sich von Norden nach
Süden erstreckte. Einige Antilopen, die in dieselbe hinabgesprengt waren,
hatten meine ganze Jagdlust rege gemacht, und in Gesellschaft von Mr.
Campbell und Doctor Kennerly unternahm ich es, denselben nachzu=
folgen. Das Hinabsteigen gehörte indessen nicht zu den leichtesten Aufgaben,
denn die aus rothem, mit Gyps untermischtem Sande gebildeten steilen
Ufer waren nach allen Richtungen hin ausgewaschen, und da die lose Erde
den Hufen unserer Thiere nachgab, so hatten wir eine äußerst beschwerliche
Arbeit, bis wir endlich halb gleitend, halb kletternd hinunter gelangten, wo
dann der von Regengüssen zerrissene Boden unser Vordringen noch müh=
samer machte. Große Massen von Wasser müssen sich zu Zeiten durch die=
ses Thal stürzen, wo bei unserer Ankunft kaum ein schmales, trockenes
Flußbett zu finden war, in welchem Wasser, und zwar bittersalzhaltiges,
nur an Stellen stand, wo Sandsteinfelsen das Durchsickern unmöglich ge=
macht hatten. Wir befanden uns in der Schlucht oder dem Thale, welches
von den Mexikanern Rio Secco (der trockene Fluß) genannt worden ist,
und zwar an einer Stelle, die mit Recht den Namen eines versteinerten
Urwaldes verdient ([20]).

Als wir nämlich weiter vordrangen, glaubten wir wirkliche ange=
schwemmte Holzmassen oder auch Waldland vor uns zu haben, auf welchem
zum Zwecke der Urbarmachung die Bäume gefällt worden waren. Bäume
von jeder Größe lagen unregelmäßig umher und dazwischen sahen wir auf=

rechtstehende Baumstümpfe, wie stehengebliebene Wurzelenden. Einzelne Bäume hatten mehr als sechzig Fuß Länge bei einer entsprechenden Stärke und waren anscheinend in regelmäßige Blöcke zerschnitten, während nicht weit davon Späne und zerbrochene Zweige aufgehäuft lagen. Bei näherer Betrachtung erkannten wir bald die fossilen Bäume, die allmälig von reißenden Wassern blosgewaschen, durch ihre eigene Schwere zerbrochen, und durch diese Quersprünge wunderbar in Glieder von nur 1— 3 Fuß Länge zertheilt waren. Wir nahmen das Maß von einigen der größten Stämme und fanden, daß der stärkste über 5 Fuß im Durchmesser hatte. Manche Bäume waren hohl, manche wie halb verbrannt und größtentheils von dunkler Farbe, jedoch so, daß sich Rinde, Brandstellen und Risse im Holz, so wie die Ringe genau auszeichneten. In einigen Blöcken zeigten sich die schönsten Mischungen von Achat und rothen Jaspissarben, andere waren wieder dem Einflusse des Wetters und der Atmosphäre erlegen und in kleine bunte Stückchen zerfallen, die so schön waren, daß sie geschliffen und gefaßt sich zu Schmucksachen eignen würden; wieder andere hatten die Farbe des Holzes noch nicht verloren und sahen verwitternden Balken von Tannenholz so ähnlich, daß man sich förmlich veranlaßt fühlte, durch Berührung von der wirklichen Versteinerung sich zu überzeugen. Stieß man an diese letzteren, so zerfielen sie in lauter kleine Brettchen, die durchaus verwitterten Spänen ähnlich sahen.

Von allen diesen verschiedenen Sorten fossiler Baumstämme sammelten wir uns kleine Exemplare und bedauerten nur, daß unsere Transportmittel so gering waren und wir uns mit Fragmenten begnügen mußten, die wohl die Verschiedenheit der Versteinerungen zeigten, aber kaum die Dimensionen der Blöcke berechnen ließen. Nach meiner Ankunft in New-York, in den letzten Tagen des April 1854, schickte ich sogleich in einem Berichte eine genaue Beschreibung des verkieselten Urwaldes an die geographische Gesellschaft zu Berlin (²¹). Vergeblich suchten wir nach Abdrücken von Pflanzen und Blättern; das Einzige, was wir noch außer den Stämmen und Blöcken fanden, waren die Ueberreste von baumartigen Farrenkräutern, die wir anfangs für abgebrochene Hirschgeweihe hielten. Wir versuchten in südlicher Richtung im Bette des Rio Secco fortzuschreiten, doch mußten wir sehr bald von diesem Vorhaben abstehen, denn zu wild thürmten sich Erd- und Steinmassen immer auf's Neue vor uns auf, oder neue Spalten öffneten sich auf dem von uns eingeschlagenen Wege. Mit Mühe gelangten wir endlich aus dem wilden Thale auf's hohe Ufer und folgten den Spuren unserer Wagen, welche uns nach einem scharfen Ritte von 14 Meilen in's Lager führten. Unsere Zelte waren an einer Stelle aufgeschlagen, wo sich die Möglichkeit eines Hinüberkommens nach der anderen Seite des Rio Secco zeigte, welche Arbeit wir am folgenden Morgen mit frischen Kräften vorzunehmen gedachten.

Wie gewöhnlich war der Abend kalt und doppelt unangenehm, weil es uns an Brennholz fehlte; nicht weit von uns lagen ungeheure Holz-

maffen*), doch waren diefe der Art, daß man ihnen nur mittels des Stah=
les Funken entlocken konnte.

Tief hinab ging es in der Frühe des 3. December in das trockene
Bett des Fluffes; es war eine fchwierige Aufgabe, doch gelangten wir
glücklich hinunter und zogen in demfelben eine Strecke weiter. Ueberall in
den Nebenfchluchten ftießen wir auf große Anhäufungen von Verfteinerungen,
die in fo prächtigen Farben fpielten, daß wir uns nicht verfagen konnten,
immer wieder abzufteigen, um bald von einem karminrothen, bald von einem
goldgelben oder einem in mehreren Farben prangenden Blocke ein Stückchen
abzufchlagen. Als wir an einer paffenden Stelle das Bette des Rio Secco
verlaffen hatten, zogen wir 6 Meilen in füdlicher Richtung und befanden
uns dann am Rio Puerco of the west, der aus Nordoft kommend in
den Colorado Chiquito mündet. In einiger Entfernung von dem Rio
Puerco, wie es die Befchaffenheit des Bodens gerade erlaubte, folgten wir
dem Lauf des Fluffes eine kurze Strecke und erreichten dann endlich den
Colorado Chiquito, deffen Lauf uns längere Zeit die Richtung un=
ferer Reife angeben follte. Wiederum ftießen wir auf Ueberrefte von Ruinen,
die indeffen kaum noch zu erkennen waren, jedoch deutlich bewiefen, wie
dicht bevölkert einftmals diefe Gegend gewefen fein muß. Der Colorado
Chiquito ift nur ein kleiner Fluß, doch führt er viel Waffer mit bedeuten=
der Schnelligkeit dem Rio Colorado des Weftens zu. Er entfpringt am
nördlichen Abhange der Sierra Mogoyon, und anfänglich gegen Nordoft
fließend, nimmt er die kleinen Flüßchen Dry Fork und Burnt Fork auf.
Da wo er mit diefen zufammentrifft, wendet er plötzlich feinen Lauf gegen
Nordweften, vereinigt fich mit dem Zuñi River und dem Puerco of the
west (unter 34° 53' nördlicher Breite und 110° 00' Länge weftlich von
Greenwich) und behält dann diefe Richtung bei, bis er den großen Colo=
rado erreicht.

Seit langer Zeit hatten wir nun zum erften Male wieder Cottonwood=
bäume vor uns, die weithin den Lauf des Fluffes bezeichneten, indem fie
theils die Ufer bedeckten, mitunter aber auch im Thale kleine lichte Wal=
dungen bildeten. Das Thal des Colorado Chiquito fchwankte, wie wir in
demfelben fortzogen, faft fortwährend in feiner Breite, je nachdem die ftei=
nigen unfruchtbaren Hügel, welche daffelbe einfaßten, einander näher rückten
oder weiter zurückblieben. Fruchtbarer, kulturfähiger Boden zog fich zu
beiden Seiten des Fluffes hin, und immer neue Ruinen, auf welche
wir ftießen, ließen uns vermuthen, daß die wandernden Völkerftämme im
grauen Alterthume ausgedehnte Anfiedelungen in diefem Thale befeffen hat=
ten, wo Alles, was zur Exiftenz des Menfchen nöthig ift, geboten wurde,
nämlich fchönes, trinkbares Waffer und guter, tragbarer Boden, der, wie

---

*) Ich wage kein Urtheil darüber auszufprechen, ob diefe Holzmaffen etwa
in einem, durch Erdrevolutionen aufgedeckten Braunkohlenflötz beftehen, wie es
in Europa dem Tertiär=Gebirge zugehört.

es sich aus sicheren Anzeichen ergab, mehrmals im Jahre von den Fluthen des Colorado Chiquito überschwemmt wird. Wenn man das Thal verließ, war die Aussicht trostlos und nur sehr wenig versprechend; denn so weit das Auge reichte, sah man dieselbe dürre, steinige, unebene Wüste, auf der nicht das Geringste fortzukommen vermochte; der Boden war sandig, und dicht bestreut mit bunten Kieseln, Achat, Jaspis, Chalcedon und unzähligen Stückchen versteinerten Holzes, die nur als solches zu erkennen waren, wenn man die noch nicht glatt gerollten und geschliffenen Bäume im Rio Secco beobachtet hatte. Die Felsen, die hin und wieder aus dem Boden hervorragten, waren größtentheils grauer Sandstein, dagegen wurde gegen Westen das Einförmige der Aussicht durch die beschneiten Gipfel der San Francisco Mountains und einzelne tonische vulkanische Hügel unterbrochen.

Es war im Anfange des Decembers, als wir zum ersten Male am Rio Colorado Chiquito unser Lager aufschlugen. Leider wurde unseren Thieren hier nur eine sehr kärgliche Nahrung geboten; denn das lange Gras im Thale war gelb und verwittert, und an den Abhängen der Hügel, wo sich Büschel des kurzen, nahrhaften Grammagrases fanden, waren diese wieder so zerstreut, daß ein Maulthier unmöglich seinen Hunger daselbst stillen konnte. Wir erlebten indessen später noch Tage und Zeiten, in denen wir uns glücklich geschätzt hätten, auch nur solche Weiden zu finden.

Am 5. December gegen Abend trafen die beiden zu den Moquis entsendeten Indianer wieder bei uns ein, doch brachten sie statt der gehofften Führer nur betrübende Nachrichten von dort mit. Die Blattern waren nämlich auf grauenerregende Weise unter diesem Stamme ausgebrochen, so daß, wie José Maria, der Zuñi-Indianer, uns versicherte, ganze Wohnungen ausgestorben seien, die Ueberlebenden die Todten nicht mehr zu beerdigen vermöchten und Wölfe und Coyotas *) sich von dem Fleische der Gestorbenen nährten. Mochte nun auch bedeutende indianische Uebertreibung mit im Spiele sein, so konnte doch Keiner, der solches vernahm, sich der traurigsten Gefühle erwehren. Das Geschick scheint die Urbewohner des amerikanischen Continents in jeder Weise zu verfolgen und mit Recht kann Alles, was sie zu erdulden gehabt haben und noch erdulden müssen, der weißen Bevölkerung zur Last gelegt werden; und wie wenig geschieht wohl, um altes Unrecht an der armen betrogenen Race wieder gut zu machen? Das Urtheil aller Reisenden, die in Berührung mit den Pueblo-Indianern gekommen sind, lautet gewiß dahin, daß gerade diese Menschen am meisten die Hülfe der Missionäre verdienten, weil sie von selbst schon so sehr zur Civilisation hinneigen. Sie sind häuslich, fleißig und friedlich; doch entfernt von dem Heerde der Civilisation beschränken sie sich nur darauf, für ihren Unterhalt und einige wenige Bequemlichkeiten zu sorgen. Wohin aber könnten diese halbcivilisirten Stämme durch Hülfe der civilisirten Race ge-

*) Coyote wird in Neu-Mexiko der kleine Prairie-Wolf (canis latrans) genannt; abgeleitet von Coijotl, Azteken-Bezeichnung für Wolf.

bracht worden? Geschickte Handwerker könnten aus ihnen gemacht und gewissenhafte Lehrer der Jugend gebildet werden; und welche Wohlthat würde es sein, wenn ihnen das Verfahren der Impfung gezeigt und gelehrt würde! Wie würden diese Menschen, wenn sie erst einen gewissen Grad von Bildung erreicht hätten, sich schon selbst forthelfen und von Stufe zu Stufe emporsteigend allmälig in den Rang der civilisirtesten Völker treten! Doch leider genügt es den meisten Missionairen eine Kirche gebaut zu haben, um in ihren Berichten ganze Stämme als wahre Christen aufzuführen. So wie große, mächtige Nationen verschwunden und fast verschollen sind, so werden auch die letzten Nachkommen von einstmals berühmten Geschlechtern und Kriegern ihrem Ende entgegengehen, und mit dem Ausdrucke der Zufriedenheit werden die frommen Väter dann sagen: sie sind als Christen gestorben.

Es war dies die letzte Nacht, welche die Zuñi-Indianer bei uns zubrachten; reich beschenkt verließen sie uns am folgenden Morgen und zogen heimwärts, während wir auf der Straße nach den San Francisco Mountains, einem vulkanischen Gebirge mit ausgebrannten Kratern (²²), weiter zogen. Abwechselnd reisten wir bald im Thale selbst, bald über die kleinen Hügel, je nachdem das Thal eine Krümmung bildete und wir ein Stückchen Weges zu sparen im Stande waren. Die Jagd wurde wieder besser durch die schwarzschwänzigen Hirsche (Cervus Richardsonii Aud. et Bachmann) die sich in der Nähe des Wassers aufhielten, auch Porcupines (nordamerikanische Stachelschweine, Cercolabes novae) sahen wir hin und wieder träge auf den Bäumen umherklettern.

Einestheils um keinen zu großen Vorsprung vor der uns folgenden Escorte zu gewinnen, dann aber auch, um unsere Reit- und Lastthiere nicht zu sehr anzustrengen, ehe wir die vor uns liegenden winterlichen Regionen im Rücken hatten, zogen wir in nicht allzu großen Märschen auf der Nordseite des Colorado Chiquito weiter. Seit dem Uebergange über die Wasserscheide der Sierra Madre, die sich 7750 Fuß über die Meeresfläche erhebt, waren wir bis zu der Stelle, wo wir den Colorado Chiquito berührten, bedeutend bergab gegangen und befanden uns daselbst in einer Höhe von 5525 Fuß. Die Länge der Strecke zwischen diesen beiden Punkten betrug 137 englische Meilen, so daß auf jede Meile Entfernung 18 Fuß Senkung kamen. Von der letztgenannten Stelle aber an diesem Flusse hinunter verringerte sich die Senkung bis zu 6 Fuß auf die Meile.

So waren wir denn bis nahe an die Mündung von Chevelon's Fork gelangt, eines Flüßchens, welches, ebenfalls an den Mogoyon Mountains entspringend, in fast nördlicher Richtung dem Colorado Chiquito zueilt. Den Namen verdankt dieser Fluß dem unglücklichen Schicksal eines Trappers, der, von Hunger getrieben, auf dessen Ufern giftige Wurzeln ausgrub, verzehrte und nach wenigen Stunden starb.

Etwas westlich von dieser Mündung war es, wo wir am 6. December unser Lager bezogen hatten. Die vulkanischen Gebirgsmassen der San

Francisco Mountains lagen gerade westlich vor uns; eine lange Gebirgs=
kette erstreckte sich von dort aus, so weit das Auge reichte, gegen Süden,
selbst südlich von uns war der Horizont von niedrigen Bergrücken und Wal=
dungen begrenzt. Gegen Norden liefen die San Francisco Mountains in
wildes, rauhes Gebirgsland aus, so daß wir nordwestlich von uns wieder
anscheinend ebenes Land erblickten, aus welchem hin und wieder konische
Hügel emportragten. Nördlich von uns lag ausgedehnt die flache, unab=
sehbare Wüste. Wir befanden uns in einer solchen Stellung zu den San
Francisco=Bergen, daß wir ziemlich gleich weit von der nördlichen, wie von
der südlichen Basis der Hauptgipfel waren; umgangen mußte das Gebirge
werden, nur kam es darauf an ausfindig zu machen, welcher Weg unserem
ganzen Unternehmen am meisten entsprechen und die meisten Vortheile,
oder vielmehr die wenigsten Hindernisse bei dem etwaigen Bau einer Eisen=
bahn bieten würde.

Der Colorado Chiquito fließt allerdings nördlich an dem Gebirge
vorbei, und so weit wir diesen Fluß gesehen hatten und noch mit den
Augen verfolgen konnten, wäre das Thal ganz geeignet für unseren Zweck
gewesen; doch belehrte uns Leroux eines Besseren. Er hatte nämlich im
Jahre 1853 eine Expedition unter dem Commando des Capitains Sitgreaves
als Führer nach dem großen Colorado, an diesem Flusse hinunter bis an
den Gila und dann nach Californien mitgemacht. Da nun eben diese
Expedition jeden Vortheil aus der Lage des Colorado Chiquito=Thales hatte
ziehen wollen und demselben bis nördlich an den Gebirgen vorbei gefolgt
war, so hatte Leroux hinlänglich Kenntniß davon und wußte uns zu über=
zeugen, daß es für uns mit unseren Wagen unmöglich sein würde, Capi=
tain Sitgreaves' Straße zu folgen, indem der Fluß weiter westlich durch so
enge tiefe Schluchten stürze und solche Cascaden bilde, daß selbst leere Maul=
thiere an den gefährlichsten Stellen kaum vorbeizubringen wären. Es blieb
uns also die Aufgabe, südlich von den Hauptgebirgen einen Paß zu suchen.
Eine Recognoscirungsabtheilung sollte deshalb, um das Terrain zu unter=
suchen, vorausgeschickt werden, die Expedition aber nach einem Aufenthalt
von zwei Tagen langsam am Fluß hinunterziehen, und da, wo die Felsen
die Weiterreise versperrten, die aus dem Gebirge zurückkehrende Abtheilung
erwarten. Ehe dieses Vorhaben indessen in Ausführung gebracht wurde,
hielten wir noch einige Ruhetage, welche wir dazu benutzten, Hirsche zu
jagen und den Wölfen Fallen zu stellen, da außer diesen, einigen verein=
zelten Bibern (Castor americanus, Fr. Cuv.), die ihren Bau in den Ufer=
bänken des Flusses angelegt hatten, und Stachelschweinen kein Wild im
Thale selbst war, während große und kleine Hasen und andere kleine Nage=
thiere auf den benachbarten Höhen zahlreich ihr Wesen trieben.

In der zweiten Nacht ereignete sich ein Unfall, der zwar wieder gut
gemacht wurde, aber eben so leicht von den nachtheiligsten Folgen für un=
sere ganze Expedition hätte sein können. Wir lagen nämlich im ersten
Schlafe, als wir durch wildes Durcheinanderrufen der Hüter und

donnerndes Gestampfe fliehender Maulthiere geweckt wurden. Im Augen=
blick erschien unser ganzes Personal wohlbewaffnet auf dem Platze, vorsich=
tig den Schein der Feuer vermeidend, indem Jeder der Meinung war, daß
wir von Navahoe=Indianern angegriffen und unserer ganzen Maulthierheerde
beraubt worden wären. Als wir uns in Gruppen sammelten, um nicht
vereinzelt kämpfen zu müssen, sprang Einer unserer Mexikaner, der lange
ein Gefangener der Navahoe's gewesen war und deshalb die grimmigste
Feindschaft gegen diesen Stamm hegte, zu uns heran, spannte die Sehne
auf seinem Bogen, riß ein Dutzend Pfeile mit dem Ruf: „Navahoes",
aus dem Köcher und stürzte nach der Richtung in die Nacht hinaus, wo
das immer schwächer werdende Getrappel unserer Heerde deren Entfliehen
verkündete. Alle im Lager waren schlagfertig, doch kein Feind zeigte sich,
nur aus der Ferne schallte der Ruf unserer Maulthiertreiber zu uns herüber,
die der fliehenden Heerde folgten. Einige der nächtlichen Wachtposten kamen
endlich zu uns und lösten das Räthsel. Die Wölfe, deren Geheul wir
sonst immer aus der Ferne vernommen, hätten sich in dieser Nacht der
Heerde so sehr genähert, daß diese von panischem Schrecken ergriffen, in
wilder Flucht davon gesprengt war. Die Schreckhaftigkeit der Maulthiere
ist in der That so groß, daß sie, wenn sie einmal auf der Flucht sind,
blindlings so lange, unbekümmert um Hindernisse, davon stürzen, bis sie
durch Erschöpfung in ihrem wilden Laufe aufgehalten werden. So waren
wir denn auf diese Weise plötzlich um unsere Thiere gekommen, mit Aus=
nahme einiger wenigen, die gepflöckt gewesen oder von den Lasso's der
Mexikaner noch glücklich erreicht worden waren. Die Hüter und Wachen
kehrten Einer nach dem Andern mit der Nachricht zurück, daß es ihnen in
der dunklen Nacht gänzlich unmöglich sei, auch nur die Spuren der Flücht=
linge aufzufinden. Wir waren Alle nicht wenig bestürzt, denn wenn auch
nicht die Navahoes die Stampede veranlaßt hatten, so konnten die Thiere
auf ihrer Flucht doch die Aufmerksamkeit einiger dieser umherstreifenden
Räuber erregen und waren dann unbedingt für uns verloren. Es gereichte
uns gewissermaßen zur Beruhigung, daß sie den Rückweg eingeschlagen
hatten, auf welchem sie möglicher Weise auf die uns nachfolgenden Soldaten
stoßen konnten; doch drohte auch wieder die Gefahr, daß sie deren Heerde
ebenfalls mit in ihrer Flucht fortreißen konnten.

Als am folgenden Morgen der Tag graute, waren unsere berittenen
Mexikaner auf der Fährte, um die verlorenen Thiere wieder aufzusuchen.
Einige derselben kehrten schon gegen Mittag mit dem größten Theil der
Flüchtlinge zurück; die übrigen waren aber schon über unsere vorletzte Lager=
stelle hinaus, also über 25 Meilen weit fort gewesen und konnten daher nur
spät in der Nacht erst wieder bei uns eintreffen. Die Recognoscirungsab=
theilung, an deren Spitze Lieutenant Whipple, Lieutenant Johns und
Mr. Leroux standen, wurde zwei Tage durch die Stampede aufgehalten,
während ursprünglich ihr Aufbruch auf den ersten Morgen nach dem Un=
falle angesetzt worden war.

Oft waren wir auf einen vereinzelt stehenden kleinen Berg gestiegen, der sich etwa 1000 Schritte von unserem Lager befand und hatten von dort aus nach allen Richtungen umhergespäht, doch waren die Gebirge noch zu weit entfernt, als daß wir im Stande gewesen wären, Entdeckungen zu machen, die beim Aufsuchen eines Passes hätten von Nutzen sein können. Einzelne Rauchsäulen sahen wir jedoch hin und wieder den dunklen Tannen- und Cedernwaldungen entsteigen, der sicherste Beweis, daß Eingeborne dieselben belebten, und wir bei unserem Vorschreiten mit aller Vorsicht zu Werke gehen mußten.

Am zweiten Tage nach dem Unfalle entstand in den Nachmittags- stunden abermals eine Aufregung im Lager, doch dieses Mal aus erfreu- licherer Veranlassung. Lieutenant Tittball war nämlich angelangt und mit ihm sein Commando, 25 wild und trotzig aussehende Gestalten, deren Physiognomien und ganzes Aeußere das Gepräge eines langen Lebens in den abgelegenen Territorien trug. Das Commando war mit Packthieren und außerdem mit so vielen Reitthieren versehen, daß die Hälfte der Mann- schaft beritten gemacht werden konnte; die Reise von Fort Defiance hatte daher schnell zurückgelegt werden können, um so mehr als die Abtheilung keine Wagen und Zelte mit sich führte und dadurch zwar mancher Bequem- lichkeit entbehrte, aber auch einer großen Last entledigt war. Herzlich wurden die Angekommenen von uns Allen begrüßt und keine halbe Stunde dauerte es nach ihrer Ankunft, bis sie sich um helllodernde Feuer gelagert hatten und durch ausgelassenen Gesang bewiesen, daß die Mühseligkeiten und Beschwerden eines Lebens in den Wildnissen ihrer Fröhlichkeit keinen Abbruch gethan hatten.

Am folgenden Morgen rüsteten sich die zur Recognoscirung bestimmten, um sich auf einige Tage von ihren Kameraden zu trennen und diese Zeit in Schnee und Eis zu verbringen; denn das weiße Kleid, in welches sich schon seit langer Zeit die Gipfel der San Francisco-Berge gehüllt hatten, war von Tag zu Tag tiefer hinabgesunken, und deutlich konnten wir er- kennen, daß in den Waldungen am Fuße dieses Gebirges der Winter sich auch schon eingestellt hatte. Es waren außer Lieutenant Whipple, Lieu- tenant Johns und Leroux noch der Ingenieur Campbell, der Meteo- rolog White, 9 Soldaten und einige Packknechte, deren Thiere gesattelt umherstanden. Nach einem tüchtigen Mahle nahmen wir herzlichen Abschied von einander, dann überschritt die kleine Abtheilung den Fluß, ritt an der Südseite desselben gegen Westen und war bald hinter der hervorragenden Hügelreihe unseren Augen entschwunden.

Unser Train blieb nur noch diesen einen Tag auf der Nordseite des Colorado Chiquito, dann brachen wir ebenfalls auf, zogen durch den Fluß und im Thale desselben einige Meilen gegen Westen, wo wir in einer Wiese, die unseren Thieren etwas mehr Nahrung bot, die Zelte aufschlugen. Wir befanden uns beinahe der Stelle gegenüber, wo auf einer kleinen An- höhe sich wiederum die deutlichsten Spuren einer früheren indianischen An-

siedelung zeigten. Schon von unserem letzten Lager aus hatten wir diese
Ruinen besucht und uns genauere Kenntniß derselben verschafft. Etwas
abgesondert von den das Thal einfassenden Hügeln erhebt sich im Thale
selbst die runde Anhöhe mit den Trümmern, und zwar so, daß dieselbe
zur Zeit der Ueberschwemmung des Flusses rund herum von Wasser umgeben sein muß. Es ist wohl kaum zu bezweifeln, daß zur Zeit der Blüthe
dieser Stadt ein Graben den Hügel umgab, der in Verbindung mit dem
Flusse stand, und daß man daher nur durch Brücken in die Stadt gelangen
konnte. Der Umfang des Hügels, mithin auch der der Stadt, war nur
klein, vielleicht einige hundert Schritte; zieht man aber in Betracht, daß
Gebäude die Anhöhe von ihrer Basis an bedeckten und die Wohnungen
wie in den jetzt bewohnten Pueblos terrassenförmig übereinander lagen, so
läßt sich vermuthen, daß die Einwohnerzahl keine so ganz geringe war. Es
schien uns, als wenn nicht ausschließlich mit Adobes, sondern auch mit
Feldsteinen gebaut worden wäre, denn außer den Fundamenten lagen noch
ganze Haufen roh behauener Steine umher, die zu Mauerwerk verwendet
gewesen waren, welches im Laufe der Zeit in sich zusammenstürzte. Auch
Spuren von Gewölben glaubten wir noch zu erkennen. Die gewöhnliche
Masse von bemalten Topfscherben fehlte nicht, ja wir waren auch so glücklich einige steinerne Pfeilspitzen in dem Schutte zu finden. Mehrere Tagereisen weiter westlich, nahe demselben Flusse, aber noch hinter seinen Fällen,
an einer Stelle also, die wir nicht mehr berührten, entdeckte Capitain Sitgreaves andere besser erhaltene Ruinen, und wohl ist es denkbar, daß bis
zum Colorado sich noch häufiger die Spuren eines halbcivilisirten Men-
schenstammes wiederholen. Die von Capitain Sitgreaves in seinem Report
beschriebenen Ruinen liegen etwas entfernt vom Flusse auf einem mit Lava
bedeckten Plateau und zwar auf den vorragenden Felsspitzen. Es sind
Trümmer von Häusern von bedeutendem Umfange, die in manchen Fällen
noch drei Stockwerke zeigen. Augenscheinlich sind dies Ueberreste von großen
Ansiedelungen, die in Zwischenräumen von 8 bis 10 Meilen im Thale
des Colorado Chiquito zerstreut gelegen haben, und deren Bewohner diesen
Landstrich einstmals gewiß zu einem reich bevölkerten machten. Daß in
der Nähe der entfernter vom Flusse liegenden Ruinen jetzt kein Wasser gefunden wird, und die natürlichen Reservoirs und Quellen von vulkanischem
Staub verstopft und angefüllt wurden, giebt Capitain Sitgreaves als den
möglichen Grund für das Verlassen der Ansiedelungen an. Es ist indessen
kaum denkbar, daß in der Nähe eines Flusses, der nie trocken wird, Wassermangel eintreten könnte oder ein betriebsames Volk seine Quellen und
Wasserbehälter versanden lassen würde. Viel näher liegt der Gedanke, daß
eine allgemeine Auswanderung die Verödung der zahlreichen Städte herbeigeführt habe. Und wie natürlich muß man es finden, daß ein Volk seine
Wohnsitze in Thälern, deren Grenzen ihm zu enge wurden, verließ, nachdem ihm vielleicht Kunde geworden, daß weiter südlich am Gila und in
Chihuahua umfangreichere Thäler und besserer Boden seiner harrten, wo es

Möllhausen, Tagebuch.　　　　　　　　　　　20

dann die Casas Grandes gründete, aber nur, um auch diese wieder zu ver=
lassen, nachdem es sich Kenntniß von noch weiter südlich gelegenen para=
diesischen Ländern verschafft hatte.

Der Casas Grandes am Rio Gila, Rio Salinas und in Chihuahua
ist von jedem Reisenden gedacht worden, der die eben genannten Regionen
durchstreifte, sei es nun von spanischen Missionairen im siebzehnten Jahr=
hundert, oder von den durch das Gouvernement der Vereinigten Staaten
in neuester Zeit dorthin entsendeten Offizieren. Die mancherlei Nachrichten,
welche auf diese Weise gesammelt wurden, bieten noch immer den Forschern
der alten mexikanischen Geschichte reichen Stoff zu ihren Studien. Es ist
in's Auge fallend, wie, je weiter gegen Süden, die Ruinen der entschwun=
denen Völkerstämme eine größere Ausbildung und Erfahrung der Erbauer
verrathen, zugleich aber auch darauf hindeuten, daß dort auch die alten
Ansiedelungen und Städte länger und reicher bevölkert gewesen sein müssen.
Eine große Aehnlichkeit zwischen den Ruinen auf der von unserer Expedi=
tion durchforschten Route und den mehr südlichen Casas Grandes kann nicht
geleugnet werden, nur sind erstere leichter gebaut gewesen und befinden sich
jetzt in einem Zustande größeren Verfalls, während unter letzteren noch
einzelne hoch emporragen, die mit einem geringen Kosten= und Zeitaufwande
wieder herzustellen wären. Eine schöne Beschreibung der Casas Grandes
hat uns Bartlett in seinem „Personal Narrative" gegeben und in dem=
selben zugleich auf die Nachrichten älterer und neuerer Reisenden hinge=
deutet. Zuerst erwähnt er der Casas Grandes am Rio Salinas, dessen
breites Thal noch deutliche Spuren einer früheren Kultur zeigt, obgleich
es jetzt mit Mezquit=Büschen dicht bewachsen ist. Alte Canäle, oftmals
von bedeutender Länge, zur Bewässerung der anstoßenden Ländereien, so
wie auch Gräben (acequias) sind daselbst noch zu erkennen, wenn sie auch
größtentheils wieder zugeschwemmt und dicht bewachsen sind. Die Ruinen
selbst, die sich aus der Ferne wie rauhe Hügel ausnehmen, befinden sich
auf einer Art Hochebene oder Plateau. Sie bestehen aus Ueberresten eines
alten Adobe=Gebäudes, welches über 200 Fuß lang und an 80 Fuß breit
gewesen ist; die vier Seiten desselben sind nach den vier Himmelsgegenden
gerichtet. Theile von erhaltenen Mauern sind nur noch an einzelnen
Stellen sichtbar, nämlich auf dem höchsten Punkte an der Südseite, wo
nach den Trümmern zu urtheilen, vier Stockwerke über einander gestanden
haben, und dann am Nordende der westlichen Seite. Diese Ueberreste von
Mauern reichen indessen kaum noch über das wild wuchernde Gesträuch
empor. Ein runder Trümmerhaufen, der alles Andere überragt, scheint eine
Art von Thurm gewesen zu sein. Die Adobe=Massen sind noch so hart,
daß nur mit Mühe Stücke von denselben abgebrochen werden können. An
der westlichen Seite sind die Ueberreste einer langen Mauer sichtbar, die
sich über das Gebäude hinaus erstreckt haben muß und vielleicht als Ein=
friedigung gedient hat. Gegen Nordosten, in der Entfernung von 300 bis
400 Fuß vom Hauptgebäude befinden sich die Trümmer einer kreisförmigen

Einfriedigung; dieselbe ist indessen zu klein, als daß man sie wirklich für einen alten Hof halten könnte und für einen Brunnen wiederum zu groß; auch ist an einen solchen schon deshalb nicht zu denken, weil in geringer Entfernung ein Canal vorbeigeführt hat. Von der höchsten Spitze dieser Ruinen, welche sich wohl 25 Fuß über die Fläche des Plateaus erheben, sind nach allen Richtungen ähnliche Trümmerhaufen sichtbar, besonders gegen Osten in der Entfernung von einer Meile, wo sich eine ganze Reihe derselben in der Richtung von Norden nach Süden erstreckt. Die ganze Ebene ist mit bemalten Scherben besäet, von denen einige so erhalten sind, daß sich das Gefäß, von welchem sie herstammen, noch ziemlich genau in einer Zeichnung wiedergeben läßt. Auch grüne Steine findet man häufig auf der Oberfläche der Erde, wo sie vom Regen freigewaschen und dann jedesmal von den dort lebenden Eingebornen auf's Sorgfältigste gesucht werden. Alle früheren Reisenden, welche diese Regionen durchzogen, von dem Missionair Coronado an, der 1540 den Gila überschritt, bis auf die Forscher jetziger Zeit, haben von diesen Steinen gesprochen. (Hier erwähnt Mr. Bartlett*) der Ruinen am Colorado Chiquito, die ich oben beschrieben habe, von denen ihm Leroux, der damals sein Führer war, erzählt hatte.)

Die Casas Grandes am Gila beschreibt Bartlett auf folgende Weise:

„Nachdem wir den Pfad in östlicher Richtung ungefähr 8 Meilen über das Plateau, welches mit kleinen Mezquit=Bäumen bedeckt war, verfolgt hatten, wendeten wir uns gegen Südost. Nach Zurücklegung einer Meile erblickten wir das Gebäude, welches sich über einen Wald von Mezquit erhob und welchem wir unseren Besuch zugedacht hatten. Auf der Strecke von 2 oder 3 Meilen, ehe wir dasselbe erreichten, bemerkte ich sowohl eine Menge von Scherben auf unserem Wege, als auch alte Acequias oder Bewässerungscanäle in den Niederungen. Diese Niederungen sind eine Fortsetzung der von den Pimo=Indianern bewohnten, doch ist das Thal hier schmaler und nahe den Ruinen nur eine Meile breit. Dasselbe ist ebenfalls mit Mezquit=Bäumen von 12 bis 20 Fuß Höhe dicht bedeckt; zwischen den auf dem Plateau stehenden Bäumen streckt die hohe und anmuthige Petahaya**, ihre stachligen Arme wie eben so viele einsame Säulen oder gigantische Kandelaber empor, und die hellfarbigen Mauern des alten Gebäudes bilden einen eigenthümlichen Contrast zu dem dunkelgrünen Laube der Bäume, welche es umgaben.

Die Casas Grandes oder großen Häuser, auch Casas Montezuma genannt, bestehen aus Gebäuden, die alle auf einer Strecke von 150 Ellen zusammengedrängt liegen.

Das größte und mithin das Hauptgebäude ist am besten erhalten, denn die vier äußeren, so wie die meisten inneren Wände stehen noch.

---

*) Personal Narrative Vol. II., p. 271.
**) Die Beschreibung der Petahaya (Cereus giganteus) oder Riesencactus folgt später.

20*

Ein bedeutendes Stück des oberen Theiles der Mauern ist allmälig losge=
bröckelt und nach Innen gefallen, wie aus der Masse von Trümmern und
Schutt, welcher das erste Stockwerk des Gebäudes anfüllt, hervorgeht. Drei
Stockwerke stehen noch jetzt, wie deutlich aus den Stumpfen der in den
Mauern zurückgebliebenen Balken oder aus den durch deren Entfernung
entstandenen Höhlungen entnommen werden kann; doch denke ich, daß, nach
den inwendig liegenden Trümmern zu urtheilen, noch ein viertes Stockwerk
vorhanden gewesen ist. Der Haupttheil oder der Thurm ragt ungefähr
8 bis 10 Fuß über die Außenwände hinaus, und mag wohl einige Fuß,
etwa ein Stockwerk höher gewesen sein. Die Mauern sind an ihrer Basis
4 bis 5 Fuß dick; die genauen Dimensionen konnten nicht bestimmt wer=
den, weil schon so viel fortgebröckelt war. Inwendig sind die Wände senk=
recht, während die Außenseiten in einer gebogenen Linie gegen die Spitze
zu ansteigen. Diese Mauern sowohl als die Scheidewände im Innern sind
aus großen, viereckigen Lehmblöcken gebaut, die zu diesem Zwecke durch Ein=
pressen des Materials in große Kasten von ungefähr 2 Fuß Höhe und
4 Fuß Länge bereitet wurden. Sobald der Lehm genügend erhärtet war,
wurden die Kisten weiter geschoben, von Neuem angefüllt und so fort, bis
das Gebäude fertig war. Dies ist eine schnelle Art zu bauen, doch schei=
nen die Mexikaner zu derselben nur bei der Errichtung von Einfriedigungen
und Scheidewänden ihre Zuflucht genommen zu haben. Das Material ist
die mit Kies gemischte Erde des Thales, welche sich zu einer sehr festen
Masse verbindet und in der Sonne getrocknet sehr dauerhaft ist. Es scheint,
als wenn die Außenwände rauh beworfen gewesen wären, dagegen sind
die inneren Seiten, so wie die Flächen aller inneren Wände, glatt bear=
beitet. Dies ist mit einer Mischung von Lehmerde bewerkstelligt worden,
und die Wände sind noch jetzt so glatt gerieben und polirt, als wenn der
Bau eben erst beendigt worden wäre. An der einen Wand sind mit rothen
Linien rohe Figuren, aber keine Inschriften gemalt. Nach den verkohlten
Stümpfen der Balken, welche im Gemäuer stecken, zu urtheilen, muß das
Gebäude durch Feuer zerstört worden sein. Einige Schwellen über den
Thüren sind aus mehreren Holzstämmen zusammengesetzt, die von der Rinde
entblößt wurden, ohne daß die Spuren eines scharfen Instrumentes sichtbar
wären. Die Balken, welche die Böden trugen, waren 4 bis 5 Zoll im
Durchmesser, gleich weit von einander entfernt und tief in die Wände hin=
eingelassen worden. Die meisten Gemächer stehen durch Thüren mit ein=
ander in Verbindung, außerdem befinden sich noch runde Oeffnungen in
den oberen Theilen der Stuben, um Luft und Licht hinein zu lassen. Der
Grundplan des Gebäudes zeigt, daß alle Gemächer lang und schmal, so
wie ohne Fenster waren. Die inneren Räumlichkeiten scheinen Vorraths=
kammern gewesen zu sein, und es ist in der That wahrscheinlich, daß das
Ganze eben zu diesem Zwecke erbaut worden ist. Es sind vier Eingänge
vorhanden, nämlich in der Mitte von jeder Seite einer, die Thür an der
westlichen Seite ist nur 2 Fuß breit und 7 oder 8 Fuß hoch, die anderen

dagegen 3 Fuß breit, 5 Fuß hoch und verengen sich nach oben, eine Eigen=
thümlichkeit, die man bei allen alten Gebäuden in Central=Amerika und
Yucatan findet. Außer diesen Thüren zeigen sich außerhalb nur noch an
der westlichen Seite, Oeffnungen von runder Form. Ueber dem Thorweg,
der mit dem dritten Stockwerke im Zusammenhange steht, an der westlichen
Front, ist eine Oeffnung oder ein Fenster gewesen, welches nach meiner
Meinung viereckig war. In einer Linie mit diesem sind zwei runde Oeff=
nungen. Die südliche Front ist an verschiedenen Stellen zerfallen und
durch große Risse stark beschädigt, die von Jahr zu Jahr größer werden,
so daß das Ganze bald zusammenstürzen muß. An der Basis und beson=
ders an den Ecken sind die Mauern bis auf 12 –15 Zoll fortgebröckelt,
und die Mauern werden nur durch ihre große Stärke gehalten. Die Nässe
verursacht die Auflösung hier schneller, als an anderen Stellen des Ge=
bäudes, und in wenigen Jahren, wenn die Mauern vollständig unterminirt
sind, muß das ganze Gebäude einstürzen und bildet dann einen runden
Hügel, wie so viele formlose Erhöhungen, die auf den Ebenen sichtbar sind.
Wenige Tage Arbeit zur Reparatur der Wände an der Basis verwendet,
würden dieses interessante Denkmal so fest wie Fels machen und es in den
Stand setzen, noch Jahrhunderten zu trotzen. Wie lange dieses Gebäude
schon zerfallende Ruine gewesen, ist nicht bekannt, nur wissen wir, daß es,
als es vor einem Jahrhundert von den Missionairen besucht wurde, schon
fast in demselben Zustande war, wie jetzt. Sein äußerer Umfang ist 50
Fuß von Norden nach Süden und 40 Fuß von Osten nach Westen. Zu
ebener Erde befinden sich 5 Gemächer, von welchen die beiden an der Nord=
und Südseite durch die ganze Breite des Gebäudes reichen und eine Fläche
von 32 Fuß Länge und 10 Fuß Breite einnehmen. Zwischen diesen be=
finden sich drei kleine Räumlichkeiten, von welchen die mittlere innerhalb
des Thurmes liegt; alle sind oben offen; nirgendwo finden sich an den
Wänden die Spuren einer Treppe, weshalb man geschlossen hat, daß die
Mittel zum Hinaufsteigen außerhalb des Gebäudes angebracht waren. Süd=
westlich von dem Hauptgebäude liegt ein zweites, das ganz zerfallen ist, so
daß von den Wänden kaum genug geblieben, um die ursprüngliche Form
errathen zu lassen. Nordöstlich von dem Hauptgebäude liegt das dritte,
kleiner als die übrigen, und so verwittert und zerfallen, daß die Original=
form durchaus nicht bestimmt werden kann. Es ist nur von geringem Um=
fange und mag nichts anderes als ein Wartthurm gewesen sein. Nach
allen Richtungen, so weit das Auge reicht, sind Trümmerhaufen von Ge=
bäuden sichtbar; gegen Nordwesten, in der Entfernung von ungefähr 200 Ellen,
befindet sich eine zirkelförmige gemauerte Einfriedigung von 80 bis 100 Ellen
im Umfang, welche eine Oeffnung hat und wahrscheinlich eine Stallung für Vieh*)

---

*) Es können nur Bisons aus den Grassteppen gewesen sein, welche die
damalige Bevölkerung sich zu verschaffen gewußt hatte. Auch soll der Bison
in früheren Zeiten seine Wanderung bis auf die Westseite der Rocky Moun=

war. Mehrere Meilen im Umkreise ist die Ebene mit zerbrochenen Töpfen und Kornmahlsteinen (metats) bestreut. Die Scherben sind roth, weiß, bleifarbig und schwarz; die Figuren auf denselben sind meistens geometrisch und mit Geschmack geformt, im Charakter den Verzierungen ähnlich, die auf den Scherben am Salinas und weiter nördlich gefunden werden."

Vergleicht man die Abbildung der eben beschriebenen Töpferarbeit mit den Scherben, welche ich selbst von den Ruinen in den Felsengebirgen und am kleinen Colorado mitnahm, so stellt sich ebenfalls diese Aehnlichkeit heraus.

Ferner giebt Bartlett eine Beschreibung der Ruinen der Casas Grandes in Chihuahua*), wovon ich hier einen Auszug folgen lasse.

„Die Außenwände dieser Casas Grandes können nur noch durch die an den noch stehenden Mauerresten parallel hinlaufenden oder mit denselben rechte Winkel bildenden langen Reihen von Trümmerhaufen erkannt werden, während man hin und wieder eine Ecke der ursprünglichen Mauern oder Stellen, wo diese sich mit den Querwänden verbanden, zu unterscheiden vermag. Anfänglich glaubte ich, daß hier drei besondere Gebäude gestanden hätten, selbst dann noch, als ich meine Zeichnung aufnahm, weil sich daselbst drei große, anscheinend abgesonderte Trümmerhaufen befanden, von denen jeder Theile von aufrechtstehenden Wänden zeigte. Bei näherer Untersuchung fand ich jedoch, daß sie durch eine Reihe niedriger Baulichkeiten verbunden gewesen, welche, da sie nur ein Stockwerk hoch waren, einfache Höfe gewesen sein mögen. Vorausgesetzt nun, daß alle Hauptpunkte durch niedriges Mauerwerk oder Corridors verbunden waren, so muß sich das ganze Gebäude von Norden nach Süden zum mindesten 800 Fuß und von Osten nach Westen 250 Fuß weit erstreckt haben. An der Südseite können die Spuren einer regelmäßig fortlaufenden Mauer verfolgt werden, während die östliche und westliche Front durch die vorspringenden Wände durchaus unregelmäßig sind. Es scheint, daß mehrere Höfe von größerem oder kleinerem Umfange innerhalb der Einfassung waren. Der Hauptcharakter dieser ausgedehnten Reihe von Gebäuden ist derselbe, wie der der Casas Grandes in der Nähe der Pimo-Dörfer am Gila, und beide Theile sind unzweifelhaft Arbeit desselben Volkes; auch das Material ist dasselbe, wie das der Ruinen am Salinas. Wie das Gebäude am Gila, ist auch dieses aus großen Erdblöcken erbaut, die in derselben Weise übereinander gelegt sind; doch sind aus irgend einer Ursache, wahrscheinlich wegen der geringeren Festigkeit der Adobes, die Mauern im Zustande größeren Verfalls. Auf

tains ausgedehnt haben. Ueber die Heerden gezähmter Bisons eines indischen Volksstammes im Nordwesten von Meriko cf. Alexander von Humboldt, Ansichten der Natur. Bd. I. S 72, und Cosmos Bd. II. S. 488. Auch der scharfsinnige Albert Gallatin glaubte an die Wahrscheinlichkeit dieser Zähmung.

*) Personal Narrative Vol II. p. 352.

teine andere Weise tann dieser Umstand erklärt werden, es sei denn, daß
man diesen Ruinen ein größeres Alter, als denen am Gila zuschreibt, was
aber gegen die schon ausgesprochenen Meinungen sein würde. Auch tann
die größere Verwitterung dieser Ruinen den häufigeren Regengüssen zugeschrieben werden.

Die Mauern des Gebäudes, wie es jetzt ist, sind sehr zerfallen, und
in der That ist die Hälfte ihrer Dicke fortgewaschen; nur durch Nachgraben
tann man sich von der ursprünglichen Stärke derselben überzeugen. In
den Gila-Gebäuden ist die inwendige Oberfläche der Mauern so unversehrt,
als wenn der Maurer erst gestern seine Kelle über dieselben hingestrichen
hätte; auch die äußere ist nur wenig verwittert. In diesen Ruinen dagegen ist kein Theil der ursprünglichen Oberfläche mehr sichtbar. Ich suchte
darnach, um mich zu überzeugen, ob das Innere oder das Aeußere bekleidet gewesen sei, doch konnte dies nur durch Graben bis auf das Funda-
ment entschieden werden. Mehrere Theile der Mauer innerhalb der ganzen
Anlagen, besonders eine in der Mitte zwischen dem südlichsten und dem
nördlichen Gebäude haben genau solche Fronten, wie die am Gila. Die
Thüren waren ähnlich angebracht und wurden nach oben enger, so wie
dieselben zirkelförmigen Oeffnungen in den oberen Abtheilungen sichtbar
sind. Von den Wänden war so viel abgewaschen, daß ich die Löcher, in
welchen die Balken gelegen hatten, nicht mehr finden konnte, und ich bin
daher nicht im Stande, wie am Gila die Zahl der Stockwerke oder die
Art der Balkenlage zu bestimmen. Keine Spur von Balken oder Schwellen
konnte mehr entdeckt werden. Viele Thorwege waren noch da, aber die
Thürschwellen verschwunden, die Bekleidung fortgebröckelt oder zerfallen"*).

*) Casas Grandes: Lieutenant Col. W. H. Emory, Notes of a mili-
tary reconnaissance from Fort Leavenworth in Missouri to San Diego,
in California pag. 81—83 . . . . Wir sahen links von uns einen großen
Thurm, der das Werk von Menschenhänden zu sein schien. Es waren die
Ueberreste eines dreistöckigen Lehmhauses, 60 Fuß im Quadrat mit Oeffnungen
für Thüren und Fenster. Die Mauern waren 4 Fuß dick und von 2 Fuß
hohen Lehmlagen gebildet. — Es kann kein Zweifel darüber obwalten, daß dieses Gebäude von der Raçe, die einst diese Territorien so dicht bevölkerte, erbaut worden ist . . . . . Ich fragte einen Pimo-Indianer nach dem Ursprung
der Ruinen, von welchen wir so viele gesehen hatten; er erzählte, daß Alles,
was er wisse, sich auf eine Tradition seines Stammes beschränke, daß nämlich
in uralten Zeiten eine Frau von unvergleichlicher Schönheit eine grüne Stelle
im Gebirge nicht weit von den Casas Grandes bewohnt habe. Alle Männer
bewunderten sie und bewarben sich um ihre Hand. Sie nahm die Beweise
ihrer Verehrung (Korn, Felle ꝛc.) an, aber gab weder Liebe noch andere Gunst-
bezeugungen zurück. Ihre Tugend und ihr Entschluß, unverheirathet zu bleiben, standen gleich fest. Nach einiger Zeit stellte sich eine Dürre ein, welche
die ganze Welt mit Hunger bedrohte. In seiner Noth wendete sich das Volk
an die Frau und sie gab ihnen Korn von ihrem Vorrath, der unerschöpflich
schien; ihre Güte war grenzenlos. Als sie eines Tages im Freien lag und
schlief, fiel auf ihren Magen ein Regentropfen. In Folge dessen gebar sie

Bartlett's Beschreibung der Casas Grandes ist so genau, daß sich leicht ein Vergleich derselben mit den Ruinen am Colorado Chiquito aufstellen läßt. Leider sind letztere schon zu sehr zerfallen und zertrümmert, und bei den meisten nur noch theilweise die Fundamente und Grundmauern sichtbar. Doch auch bei diesen ist schon eine Aehnlichkeit mit den Casas Grandes gar nicht zu leugnen, nur müssen die Gebäude, von denen diese Trümmerhaufen herrühren, einen kleineren Umfang, als die am Gila und in Chihuahua gehabt haben. Auch die Dimensionen des Mauerwerks und der Gemächer sind nicht so groß gewesen. Abgesehen davon, daß aus dem eben genannten Grunde die Gebäude am Colorado Chiquito einem schnelleren Untergange unterworfen waren, scheint doch Alles darauf hinzudeuten, daß, wenn die nördlichen und südlichen Ruinen ihr Entstehen demselben Volke verdanken, was nach Allem, was man sieht, nicht bezweifelt werden kann, die nördlichen älter sein müssen, gesammelte Erfahrung aber, oder auch die Absicht, länger dauernde Wohnsitze zu gründen, die Ursache waren, daß am Gila, am Salinas und in Chihuahua festere, größere und bequemere Gebäude angelegt wurden*).

─────────

einen Sohn, und dieser wurde der Gründer der Raçe, welche alle diese Häuser baute . . . . . Casa Montezuma: Emory pag. 87 u. 127. Journal of Capt. Johnston p. 581 ff.

*) Report of Lieutenant J. W. Abert of his examination of New Mexico in the years 1846—1847, p. 491: Wir sind überrascht von der großen Aehnlichkeit zwischen den Casas Grandes und den Gebäuden von Acoma und Pueblo de Taos. Wir brauchen keine besseren Beweise für den gemeinsamen Ursprung der Neu-Mexikaner (Pueblo-Indianer) und der Azteken, auch spricht Clavigero dafür in folgenden Worten: „Außer von Torquemada und Betancourt haben wir andere Beweise dafür (er spricht darüber, daß die Nationen von Anahuac von Norden kamen); auf einer Reise, welche die Spanier im Jahre 1606 von Neu-Mexiko nach dem Tijon River, 600 Meilen von dieser Provinz gegen Nordwesten machten, fanden sie daselbst große Gebäude und trafen mit Indianern zusammen, welche der merikanischen Sprache mächtig waren."

Das Wichtigste über die Casas Grandes ist zusammengetragen von Professor Buschmann in einer reichhaltigen, schon früher citirten vortrefflichen Schrift: Ueber die aztekischen Ortsnamen 1853. S. 59—67.

XXV.

Die Blattern in der Expedition. — Rückkehr der Recognoscirungs=
Abtheilung. — Abschied vom Colorado Chiquito. — Vulkanischer
Boden. — Vulkanische Kegel. — Der erste Schneefall. — Die Wal-
dung im San Francisco=Gebirge. — Tiefer Schnee. — Unterirdische
Wohnungen der Eingebornen. — Das Weihnachtsfest im Gebirge. —
Die vier Hauptgipfel des San Francisco=Gebirges. — Eichhörnchen.
— Leroux Spring. — Aussendung einer neuen Recognoscirungs=
Abtheilung.

Die erste Nacht auf der Südseite des Colorado Chiquito war hell und
klar; starker Frost überzog die Gewässer mit einer Eisrinde, und dicker Reif
legte sich auf alle vorragenden Gegenstände. Mehrfach wurden wir auf die
unangenehmste Weise in unserer nächtlichen Ruhe gestört. Es waren näm=
lich neue Erkrankungen an den Blattern vorgekommen, und einer der Pa=
tienten, der sich im Delirium befand, irrte ruhelos zwischen den Zelten
umher, jeden Augenblick an denselben rüttelnd und deren Bewohner aus
dem Schlafe schreckend. Auffallender Weise starb Keiner der 9 Erkrankten,
trotzdem die schwersten Fälle im hohen Gebirge vorkamen, wo nur geringer
Schutz gegen Schnee und Kälte geboten wurde und an eine Unterbrechung
unserer Reise nicht gedacht werden konnte.

Leicht rollten am folgenden Morgen die Wagen über den gefrorenen
Boden; die Sonne ließ in den Frühstunden den Reif blitzen und funkeln
und dann, als sie höher stieg, allmälig verschwinden. Immer weiter nach
Westen zogen wir, Meile auf Meile wurde zurückgelegt, die beschneiten San
Francisco=Gebirge und ihre Umgebung, die zahlreichen vulkanischen Hügel,
die Schluchten und hohen Waldungen, waren immer deutlicher zu erkennen.
Bald ging es über scharfen, steinigen Boden, die Einfassung des Thales,
bald durch das Thal selbst, bald sahen wir den Spiegel des Flusses dicht
neben uns, bald nur die Bäume auf seinen Ufern in weiter Ferne, je
nachdem der Fluß seine Windungen beschrieb und sich unserem Wege, den
wir so gerade wie möglich zu machen suchten, näherte oder von demselben
entfernte. Große rothschwänzige Bussarde (Buteo borealis Sws.) saßen
wie sinnend auf den hervorragenden Cottonwood=Bäumen, während unten
durch dichtes Gestrüpp die kleinen Rebhühner schlüpften. Nichts störte uns
in unserer Reise, bis uns vulkanische Felsen so einengten, daß wir genö=
thigt waren, den einzigen Weg, der uns blieb, nämlich den Rückweg, wie=
der einzuschlagen.

Immer höher hatten sich nämlich die kahlen Hügel südlich von uns erhoben, so daß wir nach dieser einzigen Richtung, die uns so lange offen gewesen, den Fluß nicht mehr verlassen konnten und 4 Meilen auf der Straße, auf welcher wir gekommen waren, zurückziehen mußten. An einer Stelle nun, wo eine allmälig ansteigende Schlucht einen Weg gegen Südwest zu eröffnen schien, machten wir Halt und beschlossen daselbst die Rückkehr unserer Recognoscirer zu erwarten.

Wieder wurden wir durch eine nächtliche Flucht der Maulthiere erschreckt. Dieselbe hatte indessen keine weiteren Folgen, indem die Heerde in eine sackähnliche Schlucht geflüchtet war, wo es den Leuten leicht gelang, ihrer wieder habhaft zu werden. Dieses Mal waren nicht die Wölfe Ursache der Entweichung, sondern ein großes Feuer, welches von unseren Leuten auf der Spitze eines hoch emporragenden Hügels angezündet worden war. Es geschah dies nämlich laut unserer Verabredung mit Lieutenant Whipple, um demselben anzugeben, welche Richtung er mit seiner kleinen Abtheilung einzuschlagen habe, um wieder mit uns zusammenzutreffen. Auch wir sahen uns des Abends nach Feuerzeichen um, doch gewahrten wir nichts, was uns über die Abtheilung und ihren Verbleib Aufschluß gegeben hätte.

In den Nachmittagsstunden des 20. December — so lange hatte uns nämlich die dringendste Rothwendigkeit aufgehalten — brachte einer der Hüter die Nachricht in's Lager, daß unsere Gefährten im Anzuge seien. Wir Alle gingen ihnen entgegen und überzeugten uns schon aus der Ferne, daß Keiner von ihnen fehlte, was uns natürlich sehr erfreute, denn es wäre nichts Außergewöhnliches gewesen, wenn sie im feindlichen Zusammenstoß mit den wilden Eingebornen des Gebirges Verluste erlitten hätten, und nur zu gut wußten wir durch Leroux, der schon vielfach Abenteuer mit ihnen bestanden hatte, daß diese Wilden sich bis jetzt noch jedem Weißen, auf den sie gestoßen waren, feindlich gezeigt hatten. Doch sei es nun, daß die Indianer sich vor der kleinen, aber wohlbewaffneten Macht gescheut hatten, oder daß sie durch den Schnee in wärmere Thäler getrieben waren, genug, unsere Kameraden waren auf keine frischen Spuren der Wilden gestoßen. Herzlich wurden die glücklich Zurückgekehrten begrüßt, und die Köche in Bewegung gesetzt, um die schon nothleidenden Freunde so rasch wie möglich durch ein tüchtiges Mahl zu erquicken. Dann aber ging es an ein Fragen und Erzählen; der Eine wollte über die Beschaffenheit des Landes, der Andere über die Jagd oder die Eingebornen Aufschluß haben, der jedoch nur sehr ungenügend ausfiel, denn von den Eingebornen war kein einziges Individuum gesehen worden, und der Boden überall fußhoch mit Schnee bedeckt; nur auf etwas Jagd konnten wir uns Hoffnung machen. Die Quelle aber, genannt Leroux Spring, hatten sie erreicht und bis zu diesem Punkte, wenn auch schwieriges so doch fahrbares Terrain gefunden. Es stand uns also in Aussicht, südlich am Gebirge vorbeizukommen. Leroux Spring mit unserem Wagenzuge zu erreichen, war

unsere erste Aufgabe, und von dort aus mußten dann wieder neue Re-
cognoscirungs-Abtheilungen vorausgeschickt werden. Um der aus dem Gebirge zurückgekehrten Abtheilung und besonders deren abgematteten Maulthieren einige Erholung zu gönnen, wurde der 21. December zum Ruhetag
bestimmt, und am 22. sollte der Colorado Chiquito auf Nimmerwiedersehen
verlassen werden.

Von Fort Smith waren wir nunmehr 1182 und vom Rio Grande
del Norte 348 Meilen entfernt; wir befanden uns in einer Höhe von
4775 Fuß über dem Meeresspiegel, also 168 Fuß niedriger, als am Rio
Grande. Niedriger sollten wir auf der östlichen Seite der San Francisco
Mountains nicht mehr kommen; denn sobald wir den Colorado Chiquito
verließen, hatten wir auch sogleich bergan zu steigen. Der Lauf des Flusses, der etwas nach Norden geht und dem wir so lange gefolgt waren,
hatte uns in eine solche Stellung zu dem Gebirge gebracht, daß die nördliche Spitze desselben genau westlich von uns lag. Als wir daher am
22. den Fluß verließen, mußten wir uns stark südlich halten, um die südliche Basis der vier Hauptberge zu erreichen.

Eine trostlose Umgebung, als die, in welcher wir an diesem Tage
reisten, ist wohl kaum denkbar. Bergauf und bergab ging es über den
scharfen, vulkanischen Boden. Die Hufeisen der Thiere und die eisernen
Reifen der Wagen ließen bleifarbige Spuren auf dem scharfen, lavaartigen
Gestein zurück; es war eine mühselige Reise, um so mehr, als wir ein Ansteigen des Bodens von 47 Fuß auf die englische Meile zu besteigen hatten und ein eisiger Nordwind uns den vulkanischen Staub in die Augen
trieb. Mit Wasser hatten wir uns für unseren eigenen Bedarf versehen, denn
die erste Quelle, die wir finden sollten, war zwei Tagereisen vom Colorado
Chiquito entfernt, und unsere Thiere mußten sich daher so lange ohne
Wasser behelfen, was wir um so mehr bedauerten, als die Nahrung, die
ihnen geboten wurde, nur die allerdürftigste war und so dünne zerstreut
auf dem steinigen Boden stand, daß sie kaum gerechnet werden konnte. Die
Stelle zu einem Nachtlager war daher nicht schwer zu wählen; bis gegen
Abend zogen wir fort, und schlugen am Fuße eines Lavahaufens, auf welchem etwas Gestrüpp uns Brennmaterial bot, unsere Zelte auf. Der Him-
mel bewölkte sich am Abend, kalter Wind strich heulend zwischen den kahlen
Bergen und Hügeln hindurch, kurz, Alles deutete auf Unwetter und Schnee.

Mit dem Frühesten waren wir am 23. December schon unterwegs,
denn einen weiten, gewundenen Weg hatten wir an diesem Tage zurückzulegen, um Wasser zu erreichen. Die Kälte war am Morgen noch schnei-
dender geworden; bleifarben hing der Himmel um die weißen Kuppen der
hohen Berge. Einzelne Flocken fingen an zu wirbeln, als wir unsere Thiere
bestiegen, die Decken dichter an unsere Schultern zogen und den vorangeeilten Wagen nachfolgten.

Nach den ersten Meilen kamen wir an einer Gruppe kleiner, ausgebrannter Vulkane vorbei, deren einziger Schmuck die erkalteten, schwarzen

Lavabäche waren, welche sich auf der grauen Färbung der Hügel von weitem deutlich auszeichneten; gegen Nordwesten erhoben sich immer neue Hügel, die sich gleichsam einer hinter dem anderen zu verbergen schienen. Mit jeder englischen Meile stiegen wir nahe an 50 Fuß und immer dichter spielten die Flocken um uns her, so daß wir fast gar nicht mehr um uns zu schauen vermochten und uns hüten mußten, zu weit von unserem Zuge abzukommen, um nicht die Spuren, die in wenigen Minuten wieder zuschneiten, zu verlieren. Heerden von Gabel-Antilopen begegneten uns; sie schienen die Schneeregionen verlassen zu wollen und eilten munter den Ebenen zu. Unsere Umgebung veränderte sich mit jeder Meile; einzelne Cedern begannen auf der weißen Decke aufzutauchen, sie wurden dichter und dichter, und bildeten, mit Tannen und Kiefern untermischt, Wälder, die an Höhe zunahmen, je weiter wir in denselben vordrangen. Manchen Umweg mußten wir machen, um für Wagen undurchdringliche Dickichte und tief ausgewaschene Felsenschluchten zu vermeiden. Unsere Führer, zu denen nunmehr alle Diejenigen gerechnet wurden, welche dieselbe Reise wenige Tage vorher zurückgelegt hatten, vermochten kaum in dem Schneegestöber die bekannte Richtung aufzufinden. Glücklicher Weise konnte uns der Sturm, der hoch oben im Gebirge tobte, nicht erreichen, und da wir von Berg und Wald geschützt waren, sanken die großen Flocken wie spielend um uns her.

Obschon wir an den Füßen von der Kälte zu leiden hatten, so ergötzten wir uns doch an dem schönen Naturschauspiel, welches uns umgab, und wohl Allen, die damals an der Expedition Theil nahmen, ist der erste Tagemarsch im tiefsten Winter noch erinnerlich, dieser plötzliche Uebergang von einer öden vulkanischen Wüste in einen stolzen, winterlichen Forst Angesichts himmelanstrebender Berge.

Wie malerisch nahmen sich die wilden Schluchten und Betten der Gießbäche aus, mit ihren beschneiten Felsblöcken und den unter denselben schwarz und düster hervorlugenden Höhlungen und Spalten, in welchen Cedern und Tannen Wurzel geschlagen hatten. Die schlanken Bäume aber auf den Abhängen und im Walde um uns her sahen alle so ruhig aus, sie erlaubten dem fallenden Schnee sich auf ihren mit dunkelgrünen Nadeln dicht besetzten Zweigen niederzulassen, und ohne ihn abzuschütteln neigten sie leise ihre ehrwürdigen Häupter, wenn ein voreiliger Windstoß aus hohem Gebirge auf sie niederschoß, um zwischen ihren starken Stämmen zu ersterben. Die ganze Naturumgebung hatte etwas feierlich Stilles. Der tiefe Schnee dämpfte das Klappern der Hufe und der Wagenräder auf dem festen Gestein, und die Wölfe, die im Forst umherschlichen, ließen nur selten ein abgebrochenes Geheul hören.

Es war noch ein Tag bis Weihnachten; reich behangene Bäume umgaben uns, an denen das Auge sich weiden konnte. Im Gepäck eines Jeden befanden sich noch wohlverwahrte volle Flaschen und sonstige Gegenstände, die dazu beitragen können, das Herz eines Reisenden fröhlich zu stimmen, die wundervolle Zusammenstellung aber von Berg, Wald und Thal war es, die Jeden an den gewaltigen Schöpfer dieser großartigen Natur erinnerte und eine andächtige Freude in ihm erweckte, welche ihn weich gegen seinen Nächsten und mitleidig gegen die Thiere stimmte; und wer in unserer ganzen Expedition hätte wohl nicht die arme Heerde auf's Tiefste bedauert, die allein darauf angewiesen war, unter fußhohem Schnee wenige vertrocknete Grashalme und spärliches Moos hervorzuscharren.

Die mancherlei Umwege, zu denen wir unserer Wagen halber gezwungen wurden und die Hindernisse, welche dieselben mitunter zu halten zwangen, bewirkten, daß wir erst spät die von der Recognoscirungs-Gesellschaft zum Lager ausersehene Stelle erreichten. Dieselbe befand sich nämlich an dem Rande einer Felsenschlucht; wild stürzende Wasser hatten die tief unten liegenden Felsen ausgehöhlt; das in den Spalten von allen Seiten geschützte Wasser war noch nicht gefroren und durch den hineinfallenden Schnee vermehrt worden, so daß die Höhlungen überflossen und das Ganze einer tief liegenden Quelle nicht unähnlich wurde. Nahe bei dieser Schlucht beabsichtigten wir das Weihnachtsfest zu verbringen. Lange bevor die Wagen anlangten, hatte sich unter den hohen Tannen eine ganze Gesellschaft von Leuten eingefunden, die emsig damit beschäftigt waren, den Schnee von den Stellen wegzuräumen, wo die Zelte hinkommen sollten. Mächtige Scheiterhaufen wurden errichtet und angezündet, so daß wir in der Nähe der hoch aufschlagenden Flammen uns ganz behaglich zu fühlen begannen. Ein Wagen nach dem anderen langte endlich an; der Schneefall hatte nachgelassen, dagegen die Kälte zugenommen, und sich dieser zu erwehren, gingen Alle munter und frisch an die Arbeit.

Die Wagen wurden an einer passenden Stelle zusammengefahren, die Thiere der Freiheit überlassen, hinunter an's Wasser und von dort nach einer kleinen baumlosen Niederung getrieben, wo noch einige Halme aus dem Schnee hervorragten und spärliches Futter unter demselben verriethen. Bäume wurden gefällt, Schnee geschaufelt, kurz, es verging keine halbe Stunde, und es sah wohnlich in dem neuen Lager aus.

Gruppenweise saß unser ganzes Personal um die Feuer herum, welche bei der hereinbrechenden Nacht heller und größer erschienen und auf malerische Weise die einzelnen Figuren beleuchteten. Da waren Köche, die sich emsig um ihre zischenden Braten und um brodelnde Kaffeekessel bewegten, halbverhüllte Gestalten, die wie in Gedanken versunken ihr kurzes Pfeifchen rauchten, Andere, die sich lebhaft mit einander unterhielten oder ein fröhliches Lied anstimmten; denn am folgenden Tage war ja der Weihnachtsheiligabend, und Alle freuten sich darauf.

Längst schon hatte am folgenden Morgen die Sonne einen Blick über die Berge in unser Lager geworfen, als das erste Leben sich in demselben zu regen begann. Die Schildwachen hatten freilich ihre Posten nicht verlassen, doch standen sie ruhig auf ihre Büchsen gelehnt am Feuer und beobachteten auch wohl die Heerde, die von bewaffneten Mexikanern gehütet

in der kleinen Ebene im Schnee nach Nahrung scharrte. Die Köche waren
die ersten, die sich von einem Feuer nach dem anderen hin zurufend und
sich unterhaltend, ihre Dienstgeschäfte vollzogen und dann nach Zubereitung
des Frühmahls unsere ganze Gesellschaft weckten.

Es war ein herrlicher Wintertag, kein Lüftchen regte sich, das Wetter
war so einladend zu Jagd und Spaziergängen, daß auch bald Einer nach
dem Anderen das Lager verließ, die Einen, um nach Wild zu spüren, die
Anderen, um eine Anzahl von Höhlen in Augenschein zu nehmen, die nicht
weit von uns entdeckt worden waren und die unzweifelhaft seit uralten
Zeiten schon den Eingeborenen als Wohnungen gedient hatten.

Das nördliche Ufer der oben erwähnten Schlucht bestand aus einer
steilen Lavawand, die beim Erkalten große, meist horizontale Risse erhalten
hatte, welche weit unter der Oberfläche des Bodens fortliefen. Diese nun
hatten den Wilden eine willkommene Gelegenheit geboten, mit geringer Ar=
beit ein erträgliches Obdach herzustellen. Freilich waren es nur kümmer=
liche Wohnungen; doch fanden die wilden Tonton= und Yampay=Indianer,
die ihre Wohnungen sonst nur aus einigen Stücken Baumrinde aufführen,
dieselben gewiß außergewöhnlich bequem. Der Fußboden in diesen Höhlen
war mit festgestampfter Erde bedeckt, so daß die scharfen Lavaspitzen nicht
mehr hervorragten, und die unbekleideten Gestalten sich gemächlich und be=
quem auf demselben hinstrecken konnten. Durch dünne Erdmauern waren
die Spalten in kleine Gemächer umgewandelt worden, die theils durch die
Wände ganz von einander abgesondert waren, theils aber auch durch kleine
Oeffnungen mit einander in Verbindung standen. Die Oeffnungen von
einem Gemach in's andere sowohl als auch die, welche in's Freie führten,
hatten die Bewohner soweit zugemauert, daß nur je ein Mensch durch
dieselben zu kriechen vermochte. In neuerer Zeit schienen diese Höhlen nicht
besucht gewesen zu sein, denn wir fanden keine Spuren, die auf einen
Aufenthalt der Eingebornen in denselben hätten schließen lassen; doch sind
die dort hausenden Wilden im Besitz von nur so außerordentlich wenigen
Habseligkeiten, und diese sind ihnen so unentbehrlich, daß wohl nicht zu ver=
muthen ist, sie würden jemals die geringste Kleinigkeit verlieren oder ver=
gessen. Es ist daher anzunehmen, daß nur im Sommer diese Höhlen be=
wohnt sind und bei Annäherung des Winters, der in diesen hohen Regionen
sehr empfindlich ist, die Eingebornen in die Niederungen hinabziehen, wo
ihnen die Natur mehr Schutz bietet. Die Eingänge in die unterirdischen
Wohnungen befanden sich übrigens an solchen Stellen der Felswand, daß
es beim Hinabsteigen zu denselben der größten Vorsicht von unserer Seite
bedurfte, um nicht von dem gefährlichen Pfade, der durch den Schnee noch
schlüpfriger gemacht worden war, in die Schlucht hinabzugleiten.

Der Futtermangel, so wie die schwere Arbeit, welche durch die harte
auf rauhem Terrain zu brechende Bahn noch bedeutend erschwert wurde,
zeigten schon vielfach ihre Folgen an unserer Heerde. Die sonst Strapazen
so leicht erduldenden Maulthiere konnten so viel Noth nicht ohne Nachtheil

ertragen; Jedem mußte es auffallen, wie sehr dieselben in den letzten Tagen gelitten hatten, und es wurde daher in diesem Lager zum ersten Male an die Verminderung unseres Gepäckes gedacht. Die Gegenstände also, welche als überflüssig erschienen und am leichtesten zu entbehren waren, wurden hervorgesucht, um zurückgelassen oder zerstört zu werden. Von unserer Munition, die wir in überflüssiger Menge bei uns führten, wurde ein Theil den Mexikanern gegeben, welche mit derselben auf würdige Weise den Weihnachtsabend zu feiern beabsichtigten. Leckerbissen, die in verschlossenen Büchsen bis hierher mitgenommen waren, wurden hervorgesucht, um mit einem Male verzehrt zu werden und zwar einestheils, um die Last der Wagen etwas zu vermindern, zugleich aber auch, um noch einmal ein frohes Fest in der Wildniß zu feiern.

Als wir Albuquerque verließen, hatten Mehrere unserer Gesellschaft an Weihnachten gedacht und ein Kistchen mit Eiern angeschafft, die, sorgfältig eingepackt, glücklich bis hierher gelangt waren. Andere hatten wieder einen Vorrath von Rum und Wein mitgeführt, und dieses Alles wurde nunmehr bestimmt, die Weihnachtsfeier verherrlichen zu helfen.

Schon am Nachmittage konnte man eine gewisse Geschäftigkeit im Zelte des Lieutenants Johns bemerken. Derselbe hatte nämlich die Bereitung einer Bowle Punsch übernommen und ließ also die Eier sorgfältig zu Schaum schlagen. Vor seinem Zelte hing über den Flammen ein großer Feldkessel, in welchem Wasser brodelte und siedete; ein Eimer stand dabei, der die Bestimmung hatte, die verschiedenen Ingredienzien aufzunehmen, die in ihm zu einem festtäglichen Getränke zusammengemischt werden sollten.

„Alle Herren werden ersucht, sich nach dem Abendbrod vor dem Zelte des Lieutenants Johns einzufinden, zugleich aber auch ihre blechernen Kaffee- oder Trinkbecher mitzubringen!" So lautete die Einladung, die an uns Alle erging. Daß pünktlich Folge geleistet wurde, bedarf wohl keiner Bekräftigung.

Sobald die Nacht sich eingestellt hatte und die Sterne vom tiefblauen Firmamente herab zwischen beschneiten Zweigen hindurch auf uns niederblickten, versammelten wir uns, wie verabredet war, vor Lieutenant Johns' Zelt, wo ein loderndes Feuer angenehme Wärme verbreitete und den nächsten Schnee weggethaut hatte. Lieutenant Johns hatte unterdessen die verschiedenen Bestandtheile in den Eimer vereinigt, und wohl war für uns Alle, die wir so lange nur auf Wasser beschränkt gewesen waren, dieser Pferdeeimer mit seinem dampfenden Inhalte und dem einladenden Schaum darauf ein lieblicher Anblick. Die Zahl unseres Corps wurde noch verstärkt durch Mr. Leroux und unseren mexikanischen Führer, die ebenfalls zu der Festlichkeit eingeladen waren.

„Vergessen wir auf einige Stunden unsere Strapazen und Entbehrungen, unsere Arbeiten und das Ziel unserer Reise; hier unter dem Dache, welches die Bäume über uns wölben, auf dem Boden, auf welchen uns der liebe Gott den fleckenlosen weißen Teppich ausgebreitet hat, hier, so ferne von unserer Heimath, wo die Unsrigen zur Zeit wohl am gemüthlichen Kaminfeuer sitzen und bei einem Glase Punsch vielleicht unserer gedenken: hier also laßt uns alle Sorgen in wohlgemischtem Toddy (Eiergrog) ertränken, laßt uns froh und glücklich sein, laßt uns auf das Wohl unserer Lieben trinken und auf unsere glückliche Rückkehr!" So lautete die wohlgefügte Rede, mit welcher Lieutenant Johns seine Gäste empfing. Ohne im geringsten zu zögern, trat Einer nach dem Anderen zu dem Eimer, um seinen Becher hineinzutauchen und ihn schnell mit dem wärmenden Inhalte an die Lippen zu führen. Wir setzten uns dann in weitem Kreise um das Feuer; es wurde geraucht und getrunken; immer lauter und fröhlicher ward die Unterhaltung, Toaste und Scherze folgten aufeinander, ein Becher trieb den anderen, das Blut wurde warm, die Herzen leicht, zum lustigen Chor vereinigten alle Anwesenden ihre Stimmen und sangen, daß es in den Schluchten widerhallte und die im Walde schlafenden Truthühner aus ihrer Ruhe geweckt wurden. Nicht weit von uns hatten die Mexikaner ebenfalls ein Fest auf ihre eigene Weise arrangirt, wozu ihnen die aufgegebene Munition die besten Mittel lieferte. Schuß auf Schuß oder auch wohl ganze Salven krachten bei ihnen, daß durch die Lufterschütterung der Schnee von den gebogenen Zweigen herabfiel. Dazwischen sangen sie die heimathlichen Weisen und geriethen dabei in solche Aufregung, daß sie ein Freudenfeuer anzuzünden beschlossen.

In dichtes Cederngebüsch, dessen Zweige die Erde berührten, warfen sie Brände; die harzreichen Nadeln fingen leicht Feuer, und hinauf schlugen die Flammen bis in die Kronen der Tannen und sendeten Millionen Funten gegen den Himmel. Eine schönere Scene als die, welche uns an diesem Abend umgab, ist wohl kaum denkbar. Die von den brennenden Kiefern- und Tannennadeln des Waldes ausgehende Beleuchtung ließ alle Gegenstände in tiefrother Farbe erscheinen, der Schnee schillerte wie mit magischem Lichte übergossen, und über denselben hin erstreckten sich wie von mächtigen Riesen die dunklen Schatten, die von den hohen versengten Tannen ausgingen. Zauberische Reflexe warf das rothe Licht auf die nahen Felsen und Berge, so daß der herrliche Anblick die Gemüther berauschte und die wilde Ausgelassenheit, die im ganzen Lager herrschte, verdoppelte. Mexikaner sangen ihre Soli mit einfallendem Chor, den sie durch fortwährendes Schießen zu verstärken suchten. Die beliebten Negerweisen schallten von den Lagerfeuern des amerikanischen Theiles unserer Expedition in den Wald hinein, und dazwischen riefen die Schildwachen mit lauter Stimme die Stunden ab. An unserem Feuer ging es nicht minder lebhaft zu; auch wir begrüßten jeden neuen vollen Becher mit Gesang. Da die ganze Gesellschaft schon seit langer Zeit der starken Getränke entwöhnt war, und jetzt auf einer Seite der Gluth des zu nahen Scheiterhaufens, auf der anderen dem Anwehen von Luftströmen ausgesetzt war, deren Temperatur bis 16^0 Fahr. (— 7^0 Réaumur) herabsank, so zeigte sich nur zu bald die anregende Wirkung der Bowle. Die zunehmende und gar laute Fröhlichkeit kannte weder Grenzen noch Ende. Unſer merikaniſcher Führer holte zwei von den Leuten ſeiner Bedienung, von denen der eine Geſangener der Navahoe-Indianer geweſen war, und veranlaßte ſie, einen Navahoe-Tanz aufzuführen. Unter wildem Jubel ſtellten dieſe beiden ſich neben einander, und die zuſammenſtoßenden Arme verſchränkend, die beiden äußeren auf die Bruſt legend, ſprangen ſie taktmäßig mit krummen Knieen um das Feuer her. Das Applaudiren veranlaßte ſie zu noch größeren Anſtreugungen, und ſo tanzten und ſprangen ſie faſt athemlos ſingend, bis ihnen der Schweiß über die Wangen lief.

Der alte Leroux ſchmauchte indeſſen wohlgefällig ſein Pfeiſchen; auch ſein Geſicht verdankte die ſtarke Röthe nicht der Nähe des Feuers allein; lachend bemerkte er: „Welch' herrliche Gelegenheit wäre es für die Eingebornen, uns heute bei unſerem Feſte zu überraſchen!" Doch wäre die Ueberraſchung nicht leicht möglich geweſen, da aufmerkſame Schildwachen das Lager fortwährend umkreiſten und jeder Einzelne unſerer Expedition auch für dieſen Abend Waffen an ſeiner Seite führte, deren Anblick der Scene unter den Bäumen einen noch romantiſcheren Charakter gab.

Die Nacht rückte unterdeſſen immer weiter vor, der Vorrath in der mächtigen Bowle neigte ſich ſeinem Ende zu, und lichter wurde die Reihe der um das Feuer Verſammelten. Einer nach dem Anderen verſchwand hinter den Zeltvorhängen, und tiefe Stille herrſchte bald im Lager, wo die Feuer tiefer brannten oder nur noch glimmten. Hohe Flammen ſpielten allein noch bei den Wachen oder tief im Walde, wenn hin und wieder eine dichte Ceder vom Brande ergriffen aufloderte, doch auch dies nahm bald ſein Ende und Dunkelheit umhüllte Berg und Wald.

Der 25. December wurde in aller Stille unter den Bäumen gefeiert. Alles pflegte der Ruhe und gedachte vielleicht der vergangenen Zeiten; ſicher aber wanderten die Gedanken Vieler in die ferne Heimath, wo feierliches Glockengeläute zur Andacht mahnte und zur gemeinſamen Gottesverehrung rief. Wir vernahmen freilich nicht den Schall der Glocken; doch wer nicht nur als ein blos vegetirendes Weſen ohne anregendes Naturgefühl auf ſeine Umgebung blickte, der mußte auch hier zur innigſten Andacht aufgefordert werden. Tief im Walde hämmerte der Specht am morſchen Baume, lockte der Truthahn, zwitſcherten die kleinen Vögel wie in lauterer Dankbarkeit für den ſchönen ſonnigen Tag, für den lieblich blauen Himmel und für den Schutz, den ihnen die dichten Zweige der dunkelgrünen Cedern gegen Schnee und Kälte gewährten; und der Menſch ſollte kalt und gefühllos bleiben? Mancher unter uns blickte mit frommen Gefühlen hinüber nach den ſtolzen Gipfeln der San Francisco-Berge und zollte die innigſte Verehrung dem Schöpfer einer ſo mächtigen und ſchönen Natur, ohne durch die Worte von Menſchen dazu aufgefordert zu werden oder die Werke von Menſchenhänden zu vermiſſen.

Am 26. December in der Frühe verließen wir unſer Weihnachtslager und ſchlugen die Richtung nach der ſüdlichen Spitze der San Francisco

Möllhauſen, Tagebuch.   21

Mountains ein. Als wir die waldigen Hügel, die uns fast fortwährend umgaben, hinter uns hatten und einer Lichtung nach Westen zu folgten, sahen wir das Gebirge in seiner ganzen Schönheit vor uns liegen. Wir mochten kaum noch 10 Meilen von der Basis der Hauptberge entfernt sein und konnten somit die Formation der letzteren genau unterscheiden. Es waren vier Hauptgipfel, die mit blendendem Schnee bedeckt, hoch über die anderen emporragten. Es lehnten sich freilich noch zahlreiche Kuppen an dieselben, als wenn sie gleichsam mit ihnen verwachsen oder von ihnen ausgegangen wären; doch halfen diese nur den Charakter der alten Vultane vervollständigen, der nicht zu verkennen gewesen wäre, selbst wenn wir auch nicht in den letzten Tagen auf vultanischem Boden gereist und auf die Nähe der Hauptfeuerheerde vorbereitet gewesen wären([23]). Tief ausgewühlte Betten der alten Lavaströme bildeten jetzt bewaldete Schluchten, die sich von der ganzen Höhe der Berge bis hinunter zur Basis zogen und an Weite zunahmen, je nachdem kleine Bäche, von den Seiten kommend, in dieselben mündeten. Bis über die Hälfte der Berge reichte die Tannen- und Cedernwaldung hinauf; von dort ab wurde sie indessen lichter, bis die Baumvegetation endlich ganz aufhörte und das höchste Drittheil der Berge in fleckenloser Weiße erscheinen ließ, auf welcher sich die Unebenheiten und Spalten nur durch leichte Schatten auszeichneten.

Als wir in die Nähe des Fußes der Berge kamen, wendeten wir uns südlich, um dieselben auf diese Weise zu umgehen. Ueber kleine baumlose Ebenen, durch hohe Tannenwaldungen führte unser Weg. Heerden von Antilopen und schwarzschwänzigen Hirschen sahen wir vielfach, doch waren sie scheu und wild, und nur selten gelang es uns, einzelner habhaft zu werden. Das prachtvolle Eichhorn, welches in diesen Wäldern einheimisch und erst seit kurzer Zeit bekannt ist, erlegten wir mehrfach. Leider suchten diese reizenden Thiere bei unserer Annäherung sich immer die höchsten Gipfel der hoch aufstrebenden Tannen zu ihrem Zufluchtsort aus, so daß wir dieselben nur mit unseren Büchsen erreichen konnten. Auf diese Weise mußten wir manches Eichhörnchen tödten, ehe wir einige Exemplare erhielten, deren Balg nicht ganz von der Kugel zerrissen war und sich noch zum Ausstopfen eignete. Doch waren die zerschossenen Thiere nicht ganz verloren, denn sie lieferten ein wohlschmeckendes Gericht auf unserem sehr einfach besetzten Tische.

Die Länge dieses Eichhorns (Sciurus dorsalis s. Abertii) von der Nasenspitze bis zur äußersten Schwanzspitze beträgt 2 Fuß, wovon 11 Zoll auf den Schwanz kommen. Die Ohren sind breit und fast rund, inwendig wie auswendig behaart, so wie an den Spitzen mit langen Haarbüscheln versehen. Die Hauptfarbe ist dunkelgrau, mit Ausnahme eines Streifens auf dem Rücken und dem hinteren Theile der Ohren, welcher schön rothbraun ist. Der Bauch ist weiß, und diese weiße Farbe wird von der grauen des Rückens durch eine schwarze Linie an der Seite getrennt. Der Schwanz ist oben grau, mit langen, weißen, weit vorragenden Haaren, unten ist derselbe ganz weiß.

Immer tieferen Schnee fanden wir, je mehr wir uns dem Gebirge
näherten und je weiter aufwärts uns der Weg führte. Die Packthiere
wurden den Wagen vorausgetrieben, um sie so viel wie möglich eine Bahn in
dem mit einer Kruste bedeckten Schnee brechen zu lassen. Die Strecke von
kaum 16 Meilen war daher schon ein langer, ermüdender Marsch; Wasser
vermochten wir an diesem Tage nicht mehr zu erreichen und schlugen deshalb unser Lager in einer hohen Tannenwaldung auf, wo wir unsere Zuflucht zu geschmolzenem Schnee nehmen mußten; auch die Thiere leckten
begierig von demselben, wenn sie nach Gras und Moos scharrten. An
diesem Abende wurden wir darauf aufmerksam, daß sich unsere Hautfarbe
im Gesicht und an den Händen veränderte. Der schwarze Rauch des kie-
nigen, fetten Holzes, welches wir nun schon seit mehreren Tagen brannten,
hatte sich als ein schwarzer Ruß überall so fest angesetzt, daß wir denselben
gar nicht mehr gänzlich zu entfernen vermochten, um so mehr, als wir, um
das Aufspringen der Haut zu vermeiden, uns vor zu häufigem Waschen
hüten mußten.

Am 27. December waren wir schon mit dem Frühesten unterwegs und
trafen nach kurzem Ritte bei Lieutenant Tittball ein, der am Abend
vorher, in der Hoffnung auf Wasser zu stoßen, mit seiner Mannschaft eine
Strecke vorausgezogen war. Doch auch er hatte sich mit Schneewasser begnügen müssen, und vereinigt zogen wir nun wieder die gemeinsame Straße.
Nach einem Marsche von wenigen Meilen über unebenes, steiniges Land
erreichten wir endlich einen kleinen Bach, der besonders in den Vertiefungen
reichlich gutes Wasser hielt. Wir tränkten daselbst unsere Thiere und eilten
dann unserem nächsten Ziele, der Leroux-Quelle, zu. Der Bach gehörte zu
den Quellen des San Francisco-Flusses, der in südlicher Richtung dem
Gila zufließt. Wir befanden uns mithin auf der Wasserscheide zwischen
dem Gila und dem großen Colorado des Westens und hielten uns auf
derselben, wie sich später auswies, nahe an 200 Meilen, nämlich bis zum
Azteken-Paß.

Die steinigen Hügel, die wir hin und wieder zu überschreiten hatten,
so wie das dichte Holz, welches wir unserer Wagen halber so viel wie
möglich vermeiden mußten, verursachte uns manchen Aufenthalt. Wir gelangten indessen in den Nachmittagsstunden in eine ebene Schlucht, die uns
nach kurzer Zeit an ein geräumiges Thal führte; dieses war auf drei Seiten von Waldung, auf der nördlichen aber von den wirklichen San Francisco Mountains begrenzt, von denen zwei wie ungeheure Colosse ganz
sichtbar vor uns lagen, während die beiden anderen Hauptgipfel westlich
hinter den ersteren nur mit ihren weißen Kuppen hervorragten. Quer durch
das Thal lenkten wir unsere Schritte einem Winkel zu, der von den Hügeln und dem Sporn der Hauptberge gebildet wurde, und machten nahe
Leroux Spring Halt.

Wir hatten nunmehr den höchsten Punkt seit Ueberschreitung der
Sierra Madre erreicht und befanden uns an Leroux's Quelle in einer Höhe

21*

von 7472 Fuß über dem Meeresspiegel, also nur 278 Fuß niedriger, als auf der Sierra Madre. Von der Basis an gerechnet erhob sich der Hauptberg noch 4673 Fuß, was die Höhe seines Gipfels auf 12,145 Fuß über der Meeresfläche bringt; es fehlten also noch beinahe 2000 Fuß an der Erreichung der Schneelinie, die unter dieser Breite 14,000 Fuß ist. Die zurückgelegte Meilenzahl von Fort Smith bis zu diesem Punkte betrug 1239 und von Albuquerque 405 Meilen.

Wenn Leroux in früheren Zeiten diese Regionen auch durchwanderte, so hatte er damals doch nicht nöthig gehabt, auf das Durchbringen von Wagen Rücksicht zu nehmen; er war immer mit Maulthieren gereis't und hatte, auf die Sicherheit dieser Thiere bauend, die gerabesten Richtungen eingeschlagen. Doch nun war es anders, weil es eine unserer Hauptaufgaben blieb, die Wagen wenigstens bis an den Colorado des Westens mitzuführen; denn dieselben über den breiten reißenden Strom mit unseren wenigen Mitteln schaffen zu können, durften wir nicht hoffen. Bis zu Leroux Spring waren unsere ersten Recognoscirer gekommen, doch nicht über dieselbe hinaus, weshalb ein abermaliges Verweilen der Expedition an dieser Stelle angeordnet wurde, um auf's Neue eine Abtheilung voraus zu senden, die das von uns zu durchreisende Terrain so viel wie möglich untersuchen und durch zurückgesendete Boten dem Wagenzuge die vortheilhafteste Richtung angeben sollte.

Lieutenant Whipple begab sich daher mit seiner Abtheilung am 28. December gegen Mittag wieder auf den Weg. Er war auf 10 Tage mit Lebensmitteln für sich und sein Commando versehen und hatte zugleich einige Leute mehr mitgenommen, um durch das Zurücksenden von Boten seine eigene Abtheilung nicht zu sehr zu schwächen, dann aber auch um immer mehrere Leute zugleich abschicken zu können, wodurch dieselben in den Stand gesetzt wurden, sich in Augenblicken der Gefahr gegenseitig leichter beizustehen. Denn hatten wir auch bis jetzt noch keine frischen Spuren von Eingebornen gefunden, so mußten wir doch fortwährend auf ein unerwartetes Zusammentreffen mit denselben vorbereitet sein.

XXVI.

Aufenthalt der Expedition an Lerour Spring. — Aufbruch derselben. — Mount Sitgreaves. — New Years Spring. — Bill Williams Mountains. — Graue Bären. — Die Eingebornen dortiger Regionen. — Deren Feindseligkeiten gegen Weiße. — Lerour's Erzählungen seiner Abenteuer mit denselben. — Rückkehr der Recognoscirungs-Abtheilung. — Aufbruch und Weiterreise der Expedition. — Lava Creek. — Cedar Creek. — Partridge Creek.

Die Tage, welche wir am Fuße der San Francisco Mountains zubrachten, waren empfindlich kalt, und wären wir durch die Berge selbst nicht so geschützt gewesen, so hätten wir durch den Nordwind bedeutend leiden müssen. Während des Tages machten wir kleine Streifzüge in die nächste Umgebung, doch standen wir sehr bald wieder davon ab, indem außer den schönen grauen Eichhörnchen sich keine lebenden Wesen, auch nicht die Spuren von Wild zeigten, wodurch die Jagdlust hätte angeregt werden können; übrigens war es auch keine leichte Arbeit, in dem tiefen Schnee zu waten. Mehrere von uns machten einen Versuch, den Berg, der uns am nächsten lag, zu ersteigen, doch mußten wir, nachdem wir etwas über die Hälfte des Weges zurückgelegt hatten, unser Vorhaben aufgeben, denn unsere Gelenke erlahmten förmlich, als wir bei jedem Schritte knietief in den Schnee sanken und noch dazu die Aussicht hatten, zuletzt ganz stecken zu bleiben; so sehr nahmen die Schneemassen zu, als wir aufwärts stiegen. Einen Blick in die Ferne hatten wir erhaschen können; doch ließen beschneite Gebirgsmassen, welche uns von allen Seiten umgaben, uns über Alles, was über 25 Meilen von uns entfernt war, im Unklaren; genau gegen Westen überragte eine blaue Gebirgsmasse das wilde Terrain, und wir schlossen, daß dies die Bill Williams-Berge sein müßten. Wie sich später auswies, hatten wir uns nicht getäuscht; das Gebirge war zwar noch 60 Meilen von uns entfernt, doch die Kuppen desselben hatten wir schon in den Lichtungen des Waldes hin und wieder wahrnehmen können.

Matt im höchsten Grade, kamen wir gegen Abend wieder im Lager an und begannen sogleich unsere gewöhnlichen Vorbereitungen zu treffen, um während der Nacht die empfindlicher werdende Kälte von uns abzuhalten. Hierhin gehörte besonders, daß wir Lavablöcke, die in allen Größen zerstreut umherlagen, in's Feuer wälzten und so heiß wie nur möglich werden ließen. Mit hölzernen Hebeln schoben und wälzten wir sie dann in die Zelte, wo eine angenehme Wärme von ihnen ausströmte und dadurch während der Nacht eine behagliche gleichmäßige Temperatur in dem eingeschlossenen Raume hergestellt wurde. Auch mit anderen Steinen hatten wir dieses Verfahren versucht, doch fanden wir, daß die glühenden Lavastücke viel langsamer wieder erkalteten, wie es auch länger dauerte, bis sie glühend wurden.

Am Abend des 30. Decembers kehrten schon zwei berittene Mexikaner mit der Weisung von Lieutenant Whipple zurück, daß wir seinen Spuren am anderen Tage folgen sollten. Seiner Anordnung gemäß mit einem kleinen Vorrathe von Wasser versehen, trat also unsere ganze Expedition am 31. December die Weiterreise an. Wir bogen um den Hügel, der gegen Westen das Thal von uns abgrenzte, und hatten dann steiniges, schwer zu passirendes Terrain vor uns. Nur klein war an diesem Tage unser Marsch, doch sahen wir am Abend die Bill Williams Mountains schon viel deutlicher; da wir aber eine mehr nördliche Richtung verfolgten, so mußte dieses Gebirge südlich von uns liegen bleiben, und es war also nicht anzunehmen, daß wir demselben noch viel näher rücken würden. Wiederum mußten wir uns in diesem Lager mit Schneewasser behelfen, da das von der Quelle mitgenommene kaum am Abend und am folgenden Morgen zum wärmenden Kaffee für uns hinreichte. Spät Abends trafen noch zwei von Lieutenant Whipple zurückgesendete Soldaten ein, die uns die Weisung überbrachten, zwei Tagereisen seinen Spuren zu folgen und an einer Wasserlache, an welcher uns dieselben vorbeiführen würden, seine Rückkehr zu erwarten. Die beiden Soldaten hatten sich schon in aller Frühe an diesem Tage auf den Weg begeben und nicht viel Mühe gehabt, auf dem einmal gebrochenen Pfade in die Nähe unseres Lagers zu gelangen. Es war indessen schon ganz dunkel, als sie unserer Feuer ansichtig wurden, und da sie nicht vermutheten, daß wir schon so weit vorgerückt seien, so hatten sie unsere Wachtfeuer für ein Lager der Eingebornen gehalten und waren vorsichtig in einiger Entfernung um dasselbe herumgeschlichen, bis sie überzeugt wurden, daß wir es seien.

Unser Aufenthalt an dieser Stelle währte also nur die eine Nacht, und rüstig verfolgten wir am folgenden Morgen (1. Januar 1854) die uns vorgeschriebene Straße. Einige Meilen hatten wir noch durch Tannenwaldungen, über felsige Hügel und durch rauhe Schluchten zurückzulegen, und dann befanden wir uns am Rande einer großen Ebene, die ringsum von dunklen Waldungen eingeschlossen war und in deren Mitte sich wie eine Oase ein kleiner, mit Buschwerk bewachsener Felsenhügel erhob. An diesem Hügel vorbei führte der Pfad, denn die Thiere von Lieutenant Whipple's Abtheilung in dem tiefen Schnee gebrochen hatten. Eine bedeutende Senkung des Landes gegen Westen war hier auf der Fläche besonders bemerkbar; freilich befanden wir uns am vorigen Tage schon nicht mehr in gleicher Höhe mit Leroux's Quelle, doch hatte die rauhe Straße so wie der uns fortwährend umgebende Wald uns jede Aussicht so benommen, daß wir das Senken des Landes nicht wahrnehmen konnten und nur durch die barometrischen Messungen davon in Kenntniß gesetzt wurden. Bei dem Hügel angekommen, entdeckten wir die glimmenden Feuer, die Lieutenant Whipple am Tage vorher verlassen, nachdem er daselbst die Nacht zuge= bracht hatte. Sie waren uns willkommen; es bedurfte nur einigen Schü= rens, um die Flammen wieder auflobern zu machen und, wie leicht erklär= lich, hatte fast Jeder in unserem Zuge ein kleines Gewerbe bei denselben. Der Eine sprach vor, um seine Pfeife in Brand zu setzen, der Andere um die durchnäßten Mokkasins zu trocknen oder die erstarrenden Glieder auf= zuwärmen; doch viel Zeit nahm sich Keiner, da es bekannt geworden war, daß wir diese Nacht in dem hohen Walde, der noch mehrere Meilen vor uns die Ebene begrenzte, zubringen sollten. Dorthin eilten die Meisten also den Wagen voraus, um bei deren Ankunft eine Stelle von Schnee ge= reinigt und trockenes Holz zum Feuer herangeschafft zu haben. Eine Hügel= reihe vor uns, deren östliche Abhänge nur wenig mit Schnee bedeckt waren, bot an diesem Tage unseren Thieren ein erträgliches Futter, doch wirkte die strenge Kälte so wie die Wunden, welche die Packsättel ihnen gedrückt, und die bei schwerer Arbeit gar nicht wieder heilen konnten, sehr nachtheilig auf dieselben.

Am 2. Januar 1854, nachdem wir eine kurze Strecke durch den Wald zurückgelegt hatten, zogen wir südlich an einem hohen Berge vorbei, dem nach Capitain Sitgreaves der Name Mount Sitgreaves, beige= legt wurde. Einige kleinere Hügel umgaben denselben und entzogen uns für eine Zeit lang die Aussicht auf die nordöstlich von uns liegenden San Francisco Mountains. Im Südwesten bot sich uns aber dafür eine volle Aussicht auf die Bill Williams Mountains, ebenfalls eine Gruppe zu= sammenhängender, mit Cedern und Tannen bewachsener Berge, die als aus= gebrannte Vulkane nicht zu verkennen waren. Südlich von uns erstreckte sich eine niedrige Bergkette von Osten nach Westen und schien sich dann in einer Ebene zu verlieren; blickten wir gegen Westen, so glaubten wir eine weite Fläche vor uns zu haben, die hin und wieder von kleinen hervor= ragenden Hügeln und Felsen unterbrochen wurde. In weitester Ferne er= kannten wir zwei große Gebirgszüge, die mit Schnee bedeckt waren und von Süden nach Norden aneinander hinzulaufen schienen. Das Land vor uns senkte sich bedeutend, die Waldungen verschwanden, einzelne Streifen von Gehölz nahmen deren Stelle ein, und das Auge vermochte weit über Landstriche hinzustreifen, die nicht mehr mit Schnee bedeckt waren. Nicht weit von dem Fuße des Mount Sitgreaves fanden wir das Wasser, welches in einer Art Teich oder Lache bestand, die mit dicker Eisrinde überzogen war. Zahlreiche Spuren von grauen Bären waren im Schnee ringsum abgedrückt, doch schienen diese Spuren schon alt zu sein, was wohl mit dem festen Zufrieren des Wasservorrathes in Verbindung stehen mochte.

Dort nun an dem New Years Spring, von Lieutenant Whipple so benannt, weil er am 1. Januar daran gelagert hatte, schlu=

gen wir unsere Zelte auf und richteten uns so häuslich wie möglich ein, denn erst nach einigen Tagen konnten wir der Ankunft von Lieutenant Whipple und seiner Abtheilung entgegensehen. Wir waren kaum 30 Meilen von Leroux Spring entfernt, doch befanden wir uns schon an 300 Fuß tiefer, und die Basis der Bill Williams Mountains, die vielleicht 20 Meilen von uns in südwestlicher Richtung lagen, hatte eine 200 Fuß tiefere Lage.

Die zahlreichen Fußtapfen von grauen Bären, welche den Wald in allen Richtungen durchkreuzten, gaben uns Veranlassung sie zu verfolgen. Wir jagten in der südlich von uns gelegenen Waldung, wir durchsuchten den Forst auf dem Mount Sitgreaves und den angrenzenden Hügeln. Auch fanden wir Lager von Bären und zwar an manchen Stellen in solcher Unzahl, daß, wären sie anwesend gewesen, wir gewiß auf jedem dritten Morgen Land einem begegnet wären; denn gerade die Abhänge und Schluchten des Mount Sitgreaves schienen der Lieblingsaufenthalt derselben zu sein. Selbst Leroux, der alte Trapper und Jäger, wußte sich nicht zu erinnern, jemals diese Thiere in einer solchen Anzahl auf einen verhältnißmäßig kleinen Raum zusammenlebend gesehen zu haben. Doch leider war die ganze Bärengesellschaft nur wenige Tage vor unserer Ankunft ausgewandert. Das Gefrieren des Wassers mußte die Ursache davon gewesen sein, denn wir fanden auf dem Eise die Spuren, welche sie bei dem Versuche, dasselbe zu durchbrechen, zurückgelassen hatten. In kleinen Trupps von acht und mehreren hatten sie ihre Reise gegen Süden angetreten; ihre Pfade waren mithin auf dem schimmernden Schnee zu erkennen, denn da sie immer einer hinter dem anderen geschritten waren und sorgfältig jeder seine unförmlichen Tatzen in die Fußtapfen seines Vordermannes gesetzt hatte, so waren dadurch breit ausgetretene Spuren entstanden, in welchen der Schnee, geschmolzen durch die Wärme der fleischigen Fußsohlen, wieder zu glattem Eise gefroren war. Ungern schienen sie übrigens diese Gegend verlassen zu haben, die ihnen ihre Lieblingsspeise, die süßen Früchte der Cedern im Ueberfluß bot; doch der Wassermangel hatte sie zu der allgemeinen Wanderung bestimmt, und unsere Bärenjagd beschränkte sich daher einzig darauf, daß wir Tage lang den Spuren folgten und aus den riesenhaften Abdrücken der Tatzen auf die Größe der Bären schlossen. Jeden Tag, so lange wir uns an der Neujahrsquelle aufhielten, durchsuchten wir die Wälder, bestiegen die nahen Gebirge und kletterten in tiefe Schluchten hinab; doch nur das graue Eichhörnchen belebte die Einsamkeit und floh scheu bei unserer Annäherung in die höchsten Bäume hinauf.

Es giebt wohl kaum menschliche Wesen, die auf einer niedrigeren Stufe stehen, als die Eingebornen zwischen den San Francisco Mountains und dem großen Colorado des Westens. Es ist mehrfach die Ansicht ausgesprochen worden, daß die meisten derselben zu dem Stamme der Apache's gehören oder vielmehr mit ihnen verwandt sind. Raubgierig, wie diese, sind sie auch nicht weniger scheu und mißtrauisch, und noch immer scheiter-

ten die Versuche, die hin und wieder angestellt wurden, in freundlichen Ver=
kehr mit ihnen zu treten. Der Anblick eines Weißen verursacht ihnen
Schrecken, doch schleichen sie stets den dort Reisenden nach, um ihre langen
Pfeile aus sicherem Versteck auf Menschen und Thiere zu versenden. Wären
sie im Besitz werthvoller Gegenstände, die für die Weißen vortheilbringend
sein könnten, so möchten wohl schon mehr durchdachte Versuche zur Civili=
sation dieser Wilden und mit besserem Erfolge gemacht worden sein. So
aber bieten diese Menschen nichts als das nackte Elend und unterscheiden
sich von den Raubthieren des Waldes nur dadurch, daß sie sich unter
einander durch Sprache verständigen können. Ihre Gestalten sind häßlich
und verkümmert, wie es nicht anders zu erwarten ist, wenn man bedenkt,
welches ihre einzigen Subsistenzmittel sind. Die Beeren der Ceder und die
eßbaren Nüsse einer Art Tanne (pinus edulis), Grassame und die Wurzel
der mexikanischen Agave sind ihre Hauptnahrungsmittel. Fleisch lieben sie
zwar ganz besonders, doch sind sie nur schlechte Jäger, was bei dem Ueber=
fluß an Wild in ihren Territorien besondere Verwunderung erregen muß;
und so wird ihnen Fleisch nur selten zu Theil, es sei denn daß es ihnen
gelänge, den Bewohnern von Neu=Mexiko hin und wieder einige Maulthiere
zu rauben oder den dort mitunter vorbeireisenden Jagdgesellschaften ein sich
etwas von der Heerde entfernendes mit Pfeilen zu verwunden, so daß es
zurückbleiben und ihnen überlassen werden muß. Capitain Sitgreaves hatte
auf diese Weise mehrmals Verluste erlitten, indem die Eingebornen, die
unter dem Namen Cosninos oder Cochnichnos bekannt sind, sich der Heerde
zu nähern suchten, um eine Ladung von Pfeilen unter dieselbe zu senden
und dann schleunigst zu entfliehen. Bei einer solchen Gelegenheit waren
ihm auf einmal drei Maulthiere getödtet worden, und als er darauf seine
Soldaten auf die Wilden feuern ließ, befanden sich dieselben schon wieder
außer dem Bereich der Schußwaffen, und nur eine starke Blutspur verrieth,
daß doch einer der Indianer eine Lehre mit auf den Weg erhalten hatte.
War Capitain Sitgreaves, als er diese Territorien durchreiste, fortwährend
von diesen wilden Horden belästigt, so konnten wir dagegen ungehindert
uns weit von unserem Lager entfernen, ohne auch nur auf frische Spuren
zu ·stoßen. Der Grund war der, daß Capitain Sitgreaves drei Monate
früher im Jahre, als wir die Reise unternahm, also zu einer Zeit, wo die
Eingeborenen ihre Ernten in den Wäldern hielten, und Frost und Schnee
sie nicht von dort vertrieben hatten.

Mehrmals wurde ich indessen, als ich mich etwas zu weit vom Zuge
entfernt hatte, von Lerour gewarnt, auf meiner Hut zu sein und mich nicht
mit zu großem Vertrauen in die Schluchten und Cedernwaldungen zu wagen.
Er belegte die Richtigkeit seiner Behauptung, als wir eines Tages neben
einander reitend unsere Straße verfolgten, durch einige Erzählungen von
Abenteuern, die er gerade mit diesen Cosnino= und Yampay=Indianern er=
lebt hatte.

„Es war auf meiner Reise mit Capitain Sitgreaves," hob er an.

„Wir hatten einen starken Marsch zurückgelegt; da wir aber auf Wasser zu
stoßen hofften, so wollten wir noch einige Stunden weiter ziehen. Die
langen Septembertage begünstigten unser Vorhaben; wir hielten deshalb
eine kurze Zeit an, theils, um unsere Thiere sich etwas zu erholen, dann
aber auch um die vor Mattigkeit Zurückgebliebenen wieder herankommen zu
lassen. Vor uns lag eine Hügelreihe, auf welcher zwischen Gerölle und
großen Felsblöcken spärliches Buschwerk Wurzel geschlagen hatte. Um einen
Blick über die nächste Umgebung zu gewinnen und mich zu orientiren, vielleicht
auch Zeichen von der Nähe des Wassers zu entdecken, stieg ich auf den
Hügel. Glücklicherweise hatte ich meine Büchse mitgenommen, denn noch
war ich 25 Schritte von dem höchsten Punkte entfernt, als ein ganzer
Hagel von Pfeilen auf mich zu sauste. Die Entfernung, welche mich von
den verrätherischen Eingebornen trennte, die lustig auf mich schossen, war zu
gering, als daß ich hätte ausbiegen und mich vor den Pfeilen decken
können. Drei derselben trafen mich, zum Glück aber so, daß ich im Gebrauch meiner Büchse, die ich blitzschnell anlegte, nicht verhindert wurde.
Es waren lange Pfeile mit steinernen Spitzen, von denen einer mich von
der Seite hinter dem Ohre traf, der andere mir den Oberarm verwundete,
der dritte aber auf äußerst schmerzhafte Weise sich über dem Handgelenk
mit der Spitze zwischen die beiden Armknochen klemmte. Der Schaft fiel
natürlich herunter, doch blieb der Stein fest haften. So wie ich meine
Büchse anlegte, waren die Wilden augenblicklich hinter den Felsblöcken verschwunden. Vorsichtig bewegte ich mich darauf rückwärts und rief mit
lauter Stimme nach meinen Freunden. Als ich indessen meine Augen wendete, glitten die Indianer wie wilde Katzen von Stein zu Stein; hob ich
dann meine Büchse, so verbargen sie sich eben so schnell wieder hinter vorragenden Gegenständen. Mehrmals hätte ich Gelegenheit gehabt, Einem von
ihnen den Schädel zu zerschmettern, doch hütete ich mich wohl meinen Schuß
abzugeben, wodurch ich mir den Angriff des ganzen Haufens würde zuge-
zogen haben. Lange hätte dieses Versteckspielen indessen nicht mehr dauern
können, als auf mein Rufen einige meiner Kameraden zu Hülfe eilten, bei
deren Anblick die Wilden schleunigst die Flucht ergriffen. Ich schickte ihnen
eine Kugel nach, doch konnte ich mit meiner verwundeten Hand nicht besonders zielen und zerschmetterte einem dieser boshaften Eingebornen den
Arm anstatt seines verrätherischen Schädels. Meine Wunden an Kopf und
Oberarm heilten sehr bald wieder, hingegen gelang es nur mit der größten
Mühe, die zwischen den beiden Knochen über dem Handgelenk zurückgebliebene
Pfeilspitze hervorzuziehen. Für die ganze Dauer der Reise konnte ich mei-
nen Arm nicht mehr gebrauchen, denn die von scharfen Steinen gerissenen
Wunden heilen viel schwerer, als die durch eine eiserne Spitze verursachten.
— Ein andermal, schon einige Jahre früher," fuhr Leroux fort, „befand ich
mich mit mehreren Kameraden in dieser Gegend, um Biber zu fangen.
Wir hatten lange keine Spuren von Indianern gesehen und waren deshalb
sorglos geworden. Wir legten uns des Abends zum Schlafen nieder und

ließen unsere Maulthiere in unserer Nähe grasen. Als wir so eines Morgens unsere Thiere satteln wollten, waren dieselben zu unserem nicht geringen Schrecken verschwunden. Die Spuren, die sie zurückgelassen hatten,
ließen uns nicht im Zweifel darüber, auf welche Weise wir darum gekommen
waren. Wären wir den Räubern gleich auf frischer That nachgefolgt, so
würden wir schwerlich wieder in den Besitz unseres Eigenthums gekommen
sein, wir blieben also noch einen Tag an derselben Stelle und begaben
uns dann auf den Weg, immer den Spuren unserer Thiere folgend. Die
Indianer, als sie sich am ersten Tage nicht verfolgt sahen, gaben sich nach
unserem Beispiel einem Gefühl von Sicherheit hin und widerstanden
nicht länger ihrem Appetit auf Maulthierfleisch, wodurch es uns gelang, sie
zu überraschen. Trotz der größeren Schwierigkeiten waren wir doch nur
des Nachts gereist und hatten in der Dunkelheit zwar häufig die Spuren
verloren, waren aber glücklich genug, immer wieder die alte Richtung aufzufinden. In der Mitte der zweiten Nacht unserer Reise, als wir die Hoffnung schon fast aufgegeben hatten, jemals unsere Thiere wieder zu sehen,
erblickten wir vom Gipfel eines Bergrückens in einer Schlucht ein kleines
Feuer. Wir Alle waren sogleich davon überzeugt, daß Niemand anders als
die Räuber unserer Maulthiere dort lagern konnten und trafen deshalb unsere Vorkehrungen. Von verschiedenen Seiten krochen wir dem Feuer zu
und stürzten uns auf ein gegebenes Zeichen mit wildem Geschrei auf die
um dasselbe Versammelten. Ohne auch nur einen Gedanken an Widerstand
zu zeigen, verschwanden die Indianer in der Dunkelheit. Wir fanden
alle unsere Thiere mit Lasso's an die nächsten Bäume gefesselt bis auf eines,
dessen Ueberreste zerstreut umherlagen. Auch einen alten Indianer entdeckten
wir noch, der sich mühsam vom Feuer fortzuwälzen versuchte. Als wir
ihn ergriffen, wurden wir gewahr, daß dieses thierische Geschöpf mit einer
solchen Gier Unmassen von Maulthierfleisch verschlungen hatte, daß es sich
kaum von der Stelle zu bewegen vermochte und zur Flucht vollständig unfähig
war. Wäre es ein junger, rüstiger Indianer gewesen, so würden wir ihn ohne
weiteres erschossen haben, doch kam uns dieses Geschöpf so vernunftlos, so er-
bärmlich thierisch vor, daß es förmlich Abscheu in uns erregte und wir dasselbe
nur mit einigen Kantschuhhieben auf seinem nackten Rücken bezahlten."

Dies waren einige von Lerour's Erlebnissen, die er mir mittheilte,
um mich vorsichtiger auf meinen Streifzügen zu machen. Sie trafen keine
tauben Ohren, doch wird es einem leidenschaftlichen Jäger schwer, sich selbst
durch solche Rücksichten auf einer begonnenen Jagd zurückhalten zu lassen.
Wären übrigens alle unsere Leute vorsorglicher gewesen, so möchten einige
unserer Mexikaner wohl schwerlich ihre Unvorsichtigkeit mit dem Leben ge-
büßt haben.

Am 7. Januar gegen Abend kehrten endlich Lieutenant Whipple
und seine Leute zu uns zurück. Er hatte allerdings das Land vor uns
nicht unzugänglich für Wagen gefunden, doch lauteten die Nachrichten über
die Beschaffenheit des Bodens nicht sehr günstig. Der Schnee hatte näm-

lich nach einer kurzen Strecke schon sein Ende erreicht, wodurch ein scharfer, mit Lava bedeckter Boden bloßgelegt war, auf welchem unsere Thiere, trotzdem sie beschlagen waren, an ihren Hufen leiden mußten. Mit unserer Schafheerde war es nicht ganz so schlimm, denn es konnten diejenigen, die erlahmten und nicht weiter fortzubringen waren, in jedem neuen Lager geschlachtet und rationenweise vertheilt werden; doch durften wir mit diesen auch nur sehr sparsam umgehen, indem immer mehr Schafe dazu gehörten, die an die Expedition zu vertheilenden Pfunde Fleisch voll zu machen, so sehr verloren sie durch Futtermangel und schlechten Boden an Gewicht. Während unseres Aufenthaltes an der Neujahrsquelle waren die Schmiede fortwährend beschäftigt gewesen, die Hufe der Maulthiere zu untersuchen und wo es nöthig war, neue Eisen aufzulegen. Nach der Rückkehr der Recognoscirungs-Abtheilung wurde dasselbe auch mit deren Thieren vorgenommen und noch ein anderer Tag zu diesem Zwecke verwendet, so daß wir erst am 9. Januar unsere Weiterreise antraten.

So wie sich das Land vor uns senkte und wir Meile auf Meile bergab zurücklegten, nahm auch der Schnee ab, und schon gegen Mittag war derselbe gänzlich um uns her verschwunden. Nur wenig Nadelholz bekränzte die Schluchten und Risse, die in allen Richtungen das Land durchkreuzten. Wie eine weite, wellenförmige Ebene dehnte sich dasselbe vor uns aus, doch nur scheinbar, denn überall stießen wir auf tief ausgewühlte, felsige Spalten, über welche hinweg zu kommen unsere und unserer Thiere Kräfte bis auf's Aeußerste in Anspruch nahm. Die Schwierigkeiten in Verbindung mit dem so ungünstigen Boden und dem schlechten Futter drohten unsere ganze Heerde aufzureiben, und hier besonders hatten wir Gelegenheit wahrzunehmen, wie sehr auf solchen Reisen die Maulthiere den Vorzug vor den Pferden verdienen, denn bei so viel Arbeit und Mühseligkeit und bei solchem Futtermangel hätte schon das letzte Pferd zu Grunde gehen müssen, während wir jetzt nur genöthigt waren, die schwächsten Maulthiere unbeschwert nebenher laufen zu lassen.

Genau nördlich von dem Bill Williams Mountains, in der Entfernung von ungefähr 10 Meilen von deren Basis, brachten wir die Nacht des 9. Jan. zu. Die Schlucht, die uns durch ihren großen Wasservorrath zur Wahl der Lagerstelle bestimmt hatte, nahm eigentlich dort erst ihren Anfang, indem die zur Regenzeit aus nahen Niederungen zusammenfließenden Wasser sich tief in die Erde hineingewühlt und in ihrem Sturz einen Trichter gebildet hatten, in welchem bei unserer Ankunft reichliches, mit einer Eisrinde überzogenes Wasser stand, während in der ganzen Schlucht, so weit wir derselben nachforschten, sich auch nicht der kleinste Wasserspiegel zeigte. Die steilen Uferwände desselben bestanden fast nur aus schwarzer Lava, während im Bette selbst Lavablöcke angehäuft lagen. Einen passenderen Namen als Lava-Creek hätte diese Schlucht daher nicht erhalten können, und so wurde sie demnach für ewige Zeiten getauft. Auf einer weiten Strecke hatten wir jetzt immer dieselbe Naturumgebung, denselben rauhen Boden, dieselben tiefen Schluchten, dieselben Lavaselter und vulkanischen Hügel. Vereinzelt sahen wir hin und wieder den schwarzschwänzigen Hirsch und die Antilope; häufiger gaben uns Wölfe und Coyotas ihre Anwesenheit zu erkennen, indem sie uns heulend und kläffend umkreisten oder in den spärlichen Cedernwaldungen umherschlichen. Etwas Trostloses lag in dem Charakter der Gegend, die wenig geeignet schien, die Hoffnungen auf besseres Terrain für unsere Thiere zu heben, doch unveränderlich gab der Viameter die zurückgelegte Meilenzahl an, unermüdlich lagen die Mitglieder unserer Expedition ihren verschiedenen Arbeiten ob, ohne das Ziel der Reise, welches noch so fern vor uns lag, dabei aus den Augen zu verlieren.

Nachdem wir den Lava Creek verlassen hatten, war die nächste Stelle, die einer besonderen Erwähnung verdient, der Cedar Creek, ein ziemlich weites Thal, welches an den Seiten mit Cedern reichlich bewachsen war, weshalb das Flüßchen oder vielmehr der Bach, welcher nur in nassen Jahreszeiten Wasser zu führen schien, diesen Namen erhielt. Vier Meilen vor dem Cedar Creek begann das Land sich plötzlich zu senken und zwar so, daß auf diese Strecke von noch nicht einer deutschen Meile über 700 Fuß Gefälle kamen, was auf eine englische Meile 183 Fuß ausmachte. Doch war dieses Gefälle nicht gleichmäßig auf die ganze Strecke vertheilt, sondern oft fanden sich steile Abhänge, an denen wir unsere Wagen mit manchen Schwierigkeiten hinabzubringen hatten, ehe wir in's Thal des Cedar Creek gelangten.

Immer bergab ziehend (41 Fuß auf die Meile) erreichten wir am 11. Januar das felsige trockene Bette eines Flusses, welches in vielen Windungen sich gegen Südwest zog. Anfänglich hielten wir dieses für den Bill Williams = Fluß, der an den Bill Williams Mountains entspringend, dem großen Colorado zufließt; doch überzeugten wir uns später, daß wir uns geirrt, und nannten diesen Fluß Partridge Creek, weil zahllose reizende Rebhühner, die sich durch den prächtigen Kopfschmuck auszeichneten, zwischen seinen steilen felsigen Ufern lebten. Es war übrigens für unsere Expedition nicht leicht, sich von der Identität eines Flusses zu überzeugen, von dem man nur die Mündung genau kannte und dessen Quellen man an dem Bill Williams Mountains vermuthete. Alles Uebrige, was über diesen Fluß bekannt war, beruhte auf den Erzählungen und dem Zeugniß eines Trappers Bill Williams, der den großen Colorado hinunter kommend, die Mündung eines Flusses bei den Dörfern der Mohave-Indianer entdeckte, sodann, um Biber zu fangen, diesem Flusse aufwärts folgte und bis in die Nähe des Gebirges gelangte, welches ebenso wie der Fluß unter den westlichen Jägern nach ihm benannt wurde, bis endlich dieser Name seinen Weg auf die neuesten Karten fand. Eine schwierige Aufgabe wird es vorläufig noch bleiben, die genaue geographische Lage der Bill Williams Fork zu bestimmen. Die Ufer des Partridge Creek waren hoch und steil, die angrenzenden Ländereien aber so ungünstig für unsere Reise, daß wir an

einer paſſenden Stelle in das Bette des Fluſſes hinabzogen und an einer
Lache noch nicht aufgetrockneten Waſſers unſer Lager aufſchlugen.

Nur bis hierher war Lieutenant Whipple gelommen, es mußten
daher wieder neue Nachforſchungen angeſtellt werden, ob eine Möglichkeit
vorhanden ſei, dem Bette des Fluſſes zu folgen, daſſelbe aber auch wieder
bequem zu verlaſſen. Letzteres ſchien wegen der ſich hoch. aufthürmenden
Uſer noch ungewiſſer als das Erſte.

XXVII.

Aufbruch einer Recognoscirungs-Abtheilung. — Rebhühner. — Picacho.
— Vulkaniſches Terrain. — Nachfolgen des Haupttrains. — Chino
Valley. — Mißlungener Verſuch der Recognoscirungs-Abtheilung,
durch's Gebirge zu dringen, und deren Zuſammentreffen mit der Expe-
dition am Picacho. — Erneuerter Verſuch, einen Paß zu entdecken. —
Leroux's Erzählung von Colonel Frémont's vierter Reiſe. — Unter-
gang von Frémont's Expedition, ſeine Rettung und Ankunft in
Californien.

Wiederum blieb der Wagenzug zurück, als am 12. Januar Lieutenant
Whipple mit einer Abtheilung, der ich mich diesmal anſchloß, die Weiterreiſe antrat. Es war beinahe um die Mittagszeit, als wir das Lager
verließen und der Schlucht folgten. Ein kurzer Ritt brachte die Zelte bald
aus unſeren Augen, und wie in einem Keſſel waren wir ringsum von
hohen Felſenmauern umgeben. Ein guter Weg konnte das Flußbett nicht
genannt werden, wenn auch gut im Vergleich mit den Wegen, die wir in
den letzten Tagen kennen gelernt hatten. Verkümmertes Geſträpp und wenig
Gras zeigte ſich zwiſchen rein gewaſchenen Steinen und Felsblöcken; die
aufrechtſtehende breitblätterige Cactus (Opuntia) aber erreichte ihre volle
Größe in den trockenen Spalten der felſigen Uſer. Zu Hunderten eilten
die kleinen zierlichen Rebhühner (Callipepla californica Gould, und Callipepla squamata, wenn die Federn der Krone lang und ſpitz ſind) immer
vor uns her oder flogen eine Strecke weiter, wenn eine mörderiſche Ladung
Schrot unter ſie geſendet wurde. Dieſes Rebhuhn, welches ungefähr die
Größe einer zahmen Taube hat, zeichnet ſich außer ſeinem ſchönen braun

und grauen Gefieder noch besonders durch die 6 bis 8 zwei Zoll langen
Federn auf dem Kopfe aus, die, oben breit und unten spitz, dicht zusammen
liegen und die Gestalt einer etwas nach vorn gebogenen Keule haben.
Wenn diese Vögel auf der Flucht sind oder erschreckt werden, tragen sie
den Federbusch nach vorn, dem Schnabel zu hängend, während sonst der=
selbe etwas schräg nach hinten weist. So schön diese kleinen Hühner aus=
sehen, so wohlschmeckend ist auch ihr Fleisch, und in dem Partridge Creek
fanden wir dieselben in solchen Unmassen, daß es uns nicht schwer wurde,
mit wenigen Schüssen ein Gericht derselben für uns zu erlegen. Auch
den großen grauen Wolf (Canis lupus L. var. griseus Richardson)
sahen wir mitunter am Rande der Schlucht hinschleichen, doch war er
scheu und wußte sich immer genau außerhalb des Bereiches unserer Büchsen
zu halten.

So waren wir bis gegen Abend fortgeritten, als wir eine Stelle er=
reichten, wo die Ufer sich senkten, so, daß wir zu beiden Seiten eine freie
Aussicht aus der Schlucht über die nächste Umgebung gewannen. Da
Wasser in der Nähe war, und sich uns gegen Westen eine zur Straße ge=
eignete Ebene zeigte, so trafen wir Anstalt hier zu übernachten. Dichte
Cedernbäume, deren Zweige bis auf den Boden hingen, bildeten in dieser
Nacht ein vortreffliches Obdach; zu unseren Füßen brannten tüchtige Feuer,
während wir mit dem Körper wie unter einem grünen Schirm lagen. Das
Wetter in dieser Nacht, allerdings noch kalt, war ein schönes Herbstwetter
zu nennen, was wir um so angenehmer empfanden, als wir die winter=
lichen Regionen der San Francisco und Bill Williams Mountains eben
erst verlassen hatten. Genau westlich von uns lag, abgesondert von den
sich südlich und nördlich erstreckenden Höhen, in der Entfernung von etwa
20 Meilen ein ausgebrannter Vulkan, der von Leroux in früherer Zeit
schon gesehen und von ihm und seinen Begleitern Picacho*) benannt
worden war, und weiter vorzudringen schien nur in der Richtung südlich
vom Picacho möglich zu sein.

Nachdem also am 13. Januar zwei Mann an Lieutenant Stanley
mit der Weisung, uns mit der ganzen Expedition bis zu diesem Punkte
nachzufolgen, abgeschickt worden waren, verließen wir den Partridge Creek
und gingen in der eben angegebenen Richtung weiter. Das Terrain, ab=
wechselnd kahl oder mit lichter Cedernwaldung bedeckt, war hügelig und un=
eben, doch stießen wir nicht auf solche Hindernisse, die das Nachfolgen der
Wagen sehr erschwert hätten; nur als wir uns dem Picacho näherten,
wurden wir häufig durch tiefe Betten alter Lavaströme aufgehalten, die
von dem Vulkane ausgehend das angrenzende Land vielfach durchfurchten.
Da wo mehrere Vertiefungen zusammenkamen oder die einst flüssige Lava

*) Picacho, ist die spanisch=merikanische Bezeichnung für jeden abgeson=
dert stehenden spitzen Berg.

eine Biegung gemacht hatte, fanden wir indessen immer Gelegenheit, nicht nur mit unseren Packthieren jedesmal den Uebergang zu bewerkstelligen, sondern auch Stellen, an welchen für die nachfolgenden Wagen, wenn sie die nöthige Vorsicht gebrauchten, nichts zu fürchten war. Mehrfach ent= deckten wir klare Quellen, die spärlich aus dem schwarzen Gestein sprudelten. Am Nachmittag befanden wir uns endlich nicht weit von der Basis des Picacho, so daß dieser Berg nördlich von uns lag. Hier nun wurden wir plötzlich auf unserem Wege durch tiefe Abgründe aufgehalten, an welchen hinunter zu klettern selbst für unbeladene Maulthiere nicht möglich gewesen wäre. Unten in der Tiefe weit gegen Süden und Norden bis dahin, wo in Nebel gehüllte Gebirge den Horizont begrenzten, dehnte sich ein an= scheinend ebenes Thal aus. Daß wir in das Thal würden hinabkommen können, sagten uns zur Genüge einige der von dem Picacho auslaufenden und in die Ebene mündenden Schluchten; doch wohin wir uns dann zu wenden hatten, mußten wir erst ausfindig machen, denn vor uns auf der anderen Seite der Ebene in der Entfernung von 10 Meilen lag ein Ge= birgszug, der sich so weit das Auge reichte, von Süden nach Norden er= streckte. Das Aussehen des Landes war nicht der Art, daß wir irgendwo auf einen Paß durch das Gebirge hätten schließen können; es öffnete sich uns allerdings in dem Thale ein unabsehbarer Weg gegen Süden so wie gegen Norden, doch lag es in unserem Plane, den geradesten Weg zu ver= folgen und weder südlich an den Gila noch nördlich an den Colorado Chi= quito zu ziehen. Die Gebirgskette vor uns senkte sich etwas gegen Norden, und dort sollte deshalb zuerst der Versuch gemacht werden, einen Paß zu finden. An einem Abhange also, wo wir vor dem kalten Westwind etwas geschützt waren, zerstreute Cedern uns Holz zum Brennen und Zweige zu einem erträglichen Obdach boten, und wo uns das Wasser auch nicht allzu fern war, brachten wir die Nacht zu.

Nachdem wir am folgenden Morgen gefrühstückt, machten wir uns fertig, hinab in's Thal zu steigen, doch nicht bevor Lieutenant Whipple abermals zwei Soldaten zurückgeschickt hatte, die den Auftrag erhielten, den ganzen Zug an diese Stelle zu führen. Die beiden Soldaten sollten den Marsch zu Fuß zurücklegen; als sie von uns schieden, gab ihnen Lieutenant Whipple noch einen kleinen Vorrath von Tabak auf den Weg, mit dem Bemerken, sie möchten mit den Indianern, wenn ihnen solche begegneten, die Friedenspfeife rauchen. „Pulver und Blei wollen wir mit ihnen rauchen und den Tabak für uns behalten," gaben die handfesten Bursche zur Ant= wort, warfen ihre Musketen auf die Schulter und schritten rüstig gegen Osten. Wir entdeckten bald eine Schlucht, die uns abwärts führte; sie erweiterte sich nach einem Ritte von einer halben Stunde über felsigen Boden, und wir befanden uns dann am Rande des Chino Valley, wie wir dieses Thal tauften. So flach, wie es uns von der Höhe aus erschienen waren, war das Thal nicht, doch konnten die einzelnen Ver= tiefungen, die von den Gebirgswassern gewühlt worden waren, keine ernst=

lichen Hindernisse genannt werden. Wir merkten uns also in nordwestlicher
Richtung von uns auf den fernen Höhen einen Punkt, auf welchen wir
zuritten, ohne genöthigt zu sein, im Wesentlichen von der einmal bestimmten
Linie abzuweichen. Ohne anzuhalten oder den Schritt unserer Thiere zu
mäßigen, und nur gelegentlich nach den uns umschwärmenden Antilopen
schießend, zogen wir bis Nachmittag unseres Weges und befanden uns
dann an dem westlichen Ende des Thales, wo runde Hügel und Berge,
die fast jeder Vegetation entbehrten, uns den Weg zu versperren schienen.
An denselben in nördlicher Richtung hinreitend, erreichten wir eine Schlucht
oder vielmehr ein schmales Thal, durch welches sich in vielen Windungen
das trockene Bette eines Baches zog. Ohne zu zögern bogen wir sogleich
in dasselbe ein und folgten ihm gegen Westen. Dürres Gras und Gestrüpp bedeckte den Boden des Thales, welches sich verengte und erweiterte,
je nachdem sich die steilen Hügel oder Felsenreihen einander näherten oder
von einander entfernten. Wasser fanden wir nicht, hatten also keinen
Grund an einer bestimmten Stelle das Nachtlager aufzuschlagen und ritten
daher unverdrossen fort, bis die Dämmerung sich einstellte. Wir entledigten
dann die Thiere ihrer Last, breiteten unsere Decken auf dem staubigen
Boden aus, sammelten von dem dürren Gesträpp zu unserem sehr kläglichen
Lagerfeuer, und alle Vorbereitungen zur Nacht waren somit getroffen. Vor
gänzlichem Dunkelwerden erstiegen wir noch die nächste Hügelreihe, um einen
Blick in die Ferne zu werfen, doch war der Anblick dort oben noch trostloser als unten in der Schlucht, denn wie eine wüste Hochebene, die nach
allen Richtungen tief gespalten und durchfurcht ist, nahm sich das Terrain
aus; einsam ragte hin und wieder ein verkrüppelter Cedernbusch aus einer
Kluft hervor; kein Leben regte sich in dieser Einöde und schleunigst stiegen
wir wieder hinab in das Lager, um unter unseren Decken den Mangel
eines tüchtigen Feuers zu vergessen.

Mehrere Meilen hatten wir am folgenden Morgen noch zu reiten, ehe
sich die Schlucht, in der wir uns befanden, erweiterte und in eine andere
weniger umfangreiche Ebene mündete. Im Westen war diese ebenfalls von
einer waldigen Bergkette begrenzt, auf welcher noch einige Spuren von
Schnee zurückgeblieben waren. Unsere kleine Gesellschaft wurde am Rande
dieses Thales getheilt, indem die Hälfte derselben mit den Packthieren nordwestlich einer Schlucht, in welcher Schnee lag, zueilen sollte, während die
Uebrigen auf dem nächsten Wege dem Gebirge zuzogen, um dasselbe an
einem hohen Punkte zu ersteigen und eine Aussicht auf den westlichen Abhang zu gewinnen. Bei Letzteren war Lieutenant Whipple und Leroux,
welchen ich mich anschloß.

Wüthend sauste der Wind über die Ebene, so daß die Antilopen, die
sich hier wieder zu zeigen begannen, ungehindert um uns herumspielen
konnten, denn um mit der Büchse sicher zielen zu können, war der Sturm
zu heftig, und die Jagd unterblieb daher ganz. Wir befanden uns bald
zwischen wilden Hügeln am Fuße de Gebirgszuges und suchten uns eine

Möllhausen, Tagebuch.   22

paſſende Stelle, um an demſelben hinaufzuklettern. Die Arbeit gehörte nicht zu den leichteſten, ſchroſſe Abhänge und wildes Gerölle waren zu überwinden, doch erreichten wir endlich einen Punkt, von welchem wir weit um uns zu ſehen vermochten. Wenig ermuthigend dehnte ſich das Land gegen Weſten vor uns aus; es war ein Chaos von Felſen, Schluchten und wildem Geröll, und ſo weit wir ſelbſt mit Ferngläſern die Gegenſtände zu unterſcheiden vermochten, war es derſelbe Charakter einer für unſere Expedition undurchdringlichen Wildniß, auf welche unſere Blicke trafen. Ein kurzer Aufenthalt dort oben genügte, um uns ſogleich jeden Gedanken an ein Durchdringen in dieſer Richtung aufgeben zu laſſen. Wir kehrten daher auf dem Wege, den wir gekommen waren, wieder zurück, hielten uns indeſſen beim Hinabſteigen etwas mehr nördlich, um mit unſeren Gefährten wieder zuſammenzutreffen, die bei unſerer Ankunft ſchon damit beſchäftigt waren, an hellen Feuern, die hier wieder mit trockenem Cedernholz genährt werden konnten, Schnee zu einem einfachen Mahle zu ſchmelzen. Abermals erſtiegen wir die nächſten Höhen, um noch einmal in die Ferne zu ſpähen, doch Nichts zeigte ſich uns in der Formation des Landes, was uns zum weiteren Fortſchreiten hätte aufmuntern können.

Um den Stamm einer weitverzweigten Ceder reihten wir unſere Lager; die dichten Zweige hielten den Schnee von uns ab, der in geringem Maße während der Nacht fiel, und am folgenden Morgen begaben wir uns geſtärkt und rüſtig wieder auf den Heimweg nach unſerem Hauptlager, welches zu dieſer Zeit ſich ſchon am Fuße des Picacho befinden mußte. Der Schnee, der während der Nacht gefallen war, verſchwand noch ehe wir das nächſte Thal durchzogen hatten und uns in der Mündung der bekannten Schlucht befanden. Was wir am vorhergehenden Tage nicht entdeckt hatten, fanden wir an dieſem, nämlich eine kleine Waſſerlache, die uns in den Stand ſetzte, unſere Thiere, die bereits ſeit 48 Stunden nur etwas Schnee hatten lecken können, nothdürftig zu tränken. Wir ritten denſelben Weg, den wir gekommen waren, wieder zurück und hatten bald wieder den Picacho mit ſeinem abgeſtumpften Gipfel und den erkalteten Lavamaſſen, die noch an ſeinen Abhängen hinunter zu fließen ſchienen, vor uns. Die Antilopen, welche an den vorhergehenden Tagen das Thal belebten, waren an dieſem nicht ſichtbar; die ganze Natur ſchien ausgeſtorben zu ſein; nur an der Stelle, wo wir in's Thal hinabgeſtiegen waren, bemerkten wir, als wir näher rückten, kleine Rauchwölkchen, die ſich emporkräuſelten und Punkte, die ſich bewegten. Es waren unſere Gefährten, die ſich dort häuslich niedergelaſſen hatten und unſerer Ankunft entgegenſahen.

Kurz vor Abend trafen wir im Lager ein, wo wir ſogleich vernahmen, daß die Expedition ſchon einen Tag früher, als wir vermuthet hatten, hierher gelangt war. Sie hatte nämlich die Ankunft der von Lieutenant Whipple abgeſendeten Soldaten nicht erwartet, ſondern ſogleich die Weiterreiſe von Partridge Creek aus angetreten. Sei es nun, daß die Boten einen Umweg hatten vermeiden wollen, oder daß der Wagenzug, um eine

bequemere Straße zu finden, einen Umweg genommen, genug, die beiden
Soldaten waren an dem Train vorbeigegangen und wurden erst aufmerk=
sam darauf, als sie in der Nähe des Partridge Creek auf Wagenspuren
stießen. Sie mußten sich deshalb am folgenden Morgen mit einem kargen
Mahl begnügen, worauf sie dann geduldig den Wagenspuren folgten, die
sie gegen Abend wieder glücklich zur Expedition führten.

Der folgende Tag nach unserer Ankunft (17. Januar) war wieder
ein Ruhetag, an welchem wir uns zu einem neuen Ausfluge in südwest=
licher Richtung rüsteten. Der Wind hatte sich so weit gedreht, daß er
das Lager, welches auf dem südlichen Abhange eines felsigen Hügels stand,
mit aller Gewalt fassen konnte; er war rauh und eisig kalt, so daß wir
uns kaum zu erwärmen vermochten, und daher beschlossen, nach dem Auf=
bruch der Recognoscirungs=Abtheilung das Hauptlager hinab in die Schlucht
zu verlegen.

Wir befanden uns an diesem Punkte nur noch in der Höhe von
4867 Fuß über dem Meeresspiegel, also 1605 Fuß niedriger, als an Le=
roux's Quelle in den San Francisco Mountains, und hatten 75 Meilen
von dort bis hierher zurückgelegt.

Am 18. Januar nahmen wir wiederum Abschied von unseren Ge=
fährten und zogen in südwestlicher Richtung dem Gebirge zu. Unsere Ge=
sellschaft bestand aus denselben Mitgliedern, wie auf der letzten Recognosci=
rungsreise, und war mit einer eben so starken Mannschaft versehen; doch
hatte Lieutenant Whipple, um Leute und Zeit zu ersparen, mit den
Zurückbleibenden eine Verabredung getroffen, daß, wenn sie an irgend einer
Stelle am Fuße des Gebirges einen starken Rauch erblicken würden, sie
ohne Zeitverlust mit dem ganzen Zuge aufzubrechen und auf kürzestem
Wege nach diesem Punkte hinzueilen hätten. Es sollte nämlich von unserer
Seite dann ein außergewöhnlich großer Dampf durch nasses Holz erzeugt
werden, wenn wir einen Paß entdeckt haben würden. Ein solches Signal
mußte jedenfalls im Lager wahrgenommen werden, indem die Gegend
zwischen demselben und dem Gebirge durchaus eben war. Ein ganzer
Tag wurde durch dieses Signalisiren erspart, denn eine Tagereise war die
geringste Entfernung, welche uns selbst im günstigsten Falle von einander
trennen mußte.

Es war nicht mehr ganz früh, als wir das Lager verließen; wir ge=
langten bald an das trockene Flußbett, welches sich von Norden nach Süden
durch das Chino Valley erstreckte, doch fanden wir den Durchgang durch
dasselbe nicht so bequem, wie weiter nördlich, indem die Wasser hier tiefer
die Erde durchwühlt hatten. Noch vor Abend waren wir wieder von Ce=
dernwaldung umgeben, in welcher wir, so lange wir noch gut sehen konn=
ten, am Fuße des Gebirges gegen Süden fortritten; wir fanden indessen
kein Wasser und schlugen daher in einer Lichtung, wo sich etwas Futter
für die Thiere zeigte, unser Nachtlager auf. In dichter Waldung, wo
Ueberfluß an trockenem Holze ist, vermißt man selbst bei dem kältesten

22*

Wetter nicht die Zelte; es ist im Gegentheil noch bequemer, sich am flackern=
den Feuer hinzustrecken. Der Eine oder der Andere weiß gewöhnlich etwas
zu erzählen, was den Verhältnissen gerade angemessen ist und Jeden inter=
essirt; man lauscht der Erzählung, auch wohl dem Thierleben im Walde,
man raucht sein Pfeischen Tabak und richtet seinen Blick dabei auf einen
Stern, der verstohlen zwischen dunklen Zweigen hindurchblickt.

Ich lag an diesem Abend dicht neben Mr. Leroux und horchte auf=
merksam seinen Worten, als er mir von Colonel Frémont's vierter Expe=
dition erzählte, die auf so traurige Weise unterbrochen wurde, und deren
Ueberreste Mr. Leroux in seiner Heimath Taos hatte ankommen sehen*).

Im October 1848 unternahm Frémont seine vierte Expedition*), die
ihn an den oberen Rio Grande führen sollte; einestheils, weil diese Rich=
tung nach der Südsee noch nie durchforscht worden war, dann aber auch,
weil ihm einzelne Gebirgsjäger versicherten, daß sich dort ein guter Paß
durch die Rocky Mountains befinde, von dessen Vorhandensein er sich nun=
mehr zu überzeugen beabsichtigte. Dieses Mal wurde er nicht vom Gou=
vernement unterstützt, sondern engagirte auf seine eigenen Kosten 33 seiner
alten Reisegefährten, die er bei früheren Gelegenheiten als gediegene Leute
kennen gelernt hatte, kaufte 120 der besten Maulthiere und versah sich
mit Waffen, Schießbedarf und Lebensmitteln, um die Reise durch die Step=
pen und die Territorien der feindlichen Comanche=, Kioway=, Apache=, Na=
vahoe= und Utah=Indianer zu unternehmen. Vom Missouri aus folgte er
dem Kansas=Flusse aufwärts. Nach Zurücklegung von 400 Meilen traf er
mit dem alten Fitzpatrick zusammen, der von Tausenden von Indianern
verschiedener Nationen umgeben war, und als Agent der Vereinigten Staa=
ten mit den wilden Steppenbewohnern seine Unterredungen hielt und Ueber=
einkommen abschloß, um den durch die Prairie reisenden Auswanderern
nach Californien Sicherheit und Schutz zu verschaffen. Kurze Zeit verweilte
er bei Fitzpatrick und erfuhr daselbst von weißen Jägern sowohl, als auch
von den Indianern, daß der Schnee schon höher als jemals im Gebirge
liege. Er setzte indessen seine Reise fort und erreichte das Städtchen Pue=
blos am oberen Arkansas gegen das Ende des Novembers. An diesem
Orte versah er sich abermals mit Lebensmitteln, so wie mit Mais für
seine Maulthiere, um auf alle Fälle in den Gebirgen gesichert zu sein,
nahm zugleich noch einen alten Trapper Bill Williams mit, der ihm als
Führer durch die nächsten Territorien dienen sollte, und befand sich dann
in kurzer Zeit im tiefen Schnee der Gebirge. Nur äußerst langsam und
mit der größten Mühe vermochte die Expedition vorzudringen, indem der
Schnee die Pässe schon angefüllt hatte, so daß, um die Strecke von nur
wenigen Tagereisen zurückzulegen, ein halber Monat erforderlich war.

Dem Führer Bill Williams, der trotz seines großen Selbstvertrauens
das Land nur wenig zu kennen schien, folgend, gelangte Frémont auf die

---

*) Vergl. die Anmerkung auf Seite 246.

Nordseite der Rio del Norte-Schlucht, wo sich die wildesten und unersteig-
lichsten Felsmassen der ganzen Rocky Mountains-Kette befinden. Bill Williams drängte immer weiter, und allmälig näherte sich die Gesellschaft der
Wasserscheide zwischen dem Atlantischen und Stillen Ocean, wo die Baumvegetation aufhörte und fortwährend Schneestürme wütheten. Durch einen
solchen Schneesturm wurde Frémont von einem Versuch, die Wasserscheide
zu überschreiten, zurückgetrieben, und bei dieser Gelegenheit unterlagen die
ersten Thiere der furchtbaren Kälte; doch auch mehreren seiner Leute waren
schon Glieder erfroren, und nur mit genauer Noth konnte der Führer dem
Tode entrissen werden.

Ein neuer Versuch durchzubringen wurde gemacht, und im Schnee
eine Bahn festgestampft, auf welcher der Trupp Fuß für Fuß nachfolgte
und fortwährend dem tobenden Schneesturm ausgesetzt war. Ein Thier
nach dem andern erstarrte in der Kälte und mußte mit seiner Last zurückgelassen werden. Endlich erreichte Frémont die Höhe und befand sich
12,000 Fuß über dem Meeresspiegel. Dort oben nun, wo der Sturm
mit unwiderstehlicher Gewalt über die Kuppen und Bergrücken hinfegte und
keinen Schnee liegen ließ, war die einzige Stelle, wo die Maulthiere etwas
Futter fanden, denn an den Abhängen lag der Schnee mannshoch, und
es war voraussichtlich keine Möglichkeit mehr vorhanden, die Thiere zu
retten. Wenige Tage genügten und Frémont's stattliche Heerde lag in tiefem Schnee begraben. Ohne Thiere wurde ihm die Aufgabe, sich und seine
Leute zu retten, noch schwieriger, um so mehr, da dieselben kleinmüthig
wurden im Angesicht des grauenvollen Endes, welches ihnen augenscheinlich
unabwendbar bevorstand.

In dieser Noth beschloß Frémont, an den Rio del Norte zurückzukehren und von dort aus eine Abtheilung nach den Ansiedelungen zu senden,
um Lebensmittel und Maulthiere herbeizuschaffen, die genügen würden, ihn
mit dem, was ihm noch geblieben war, nach Taos zu schaffen; denn dort
lebte sein Freund Kit Carson, der ihn auf dieser Reise nicht begleitet hatte.
Er wählte von denen, die sich freiwillig zu der Reise erboten, Vier, übergab Einem derselben, einem gewissen King, die Führung der Abtheilung
nebst Aufträgen für die Ansiedelungen und prägte ihm besonders ein, daß
im Falle die geringste Zögerung eintreten sollte, er sogleich Boten mit Lebensmitteln zurückzusenden habe; denn die Provisionen nach dem Verluste
der ganzen Ausrüstung bestanden für jeden Mann in vierzehn kleinen Tagesrationen. King begab sich also mit seinen Kameraden auf den Weg, und
Frémont unternahm es, mit seinen Leuten von der Bagage so viel wie
möglich hinunter an den Rio del Norte zu schaffen.

Eine traurige Zeit verlebten die Zurückgebliebenen; unaufhörlich fiel
Schnee, und immer unerträglicher wurde die Kälte, so daß schon einer von
Frémont's Leuten erfror. Sechszehn Tage waren auf diese Weise ver-
flossen, als Frémont, beunruhigt durch das Ausbleiben der Nachrichten von
King und gezwungen durch den Mangel an Lebensmitteln, sich dafür ent-

schied, selbst den Weg nach den Ansiedelungen anzutreten, da er fast befürchten mußte, King und seine Kameraden seien von den Utah = und
Apache=Indianern abgeschnitten. Mit vieren seiner Leute, unter diesen Mr.
Preuß, begab er sich auf die Reise; die fünf Abenteurer trugen außer ihren
Waffen und Decken noch Lebensmittel für zwei oder drei Tage bei sich,
während die Zurückbleibenden vielleicht noch für jeden Mann drei Mahlzeiten und außerdem noch einige Pfund Zucker behielten. Frémont's Absicht war, die Red River-Ansiedelungen, 20 Meilen nördlich von Taos, zu
erreichen und von dort die schleunigste Hülfe zurückzusenden. Im Lager
hinterließ er die Weisung, daß, wenn innerhalb einer gewissen Zeit keine
Hülfe erscheinen sollte, welcher Fall nur in Folge seines Unterganges eintreten könne, sich die Mannschaften, ebenfalls Rettung suchend, auf den Weg
begeben sollten.

Am zweiten Tage seiner Reise stieß Frémont auf frische Spuren von
Indianern, wodurch seine Besorgniß um King und dessen Kameraden noch
vergrößert wurde. Da die Spuren in seiner Richtung, nämlich am Rio
del Norte hinunter führten, so folgte er denselben nach. Am fünften Tage
überraschte er einen Indianer, der hinter seinem Trupp zurückgeblieben
war, um aus einer Oeffnung im Eise zu trinken. Er sprach freundlich zu
dem Wilden und nannte ihm seinen Namen, worauf dieser sich als den
Sohn eines Häuptlings der Utahs, mit welchen Frémont drei Jahre früher
Geschenke ausgetauscht hatte, zu erkennen gab, sich ihm sogleich als Führer
anbot, und ihm sogar vier freilich sehr schwache Pferde für kleine Gegenstände, die Frémont bei sich führte, überließ. Er blieb die Nacht bei den
Indianern und setzte am folgenden Morgen seine Reise langsam fort. Gegen Abend, nach Zurücklegung von 6 Meilen, sah er vor sich in einem
kleinen Gehölz Rauch aufsteigen, und in der Hoffnung, dort auf die von
King, seit dessen Aufbruch schon 22 Tage vergangen waren, zurückgesendete
Hülfe zu stoßen, ging er mit seinen vier Gefährten auf denselben zu und
fand — King's Abtheilung, doch ohne King selbst. Er vermochte kaum
die drei Gestalten zu erkennen, so sehr waren sie von dem gräßlichsten
Hunger entstellt worden. Auf sein Fragen nach King erfuhr er, daß derselbe schon vor einiger Zeit der furchtbaren Kälte und dem Hunger erlegen
sei und die Uebrigen von den Ueberresten ihres untergegangenen Kameraden
ihr Leben gefristet hatten.

Mit Hülfe der von dem Indianer erstandenen Pferde gelang es ihm,
die drei Ueberlebenden mit fortzuschleppen und nach zehntägigem Marsche
und nach Zurücklegung von 160 Meilen Red River Town zu erreichen.
Gleich nach seiner Ankunft ging Frémont, unterstützt von dem unverwüst-
lichen Godey, einem seiner treuesten Kameraden, der ihm nicht von der
Seite gewichen war, an's Werk, Hülfe für die im Gebirge harrenden Leute
zu schaffen, und schon am zweiten Abend nach seiner Ankunft begab sich
der muthige Godey mit 40 Maulthieren und vier Mexikanern auf den Weg,
um seine alten Gefährten zu retten.

Die 22 Mitglieder und Arbeiter der Expedition, die im Schnee zurückgeblieben waren, harrten noch sieben Tage in dem Lager, worauf sie,
von der furchtbarsten Noth gezwungen, aufbrachen und der Richtung, welche
Frémont eingeschlagen hatte, folgten. Ein Cosumne-Indianer war der
Erste, der vollständig verzweifelte, und schon 2 Meilen vom Lager seine
Gefährten bat, ihn zu erschießen, und als ihm dieses verweigert wurde,
wieder in's Lager zurückkehrte, um dort zu sterben. 10 Meilen weiter
wurde ein gewisser Wise das Opfer der Verzweiflung, er warf seine Büchse
und Decke von sich, legte sich in den Schnee und starb. Zwei junge Indianerburschen, ebenfalls der Expedition angehörend, die in einiger Entfernung nachfolgten, hüllten den armen Jäger in seine Decken und begruben
ihn im Schnee. Zwei Tage schleppten sich die Uebrigen weiter, als ein
Jäger Namens Carver wahnsinnig wurde und im Delirium die verschiedenartigsten und wohlschmeckendsten Gerichte vor sich zu sehen glaubte. Am
Morgen des dritten Tages trennte sich dieser von seinen Gefährten und
fand im tiefen Schnee bald das Ende seiner Qualen. Noch zwei der unglücklichen Schaar blieben an diesem Tage zurück; einer Verabredung gemäß, zündeten die Uebrigen ein tüchtiges Feuer bei ihnen an und wanderten dann weiter, wohl wissend, daß die beiden Jäger, von denen der
eine noch schneeblind geworden war, die Nacht nicht mehr überleben
konnten.

Die schreckliche Kälte und die furchtbaren Schneeanhäufungen hatten
alles Wild aus der dortigen Gegend vertrieben, nur hin und wieder gelang
es den Reisenden, einige Vögel, und nur ein einziges Mal einen Hirsch zu
erlegen, was bei der schon mehr als halb verhungerten Gesellschaft nicht
gerechnet werden konnte. Ein Jäger Haler, der gewissermaßen die Führung
übernommen hatte und ebenfalls daran zweifelte, daß ein Einziger von
ihnen gerettet werden würde, beschloß endlich, die Gesellschaft aufzulösen.
Er stellte seinen Gefährten vor, daß sie zu Zweien und Dreien versuchen
müßten, die Ansiedelung zu erreichen, daß sie, wenn zerstreut, eher auf
ihnen entgegenkommende Hülfe stoßen würden, zugleich aber auch leichter
Gelegenheit hätten, etwas Wild zu erlegen; er machte sie darauf aufmerksam, daß er geleistet, was in seinen Kräften gestanden habe und daß,
wenn er dazu bestimmt sei, von seinen Kameraden aufgegessen zu werden,
seinem Leben wenigstens während des Marsches ein Ende gemacht werden solle.

Es geschah seinen Anordnungen gemäß, und drei Abtheilungen wurden gebildet. Mit Haler zogen noch fünf weiße Jäger und die beiden
Indianerburschen. Einer der Weißen blieb indessen bald zurück und war
trotz Haler's warmer Zureden nicht mehr fortzubringen, sondern versprach
am Abend nachzukommen. Sie zogen ohne ihn weiter und trafen das
Uebereinkommen, daß, wenn Einer von ihnen vollständig ermattete, nicht
auf ihn gewartet werden solle, sondern die Kräftigeren ein Feuer bei dem-

selben anzünden und ihres Weges ziehen sollten. Zwei von den Vieren wurden auf diese Weise noch zurückgelassen, der Letzte nur eine kurze Strecke von der Stelle, wo die beiden vorauseilenden Indianerburschen auf Godey stießen, wodurch sein Leben noch gerettet wurde; der Andere aber kam im Schnee um. Der von Haler's Abtheilung zuerst Zurückgebliebene war zu der anderen Abtheilung gestoßen, die aus acht Mann bestand, hatte sich mit einem derselben auf den Weg begeben und mit diesem zusammen im Schnee sein Ende gefunden. Diese letztere Abtheilung hatte beschlossen, liegen zu bleiben, Hülfe zu erwarten, und während der Zeit von dem Fleische ihrer verhungerten Kameraden zu leben oder jedesmal den Schwächsten zur Fristung und Erhaltung ihres Lebens zu erschießen. Von den Beiden, welche die dritte Abtheilung bildeten, war ebenfalls noch Einer umgekommen, während es dem Andern glückte, die Abtheilungen, die sich vor ihm befanden, zu erreichen und mit Godey zusammenzustoßen.

Ein so trauriges Loos hatte also Frémont's Expedition betroffen. Zwei Drittheile der Gesellschaft wurden durch den braven Godey gerettet, das andere Drittheil aber, 11 Mann an der Zahl, hatte ein schaudererregendes Ende genommen; sie lagen zerstreut auf der Straße umher, an den Stellen, wo sie verhungert zusammengesunken waren. Frémont hatte bei seinem treuen Freunde Carson in Taos ein Asyl gefunden, wohin ihm die Ueberlebenden seiner Gesellschaft, die theilweise durch den Frost Glieder eingebüßt hatten, nachfolgten.

Frémont befand sich in einer Lage, die das stärkste Gemüth niederdrücken muß; seine ganze Ausrüstung hatte er verloren, ein Drittheil seiner alten Gefährten hatte ihm der Tod geraubt, ein anderer Theil war verkrüppelt, er selbst mittellos geworden, und dieses im fremden Lande, fern seiner Heimath. Seine Energie behielt indessen die Oberhand, und er leistete Unglaubliches. In wenigen Tagen befand er sich wieder an der Spitze einer neu organisirten Expedition, zog dem Gila zu, und dessen Laufe folgend, erreichte er Californien im Frühjahr 1849.

Im Jahre 1847 hatte er sich daselbst einen Landstrich, der unter dem Namen Mariposas bekannt ist, ausersehen, von welchem er nunmehr Vortheile zu ziehen gedachte. Mariposas ist reich an Gold, und die Minen daselbst sollen leichter als an irgend einer anderen Stelle Californiens zu bearbeiten und unerschöpflich sein. Die Minen mit gutem Erfolg ausbeuten zu lassen, war nunmehr Frémont's erster Plan. Er schloß daher einen Contract mit einer Anzahl Mexikaner, die für einen gewissen Antheil am Gewinn Gold gruben, wohingegen Frémont sich verbindlich machte, sie mit Lebensmitteln zu versehen. Auf diese Weise emsig damit beschäftigt, für sich und seine Familie durch wachsenden Reichthum eine gewisse Unabhängigkeit zu begründen, ging ihm plötzlich vom Präsidenten der Vereinigten Staaten, dem General Taylor, die Ernennung zum Commissair bei der merikanischen Grenzvermessung zu. Diesen Beweis des Vertrauens, der ihm nach früheren Unannehmlichkeiten von der Regierung wurde, wies Frémont nicht von sich, sondern beschloß, die Ernennung anzunehmen, doch wurde er daran verhindert, indem er von den Bewohnern Californiens zum Senator für den Congreß in Washington erwählt wurde. Er hatte sein 37. Jahr noch nicht erreicht, als ihm von der californischen Bevölkerung diese schmeichelhafte Bevorzugung zu Theil wurde, und bald darauf trat er seine Reise nach Washington an.

Leroux verweilte bei der Beschreibung der durch den Hunger verursachten Qualen und des durch dieselben herbeigeführten Endes der Gebirgsjäger; denn er hatte fast jeden Einzelnen gekannt, und von Jedem wußte er eine Anekdote oder irgend einen Charakterzug zu erzählen, ohne dabei die Fehler, die unter den Jägern des Westens fast allgemein sind, zu beschönigen. Lange hätte ich noch dem alten Leroux zuhören können, doch mahnte er mich an die nöthige Nachtruhe, warf noch einige Holzscheite in's Feuer, wickelte sich in seine Decken, und bald bewies sein tiefes Athmen, daß er in einen gesunden Schlaf gesunken war. Halb träumend glaubte ich noch immer seine Erzählung zu hören, doch war es nur das murmelnde Geräusch, hervorgerufen durch unsere in der Nähe weidenden Maulthiere, die emsig dürres Gras abrupften; ich hörte noch das unheimliche Lachen des Uhus im Gebirge, das dumpfe Geheul der in den Schluchten umherschleichenden Wölfe und schlief endlich ein.

XXVIII.

Turkey Spring. — Pueblo Creek. — Ruinen am Pueblo Creek. - Vordringen der Recognoscirungs = Abtheilung in südlicher Richtung und deren Rückkehr an den Pueblo Creek. — Quelle des Pueblo Creek und Paß im Azteken=Gebirge. — Die Wasserscheide. — Schneesturm im Gebirge. — Rückkehr der Recognoscirungs=Abtheilung und deren Zusammentreffen mit der Expedition am Pueblo Creek. — Reise der Expedition durch den Azteken=Paß. — Yampay Creek. — Abermalige Trennung der Recognoscirungs=Abtheilung von der Expedition. — Cañon Creek. — Unwegsamkeit des Bodens. — Anwesenheit von Eingebornen in den Schluchten.

Hell leuchtete am folgenden Morgen die Sonne über festgefrornen Boden und bereifte Vegetation, als wir unseren Weg am Fuße des Ge= birges fortsetzten. Hinauf und hinab ging es über die Hügel, die aneinan= der stießen und mit der Bergkette in Verbindung standen. Wir hatten erst wenige Meilen zurückgelegt, als unsere Aufmerksamkeit durch eine Reihe von Cottonwood = Bäumen gefesselt wurde. Bei unserer Annäherung ent= deckten wir das trockene Bett eines Baches, der aus dem Gebirge zu kom= men schien. Die nach einer Schlucht zu dichter werdenden Weiden ließen uns auf die Nähe von Wasser schließen und dorthin lenkten wir also den Schritt unserer Thiere. Als wir uns durch das hohe, abgestorbene Gras, welches eine Lichtung bedeckte, hinwanden, bemerkten wir plötzlich eine zahl= reiche Heerde wilder Truthühner, die durch unseren Zug aufgeschreckt, mit leichten Füßen dem Walde zueilten. Die unter sie abgefeuerten Schüsse hatten den besten Erfolg: es fielen mehrere, worauf die übrigen die Flü= gel ausbreiteten und davonflogen. Die getödteten Vögel waren in der Nähe des Wassers gefallen, welches auf der Fläche von einigen Morgen aus dem Boden quoll und dieselbe in eine Art Sumpf mit kleinen Wasser= spiegeln verwandelte; nur an einer Stelle floß es hell und klar dem eben erwähnten Bette zu, doch verlor es sich in demselben schon wieder nach kurzem Lauf. Die geschlossenen Truthühner gaben die beste Veranlassung zur Benennung der Quelle, und Turkey Spring schrieb ein jeder in sein Tagebuch, als er am Abend die Erlebnisse des Tages in dasselbe ein= trug. Wir tränkten unsere durstigen Thiere an einer Stelle, wo wenige Tage vor unserer Ankunft Eingeborne gelagert hatten, füllten unsere Leder= flaschen und setzten nach kurzem Aufenthalt unsere Reise fort. Durch das Hinausgehen zum Turkey Spring waren wir tiefer in's Gebirge gerathen,

was unser Vordringen bedeutend erschwerte. Die Höhen, die wir zu überschreiten hatten, wurden schroffer, die Schluchten tiefer und dadurch, daß
die Bergkette sich mehr gegen Osten bog, wir selbst aber unsere Richtung
nicht veränderten, waren wir bald von Bergen umgeben, von denen die
östlichen freilich nur Hügel genannt werden konnten. Nicht mehr vulkanisches
Terrain umgab uns jetzt, sondern metamorphosirte Gebirgsart (roches érup-
tives et métamorphosiques). Granitmassen lagen hoch aufgethürmt und
schauten wie Schlösser stolz über die dunkle, niedrige Waldung hinweg, auch
weiße Quarzblöcke mit gelben Adern lagen umher, an den goldhaltigen
Quarz in Californien erinnernd. Die ganze Umgebung war überhaupt
schön zu nennen und mag auch unsere so lange Reise über trauriges, ödes,
vulkanisches Terrain einigen Antheil an diesem Urtheil haben, genug, mit
Wohlgefallen ruhte das Auge hier bald auf den hoch aufstrebenden steilen
Felsmassen, bald auf dem dunklen Grün der Tannen und Cedern, bald auf
den Haufen phantastisch geformter Granitblöcke, bald auf den im Osten fast
verschwindenden blauen Gebirgszügen.

Wieder erreichten wir eine Reihe blätterloser Cottonwood-Bäume, doch
standen sie dieses Mal nicht auf den Ufern eines trockenen Flußbettes, sondern es erfreute uns ein schnellrieselndes Flüßchen. Dasselbe mußte auf
einem weiten Wege aus dem Gebirge kommen, und sein Thal konnte daher
möglicher Weise der Paß sein, nach welchem wir nun schon so lange suchten. Wir vermochten auch ziemlich weit in das Gebirge hineinzublicken,
doch schienen wilde Felsmassen das Flüßchen immer mehr einzuengen und
dadurch noch mit mancher Schwierigkeit für das Fortbringen der Wagen
zu drohen. Wir hatten indessen nun eine Oeffnung vor uns, zu der wir
immer zurückkehren konnten, wenn sich unsere weiteren Forschungen als erfolglos ausweisen sollten. Wir folgten dem Flüßchen, welches bis jetzt noch
keinen Namen hatte, aufwärts bis zu einem sanftansteigenden, fast baumlosen Hügel, um von demselben aus eine bessere Aussicht auf die nächste
Umgebung zu gewinnen. Auf dem Hügel fanden wir die letzten Ueberreste
von uralten Ruinen, nach welchen wir nicht nur den Fluß, sondern auch
den ganzen Gebirgszug benannten. Wer hätte es aber wohl vermuthet,
daß hier an dieser abgelegenen Stelle sich die Spuren der Azteken wiederholen würden? Doch es war so, wir hatten die Fundamentsteine kleiner
Gebäude vor uns, die noch in derselben Ordnung lagen, in welche sie von
den Erbauern gebracht worden waren. Die Mauern waren allerdings schon
längst verschwunden, und nicht einmal Ueberreste derselben mehr zu erblicken,
weshalb wir annahmen, daß die Gebäude aus Adobes bestanden hatten,
die sich im Laufe der Zeit auflösten und weggeschwemmt wurden. Die
Fundamentsteine lagen in runden und ovalen Kreisen von 15 bis 20 Fuß
Durchmesser, als wenn die Mauern, die auf denselben gestanden, Thürme
gebildet hätten. Ueber den Ursprung des Mauerwerks konnte kein Zweifel
mehr obwalten, als wir die an solchen Stellen gewöhnlichen bemalten Topfscherben fanden. Es lagen indessen nur wenige derselben umher, ein

ficherer Beweis, daß nur ein geringer Theil der städtebauenden Nation einst die fruchtbaren Thäler in diesem Gebirge bevölkerte. Die Stelle war übrigens vortrefflich zu einer Ansiedelung geeignet, denn der Pueblo-Creek bewässerte ein reizendes kleines Thal, welches sowohl durch seine Lage als auch durch seine Fruchtbarkeit die früheren Bewohner dieser Ruinen zur Anlegung einer Stadt bewogen haben mochte.

Wir setzten durch den Pueblo Creek, dessen Breite dort zwischen 10 und 25 Fuß schwankt, und suchten einen Weg auf seinem südlichen Ufer in das Gebirge, welches sich weit hinaus gegen Osten erstreckte, denn es lag in unserem Plane, immer weiter gegen Süden vorzudringen, um auf diese Weise vielleicht auf ein quer durch das Gebirge laufendes Thal oder einen Paß zu stoßen. Zu einer Höhe von 200 Fuß mußten wir uns hinaufarbeiten, ehe wir unsere Richtung weiter verfolgen konnten; dann aber hatten wir die Urwildniß wieder vor uns, unangetastet, unverändert, so vielleicht, wie sie aus der Hand des Schöpfers hervorgegangen. Es war aber nicht der erhabene Urwald, wie man ihn weit im Osten suchen muß; es war auch nichts Wüstenähnliches, was dieses Gebirge charakterisirte, sondern niedrige Cedern, einzelne Eichen und Tannen standen im wilden Durcheinander zwischen wie zufällig hingeworfenen, phantastisch geformten Felsblöcken und Bauwerken ähnlichen Haufen Gerölle, so daß man sich eines baugen Gefühls in dieser unheimlichen Wildniß kaum zu erwehren vermochte. Hierzu kam noch die lautlose Stille, die zwischen diesen Bergen herrschte, welche jeden Hufschlag, jedes laut gesprochene Wort im Echo deutlich wiedergaben. Selbst die Thiere schienen diese Wildniß zu meiden und das liebliche Thal des Pueblo-Flusses vorzuziehen. Nur einem Stinkthiere, Mephitis mesoleuca Lichtenstein (seunk) begegneten wir, welches mit verdrießlicher Miene und hoch emporgehaltenem zottigen Schweife Jedem mit der Waffe, die ihm die Natur gegeben, drohte. Doch seines Drohens nicht achtend, tödteten unsere Mexikaner dasselbe aus der Ferne durch Steinwürfe, um nicht durch einen Schuß die Blase mit der durch den Geruch fast betäubenden Flüssigkeit zu zerreißen, in welchem Falle der Balg, der für meine Sammlung bestimmt war, unbrauchbar geworden wäre. Das Vorhaben gelang vollkommen, und wenn mir beim Abbalgen auch fast der Athem ausging, so sicherte ich mir doch ein Exemplar, wie es nicht schöner gefunden werden kann. Dieses Thier war nämlich schwarz und weiß, und zwar so eigenthümlich gezeichnet, daß es aussah, als wäre es ursprünglich ganz weiß gewesen und durch Schwimmen, in schwarzer Farbe die untere Hälfte vom Mundwinkel bis zur Schwanzwurzel schwarz gefärbt worden. Die langen, schönen Haare, die besonders den Schweif wie eine Fahne zierten, gaben dem Thiere ein noch schöneres Aussehen, und wohl hätte man fragen mögen, warum die Natur einem so reizenden Geschöpfe eine so widrige Waffe gegeben habe.

Immer unwegsamer fanden wir bei unserem Vordringen die Wildniß; tief hinab in öde Schluchten und wieder hinauf an den Abhängen der

Berge vorbei zogen wir, bis wir einen alten Indianerpfad zu erkennen glaubten. Auf diesem gelangten wir in eine Schlucht hinab, wo in einem schmalen Bette eine kleine Quelle aus dem Boden rieselte, die sich indessen bald wieder in dem trockenen Boden verlor. Da sich vor uns hohe Berge erhoben und wir nicht hoffen durften, bald wieder auf Wasser zu stoßen, so trafen wir unsere Vorkehrungen für die Nacht und stiegen dann noch den nächsten Berg hinauf, um von dort aus in die Ferne zu spähen; doch umgab uns von allen Seiten bergige Wildniß, so daß wir jede Hoffnung auf einen bequemen Paß durch das Gebirge aufgaben und am folgenden Tage an den Pueblo Creet zurückzukehren beschlossen, um, demselben bis zu seinen Quellen folgend, auf alle Fälle westlich durchzudringen. Nicht weit von unserem Lager entdeckten wir eine verlassene Hütte der dortigen Eingebornen, ein erbärmliches Obdach, von welchem wir schon genugsam auf den niedrigen Kulturzustand dieser Wilden schließen konnten. Sie bestand aus Stücken Baumrinde, die in Zeltform aufrecht an einander gelehnt wa= ren. Sie mochte 3 Fuß in der Höhe und 4 Fuß im Durchmesser haben, und es war durchaus kein Versuch sichtbar, der gemacht worden wäre, die weiten Oeffnungen zu verstopfen, die zwischen den Rindenstücken Wind und Wetter durchließen. Es mußte eine Sommerwohnung von Tonto=, Cosmino= oder Yampay=Indianern sein, Menschen, die den größten Theil des Jahres von den Wurzeln der mexikanischen Agave leben, denn wir fanden nahe der Hütte die Ueberreste dieser Pflanze, so wie auch die Stelle, wo die Zubereitung derselben stattgefunden hatte.

Diese Menschen graben nämlich die Wurzel, die in einer dicken Knolle besteht, aus, legen sie zwischen heiße Steine in eine Höhlung im Boden und bedecken sie dann dicht mit Erde. Alles Aetzende oder Giftige, was die Wurzel enthält, wird ihr auf diese Weise entzogen, und eine süßliche, durchaus nicht schlecht schmeckende Masse bleibt zurück. Es wurde später von Einigen unserer Expedition der Versuch gemacht, die auf Kohlen ge= rösteten Agaven zu genießen, doch hatte dieses üble Folgen, indem ihnen der Mund auf einige Tage wund wurde.

Auf dergleichen Nahrungsmittel angewiesen, können in diesen Regionen nur wenige Indianer zusammenleben, wenn sie nicht der größten Noth aus= gesetzt sein wollen; auch fanden wir in der That nur die Spuren von kleinen Trupps oder Familien, die weit von einander entfernt in abge= legenen Winkeln ein elendes Dasein fristeten.

Mit dem Frühesten begaben wir uns am folgenden Morgen auf den Rückweg und befanden uns nach einem zweistündigen scharfen Marsche an der Stelle, von welcher wir in das Thal des Pueblo Creet hinabsteigen mußten. Wir eilten, so schnell es uns die etwas schwierige Furth erlauben wollte, nach der anderen Seite des Flüßchens und begannen sogleich ein großes Signalfeuer anzulegen, um unseren Train zum Aufbruch zu ver= anlassen. Da derselbe aber zwei Tage bis zu dieser Stelle zu reisen hatte, so schickte Lieutenant Whipple zwei Mexikaner ab, die dem Wagenzuge entgegenreiten und ihn auf den besten Wegen an den Pueblo Creek führen sollten, während wir selbst den Weg in die Schlucht einschlugen. Die vielen Windungen des Flusses, die kleinen Seen oder Sümpfe, so wie die Inselchen, die von demselben gebildet wurden, hielten uns zuerst hin und wieder auf, doch kamen wir bald auf festeren Boden, wo nur die dichten Stellen des Waldes zu vermeiden und weniger Schwierigkeiten beim Durchbringen der Wagen zu besiegen waren. Die Freude darüber war indessen nur von kurzer Dauer; die beiden Gebirgszüge, die mit ihren stolzen und imposanten Felsenpartien an der Mündung der Schlucht weit von einander standen und sogar wilden Pyramiden hinlänglich Raum im Thale zwischen sich gelassen hatten, rückten immer mehr zusammen, und bald gelangten wir bis dahin, wo das Flüßchen seinen Weg zwischen den ineinander greifenden Zacken der Berge hindurch suchen und sich um deren Fuß dicht herumwinden mußte. Die Schwierigkeit, die Wagen durchzubringen, schien immer zuzunehmen. Bäume mußten gefällt, Abhänge niedergestochen werden, doch da wir fortwährend im Steigen blieben, so konnten wir hoffen, daß wir bald die Wasserscheide erreichen würden, wo es dann nur darauf ankam, welche Aussichten auf dem westlichen Abhange des Azteken-Gebirges, wie wir diesen Gebirgszug nannten, sich uns bieten würden. Ein Indianerpfad, der an dem Flüßchen hinaufführte, kam uns sehr zu statten. Reiter und Packthiere zogen auf demselben, einer hinter dem anderen, weiter; das Flüßchen wurde immer kleiner und unbedeutender, doch nahm die Zahl der Windungen zu, so daß wir uns bald auf dem einen, bald auf dem anderen Ufer befanden, je nachdem die Eingebornen bei Anlegung des Pfades die zum Gehen bequemsten Stellen ausgesucht hatten.

Nach einem mühseligen Marsche erreichten wir endlich die letzte Quelle des Pueblo Creek. Ein Berg von 200 Fuß Höhe lag vor uns, und an demselben hinauf zog sich das nunmehr trockene Bett des Baches. Der Berg mußte die Wasserscheide bilden, und da wir auf der Ostseite desselben Schutz vor dem kalten Nordwestwinde fanden, so beschlossen wir, daselbst zu übernachten und am folgenden Morgen den westlichen Abhang und die angrenzenden Ländereien zu durchforschen. Wir stiegen noch vor dem Dunkelwerden auf die Anhöhe und hatten die große Freude, das Land sich gegen Westen abflachen zu sehen. Zackige Gebirgszüge begrenzten freilich in der Ferne den Horizont, ausgebrannte Vulkane in nicht allzu großer Entfernung vor uns deuteten auf rauhes Terrain, doch war es auch wieder ein großer Trost für uns, daß nur ein paar hundert Schritte von der Quelle des Pueblo Creek neue Furchen und Spalten uns den Beginn eines Flüßchens zeigten, dessen Bette sich in der Ferne im Westen verlor. Ein Paß durch das Azteken-Gebirge war somit gefunden; nur durch große Anstrengungen und harte Arbeit konnten die Wagen durch denselben geschafft werden, doch waren die Hindernisse der Art, daß wir sie mit unseren Kräften beseitigen oder überwinden konnten und lagen mehr in der rauhen

Oberfläche, als in der wirklichen Bildung des Terrains; nur der letzte Berg war steil und drohete mit einer schweren Arbeit für unsere Thiere. Vorläufig mit dieser Aussicht zufrieden, begaben wir uns zurück in das Lager, welches wir uns unter einer Gruppe dichter Cedern eingerichtet hatten. Die Luft war kalt, der Himmel trübe und die Nacht hüllte unsere ganze Umgebung in undurchdringliche Finsterniß ein. Die Feuer, von kienigem Holze genährt, warfen ein rothes Licht auf die nächsten schlanken Tannen, auf die bemoosten Felsen und die zwischen denselben wuchernden verkrüppelten Cedern Zusammengekauert saßen wir vor unserem Scheiter-haufen und benutzten den hellen Schein der Flammen, um in unsere Journale Tagesbegebenheiten einzutragen, als einige Schneeflocken ihren Weg zwischen den Cedern hindurch fanden und uns auf die frisch beschrie-benen Seiten fielen; jetzt erst wurden wir gewahr, daß einzelne Flocken in der Luft wirbelten und spielten, gleichsam sich scheuend, in's Feuer zu sinken. Es war schon spät, der lange Ritt des Tages hatte uns ermüdet, wir wickelten uns dicht in unsere Decken und schliefen bald ein.

Früher als gewöhnlich erwachte ich am anderen Morgen in Folge einer unleidlichen Hitze, die ich empfand; die Decken lagen so schwer auf mir, daß der Schweiß mir aus den Poren drang, und Mangel an frischer Luft ein drückendes Gefühl in meiner Brust verursachte; ich erschrak, glaubte mich erkrankt, stieß die Decken, die ich mir am Abend über den Kopf ge-zogen, zurück und fand dann sogleich die Erklärung für das unbehagliche Gefühl, welches sich meiner bemächtigt hatte. Lockerer Schnee fiel mir nämlich entgegen und obschon es noch dunkel war, vermochte ich doch leicht zu erkennen, daß wir tief eingeschneit waren. Noch immer sauste der Sturm über uns hin; laut brüllte er in den Schluchten, brach morsche Bäume nieder und rüttelte mit Wuth an kräftigen Stämmen und dichtem Gebüsch; Schnee fiel in dichten Massen und wurde von dem Winde in großer Menge in unser Versted getrieben. Unsere ganze Gesellschaft war allmälig munter geworden, doch Keiner wagte sich von der Stelle zu bewegen, denn da der Schnee die Luftöffnung, die Jeder in den Decken gelassen, verstopft und das Gewicht der Decken mehr als verdoppelt hatte, so waren Alle gleich mir selbst erhitzt und fürchteten sich, in zu plötzliche Berührung mit demselben zu kommen. So lagen wir denn still, bis der Tag anbrach. Mit größter Mühe gelang es uns, das erloschene Feuer wieder zum Brennen zu bringen und an demselben ein kärgliches Mahl herzustellen; doch nur wenig empfanden wir von der wohlthuenden Nähe der Flammen, da der Schnee fortwährend dicht um uns herumwirbelte Unsere Thiere standen mit abgewendeten Köpfen hinter Felsblöcken und Strauchwerk, auf ihren Rücken lag dicker Schnee, der durch die animalische Wärme schmelzend, als kaltes Wasser an ihren Seiten hinunterlief und sie erkältete, so daß sie vor Frost bebten, und mit gekrümmten Rücken sich nicht von der Stelle zu bewegen wagten.

Lange warteten wir vergebens darauf, daß der Schneesturm etwas
nachlassen sollte; der Befehl zum Aufbruch wurde daher ertheilt, die Thiere
herangeführt, gesattelt und bepackt und hinauf ging es nach der Höhe, von
welcher wir am vorhergehenden Tage einen Blick über die westlich liegenden
Territorien geworfen hatten. Oben angelangt, vermochten wir kaum die
Augen zu öffnen, mit solcher Gewalt trieb uns der Sturm dichten Schnee
entgegen. Von einer Aussicht in die Ferne konnte keine Rede sein, wir
mußten uns sogar dicht zusammenhalten, um nicht von einander getrennt
zu werden. Mit Mühe trieben wir unsere Thiere die Höhe hinab, dem
Wetter entgegen und erreichten das mit Schnee angefüllte Flußbett, welches
wir am Tage vorher aus der Ferne wahrgenommen hatten und dem wir
nun langsam nachfolgten; lichte Tannenwaldungen umgaben uns zwar zeit=
weise, doch gewährten sie uns nur wenig Schutz gegen das anhaltend
tobende Wetter.

Einige Meilen waren wir auf diese Weise vorgedrungen, als wir
auf eine steile Hügelkette stießen, zwischen welcher hindurch ein breiter Paß
führte, der von dem, auf dem Azteken=Gebirge entspringenden Bach und
dessen ziemlich breitem Thale gebildet wurde. Nachdem wir dieses, wenn
auch nur oberflächlich, in Augenschein genommen hatten, kehrten wir auf
demselben Wege wieder zurück, doch waren die Spuren, die wir im tiefen
Schnee gelassen, schon längst wieder zugetrieben, und eine neue Bahn mußte
gebrochen werden. Wir fanden indessen einige Erleichterung dadurch, daß
wir den Sturm nunmehr im Rücken hatten. Wir zogen wieder über die
Wasserscheide der Aztek Mountains an unserem verlassenen Lager vorbei
und einige Meilen am Fluß hinunter, wo wir unter dichtem Gesträuch
auf seinem Ufer den Schnee entfernten und im Kreise um ein mächtiges
Feuer unsere Decken und Büffelpelze zum Lager ausbreiteten. Der Schnee
hatte unterdessen zu fallen aufgehört, der Himmel wurde sternenklar, und
es stellte sich eine so bitterliche Kälte ein, daß wir uns ihrer kaum zu er=
wehren vermochten, besonders da wir den größten Theil unserer Habselig=
keiten im Vertrauen auf anhaltend trockenes Wetter bei den Wagen zurück=
gelassen hatten. Durch Tannenzweige, die wir unter unsere Decken auf
den Boden legten und gegen den Wind um uns herum in den Schnee
steckten, schafften wir uns zuletzt dennoch ein ganz erträgliches Nacht=
quartier.

Kälter hatten wir es in den San Francisco=Gebirgen nicht gefunden
als am Morgen nach dem Schneefall, obgleich wir uns 1191 Fuß nie=
driger, oder wie später die barometrischen Messungen ergaben, 6281 Fuß
über dem Meeresspiegel befanden. Die Luft war still und klar; dicker Reif
hatte sich an die Bäume gesetzt, Millionen kleiner Eiskrystalle funkelten im
hellen Sonnenschein, und der Schnee pfiff und knirschte unter den Hufen
unserer Thiere, als wir den Azteken = Ruinen wieder zuzogen. Auch die
Truthühner schienen zu frieren, denn gleichsam als ob sie sich erwärmen

wollten, ließen sie zwischen Felsstücken und Gebüsch hin, und achteten nicht auf die nahenden Jäger, von welchen sie mit Schüssen begrüßt wurden. Etwas unterhalb des Hügels mit den Ruinen entdeckten wir am Ufer des Flusses eine Stelle, welche sich vortrefflich zum Nachtlager eignete; wir beschlossen daher daselbst zu halten und unseren Wagenzug zu erwarten, dessen Ankunft wir schon an demselben Tage entgegensahen. Doch fanden wir uns getäuscht, indem erst am folgenden Vormittage die ersten Vorläufer desselben bei uns erschienen und uns von dem guten Zustande, in welchem sich die Menschen und verhältnißmäßig auch die Thiere befanden, benachrichtigten; es dauerte dann auch nicht mehr lange, bis Wagen und Packthiere eintrafen, wo sogleich Anstalten getroffen wurden, das Lager zu beziehen.

Am 23. Januar unternahmen wir es also mit unserer ganzen Expedition, den Azteken-Paß hinaufzumarschiren. Beim Beginn ging Alles nach Wunsch, doch dauerte es leider nicht lange, und alle nur zu entbehrenden Hände mußten mit Aexten, Hacken und Schaufeln die sich immer wieder auf's Neue entgegenstellenden Hindernisse aus dem Wege räumen. Nur äußerst langsam kamen wir vorwärts, und noch waren wir ¼ Meile von der Wasserscheide entfernt, als Erschöpfung, so wie die hereinbrechende Nacht uns zum Halten nöthigten. Es hatte am Tage etwas gethaut, doch brachte die Nacht wieder Frost und führte somit einen Stillstand in dem Verschwinden des Schnee's herbei.

Am 24. Januar bereiteten wir uns vor, den höchsten Punkt, den wir vor Erreichung der Südsee noch zu berühren hatten, zu überschreiten. Eine schwere Arbeit machte uns dieser letzte Berg, doch ging Alles mit der frischen Kraft, die Jeder am Morgen nach einer ungestörten nächtlichen Ruhe fühlt, an's Werk, und in einigen Stunden rollte der letzte Wagen, ritt der letzte Reiter den westlichen Abhang des Azteken-Gebirges hinunter. Ich konnte mich von diesem Punkte nicht trennen, ohne vorher eine Skizze von der Aussicht entworfen zu haben, die sich mir bot, als ich dorthin schaute, woher wir gekommen waren. Ich vermochte die ganze Länge der Schlucht zu übersehen und nahm noch deutlich die fernen bläulichen Gebirge wahr, die sich weit auf der östlichen Seite des Val de Chino erhoben. In der Tiefe glich die Schlucht von oben gesehen einer dichten, lang gestreckten Tannenwaldung, die zu beiden Seiten von hohen Felsen und Bergen eingefaßt war. Der Schnee, der überall lag, ließ deutlich Sträuche und Bäume weithin erkennen, welche hier die mit horizontalen Lagen von Gestein durchzogenen und überdeckten Plateaus, dort die grotesk gebildeten imposant emporstrebenden Felsmassen zierten. Es war ein schönes Bild im winterlichen Kleide, doch schöner noch müßte sich dasselbe ausgenommen haben, wenn die blätterlosen Cottonwood-Bäume, die den Pueblo Creek einfaßten, im reichen Frühlingsschmuck geprangt und eine lichtgrüne Schlangenlinie in der dunklen Tannenwaldung gebildet hätten. Gegen Westen lag

Möllhausen, Tagebuch.   23

eine ganz andere Naturscene vor mir. Als wir von den San Francisco Mountains aus die Kette des Azteken-Gebirges erblickten, hofften wir vom Gipfel desselben schon den Colorado und sein Thal mit den Augen erreichen zu können, statt dessen aber hatten wir wiederum wildes Gebirgsland vor uns, welches von wüsten Ebenen durchzogen war. Gegen Süden wie gegen Norden erstreckte sich, so weit das Auge reichte, das Gebirge, welches wir eben überschritten hatten; in südwestlicher Richtung erblickten wir ausgebrannte Vulkane, gegen Norden hohe Plateaus; gerade gegen Westen aber in weitester Ferne zeigten sich mit Schnee bedeckte Gebirgszüge, die von Norden nach Süden an einander hinzulaufen schienen. Es ist wohl kaum denkbar, daß vor uns jemals der Fuß eines Weißen diesen Paß betrat; viele Jahre mögen darüber hingehen, ehe nach uns wieder Weiße ihren Weg durch denselben finden, möglich ist es aber, daß, ehe 10 Jahre vergehen, die Locomotive mit ihrem Schnauben das Echo in diesen wilden Bergen wecken wird. Solche Gedanken beschäftigten mich, als ich die Wasserscheide des Azteken-Gebirges verließ und den vorausgeeilten Wagen langsam nachfolgte.

Die Anstrengungen, zu denen unsere Thiere an diesem Tage gezwungen gewesen, ließen es rathsam erscheinen, uns mit einem nur ganz kurzen Marsche zu begnügen. Wir machten also an der Stelle Halt, bis zu welcher wir zwei Tage früher durchgedrungen waren, um am folgenden Tage in nordwestlicher Richtung über anscheinend ebenes Land unseren Weg fortzusetzen. Das plötzlich eingetretene gelinde Wetter hatte den Schnee fast gänzlich geschmolzen, und der Boden, der nur wenig gefroren gewesen, nahm das Wasser willig auf, die Räder der Wagen und die Hufe der Thiere sanken daher tief in den weichen Boden, und mühsam bewegten wir uns am 25. Januar über die wogenförmige Ebene gegen Westen. Ein niedriger Holzstreifen westlich von uns, dem wir uns in schräger Linie näherten, deutete auf eine veränderte Gestaltung des Terrains, und wir befanden uns auch wirklich, als wir denselben erreichten, unvermuthet vor einer förmlichen Abstufung von mehr als hundert Fuß Tiefe, an welcher wir eine Strecke entlang ziehen mußten, ehe wir einen Punkt entdeckten, wo wir an dem steilen Ufer hinab gelangen konnten. Ein Gießbach schien sich hier sein Bett gewühlt zu haben; doch nur sein östliches Ufer war von bedeutender Höhe, während sein westliches sich wenig über das Bett erhob. Auf dem westlichen Ufer zogen wir noch einige Meilen weiter und wurden dann gewahr, daß dieser Bach in einen Fluß mündete, von dessen steilem Felsenufer wir nur ein paar hundert Schritte entfernt unser Lager aufschlugen.

Seit Ueberschreitung des Azteken-Gebirges waren wir schon bedeutend abwärts gereis't, und es zeigte sich das Land westlich von uns nunmehr ganz anders, als es uns von der Höhe aus erschienen war. Das Senken des Bodens vermochten wir noch weithin deutlich wahrzunehmen, doch war das, was wir aus der Ferne für hügeliges Terrain gehalten, rauhes Gebirgsland, welches durch die zahlreichen, tief ausgewühlten Schluchten nur noch doppelt uneben und schwierig für unser Fortschreiten wurde. Eine neue Recognoscirungs-Abtheilung sollte deshalb wieder vorauszuziehen, um dasselbe zu durchforschen und eine Fahrstraße auszukundschaften. Da einiges Leben sich in unserer Umgebung zeigte und Vögel und vierfüßige Thiere, besonders hamsterartige Ratten, nicht selten waren, so blieb ich beim Hauptzuge zurück, wo ich mehr Gelegenheit hatte, unsere Sammlung zu bereichern. Lieutenant Whipple trat wieder an die Spitze einer kleinen Abtheilung Reiter und zog am 26. Januar gegen Westen, nachdem verabredet worden war, daß, wie früher, durch zurückgesandte Boten uns die Richtung, die wir einzuschlagen hatten, angegeben werden sollte. Die beiden Tage der Ruhe, die wir am Yampay Creek wieder zuzubringen hatten, verwendeten wir zu kleinen Ausflügen in die Umgegend, und so beschlossen unter Anderem Doctor Kennerly und ich, das Bette des Yampay Creek, so weit es uns möglich sein sollte, genauer zu untersuchen. Um indessen zu demselben hinab zu gelangen, mußten wir nach der Stelle hinwandern, wo der Bach, an welchem wir lagerten, in den Yampay Creek mündete, indem auf jeder anderen Stelle die schroffen Uferwände des Thales uns nicht den geringsten Haltepunkt weder für die Hände noch für die Füße boten. Das Bette des Flüßchens war 10 bis 20 Fuß breit und hielt nur noch an den tiefen Stellen Wasser, welches mit einer Eisrinde überzogen war. Laubholz verschiedener Art, jedoch von nur geringer Stärke und größtentheils verkrüppelt, stand auf seinen Ufern und war nahe dem Boden mit Ranken und Gestrüpp dicht durchwachsen. Die Breite des Thales von einer Felswand bis zur anderen betrug etwa 200 Schritte, und auf diesem Raume wand sich der Fluß von der einen zur anderen Seite hinüber. Was unsere Aufmerksamkeit am meisten erregte, das waren die Ufer selbst, die von rothem Sandstein in den wunderlichsten Formen bald als Säulen, bald als Blöcke, Tafeln oder ganze Colonnaden senkrecht emporragten. Zahlreiche Höhlen und Spalten waren überall sichtbar, und als wir in eine derselben hineinkletterten, fanden wir, daß von der Natur hier Gänge und Gemächer gebildet waren, die wie in einem Labyrinthe ineinander liefen und geräumige Wohnungen bildeten. Licht und Luft erhielten fast alle diese Gemächer von oben, so daß ein Indianer sich nie eine bessere Wohnung hätte wünschen können. Wir fanden in der That auch die untrüglichen Spuren, daß Mezcal (gebackene Herzblätter einer Art Agave) essende Eingeborene zu gewissen Jahreszeiten diese unterirdischen Gänge belebten. Obschon die Höhlen nicht weit in die Ufer hineinreichten, so waren wir dennoch so lange in denselben herumgeklettert, daß wir den Rückweg nicht mehr finden konnten. Wir gelangten zwar oft genug an Oeffnungen, die hinaus in's Freie führten, doch vermochten wir aus denselben eben so wenig hinab in's Thal, wie hinauf auf die Ebene zu gelangen, indem die Wände selbst für einen Tonto- oder Yampay-Indianer zu

23*

schroff gewesen wären, und bei der Höhe der Oeffnung vom Boden an einen Sprung nicht gedacht werden konnte. Lange waren wir so umhergeirrt, bis es uns endlich möglich wurde, durch eine schornsteinartige, ganz enge Oeffnung nach oben auf die Ebene hinauf zu kriechen. Wir gelangten nicht weit vom Lager wieder auf die Oberwelt, hätten also, um in's Thal zurückzukehren, den weiten Umweg noch einmal machen müssen, was zu weit gewesen wäre, und so blieben denn unsere Forschungen im Thale des Yampay Creek auf eine nur sehr mäßige Strecke beschränkt.

Als wir am zweiten Morgen unseres Aufenthaltes am Yampay Creek aus den Zelten traten, überraschte uns 2 Zoll tiefer Schnee, der während der Nacht gefallen war. Sogleich gingen wir aus, um auf demselben nach Wild oder sonstigen lebenden Wesen zu spüren und dieselben bis in ihre Schlupfwinkel zu verfolgen, und kamen bei dieser Gelegenheit in den Besitz einer prachtvoll gezeichneten Ratte (Dipodomys Ordii), die sich sowohl durch die schöne gelb und weiße Färbung, als auch durch die langen Hinterfüße und die Backentaschen auszeichnete. Wölfe hatten unser Lager während der Nacht vielfach umschlichen, doch bekamen wir am Tage keinen zu Gesicht; nur unter den · reizenden, gekrönten Rebhühnern, von denen wir einige Familien in den nahen Schluchten entdeckten, richteten wir eine starke Verwüstung an. In den Mittagsstunden verschwand die leichte Schneedecke, und Alles hatte wieder die alte graue Farbe angenommen, mit Ausnahme der Cedernbüsche, die bald einzeln, bald kleine Wälder bildend, etwas Mannigfaltigkeit in diese Einöde brachten.

Gegen Abend kam endlich Nachricht von Lieutenant Whipple mit der Weisung, am folgenden Tage aufzubrechen und den Boten zugleich als Führer zu benutzen. An der Stelle, wo Doctor Kennerly und ich in den Yampay Creek hinabgestiegen waren, fanden wir auch Gelegenheit, mit unseren Wagen das jenseitige Ufer zu gewinnen, auf welchem wir dann rüstig weiter zogen; die Richtung unserer Reise war an diesem Tage westlich, doch wurden wir durch Schluchten, welche den Boden vielfach durchkreuzten, zu manchem Umwege gezwungen. Um zu der Stelle zu gelangen, die von Lieutenant Whipple als passend zum Lager befunden worden war, mußten wir abermals in ein tiefes, felsiges, sehr bezeichnend Cañon Creek genanntes, Flußbett hinabsteigen, aus welchem wieder heraus zu kommen nur durch das Vorspannen von 12 Maulthieren vor jeden Wagen möglich war.

Rauher und wilder, als auf der ganzen früheren Reise, nahm sich jetzt unsere Umgebung aus; nördlich von uns in der Entfernung von zwei Meilen ragten hohe Felsplateaus empor, die nach dieser Richtung hin jede Art der Reise unmöglich machten. Südlich von uns befanden sich ebenfalls unregelmäßige, unzugängliche Gebirge; gegen Westen nur traten die Bergketten etwas weiter zurück und ließen dort wenigstens die Möglichkeit einer Durchfahrt zu hoffen übrig. Das Terrain zwischen diesen Gebirgen war hügelig und uneben, und wie ein Netz nach allen Richtungen von Schluchten und den Betten alter Gießbäche durchfurcht.

Nach welcher Richtung wir zu ziehen haben würden, um wieder zum Lieutenant Whipple zu stoßen, konnten wir nicht errathen, doch machten wir, um Zeit zu ersparen, den Versuch, auf dem Ufer des Cañon Creek, gegen Süden vorzudringen; wir mußten indessen nach kurzem Marsche wieder nach der Stelle zurückkehren, die wir verlassen hatten, um daselbst weitere Nachrichten von unserer Recognoscirungs-Abtheilung zu erwarten, denn in der von uns eingeschlagenen Richtung konnten wir nicht mit unbeladenen Maulthieren, viel weniger noch mit Wagen durchkommen, so sehr war der Boden nach allen Richtungen hin gespalten und zerrissen.

Da sich auf dem Sande, der den Boden der meisten Vertiefungen deckte, viefach Spuren großer Hasen zeigten, so beschlossen Doctor Kennerly und ich, daselbst zu jagen; aber hier wurden wir durch unsere Maulthiere von der Nähe der Eingeborenen auf so untrügliche Weise in Kenntniß gesetzt, daß wir auf deren Warnung umkehrten und vielleicht dadurch der Gefahr eines Hinterhaltes entgingen, der uns aus jeder Spalte, aus jeder Höhle drohen konnte. Wir hatten nämlich auf einem freien Platze unsere Thiere an Pflöcke gebunden und folgten in entgegengesetzter Richtung einer Schlucht; durch eine Biegung in derselben wurde mir sehr bald die Aussicht auf Doctor Kennerly, so wie auf unsere Reitthiere entzogen, doch war dieser Umstand nicht im Geringsten geeignet, mich in meiner Jagd aufzuhalten oder zu stören. Als ich nun emsig mit auf den Boden gehefteten Blicken die alten Spuren der Hasen von den neuen zu unterscheiden suchte, fand ich plötzlich, daß eine indianische Sandale erst vor wenigen Stunden die auf dem Sande zurückgelassenen Spuren eines Hasen ausgetreten hatte. Ich prallte wie vor einer giftigen Schlange zurück, denn ich wurde sogleich inne, daß ich von Feinden umgeben war, die kein Erbarmen kannten, und die mich jeden Augenblick aus den Felsplatten und hinter Felsblöcken hervor mit einem Hagel ihrer gefährlichen Pfeile begrüßen konnten. Behutsam jeden Winkel durchspähend, Büchse und Revolver zum augenblicklichen Gebrauch bereit haltend, trat ich den Rückweg an. Als ich um die Ecke bog, bemerkte ich zu meinem nicht geringen Schrecken, daß Doctor Kennerly's Maulthier verschwunden war, das meinige aber noch an seiner Stelle stand und durch Schnauben und Emporwerfen des Schweifes seine Unruhe zu erkennen gab. Ich blieb stehen, um mich zu überzeugen, ob nicht in der Nähe meines Thieres die Wilden auf mich lauerten, als ich Doctor Kennerly's Stimme vernahm, der mir von einem nahen Hügel aus zurief: „Besteigen Sie schnell Ihr Thier und kommen Sie!" Ich leistete seinen Worten Folge und befand mich in wenigen Augenblicken auf der Anhöhe, wo Doctor Kennerly mit seinen schußfertigen Waffen vor sich auf dem Sattel hielt; dann suchten wir so schnell wie möglich die Höhe zu gewinnen, wo uns keine verrätherischen Höhlen und Schluchten mehr umgaben, aus welchen in jedem Augenblicke ein Haufen Wilde hervorbrechen konnte.

Als mein Gefährte ebenfalls unsere Reitthiere aus den Augen verloren hatte, war er durch deren Schnauben plötzlich zurückgerufen worden; in der Meinung, daß sie durch einen Wolf oder Panther erschreckt worden seien, trat er zu ihnen und wurde eines Anderen belehrt, als er die Spuren von Indianern bemerkte, die gerade vor seiner Rückkehr hinter überhängenden Felsen verschwunden sein mußten. Er bestieg darauf eiligst sein Thier und ritt auf eine Anhöhe, von wo aus er die Schlucht, in welche ich eingebogen war, übersehen, zugleich aber auch mit der Kugel bequem Jeden erreichen konnte, der sich meinem Maulthier nähern würde. Jedenfalls waren die Wilden dadurch, daß sie uns auf der Hut fanden, zurückgeschreckt worden; denn eine feigere Menschenrace, als die dort lebenden Indianer, ist nirgends zu finden. Als wir uns wieder auf der Höhe befanden, schwand unsere Besorgniß gänzlich, denn wir waren zu gut bewaffnet, als daß sich die Eingeborenen hätten vor uns blicken lassen. Wir gelangten bald an die Spuren unserer Wagen und fanden zu unserer nicht geringen Verwunderung, daß dieselben wieder nach dem alten Lager zurückgekehrt waren; denn in unserem Jagdeifer hatten wir nicht darauf geachtet, daß unübersteigliche Hindernisse den Zug zur Umkehr zwingen mußten.

Einen kleinen Wolf und einige Vögel, die wir an diesem Morgen erlegten, balgten wir ab, wodurch unsere übrige Zeit bis gegen Abend in Anspruch genommen wurde.

XXIX.

Tonto-Indianer. — Cactus-Paß. — White Cliff Creek. — Big Sandy.
— Bill Williams Fork. — Die Riesencactus (Cereus giganteus). — Das
Thal der Bill Williams Fork. — Das Biberdorf. — Der Biber.

Wir hatten gerade unsere Mahlzeit beendigt, als ein lautes Kreischen, welches wie Lachen klang, unsere Ohren traf, und gleich darauf einige Mexikaner mit zwei gefangenen Eingebornen aus dem Cederndickicht hervortraten. Die beiden Gefangenen bebten unter den festen Griffen der Mexikaner und ließen sich willenlos an das Wachtfeuer schleppen, wo der hinzugekommene Offizier der Escorte, Lieutenant Johns, sogleich einige Mann zur Bewachung derselben commandirte. Die beiden Wilden waren von den Hütern unserer Maulthiere in einer Höhle entdeckt worden, aus der ihnen ein Ausweg zur Flucht mangelte, und konnten daher leicht ergriffen werden; natürlich war ein solches Verfahren nicht in feindlicher oder grausamer Absicht von den commandirenden Offizieren vorgeschrieben worden, sondern einfach, um die Gefangenen zu zwingen, uns die in diesen Bergen so versteckten Quellen zu zeigen.

Widerlichere Physiognomien und Gestalten, als die der beiden Gefangenen, sind wohl kaum denkbar. Es war ein junger und ein älterer Mann, beide etwas unter mittlerer Größe und von kräftigem Gliederbau; große Köpfe, vorstehende Stirn und Backenknochen, dicke Nasen, aufgeworfene Lippen und kleine geschlitzte Augen, mit denen sie scheu und tückisch, wie gefangene Wölfe, um sich schauten, zeichneten dieselben aus. Ihr Gesicht war dunkler, als ich es jemals bei Indianern gefunden, ihre Haare hingen wild und verworren um das Haupt, doch fehlte ihnen nicht der indianische Zopf, den sie mit einigen Stücken Zeug und Leder umwunden hatten. Der Jüngere war mit zerrissenen Mokkassins, Leggins und einer Art von baumwollenem Jagdhemde bekleidet, während der Aeltere nur Fetzen einer Navahoe-Decke mit Dornen, die er als Stecknadeln zu benutzen gewußt, um seinen Oberkörper befestigt hatte. Seine Beine und Füße waren durch Nichts gegen die scharfen Steine, Dornen und Cactusstacheln geschützt, es sei denn, daß die dicken Schwielen, die wie Büffelleder seine Schienbeine und Kniee bedeckten, anderweitige Hüllen vertraten. Ihre Waffen bestanden in Bogen von 5 Fuß Länge nebst Rohrpfeilen, die starke 3 Fuß maßen und mit zierlich geschlagenen, steinernen Spitzen versehen waren. Sie wurden, um ausgefragt zu werden, in das Zelt des Lieutenant Johns gebracht, doch wollten oder konnten sie nicht die ihnen gemachten Zeichen verstehen, und schnatterten und jammerten fortwährend, griffen nach Allem, was ihnen geboten wurde oder was in ihrer Nähe lag, und steckten es in ihren aus geflochtenen Bast=Stricken bestehenden Gürtel. Wenn man diese beiden elenden Gestalten beobachtete, wie sie keinen anderen Ausdruck, als den äffischer Neugierde, und kein anderes Gefühl, als das der Furcht um das eigene Schicksal zeigten, so hätte man fragen mögen: Sind dies wirklich menschliche Wesen, in welchen ein göttlicher Funke glimmt, der nur angefacht zu werden braucht, um sie zu nützlichen Mitgliedern der bürgerlichen Gesellschaft zu machen? Man zweifelt daran und wendet sich mitleidig von solchen Geschöpfen ab.

Nach manchen vergeblichen Versuchen, irgend etwas über die Beschaffenheit des Landes aus den Eingebornen, die sich als Tonto=Indianer auswiesen, herauszubringen, wurden sie an's Wachtfeuer geführt und einem Soldaten und zweien Mexikanern übergeben, die ihre Flucht verhindern sollten, zugleich aber auch die Weisung erhielten, im Falle eines Fluchtversuches nicht auf sie zu schießen. Der Abend rückte jedoch weiter vor, und die Neugierigen, welche sich um die beiden Wilden versammelt hatten, entfernten sich allmälig, so daß nur die Schildwachen bei denselben zurückblieben. Die Gefangenen, die anscheinend theilnahmlos am Feuer saßen, hatten nicht die geringste Lust zu einem Fluchtversuche verrathen, wahrscheinlich wohl nur um die Wachsamkeit einzuschläfern; denn als die Schildwachen sie einen Moment aus den Augen ließen, erhoben sich beide wie der Blitz unerwartet von der Erde und stürzten dem nahen Gebüsch zu. Der Jüngere war mit einem mächtigen Satze aus dem Bereiche unserer Waffen, während der Aeltere, vielleicht weniger gewandt, in dem Augenblick, als er seinem Gefährten in's Dickicht folgen wollte, wieder ergriffen wurde. Da uns sehr darum zu thun war, diesen Indianer nicht auch noch zu verlieren, so befestigten wir ihm eine lange Kette mittels eines Schlosses am Fuße und hefteten diese durch einen starken Pfahl an den Boden; ein Bayonnet wurde dem Wilden alsdann auf die Brust gesetzt, so daß die scharfe Spitze in die Haut schnitt, und ihm durch unzweideutige Zeichen zu verstehen gegeben, man würde bei einem neuen Fluchtversuche es ihm durch die Brust stoßen. Mit einer Art von Neugierde beobachtete er dieses Verfahren, welches nur angewendet wurde, um ihn einzuschüchtern. Durch einzelne Klagelaute gab er zu erkennen, wie unheimlich ihm in unserer Mitte sei, mit ausdruckslosem Gesichte blickte er umher, aß von dem ihm dargereichten Speisen, steckte die empfangenen Geschenke zu sich, kauerte sich wie ein Hund vor dem Feuer zusammen und schlief ruhig bis zum nächsten Morgen.

Abermals wurden Versuche angestellt, über die Beschaffenheit des Landes etwas von ihm zu erfahren, doch scheiterten alle Bemühungen an dem starren Eigensinne oder dem wirklichen Stumpfsinne dieses Menschen. Die

Ankunft zweier Mexikaner aber, die von Lieutenant Whipple zurückgeschickt waren, um uns zu seinem Lager zu führen, machte der ganzen Scene ein Ende. Der Wilde wurde jetzt sogleich mit einigen kleinen Geschenken entlassen und das Zeichen zum Aufbruch gegeben. Obschon die Mexikaner, um nicht von den Eingebornen überfallen zu werden, den größten Theil der Nacht gereist waren, so konnte doch darauf nicht Rücksicht genommen werden, sondern sie setzten sich bald nach ihrer Ankunft an die Spitze des Zuges und schlugen die Richtung gegen Westen ein. Zwei Meilen hatten wir noch durch wildes unwegsames Land zu ziehen, worauf wir eine Ebene erreichten, die sich in der Breite von 1 Meile in einem Bogen von 4 Meilen gegen Südwesten erstreckte. Der Weg über diese Fläche war verhältnißmäßig gut zu nennen, doch endigte sie vor hohen Felsen und Anhäufungen von Granitgerölle, über welche die Wagen nur mit genauer Noth zu bringen waren. Die Reiter konnten indessen durch eine schmale, treppenartige Schlucht klettern, die in der Regenzeit einen prächtigen Wasserfall bilden mußte, indem die sich von den Gebirgen in der Ebene sammelnden Wassermassen nur den einen Ausweg durch diesen engen Felsenpaß haben. Die Schlucht mündet in einem Thale, in welchem ein Bach sich durch schmale Wiesen schlängelt, der gerade unten an der Felsentreppe mit reichlichem und gutem Wasser entspringt. Wir brachten die Nacht an dieser Stelle zu, obwohl der Marsch des Tages kaum 6 bis 8 Meilen betragen mochte; da aber unsere Lastthiere schon so heruntergekommen waren, daß einige derselben erschossen und sogar zwei Wagen zurückgelassen werden mußten, so beabsichtigten wir, unsere letzten Kräfte zu Märschen aufzusparen, die schlechterdings nicht abgekürzt werden konnten. Wir hatten ja gutes Wasser und etwas Gras, es war also kein Grund vorhanden, an einer so einladenden Lagerstelle vorbei und aufs Gerathewohl weiter in die Wildniß hinein zu ziehen. Hohes steiniges Land umgab uns von allen Seiten, und es gelang uns, manches interessante Exemplar von Vögeln, welche die Schluchten belebten, zu erlegen.

Am folgenden Tage hatten wir fast fortwährend erträglichen Weg, und wenn wir uns auch beständig zwischen cedernbewaldeten Hügeln befanden, so glückte es uns doch immer ohne Schwierigkeit, von einer Schlucht in die andere zu gelangen. Diese führten alle in dem Maße bergan, daß wir durchschnittlich 61 Fuß auf einer englischen Meile stiegen. Am Nachmittag trafen wir endlich mit Lieutenant Whipple und seiner Recognoscirungs-Abtheilung an einer Stelle zusammen, wo wir von dem Rücken des Gebirges in ein tief unter uns liegendes Thal hinabsteigen sollten. Der Paß, in welchem wir uns befanden, wurde auf den Wunsch des Doctor Bigelow Cactus-Paß genannt; der alte Herr bestand ausdrücklich darauf, weil er hier wieder auf zahlreiche Cacteen, seine Lieblingspflanzen, stieß, unter deren verschiedenen Species besonders die riesenhafte Echinocactus Wislizeni hervorragt, welche in der Gestalt von großen Tonnen

und Fäſſern auf den Felſen umherſtand*). Zu beiden Seiten unſeres La=
gers ragten abgeſonderte Bergkuppen empor, die noch ſtellenweiſe mit Schnee
bedeckt waren; wir erſtiegen dieſelben in der Hoffnung, von dort aus den
Colorado zu erblicken, doch nichts zeigte ſich uns, als ein tiefes, breites,
unebenes Thal, durch deſſen Mitte ſich ein augenſcheinlich trockenes Fluß=
bett zog und auf deſſen anderer Seite ſich ununterbrochen Gebirgsmaſſen
bis dahin ausdehnten, wo wieder höhere Berge in bläulicher Ferne den
Horizont begrenzten. Wir befanden uns bedeutend höher, als das ſich gegen
Weſten ausdehnende Land, denn aus halber Vogelperſpective vermochten
wir die verſchiedenen Gebirgszüge zu erkennen, die ſich faſt alle von Nor=
den nach Süden neben einander hinzogen ([24]). Der große Colorado of
the west konnte nicht mehr ſehr fern ſein, in gerader Richtung vielleicht
3 bis 5 Tagereiſen; doch bot die dürre Wildniß vor uns einen ſo ab=
ſchreckenden Anblick, ſowohl wegen der Unebenheit, als auch wegen Waſſer=
und Futtermangels, daß der Gedanke, den Colorado in gerader Richtung
gegen Weſten zu erreichen, ſogleich aufgegeben wurde, um ſo mehr, als die
Noth und ſchwere Arbeit täglich einige unſerer Laſtthiere hinraffte und wir
äußerſt haushälteriſch mit der letzten Kraft derſelben umgehen mußten.
Eine neue Reducirung unſerer Bagage wurde im Cactus=Paſſe vorgenommen,
wo wir abermals die entbehrlichſten Gegenſtände zurückließen.

Seit wir die San Francisco Mountains verlaſſen hatten, waren
150 Meilen zurückgelegt, doch deutlich vermochten wir noch ihre in Schnee
und Eis gehüllten Gipfel zu erkennen; es war aber das letzte Mal, daß
wir zu ihnen hinüberſchauten, denn der Weg, der jetzt hinab in's Thal
führte, lag vor uns, und zwar ſo ſteil, daß beim Hinunterbringen der
Wagen alle Hände in Bewegung geſetzt werden mußten, die einen, um
Geſtein und Gebüſch fortzuräumen oder Riſſe im Boden zuzuwerfen, die
anderen, um mittels angebrachter Taue und Stricke das Umſchlagen der
Wagen oder, was noch ſchlimmer geweſen wäre, das Hinabſtürzen derſelben
auf die Thiere zu verhüten.

Es war am 1. Februar, als das Niederſteigen vom Cactus=Paſſe be=
werkſtelligt wurde, und dieſe Arbeit nahm faſt den ganzen Tag in Anſpruch,
da auf die erſte Meile 700 und auf die erſten 25 Meilen 1711 Fuß
Senkung des Bodens kamen. Als wir am Fuße des Gebirges angelangt
waren, bogen wir gleich ſüdlich und zogen an demſelben hin, bis wir einen
aus dem Gebirge kommenden Bach erreichten, der wegen ſeiner weißen

*) Alexander von Humboldt, Anſichten der Natur II, S. 177. Die
Dimenſionen der Cacteen (einer Gruppe, über welche der Fürſt von Salm
Dyck zuerſt ſo viel Licht verbreitet hat) bieten die ſonderbarſten Gegenſätze dar.
Echinocactus Wislizeni hat bei 4 Fuß Höhe 7 Fuß Umfang und nimmt
nach dem E. ingens Zucc. und dem E. platyceras Lem. doch erſt die dritte
Stelle in Bezug auf die Größe ein. (Wislizenus, Tour to Northern Mexico
1848, p. 94.)

Felsenufer White Cliff Creek genannt wurde. Dort schlugen wir unser Lager auf, und da nach den letzten schweren Tagen ein Ruhetag nöthig geworden und die Recognoscirungs-Abtheilung einen neuen Vorsprung gewinnen mußte, um den nachfolgenden Train besser bei seinem Vorschreiten lenken zu können, so blieb die Expedition am White Cliff Creek zurück, während Lieutenant Whipple schon am 2. Februar wieder aufbrach.

Gutes Wasser war das Einzige, was uns im Lager am White Cliff Creek von der Natur geboten wurde, doch auch dieses nur ganz in der Nähe der aus dem Boden sprudelnden Quelle, denn kaum 100 Schritte von derselben entfernt, war das sandige Bett schon wieder trocken und staubig. Das Gebirge, welches sich östlich von uns von Norden nach Süden ausdehnte, schien mineralhaltig zu sein, denn mehrfach wurden Proben von Kupfer und Bleierz von den Leuten gefunden und in's Lager gebracht, so wie im Gebirge selbst Granit und Trappformation abwechselte. Am 3. Febr. folgten wir unseren vorausgeeilten Kameraden nach. Wir hatten eine mühselige Reise, denn zogen wir in der Nähe des White Cliff Creek, so hinderten uns fortwährend Haufen von Gerölle oder die vom Wasser gewühlten Vertiefungen im Boden; zogen wir in dem trockenen Bette des Flusses selbst, so hatten die Zugthiere die größte Mühe, die nur noch wenig beladenen Wagen durch den tiefen Sand zu schleppen, ein Uebelstand, der noch zunahm, als wir die Mündung dieses Creek in den Big Sandy erreichten und in diesem weiter zogen. (Die Mündung des White Cliff Creek in den Big Sandy liegt 35° 03′ nördlicher Breite, 113° 16′ Länge westlich von Greenwich.) Als wir das südliche Ende des breiten Thales, welches wir vom Cactus-Paß aus übersehen hatten, erreichten, waren wir nur auf das trockene Flußbett angewiesen; denn so wie wir auf unserer linken Seite schon fortwährend Gebirge gehabt hatten, so schlossen nun auch rechts kahle Berge den Big Sandy ein. Bis gegen Abend folgten wir unserer mühseligen Straße, dann lagerten wir aber dort, wo einige Indianer- und Wildpfade, die in einer Schlucht zusammenführten, auf das Vorhandensein einer Quelle deuteten, auf dem Ufer des Flusses unter wildem Dorngestrüpp. Die Quelle fanden wir leicht, obschon sie sehr abgelegen von unseren Zelten war. Wie bei der letzten Quelle war auch hier nur auf einer ganz kleinen Strecke Wasser auf der Oberfläche des Bodens zu finden und zwar gerade nur so viel, um unsere Heerde, von der höchstens 6 oder 7 zu gleicher Zeit getränkt werden konnten, einmal zu erquicken. Ohne daher am folgenden Morgen das zeitraubende Tränken noch einmal vorzunehmen, brachen wir zur rechten Zeit auf und zogen in dem vom Felsen eingeschlossenen Flußbette weiter; dieses öffnete sich nach kurzer Zeit in ein weites, gegen Süden von Felsen abgesperrtes Thal. Weiter als bis an den Fuß dieser Felsen brauchten wir indessen die südliche Richtung nicht beizubehalten, denn frisch und klar kam aus dem östlichen Gebirge in eiligem Laufe der Cañon Creek, der Hauptarm der Bill Williams Fork, daher und zeigte uns in seinem Thale einen Weg, welcher uns nach kurzer Zeit an die Bill Williams Fork selbst und von dort an den großen Colorado führte und den die Recognoscirer schon eingeschlagen hatten. Wo wir den Cañon Creek zuerst erreichten, schwankte seine Breite zwischen 10 und 20 Fuß; einige Cottonwood-Bäume standen hin und wieder auf seinem Ufer, so wie Mezquit-Büsche und dürres Gesträpp das Thal theilweise bedeckten. So weit wir dasselbe gegen Südwest übersehen konnten, bildeten abwechselnd Felsen, hohe steinige Berge oder niedrige Hügel, deren Vegetation allein aus vereinzelten Mezquit-Büschen und Cacteen bestand, seine Einfassung. Das schöne, frische Wasser des Flusses war zu einladend, der Durst der Thiere zu groß, als daß wir nicht sogleich angehalten und eine kurze Zeit gerastet hätten. Der Tag war indessen noch nicht weit vorgerückt und wir zogen daher in dem Thale, in welchem wir nur mit geringen Schwierigkeiten zu kämpfen hatten, noch an 5 bis 6 Meilen weiter. Als wir uns dann nach einer bequemen Lagerstelle umsahen, fanden wir uns dadurch in Verlegenheit gesetzt, daß wir statt eines schnellfließenden Wassers nur ein trockenes Flußbett und Triebsand fanden, was uns zwang, unseren nöthigsten Bedarf an Wasser durch zurückgesendete berittene Boten herbeischaffen zu lassen. Eine milde Frühlingsluft wehte in diesem Thale, und wenn auch noch nicht die Knospen an den Bäumen und Sträuchern sproßten, hatte sie doch überall unter dem Gesträpp frisches Gras aus dem Boden gelockt, welches von unseren Thieren begierig aufgesucht wurde. Wir befanden uns nur noch 2000 Fuß über dem Meeresspiegel, und mit starkem Gefälle eilte die Bill Williams Fork, an welcher wir uns nun schon befanden, gegen Westen dem Colorado zu. Ein Marsch von wenigen Meilen brachte uns am folgenden Morgen in der Frühe an eine Stelle, wo der Fluß wieder plötzlich aus dem Sande hervorsprudelte, das Thal in seiner ganzen Breite reichlich mit Wasser versah, die Wurzeln der in demselben zerstreut stehenden Cottonwood-Bäume und Weiden netzte und zwischen den Halmen des vertrockneten Rohrs neue grüne Schößlinge hervortrieb. Wir rasteten dort, wo uns so ungewöhnlich viele Annehmlichkeiten geboten wurden, einige Stunden, um dann bis zum späten Abend ununterbrochen unsere Straße weiterziehen zu können. An diesem Tage hatten wir zum ersten Male den Anblick der Riesencactus (Cereus giganteus), die hier erst vereinzelt und in geraden Säulen auf der Einfassung des Thales umherstand; bei unserem Weiterschreiten aber erblickten wir dieselbe häufiger und in anderer Form, größtentheils als riesenhafte Kandelaber von der ungewöhnlichen Höhe von 36 Fuß, die zwischen Gestein und in Felsspalten Wurzel gefaßt hatten und auf den Abhängen der Berge und Felsen einsam und verlassen emporragten.

Cereus giganteus, die Königin der Cacteen, ist in Californien und in Neu-Mexiko unter dem Namen Petahaya bekannt. Schon die Missionaire, die vor mehr denn 100 Jahren den Colorado und Gila bereisten, sprachen von den Früchten der Petahaya, die den dortigen Eingebornen als Nahrungsmittel dienten, und erwähnten damals schon, wie in neuerer

Zeit die Pelzjäger gethan, eines merkwürdigen Baumes, der wohl Zweige, aber keine Blätter trage und trotzdem einen bedeutenden Umfang und eine Höhe bis zu 60 Fuß erlange. Wir berührten auf unserer Reise die nörd=liche Grenze dieser eigenthümlichen Cactusart; von dort ab ist dieselbe südlich weit über den Gila hinaus verbreitet; auch wird sie vielfach im Staate Sonora und dem südlichen Californien gefunden. Die wildesten und unwirthsamsten Regionen scheinen die Heimath dieser Pflanze zu sein, denn zwischen Gestein und in Spalten, wo man bei genauester Untersuchung kaum im Stande ist, ein Stäubchen Erde zu entdecken, haben diese flei=schigen Gewächse Wurzel geschlagen und gedeihen bis zu einer überraschen=den Größe. Ihre Form ist verschieden, und gewöhnlich abhängig von dem Alter, welches sie erlangt haben. Die erste Form ist die einer mächtigen Keule, die aufrecht auf dem Boden steht und oben mehr als den doppelten Umfang hat. Bei einer Höhe von 2 bis 6 Fuß ist die eben beschriebene Form am auffallendsten, während der Unterschied der Stärke sich mehr ausgleicht, wenn die Pflanzen höher emporschießen. Bis zu einer Höhe von 25 Fuß sieht man dieselben als regelmäßige Säulen hervorragen, wo sie dann gewöhnlich beginnen, ihre Nebenzweige auszuwerfen. Kugelförmig wachsen diese aus dem Hauptstamme, biegen sich in ihrer Verlängerung nach oben und wachsen dann in gewisser Entfernung parallel mit dem Stamme empor, so daß eine mit mehreren Zweigen versehene Cereus ge=nau das Bild eines riesenhaften Kandelabers zeigt, um so mehr, da die Zweige gewöhnlich symmetrisch an dem Stamme vertheilt sind. Dieser er=reicht mitunter eine Stärke von 2½ Fuß Durchmesser, doch ist die gewöhn=lichste Dicke nur 1½ Fuß. In der Höhe sind sie sehr verschieden; die höchsten, die wir an der Bill Williams Fork fanden, maßen 36 bis 40 Fuß, doch sollen sie weiter südlich am Gila bis zu 60 Fuß hoch werden. Wenn man diese colossale Cactus auf der äußersten Spitze eines über=hängenden Felsens erblickt, wo ihr nur eine Fläche von wenigen Quadrat=zollen zur Stütze dient, so kann man nicht umhin, sich zu verwundern, daß der erste Sturm sie nicht von ihrem luftigen Standpunkte hinabstürzt. Doch erhält sie ihre Kraft, den Stürmen zu trotzen, durch einen Kreis von Rippen, die innerhalb der fleischigen Säule sich bis zur Spitze hinauf erstrecken und die zwar einzeln nur 1 bis 1½ Zoll im Durchmesser haben, doch dicht und fest sind, wie das Holz aller Cacteen*). Nach dem Absterben der Pflanzen fällt das Fleisch allmälig von den Holzfasern ab, und wie das Gerippe eines Riesen stehen letztere noch viele Jahre, ehe sie ein Raub der Verwesung werden. Der Stamm sowohl wie die Zweige sind rund herum

---

*) Alexander von Humboldt, Ansichten der Natur Bd. II, S. 178. Wenn man gewohnt ist, Cactusarten blos in unseren Treibhäusern zu sehen, so erstaunt man über die Dichtigkeit, zu der die Holzfasern in alten Cactus=stämmen erhärten. Die Indianer wissen, daß Cactusholz unverweslich und zu Rudern und Thürschwellen vortrefflich zu gebrauchen ist.

gekerbt, so daß die Furchen in regelmäßiger Entfernung von einander von
der Wurzel bis zur Spitze hinauf reichen; die zwischen denselben stehen
gebliebenen Theile laufen in einem spitzen Winkel zu, wodurch die Bildung
der äußeren Rinde dieser Cactus eine entfernte Aehnlichkeit mit einer Orgel
erhält*). Die scharfen Kanten sind dicht mit gleich weit von einander
entfernten Büscheln von grauen Stacheln besetzt, zwischen welchen dann die
hellgrüne Farbe der Pflanze selbst hindurchschimmert. Im Mai oder Juni
schmücken große weiße Blüthen die Spitzen der Zweige wie des Haupt=
stammes, und wohlschmeckende Früchte nehmen deren Stelle im Juli und
August ein. Diese haben getrocknet im Geschmack große Aehnlichkeit mit
Feigen; sie werden von den dort lebenden Indianern gesammelt und dienen
ihnen zu einer ihrer beliebtesten Speisen; auch bereiten sie daraus durch
Zerkochen in irdenen Gefäßen eine Art Syrup.

Erregten die kleineren Exemplare des Cereus giganteus, deren wir
am frühen Morgen ansichtig wurden, unser ganzes Erstaunen, so wurde
dieses noch gesteigert, als wir bei unserer Weiterreise diese stattliche Pflanze
in ihrer ganzen Pracht sahen. Der Mangel an jeder anderen Vegetation
war die Ursache, daß wir weithin jede einzelne dieser Pflanzensäulen wahr=
nehmen konnten, die, scheinbar symmetrisch geordnet, besonders die Höhen
und Abhänge der Berge bedeckten und dadurch einen eigenthümlichen Ein=
druck hervorriefen. Ein schöner Anblick war es keineswegs, denn wenn
auch jeder einzelne Stamm, für sich betrachtet, ein wahrhaft bedeutendes
Bild aus dem Pflanzenleben zeigte, so verliehen diese imposanten, schweig=
samen Gestalten, die selbst im Orkan unbeweglich und unerschüttert blieben,
ihrer Umgebung einen öden und starren Charakter. Wie versteinerte
Riesen, die in stummem Schmerze die Arme zu den Wolken emporstreckten,
nahmen sich einzelne der wunderlichen Figuren von fernher aus, während
andere am Rande von Abgründen wie einsame Schildwachen umherstanden
und gleichsam trauernd auf ihre wüste Umgebung oder auf das freundliche
Thal der Bill Williams Fork blickten, aus welchen die Schaaren der Vögel
sich nicht hinauswagten, am wenigsten, um sich auf den stachligen Armen
der Petahaya auszuruhen. Nur zu kranken und schadhaften Cacteen eilten
leicht beschwingte Wespen und buntgefiederte Spechte, um in den alten
Wunden und Narben dieser Pflanzen ihre Wohnungen aufzuschlagen.

Wieder verlief sich der eigenwillige Fluß vor unseren Augen im Sande,
doch erreichten wir noch vor Abend Baumgruppen, die uns während des
größten Theiles des Tages sichtbar gewesen waren, und wo sich der Fluß
wieder in aller Fülle in seinem schmalen Bette dahindrängte. An einer

---

*) *Alexander von Humboldt*, Essai politique sur le royaume de la Nou-
velle Espagne Vol. II, p. 264. — Au pied des montagnes de la Cali-
fornie on ne voit que des sables ou une couche pierreuse sur laquelle
s'élèvent des Cactus cylindriques (Organos del Tunal) à des hauteurs
extraordinaires.

Stelle, wo wir vorbei mußten, hatte einer von Lieutenant Whipple's Gefährten eine prächtige Weihe aufgehängt, die er geschossen hatte; wir wurden derselben gleich gewahr, und es gelang mir, den Balg noch zu retten, obgleich die milde Luft ihren schädlichen Einfluß auf denselben aus- zuüben nicht verfehlt hatte. Neben dem Vogel fanden wir auch noch einen Brief von Lieutenant Whipple, in welchem wir aufgefordert wurden, immer rüstig seinen Spuren zu folgen. Es war auch in der That kein Grund vorhanden, der uns hätte veranlassen können, länger als unum- gänglich nothwendig war, stille zu liegen; die Bäume und das Weidenge- sträuch um uns her trieben freilich Knospen, immer häufiger wurden die frischen Grasplätze, herrliches Wasser war stets in unserer Nähe, doch hatten unsere Thiere schon zu sehr gelitten, als daß sie sich in kurzer Zeit wieder hätten erholen können, und es verging kein Tag, an welchem wir nicht eins oder mehrere derselben erschießen oder zurücklassen mußten; ein Wagen nach dem anderen wurde aufgegeben, ihre Ladung auf die wunden Rücken unserer armen Thiere vertheilt, und wir durch solche Verhältnisse jeden Augenblick zur größten Eile gemahnt. Auch von einer anderen Seite drohte uns Noth: unsere Schafheerde wurde immer kleiner, denn 116 Mann bezogen aus derselben täglich ihre Fleischrationen, die nicht verkürzt werden durften, weil die Mehlrationen schon bis zur Hälfte herabgesetzt waren, und auf das Fleisch unserer Maulthiere durften wir nur im äußer- sten Nothfalle rechnen, um nicht durch Verringerung unserer Transport- mittel an der glücklichen Durchbringung unserer Sammlungen und Ar- beiten verhindert zu werden. Wild, wodurch wir unsere Lebensmittel hätten merklich vermehren können, fehlte uns fast ganz; Rebhühner umschwärmten uns zwar täglich, auch lieferte das Geflügel, mit dem die breiteren Stellen des Flusses, die angrenzenden Sümpfe und überschwemmten Wiesen bedeckt waren, uns manchen guten Braten, doch konnten dergleichen Aushülfen nicht gerechnet werden, sie waren zu gering im Vergleich mit unserer großen Gesellschaft, deren Appetit mit der Noth zuzunehmen schien. Berg- schafe befanden sich genug in den benachbarten Gebirgen, auch wurden wir hin und wieder eines solchen ansichtig, wie es scheu an den Abhängen hinzuschweben schien, oder, wenn verfolgt, sich kopfüber in einen Abgrund stürzte; doch kamen sie nie in den Bereich unserer Büchsen, und wir können uns nicht rühmen, während unserer ganzen Reise auch nur eines dieser so interessanten Thiere erlegt zu haben. Es waren also genug Gründe vorhanden, die uns bestimmten, wenn auch in kleinen Märschen, so doch unausgesetzt unserem Ziele zuzueilen.

Wie gewöhnlich begünstigte das prächtigste Wetter unseren Aufbruch am 6. Februar. Dichtes Weidengestrüpp umgab uns von allen Seiten, so daß wir im Flusse selbst langsam unsere Straße verfolgen mußten. Anfangs war der Sand fest, doch je weiter wir zogen, desto unsicherer wurde der Boden; das Thal verengte sich, und hätten wir auch das Fluß- bette verlassen und uns einen Weg durch wild verworrenes Gestrüpp bahnen wollen, so würden wir doch wenig dadurch gewonnen haben, denn rings umher stand das Thal unter Wasser. Wir überzeugten uns davon, daß dieses eine künstlich hergestellte Ueberschwemmung war, denn wir erreichten bald eine Anzahl von Dämmen, die mit solchem Scharfsinn und solcher Ueberlegung gebaut waren, daß das zuströmende Wasser eine gewisse Höhe nicht übersteigen, zugleich aber auch der Wasserstand in den Teichen nicht abnehmen konnte. Als ich so auf meinem vorsichtig watenden Maulthiere durch's tiefe Wasser ritt und mich über die kunstvollen Anlagen der fleißigen Biber freute (denn in einer Biber-Ansiedelung befanden wir uns), ergötzte ich mich vielfach über die Bemerkungen einiger Soldaten, die in den Wasserbauwerken die Nähe der Ansiedelungen von Menschen zu erkennen glaubten und sich schon am Ziele der halben Nationen wähnten. Es ist übrigens natürlich, daß Derjenige, der noch nie ein Biberdorf gesehen, die Arbeiten dieser klugen Thiere für Werke von Menschenhänden hält; denn auch nicht der geringste Verstoß in der Bauart verräth eine Unkenntniß der Wasserkraft und der nothwendigen Stärke der dem Wasser entgegenzustellenden Mauern. Kein einziger der Dämme ist in der ganzen Breite dem Drucke des gerade entgegenkommenden Wassers ausgesetzt, sondern schräg mit dem Strome und allmälig durch denselben ziehen sich die Bauwerke, die so lange erhöht werden, bis das vor denselben sich ansammelnde Wasser hinreichend tief befunden wird; ganz am Ende des Dammes wird eine Oeffnung gelassen, deren Größe ebenfalls so genau berechnet ist, daß eben so wenig das überflüssige Wasser über den Damm hinwegrieseln und denselben zerstören, als zu viel hinausfließen kann, wodurch der zur Anlage der Hütten nothwendige Wasserstand verringert würde. Leider sind die Biber so sehr scheu, daß es nur selten einem Menschen gelingt, sie bei ihrer Arbeit zu beobachten, und daher ist man größtentheils nur im Stande, in ihren Ansiedelungen durch die dort geschaffenen Werke auf den unermüdlichen Fleiß der Erbauer zu schließen. So giebt es z. B. in einer Biberrepublik zwei besondere Klassen von Arbeiten, nämlich erstens die zum allgemeinen Besten des ganzen Dorfes nothwendigen Dienstleistungen bei dem Erbauen neuer und bei dem Ausbessern schadhaft gewordener Dämme, und dann die Errichtung der einzelnen Wohnungen oder Hütten, die etagenweise im Wasser aufgeführt werden, so daß das obere Stockwerk die Höhe des Wasserspiegels überragt. An der ersten Art von Arbeit nimmt die ganze Bevölkerung ohne Unterschied des Geschlechts oder Alters Theil, und daher gelingt den vereinten Kräften der ganzen Bevölkerung Manches, was uns beim ersten Anblick unglaublich erscheinen muß. So werden überhängende Bäume, die mehr als einen Fuß im Durchmesser haben, geschickt abgenagt, so daß sie niederbrechend in's Wasser stürzen müssen; frische Arbeiter sind dann sogleich zur Hand, um Zweige und Aeste von den Stämmen zu trennen und die Stämme selbst so weit abzunagen, wie sie noch etwa auf dem Ufer festliegen, um sodann den schwimmenden Theil mit Leichtigkeit an den Ort seiner Bestimmung zu flößen. Dort nun befinden sich wieder andere Arbeiter, die mit Zweigen, Schlamm und Erde vorausgeeilt sind, um den treibenden Block sogleich zu befestigen; immer neues Baumaterial wird herbeigeschafft, mit Umsicht über= einander gefügt und befestigt, und bald erhebt sich wie eine Mauer der Damm aus dem Wasser, welchen die klugen Baumeister, an demselben hinaufstreichend, mit ihren breiten Schwänzen wie mit Maurerkellen glätten, wodurch sie ihm nicht nur ein besseres Ansehen, sondern auch mehr Festig= keit geben. Nun erst, nachdem diese öffentliche Arbeit beendigt ist, denken die einzelnen Mitglieder an die zweite Art ihrer Arbeiten, nämlich an die Errichtung ihrer eigenen Hütten, und Jeder, unbekümmert um den Andern, geht an's Werk, an einer ihm passenden Stelle eine seinen Wünschen und Neigungen entsprechende Wohnung zu gründen, in welcher er nach Bequem= lichkeit in einem Gemache oberhalb des Wassers der Ruhe pflegen und bei herannahender Gefahr durch den Boden unbemerkt hinab in's Wasser gleiten kann. Den Stand des Wassers berechnen die klugen Thiere an ihren Wohnungen; nimmt das Wasser durch Regengüsse oder auf andere Weise zu sehr überhand, so werden bald einige Biber an der Oeffnung des Dam= mes sein, die zur Entfernung des überflüssigen Wassers bestimmt ist, und dieselbe erweitern, oder wenn lange Trockenheit es erheischen sollte, dieselbe verengen oder nach Umständen auch ganz verstopfen. Auf diese Weise geben die Biber das Bild einer friedlichen, in Allem unter sich einverstan= denen, betriebsamen Gemeinde. Der Mensch, der mit unbefangenem Geiste die weisen Gesetze der Natur bewundert und liebevoll die zarten Keime der Pflanzen beobachtet, die, einer unwiderstehlichen Kraft gehorchend, üppig emporschießen, Reiz und Anmuth über die Erde verbreitend, findet auch in dem Leben und Treiben der harmlosen Biber, so wie der ganzen Thier= welt, eine Hinweisung auf eine Alles lenkende gewaltige Macht, vor der er sich mit frommem Gemüthe demüthig beugt.

Der eigenthümliche Scharfsinn, den die Biber überall verrathen, wo sie gesellschaftlich leben, ist gar nicht mehr in den Thieren zu entdecken, wenn sie abgesondert von einander sind. Sie wohnen alsdann in Höhlen, die sie in die Ufer scharren, und nur planlos dem Instinkte folgend, nagen sie an Bäumen und Holzblöcken. Auch in der Gefangenschaft zeigen sie nur unbeholfene Bewegungen, statt der großen Gewandtheit in der Frei= heit, doch gewöhnen sie sich, wenn sie noch jung sind, schnell und leicht an menschliche Gesellschaft. Ich hatte einst lange Gelegenheit, den Biber zu beobachten, als ich auf einer Reise von New=Orleans nach Bremen zwei junge Exemplare mit mir führte, die durch ihr zutrauliches Wesen, so wie durch ihre klagenden, bettelnden Stimmen, die durchaus den Stimmen klei= ner Kinder glichen, mir manche Zerstreuung auf der langen Seefahrt ver= schafften. Auch wurden sie nicht seekrank, während ein Paar mächtige graue Bären, einige andere reißende Thiere, so wie ein Adler, die sich ebenfalls in meiner Gesellschaft befanden, deutliche Symptome der Seekrank= heit, besonders während eines lange anhaltenden Orkans, zeigten.

Möllhausen, Tagebuch.   24

Nachdem wir das Biberdorf hinter uns hatten, verengte sich das Thal
des Flusses so sehr und zog sich in so kurzen Windungen dahin, daß wir
vielfach genöthigt waren, unseren Weg über die Ausläufer der nächsten
Berge zu nehmen. Das Thal erweiterte sich indessen bald wieder in eine
Wiese, die zur Hälfte mit hohem Rohr, zur Hälfte mit niedrigem Grase
bewachsen, uns eine passende Stelle zum Nachtlager bot. Der Fluß, der
sich hier in einem etwas tieferen Bette durch das Thal schlängelte, war
nicht sehr breit, doch ziemlich reißend. Verkrüppelte Bäume standen hin
und wieder auf seinen Ufern, und unter denselben wenige frische Grashalme, die ersten Verkündiger des herannahenden Frühlings. Auch Spuren
von Indianern fanden wir an diesem Tage, nämlich Abdrücke von Sandalen einiger Männer, die an Bill Williams Fork hinunter dem Colorado
zugewandert waren; die Spuren mußten schon einige Tage alt sein, und
die Eingebornen, von welchen dieselben herrührten, hatten sich anscheinend
vor Lieutenant Whipple zurückgezogen. Wir setzten am 7. Februar in
gewohnter Ordnung unsere Weiterreise fort, immer dem gewundenen Bette
der Bill Williams Fork folgend; nach einigen Meilen rückten die Berge
und Felsen näher zusammen und bildeten eine enge Schlucht, durch welche
sich uns ein einziger Weg öffnete. Anfänglich waren die Schwierigkeiten
leicht zu besiegen, indem fester Boden, wenn auch uneben und felsig, den
Füßen Widerstand leistete; es währte indessen nicht lange, so befanden wir
uns der Art von Felsen, die sich zu beiden Seiten hoch aufthürmten, ein-
geengt, daß wir, wenn wir auch gewollt hätten, nicht im Stande gewesen
wären, auf dem einmal eingeschlagenen Wege umzukehren. Schilf und Gestrüpp bedeckte manchmal dicht unsere Straße, und wo dieses uns nicht
hindernd im Wege stand, da war es wilder Triebsand, der Wagen und
Maulthiere zu verschlingen drohte. Der Boden unter den Hufen unserer
Thiere war unsicher, als sie durch das denselben bedeckende Wasser wateten,
und immer tiefer schnitten die Räder der einander folgenden Wagen ein,
so daß die letzten derselben auf ihren Axen geschleift wurden und zuletzt
nicht mehr von der Stelle gebracht werden konnten, weshalb zum Aufschlagen des Lagers geschritten werden mußte. Die an diesem Tage zurückgelegte Strecke war nur sehr klein, doch mußten wir uns in die Nothwendigkeit fügen. Lieutenant Tittball nebst seiner Escorte und einer
Anzahl Packthiere, die sich mit leichterer Mühe durch die Hindernisse hatten
hindurch arbeiten können, mitunter auch im Stande gewesen waren, an
den Abhängen der Berge hinzuziehen, hatte einen Vorsprung vor den Wagen gewonnen, als er davon benachrichtigt wurde, daß an ein Weiterreisen
an diesem Tage nicht mehr gedacht werden könne. Ich befand mich zu der
Zeit gerade in seiner Gesellschaft und zog es vor, von seiner Gastfreundschaft Gebrauch zu machen und nicht auf dem höchst unbequemen Wege zu
meinen Zeltkameraden zurückzukehren. Bis zum Abend beschäftigte ich mich
daher mit der Jagd auf Vögel, die in großer Anzahl das Thal und die
Abhänge belebten. Besonders erregten die reizenden Kolibri's, die wie

blitzende Smaragde um die wenigen aufbrechenden Blüthenknospen im
Thale summten, meine Aufmerksamkeit, und ich war so glücklich, einige
Exemplare derselben zu erlangen. Heerden von Rebhühnern belebten die
Schluchten und lockten mich weit fort in's Gebirge, wo ich dann einen der
höchsten Punkte erstieg, um einen Blick um mich zu werfen. Wie ein
Chaos umgaben mich dort oben wilde, zackige Gebirgsmassen, unfreundlich
und öde starrte mir von allen Seiten die Natur entgegen, und einsam
schaute von den Gipfeln der Berge und Felsen die riesenhafte Petahaya
um sich; ich konnte mich eines beängstigenden Gefühls in dieser unwirth-
samen Urwildniß kaum erwehren, und behutsam kletterte ich hinab von dem
kahlen Bergrücken.

XXX.

**Reise im Thale der Bill Williams Fork. — Doctor Bigelow's An-
kunft im Lager. — Nachricht von der Recognoscirungs-Abtheilung. —
Artillerie Pic. — Vereinigung der ganzen Expedition und Fortsetzung
der Reise. — Die Quelle im Gebirge. — Indianische Malereien. —
Verminderung des Gepäcks. — Verluste an Wagen und Maulthieren.
— Ankunft am Rio Colorado.**

Der Tag war schon weit vorgeschritten, als am 8. Februar der Zug,
der abermals einen Wagen verloren hatte, zu uns stieß und mit uns vereinigt die Weiterreise antrat. Wieder öffnete sich das Thal zu beiden Seiten, so daß wir weithin über steiniges, wellenförmiges Land zu blicken vermochten; vor uns aber, in der Entfernung von wenigen Meilen erstreckte
sich von Norden nach Süden eine Hügelkette von schwarzen Eruptivfelsen,
durch welche wir an der Stelle, wo die Bill Williams Fork dieselbe durch-
brochen hatte, wie durch ein Thor sehen konnten. Eine kurze Strecke vor
diesem Felsenthor, unter Gestrüpp von Mezquit-Büschen, welches so dicht
stand, daß wir nur mit Mühe bis an den Fluß durchdrangen, errichteten
wir unsere Zelte. Nur sehr kurze Märsche legten wir in dieser Zeit zurück; die Straße war zu schwierig und zu sehr gewunden; wir hatten daher nur wenige Meilen in gerader Linie von einem Lager bis zum anderen
zurückgelegt, obgleich wir mindestens die Hälfte des Tages und gewöhnlich
darüber unterwegs waren.

24*

Am 9. Februar zogen wir durch das Felsenthor und fanden auf der anderen Seite desselben ebenfalls eine kleine Ebene, in welcher der Fluß einen großen Bogen gegen Norden beschrieb; seine Ufer waren hier ziemlich dicht mit Weiden und Cottonwood=Bäumen bewachsen, so daß es Doctor Kennerly und mir, die wir den Lauf des Flusses verfolgten, vielfach gelang, Enten und Schnepfen anzuschleichen und zu erlegen. Auch eine Art von Erdschwalbe trafen wir hier an; diese kreisten in großer Anzahl über dem Thale, in dessen steilen Lehmufern sie an unerreichbaren Stellen ihre Höhlen tief hineingescharrt hatten. Die Wagen hatten unterdessen die gerade Richtung beibehalten; sie befanden sich bald auf der südlichen, bald auf der nördlichen Seite des Flusses, mitunter auch im Flußbette selbst, je nachdem das Terrain zur Straße geeignet schien. Wir näherten uns auf diese Weise einer neuen Felsenkette, die uns das weitere Fortschreiten verwehren zu wollen schien, doch da, wo der Fluß sich seine Bahn gebrochen, entdeckten wir eine ganz enge, äußerst unbequeme Durchfahrt für unsere Expedition.

Wir unternahmen es an diesem Tage nicht mehr, weiter in der wilden Schlucht vorzudringen, sondern nahe dem Wasser, welches hier tiefer war, als wir sonst an der Bill Williams Fork gewohnt waren, errichteten wir unsere Lager. Die klaren, schnell dahineilenden Fluthen waren von unzähligen Forellen belebt, und kaum war dies im Lager kund geworden, als auch eine Menge Angler sich einstellten, die Fisch auf Fisch an's Ufer zogen. Doctor Kennerly und ich nahmen unser kleines Netz zur Hand und wateten, dasselbe nachschleppend, stromaufwärts; unsere Mühe ward auch reich belohnt durch den Fang einer Unmasse von Fischen und einiger sehr interessanter Exemplare von Fröschen, welche letztere in Gesellschaft der kleineren Fische in die Spiritusbehälter wanderten, wogegen die großen ein äußerst schmackhaftes Gericht auf unserem so sehr bescheiden besetzten Tische bildeten.

Kurz vor dem Dunkelwerden stießen Doctor Bigelow und einige Mexikaner mit Nachrichten von Lieutenant Whipple zu uns. So weit derselbe auch schon vorgedrungen war, so hatte doch noch nichts die Nähe des Colorado verkündet, und nur durch das Ausgehen der Lebensmittel war er veranlaßt worden, die Wagen zu erwarten. Doctor Bigelow und seine Begleiter hatten ihn des Morgens verlassen und waren zurückgeritten, während Lieutenant Whipple in seinem Lager blieb und nur gelegentlich einen kleinen Ausflug in's Gebirge zu machen beabsichtigte. Wir waren also gar nicht so weit von einander entfernt, denn Doctor Bigelow hatte die ganze Entfernung in einem Tage zurücklegen können, doch mußten wir drei Tage mit unseren Wagen reisen, ehe wir an der bezeichneten Stelle ankamen. Doctor Bigelow hatte sich selbst zur Reise angeboten, denn er war durch den Anblick der prachtvollen Cereus und anderer zahlreichen Cacteen, besonders aber der Yucca oder des spanischen Bayonets, so erregt, daß er zu mir zurückeilte, um mir alle diejenigen

Exemplare auszusuchen, die er abgezeichnet zu haben wünschte. Er be=
schäftigte mich auf diese Weise während des größten Theils der folgenden
Tage, und wenn ich dann dem alten Herrn die Skizze eines Skeletts von
einer Cereuspflanze entworfen hatte, und wir es verließen, dann sah ich
dem eifrigen Botaniker die Wehmuth an, mit der er sich von so vielen
Schätzen trennte, und wie nah es seinem Herzen ging, zu den kleinen
Cactuspflänzchen, die er in großer Anzahl sammelte, nicht auch einige voll=
ausgewachsene Petahayas und Cactodendrons fügen und mitschleppen zu
können.

Am 10. Februar des Morgens regnete es ziemlich heftig; es war
der erste Regen, den wir seit unserem Abschied von Zuñi erlebten. Er
hinderte uns indessen nicht an der Weiterreise, und mühsam bahnten wir
uns unseren Weg durch die enge Schlucht. Etwas ebenes Terrain befand
sich freilich zu beiden Seiten des Flusses, doch beschrieb dieser, uns gleich=
sam neckend, bald dicht unter den nördlichen, bald unter den südlichen Ab=
hängen dahin fließend, so kurze Windungen, daß wir nicht nur fortwährend
herabgestürztes Gestein und GeRölle zu vermeiden hatten, sondern auch
häufig das wenn gleich schmale, doch ziemlich tiefe Bett des Flusses über=
schreiten mußten. Wir kamen indessen langsam vorwärts und schlugen in
der Nähe eines hohen, abgesondert dastehenden vulkanischen Kegels unser
Lager auf. Der Regen hatte schon gegen Mittag innegehalten, und war
auch die Nacht noch trübe und dunkel, so folgte doch ein klarer, sonniger
Morgen; der ausgebrannte Vulkan, welchem aus einer unbedeutenden Ur=
sache der Name Artillerie Pic beigelegt wurde, erhielt ein majestätisches
Aussehen durch die schöne Beleuchtung der aufgehenden Sonne; das röth=
liche Gestein des südlichen Abhanges schien in purpurnem Feuer zu glühen,
während die alten Lavabäche und Spalten in dunklen Schatten dalagen
und den prächtigsten Farbencontrast vervollständigten. Etwas später als
gewöhnlich begaben wir uns am 11. Februar auf den Weg, der uns
südlich am Fuße des Artillerie Pic vorbeiführte. Breiter war das Thal
von dem Pic ab, und niedriger die dasselbe einfassenden Hügel und Berge,
die mit zahlreichen Cacteen mancher Art, Mezquit=Büschen und einzelnen
Yuccas bedeckt waren. Im Thale selbst befand sich nur selten diese Art
von Vegetation, doch deutete zerstreut stehendes Laubholz auf das Vor=
handensein von fruchtbarem Boden. Größtentheils bestand der Boden des
Thales aus Sand, in welchem das Wasser sich mehr und mehr verlor, bis
wir uns zuletzt in einem ganz trockenen Bette befanden. Da, wo das
Wasser sich verlief, entdeckten wir am Fuße eines steil aufstrebenden Felsens
eine Hütte oder vielmehr einfache Bedachung von Pfahlwerk, welche Arbeit
wir anfänglich den Händen einsamer Biberjäger zuschrieben, doch wurden
wir später am Colorado eines Anderen belehrt, als wir die auf ähnliche
Weise errichteten Hütten der Mohave=Indianer erblickten. Was hätte auch
wohl einen weißen Pelzjäger dazu veranlassen können, an einer Stelle,
wo weder Biber noch sonstiges Wild ihm einigen Ersatz in seiner Ab=

geschiedenheit boten, länger zu verweilen und sogar ein Obdach zu gründen?

Wir erreichten an diesem Tage kein Wasser mehr und lagerten auf einer kleinen Ebene, die so sandig war, daß wir kaum unsere Zelte im Boden zu befestigen vermochten. Wieder langten an diesem Abend Einige von Lieutenant Whipple's Gesellschaft bei uns an, durch welche wir erfuhren, daß derselbe nur wenige Meilen unterhalb auf uns warte. Wir waren deshalb am 12. Februar schon frühzeitig unterwegs und befanden uns nach kurzer Zeit da, wo zwischen dicht stehendem Rohr und Schilf gutes Wasser im Ueberfluß aus dem Boden quoll und einen Bach bildend, gegen Westen unter Buschwerk und kleinen Baumgruppen dahineilte. Auf dem Ufer des Flusses trafen wir mit Lieutenant Whipple zusammen, der schon die letzten mitgenommenen Lebensmittel an seine Leute vertheilt hatte, und gleich nach unserer Vereinigung anordnete, daß von dort ab die Expedition nicht mehr getrennt reisen solle. Denn da auf dem nun einmal eingeschlagenen Wege unter jeder Bedingung durchgedrungen werden mußte, selbst wenn es den letzten unserer Wagen kosten sollte, so konnte das Recognosciren nicht mehr von so großer Wichtigkeit für uns sein, besonders da es nur einen einzigen Weg für uns gab, nämlich das Bette der Bill Williams Fork.

Es war ein großer Uebelstand für uns, daß die Fußbekleidung bei der ganzen Expedition durchweg in den schlechtesten Zustand gerieth, denn der scharfe, steinige Boden, über welchen wir oft wanderten, ließ das Leder der Schuhe und Stiefeln nicht lange vorhalten, so daß das Schuhzeug uns förmlich von den Füßen zu fallen begann. Um also den Leuten Zeit zum Ausbessern desselben zu lassen, wurde am 13. Februar Ruhetag gehalten. Von den Häuten der gefallenen oder erschossenen Maulthiere hatten namentlich die Packknechte Stücke mitgenommen, die uns zu statten kamen, indem die Mexikaner, welche mit dieser Art von Arbeit vortrefflich umzugehen wußten, von dem rohen Leder Sohlen unter unsere Mokkasins und Stiefeln näheten, und zwar so, daß die Haare nach außen kamen; erhielten unsere Füße dadurch auch ein eigenthümliches plumpes Aussehen, so wurde uns Allen auf diese Weise doch wieder auf einige Tage geholfen, und frischen Muthes setzten wir am 14. Februar unsere Reise im Thale der Bill Williams Fork fort. Vor der Ankunft unserer Expedition hatte Lieutenant Whipple einen Ausflug auf das Hochland des nördlichen Flußufers gemacht, und von einem Pfade geleitet in einer Schlucht eine Quelle entdeckt, die ringsum von indianischen Malereien der verschiedensten Art umgeben war; er forderte mich daher auf, in Begleitung vom Ingenieur Campbell, Doctor Bigelow und Mr. Leroux ihm abermals nach der Stelle zu folgen und die eigenthümlichen Malereien copiren zu helfen. Während der Wagenzug also seine Reise im Thale des Flusses fortsetzte, bogen wir nördlich in eine kahle Schlucht, wo wir bald auf dem steinigen Boden die schwachen Merkmale eines indianischen Pfades entdeckten, dem wir nachfolgten. Die

uns umgebenden Höhen waren nur unbedeutend, die Schluchten eng und
anscheinend allmälig vom Wasser gebildet, so daß das Terrain mehr einer
zerrissenen Ebene als gedrängt liegenden Hügeln glich. Aus der ersten
Schlucht ritten wir in eine andere und kamen allmälig auf die Höhe, welche
uneben und bergig, mit dem festen, kiesigen Boden einer gänzlich ausge=
storbenen Wüste geglichen hätte, wenn nicht einige Mezquit=Büsche und die
stolz emporragenden Cacteen etwas Veränderung in diese trostlose Naturum=
gebung gebracht hätten. Bald über kleine Anhöhen, bald durch Risse und
Schluchten führte uns der Pfad. Spuren eines neueren Verkehrs waren
auf demselben nicht zu entdecken, nur daß wir hin und wieder eine zurück=
gelassene, lange, dünne Stange fanden, die von den Indianern benutzt
worden war, die Früchte von den Gipfeln der Petahaya herunter zu stoßen;
auch sahen wir einige dieser riesenhaften Cacteen hervorragen, in deren
höchsten Spitzen zahlreiche lange Pfeile den dortigen Eingebornen steckten.
Diese mochten vielleicht aus Uebermuth oder zum Zeitvertreib dort hinauf
und in das Fleisch der Pflanzen hineingeschossen worden sein; da wir aber
mehrfach bei plötzlichen Biegungen des Pfades solche untrügliche Spuren
vorbeigereister Indianer entdeckten, so kamen wir auf die Vermuthung, daß
dieses Verfahren von den verschiedenen Banden wohl dazu angewendet
würde, um sich gegenseitig zu benachrichtigen, welche Richtung die voran=
gezogene Abtheilung eingeschlagen, oder welche die nachfolgende einzuschlagen
habe. Das Land vor uns wurde immer bergiger, immer tiefer und rauher
die dasselbe durchschneidenden Schluchten. Wir gelangten in eine solche
hinab, die anscheinend der Bill Williams Fork zuführte, doch folgten wir
derselben nur bis dahin, wo eine aus Nordwest kommende Schlucht in sie
mündete. In diese nun bogen wir ein, und allmälig in derselben steigend
fanden wir bald kleine Wasserlachen, welche auf die Nähe der Quelle deu=
teten. Um die Mittagszeit erreichten wir endlich die Quelle, die in
einer Erweiterung der Schlucht unter einer überhängenden Felswand ver=
steckt lag. Einzelne starke Gehörne von Bergschafen lagen nahe derselben
umher und ließen uns vermuthen, daß die Quelle vielfach von diesen Thie=
ren besucht, aber auch manches derselben den hinter Felsblöcken lauernden
indianischen Jägern zur Beute würde. Die Malereien nun, die überall die
glatten Stellen der Felswände bedeckten, waren der allerrohesten Art; sie be=
standen hauptsächlich in Sternen, Sonnen und Strichen und bildeten Figuren,
welchen auch nicht die geringste Aehnlichkeit mit irgend einem Gegenstande
unter der Sonne zugeschrieben werden konnte. Einzelne Hände, vorher mit
Farbe beschmiert, waren auf die Steine gepreßt worden, jedoch die Versuche,
das Bildniß eines Menschen wiederzugeben, gänzlich mißlungen, und fast
gar nichts zu erkennen. Auf der Felswand, an deren Fuß sich der kleine
Wasserspiegel befand, war ein großer bogenförmiger Strich mit weißer und
rother Farbe gezogen, der gleichsam das Gebiet der Quelle begrenzte und
von den trockenen Felsen trennte. In allen diesen künstlerischen Versuchen
fanden wir nur den kindischen Zeitvertreib der dortigen tiefstehenden Wil=

den, und ich glaube nicht, daß den verschiedenen Zeichen irgend eine Be=
deutung zugeschrieben werden kann. Nur kurze Zeit rasteten wir an der
Quelle, denn wenn auch gutes Wasser daselbst unseren Thieren geboten
wurde, so war doch nicht die geringste Spur von Nahrung für dieselben
auf dem steinigen, dürren Boden zu finden. Wir kehrten daher zurück, bo=
gen, an der Schlucht angelangt, die wir auf der Hinreise verlassen hatten,
in dieselbe ein und zogen gegen Süden der Bill Williams Fork zu. Oft=
mals mußten wir die Schlucht, die an manchen Stellen von mächtigen
Felsstücken verschüttet war, verlassen und uns nach den Höhen hinauf=
arbeiten, wo kleines glattes Gestein den Boden so dicht bedeckte und so fest
mit demselben verbunden war, daß dadurch eine entfernte Aehnlichkeit mit
einem rohen Mosaikfelde entstand. So wie wir nun an der Quelle form=
lose Bildwerke indianischer Phantasie an den Felswänden gesehen hatten,
so fanden wir auf diesem steinigen Boden ähnliche Figuren, die durch Weg=
scharren der Steinchen hergestellt waren.

Endlich gegen Abend gelangten wir hinab in eine kleine Niederung
und am Ende derselben an die Bill Williams Fork. An der Stelle, wo
wir den Fluß berührten, verlief sich derselbe im Sande, und da wir die
Spuren unserer Expedition daselbst nicht fanden, so wußten wir, daß wir
dieselbe weiter oberhalb zu suchen hatten und schlugen deshalb die Richtung
gegen Osten ein. Kaum waren wir nach einem Ritt von ¼ Meile um
einen Felsvorsprung gebogen, als wir die ruhig weidende Maulthierheerde
und nicht weit davon hinter Weidengestrüpp an dem dort noch reichlich
fließenden Bache unsere Zelte und den Rauch der Lagerfeuer erblickten.

Am 15. Februar hatten wir nur mit wenigen Hindernissen zu kämpfen,
und ein verhältnißmäßig guter Weg führte uns über eine Strecke von
mehreren Meilen, auf welcher das Wasser unter der Oberfläche des Bodens
fortrieselte und dann wieder als kräftiger Fluß sich aus dem Erdreich drängte
und zwischen mit einiger Vegetation geschmückten Ufern dahin eilte. Oft=
mals war an solchen Stellen das Thal auch theilweise überschwemmt, wo
alsdann Tausende von Vögeln den Wasserspiegel bedeckten und ungestört
ihre Spiele trieben; bei der Annäherung unserer Wagen flogen sie kaum
auf, und Schuß auf Schuß krachte nach allen Richtungen, fortwährend das
Echo in den nahen Felsen und Hügeln wach haltend. Ich war dem Zuge
vorausgeeilt und hatte dadurch Gelegenheit, eine reiche Ernte unter den ver=
schiedensten Arten von Enten zu halten, von denen manche im prachtvoll=
sten Gefieder prangten und eine besondere Zierde unserer schönen Sammlung
von Vogelbälgen wurden. Die Zahl unserer Wagen betrug nur noch sechs,
so weit hatten wir einen nach dem anderen zurücklassen müssen; alle nur
irgend entbehrlichen Gegenstände wurden nach und nach weggeworfen; weder
Tische noch Stühle waren mehr im Lager zu finden, selbst von unseren
Zelten hatten wir nur so viel Leinwand behalten, daß wir uns einen noth=
dürftigen Schutz gegen fallenden Thau oder Regen verschaffen konnten.
Trotz der Verminderung des Gepäckes schwanden die Kräfte unserer Last=

thiere dennoch mehr und mehr, so daß wir uns aus Vorsicht nur in ganz kleinen Märschen fortschleppten.

Am 16. Februar begleitete uns eine Strecke lang das fließende Wasser der Bill Williams Fork, doch zogen wir, nachdem wir 2 Meilen an derselben zurückgelegt hatten, schon wieder auf ganz trockenem, sandigem Boden weiter. Hochauf thürmten sich dort zu beiden Seiten die Felsen, die bald aus Granit, bald aus metamorphosirtem Conglomerat bestanden. Als wir am Nachmittage das Ende der Schlucht vor uns sahen und wie durch ein weit geöffnetes Thor auf eine Ebene zu schauen vermochten, die in der Ferne wieder von blauen Gebirgsmassen begrenzt wurde, glaubten wir schon den Colorado, nach dessen erstem Anblick wir uns so sehr sehnten, erreicht zu haben; doch als wir dorthin gelangten, hatten wir nur eine dürre, unfruchtbare Fläche vor uns und wurden gewahr, daß das trockene Flußbett, in welchem wir während des ganzen Tages fortgezogen waren, eine mehr südliche Richtung nahm, und sich einer dunklen Felsenreihe zu erstreckte. Es mochten noch 3 oder 4 Meilen bis zu diesem Punkte sein, wo wir hoffen durften wieder Wasser zu finden, um so mehr als einzelne Baumgruppen in der Ferne zu erkennen waren. Wir mußten es indessen aufgeben, an diesem Tage noch bis dorthin zu gelangen; unsere armen Thiere waren zu sehr ermattet, dann aber auch brach ein Regenwetter, welches uns während des ganzen Nachmittags gedroht hatte, los, wodurch wir uns doppelt bewogen fühlten, mit unseren Sachen, die auf den Rücken der Lastthiere dem Regen zu sehr ausgesetzt waren, etwas Schutz zu suchen. An diesem Abend wurde uns der Mangel des Wassers besonders fühlbar; denn weil Niemand vermuthet hatte, daß der Fluß so lange unter der Oberfläche des Bodens bleiben würde und weil die Lasten nicht unnöthig vergrößert werden sollten, war nur wenig Wasser in den Trinkflaschen mitgenommen worden. Es regnete fast die ganze Nacht, die uns Allen dadurch auf die unbequemste Weise verging, weil obenein außer der Mangelhaftigkeit unseres Obdaches es uns noch fast gänzlich an Holz zu einem wärmenden Feuer gebrach. Mit dem Frühesten waren wir daher am folgenden Morgen in Bewegung und eilten in gewohnter Ordnung den Baumgruppen an der Felsenkette zu.

Als wir näher kamen, erkannten wir leicht die Schlucht in den vulkanischen Felsen, durch welche sich der Fluß seinen Weg gebahnt hatte; sie war ziemlich dicht mit Cottonwood-Bäumen und Weiden bewachsen, auch fanden wir daselbst Wasser, und zwar so reichlich, daß es den Boden zwischen den Felsen ganz aufgeweicht hatte und dadurch unsere Weiterreise gar sehr erschwerte. Mehrere, darunter ich selbst waren zu Pferde weit in die Schlucht eingedrungen, doch das Unbequeme eines Nachtlagers auf dem moorigen Boden in derselben erkennend, kehrten wir zurück, um unseren Train zum Halten vor derselben zu veranlassen, wo außer Wasser auch nahrhaftes Gras für die Heerde zu finden war, und auf feuchtem Boden sogar frische Brunnenkresse wucherte, von welcher wir uns seit langer Zeit zum ersten Male wieder ein gutes Gemüse versprachen. Obschou uns diese Pflanze frisch und grün anlachte, wagte doch Niemand dieselbe anzurühren, bevor nicht unser Doctor und Botaniker durch Verspeisen eines solchen Gerichtes den Beweis geliefert hatte, daß es wirklich eine nicht nur unschädliche, sondern auch äußerst zuträgliche Speise zu einer Zeit sei, in welcher man wegen Mangels an vegetabilischen Nahrungsstoffen dem Ausbruch des Storbuts täglich entgegensehen konnte. Wir ließen uns daher das Gemüse vortrefflich schmecken, wenn auch die Art und Weise der Zubereitung nicht unerheblich gegen die Regeln der Kochkunst verstoßen mochte.

Ich hatte hier Gelegenheit, das Vorhandensein vieler großer, hellgrüner Scorpione zu bemerken, die sich besonders bei uns in unseren Betten zu gefallen schienen, denn mehrfach wurden des Morgens diese widerlichen Thiere beim Zusammenrollen der Decken aus denselben herausgeschüttelt.

Einer der schwersten Tage, die wir auf der Reise an der Bill Williams Fork zubrachten, war der 18. Februar, denn bald hielten uns die kurz auf einander folgenden Windungen des nunmehr tiefen und viel Wasser führenden Flusses, bald die durch das Austreten desselben entstandenen Moorgründe auf, bald bildete das dichte Holz und das verworrene Gestrüpp, bald das fast undurchdringliche Rohr Zeit und Mühe erfordernde Hindernisse auf unserem Wege. Seltener verursachten uns näher zusammenrückende Felsmassen Aufenthalt; überhaupt wurde, mit Ausnahme einiger weniger Stellen, das nördliche Ufer flacher, während auf dem südlichen sich ungeheure Felsen erhoben, eine fast regelmäßige Gestalt annahmen und dem Thale einen eigenthümlichen Reiz verliehen. Langsam zogen wir durch die von unzähligen Wasservögeln bedeckten Moorgründe, langsamer noch über Strecken hin, wo jeder Fuß breit unseres Weges vorher mit der Axt gesäubert werden mußte. So gelangten wir denn gegen Abend bis dahin, wo imposante Felsmassen sich wie riesenhafte Wälle steil aufthürmten und hoch über das Thal und die benachbarten Hügelreihen emporragten. Schon während des Tages hatten wir das vielfache Echo bewundert, welches laut und donnernd aus den Schluchten auf jeden Schuß antwortete; doch nun, als wir dicht unter den Felsenmassen lagerten, konnten wir nach Herzenslust die schöne Formation dieses Naturbauwerkes bewundern. Ungeheure Massen von Trappfelsen lagen übereinander geschichtet und ruhten weiter nach unten auf flachen Schichten von Kalkstein, die mit ihrer gelblichweißen Farbe eigenthümlich gegen das andere schwarze Gestein contrastirten.

Den 19. Februar hat gewiß Niemand, der zur Expedition gehörte, vergessen. Seit 4 Wochen hatten wir vergeblich nach dem Colorado, dem großen Colorado des Westens ausgeschaut; seit 4 Wochen hatten wir uns darauf gefreut, endlich die Vortheile genießen zu können, welche in dem breiten Thale eines Stromes ersten Ranges geboten werden, und am 20. Februar erst gelangten wir an dieses unser nächstes Ziel. Seit langer Zeit schon daran gewöhnt, von den Höhen aus nichts als die endlose Wildniß zu erblicken, vermutheten wir nicht, daß die Felsenreihe vor uns sich

schon auf dem westlichen Ufer des Colorado befände, und um so uner-
warteter war es daher für uns, als wir bei einer plötzlichen Biegung des
Thales den majestätischen breiten Strom dicht vor uns erblickten. Auf
der Strecke von einigen Meilen vor ihrer Mündung bewässert die Bill
Williams Fork ein reizendes Thal, in welchem Wiesen, Gehölz und kleine
Teiche oder Seen mit einander abwechselten; an rauhen Gebirgsmassen vorbei suchten die klaren Wasser des Flüßchens sich ihren Weg zu den Fluthen
des Colorado, der an dieser Stelle sich mit aller Gewalt zwischen grauen
Felsen hindurchdrängte. Es war eine wildromantische Naturscene: der breite
Strom und die dunklen kahlen Felsen gewährten einen erhabenen Anblick,
wenn auch keinen freundlichen; denn da, wo die Vegetation mangelt, glaubt
man eine kranke Stelle der Natur vor sich zu haben, man wundert sich,
man freut sich, doch ist die Freude anders, wenn man tausendfaches Leben
dem Boden entsprießen und denselben mit einem lieblichen Mantel der
üppigsten Vegetation bedeckt sieht.

Mit einem kräftigen Hurrah begrüßten die Amerikaner, mit Schüssen
die Mexikaner den langersehnten Strom, und obschon wir erst wenige
Meilen zurückgelegt hatten, so wurden doch sogleich nach unserer Ankunft
Anstalten getroffen, Angesichts des Colorado eine gute Ruhestunde zu halten,
und dann stromaufwärts die Reise mit erneuten Kräften fortzusetzen.

An der Mündung der Bill Williams Fork in den Colorado befanden
wir uns 34° 17' nördlicher Breite, 114° 06' Länge westlich von Greenwich und 208 Fuß über dem Meeresspiegel; wir waren also seit Ueberschreitung des Azteken-Passes 6073 Fuß abwärts gezogen, die sich auf die
Entfernung von 154 Meilen ziemlich unregelmäßig vertheilten. Von Fort
Smith waren wir nunmehr 1522 Meilen und von Albuquerque 668
Meilen entfernt.

XXXI.

Reise am Colorado hinauf. — Aufgeben der letzten Wagen. — Die Eingebornen im Thale des Colorado. — Die Chimehwhuebes, Cutcha-nas und Pah-Utahs. — Tauschhandel mit den Eingebornen. — Er-zählung von der geheiligten Eiche der Chauchiles-Indianer. — Der Gebirgspfad. — Die Mohave-Indianer.

Wir fanden am Colorado zahlreiche Spuren der Eingebornen, die mit unbedeckten Füßen nach allen Richtungen die Niederung durchkreuzt, aber auch an manchen Stellen längere Zeit mit ihren Familien verweilt hatten, und wir Alle waren darauf gespannt, die Ersten dieser noch so wenig bekannten Nationen kennen zu lernen. Da an ein Ueberschreiten des Stromes hier noch nicht gedacht werden konnte, weil das westliche Ufer, so weit das Auge gegen Norden reichte, eine fortlaufende steile Felsen-kette bildete, wir ferner aber auch beabsichtigten, das Thal des Mohave River, der, aus der Nähe des San Bernardino-Gebirges in Californien kommend, sich in den Colorado ergießt, so viel wie nur möglich zu benutzen; so mußten wir so weit nördlich ziehen, bis sich uns, vielleicht bei den Dörfern der Mohave-Indianer, eine passende Stelle zeigte, wo wir das westliche Ufer des reißenden Stromes würden gewinnen können. Wir brachen deshalb nach kurzer Rast an der Mündung der Bill Williams Fork wieder auf, reisten in dem schmalen, aber ziemlich ebenen Thale des Colorado nordwärts und schlugen nach einem Marsche von 6 Meilen in ganz geringer Entfernung von dem Strome unser Lager auf. Bis hierher hatten wir noch zwei unserer großen Reisewagen gebracht, es war also da-durch erwiesen, daß überhaupt mit Wagen bis an den Colorado durchge-drungen werden kann. Dieselben aber über den Fluß zu schaffen, wäre für unsere Mittel eine zu zeitraubende Arbeit gewesen, ganz abgesehen da-von, daß weiter nördlich vor uns steile, zackige Gebirgsmassen ein Durch-bringen der Wagen unmöglich zu machen schienen. Diese mußten also auch zurückgelassen und die auf denselben befindliche Bagage auf die Pack-sättel und Rücken der Maulthiere vertheilt werden. Als unsere Leute am Nachmittage mit dieser Arbeit beschäftigt waren, bemerkten wir die ersten Eingebornen, die sich vertrauensvoll unserem Lager näherten. Es waren vier junge, sehr große, schön gewachsene Leute; den kräftigen Bau und das vollkommenste Ebenmaß der Glieder konnten wir um so mehr bewundern, als sie außer einem schmalen weißen Schurz nicht das Geringste zur Be-

Kleidung an ihrem Körper, selbst nicht an ihren Füßen, trugen. Sie waren vollständig unbewaffnet und da sie auf diese Weise ihre friedfertigen Ge= sinnungen zu erkennen gaben, so verstand es sich von selbst, daß sie mit größter Freundlichkeit von uns empfangen wurden. Die Hautfarbe dieser Menschen war dunkelkupferfarbig; das Gesicht hatten sich alle Vier auf gleiche Weise bemalt, nämlich kohlschwarz mit einem rothen Striche, der sich von der Stirne über Nase, Mund und Kinn zog. Dies schien über= haupt eine fast allgemein verbreitete und beliebte Decoration der dortigen Eingebornen zu sein, denn vielfach bemerkte ich an den folgenden Tagen noch diese wahrhaft erschreckende Art von Bemalung. Ihre starken schwar= zen Haare trugen sie lang auf den Rücken hinunterhängend, wo sie stumpf abgeschnitten und mittels aufgeweichter Lehmerde in Strähnen oder Stricke gedreht und dann steif zusammengetrocknet waren, ein Gebrauch, den ich später bei allen männlichen Eingebornen im Thale des Colorado bemerkte. Eine dünne Schnur von Bast trugen sie um die Hüften, und durch diese war der Zeugstreifen gezogen, der vorn bis beinahe an die Knie reichte, hinten aber fast bis zur Erde flatterte. Es muß dieß eine Art von Ab= zeichen der dortigen Stämme sein; denn Alle, die ich zu bemerken Gelegen= heit hatte, legten viel Werth darauf, daß zu jeder Zeit dieser Schweif ge= sehen würde, was deutlich daraus hervorging, daß einer der jungen Leute, der mit Beinkleidern beschenkt wurde und dieselben mit Hülfe einiger unserer Leuten anzog, augenscheinlich in die größte Verlegenheit darüber gerieth, daß dieses Abzeichen in Folge dessen nicht mehr sichtbar war; nach einigem Nachdenken riß er daher ein Loch gerade in die Mitte des Kleidungsstückes, und zog mit über seinen Scharfsinn triumphirendem Gesicht den Zeugstreifen durch dasselbe, so daß er durch diese eigenthümliche Verbindung der india= nischen mit der europäischen Tracht ein unbeschreiblich komisches Aussehen erhielt. An dem dünnen Gurt hatten unsere Besucher noch Ratten, große Eidechsen und Frösche befestigt, die sie sich an unseren Feuern rösten wollten, um sie dann zu verzehren; doch wir tauschten ihnen für Hammelfleisch diese für uns neuen Exemplare ab, und gesellten sie unserer Sammlung bei. An den Spuren der Indianer, die wir hin und wieder auf dem Lehmboden des Thales fanden, hatten wir uns schon über das weite Aus= einanderstehen der Zehen gewundert; noch mehr fiel es uns auf, als wir die uns besuchenden Eingebornen beobachteten und sogleich gewahrten, wie eigenthümlich weit auseinander geredt die fast nagellosen Zehen waren. Wir erklärten uns diese Erscheinung durch die Vermuthung, daß vielleicht das viele Waten im morastigen Erdreich des häufig überschwemmten Thales bei den Kindern schon die Ursache davon sein möchte.

Die vier Indianer hatten sich zur Nacht entfernt, stellten sich am folgenden Morgen aber wieder ein und schienen nicht wenig erstaunt, als sie bemerkten, daß wir unsere Wagen zurückließen und nur mit einem ganz leichten Wägelchen, an welchem der Viameter befestigt war, unsere Reise fortsetzten. Da die Maulthiere ohne Schwierigkeiten den indianischen Pfa=

den, die an Abgründen vorbei über Felsen und durch Schluchten führten,
zu folgen vermochten, der leichte Wagen aber an den unbequemsten Stellen
von unseren Leuten getragen werden konnte, so kamen wir auf dem felsigen,
zerrissenen Ufer des Colorado, welches die ebenen Thalgründe häufig unter=
brach, verhältnißmäßig schnell vorwärts. Ganze Horden von Eingebornen,
die theils durch den Fluß zu uns herüber schwammen, theils aus den mit
Mezquit=Waldung bedeckten kleinen Ebenen zu uns stießen, begleiteten uns
fortwährend, und immer größer wurde die Zahl derer, die nun nicht mehr
unbewaffnet, wie am ersten Tage, sondern mit Bogen und Pfeilen versehen
uns umschwärmten.

Jetzt, da wir die Eingebornen in drei Stämmen, Chimehwhuebes,
Cutchanas und Pah=Utahs, die aber in ihrem Aeußeren keine Ver=
schiedenheit zeigten, in so großer Anzahl beobachteten, konnten wir uns
nicht genug über den kräftigen Menschenschlag wundern, wo eine männliche
Gestalt unter 6 Fuß Höhe zu den Seltenheiten zu gehören schien. Beson=
ders fiel uns der Unterschied zwischen den im Gebirge, ähnlich den Wölfen
lebenden Yampays und Tontos, von denen wir freilich nur wenige Exemplare
kennen gelernt hatten, und den von vegetabilischen Stoffen sich nährenden
Bewohnern des Colorado=Thales auf, indem erstere nur kleine häßliche
Gestalten mit widrigem, tückischem Ausdruck der Physiognomie waren, die
anderen dagegen wie lauter Meisterwerke der schöpferischen Natur erschienen.
Es war eine Freude, diese riesenhaften Gestalten zu beobachten, wenn sie,
ähnlich dem schwarzschwänzigen Hirsch, in mächtigen Sprüngen über hin=
derndes Gestein oder Gestrüpp hinwegsetzten und an uns vorbei stürmten.
Hierzu kam noch der freundliche, fast offene Ausdruck ihrer Augen, den
selbst die gräßliche Bemalung nicht zu verdrängen vermochte, und die ewig
glückliche Stimmung, in der sich diese Wilden zu befinden schienen, denn
ihre Scherze und Neckereien unter sich, denen immer wildes ausgelassenes
Lachen folgte, nahmen während des ganzen Tages kein Ende, bis sie gegen
Abend Alle verschwanden, wahrscheinlich um vor der sich einstellenden Kälte
den unbedeckten Körper unter ein schützendes Obdach zu bringen.

Ganz im Gegensatze zu den Männern sind die Weiber der Indianer
am Colorado durchgängig klein, untersetzt und so dick, daß ihr Aussehen
mitunter an's Komische grenzt. Um die Hüften tragen sie einen Schurz
oder vielmehr einen Rock, der von Bastfreifen angefertigt ist und zwar so,
daß ganze Bündel dieser Streifen mit dem einen Ende am Gürtel dicht
und fest mit einander verbunden sind, während das andere Ende derselben
bis fast auf die Knie herunterhängt und dort ähnlich langen Franfen
gerade abgeschnitten ist. Jede einzelne dieser Frauen gleicht in diesem An=
zuge aus der Ferne einer Ballettänzerin, sogar die schaukelnde Schwingung
des Rockes beim Gehen fehlt nicht und erinnert an die gezierten Bewegun=
gen auf den Bühnen. Auf der Stirne tragen beide Geschlechter das Haar
über den Augenbrauen stumpf abgeschnitten, doch verschieden von den Män=
nern sieht man bei den Weibern das Haar niemals sehr lang und auch

nicht in jene oben erwähnten Streifen gedreht. Die etwas breiten Gesichter der letzteren mit ihren schönen schwarzen Augen zeigen ebenfalls den Ausdruck des Frohsinns, und wenn sie auch nicht schön genannt werden können, so entbehren manche Physiognomien wiederum nicht eines gewissen Reizes. Bei ihrer Bemalung gehen sie sorgfältiger zu Werke, als die Männer und tätowiren sich auch mehr als diese, namentlich findet man, daß die meisten ihre Lippen ganz blau gefärbt und das Kinn von einem Mundwinkel bis zum anderen mit blauen Punkten und Linien geschmückt haben. Ihre Säuglinge halten sie bis zu einem gewissen Alter in Bastreifen eingewickelt und tragen dieselben überall mit sich herum.

Am dritten Tage unserer Reise am Colorado hatten wir die erste Gelegenheit, uns von den Cutchanas, die haufenweise in unser Lager strömten, Dies und Jenes einzutauschen. Sie brachten uns Bohnen, Mais, Weizen, feingeriebenes Mehl, Kürbisse und Melonen, für welche wir unsere schlechten Kleidungsstücke oder Streifen von unseren Decken hingaben; auch verschafften wir uns einige von ihren Bogen von 5 Fuß und Pfeile von 3 Fuß Länge. Erstere bestanden aus einfachen gebogenen Stücken zähen Holzes und die Sehne auf demselben aus sorgfältig gedrehtem Thiernerv; die Pfeile dagegen waren aus zwei Stücken zusammengesetzt, aus einem Rohrschaft mit den daran befestigten Federn und einem harten Holzstäbchen, welches im Rohrschaft steckend, an der Spitze mit sauber und künstlich geschlagenen Steinen versehen war. Auf welche Weise die Indianer die härtesten aller Steine in zierliche Pfeilspitzen mit Widerhaken schlagen, ist mir unerklärlich geblieben, um so mehr, als noch keine eisernen Geräthschaften ihren Weg bis zu diesen Leuten gefunden haben. Die Steinspitzen sind mit einer Mischung von Baumharz am Schaft befestigt und zwar so, daß, wenn man den Pfeil aus einer Wunde zieht, der Stein sich vom Schaft trennen und im Körper zurückbleiben muß. Außer dieser Angriffswaffe führen die dortigen Eingebornen noch eine kurze Keule oder vielmehr den aus einem einzigen Stück Holz geschnitzten Hammer oder Schlägel, woher sie in Amerika auch wol Club- oder Keulen-Indianer genannt werden. Dieser Schlägel ist 1¼ Fuß lang und aus leichtem, aber sehr festem Holz mühsam ausgearbeitet; der obere dicke Theil ist wie der Stiel oder Griff rund und am äußersten Ende mit einer scharfen Kante versehen; der Griff ist am Ende durchbohrt, und von diesem Loch aus schlingt sich ein starker Riemen um die Hand, so daß im Moment des Schlagens die Keule der Hand entgleiten kann, ohne deswegen ganz zu entfliegen. Die Gewalt des Hiebes wird auf diese Weise mehr als verdoppelt, und so unansehnlich diese Waffe an und für sich auch sein mag, so ist sie doch in den Händen der riesenhaften, muthigen Eingebornen gewiß nicht zu verachten. Daß diese aber den Muth eines gereizten Bären besitzen, kann Capitain Sitgreaves, der einige Jahre früher am Colorado eine Strecke hinunter reiste, bezeugen, indem die ihn angreifenden Indianer 20 Minuten lang ohne zurückzuweichen, seinem Musketenfeuer sich aussetzten und 4 Todte außer denen verloren, welche sie mit fortschleppten. Das Benehmen der Indianer gegen uns konnte nur ein durchaus freundliches genannt werden; ja, sie schienen sogar etwas von den Zwecken unserer Expedition zu verstehen und viel auf eine nähere Verbindung mit den Weißen zu geben. Bei feindlicher Gesinnung hätten sie uns gewiß sehr viel zu schaffen machen, ja vielleicht die ganze Expedition auflösen können, indem sie uns stets zu vielen Hunderten umschwärmten.

Häufig kamen wir auf unserer Wanderung an wohlbestellten Weizenfeldern vorbei, wo wir dann jedesmal eine Anzahl von Indianern fanden, die uns durch Zeichen baten, nicht über ihre Saaten zu ziehen. Natürlich wurde es vermieden, den freundlichen Eingebornen den geringsten Schaden zu verursachen, denn bei den geringen Mitteln, die den armen Leuten zu Gebote stehen, konnten wir uns leicht vorstellen, welche Mühe ihnen die Bestellung eines kleinen Feldes kosten mußte. Am 25. Februar erhielten wir zum ersten Male einen geregelten Besuch von Cutchanas, Put=Utahs und Chimehwhuebes, die uns in zierlich geflochtenen Körben und Schüsseln Mais und Bohnen brachten. Alles wurde ihnen abgetauscht, und auf diese Weise konnten nicht allein wir selbst endlich wieder einmal unseren Hunger vollkommen stillen, sondern auch unsere Maulthiere erhielten kleine Maisrationen, um ihre so sehr geschwundenen Kräfte wieder etwas emporzubringen. Rothen Flanell, noch so abgetragen und dünn, nahmen diese Indianer am liebsten, wogegen sie mit Verachtung auf die schöne rothe Vermillonfarbe blickten, welche bei den Nationen östlich der Rocky Mountains der gangbarste Handelsartikel ist. Ueberhaupt fanden wir die Eingebornen am Colorado nicht nur in ihren Sitten und Gebräuchen, sondern auch in ihren Neigungen gänzlich verschieden von allen denen, die wir bisher kennen gelernt hatten, und es ist wirklich zu verwundern, daß, wenn in frühern Zeiten spanische Missionaire dort gewesen sind, dennoch die Civilisation bei diesen so sehr zu derselben hinneigenden Menschen nicht Wurzel gefaßt hat. In ihrem ganzen Benehmen gegen uns, in ihrem Auftreten und darin, daß sie unsere Absichten zu verstehen und darauf einzugehen schienen, glaubten wir einen Funken zu erkennen, der nur angefacht zu werden brauchte, um die Bevölkerung des Colorado=Thales mindestens auf die Civilisationsstufe der Pueblo=Indianer von Neu=Mexiko zu bringen, ganz abgesehen davon, daß bei jedem ackerbautreibenden Volke die Civilisation leichter Eingang findet als bei Nomadenstämmen. Doch leichter wird durch die Gewissenlosigkeit und den Uebermuth der Weißen, wenn dieselben erst in näheren und häufigeren Verkehr mit diesen noch unverdorbenen Wilden gelangen, das aufkeimende Vertrauen erstickt und in bittere Feindschaft verwandelt werden, wie dies schon seit Jahrhunderten bis auf den heutigen Tag unzählige Male geschehen ist. Und der Eingeborne, der sich und seine Rechte mit Füßen getreten sieht, wird, wenn er sich gegen die weiße Raçe auflehnt, wie ein schädliches Thier verfolgt, und der blutige Hader erreicht erst sein Ende, wenn der letzte freie Bewohner der Wildniß hingeopfert ist.

Ich führe als Beispiel für diese Behauptung den mörderischen Krieg der
Californier gegen den kriegerischen Stamm der Cauchiles=Indianer an, der
im Jahre 1851 geführt wurde und einzig und allein durch die Brutalität
eines Viehhändlers hervorgerufen war. Tief in den Mariposa=Gebirgen
liegt nämlich ein Landstrich, Four Creels genannt, der allgemein als das
Paradies der Eingebornen bezeichnet wurde. Zahlreiche Quellen entspringen
dort am Fuße schneebedeckter Gebirge und bilden Bäche und Flüßchen, die
sich bald durch kleereiche, duftende Ebenen schlängeln, bald von riesenhaften
weitverzweigten Eichen und himmelanstrebenden Tannen beschattet werden.
Dort befand sich ein den Indianern heiliger Baum, eine mächtige Eiche,
die mit Recht als die Königin der ganzen Landschaft bezeichnet wurde.
Im Schatten dieses Baumes hielten die Eingebornen ihre Rathsversamm=
lungen, verehrten ihren Manitu und begruben daselbst auch ihre großen
Häuptlinge und weisen Männer. Die dort vorbeiziehenden Karawanen der
Emigranten hatten lange Zeit die Heiligthümer der Indianer geschont, bis
endlich ein Viehhändler mit einer großen Heerde Rinder dort erschien. Die
Indianer kamen diesem Menschen freundlich entgegen und erboten sich sogar,
ihm bei der Herstellung einer Einfriedigung für seine Heerde behülflich zu
sein. Dem Händler gefiel indessen die geheiligte Eiche so ausnehmend,
daß er beschloß, seinen Viehstall um dieselbe herum anzulegen. Den Vor=
stellungen der Indianer gab er kein Gehör, sondern antwortete ihnen, er
habe sich vorgenommen, seine Rinder in der indianischen Kirche schlafen zu
lassen und bekräftigte mit einem Schwur, daß ihn nichts an seinem Vor=
haben hindern solle. Die Indianer, erbittert über die Entweihung der
Gräber ihrer hervorragendsten Krieger, überfielen den Viehhändler, ermordeten
ihn und seine Leute und setzten sich in Besitz der Heerde. Der Krieg zwi=
schen den Eingebornen und den Weißen war auf diese Weise erklärt; zahl=
reiche Opfer sind seitdem auf beiden Seiten schon gefallen und manches
Leben wird noch geopfert werden, ehe die durch fluchwürdiges Benehmen
einzelner Menschen veranlaßten Streitigkeiten vollständig geschlichtet sind.
Und wie lange wird es noch dauern, bis ein Grund gefunden oder erfun=
den wird, um einen Ausrottungskrieg gegen die bis jetzt noch friedlichen
Eingebornen im Thale des Colorado beginnen zu können? Die weiße Race
allein trifft ein gerechter Vorwurf, wenn ganze Völkerstämme von dem
Erdball verschwinden, denn alle Unbilden, alle Verbrechen der kupferfarbigen
Race an ihren Unterdrückern entspringen aus Fehlern, die den wilden, un=
civilisirten Menschen eigenthümlich sind, und wer die Fehler der Wilden
nach den Gesetzen der Civilisation bestraft, der zeigt, daß er selbst an der
Civilisation keinen Theil hat.

Wir setzten am 22. Februar unsere Reise in einiger Entfernung vom
Colorado gegen Norden fort und gelangten gegen Mittag an den Fluß
selbst, an welchem wir so lange hinauf zogen, bis steile Felsmassen, die
weit in's Land hineinreichten, uns den Weg zu versperren schienen. Wir
schlugen daselbst unser Lager auf, um über den nunmehr einzuschlagenden

Möllhausen, Tagebuch.   25

Weg zu berathen, denn noch waren wir nicht bis an das eigentliche Dorf
der Mohave-Indianer gelangt, obgleich uns schon zahlreiche Gesellschaften
derselben besuchten. So weit wir bis hierher den Colorado gesehen, hatten
fruchtbare Niederungen, freilich von nur geringem Umfange, mit kahlen
Felsmassen und dürrem, steinigem Boden abgewechselt. Die Niederungen
nun, auf welchen in Mezquit-Waldungen versteckt die Eingebornen ihren
Unterhalt der Fruchtbarkeit des Bodens entnehmen, scheinen den Indianern
Alles zu bieten, was in dem Bereiche ihrer Wünsche liegt, denn außer den
Feldfrüchten, die sie ihrem eigenen Fleiße verdanken, ist es ja auch der
Mezquit-Baum *) selbst, der ihnen in Jahren des Mißwachses reichliche
Aushülfe bietet.

Viele Indianer hatten uns an diesem Tage bis zu unserem neuen
Lager begleitet, indem sie fortwährend unser Thun und Treiben neugierig
beobachteten und zu allem für sie Ungewöhnlichen laut jubelten und lachten,
und da wir auf friedlichem Fuße mit ihnen standen, die harmlosesten Menschen zu sein schienen. Als wir uns mit unseren alten Begleitern unterhielten, wurden wir einer ganzen Schaar Indianer mit Weibern und Kindern ansichtig, die sich von der Felskette her in feierlichem Zuge auf unser
Lager zu bewegte. Es war dieses eine Gesellschaft oder Gemeinde der
Mohave-Indianer, die sich mit ihren Tauschartikeln bei uns einstellte,
um Geschäfte zu treiben. So wenig oder gar nicht bekleidet die einzelnen
Mitglieder auch waren, so läßt sich kaum eine buntere Schaar denken als
die, welche, geführt von einem Häuptlinge, in langer Reihe unserem Lager
zuschritt. Die herkulischen Gestalten der Männer prangten von den langen
Haaren bis hinab zu den stumpfen Zehen in weißer, gelber, blauer und
rother Farbe, je nachdem sie sich mit Kalk oder farbiger Thonerde beschmiert
hatten. Die diamantklaren Augen blitzten aus den bemalten Zügen wie
feurige Kohlen, und auf dem Scheitel der Meisten standen einige Geier-,
Specht- oder Schwanenfedern aufrecht, wodurch die riesenhaften Gestalten
nur noch größer erschienen. Einzelne hatten als einzige Bekleidung einen
Pelzmantel, der aus Streifen von Hasen- und Rattenfellen geflochten war,
um die Schultern geworfen; doch Einer überstrahlte die ganze Gesellschaft

---

*) Bartlett's Personal Narrative Vol. I. p. 75. Der Mezquit-Baum
(Algarobia glandulosa) gehört zur Familie der Akazien; die Blätter sind
zart, das Holz sehr hart und würde, wenn die Bäume nur größeren Umfang
erreichten, sich gewiß ausgezeichnet zu Drechslerarbeiten verwenden lassen. Die
langen, schmalen Schoten sind ein Lieblingsfutter der Pferde und Maulesel,
und die Bohnen werden von den Eingebornen zu Mehl gerieben, mit Mais-
und Weizenmehl vermischt oder auch allein zu Kuchen verbacken. Der Name
Algarobia, von de Candolle für eine Section der Gattung Prosopis benutzt,
ist von George Bentham zu einer Gattung erhoben worden, die zur Tribus
Parkieae der natürlichen Ordnung Mimoseae gehört. Algarobia glandulosa
wurde von Torrey aufgestellt und in den Annales of the Lyceum of New-
York Vol. II., p. 192 beschrieben und abgebildet.

durch seinen einfachen Puß, auf den er sich nicht wenig einzubilden schien.
Es hatte nämlich eine Weste, die von unseren Leuten als unbrauchbar
weggeworfen oder vertauscht worden war, ihren Weg bis zu diesem Wilden
gefunden und half nun den Anzug vervollständigen, der bis dahin nur aus
gräßlicher Bemalung bestanden hatte. Die Weiber waren alle mit dem
eigenthümlichen Rock bekleidet, dessen vordere Hälfte bei den wohlhabenderen
aus gedrehten Wollschnüren statt der Baststreifen bestand. Auf den Köpfen
trugen sie thönerne Gefäße, aus Bast geflochtene Säcke und wasserdichte
Körbe, die mit den Erzeugnissen ihres Fleißes und dem Ertrag ihrer Felder
angefüllt waren. Im Lager angekommen, knieten die Weiber reihenweise
auf dem Boden nieder. Ihre vollen Körbe stellten sie vor sich hin, worauf die sie begleitenden Männer sich in unserem Lager zerstreuten, unsere
Leute zum Handel aufforderten und auch den Abschluß eines Handels, wenn
ein solcher zu Stande gekommen war, überwachten. Bis spät in die Nacht
hinein dauerte dieses Treiben, worauf die Eingebornen unserer Sicherheit
wegen aufgefordert wurden, unser Lager und Wachtfeuer zu verlassen. Eine
große Anzahl derselben hatte sich übrigens schon bei Zeiten, als die Kühle
des Abends sich einzustellen begann, nach ihren Höhlen und Hütten begeben.

Nur einzelne Wilde erschienen am Morgen des 23. Februars in dem
Lager, um unseren Aufbruch zu beobachten, und unter diesen einer unserer
ersten Bekannten, der alles Zeug, welches ihm von unserer Gesellschaft geschenkt worden war, auf seinen Körper gezogen hatte und eine gesprungene,
unbrauchbare Büchse, die ihm ebenfalls überlassen wurde, triumphirend auf
seinen Schultern trug. Dieser Wilde, dessen Stolz auf seinen Schmuck
grenzenlos war, vertrat gewissermaßen die Stelle eines Führers bei unserer
Expedition. Wir gelangten unter seiner Leitung schon in aller Frühe an
die Felsenkette, vor welcher unser Pfad sich theilte, indem der eine dicht
am Flusse die hohen Felswände hinaufführte, während der andere sich in
östlicher Richtung um das Gebirge herumzog. Durch einen Zufall wurde
an dieser Stelle unsere Expedition getheilt, denn als Lieutenant Whipple
den kleinen Wagen mit dem Viameter berücksichtigend, die ebnere Straße
gegen Osten einschlug, war Lieutenant Tittball mit seinen 25 Mann
und den dazu gehörigen Maulthieren in der Meinung, daß ihm der ganze
Zug folge, hinter den Felsen dicht am Flusse verschwunden. Der Geologe
Mr. Marcou und ich, in der Hoffnung, am Abend oder vielleicht noch
früher wieder mit dem Zuge, zu welchem wir eigentlich gehörten, zusammenzustoßen, wendeten unsere Thiere und holten Lieutenant Tittball
sehr bald ein, der sich langsam mit den vorsichtigen Maulthieren auf dem
Pfade fortbewegte, auf welchem nur diese oder Indianer mit sicherem Fuße
hinzuschreiten vermochten. Wir bestiegen deshalb an den schwierigsten
Stellen und am Rande der Abgründe, wo wir uns vor dem Schwindlig-
werden nicht ganz sicher fühlten und uns vor dem Ausgleiten fürchteten,
unsere Thiere, und führten dieselben hinter uns am Zügel, wenn bessere

25*

Stellen unseren gefährlichen Weg unterbrachen. Oftmals wenn wir, die wir an der Spitze des Zuges ritten, wieder festen Fuß in einer Schlucht gefaßt hatten und dann zu den Felsen hinaufblickten, von welchen wir herunter gekommen waren, oder die lange Reihe der schwer bepackten Thiere, die sich, immer eins hinter dem anderen, an den Abhängen hinunterwanden, beobachteten, wie Felsblöcke und Gestein sich unter den Hufen lösten und in die Tiefen hinabrollten, dann kam es uns fast wunderbar vor, daß wir, ohne einen Unfall zu erleiden, wirklich denselben Weg zurückgelegt hatten, und rüstig ging es auf's Neue hinauf, wo uns der geringste Fehltritt der Thiere in schauerliche Abgründe oder in den schäumenden Fluß stürzen mußte. Den Colorado hatten wir immer zu unserer linken Seite und konnten ihn stets bis zu seinem westlichen Ufer übersehen, welches ebenfalls aus schwarzen verworrenen Felsen bestand. Auch erreichten wir eine Stelle, wo der Fluß, ohne einen wirklichen Fall zu bilden, wild tobend über Felsmassen stürzte. Es war ein großartiger Anblick, doch der gänzliche Mangel an Vegetation auf den Höhen sowohl wie auf den kleinen hin und wieder hervorragenden Lehmufern gab dem ganzen Bilde den Charakter einer großartigen Einöde, einer grauenerregenden Wildniß; selbst die Eingebornen waren aus unserer Nähe verschwunden, gleichsam als scheuten sie sich, diese Wüste zu betreten.

Unser beschwerlicher Weg schien gar kein Ende nehmen zu wollen, denn glaubten wir endlich ebenen Boden gewonnen zu haben, so führte nach kurzer Strecke der gewundene Pfad uns wieder an steilen Abhängen hinauf, wo der Schall der auf hartes Gestein fallenden eisenbekleideten Hufe unserer matt schleichenden Maulthiere in der lautlosen Einsamkeit verklang. Die scharfen Bergzacken, die am Morgen vor uns gelegen hatten, ließen wir allmälig hinter uns; wie Thürme und Obelisken ragten in unregelmäßigem Durcheinander die Kuppen der Felsen in der klaren Atmosphäre empor, in welcher die kleinsten Linien der bläulichen Gebirgsmassen deutlich erkennbar waren.

Spät am Nachmittage gelangten wir endlich in eine Ebene, welche durch die Niederungen des Colorado gebildet wurde. Wie ein niedriger Wald dehnte sich dieses Thal mit seinen verkrüppelten Bäumen, seinem Strauchwerk und Schilf vor uns aus. Zahlreiche Rauchsäulen erstiegen in allen Richtungen dem Gehölz und bezeichneten die Stellen, wo von Waldung versteckt die einfachen Hütten der Mohave-Indianer lagen. Das Thal des Flusses mußte sehr stark bevölkert sein, denn auf beiden Ufern bis in die weiteste Ferne nahmen wir solche Zeichen von der Anwesenheit menschlicher Wesen wahr. Noch waren wir nicht weit in der Ebene fortgeschritten, als auf zwei prächtigen Hengsten ein paar Indianer zu uns herangesprengt kamen. Mehr noch als über die beiden jungen wilden Reiter, die ihre Pferde mit einer härenen Leine lenkten, freuten wir uns über die schönen Thiere selbst, die nicht nur wohlgenährt und gepflegt, sondern auch Muster von schönen Pferden waren. Außer diesen beiden sahen wir während unseres Aufenthaltes am Colorado nur noch ein einziges Pferd, und diese schienen mehr Heiligthum der ganzen Nation, als zu irgend einem besonderen Gebrauche bestimmt zu sein; von Jedem wurden sie ge= füttert und gepflegt, woher sich auch ihr wohlgenährtes Aussehen schrieb. Ich gab mir die größte Mühe, ihnen eins derselben abzukaufen, doch sie lachten meiner nur und überhäuften ihre Pfleglinge mit Liebkosungen. Uebrigens waren die Pferde jung und schienen von klein auf dieser Nation angehört zu haben. Unsere Frage nach einem geeigneten Weideplatze für unsere Thiere verstanden die beiden Burschen sehr wohl, und gaben uns ebenfalls durch Zeichen zu verstehen, daß wir ihnen nur folgen sollten. Sie führten uns auch in der That nach einer grasreichen Wiese, die an die kleine Waldung grenzte, wo wir sogleich Anstalten zu unserem wegen Mangels an Zelten sehr einfachen Nachtlager trafen. Der Freundlichkeit des Lieutenant Tittball verdankten Mr. Marcou und ich einige Decken; denn da wir an diesem Tage nicht mehr darauf rechnen durften, mit Lieu= tenant Whipple und unserem Gepäck zusammenzukommen, so theilte Lieu= tenant Tittball sein Lager mit uns, und was uns an wärmenden Decken abging, das mußten tüchtige Feuer ersetzen. Während der Vorbe= reitungen strömten von allen Seiten die Eingebornen auf uns zu, umring= ten uns zu Hunderten und mischten sich auch theilweise unter unsere Leute. Unser zu blindes Vertrauen wurde glücklicher Weise nicht von den India= nern getäuscht: denn da wir nur aus 27 Köpfen bestanden, von denen kaum die Hälfte immer im Lager beisammen war, während die Uebrigen die Heerde hüteten oder Holz und Wasser heranschafften, so hätten wir, ob= gleich wir bis an die Zähne mit Revolvern und langen Messern bewaffnet waren, zuletzt doch unterliegen müssen. Die Eingebornen schienen aber den festen Willen zu haben, in freundlichem Verkehr mit uns zu bleiben, oder, was wahrscheinlicher ist, sie mußten ihren Häuptlingen blinden Gehorsam schuldig sein und von diesen in ihrer Handlungsweise geleitet werden, da es kaum denkbar ist, daß Tausende von Menschen in Uebereinstimmung gehandelt haben würden, ohne daß sich eine Partei gebildet hätte, die, an= gelockt von unseren Habseligkeiten oder auch von Rachedurst getrieben, da in früheren Zeiten einige der Ihrigen von den Weißen erschossen worden waren, uns hinterlistig angegriffen hätten. So zeigt es sich bei den wil= desten Elementen, bei den Menschen im Urzustande, daß die Masse des Volkes gelenkt sein will und sich willig dem Einflusse einzelner, durch Geist und Talent hervorragender Persönlichkeiten fügt, deren Kraft und Ueber= legenheit sie jeden Augenblick anzuerkennen durch eigene Ueberzeugung ge= zwungen ist. Nur einen Augenblick drohte unser freundlicher Verkehr mit den Wilden einen Stoß zu erleiden, doch stellte sich zur rechten Zeit die Nacht mit ihrer schneidenden Kälte ein, vor der die braunen nackten Ge= stalten zu ihren Hütten flohen, worauf sie am folgenden Morgen mit ab= gekühltem Blute wieder bei uns erschienen. Als nämlich Lieutenant Titt= ball, Mr. Marcou und ich, uns mit einander unterhaltend, neben einer

Gruppe dieser schönen Gestalten standen und die prächtig geformten Glie=
der bewunderten, betrug sich einer der uns zunächst stehenden jungen Leute
auf eine etwas unverschämte Weise, was übrigens mehr aus Uebermuth,
als aus einem anderen Beweggrunde geschah. Lieutenant Tittball, der
gerade eine kleine Ruthe in der Hand hielt, gab dem jungen Manne in
der Entrüstung einen Hieb über die nackten Schultern; der Indianer lachte
dazu und schien den Schlag als einen Scherz hinnehmen zu wollen. Un=
glücklicher Weise aber hatte ein altes runzliges Weib den ganzen Vorgang
beobachtet und gerieth in die fürchterlichste Wuth; mit kreischender Stimme
überschüttete sie uns mit einem ganzen Schwall für uns natürlich unver=
ständlicher Worte, die aber nichts anderes als Schmähungen und Verwün=
schungen sein konnten; andere Weiber gesellten sich zu der alten Hexe und
stimmten mit ein, und deutlich konnten wir aus ihren Geberden die Dro=
hung entnehmen, daß ganze Haufen ihrer Krieger kommen würden, um
uns von der Erde verschwinden zu lassen. Aufmerksam beobachteten wir
indessen die indianischen Krieger, die sich in unserer Nähe befanden, doch
nahmen wir an diesen kein Zeichen von bösen Gesinnungen wahr, nur daß
sie ernster und zurückhaltender wurden. Allmälig sammelten sich aber auch
Männer um die schmähenden Weiber, und um nicht bei einem Ausbruche
von Feindseligkeiten zu sehr im Nachtheile zu sein, erhielten unsere Solda=
ten den Befehl, jeden Eingebornen aus unserem Lager und dessen Nähe zu
weisen, zugleich auch die Bayonnete auf die Musketen zu stecken.

Wir befanden uns in der Mitte der Wiese, so daß sich uns kein In=
dianer auf Pfeilschußweite feindlich nähern konnte, ohne das sichere Ziel
für eine Büchse oder Muskete zu werden, welche letztere noch zu den Ku=
geln mit Rehposten geladen wurden. Das Fortweisen aus unserer Nähe
machte einen noch übleren Eindruck auf die gährenden Haufen der Wilden;
doch sei es, daß sie sich vor unseren Feuerwaffen scheuten oder daß die
Kälte des Abends ihnen zu empfindlich auf die nackten Glieder fiel, genug
sie entfernten sich bis auf den Letzten und waren bald auf den verschiedenen
Pfaden im nahen Gebüsche verschwunden. Unsere Vorsicht wurde in der
Nacht verdoppelt, Schildwachen mußten fortwährend unser Lager und die
Heerde umkreisen und durch halbstündiges lautes Rufen ihre Wachsamkeit
und die Sicherheit der Umgebung bekunden. So ging die Nacht ohne
weitere Störung hin, wir schliefen mit den Waffen in den Händen, und
um so beruhigter, als uns ein leiser Schlaf schon durch die lange Uebung
zur Gewohnheit geworden war und wir selbst schlafend jedes ungewöhnliche
Geräusch deutlich vernahmen.

XXXII.

Ruhetag bei den Ansiedelungen der Mohaves. — Spiele der Mohaves. — Das Scheibenschießen. — Reise durch die Dörfer der Mohaves. — Lager auf dem Ufer des Colorado. — Vorbereitungen zum Uebergang. — Die indianische Mutter. — Uebergang über den Colorado. — Dienstleistungen der Eingebornen.

Mit dem Aufgange der Sonne stellten sich die Eingebornen wieder in großer Zahl bei uns im Lager ein, doch war von dem unangenehmen Vorfall des vorigen Abends gar nichts zu merken. Alles schien vergessen zu sein, und mit dem ihnen eigenthümlichen Frohsinn balgten und neckten sie sich um uns her, sogar die Männer liebkosten sich unter einander, hielten sich in dem einen Augenblicke zärtlich umfaßt und spielten sich im nächsten wieder gegenseitig auf die derbste Weise Possen; doch nahm Jeder solche Neckereien stets mit derselben Gutmüthigkeit hin, mit der sie ausgetheilt wurden.

Wenn man dieses Volk in seinem Urzustande so glücklich und zufrieden sah, dann hätte man ihm wohl wünschen mögen, daß die Civilisation mit ihren vielen Gebrechen und Leiden im Gefolge nie ihren Weg in das Thal des Colorado finde, wenn nicht auch zugleich Mitleiden darüber erwacht wäre, daß eine Nation, wohlausgerüstet mit körperlichen und geistigen Kräften, in deren Brust gute und edle Gefühle schlummerten, zugleich auch den Segnungen der Civilisation fremd sei. Wie verdient könnten Missionaire sich um diese rohen Indianerstämme machen, wenn sie von ihren alten Lehrweisen einmal abgingen und, anstatt mit Strenge das Christenthum aufzudringen und dadurch gehässig zu machen, dem Beispiele der Yncas von Peru folgten, die bei ihren weiten Eroberungen nie den Sonnendienst mit Zwang einführten. Würden heidnische Gebräuche und Abbildungen Anfangs in der Nähe des Kreuzes geduldet, so würden allmälig bei milder, liebevoller Behandlung die neue Religion und ihre Verkündiger Vertrauen einflößen, der Aberglaube würde gemindert werden, und mit frommem, hingebendem Gemüthe würde selbst der rohe Mensch emporblicken zu dem Sitz der Alles umfassenden Kraft, welche Millionen von Welten auf ihre Bahnen lenkt und zugleich über das Leben jener kleinsten, fast unsichtbaren Geschöpfe wacht, die in der Atmosphäre spielend, der Raub des leisesten Athems werden.

Unsere Kameraden mußten sich an diesem Morgen schon in aller Frühe auf den Weg begeben oder auch in unserer Nähe gelagert haben,

denn als wir eben darüber sprachen, die Ankunft des Haupttrains an dieser Stelle zu erwarten, bogen die vordersten Reiter von Lieutenant Whipple's Abtheilung in das Thal ein. Nach kurzer Zeit waren wir wieder mit
unseren Gefährten vereinigt, die nach Lieutenant Whipple's Anordnung
bei uns ihr Lager aufschlugen, um bis zum folgenden Tage, dem 24. Febr.,
daselbst zu bleiben. Nicht ohne Grund sollte der Aufenthalt bei den Mohaves etwas verlängert werden, denn eines Theils konnte es nur von dem
größten Interesse für uns und die Zwecke unserer Expedition sein, so viel
wie nur immer möglich von den bis dahin noch sehr unbekannten Indianerstämmen am Colorado kennen zu lernen, dann aber erhielten auch die Eingebornen dadurch mehr Zeit, von entfernteren Dörfern mit Mais und
Lebensmitteln bei uns einzutreffen. Denn da die Indianer keinen Grund
haben, an Feldfrüchten mehr, als gerade zu ihrem Bedarf nothwendig ist,
zu bauen, so konnten die von allen Seiten zuströmenden Wilden jedesmal
nur in ganz kleinen Quantitäten von ihren Erzeugnissen entbehren und
zum Tausch anbieten, und manches Körbchen voll Mais mußte auf die ausgebreiteten Decken ausgeleert werden, ehe es so viel wurde, daß unsere
ganze Maulthierheerde, obgleich sie schon etwas zusammengeschmolzen war,
ein kleines Futter erhielt.

Ein buntes Treiben entstand alsbald um unser Lager, denn in dasselbe
hinein wurden nur einige der angesehensten Krieger und Häuptlinge gelassen, indem wir besonders darauf zu achten hatten, daß bei einem etwaigen Ausbruch von Feindseligkeiten unser ganzes Personal beisammen war
und wir durchaus freien Spielraum behielten. Zu vielen Hunderten umschwärmten uns also die Mohaves und zwar alle in ihren Festkleidern,
denn nur bei festlichen Gelegenheiten konnten sie so verschwenderisch mit
ihrer Farbe umgehen und auf so umständliche Weise ihre nackten Glieder
anstreichen. Es wäre zu viel, die verschiedenen Costüme beschreiben zu
wollen; doch wenn man die Gruppen beobachtete, wie sich in denselben
ganz weiße, rothe, blaue und schwarze Gestalten unter einander bewegten,
andere wieder von oben bis unten mit bunten Ringen, Linien und Figuren gräßlich bemalt umherschritten und mit selbstzufriedener Miene um sich
schauten, so glaubte man ein Heer von Dämonen zu erblicken, die, auf
ihre langen Bogen gestützt, jeden Augenblick bereit seien, einen wilden
höllischen Reigen zu beginnen. Doch munteres Lachen schallte von allen
Seiten zu uns herüber und zeugte von dem Wohlgefallen, mit welchem
die Wilden unser Treiben beobachteten. Ich war hauptsächlich damit beschäftigt, die hervorragendsten Gestalten zu skizziren, und wunderte mich
nicht wenig darüber, daß diese Leute nicht nur ruhig zusahen, sondern sich
sogar über meine Arbeit freuten, mir sogar Weiber mit ihren kleinen Kindern brachten und aufmerksam zuschauten, wenn ich deren Gestalten und
Züge allmälig auf's Papier brachte. Die Mütter achteten dann besonders
darauf, daß ich auch alle Linien, die sie mit bunter Farbe auf ihrem eige-

nen Körper wie auf dem ihrer Kleinen gezogen hatten, in der Zeichnung genau wiedergab.

Unter den Männern erblickten wir Mehrere, welche 16 Fuß lange leichte Stangen bei sich führten, über deren Verwendung wir erst in's Klare kamen, als sich die braunen Gestalten immer zu zweien von den Haufen trennten, um ein Spiel zu beginnen, das mir unverständlich blieb, obgleich ich dasselbe lange beobachtete. Die beiden Spieler stellten sich nämlich, die Stangen hoch haltend, neben einander hin; in der Hand des einen befand sich ein aus dünnen Baststricken verfertigter Ring von ungefähr 4 Zoll Durchmesser. Die Stangen senkend stürzten dann beide zugleich nach vorn, und laufend ließ der den Ring Tragende diesen seiner Hand entgleiten, so daß derselbe vor beiden hinrollte, worauf sie zugleich die Stangen schleuderten und zwar so, daß eine links und die andere rechts von dem rollenden Ringe niederfiel und derselbe dadurch in seinem Laufe gehemmt wurde. Ohne die Schnelligkeit ihrer Bewegungen zu mäßigen, ergriffen sie dann wieder Stangen und Ring und liefen, dasselbe Verfahren beobachtend, genau auf dem Wege, den sie gekommen, zurück, und immer wieder wurde diese Strecke, die 40 Fuß lang sein mochte, durchlaufen, auf's Neue der Ring gerollt und die Stangen geworfen, bis die unermüdlichen Spieler einen festen Pfad auf dem losen Wiesenboden gestampft hatten. Stundenlang setzten sie mit Eifer, ohne nur eine Minute anzuhalten oder ein Wort zu wechseln, dieses seltsame Spiel fort; einige indianische Zuschauer gesellten sich wohl zu ihnen, doch waren diese dann ebenso, wie die Spieler selbst in den Wettstreit vertieft, und gerade sie wollten mir nicht gestatten, näher heranzutreten, um durch aufmerksames Beobachten vielleicht den Sinn des Spieles zu errathen. Durch Zeichen gaben sie mir zu verstehen, daß es sich um äußerst wichtige Angelegenheiten handele, denen meine Gegenwart schaden würde, ja sie drohten sogar, als ich ihrer Weigerung ungeachtet näher trat, mir mit ihren Keulen den Schädel einzuschlagen. Ob nun die Stangen durch den Ring treffen oder genau neben demselben niederfallen müssen, ist mir nicht klar geworden; ich überzeugte mich nur, daß vielfach auf abgesonderten Lichtungen oder am Ufer des Flusses Indianer sich so sehr in dieses Spiel vertieften, wie dies nur immer bei den leidenschaftlichsten Schachspielern möglich ist.

Die Hauptnahrung dieser Eingebornen besteht in gerösteten Kuchen von Mais- und Weizenmehl, welches sie durch Zerreiben der Früchte zwischen zwei Steinen gewinnen; Viele der uns Besuchenden führten solche Kuchen bei sich, die sie im Laufe des Tages mit großem Appetit verzehrten, doch könnte ich nicht sagen, daß der unserige bei dem Anblicke des schmutzigen Gebäcks, welches sie gewöhnlich an irgend einer passenden Stelle auf ihrem Körper befestigt hatten, gereizt worden wäre. Hingegen von unseren Köchen zubereitet, lieferte das Mehl der Indianer ein gutes Brod, ebenso wie die Bohnen und getrockneten Kürbisscheiben äußerst schmackhafte Gerichte bildeten. Am Nachmittage wurde ein allgemeines Scheibenschießen

mit Revolvern von unserer Gesellschaft angestellt, an welchem sich auch die
Indianer mit ihren langen Bogen betheiligten. So wie die Wilden sich
über die Wirkung unserer Geschosse wunderten, die jedesmal die Kugel
durch ein starkes Brett trieben, so erstaunten wir über die Gewandtheit
und Sicherheit, mit der sie ihre Pfeile dem ausgestedten Ziele zusendeten
und uns mit unseren Revolverpistolen sogar übertrafen; wir griffen darauf
zu unseren Büchsen, um ihnen zu zeigen, auf welche weite Entfernung
wir immer das Leben unserer Feinde in Händen hielten. Die Revolver
blieben ihnen aber doch das Wunderbarste von Allem, indem sie durch
dieselben veranlaßt wurden zu glauben, daß wir es verständen, ohne zu
laden, fortwährend zu schießen; wir ließen sie bei dem Glauben, was um
so leichter war, als diese Wilden noch durchaus die Feuerwaffe nicht kannten
und nur wußten, daß bei einer früheren Gelegenheit mittels derselben
Einige aus ihrer Mitte von den Weißen getödtet worden waren. Der
Abend rückte unterdessen heran, und wie früher entfernten sich unsere Gäste
oder richtiger gesagt unsere Wirthe, mit dem Untergange der Sonne.

Als am 25. Februar die ersten Indianer wieder bei uns im Lager
erschienen, waren wir schon zum Aufbruch gerüstet, um durch die niedrige
Waldung an den Colorado zu ziehen und nach einem sich eignenden Ueber=
gangspunkte zu spähen. An dem Gehölz hinaufreitend gelangten wir bald
an einen Pfad, der in dasselbe hinein und in nordwestlicher Richtung weiter
führte. Immer Einer hinter dem Anderen in langer Reihe auf dem schmalen
Pfade reitend, kamen wir bald an kleinen Lichtungen, kultivirten Feldern
und den Wohnungen der Indianer vorbei, die nicht in einem Dorfe zu=
sammenhängend, sondern in kleinen Zwischenräumen zerstreut lagen. Die
Hütten waren größtentheils an den Abhängen kleiner Hügel angelegt, in=
dem diese, theilweise ausgehöhlt, die eigentliche Wohnung bildeten. Vor
der Thüröffnung befand sich in gleicher Höhe mit dem Hügel oder Erdwalle
ein breites Dach, welches auf starken Pfählen ruhte, wodurch eine Art
von Corridor hergestellt wurde. Große thönerne Gefäße standen unter dem=
selben, die zum Aufbewahren der Mehl= und Kornvorräthe dienten, außer=
dem lagen daselbst die noch zum täglichen Gebrauch bestimmten Hausgeräthe
umher, die aus zierlich geflochtenen, wasserdichten Körben und Schüsseln
so wie ausgehöhlten Kürbisschalen bestanden. In der Nähe jeder Wohnung
erblickten wir kleine Baulichkeiten, die ein zu eigenthümliches Aussehen
hatten, als daß wir die Bestimmung derselben sogleich hätten errathen
können. In einem Kreise von 3 bis 5 Fuß Durchmesser waren nämlich
4 bis 5 Fuß lange Stäbe dicht neben einander aufrecht in den Boden
gesteckt und diese mit Weiden durchflochten, wodurch das Ganze einem
großen freistehenden Korbe glich, der oben mit einem dachähnlichen rund
herum überragenden Deckel versehen war. Von Weitem hatten diese Ge=
flechte Aehnlichkeit mit chinesischen Häuschen, es waren aber Magazine,
welche die betreffenden Eigenthümer bis oben heran mit Mezquit=Schoten

und kleinen spiralförmigen Bohnen angefüllt hatten. Diese Saamen ge=
hören indessen nicht zu den gewöhnlichen Nahrungsmitteln der Mohaves,
sondern werden nur von Jahr zu Jahr in den Magazinen aufbewahrt,
damit, wenn die Feldfrüchte nicht gedeihen oder gänzlicher Mißwachs ein=
treten sollte, die Bewohner nicht der Noth preisgegeben sind und dann
ihre Zuflucht zu diesen Vorräthen nehmen können. Die materielle Be=
schaffenheit, so wie die vorsichtige Verpackung dieser Früchte ist Ursache,
daß dieselben viele Jahre hindurch ohne zu verderben in den Körben bleiben
können, denn es vergehen manchmal Jahre, in welchen keine reiche Ernte
dieser Art gemacht wird, und die Leute beim besten Willen nicht im Stande
sind, ihre Magazine zu füllen und die angebrochenen Vorräthe wieder zu
vervollständigen. Diese Sorge für die Zukunft, dieses Vorbereiten auf un=
vorhergesehene Fälle, auf Mißwachs und gänzliches Fehlschlagen der Ernten
hatte ich bei keinem der westlich von den Rocky Mountains wohnenden
Indianerstämme wahrgenommen; es mag einzig in der Verschiedenheit der
Lebensweise dieser Völker liegen und darin, daß die wildreichen Territorien
der Steppen und angrenzenden Gebirge und Waldungen dergleichen Vorsicht
unnütz machen; jedenfalls ist aber bei den am Colorado und Gila leben=
den Eingebornen diese Vorsorge mehr als der bloße Instinkt, mit welchem
Hamster und Bienen sich Vorräthe anlegen.

Unser Erscheinen in den Ansiedelungen und Dörfern der Wilden rief
keine gringe Aufregung hervor, doch war diese fröhlicher, gutmüthiger Art.
Die Hügel und Dächer der Hütten waren mit Eingebornen jeglichen Alters
und Geschlechts bedeckt, von wo herab sie eine volle Aussicht auf den
langen Zug der Fremden genießen konnten. Unsere langen Bärte, die
schon seit einem Jahre ungestört hatten wachsen dürfen und bei den meisten
bis auf die Brust herab reichten, erregten besonders bei den Weibern die
größte Spottlust. Schon im Lager hatte Eine oder die Andere es schüchtern
gewagt, diesen unseren wilden verworrenen Schmuck zu betasten, um sich
von der Echtheit desselben zu überzeugen, doch nun aus der Entfernung
gaben sie uns die unzweideutigsten Beweise, daß sie das, worauf wir stolz
waren, da wir gewissermaßen dadurch die Dauer unserer Reise berechneten,
nicht besonders einnehmend fanden. Sobald ein recht bärtiger Geselle an
ihnen vorbeiritt, brachen sämmtliche Weiber in lautes Gelächter aus und
hielten sich die Hände vor den Mund, als wenn sie unser Aussehen an=
ekle. Das Eigenthümliche bei der ganzen Sache war übrigens, daß ihre
eigenen Männer einen starken Haarwuchs im Gesichte hatten, ebenfalls
etwas Unerhörtes bei der kupferfarbigen Race; doch verstanden sie es, die
Haare geschickt auf der Haut mit Steinen abzuschaben, zu sengen oder aus=
zurupfen, denn wenn auch überall der starke Bart bemerklich war, so war
er doch möglichst glatt geschoren.

Wir zogen mehrere Meilen durch das vielfach belebte Gehölz, und
Schaaren neugieriger Indianer begleiteten uns zu beiden Seiten, indem sie
leicht und gewandt wie der Panther in vollem Lauf durch dichtes Gebüsch

oder darüber hinweg setzten. Als wir so, uns allmälig dem Fluſſe nähernd, durch dichtes Weidengeſträuch hinzogen und gar nicht um uns zu ſchauen vermochten, ereignete ſich ein Unfall, der uns glücklicher Weiſe nur ein Maulthier koſtete, aber auch eben ſo leicht das Ende eines Menſchen hätte herbeiführen können. Ein Mexikaner, der auf gewöhnliche Weiſe ſeine Büchſe am Sattel befeſtigt hatte und nachläſſig die Packthiere antrieb, gerieth in das dichte Geſträuch; ein Zweig mußte wohl den Hahn der Büchſe gefaßt und aufgezogen haben, denn dieſelbe entlud ſich, und die Kugel fuhr dem nächſten Packthiere ſchräg durch den Leib. Mit einem zweiten Schuße wurde den Leiden des armen Thieres ein Ende gemacht, der Sattel mit dem Gepäck ſchleunigſt auf ein unbeladenes geworfen, und weiter ging es nach gewohnter Weiſe. Nur wenige Minuten vergingen, und wir ſahen Indianer an uns vorüber eilen, die im vollen Sinne des Wortes das er= ſchoſſene Maulthier in Stücke zerriſſen hatten und mit der blutigen Beute ihren Wohnungen zueilten. Es war ein häßlicher Anblick, dieſe nackten Geſtalten mit den noch blutenden Gliedern des Thieres auf den Schultern, wodurch ſie ſelbſt von oben bis unten mit Blut beſudelt und echten Kanni= balen ähnlich wurden. Dieſe Gier nach Fleiſch, die ſich ſo deutlich bei den Eingebornen zeigte, hielten wir für verderblich für unſere Expedition, denn leicht hätten uns viele unſerer Thiere, ſo wie die ganze Schafheerde in dem Dickicht entführt werden können. Ein Comanche = oder Sioux= In= dianer würde die ſchöne Gelegenheit gewiß nicht unbenutzt haben vorüber= gehen laſſen; doch kein Mohave machte auch nur Miene, die Hand nach unſerem Eigenthume auszuſtrecken, im Gegentheil, wo ein Maulthier oder Schaf vom Wege und von der Heerde abſtreifte, da war immer eine Rotte Indianer zur Hand, um dieſelben heulend und jauchzend wieder heran zu treiben.

Auf Sandbänken unmittelbar am Fluſſe hielten wir in den Mittags= ſtunden an, um daſelbſt zum letzten Male auf der Oſtſeite des Colorado unſer Lager aufzuſchlagen. Wir befanden uns gegenüber einer Inſel oder Sandbank, die mitten im Fluſſe hervorragte und uns den Uebergang zu erleichtern verſprach. Zu beiden Seiten derſelben trieb der reißende Strom in einer Breite von ungefähr 200 Schritten dahin, und wie tief das Waſſer in dieſen Canälen war, das bewieſen die vielen Wirbel, in welchen es kreiſte

Wir trafen an dieſem Abende noch die nöthigen Vorbereitungen, um am folgenden Morgen in aller Frühe mit dem Ueberſchreiten des Fluſſes beginnen zu können. Lieutenant Ives hatte von Texas herauf ein Lein= wandboot mitgebracht; daſſelbe war ſtets mit der größten Sorgfalt verpackt worden und auch glücklich, ohne einen Schaden zu erleiden, bis an ſeinen Beſtimmungsort, den großen Colorado des Weſtens gelangt. Es beſtand dieſes Fahrzeug aus drei langen zuſammenhängenden Leinwandſäcken, die inwendig mit Gutta=Percha überzogen waren, ſo daß ſie dadurch vollſtändig luftdicht wurden. Mittels eines dazu gehörigen Blaſebalgs, der durch ſinn=

reich angebrachtes Schraubenwerk mit den Säcken in Verbindung stand, wurden diese nun voll Luft gepumpt, das obere Gestell des kleinen Wagens, welches genau zu den Säcken paßte, auf denselben befestigt, so daß die vorderen nnd hinteren Enden an dem Wagenkasten hinauf gezogen wurden, wodurch das Fahrzeug ganz das Ansehen einer venetianischen Gondel erhielt, zu welcher sogar das Dach nicht fehlte, indem das Gestell des Wagens mit einem solchen versehen war. Das Boot wurde sogleich auf's Wasser gebracht und schwamm nicht nur gerade und regelrecht auf demselben, sondern zeigte auch zu unserer nicht geringen Freude eine überraschend große Tragkraft. Auch eine aus demselben Material verfertigte Matraße wurde mit Luft angefüllt, um mittels derselben zuerst einige Leute, so wie die zusammengeknüpften Leinen und Stricke nach der Insel hinüber zu schaffen. Lieutenant Tittball war mit seiner Mannschaft etwas weiter stromaufwärts gegangen und ließ daselbst von Treibholz ein Floß zusammenfügen, auf welchem er mit seinem Commando nach der Insel hinüber zu steuern gedachte. Noch vor Eintritt der Dämmerung waren diese Vorarbeiten alle beendigt, und wir wendeten daher unsere ganze Aufmerksamkeit den Indianern zu, von denen wieder eine ganze Dorfschaft unter der Führung eines alten Häuptlings herbeigekommen war. Der Häuptling, Me-sit-eh-hota, ein alter ehrwürdig aussehender Mann, mit einem mächtigen Federschmuck auf seinem Haupte und einem dicken Speer in der Hand, schritt seinen Leuten voran, die ihm in gewisser Ordnung, Körbe mit Waaren auf den Köpfen tragend, folgten. Ohne vieles Ceremoniell wurde der Handel gleich eingeleitet, die zu solchen Zwecken mitgenommenen Decken und Kattunstücken zerschnitten und streifenweise, zusammen mit Perlen und Messern für Lebensmittel hingegeben; auch von den Zierrathen der Wilden und von ihren Waffen erstanden wir wieder einige, sogar die mühsam gearbeiteten Röckchen der Frauen fanden unter uns, die wir auch ethnologische Sammlungen zu machen hatten, ihre Liebhaber und wurden von den Indianern willig für eine halbe Decke das Stück hingegeben. Natürlich gab dieser Tausch zu den komischsten Auftritten Anlaß, doch machten wir vielfach die Beobachtung, daß diese Urwilden sich züchtiger und sittsamer betrugen, nicht nur als die meisten uns schon bekannten Indianer, sondern auch als manche Weiße, die auf den höchsten Grad von Civilisation Anspruch machen.

Die Mohaves, die schon seit einigen Tagen mit uns bekannt waren und Alles, was sie nur irgend erübrigen konnten, an uns vertauscht hatten, sannen immer auf neue Gegenstände, mit welchen sie Geschäfte bei uns würden treiben können, und verfielen endlich auf Fische. Die ersten, die sie uns brachten, ein eben so seltenes wie beliebtes Gericht bei unserer ganzen Gesellschaft, wurden natürlich gut bezahlt; kaum war es aber ruchbar geworden, daß wir Fische nicht verschmähten, als auch unser ganzes Lager mit solchen überschwemmt wurde, und deshalb diese Waare plötzlich bedeutend im Preise sank. Die guten Leute schienen sich diesen Umstand

gar nicht erklären zu können, da sie vielmehr vermuthet hatten, daß in dem
Maße, wie die Zahl der Fische zunehme, auch unser Geschmack an denselben,
so wie die zu zahlenden Preise steigen würden. Unter den eingebrachten
Fischen zeichnete sich besonders eine Art aus, die hinter dem Kopfe auf
dem Rücken einen großen Höcker trug; von ihr wie von allen anderen
Arten fügten wir unserer Sammlung einige Exemplare bei. Als es Abend
geworden, blickten wir auf die reißenden Fluthen, die wir zu überschreiten
hatten und nach dem jenseitigen Ufer hinüber, wo wir am Abend des
folgenden Tages unser Lager aufschlagen sollten; hin und wieder bemerkten
wir aus dem Wasser Gruppen schwarzer Köpfe von Indianern hervorragen,
die zu ihren Wohnungen auf dem anderen Ufer heimkehrend, mit Weib
und Kind, anscheinend mit Leichtigkeit den Strom durchschwammen. Ein
rührendes Schauspiel ergötzte mich an diesem Abend besonders: es war
eine junge Frau, die sich in unserer Nähe ihres Rockes entledigte, diesen
zusammen mit ihrem kleinen Säuglinge in einen flachen, aber festen Korb
legte, und mit diesem unter dem Arme und einem kleinen Kinde von etwa
vier Jahren an der Hand in die Fluthen stieg, während ihr noch zwei
Kinder von 6 bis 8 Jahren folgten. Es war eine reizende Gruppe, diese
braune Mutter, die den Säugling in dem Korbe vor sich her schob, das
ihr zunächst plätschernde Kleine zugleich unterstützte und sich bisweilen nach
ihren beiden ältesten umschaute, die lärmend und spielend in der ihnen
durch kleine Wellen bezeichneten Bahn schwammen. Ich blickte ihr nach,
wie sie mit den Ihrigen auf der Insel landete, schnell über dieselbe hinweg-
schritt und auf dem anderen Ende sich wieder in's Wasser begab; ich sah
noch, wie sie schwimmend dem dicht bewachsenen Ufer zueilte, daselbst
landete und bald hinter bergendem Gebüsch mit ihrer Familie verschwand.
Wer nur ein klares, ungetrübtes Auge hat für Heiliges und Edles in der
Natur, wer es nur sehen will, der wird selbst in dem Wesen der Urwilden
der Heiden Göttliches entdecken und verehren lernen.

Der schönste Sonnenschein, der klarste Himmel begünstigte am 26. Februar unsere mühevolle Arbeit. Auf der Luftmatratze lang ausgestreckt
liegend, war ein Arbeiter, das Ende einer am Ufer von einigen Leuten
gehaltenen Leine mit sich nehmend, nach der Insel hinüber gerudert; das
einfache Fahrzeug, welches sich nun ebenfalls in der Gewalt des auf der
Insel befindlichen Menschen befand, wurde darauf zurückgezogen und ein
zweiter und dritter von dem zuerst Angekommenen hinübergeschafft. Die
vereinten Kräfte dieser Drei waren hinreichend, eine größere Last nach sich
zu ziehen, und es wurde daher der Strick, welcher sich in den Händen der
Leute auf der Insel befand, an dem großen Boote befestigt und dieses von
Dreien zugleich bestiegen. Die zweite Leine, die ebenfalls über die ganze
Breite dieses Flußarmes reichte, wurde an dem anderen Ende des Bootes
befestigt und von den Zurückbleibenden gehalten, um dasselbe jedesmal wieder zurückzuschaffen, dann aber auch, um das Fortreißen durch die starke
Strömung verhindern zu können. Der erste Versuch glückte vollkommen,

er wurde wiederholt, und bald befand sich eine hinreichende Anzahl von
Leuten auf der Insel, um die ankommenden Sachen auszuladen und nach
dem anderen Ende der Insel hinüberzutragen. Das regelmäßige Hinüber=
schiffen der Sachen, die aus ungefähr 80 bis 100 Maulthierladungen be=
standen, nahm nunmehr seinen Anfang. Lieutenant Tittball war unter=
dessen ebenfalls mit seinem Fahrzeuge flott geworden und trieb mit seinen
Leuten langsam der Insel zu, doch war das Wasser nahe derselben so seicht,
daß das schwere tiefgehende Floß nicht dicht genug herangebracht werden
konnte, und die Leute mit ihren Sachen eine Strecke durch das Wasser zu
waten gezwungen waren, wogegen das flachgehende Gutta=Percha=Boot im=
mer nach dem Sande hinaufgezogen werden konnte. Sicherheitsmaßregeln
waren also getroffen; ein Theil unserer Bedeckung befand sich dort, wo die
Sachen eingeschifft wurden, ein anderer Theil mit Gepäck und Waffen auf
der Insel, so daß wir auf keiner Seite von den Wilden mit Erfolg hätten
angegriffen werden können. Rüstig legten nun alle unsere Leute Hand
an's Werk, das Boot flog hinüber und herüber; immer weniger wurden
der Sachen am Ufer und immer mehr auf der Insel. So wie nun die
Sonne höher stieg und die Atmosphäre erwärmte, strömten die Indianer
zu Hunderten von allen Seiten bei uns zusammen; der Fluß wimmelte
von Eingebornen, die alle durch denselben schwammen, um die wunderbare
Einrichtung der Weißen genauer in Augenschein zu nehmen; auf Flößen,
die von Binsen=Bündeln zusammengefügt waren (die einzige Art von Fahr=
zeug, welche ich bei den Bewohnern des Colorado=Thales bemerkte), kamen
sie den Fluß heruntergetrieben, um auf der Insel oder am östlichen Ufer
zu landen. Es war ein immerwährend wechselndes Bild, so bunt und da=
bei so interessant, daß man sich gar nicht satt an diesem fremdartigen
Schauspiel sehen konnte. Mit lautem Jubel und ausgelassenem Heulen be=
grüßte die wilde Rotte jedesmal das ankommende oder abfahrende Boot;
allmälig lernten sie den einfachen Mechanismus der Einrichtung kennen und
stellten sich in langer Reihe mit an den Strick, um das leere Boot mit
Windeseile über das Wasser gleiten zu machen, wobei es übrigens mehrere
Male vorkam, daß dasselbe umschlug und, auf dem Kopfe stehend, das Ufer
erreichte. Nur einmal, und zwar in der Nähe des Ufers, schlug das Boot
mit der vollen Ladung um, doch ging nur wenig verloren, weil dieselbe
durch das Verdeck des Wagens vom Versinken in die Tiefe abgehalten
wurde. Als die letzten Sachen nach der Insel geschafft waren und nur
noch zum Hinüberbringen der Leute der Dienst des Bootes erheischt wurde,
mußte sich die ganze Mannschaft vereinigen, um die Maulthiere und Schaf=
heerde in den Fluß zu treiben und sie zum Hinüberschwimmen nach der
Insel zu zwingen. Es war keine leichte Arbeit, denn Alles schauderte vor
dem breiten Strom und dem kalten Wasser zurück. Nachdem die ganze
Maulthierheerde bis dicht an's Wasser getrieben worden, bestiegen Mr. Le=
roux und einige Mexikaner ihre Thiere und ritten voran in den Strom;
mit Gewalt stießen unsere Leute die vordersten der Heerde in's Wasser,

denen dann die anderen, erschreckt durch das gellende Geheul der Indianer,
nachfolgten. Der Fluß war tief an dieser Stelle, und bald befanden sich
die Thiere in der Strömung, von welcher sie fortgerissen und der Insel
zugetrieben wurden, wo sie alle, sogar die schwächsten, glücklich ankamen.
Schwerer noch als die Maulthiere waren die Schafe in's Wasser zu brin=
gen, denn kaum waren sie so weit, daß sie sich die Füße netzten, als die
ganze Heerde, wie von panischem Schrecken ergriffen, sich zwischen den Füßen
der Leute hindurchdrängte und im dichten Gebüsch verschwand. Der Jubel
der Wilden schien dadurch auf's Höchste gesteigert zu werden; leichtfüßiger
noch als die Schafe stürzte die heulende Bande den Entflohenen nach, und
das Dickicht schloß sich auch hinter ihnen. Daß wir auf der Strecke der
Reise, die uns bis zum stillen Ocean zurückzulegen blieb, noch einmal
Hammelfleisch essen würden, glaubte in dem Augenblicke wohl kein Einziger
unserer Expedition, und Mancher tröstete sich wohl schon mit dem Gedan=
ken, er würde sich dafür am Fleische unserer Maulthiere schadlos halten.
Wie hätten wir auch denken können, daß wir je eins von unseren Schafen,
die sich sämmtlich in den Händen der Wilden befanden, wiedersehen wür=
den? Doch wir täuschten uns; denn nach kurzer Zeit erschienen die riesigen
braunen Gesellen, Jeder ein Schaf vor sich tragend, wieder auf dem Ufer
und stürzten sich mit ihrer Bürde kopfüber in die Fluthen; Diejenigen, für
die kein Schaf übrig geblieben war, sprangen ebenfalls in den Strom und
gesellten sich zu dem lärmenden Zuge, der schwimmend unserer Insel zueilte.
Ein solches Fest hatten die Eingebornen gewiß noch nie erlebt; jubelnd
umkreisten sie die Heerde, unterstützten die schwächeren Thiere, die der Strom
fortzureißen drohte, und lenkten diejenigen wieder zu ihr zurück, die von
der angegebenen Richtung auszubiegen versuchten, und alles dieses geschah
mit den Zeichen der ausgelassensten Freude, wie wenn harmlose Kinder sich
muthwillig unter einander tummeln. Triefend kamen sie glücklich, ohne ein
Stück verloren zu haben, mit der Heerde auf der Insel an; ihre Augen
leuchteten vor Freude über den unendlichen Spaß, den sie mit den ihnen
wohl theilweise unbekannten Thieren der Weißen im Wasser gehabt hatten,
und schon im Voraus freuten sich die munteren Burschen darauf, die Heerde
von der Insel nach dem anderen Ufer hinüberführen zu können. Auch die
auf ihren Binsenflößen vorbeitreibenden Indianer gaben uns manch komi=
sches Schauspiel, indem sie sich muthwilliger Weise gegenseitig in's Wasser
stießen oder sich balgend zusammen hineinstürzten; es war ein prächtiger
Anblick, diese schönen Gestalten, die im Wasser so gut wie auf dem Lande
zu Hause zu sein schienen und mit Leichtigkeit die reißenden Fluthen theil=
ten. Die letzten unserer Leute befanden sich endlich auf der Insel, und
ein Theil der Sachen war schon nach dem westlichen Ende derselben hin=
übergeschafft worden; das Boot wurde daher um die Südseite der Insel
herumgefahren und befand sich bald an der Stelle, von welcher auf dieselbe
Weise wie am Morgen ein Strick nach dem jenseitigen Ufer hinübergebracht

worden war, und wo dann nach kurzer Zeit die auf's Neue hergestellte Fähre wieder nach alter Weise arbeitete.

Gegen Abend befand sich unsere ganze Expedition auf dem westlichen Ufer des Colorado; nur geringe Verluste hatten wir zu beklagen, die auf dem letzten Theile der Ueberfahrt durch kleine Unglücksfälle herbeigeführt worden waren. Im westlichen Canal war aber auch die Strömung viel reißender, als östlich von der Insel, und wir konnten uns überhaupt glücklich schätzen, daß wir noch so hinübergekommen und mehrmals drohende Lebensgefahren abgewendet hatten. So schlug unter Anderem einmal das Boot, in welchem ich mich mit einem jungen Amerikaner, Mr. White, und zwei Dienern befand, mitten in der Strömung um; ich war der Einzige, der schwimmen konnte, weshalb es mir auch nur mit den größten Anstrengungen gelang, den Mr. White, den die Strömung fortriß, wieder an die Zugleine zu bringen. Die beiden Diener, ein kleiner Mexikaner und ein Deutscher, hatten sich am umgeschlagenen Boote festgehalten, waren auf dasselbe hinaufgeklettert, und so wurden wir denn Alle glücklich an's Land geschleppt. Ehe ich das Boot bestieg, hatte ich meine Büchse an eine der Stützen des Wagengestells festgeschnallt, um bei unvorhergesehenen Fällen die treue Begleiterin auf allen meinen Reisen nicht in den Wellen einzubüßen; und wohl war es ein Glück, daß ich dies gethan, denn schwer bekleidet und bewaffnet, wie ich war, hätte ich sie während des Schwimmens jedenfalls müssen fahren lassen. Außer daß wir zusammen mit der ganzen Ladung naß geworden, hatten wir weiter kein Unglück zu beklagen, und das Naßwerden an sich war schon etwas zu Gewöhnliches bei uns, als daß wir uns daraus viel gemacht hätten. Auch unseren guten Doctor Bigelow hätte fast ein schweres Unglück betroffen; er saß nämlich schon im Boote, als noch Soldaten einstiegen und einige Musketen auf den Boden des Fahrzeugs legten; hierbei mußten sie ungeschickt mit den Waffen umgegangen sein, denn eine derselben entlud sich, so daß der Schuß unter dem sitzenden Doctor hindurchfuhr, Kleidung und Strumpf von seinem Schienbein fortriß und noch einen rothen Fleck auf der Haut zurückließ. Wir Alle freuten uns über die Kaltblütigkeit des Doctors, der, ohne eine Miene zu verziehen, nach seinem Fuße griff, und als er sich unverwundet fühlte, einfach bemerkte: „Es ist eben so gut, als wenn die Kugel in die Luft geflogen wäre, vorbei ist vorbei, gleichviel, ob dicht oder weit." — Außerdem daß der Doctor unverletzt geblieben, war es noch ein besonderes Glück, daß die Kugel die Luftsäcke nicht berührt hatte, in welchem Falle unsere Fähre vielleicht ganz unbrauchbar geworden wäre, oder doch gewiß die Wiederherstellung derselben viel Zeit geraubt haben würde. Von den Maulthieren hatten wir keins in den Fluthen verloren, wenn auch einige in Folge der Anstrengungen starben; zwei oder drei Schafe, welche auf der letzten Hälfte der Wasserreise ertranken, waren also die einzigen Opfer, die der wilde Strom von uns gefordert hatte. Drei Schafe und einen Bock schenkte Lieutenant Whipple den Wilden für ihre freundlichen Dienstlei-

Möllhausen, Tagebuch. 26

stungen, ihnen den Rath ertheilend, dieselben nicht zu verzehren, sondern eine kleine Schafzucht anzulegen. Es ist indessen kaum denkbar, daß die Schafe noch lange nach unserem Abzuge gelebt haben, denn Fleisch ist bei diesen Eingebornen ein zu seltener und zu hoch geschätzter Leckerbissen.

XXXIII.

Ruhetag auf dem westlichen Ufer des Colorado. — Die ältesten Nachrichten über die Eingebornen am Colorado. — Entdeckung seiner Mündung. — Mißglückte Versuche, den Strom hinaufzusegeln. — Indianische Führer. — Aufbruch vom Colorado. — Die Wüste. — Wassermangel. — Die Quelle im Gebirge.

Den Tag nach der Ueberfahrt, den 27. Februar, brachten wir noch auf derselben Stelle in dem Weidengebüsche zu, wo wir gelandet waren; es gab so viel zu trocknen, wieder herzustellen und Verlorenes zu ersetzen, daß wir erst am 28. Februar an den Aufbruch von dem Colorado denken konnten. In größerer Anzahl als bisher stellten sich an dem Ruhetage die Eingebornen bei uns ein, und immer mehr Lebensmittel erstanden wir von denselben, so daß wir beruhigter unserer ferneren Reise entgegensehen konnten. Wir benutzten diesen Tag, um einige der nächsten Hütten zu besuchen und das Innere derselben in Augenschein zu nehmen. Nur wenig Gegenstände schmückten die kellerartigen dunklen Gemächer, deren jede Wohnung nur eins aufzuweisen hatte. Aus Binsen und Weiden geflochtene Gefäße, mitunter auch einige aus Thon geformte, standen im bunten Gemisch an den Wänden umher; Haufen von Bast von abgelegten Weiberröcken, so wie Waffen, lagen unordentlich durcheinander, während nahe dem durch die Thür fallenden Lichte sich ein breiter Stein befand, auf welchem mittels eines kleineren die Mehlfrüchte zerrieben wurden. In der Mitte der Hütte erkannten wir die Feuerstelle; diese dient in kalten Nächten auch als Lagerstätte, indem die Bewohner dann die Kohlen sorgfältig zur Seite schieben und sich dicht an einander auf dem erwärmten Boden hinkauern. — Ueber die Religion dieser Leute konnten wir nur sehr wenig erfahren, denn die Unterhaltung, die wir mit ihnen führten, geschah einzig durch Zeichen. Wir glauben indessen auf diese Weise verstanden zu haben, daß die Mo-

have-Indianer ihre Leichen verbrennen und alles Eigenthum der Verstor=
benen, selbst die Saatfelder und Hütten, von Grund aus zerstören, für
welche Behauptung Beweise zu geben uns aber nicht möglich ist. Feuer
verschaffen sich diese Leute durch das Reiben eines harten Holzes auf wei=
cherem, doch brauchen sie nur selten zu diesem Mittel ihre Zuflucht zu
nehmen, indem in der einen oder anderen Hütte immer glimmende Kohlen
zu finden sind. Auf ihren Wanderungen und Reisen tragen sie gewöhnlich
in der Hand ein angebranntes halb verkohltes Stück Holz, woher man
auch im Thale des Colorado häufig solche weggeworfene, erloschene Brände
findet.

Auf den alten Karten von Californien und Neu=Mexiko findet man
vielfach die Namen von Indianerstämmen bemerkt, deren Vorhandensein in
neuerer Zeit in Zweifel gezogen worden ist. Missionaire, die vor mehr als
anderthalb Jahrhunderten den Colorado bereisten, haben uns zuerst die
Namen dieser Stämme nebst einer oberflächlichen Angabe der geographischen
Lage ihrer Territorien hinterlassen, doch herrschten lange Zeit Zweifel über
die Genauigkeit solcher Nachrichten, welchen nur theilweise historischer Werth
zuerkannt wurde. Je mehr nun in jetziger Zeit die wieder ziemlich unbe=
kannt gewordenen Länder am Colorado durchforscht werden, desto mehr
lernen wir erkennen, wie genau die alten spanischen Mönche in ihren An=
gaben gewesen sind. Ueber diesen Gegenstand sprechend, erwähnt Bartlett
in seinem vortrefflichen Werke: Personal Narrative, Vol. II. pag. 178,
der Geniguè=, Chemeguaba=, Gumbuicariri= und Timbabachi=Indianer als
solcher Stämme, von deren Existenz wir Nichts wissen. Auf unserer Reise
kamen wir am Colorado mit den Chimehwhuebes zusammen, welche ohne
Zweifel die oben erwähnten Chemeguabas sind. Es ist also anzunehmen,
daß allmälig auch die übrigen bisher nur dem Namen nach bekannten
Stämme höher aufwärts am Colorado oder den angrenzenden Ländereien
gefunden werden müssen. Pater Kino, der im Jahre 1700 am Colorado
reiste, erwähnt der Quiquimas, Conpas Baiopas und Cutganes*). Von
diesen Stämmen fanden wir die Cutganes oder Cutchanas als die ersten
Eingebornen, die uns am Colorado begrüßten. Von den Mohaves spricht
Bartlett als von einer großen Nation, die aus lauter athletischen Kriegern
bestehend 150 Meilen oberhalb der Mündung des Gila in den Colorado
leben sollte; auch diese Angabe fanden wir genau; doch war die unsere
nicht die erste geordnete Expedition, die mit diesen Eingebornen in Verkehr
getreten ist, denn außer einigen Pelzjägern, vor deren Besuch wohl kein
Winkelchen in den westlichen Regionen sicher ist, war 2 Jahre vor uns
Capitain Sitgreaves mit einer kleinen Expedition dort. Freilich wurde ihm,
wie schon oben beschrieben, kein freundlicher Empfang zu Theil, wenn auch

---

*) *Venegas* California. Uebersetzung von J. Ch. Abelung. II. Theil,
Seite 23.

26*

sein energisches Auftreten den Eingebornen Achtung und Furcht vor den Waffen der Weißen einflößte.

Eine der ältesten Beschreibungen der Eingebornen am untern Colorado und Gila ist wohl die von Fernando Alarchon, der im Jahre 1540 auf Befehl des Vicekönigs von Neu=Spanien, Antonio de Mendoça, den Meer= busen von Californien erforschte, bei dieser Gelegenheit die Mündung des Colorado entdeckte und unter den größten Mühseligkeiten eine Strecke weit in diesen Fluß hineinfuhr. Er erwähnt der Eingebornen als mächtiger, schöngebauter Menschen, die als Waffen Bogen und Pfeile, so wie hölzerne, am Feuer gehärtete Aexte führten. Er beschreibt ferner ihre Mahlsteine und irdenen Gefäße, so wie den Mais und Miquiqui (wahrscheinlich Mez= quit=Bohnen). Nach seinem Zeugniß verehrten sie die Sonne und ver= brannten ihre Leichen*). Padre Gonzago, der im Jahre 1746 am Colo= rado hinaufreiste, beschrieb die Kleidung der Frauen der dortigen Einge= bornen: „Ihre Kleidung besteht aus drei Stücken, wovon zwei einen Rock um die Hüften ausmachen und das dritte eine Art von Mantel. Diese Stücke sind nicht gewebt, sondern die Fäden sind oben befestigt und fallen der Länge nach am Körper in Form dicker Fransen herunter. Die Weiber der nördlichen Gegenden sind anders und mit weniger Kosten gekleidet, in= dem sie nur vom Gürtel bis an die Kniee bedeckt sind"**).

Lieutenant Whipple, der mit Mr. Bartlett zusammen den Gila bereiste, beschreibt die an der Mündung des Gila lebenden Yuma-Indianer auf folgende Weise: „Als wir den Colorado erreichten, trafen wir mit Santiago, einem der Häuptlinge, zusammen, der uns in das Dorf seines Stammes führte, wo wir von einer großen Anzahl von Eingebornen be= grüßt wurden. Die Weiber sind meistens wohlbeleibt, und ihre Kleidung besteht aus einem Fransenrock, der aus Baststreifen verfertigt, rund um die Hüften befestigt ist und lose bis auf die Mitte der Lenden hängt. Die Männer sind groß, muskulös und wohlgebildet. Der Ausdruck ihres Ge= sichtes ist gefällig und durch Verstand belebt. Ihre Krieger tragen einen weißen Schurz, und das Haar derselben, welches in gedrehten Streifen auf die Mitte des Rückens herabfällt, ist mit Adlerfedern geschmückt. Sie sind ausgezeichnete Reiter und führen Bogen und Lanze mit unnachahmlicher Gewandtheit. Während wir uns dort aufhielten, waren die Indianer sehr zutraulich und brachten uns Gras, Bohnen und Melonen."

Aus dieser Beschreibung ist mit Ausnahme des weiterhin erwähnten Reichthums an Pferden eine Aehnlichkeit der Yumas mit den Mohaves oder vielmehr den meisten am Colorado lebenden Stämmen gar nicht zu verkennen. Ob nun eine Verwandtschaft unter denselben besteht, wird sich

---

*) *Hakluyt's* Voyages. Vol. III, pag. 428—432.

**) *Venega's* California. Uebersetzt von J. Ch. Adelung. I. Theil, Seite 57, 58.

bald aus einem Vergleich der verschiedenen Sprachen darlegen lassen, wenn die Vocabularien, die auf Befehl der die Wissenschaften auf alle Weise fördernden Regierung der Vereinigten Staaten von den dort reisenden Offizieren vollständig gesammelt werden, der Oeffentlichkeit übergeben worden sind.

Von der Mündung der Bill Williams Fork aus waren wir 34 Meilen am Colorado hinaufgezogen, wo wir dann den Uebergang über den Fluß bewerkstelligt hatten. Auf dieser Strecke waren wir um 160 Fuß gestiegen und befanden uns in einer Höhe von 368 Fuß über dem Meeresspiegel. So weit wir nun das Thal des so stattlichen Flusses kennen gelernt, eignete es sich freilich zur Kultur, doch entsprach es bei weitem nicht den Anforderungen weißer Ansiedler; denn abgesehen davon, daß der Colorado schwerlich jemals weit hinauf mit Dampfbooten wird befahren werden können und sich deshalb nicht die Colonisation, wie auf den Flüssen des östlichen Theiles des nordamerikanischen Continents bis in das Herz des Landes ihren Weg suchen kann, fehlt es an hinreichendem Terrain, um Aderbau und Viehzucht im größeren Maaßstabe zu betreiben; auch mangelt es an Waldungen, welche die Colonisation so sehr erleichtern. Der Rio Grande ist ebenfalls nicht weit hinauf und wahrscheinlich noch weniger als der Colorado schiffbar und auch seine Ufer bekränzen nur spärliche Waldungen, doch unermeßlich fruchtbare Landstriche ziehen sich zu beiden Seiten dieses Flusses von seiner Mündung bis zu seinen Quellen hinauf, wo ganze Völker dem Aderbau und der Viehzucht leben können. Hätte der Colorado den Ansiedlern irgendwie besondere Vortheile gewährt, so würden die ersten spanischen Missionaire, welche die Territorien dieses Stromes so lange Zeit durchforschten, gewiß dafür gesorgt haben, daß wie am Rio Grande Colonien und Städte in den Thälern gegründet worden wären. Sie standen indessen von dem Versuche ab und hinterließen uns und unserer Zeit blos die Beschreibung der von ihnen besuchten Länder, und nur in der Nähe des Gila finden sich noch die letzten Ueberreste einer alten spanischen Mission. Wenn dereinst ein Schienenweg quer durch das Thal des Rio Colorado gelegt sein wird, dann werden sich Liebhaber genug zu den kleinen Ebenen finden und alle Mängel, die jetzt noch gescheut werden, von selbst wegfallen oder mit Leichtigkeit beseitigt werden können; man wird die Reise durch die dürren Wüsten, welche sich zu beiden Seiten des Colorado weithin erstrecken, ohne Mühe in kürzester Frist zurücklegen, und die dann kultivirten Thäler dieses Stromes werden eine willkommene Station für den Touristen und den reisenden Geschäftsmann bilden. Auf die Beschiffung des Colorado kann nur wenig gerechnet werden, doch jetzt mittels leichter Dampfböte eher als früher, wo alle Versuche, mit Segelschiffen hinaufzufahren, mißlangen. Das Haupthinderniß, in die Mündung dieses Stromes einzudringen, bietet die Fluth, die sich mit fast unüberwindlicher Gewalt in den Fluß hinein und wieder hinaus drängt, und welche fast alle, die den Golf von Californien untersuchten und den Colorado kennen lernen wollten, von ihrem

Vorhaben zurückhielt. So ist es jetzt noch und so war es vor 300 Jahren, als die kühnen Spanier den Meerbusen von Californien erforschen ließen, um sich darüber Gewißheit zu verschaffen, ob Californien, von welchem man hauptsächlich nur die Halbinsel und die Küstenstriche kannte, ganz von Neu-Spanien durch die Verlängerung des Meerbusens getrennt sei, oder mit dem Festlande zusammenhänge. Erst im Jahre 1700 wurde der Pater Kino davon überzeugt, daß Californien mit dem festen Lande von Amerika zusammenhänge und nur durch den Fluß Colorado von demselben getrennt werde. Er machte diese Entdeckung bekannt, wofür ihm der Commandant in Sonora im Namen des Königs dankte, dessen Beispiel die Superioren seines Ordens folgten*). Wir wissen von einem im Jahre 1540 auf Befehl des Antonio de Mendoça, Vicekönigs von Neu-Spanien gemachten Versuch, als Fernando Alarchon die Mündung des Colorado entdeckte. Er beschreibt die Gefahren, welchen die Schiffe dort ausgesetzt waren, wie dieselben nur mit genauer Noth aus schlimmer Lage gerettet wurden, und wie er dann den Versuch machte, in Böten den Fluß zu befahren. Funfzehn und einen halben Tag ließ er die Böte stromaufwärts schleppen und durchzog in dieser Zeit eine Strecke, auf welcher er bei seiner Rückkehr zu den Schiffen nur zwei und einen halben Tag gebrauchte**).

Im Jahre 1746 machte Padre Gonsago, als er ebenfalls auf einer Forschungsreise die Mündung des Colorado erreichte, einen neuen Versuch, in dieselbe hineinzufahren. Er gab es aber auf, weil die Strömung zu stark war, und ihm Stricke und Leinen fehlten, um die Böte vom Lande aus gegen den Strom zu schleppen. In neuerer Zeit, noch ehe Californien zu den Vereinigten Staaten gehörte, wurde die Mündung des Colorado von einem Mr. Hardy, einem englischen Seelieutenant, untersucht; seine Angaben wurden später richtig befunden bis auf den Irrthum, den er beging, die Mündung des Gila in den Colorado nur 10 Meilen oberhalb der Mündung des Colorado in den Meerbusen von Californien zu verlegen, die sich doch nach späteren Forschungen mehr als 100 Meilen oberhalb befindet. So weit wir den Colorado gesehen, ist er tief und reißend und gewiß mit Dampfböten zu befahren, wenn durch die Fälle, welche wir bei den Nadelfelsen erblickten, oder an denselben vorbei, ein hinreichend tiefer Canal führt; doch schwierigerer Art mögen die Hindernisse sein, die unterhalb der Mündung der Bill Williams Fork, wo sich der Colorado durch enge Schluchten zwängt, der Schiffbarmachung sich entgegenstellen.

Am 28. Februar also verließen wir den Uebergangspunkt, um an dem Ufer des Colorado hinaufziehend, die Mündung des Mohave River zu erreichen. Da dieser Fluß fast die ganze Strecke vom stillen Ocean bis

*) *Venega's* California. Uebersetzung von J. Ch. Adelung, II. Theil, Seite 19.
**) *Hakluyt's* Voyages. Vol. III, pag 436.

zum Colorado durchfließt, so glaubten wir in dem Bette desselben oder in seinem Thale eine gute Straße für den Rest unserer Reise zu finden. Die freundlichen Mohaves, mit denen wir immer mehr eine Verständigung an= bahnten, hatten uns zwei ihrer Krieger beigegeben, die uns bis an die fließenden Wasser des Mohave River begleiten sollten; denn aus ihren Zeichen und Beschreibungen entnahmen wir, daß viele Tagereisen vom Colorado der Fluß sich im Sande verliere und unter der Oberfläche der Erde sich dem Colorado zugeselle. In wie weit diese Angaben begründet seien und sich als wahr erwiesen, konnte nicht genau ermittelt werden, indem es nicht unmöglich ist, daß bei Fortsetzung unserer Reise am Colo= rado hinauf wir vielleicht endlich auf das wenn auch trockene Bett des Mohave River gestoßen wären. Die weite Entfernung aber, in welcher wir später erst wirklich zu dem fließenden Wasser des Mohave River ge= langten, bestätigte vollkommen einen Theil der Angaben der Indianer, so daß wir uns veranlaßt fühlten, auch den übrigen Aussagen, von deren Richtigkeit wir uns nicht überzeugen konnten, Glauben beizumessen.

Geführt von den Eingebornen blieben wir nicht in der unmittelbaren Nähe des Colorado, sondern wandten uns gleich aus dem dichten Gebüsch, welches uns von allen Seiten umgab, 4 bis 5 Meilen gegen Norden, wo wir unter hohen Bäumen, die zerstreut umherstanden, nur wenig Schritte von einem in Verbindung mit dem Flusse stehenden See unser Lager auf= schlugen. Nicht weit von unseren Zelten befanden sich Wohnungen der Eingebornen, welche letztere natürlicher Weise den Tag bei uns zubrachten und uns gegen Abend, als sie gemüthlich an unserem Feuer kauerten, manche Unterhaltung gewährten. An diesem Tage bemerkte ich mehrere Männer, die ihre langen Haare nicht auf die gewöhnliche Weise auf den Rücken hinab hängen ließen, sondern sie mit angefeuchteter Lehmerde klebrig gemacht und dann turbanartig um den Kopf gewunden hatten. Mr. Le= roux theilte mir später mit, daß dieses die einfache Methode sei, wie die Indianer sich vom Ungeziefer reinigten. Durch den Verlust der Zelte war eine Aenderung in unserem Lagerleben eingetreten, so daß ich allabendlich mit Lieutenant Tittball zusammen unter einem kleinen Stückchen aus= gespannter Leinwand meine Decken ausbreitete; seine Soldaten unterhielten während der Nacht ein tüchtiges Feuer in unserer Nähe, an welchem wir des Abends lange aufsaßen, so daß wir erzählend unsere Pfeifchen Tabak rauchten und die Zelte gar nicht vermißten. — Mehrere Eingeborne, unter diesen zwei allerliebste Schwestern von ungefähr 15 bis 16 Jahren, hatten sich am letzten Abend, den wir am Colorado verlebten, zu uns gesellt, und wir gaben uns von beiden Seiten die größte Mühe, uns durch Zeichen mit einander zu unterhalten. Von unseren Schuljahren her wußten wir, Lieutenant Tittball sowohl wie ich, noch manche Taschenspielerkunststück= chen und zeigten diese den Indianern, wodurch wir die größte Verwun= derung und lautes Jubeln bei den harmlosen Leuten erregten. Unbegreiflich schien es ihnen z. B., daß wir eine entzwei geschnittene Schnur mit der

Zunge wieder so zusammen knüpften, daß nur an der nassen Stelle zu erkennen war, wo dieselbe getrennt gewesen sein sollte, während in der That sie doch nur auf dem einen Ende ein Stückchen verloren hatte. Erst nach mehrmaliger Wiederholung bemerkten die Indianer, wie die Schnur immer kürzer wurde. Auch die bekannten Kunstgriffe mit einem Ringe und einer Schnur machten ihnen Freude, doch setzte Lieutenant Tittball dem indianischen Feste die Krone auf, als er auf einen seiner Vorderzähne wies, der mittels einer Feder im Gebiß gehalten wurde; er ahmte dann die Geberden eines heftigen Schluckens und Hinunterwürgens nach, worauf er den Mund öffnend, eine weite Zahnlücke zeigte. Das war zu viel für das Fassungsvermögen der Indianer; stumm vor Erstaunen blickten sie auf den Mund des Lieutenant Tittball, wo der eine Zahn fehlte, den er nach ihrer Meinung hinuntergeschluckt hatte. Dieser nun mit der Hand am Halse hinauf und über den Mund fahrend, setzte den Zahn unbemerkt wieder ein, worauf er den Wilden ein wieder vollständiges Gebiß zeigte. Erschreckt durch solch übernatürliches Verfahren riefen die vor uns Sitzenden alle im Lager befindlichen Indianer zusammen und baten darauf Lieutenant Tittball die unglaubliche Zauberei noch einmal vorzunehmen. Wieder und immer wieder verschaffte er den Wilden diesen Genuß; jedes Einzelnen Auge haftete aufmerksam an seinem Munde, bis endlich ein Krieger vor ihn hin hintrat und ihm durch deutliche Zeichen zu verstehen gab, er möge das Kunststück nun endlich auch einmal an einem der anderen Zähne versuchen. Natürlich war dieses eine Unmöglichkeit, was den Glauben der Indianer an unsere übernatürliche Kraft bedeutend zu erschüttern schien. Bis spät in die Nacht hinein unterhielten wir uns an dem flackernden Feuer mit unserem Besuch, und als dieser sich endlich von uns trennte, gelang es uns noch im letzten Augenblick, für einige von unseren Kleidungsstücken abgeschnittene blanke Knöpfe die reizenden Muschelhalsketten, welche den beiden niedlichen indianischen Schönen auf ihre sammetweichen braunen Schultern herabhingen, zu erstehen. Wir hatten jeder von ihnen zwei blanke Dollarstücke und etwas kleines Geld, den letzten Rest unseres beweglichen Vermögens dafür geboten, doch zogen sie einige alte blankgescheuerte Knöpfe vor, weil diese, mit kleinen Haken versehen daran befestigt werden konnten, wogegen das Geld auf keine Weise an ihrem Schmucke anzubringen war.

In aller Frühe waren am 1. März unsere Führer, zwei riesenhafte Krieger, im Lager und mahnten zum Aufbruch, da es sehr weit bis zu der Stelle sei, an welcher wir Wasser finden sollten. Wir waren bald bereit und wendeten uns aus dem Thale des Colorado gerade gegen Westen, wo das kahle, unfruchtbare Land stark ansteigend vor uns lag. Viele Indianer gaben uns an diesem Tage das Geleit und trieben sich lärmend bei unserem Zuge umher, während unsere Führer, die sich dicke Sandalen unter ihre Füße befestigt hatten, mit welchen sie, ohne belästigt zu werden, über den scharfen, steinigen Boden hinzuschreiten vermochten, die Spitze unserer Er-

pedition bildeten. Wir zogen südlich an einer rauhen Gebirgskette vorüber,
die sich weithin nach Norden erstreckte; ein trockenes Flußbett, welches wir
für den Mohave River hielten, kam uns eine Zeit lang sehr zu statten,
indem wir in demselben unsere Reise fortsetzten und nicht so oft wie auf
der Höhe von Spalten und Rissen im Boden aufgehalten wurden. Als
wir uns westlich von den Gebirgen befanden, bog das Flußbett gegen
Norden, wogegen wir die westliche Richtung noch auf eine kurze Strecke bei-
behielten und von den Indianern an dem Abhange eines kleinen grünen
Hügels an eine gute, klare, freilich nur in geringem Maße spendende Quelle
geführt wurden. Wir hatten kaum 6 Meilen zurückgelegt; wir erfrischten
uns daher nur in Eile durch einen Trunk aus der Quelle und setzten dann
unsere Reise in nordwestlicher Richtung fort. Der Gebirgszug, den wir
südlich umgangen hatten, schob sich, als wir weiter ritten, zwischen uns
und den Colorado, und bald war die letzte Baumgruppe, die das Thal
des stolzen Flusses bezeichnete, hinter zackigen Felsmassen verschwunden.
Im Westen erstreckte sich eine ähnliche Bergkette parallel mit der östlich
von uns liegenden von Süden nach Norden, und in schräger Richtung durch
die zwischen den beiden Gebirgsketten sich weithin gegen Norden ausdehnende
Ebene führten uns die Indianer. Oede und ausgestorben lag das Land
vor uns, kahl und dürre ragten in der Ferne die zackigen Gipfel der Gebirge empor; trockener Wind fegte über die sandige, steinige Fläche, die
kaum eine Spur von Vegetation zeigte. In langer Reihe folgte unsere
ganze Expedition den beiden stattlichen Mohaves, die schweigend und ohne
sich umzuschauen mit langen Schritten dahin eilten. Das Terrain war
eben, doch keineswegs ohne Hindernisse, denn von Westen nach Osten durchschnitten Furchen und Spalten, die von Regengüssen allmälig gewühlt
worden waren, vielfach unsere Straße. Wir befanden uns am Rande der
breiten, wasserlosen Wüste, die sich vom Gila bis weit gegen Norden über
die Mündung des Colorado Chiquito hinaus in der durchschnittlichen Breite
von mehr als 100 Meilen erstreckt. Einen Theil derselben hatten wir
schon auf der Ostseite des Colorado durchreist, waren aber in dem Thale
der Bill Williams Fork weniger davon gewahr geworden; doch nun, da
wir auf derselben waren, starrte uns das wüste Land mit seiner Einförmigkeit, mit seiner schreckenerregenden Dürre von allen Seiten entgegen. Nur
zwei oder drei Indianer schritten noch außer den Führern neben unserem
Zuge hin, die übrigen waren an der Quelle wieder umgekehrt, gleichsam
als scheuten sie sich vor den Wüsteneien, die selbst von den Wölfen und
Füchsen gemieden wurden. Diese Wüste ist indessen den Mohave-Indianern
keineswegs unbekannt, denn ehe wir die Weiterreise von ihren Dörfern aus
antraten, machten sie uns durch Zeichen, die gar nicht mißverstanden werden
konnten, klar, daß wir auf der ganzen Strecke bis zu dem fließenden Wasser
des Mohave River nur vier Quellen mit sehr wenig Wasser finden würden,
wobei sie uns riethen, so schnell wie nur immer möglich zu reisen. Wie
sich später auswies, waren die bezeichneten Quellen so versteckt im Gebirge,

daß wir ſicher, wenn wir wirklich in deren Nähe gelangt wären, ohne unſeren Führer an denſelben vorbei und einem gewiſſen Untergange ent= gegen gezogen wären. Die Indianer, die uns ſo ſicher führten, leiſteten uns auf dieſe Weiſe Dienſte, die von unberechenbarem Vortheile für die ganze Expedition waren, und ohne dieſelben hätten wir wohl kaum dieſen Weg, der uns in nächſter Richtung an die Südſee führte, einſchlagen können.

Als wir uns der weſtlichen Felſenkette näherten, wurde die Einöde zuweilen durch eine einſame Yucca unterbrochen, die ihre nackten Zweige mit den Blätterkronen emporreckte und ſich ſo recht traurig und trübe auf dem kahlen Boden ausnahm. Die Indianer beabſichtigten, uns an dieſem Tage noch an eine Quelle im Gebirge zu führen; doch hatten ſie die Kräfte unſerer Thiere überſchätzt, die, ermattet, kaum noch von der Stelle zu bringen waren, denn 22 Meilen hatten wir ſeit dem frühen Morgen zu= rückgelegt und waren während dieſer Zeit um 1500 Fuß geſtiegen. Die Sonne neigte ſich den weſtlichen Bergen zu, als unſere Führer auf einen noch 5 Meilen entfernten Vorſprung zeigten, den wir zu umgehen hatten, um an die verſprochene Quelle zu gelangen; gern wären wir noch weiter gereiſt, doch den Zuſtand unſerer Thiere berückſichtigend beſchloß Lieutenant Whipple an Ort und Stelle liegen zu bleiben und am folgenden Morgen der waſſerhaltigen Schlucht zuzueilen. Wir nährten an dieſem Abend unſer Lagerfeuer mit den abgeſtorbenen Stämmen zerſtreut umherliegender Yuccas, die brennend einen eigenthümlichen öligen Geruch, aber wenig Wärme ver= breiteten. Unſere Lager waren hart und unbequem, denn auf dem ſteinigen Boden fand ſich kaum ein ebenes Plätzchen, das groß genug geweſen wäre, um den Körper auf demſelben ausſtrecken zu können; überall ragten ſcharfe Steine hervor, deren unangenehmer Wirkung auf die ruhenden Glieder durch die wenigen Decken, die wir behalten hatten, nicht vorgebeugt werden konnte. Mit Freuden begrüßten wir daher die aufgehende Sonne, doch mitleidig blickten wir nach unſeren Thieren hinüber, die des vergeblichen Suchens nach Nahrung müde, traurig umherſtanden. Wir beeilten uns ſo ſchnell wie möglich wieder auf den Weg zu kommen und die Quelle, die nach den Ausſagen unſerer indianiſchen Führer nicht mehr ſehr weit ent= fernt ſein konnte, zu erreichen. Die drei Mohaves, die uns bis hierher das Geleit gegeben hatten, nahmen an dieſem Tage Abſchied von uns und kehrten, anſcheinend zufrieden geſtellt mit der Behandlung, die den beiden Führern bei uns zu Theil wurde, zu den Ihrigen heim, um ſie, wie es ſchien, über das Geſchick der beiden uns begleitenden Indianer zu beruhigen. Es war nämlich Niemandem entgangen, daß die Bevölkerung am Colorado mit einer Art von Beſorgniß die beiden Führer fortgelaſſen hatte, und daß wahrſcheinlich, um uns zu beobachten, die übrigen Indianer ſo weit gefolgt waren.

Am Fuße des Gebirges hin ſetzten wir alſo in nördlicher Richtung unſere Reiſe fort; häufig wurden wir durch die aus demſelben kommenden

Betten von Gießbächen aufgehalten, deren Ufer so felsig und oftmals so steil waren, daß wir weit an denselben hinaufreiten mußten, um eine Stelle, die sich zum Durchgang eignete, zu entdecken. Nach einem Marsche von 2 bis 3 Stunden gelangten wir in eine besonders tiefe Schlucht, in welcher unsere Führer, statt aus derselben hinaus zu klettern, sich dem Gebirge zuwendeten, während unser ganzer Zug ihnen nachfolgte. Langsam nur vermochten wir mit unseren Thieren zwischen dem losen Gestein hinzureiten, langsamer noch folgte das Wägelchen mit dem Biameter, welches über ganze Strecken hinweg getragen werden mußte. Da, wo die Berge sich uns zu beiden Seiten aufzuthürmen begannen, entdeckten wir die ersten Spuren von Wasser. Es war eine Fläche von wenigen Morgen, durch welche uns ein kleiner Bach entgegenrieselte, der am Ende des kleinen Thales im Sande verschwand. Ueppiges Rohr mußte auf dieser Stelle gewuchert haben, denn oben auf den Ufern sahen wir vielfach Haufen desselben, die augenscheinlich den dort zeitweise hausenden Indianern als Lager gedient hatten. In der Niederung selbst war das Rohr weggebrannt worden; einzelne grüne Schößlinge drängten sich schon wieder aus feuchtem Boden zwischen schwarzer Asche hindurch und verkündeten die Annäherung des Frühlings.

Wir glaubten schon den zum Lager bestimmten Punkt erreicht zu haben, doch führten uns die Indianer immer tiefer in's Gebirge, bis wir ein kleines Thal berührten, welches zu jener Zeit mit seiner abgestorbenen Vegetation, die aus Gras und etwas Buschwerk bestand, freilich keine besonderen Schönheiten zeigte, aber versteckt inmitten hoch aufstrebender nackter Felsen, umgeben von der trostlosen ungastlichen Wüste gewiß im Frühjahre, und selbst im heißen Sommer dem Wanderer, der zufällig auf dasselbe stößt, wie ein liebliches Wunder der Schöpfung entgegenlächeln muß. Alles deutete darauf hin, daß die Eingebornen in günstigen Jahreszeiten dieses Thal vielfach beleben; es befanden sich daselbst kleine kultivirte Mais- und Weizenfelder, zahlreiche Schalen von Schildkröten lagen umher und bewiesen deutlich, daß diese Thiere eine gesuchte Speise der dortigen Eingebornen seien. Die Art indessen, wie sie dieselben zubereiten, ist nicht weniger grausam, als in der civilisirten Welt, wo das zuckende Fleisch pfundweise von den noch lebenden Thieren abgeschnitten und verkauft wird. Nach dem verbrannten Aeußeren der Schalen zu schließen konnte kein Zweifel darüber obwalten, daß diese Wilden die lebenden Schildkröten auf dem Rücken in glühende Kohlen legen und das Thier in seiner eigenen Schale rösten. Ueberall, wo wir auf Wasser stießen, fanden wir auch die Ueberreste von Schildkröten; doch gelang es uns nicht, einer einzigen noch lebenden habhaft zu werden, gewiß der beste Beweis, wie sehr denselben von den Eingebornen nachgestellt wird. Recht behaglich fühlten wir uns auf dem Ufer des reichlich fließenden Baches, um so mehr, als auch unsere Thiere etwas Gras im Thale selbst und an den Abhängen der nächsten Felsen fanden. Die Sonne schien angenehm und warm; trockener Wind, der uns am vor-

hergehenden Tage beläſtigte, konnte ſeinen Weg nicht bis zu uns hinab
finden, und weicher Sand, auf dem wir unſere Decken ausbreiteten, war
willkommen für unſere Glieder, die während der vorigen Nacht auf dem
ſcharfen Geſtein wund und ſteif geworden waren.

XXXIV.

Theilung der Expedition; Waſſermangel. — Wüſtes Gebirgsland. —
Die Sandſteppe. — Der ausgetrocknete Salzſee. — Untrinkbares Waſſer. — Warnung vor den Eingebornen. — Vereinigung der Expedition. — Ankunft am fließenden Waſſer des Mohave River. — Reiſe
im Thale des Mohave River. — Räubereien der Pah-Utahs. — Ermordung eines Packknechtes. — Verfolgung der Wilden. — Zerſtörung
des Lagers der Wilden.

Am 2. März verließen wir das Thal und die freundliche Quelle
wieder, folgten der Schlucht immer tiefer in's Gebirge und erreichten deren
Ende vor einem ſteilen Bergrüden. Langſam kletterte unſere Expedition
aufwärts, bis wir am Gipfel der Höhe anlangten, auf welcher wir durch
eine weite Ausſicht, die ſich uns gegen Weſten darbot, überraſcht wurden.
Eine Ebene, leblos und öde, lag vor uns ausgebreitet, ſelbſt die gegen
Weſten gedrängter ſtehenden Yuccas vermochten nicht die Einförmigkeit
weſentlich zu unterbrechen; was indeſſen die ganze Naturſcene hob, das
waren die fern im Weſten aufſteigenden Felſenketten und die hinter dieſen
uns entgegenſchimmernden hohen Gebirgskuppen, welche wir für die ſüdliche
Spitze der Sierra Nevada hielten. Von dem Bergrüden ſtiegen wir hinab
in die Ebene, wo wir eine verhältnißmäßig gute Straße fanden, und
unſeren Führern folgend, in ſüdöſtlicher Richtung weiter zogen. Wieder
mußten wir in der dürren Wüſte übernachten und uns mit dem kleinen
mitgenommenen Waſſervorrathe behelfen, doch konnten wir uns mit dem
Gedanken tröſten, daß wir unſerem Ziele um 20 Meilen näher gerückt waren.
Am 3. März gelangten wir nach einem kurzen Marſche über hügliges,
aber ebenfalls unfruchtbares, wüſtes Land an die zweite Quelle, die uns
von den Indianern verſprochen war. Sie befand ſich in einer Schlucht,

die von Granitgerölle und Felsblöcken gebildet wurde, und rieselte nur sehr
spärlich aus den Spalten des Gesteins. Ehe wir zum Tränken der Thiere
schreiten konnten, mußten die Adern der Quelle mehr bloßgelegt und eine
Vertiefung, in welcher sich dann das Wasser sammeln konnte, vor derselben
gegraben werden; dann erst konnten wir die Thiere einzeln oder zu zweien
an dieselbe bringen, wodurch der übrige Theil des Tages in Anspruch ge=
nommen wurde.

Nach den letzten scharfen Märschen schien ein Ruhetag für unsere
Thiere fast unerläßlich, es wurde also beschlossen, den 4. März gemeinsam
an der Quelle zu verbringen, besonders auch da eine andere Anordnung
für unsere Reise von nun ab begonnen und die dazu nöthigen Vorkehrungen
getroffen werden mußten. Die Indianer hatten uns nämlich auf scharf=
sinnige Weise darauf aufmerksam gemacht, daß die nächste Quelle, die wir
erreichen würden, nur eine kleine Wasserhöhle sei, an welcher eine so große
Anzahl von Menschen und Thieren, wie sie unsere Expedition aufzuweisen
hatte, nicht zu gleicher Zeit ihren Durst stillen könne, sondern höchstens der
dritte Theil derselben. Diese Mittheilung wurde natürlich nicht unberücksich=
tigt gelassen, und die Expedition deshalb in drei ziemlich gleich starke Ab=
theilungen getheilt, von denen die erste am 5. aufbrechen sollte, die zweite
in der Frühe und die dritte in der Nacht des 6. März. Auf diese Weise
konnten wir hoffen, daß die jedesmal 16 bis 20 Stunden später bei der
erwähnten kleinen Quelle eintreffende Abtheilung dieselbe wieder gefüllt
finden würde, und um dieses eher zu ermöglichen, erhielt die erste den Auf=
trag, die Quelle zu reinigen und die Höhle vor derselben zu vergrößern.
Ich schloß mich der zuerst aufbrechenden Gesellschaft an. Wir nahmen in
aller Frühe Abschied von unseren Gefährten und folgten dem einen unserer
Führer, der wie gewöhnlich, schweigsam voranschritt. Der andere Indianer
blieb zurück, um das zweite Commando zu begleiten. In der äußeren Er=
scheinung dieser beiden Indianer war seit der Zeit, wo sie ihre Heimath
verlassen, eine bedeutende und nicht eben vortheilhafte Veränderung vorge=
gangen; als schöne musculöse nackte Gestalten hatten sie sich am Tage
unserer Abreise vom Colorado zu uns gesellt, doch nunmehr waren ihre
kräftigen Glieder unter einem Haufen von Kleidungsstücken und Decken nicht
mehr zu erkennen, denn fast Jeder, der nur noch irgend Etwas von seinen
Sachen entbehren konnte, hatte es mit Freuden den beiden Führern hinge=
geben, die Alles, was ihnen zu Theil wurde, mit stoischer Ruhe auf ihren
Körper zogen und dadurch nicht wenig einem wandelnden Kleiderladen
glichen. Wir reisten am Morgen des ersten Tages fast fortwährend durch
wilde Schluchten, die hin und wieder mit vereinzelten Cedern und Yuccas
bewachsen waren; in einigen derselben fanden wir sogar noch die Ueberreste
eines früheren Schneefalles. Am Nachmittage führte unser Weg durch ein
weites kesselförmiges Thal, welches ringsum von Gebirgsmassen eingeschlossen
war und einen recht entmuthigenden Anblick gewährte. Wir glaubten in
diesem Thale das trockene Bette eines Flusses zu erkennen, doch war in

der unregelmäßigen Bildung des sich hebenden und senkenden Thales nicht genau zu bestimmen, nach welcher Richtung hin sich bei vorkommenden Re= gengüssen das Wasser verlaufe. Ohne nur irgendwo zu halten oder zu rasten, setzten wir unsere Reise bis gegen Abend fort, sattelten unsere Maul= thiere ab und bereiteten unser Nachtlager, wo wir uns gerade befanden, nämlich 1 Meile vor einer aufstrebenden Felsenkette.

Am folgenden Morgen führte uns der Indianer in gerader Richtung an den ersten Berg und zeigte uns in einer kleinen Schlucht die verborgene Quelle; auch hier fanden wir die Schildkrötenschalen und sonstige Spuren von Indianern, doch keineswegs bestellte Aecker, denn selbst dicht bei der Quelle war der Boden so unfruchtbar und steinig, daß nicht das Geringste auf demselben gedeihen könnte. Es war genau so wie uns die Indianer vor= hergesagt hatten; der Wasservorrath, der sich in einer tonnenähnlichen Ver= tiefung im Boden befand, reichte nur gerade so weit, daß unsere Thiere nothdürftig getränkt werden konnten; wir sorgten aber dafür, daß die Quelle gereinigt wurde, und nachdem wir uns überzeugt hatten, daß frisches Wasser zulief, begaben wir uns wieder auf den Weg. Nur noch wenige Meilen zogen wir in dem vor uns liegenden Hochlande weiter, als der Boden, der so lange im Steigen gewesen war, sich plötzlich vor uns senkte und dadurch eine weite Aussicht über das vor uns liegende wüste Gebirgsland eröffnete. Nach unserer Vermuthung mußte sich der Mohave River oder vielmehr sein Bette in einem weiten Bogen nordwestlich von uns herum= und dann gegen Osten ziehen. Nach den trockenen Betten der Gießbäche zu urtheilen, in denen das Regenwasser seinen Weg gegen Osten dem Colorado oder gegen Nordwest dem Mohave River zu gesucht hatte, befanden wir uns auf der Wasserscheide zwischen diesen beiden Flüssen; zugleich war dieses aber auch der höchste Punkt, den wir auf dem letzten Theile unserer Reise berührten. Die ganze Entfernung von Fort Smith bis hierher betrug 1647, vom Albuquerque 813 und vom Rio Colorado des Westens 97 Meilen. Da, wo wir den Colorado verließen, befanden wir uns 368 Fuß über dem Meeresspiegel, auf der eben bezeichneten Wasserscheide dagegen, die unter 35° 11' nördlicher Breite und 113° 21' westlicher Länge von Greenwich liegt, 5262 Fuß hoch, waren also auf den letzten 97 Meilen unserer Reise 4894 Fuß gestiegen. Die Senkung des Landes von dort aus gegen We= sten war so stark, daß wir bis zum Mittage des folgenden Tages uns nach Zurücklegung jeder einzelnen Meile durchschnittlich um 101 Fuß niedriger befanden.

Es war ein alter Pfad, auf welchem der Indianer uns führte, ein Zeichen, daß selbst in dieser Wüste menschliche Wesen zu wandern pflegten, ja sogar lebten und wohnten, denn wir erblickten auf unserem Wege einen kleinen Aschenhaufen, unter welchem noch einige Kohlen glimmten und um den herum im Sande die Spuren von Männern, Weibern und Kindern abgedrückt waren. Ich wüßte nicht, wie ich die trostlose Wildniß, welche wir in diesen Tagen durchreisten, angemessen beschreiben könnte. Fortwäh=

rend zogen wir bergab, bald allmälig, dem Lauf felfiger Schluchten folgend, bald an schaurigen Abgründen uns hinwindend oder an steilen Abhängen hinunterkletternd, wo uns bei jedem Schritte lofes Gestein nachrollte. Es war ein schrecklich ermüdender Marsch, was ich um so mehr empfand, als ich mein Maulthier, um es zu schonen, frei, nur mit dem Sattel und den von den Indianern eingetauschten Gegenständen beladen, mit den Heerden hatte laufen lassen. Der Indianer schien indessen Muskeln und Sehnen zu besitzen, die unempfindlich gegen Anstrengungen waren, denn ohne nur seine Gangart, die in einem langen wiegenden Schritte bestand, zu ändern, verfolgte er anscheinend gleichgültig seine Straße. Die Gebirgszüge, über welche wir von der Höhe aus hinweggesehen hatten, thürmten sich immer höher zu beiden Seiten auf, je tiefer wir hinabgeführt wurden, so daß wir uns gegen Abend in einem Felsenkessel befanden und in demselben einer sich allmälig erweiternden Schlucht folgten. Nach einer kurzen Biegung derselben hielten wir plötzlich unvermuthet am Rande eines weiten sich von Süden nach Norden erstreckenden Thales. Doch welcher Art war dieses Thal! Hatten wir auf den Höhen die felsige Wüste kennen gelernt, so lag nunmehr eine Sandsteppe in ihrer ganzen schreckenerregenden Wirklichkeit vor uns. Die Breite derselben von dem Punkte aus, wo wir uns befanden, bis zu den Felsen, welche die Ebene uns gegenüber begrenzten, mochte wohl 20 Meilen betragen. In der Mitte des Thales zog sich von Süden herauf gegen Norden eine Reihe von vulkanischen Felsen und Sanddünen, die gerade westlich von uns ihr Ende erreichten und gewiß keinen freundlicheren Anblick boten, als der trockene Sand, der sie von allen Seiten umgab. Durch diese Wüste, erklärte uns der Indianer, müßten wir ziehen, um auf Wasser zu stoßen und er zeigte uns, in welcher Richtung es sich befand. Wir sahen, wie die untergehende Sonne, uns gleichsam ermuthigend, sich in den Wellen eines See's oder Flusses spiegelte und feuerähnliche Strahlen von demselben ausgehen ließ. Wir erblickten einen weißen Streifen, der sich wie ein Schneefeld am Ende des Thales hinzog, doch war es noch weit, sehr weit bis dahin, und da Ruhe den Menschen und Thieren nöthiger als Nahrung war, so streckten wir uns auf dem Sande hin, um den folgenden Tag zu erwarten.

Am 7. März in aller Frühe schon begaben wir uns auf den Weg, der durch den losen Sand, in welchem unsere schwerbeladenen Thiere bei jedem Schritte bis über die Hufe einsanken, zu einem der beschwerlichsten wurde, um so mehr, als die Sonne mit voller Kraft den Boden erwärmte, und kein kühlender Luftzug die Atmosphäre erfrischte. Als wir bei den vulkanischen Hügeln(25) und Sanddünen vorbeikamen, sahen wir hin und wieder feine Grashalme aus dem Boden hervorragen, wodurch wir veranlaßt wurden, der Thiere wegen eine kurze Zeit zu halten. Von diesem Punkte nun hatten wir eine Aussicht über den zweiten Theil des sandigen Thales, welches wie ein weites Schneefeld vor uns lag. Im Anfange glaubten wir, daß die Luftspiegelung uns Alles weiß erscheinen ließe, doch erkannten wir bald, daß wir uns am Rande eines umfangreichen Seebettes befanden, in welchem jeder Tropfen Wasser aufgetrocknet war. Als eine weiße fingerdicke Kruste war indessen das Salz, mit welchem das Wasser vermischt gewesen, zurückgeblieben und lag nun auf loser Erde, so daß wir bis über die Knöchel durchbrachen, und dadurch, daß wir hinter einander herschritten oder ritten, ein tiefer Pfad entstand. Wir zogen in südwestlicher Richtung durch die weiße Ebene, die von uns Soda Lake([26]) genannt wurde. Ungefähr in der Mitte des Seebettes trat ich aus der Reihe, die ich an mir vorüberziehen ließ, um mit Muße nach allen Seiten hinzublicken und den Anblick dieser eigenthümlichen Scenerie dem Gedächtniß recht ein= zuprägen, da sie zu einförmig war, als daß sie sich zu einem Bilde geeignet hätte. Gegen Osten, Süden und Westen war das Ende des See's abzu= sehen, denn gelbe Sandstreifen zogen sich zwischen der weißen Fläche und den angrenzenden Felsenreihen hin; gegen Norden aber war die Aussicht so interessant, so ganz verschieden von allem, was ich früher gesehen, daß ich mich lange nicht von dem Anblick zu trennen vermochte. Durch ein weites Thor, welches von den näher zusammenrückenden Felsen gebildet wurde, sah ich in weiter Ferne den See sich mit dem Horizont verbinden; wie Obelisken ragten hin und wieder abgesonderte Felsmassen empor, Inseln bildend in dem trockenen Salzsee. Ob ich das Ende des See's überblickte oder ob derselbe sich noch weit gegen Norden erstreckte, konnte ich nicht er= rathen, denn da die Basis der Felseninselchen eben so abgerundet war wie deren Gipfel, und die Atmosphäre über dem See leise zitterte, so konnte ich nicht im Zweifel darüber sein, daß eine merkwürdige Strahlenbrechung die Gegenstände in veränderter Gestalt erscheinen ließ; doch so lange ich diese Gegend zu überschauen vermochte, was bis zum Vormittag des folgen= den Tages möglich war, hatte ich immer dasselbe Phänomen vor Augen.

Wir erreichten in den Nachmittagsstunden das Ende des Soda Lake, doch befanden wir uns daselbst kaum erst in der Mitte des Thales, welches sich noch weithin gegen Süden verlängerte. Dort nun, wo der Sandboden wieder etwas zu steigen begann, deutete unser Indianer auf die Erde und gab uns zu verstehen, daß viel Wasser in derselben sei. Wir erblickten auch in der That einige Vertiefungen, die krystallklares Wasser enthielten; wir bückten uns zu demselben nieder, um unseren peinigenden Durst mit dem einladenden Trank zu löschen, doch kaum berührten die Lippen den kleinen Wasserspiegel, als Jeder erschreckt zurückfuhr vor dem widerlich bitteren Ge= schmack. Es war ein wenigstens für Menschen untrinkbares Wasser, auf welches wir gleichwohl ganz allein angewiesen waren, denn der kleine Vor= rath, den wir mit uns geführt hatten, war schon am frühen Morgen aus= gegangen, und wir daher genöthigt, unsere Speisen mit dem widerlich schmeckenden Wasser zuzubereiten. Wir gruben an verschiedenen Stellen neue Vertiefungen, in welchen sich bald Wasser ansammelte, doch war nur wenig oder gar kein Unterschied in der Beschaffenheit desselben zu bemerken

und selbst unsere Maulthiere wendeten sich mehrmals ab, ehe sie sich ent=
schließen konnten davon zu trinken. Nachdem sie indessen gekostet, begann
das Salz in ihrem Inneren zu wirken, und ihr Durst wurde immer stärker,
so daß sie sich gar nicht weit von den Lachen entfernen mochten, sondern
immer wieder zurückkehrten, um auf's Neue von dem bitteren, aber dennoch
für den ersten Augenblick kühlenden Wasser zu schlürfen.

Uns Allen war es aufgefallen, daß wir, seitdem wir den Colorado
verlassen hatten, außer einigen gehörnten Eidechsen auf kein einziges, leben=
des Wesen gestoßen waren; nur einen todten Kolibri hatte ich gefunden,
der mit ausgebreiteten Schwingen und gänzlich von der Luft ausgetrocknet
auf dem Sande lag, als sei er im Fluge vom Tode ereilt worden. Ich
hob das reizende Thierchen auf und legte es später in einen Brief, den ich
von Californien nach Europa sendete. Der gänzliche Mangel an Thieren
jeglicher Art in diesen Regionen, die auf so stiefmütterliche Weise von der
Natur bedacht wurden, konnte uns nicht überraschen; eher noch die Spuren
von Eingebornen, die in verschiedenen Richtungen über die Sandebene
geeilt waren, und uns vielleicht aus nicht allzu großer Entfernung beobach=
teten, wo sie sich alsdann im Sande eingescharrt (eine Gewohnheit der
dortigen Eingebornen, wenn sie unbemerkt bleiben wollen), um ähnlich den
Wölfen, über das eine oder das andere zurückbleibende Maulthier herfallen,
dasselbe zerreißen und verschlingen zu können, und die deshalb sich scheuten,
offen in unserem Lager, wenn auch nur bettelnd, zu erscheinen. Wovon
die dortigen Eingebornen, die unsere Mohave=Indianer mit Verachtung
Pah=Utahs nannten, leben, blieb uns lange ein Räthsel, bis unser
Führer uns mittheilte, daß diese Menschen ihr elendes Dasein mit Gras=
samen, Wurzeln, Schlangen, Fröschen und Eidechsen fristen. Der brave
Indianer rieth uns übrigens, auf unserer Hut zu sein, indem die Pah=
Utahs sich sonst während der Nacht nähern und mit Pfeilen einige unserer
Maulthiere tödten würden. Nach der Beschreibung, welche uns die Moha=
ves ferner gaben, müssen diese Wilden eine Art von Menschen sein, die
sich in ihrem Wesen nur wenig von den Thieren unterscheiden; scheu wie
diese und raubgierig zugleich umschwärmten sie uns später fortwährend, und
fügten uns manchen Schaden zu, ohne daß wir im Stande gewesen wären,
auch nur einen derselben zu erblicken. Die Warnung, welche uns unser
Führer an den Salzquellen ertheilte, blieb nicht unbeachtet; und da unsere
Gesellschaft nur aus einigen dreißig Mann bestand, theilten wir, um gegen
einen nächtlichen Ueberfall gesichert zu sein, unser ganzes Personal in vier
Ablösungen, von denen eine beständig auf dem Posten bleiben mußte.
Da sich nun kein Einziger der Pflicht entzog, so waren wir immer von
einer starken und gut bewaffneten Wache umgeben. Es mochte gegen Mit=
ternacht sein, als die Aufmerksamkeit der Posten auf fernes, aber sich nä=
herndes Pferdegetrappel gelenkt wurde. Da die Eingebornen der dortigen
Regionen keine Pferde besitzen und das Geräusch auf der von uns zurück=
gelegten Straße vernehmbar war, so konnte es nur eine der uns nachfol=

Möllhausen, Tagebuch. 27

genden Abtheilungen sein, obgleich wir dieselbe nicht sobald erwarteten. Es war so, wie wir vermuthet hatten. Lieutenant Whipple mit seiner Abtheilung ritt in unser Lager ein; keinerlei Unfall hatte ihn, seine Gesellschaft oder seine Heerde betroffen. Auch Lieutenant Tittball mit seiner Mannschaft langte an, doch blieb derselbe nicht bei uns, sondern setzte seine Reise in der von den Indianern ihm bezeichneten Richtung fort. Ich hatte mein Maulthier bei Lieutenant Whipples Packtrain zurückgelassen und war während der drei Tage unserer Trennung mit dem Indianer immer vorauf gezogen, doch muß ich gestehen, daß es mir keine geringe Freude gewährte, als ich gleich nach Ankunft der Heerde hinlief und in der hellen Nacht meines Maulthieres ansichtig wurde, welches anscheinend rüstiger als je, auf dem mit Salz überzogenen Rasen einherschritt und mit regem Appetit dichte Grasbüschel abrupfte. Viel beruhigter legte ich mich darauf wieder zum Schlafen nieder, denn wenn ich auch an Mühseligkeiten jeder Art gewöhnt war, so wäre es mir doch unangenehm gewesen, noch einen Marsch zu Fuße zu machen, nachdem ich in drei Tagen nahe an 70 Meilen über wildes Terrain und noch dazu in dünnen indianischen Moklasins zurückgelegt hatte, aus welchen meine Füße schon überall eine Aussicht in's Freie gewannen. Abermals hatte ich es bei dieser Gelegenheit empfunden, wie viel leichter man in den indianischen Halbstiefeln, als in unserem eigenen, schweren Schuhzeug wandert, vorausgesetzt, daß die Füße schon etwas von ihrer Empfindlichkeit verloren haben und beim Gehen über scharfes Gestein nicht mehr so sehr leiden. Ich hatte wie die meisten Mitglieder der Expedition schon seit längerer Zeit keinen Schuh oder Stiefel mehr aufzuweisen, da die letzten Reste derselben uns von den Füßen gefallen waren. Wir halfen uns indessen so gut wir konnten mit Lederstücken, die wir uns von den Mexikanern in Halbstiefeln oder kurze Strümpfe zusammennähen ließen, zu welchen die gefallenen und erschossenen Maulthiere Sohlen hergeben mußten; hätte jedoch unsere Reise noch viel länger gedauert, so wären wir zuletzt wie die Indianer auf einfache Sandalen beschränkt gewesen.

Vereint brachen wir am 8. März von den Salzquellen auf und zogen in südlicher Richtung der Stelle zu, wo die zu beiden Seiten hinlaufenden Felsenreihen zusammenstießen und eine enge Schlucht bildeten. Es war noch ein starker Marsch durch tiefen Sand bis zur Mündung der Schlucht, wo wir zu unserer unaussprechlichen Freude an den Mohave River gelangten, der als ein klares Flüßchen über glatt gewaschenes Gestein rieselte. Ohne an etwas Anderes als an den peinigenden Durst zu denken, eilte Jeder, so wie er dort ankam, an den Fluß, um nach Herzenslust von dem schönen klaren Wasser zu trinken, und Viele, damit noch nicht zufrieden, entkleideten sich und erfrischten ihren Körper in dem freilich kalten Wasser durch ein Bad. Nahe an der Stelle, wo Lieutenant Tittball sich gelagert hatte, blieben auch wir; Tittball aber, dessen Lebensmittel ebenfalls zu Ende gingen, war in Gewaltmärschen vorausgeeilt und wir bekamen ihn nicht mehr vor unserer Rückkehr nach Washington zu sehen, denn da er die

fließenden Wasser des Mohave River erreicht hatte, brauchte er nicht mehr
besorgt zu sein, sich zu verirren, weil er in dem Flußthale fortziehend, end=
lich zu den Ansiedelungen im San Bernardino=Thale und der San Diego=
Straße gelangen mußte. Der Mohave River, der an der Stelle, wo wir
lagerten, reichlich Wasser führte und dessen Lauf wir noch eine kleine Strecke
weit mit den Augen verfolgen konnten, muß schon vor dem Soda Lake im
Sande verschwinden; welches aber von den vielen trockenen Flußbetten, die
wir theils berührten, theils nur aus der Ferne wahrnahmen, der eigentliche
Mohave River ist, kann wohl nur bei genauer Forschung angegeben oder
in der Regenzeit erkannt werden, wenn die im Soda Lake sich ansammeln=
den Wassermassen nach irgend einer Richtung einen Ausweg suchen. Gänz=
lich fließt das Wasser aus dem Soda Lake wohl niemals ab, denn die auf
seinem trockenen Bette zurückbleibende Salzkruste deutet darauf hin, daß
in dürren Jahreszeiten das Wasser theils in den Boden eindringt, theils
vertrocknet.

Ehe wir am 9. März unsere Weiterreise antraten, wurden wir aber=
mals von unseren Führern vor den bösen Pah=Utahs gewarnt, die nach
ihrer Aussage die Höhlen und Klüfte der Felsen zu beiden Seiten des
Mohave River belebten. Wir sahen auch vielfach frische Spuren, doch da
die Wilden selbst sich nicht blicken ließen, und vor unserer Expedition zu
fliehen schienen, so wurden unsere Leute sorglos, wodurch wir denn auch
eine traurige Lehre erhielten.

Vor der Schlucht, aus welcher uns der Mohave River entgegenrieselte,
wurde unsere Expedition getrennt, indem der Wagen mit dem Viameter,
den bei denselben beschäftigten jungen Leuten und einer hinlänglichen Be=
deckungsmannschaft den bequemeren Weg durch das schmale Thal des Flusses
einschlug, während Reiter und Packthiere eine Biegung des Flusses abschnei=
dend, einem Pfade, der über das Gebirge führte, folgten, um weiter ober=
halb am Flusse wieder mit ersteren zusammenzutreffen. Doctor Kennerly
und ich, etwas Jagd an dem Wasser vermuthend, hatten uns zu dem
Wagen gestellt und waren schnell von steilen Felsen umgeben, die den Fluß
bald einengten, bald aber auch, weiter zurücktretend, ihm mehr Spielraum
zu seinen Windungen ließen. Auf beiden Seiten des Flüßchens, welches
in seiner Breite zwischen 5 und 16 Fuß schwankte, blieb indessen hinläng=
lich Raum, auf welchem der leichte Wagen, von vier Maulthieren gezogen,
bequem fortgebracht werden konnte. Einige Enten gaben uns Gelegenheit
zur Jagd, und so ritten wir dahin, uns freuend über jedes grüne Gras=
plätzchen, das sich uns zeigte und wohlthuend die Augen berührte, die seit
so langer Zeit auf Nichts als auf sandigen Steppen und dürren Gebirgen
geruht hatten. Bei unserem Fortschreiten fanden wir das Anfangs spärlich
wuchernde Rohr und Schilf immer dichter, so daß wir bei der Biegung, an
deren Ende wir wieder mit unseren Gefährten zusammentreffen sollten,
Mühe hatten, uns durchzuwinden. Wir erreichten indessen den Felsenpfad
noch, ehe die Vordersten des Zuges, der nach unserem Aufbruche noch im

27 *

Lager verweilt hatte, auf demselben herniederstiegen. Nur langsam setzten wir daher unsere Reise fort, zeitweise rastend, bis endlich die beiden Mohave-Indianer als Vorläufer des Zuges bei uns eintrafen. Wie sehr unsere Maulthiere auf der Reise durch die Wüste gelitten hatten, zeigte sich jetzt erst; denn immer mehr derselben ermüdeten und mußten, ihrer Last entledigt, langsam von den Packknechten nachgetrieben werden. Jeder einzelne der Letzteren erhielt indessen den Befehl, niemals die Waffen aus den Händen zu legen, weil wir immer häufiger auf Spuren stießen, aus welchen wir leicht ersehen konnten, daß die Eingebornen uns umschwärmten und vielleicht gar aus den hohen Felsspalten, selbst verdeckt und ungesehen auf uns niederschauten, um die günstige Gelegenheit zu erspähen und alles Zurückbleibende, seien es Leute oder Thiere, abzuschneiden.

Eine kurze Strecke zog unsere ganze Expedition vereinigt in dem immer breiter werdenden Thale fort und als die Mohaves in eine Schlucht einbogen, um auf Felsenpfaden wieder eine Krümmung des Flusses abzuschneiden, trennten wir uns abermals, wie am Morgen, mit dem kleinen Wagen von dem Hauptzuge und folgten dem Thale. Der Fluß beschrieb indessen so kurze Windungen und seine Ufer waren so dicht mit Rohr, Schilf und Buschwerk bedeckt, daß wir uns bald auf der einen, bald auf der anderen Seite an den Abhängen der Berge unseren Weg bahnen mußten. Nur auf die Entfernung von 1 bis 2 Meilen blieben wir in dem sandigen Bette selbst, weil auf dieser Strecke das Wasser unter der Oberfläche des Bodens fortrieselte. Da das rechte Ufer des Thales eine schmale Ebene bildete und sich etwas senkte, so arbeiteten wir uns zu demselben hinauf, sparten, auf demselben eine gerade Richtung beibehaltend, einen bedeutenden Umweg, den der Fluß machte, und berührten diesen erst gegen Abend wieder an einer Stelle, wo er sich durch eine grasige Wiese schlängelte. Der Hauptzug, der im Gebirge einige Stunden gerastet hatte, traf erst nach uns ein, wo wir dann gemeinschaftlich unser Lager bezogen. Wir waren in gemüthlicher Unterhaltung vor unseren Feuern versammelt, als der Majordomo des Quartiermeisters zu uns herantrat und rapportirte, daß ein Packknecht, der mit drei abgematteten Thieren zurückgeblieben war, vermißt würde. Die Nachforschungen unter den Mexikanern ergaben, daß Mehrere von ihnen an dem Vermißten vorbeigezogen seien, der am Ufer des Flusses gesessen und die drei Thiere ruhig habe grasen lassen; auf die Warnung eines seiner Landsleute, er möge die Büchse, die er nachlässiger Weise auf dem Rücken eines Packthieres befestigt hatte, herunternehmen und bei sich behalten, hatte der unbesonnene Mensch geantwortet, die Furcht vor den Indianern sei nur eine eingebildete, man möge seine Büchse nur mitnehmen, er würde mit den leeren Maulthieren schon nachfolgen. Als Mr. Leroux von dem Stand der Dinge in Kenntniß gesetzt wurde, äußerte er ganz einfach: „Wenn der Bursche nicht von den Indianern erschlagen wäre, würde er schon längst hier sein und wenn er nicht zu bequem gewesen wäre, seine Büchse bei sich zu behalten, so würde er nicht erschlagen worden sein. Ich kenne diese

Sorte von Indianern, wo sie nur eine Büchse sehen, wagen sie sich nicht heran; nach dem Mexikaner oder den vermißten Thieren zu forschen, ist ganz vergebliche Mühe; der Bursche kann nicht wieder lebendig gemacht werden." . Wir Alle sahen das Richtige von Leroux's Worten ein, doch wurden am folgenden Morgen vier bewaffnete Mexikaner zurückgeschickt, um wo möglich die Spuren des Vermißten, der sich auch verirrt haben konnte, aufzufinden.

Die vier Mexikaner waren schon in aller Frühe aufgebrochen, und ihre Rückkehr sollte von der ganzen Expedition erwartet werden, denn Jeder im Lager war gespannt auf die Nachrichten, welche sie mitbringen würden. Es war um die Mittagszeit, als wir fern in der rohrbewachsenen Schlucht dichten Rauch aufsteigen sahen, der sich in schwarzen Wolken dahin wälzte. Wir Alle hielten dieses für ein Rothzeichen der Zurückgesendeten, denn Niemand anders als diese konnten den Brand an das dichtstehende Rohr und Schilf gelegt haben. Es dauerte nicht 10 Minuten, so waren ungefähr ein Dutzend der Unsrigen beritten und eilten auf dem Gebirgspfade der verhängnißvollen Stelle zu; zufälliger Weise ritt ich neben Leroux, der während des Galoppirens noch eine zweite Kugel in seine Büchse schob und dabei sagte: „Es ist Alles vergebens; der Mexikaner ist todt, die Maulthiere ebenfalls, die Indianer aber sitzen dort oben auf den Felsenzacken, beobachten uns, wie wir unsere Thiere müde reiten und verlachen uns. Wenn wir die Indianer überraschen wollen, so müssen wir ihnen schon während der Nacht nahe zu kommen suchen, und wir können ja auch weiter Nichts thun, als höchstens ein paar derselben im Lager todtschießen." — In kurzer Zeit hatten wir die Schlucht erreicht, durch welche der Mohave River fließt. Das Erste, was wir bemerkten, war eins der vermißten Maulthiere, welches, mit Pfeilen erschossen, am Fuße eines Felsens lag, dann die Spuren der beiden anderen, die nach dem Gebirge gerichtet und bald nicht mehr auf dem mit Kies bedeckten Boden zu erkennen waren. Das Rohr war unterdessen auf einer ganzen Strecke niedergebrannt; vorsichtig suchten wir daher auf dem schwarzen Aschenfelde nach den Ueberresten des Mexikaners, den wir nunmehr sicher für getödtet halten mußten. Wir fanden eine Stelle, wo Haufen von gebleichten Pferdegebeinen uns den Ort bezeichneten, an welchem die Wilden dieser Regionen vielleicht mehrfach ihre Feste gefeiert hatten, wenn es ihnen gelungen war, auf der nicht mehr sehr weit entfernten Emigrantenstraße, die von den San Bernardino = Ansiedelungen nach dem Utah = See führt, den reisenden Mormonen Pferde zu rauben; doch Spuren, die uns über das Schicksal des Mexikaners hätten Aufschluß geben können, entdeckten wir nicht weiter, und mußten daher bei hereinbrechender Nacht, ohne etwas ausgerichtet zu haben, wieder zurückkehren. Die vier Mexikaner waren schon vor uns angelangt, auch sie hatten keinen der Eingebornen erblickt und das Rohr nur angezündet, um leichter nach den Ueberresten ihres Kameraden, von dessen Ende sie überzeugt waren, spüren zu können, dann aber auch, um die

etwa im dichten Gestrüpp verborgenen verrätherischen Wilden herauszu=
treiben.

Unzufrieden über diesen schlechten Erfolg begaben wir uns am folgen=
den Morgen, als Lieutenant Whipple mit der einen Hälfte der Expedi=
tion vorauszog, um uns eine Tagereise weiter zu erwarten, 9 an der
Zahl, unter diesen Lieutenant Ives, Doctor Kennerly, Lieutenant
Stanley und ich, noch einmal zu Fuß auf den Weg, um die Wilden
bis in ihre Schlupfwinkel zu verfolgen und wenigstens durch ein paar gut
angebrachte Schüsse die hinterlistige Ermordung eines unserer Leute an den
Mördern zu rächen. Wir gingen deshalb zuerst zu dem erschossenen Maul=
thiere, nahmen daselbst die Spuren der beiden geraubten auf und folgten
denselben in's Gebirge. Es war dies eine schwierige Aufgabe auf dem
felsigen Boden, wo wir nur durch umgestoßene oder von der Stelle ge=
rückte Steinchen bei unserer Verfolgung geleitet werden konnten. Bergauf,
bergab ging es in dieser wahrhaft schauerlichen Wüste, doch verloren wir
nie die rechte Spur, in deren Beibehaltung uns besonders ein alter Mexi=
taner, derselbe, der früher die beiden Tonto=Indianer gefangen hatte, be=
hülflich war. In einer Felsenschlucht, wo eins der matten Thiere wohl
nicht mehr im Stande gewesen war, das steile Ufer hinaufzuklettern, hatten
die Wilden dasselbe getödtet, in Stücke zerschnitten und so mit fortgeschleppt.
Wir fanden daselbst nur einen glatt abgenagten Beinknochen und den In=
halt der Eingeweide; selbst das Blut schienen diese Kannibalen getrunken
oder auf irgend eine Weise aufgefangen und mitgeführt zu haben. Die
Richtigkeit unseres Weges war durch diese Zeichen bewiesen, und rüstig,
jedoch jedes Geräusch so viel wie möglich vermeidend, folgten wir daher
dem alten Pfade.

Wir gelangten endlich in eine enge Schlucht, welche um einen, von
drei Seiten abgesondert liegenden, spitzzulaufenden Felsen herum führte.
Daß wir dem indianischen Lager nahe waren, wußten wir wohl, doch hat=
ten wir keine Ahnung, daß sich dasselbe auf der anderen Seite des Fel=
sens befand. Als wir nämlich um denselben herumbogen, erblickten wir in
einer Vertiefung den Rauch eines kleinen Feuers, welches die Indianer in
derselben Minute verlassen hatten, denn es war ihnen nicht Zeit genug
geblieben, ihre Bogen und Pfeile mitzunehmen. Schnell vertheilten wir
uns und liefen die nächsten Höhen hinan, um noch möglicher Weise einen
Schuß auf die Flüchtlinge anbringen zu können, doch nichts erblickten wir,
als die trostlosen nackten Felsen, die uns von allen Seiten entgegenstarrten.
Das verlassene Lager nun glich im vollen Sinne des Wortes einer scheuß=
lichen Mördergrube. Ein kleines Feuer, welches mit trockenem Gestrüpp
genährt worden war, glimmte unter der Asche, und auf dieser lagen die
Eingeweide der Thiere, die mit Blut angefüllt waren. Die abgeschnittenen
Köpfe und die von den Wilden angefressenen Glieder der beiden Maulthiere
lagen zerstreut umher und halfen das Ekelhafte der ganzen Scene vervoll=
ständigen. Unter den blutigen Ueberresten erblickten wir Waffen und Ge=

räthe, letztere meisterhaft aus Weiden geflochten, wild durcheinander geworfen, und etwas abgesondert von diesen Gegenständen lagen die Mütze und die Beinkleider des ermordeten Mexikaners. Der arme Mensch mußte einen schrecklichen Tod erlitten haben, denn die blutigen Beinkleider waren an sieben verschiedenen Stellen von Pfeilen durchlöchert: das Opfer hatte also vor seinen Mördern hinlaufen müssen und war allmälig von unten herauf mit Pfeilen erschossen worden, und leicht war es denkbar, daß sein Blut mit dem der Maulthiere in dem widrigen Behälter vereinigt war. Lange suchten wir nach der Leiche des Erschlagenen, um ihm wenigstens ein Begräbniß zu Theil werden zu lassen, doch vergebens hatten wir zu diesem Zwecke Schaufeln mitgenommen: wir fanden nichts, gar nichts weiter von dem unglücklichen Menschen, der eine Frau und 5 unerwachsene Kinder in Neu-Mexiko zurückgelassen hatte, die nunmehr vergebens auf die Rückkehr ihres Gatten und Vaters harrten. Als ich den Felsen, an dessen Fuße sich das Lager befand, erstieg, wurde es mir klar, wie die Wilden kurz vor unserer Ankunft hatten entfliehen können. Nahe dem Gipfel des Felsens, von welchem man eine weite Aussicht über die angrenzenden Ländereien hatte, befand sich eine Art von Abstufung oder Höhle, die von der Natur gebildet worden war; auf dieser Stelle nun hatten mehrere der Kannibalen gelegen und bei ihrem blutigen Mahle mitunter einen Blick vor sich hinab in die Schlucht werfen können. Der übermäßige Genuß des Fleisches hatte sie vielleicht daran gehindert, sich rechtzeitig mit ihren Habseligkeiten davon zu machen, wodurch uns das Eigenthum der Bande, die wohl aus 12 bis 16 Mitgliedern bestand, in die Hände fiel. Die Waffen, so wie einige der zierlich geflochtenen Gefäße, behielten wir für uns zurück, alles Uebrige aber warfen wir mit den Ueberresten der Maulthiere in einem Haufen auf der glimmenden Asche zusammen, fügten zu diesem alles nur brennbare Gestrüpp, das in der Nachbarschaft aufzutreiben war, und verbrannten sodann die gesammten Habseligkeiten dieser wilden raubgierigen Höhlenbewohner.

Das traurige Geschick des armen Mexikaners ging uns Allen sehr zu Herzen, und wir konnten nicht umhin, uns die gräßlichen Martern und die Todesangst auszumalen, die der arme Mensch in den Händen seiner unbarmherzigen Mörder auszustehen gehabt hatte. Gern hätten wir das wilde Gesindel für seine Hinterlist und Tücke gezüchtigt, wäre nicht wenigstens auf sechs Tage Proviant nothwendig gewesen, um unausgesetzt im Gebirge herumstreifen zu können. Die Lebensmittel unserer ganzen Expedition reichten aber kaum noch für die Dauer einer Woche hin, und sehr sparsam mußte überhaupt mit denselben umgegangen werden, wenn wir noch, ohne vorher Noth zu leiden, die Ansiedelungen am Fuße der südlichen Spitze der Sierra Nevada erreichen wollten, deren Gipfel uns schon in westlicher Richtung entgegenschimmerten. Gegen Mittag kehrten wir wieder heim in unser Lager, welches am frühen Morgen schon von Lieutenant Whipple und einem Theil der Expedition verlassen war, während Lieute-

nant Johns verabredeter Weise auf unsere Rückkehr wartete. Nach eini=
gen Stunden der Erholung von dem anstrengenden Marsche des Vormit=
tags durch die 6 Meilen entfernten wilden Schluchten und Felsenthäler
bestiegen wir gegen Abend unsere Thiere und schlugen den Weg ein, auf
welchem die anderen Abtheilungen voran gezogen waren. Spät in der
Nacht trafen wir bei Lieutenant Whipple ein, dessen Lagerfeuer uns
schon lange weithin durch die Nacht entgegengeschimmert hatten. Wir fan=
den die ganze Gesellschaft noch wach und unserer Ankunft harrend, denn
es war nicht ein Einziger, der sich nicht für das Schicksal des erschlagenen
Mexikaners interessirt und sein schreckliches Ende bedauert hätte. Leider
konnten wir nur bestätigen, was allgemein geahnt worden war.

Wir befanden uns nunmehr ganz in der Nähe der Emigrantenstraße,
in Californien unter dem Namen „Spanish trail" bekannt. Ebenes Land,
durch welches sich der Mohave River schlängelte, lag vor uns, die San
Bernardino=Berge, an deren Fuße unsere Straße vorbeiführte, waren deut=
lich mit ihren stolzen Gipfeln zu erkennen; wir bedurften daher unserer
beiden indianischen Führer, die uns so treu auf einem mehr als 150 Mei=
len langen Wege durch die Wildniß geführt hatten, nicht weiter, und lie=
ßen sie wieder zurückkehren in ihr geliebtes Thal zu den Ihrigen, die ihrer
vielleicht schon lange harrten, und zu welchen zu gelangen sie noch einmal
die weite Wüste durcheilen mußten. Doch was uns sehnsüchtig nach den
blauen Gipfeln der Sierra Nevada hinüberschauen machte und der hinter
derselben beginnenden Civilisation freudig gedenken ließ, das bewog die
Indianer, ihre Blicke gegen Osten zu wenden. Aehnliche Gefühle regten
sich in der Brust der eingebornen Kinder der Wildniß und in dem Herzen
der einer vorgeschrittenen Civilisation angehörenden Weltbürger: es war
die unzerstörbare Liebe zur Heimath, zum Vaterlande!

XXXV.

Rückkehr der beiden Mohave-Führer in ihre Heimath. — Die Emigrantenstraße. — Zusammentreffen mit reisenden Mormonen. — Nachrichten von der Ermordung des Capitain Gunnison und seiner Offiziere durch die Utah-Indianer. — Abschied vom Mohave River. — Das San Bernardino-Gebirge. — Der Cajon-Paß. — Regensturm im Gebirge. — Entlassen der Arbeiter. — Erster Anblick des Küstenstriches von Californien. — Die Mormonen und deren Geschichte.

Reich beschenkt wurden unsere indianischen Freunde, als sie von uns schieden; auch bot ihnen Lieutenant Whipple zwei gute Maulthiere an als Anerkennung für die von ihnen geleisteten Dienste, damit sie auf bequemere Weise mit ihren Geschenken in ihre Heimath gelangen könnten; sie schlugen indessen die Thiere aus und baten dafür um Decken, die ihnen mit Freuden verabreicht wurden. Sie gaben uns nämlich zu verstehen, daß auch sie vor den bösen Pah-Utahs auf ihrer Hut sein müßten und deshalb Gebirgspfade einschlagen wollten, auf denen ein Maulthier nicht würde gehen können, wo es aber leichter für sie sei, den wilden Bewohnern der Wüste unbemerkt zu bleiben. Wir wünschten den beiden Indianern von Herzen Glück zu ihrer Reise, als sie uns die braunen Hände zum Abschied reichten, ein Gebrauch, den sie von uns erst gelernt hatten, worauf sie am Mohave River hinunter schritten, und bergendes Gebüsch sie bald unseren Augen entzog. Auch wir brachen auf, zogen die Ebene an der Nordseite des Flusses hinauf, und gelangten nach einem Marsche von 3 Meilen auf die vielfach befahrene Emigrantenstraße, welche von den Ansiedelungen im San Bernardino-Thal nach dem Asyl der Mormonen am großen Salzsee führt.

Der Tag war angenehm und warm; wir rasteten gegen Mittag einige Stunden, gingen dann durch den Fluß, der hier eine bedeutende Breite hat, setzten bis zum Abend ununterbrochen unsere Reise auf dem südlichen Ufer fort und übernachteten im dichtbewachsenen Thale. Eine Strecke von 45 Meilen lang blieben wir am Mohave River, wo wir der breiten, ziemlich bequemen Straße folgten, die schon seit einer Reihe von Jahren bereist worden ist. Die Ufer des Flusses boten uns auf dieser Strecke einen ungewohnten Anblick; hohe Bäume wechselten mit Weidenwaldungen ab, die häufig weite Strecken einnahmen oder mitunter einem schilfartigen Grase Raum gelassen hatten. Der Fluß selbst schwankte in seiner Breite zwischen

5 und 30 Fuß, doch kamen wir auch an Stellen vorbei, wo er sich seinen Weg unter der Oberfläche des Bodens suchte und nur ein trockenes Bett zeigte. Ueberall in dem Thale, welches durchgehends von unfruchtbaren hügeligen Ländereien eingefaßt war, erblickten wir die Spuren eines äußerst regen Verkehrs, der zu gewissen Zeiten des Jahres diese Straße beleben muß. Gefällte Bäume, Brandstellen, wo lustige Lagerfeuer geflackert hatten, Schädel und Knochen der Thiere, die von den Emigranten geschlachtet wor= den, Ueberreste zerbrochener Wagen waren fast immerwährend auf den kleinen Lichtungen zu sehen. Auch der Schädel eines Menschen lag auf dem Wege, mit seinen hohlen Augen wie nach uns herüberstarrend. Wie mancher Vor= beireisende mochte den vielleicht von den Wölfen ausgescharrten Schädel mit dem Fuße angestoßen und vor sich hin gerollt haben! Auch von unseren Leuten gingen einige der robesten hinüber und trieben dieses Spiel mit ihm, ich aber stieg bei ihm ab und untersuchte ihn, da ich glaubte, unsere Sammlung durch einen indianischen Schädel bereichern zu können; doch er hatte einem Weißen angehört, wahrscheinlich einem Auswanderer, der mit kühnen Hoffnungen und hochfliegenden Plänen die beschwerliche Reise vom stillen Ocean aus angetreten und nach wenigen Tagereisen schon sein Ende in der Wildniß gefunden hatte. War es der Schädel eines armen Arbeiters oder eines reichen Speculanten, eines mittellosen Familienvaters, der diesen Weg eingeschlagen hatte, um für seine in der Heimath zurückgebliebene Fa= milie Brod zu schaffen, oder eines neugierigen Reisenden, dessen Angehörige im Ueberfluß und Wohlleben die Tage dahingehen ließen? Es war der letzte Ueberrest eines Verschollenen, der den Wanderer der Wüste mahnte, jeden Augenblick zur letzten Reise bereit zu sein. Weit fort schleuderte ich den Schädel, der zum Spielzeug der Thiere und Menschen geworden war, weit fort in's dichte Gebüsch, wo es ihm vergönnt sein mag, ungesehen und unberührt allmälig zu verwittern und in Staub zu zerfallen. — Ich war bald wieder in Gesellschaft meiner laut scherzenden, fröhlichen Kameraden und trieb wie diese mein Thier zur Eile an, um so bald wie möglich die weiß schäumende Brandung der Südsee vom Hafen von San Pedro aus zu erblicken.

Am 12. März begegneten wir zum ersten Male, seit wir den Rio Grande verlassen hatten, einigen Reitern, die eine Heerde mit Waaren be= ladener Thiere vor sich hertrieben. Es waren vier Mormonen, kräftige rüstige Leute, die auf ihre guten Waffen und ihr gutes Glück bauend, einem fernen Ziel, der großen Mormonenstadt am Salzsee zuzogen. Wenn sich in den wilden Regionen des fernen Westens Reisende begegnen, begrüßen sie sich freundlich, fragen sich gegenseitig aus und theilen einander eine kurze Beschreibung ihrer Reise und Tagesneuigkeiten, so weit ihnen dieselben be= kannt sind, mit, ehe sie von einander scheidend sich gegenseitig Glück zur Weiterreise wünschen. Auch mit den Mormonen pflogen wir eine kurze Unterhaltung, in welcher wir ihnen die Dauer unserer Reise angaben. „Wenn Sie so lange außer Verbindung mit den Vereinigten Staaten ge=

wesen sind," sagte Einer derselben, „so wissen Sie wahrscheinlich nicht, daß
der Capitain Gunnison, der die Expedition nördlich von Ihnen com=
mandirte, mit einem Theile seiner Offiziere von den Indianern erschlagen
worden ist?" Natürlich war diese Nachricht eben so traurig wie neu für
uns; aber leider verhielt es sich so, wie der Mormone uns erzählte. Auf
dem Gebiete der Utah=Indianer hatte Capitain Gunnison beabsichtigt, sich
mit einigen seiner Offiziere auf 2 oder 3 Tage von seiner Expedition zu
trennen, um eine andere Richtung der Straße zu untersuchen und hatte
noch 4 Soldaten mitgenommen, so daß mit dem Koch und dem Diener die
kleine Gesellschaft aus 12 Mann bestand. Um besser gegen Kälte und
rauhen Wind geschützt zu sein, hatten die Reisenden, die schon viele Meilen
von dem Hauptzuge entfernt waren, hinter einem Rohrdickicht ihre Zelte
aufgeschlagen. Die Nacht verging ihnen ohne alle Störung, und am frühen
Morgen schon saßen Alle um ihr Frühstück und ließen es sich wohl schme=
den. Herr Kern, ein Deutscher, der als Zeichner der Expedition engagirt
war, hatte sein Fruhmahl zuerst beendigt und stand auf, sich im Gefühle
der Behaglichkeit reckend und dehnend. Plötzlich krachte ein Schuß aus dem
Dickicht. Herr Kern faßte mit der Hand nach seiner Brust und stürzte laut=
los zusammen. Der Schuß war das Signal zum allgemeinen Angriff eines
indianischen Hinterhalts, wildes Geheul erfüllte die Luft, und aus dem
Dickicht stürzte eine Bande der Utah=Indianer, die auf drohende Weise ihre
Waffen schwangen. Beim ersten Schuß war Capitain Gunnison aufge=
sprungen und hatte, ein Mißverständniß vermuthend, den Indianern Frie=
denszeichen geben wollen, indem er seine beiden unbewaffneten Hände empor
hielt. In dieser Stellung nun, die nur wenige Augenblicke dauerte, war
er das Ziel für die indianischen Pfeile geworden, welche ihn dicht bedeckten
und tödtlich verwundet zu Boden warfen. Mehrere der Weißen lagen zu
der Zeit schon getödtet oder verwundet umher, und immer neue mordgierige
Wilde stürzten aus dem Dickicht hervor. — So lauteten die Nachrichten
von einem Augenzeugen, der als Koch zur Zeit des Ueberfalles in seiner
etwas abgelegenen Küche beschäftigt war und sich dadurch, daß er sich
auf ein nahestehendes Pferd warf und die Flucht ergriff, rettete. Ebenso
entgingen drei Soldaten und ein Sergeant dem drohenden Tode; der Eine
von diesen verdankte sein Leben nur einem außerordentlichen Zufall. Der=
selbe hatte nämlich, als er das Kriegsgeheul vernahm, den Hahn seiner
Muskete gespannt und war im Begriff, mit dem Gewehr in der Hand aus
dem Zelte zu treten, als plötzlich ein Indianer vor ihm stand, der, den
Bogen in der linken Faust, mit der rechten den befiederten Pfeil an's Ohr
zog. Der Soldat, den Finger an dem Drücker des Schlosses, gab Feuer
ohne anzulegen, was in dem entscheidenden Augenblicke zu zeitraubend ge=
wesen wäre, und der Indianer stürzte mit zerschmettertem Schädel zu Boden.
Nur einen Blick warf der mit genauer Noth dem Tode Entgangene auf die
Mordscene und die zehnfach überlegene Anzahl der Wilden, schwang sich
dann ebenfalls auf ein Pferd, sprengte seinen Kameraden nach und brachte

mit diesen zugleich dem Haupttrain die Nachricht, daß Capitain Gunnison nebst sechs seiner Gesellschaft gefallen sei. Lieutenant Beckwith von der Artillerie der Vereinigten Staaten, der die Escorte befehligte und dem nunmehr das Commando der ganzen Expedition zugefallen war, ging sogleich mit einer Abtheilung nach der verhängnißvollen Stelle zurück und fand, wie sich nicht anders erwarten ließ, nur die gräßlich verstümmelten Leichen der sieben Ermordeten. Nicht nur die Kopfhaut war den Erschlagenen abgezogen, sondern auch die Schnurrbärte theilweise mit der Lippe aus dem Gesichte geschnitten worden. Alle, die nicht beim ersten Angriff gefallen waren, mußten bis zum letzten Augenblicke mit dem Muthe der Verzweiflung gekämpft haben, so daß selbst die Indianer auf ihre eigenthümliche Art ihnen die letzte Ehre erwiesen, nämlich das tapfere Herz aus der Brust geschnitten und den starken Arm von dem Körper getrennt und mitgenommen hatten. Lieutenant Beckwith und seiner Abtheilung fehlten die Mittel, die Leichen zu bestatten; sie schützten dieselben aber durch Steinhaufen und Zweige gegen den Angriff der Wölfe und nahmen dann Abschied von dem traurigen Orte, wo sie ihren braven Commandeur und so viele ihrer guten Kameraden verloren hatten. Am Salzsee bei den Niederlassungen der Mormonen angekommen, machten sie die traurige Begebenheit bekannt, nach deren Kundwerbung der Gouverneur Young sogleich eine Abtheilung seiner Leute abschickte, die den Gefallenen ein gebührendes Begräbniß zu Theil werden ließen. Auch gelang es dem Gouverneur, die Papiere des Capitain Gunnison, die von den Indianern geraubt waren und wichtige, die Reise betreffende Notizen enthielten, wieder zu erlangen, so daß es Lieutenant Beckwith, der die Expedition weiter führte, möglich wurde, einen vollständigen Rapport über den ganzen Verlauf der Reise auszuarbeiten. Dies waren die Nachrichten, die wir von den Mormonen erhielten und deren Wahrheit uns in Pueblo de los Angeles bestätigt wurde.

Am 13. März erreichten wir endlich die Stelle, an welcher wir den Mohave River verlassen mußten, um in westlicher Richtung den San Bernardino-Bergen zuzueilen. Es war gegen Mittag, als wir den Fluß, der dort über 100 Schritte breit ist, hinter uns ließen und auf seinem nördlichen Ufer lagerten, um nach einigen Stunden die 35 Meilen lange Reise über die Ebene (²⁷) anzutreten, welche uns von den San Bernardino-Bergen trennte. Nachdem unsere Thiere sich an frischem grünem Grase, welches zwischen schwarzen verbrannten Stoppeln hervorkeimte, zur Genüge gütlich gethan, zogen wir nach der Ebene hinauf. Der Weg war gut, doch vermochten wir nicht, wie wir es uns vorgenommen, in einem Marsch über dieselbe hinüber zu kommen, indem immer mehr unsere Thiere vollständig ermüdeten, so daß wir noch vor Mitternacht unter zerstreut stehenden Cedern und Yuccas uns hinwarfen, um die zurückgebliebene Heerde zu erwarten und am folgenden Morgen durch den Cajon-Paß zu ziehen, der nur noch einige Meilen von uns entfernt war. Lieutenant Johns mit seiner Mannschaft trennte sich nun ebenfalls von uns, um sein Commando nach San

Diego zu führen, zugleich aber auch vorauseilend uns von den Ansiedelungen aus Lebensmittel zurückzusenden, da wir kaum noch für einen Tag mit halben Rationen versehen waren.

In aller Frühe des 14. März begaben wir uns schon auf den Weg und folgten der Straße, die uns nach kurzem Marsch auf die Höhe des Cajon=Passes brachte, von wo aus wir zu den Küstenländern der Süd=see hinabzusteigen hatten. Vom Soda Lake, wo wir uns 1116 Fuß über dem Meeresspiegel befanden, bis zur Höhe des Cajon=Passes hatten wir 110 Meilen zurückgelegt und waren auf dieser Strecke 3554 Fuß gestiegen, befanden uns demnach 4670 Fuß über der Meeresfläche. Von Fort Smith waren wir 1798 und von dem Uebergangspunkte des großen Colorado 242 Meilen entfernt.

Die stolz emporragenden San Bernardino=Berge blieben zu unserer Rechten liegen, als wir uns an den steilen Bergabhängen hinunter wanden, wo uns gleich bei den ersten Schritten eine andere Vegetation als oben auf der unfruchtbaren Ebene entgegenlachte. Bäume und Sträucher, die im Begriffe waren, Knospen zu treiben, wucherten überall, wo nur etwas Erde ihren Wurzeln Nahrung bot. Den in schönem Grün prangenden Strauch, der in Californien oft Meilen weit Strecken bedeckt, sahen wir hier zum ersten Mal, so wie die prächtige Tanne (Abies Douglasii), die mit ihren lang herabhängenden Zweigen und den dunkelfarbigen Nadeln eine melancholisch=schöne Erscheinung war. Immer tiefer abwärts zogen wir, bis wir uns in dem trockenen Bette eines Gießbaches befanden, dessen Richtung wir abwärts folgten. Mächtige Felsmassen (²⁸) von Sandstein=conglomerat thürmten sich zu beiden Seiten von uns auf und wechselten mit einzelnen runden Hügeln und Bergen ab, die mit grünem Strauchwerk dicht bewachsen waren. Gegen Mittag erreichten wir endlich das fließende Wasser, welches in dem Cajon=Paß entspringt und den San Bernardino Creek bildend, der Südsee zueilt. Wir rasteten daselbst einige Stunden und setzten dann unsere Reise in der wilden, vielfach gewundenen Schlucht fort. Als wir gegen Abend auf einer kleinen Erweiterung anlangten, trafen wir mit einem Mormonen zusammen, der mit einer ganzen Fuhre Lebensmittel uns entgegengekommen war. Lieutenant Johns, der die Ansiedelungen schon am frühen Morgen berührt hatte, war die Ursache, daß die Leute, einestheils um uns zu helfen, dann aber auch des Ge=winnes wegen, mit lauter uns willkommenen Gegenständen herbei kamen. Augenblicklich machten wir Anstalt, unser sehr ärmliches Lager aufzuschlagen und uns dann von den Schätzen des Händlers für baare Münze Etwas auszusuchen. Tabak war das . Erste, wonach wir fragten, denn manchen Tag hatten unsere Pfeifchen kalt in der Jagdtasche zugebracht; und von dem Mormonen, der selbst ein Freund des Rauchens zu sein schien, war er nicht vergessen worden. Auch einen tüchtigen Mehlvorrath kaufte ihm Lieutenant Whipple ab und ließ denselben sogleich unter unsere Gesell=schaft vertheilen. Branntwein führte der Geschäftsmann gleichfalls bei sich, doch wurde ihm streng angerathen, denselben nicht zu verkaufen, indem sich unter unseren Leuten Viele befanden, die nicht Maß zu halten verstanden und im Rausch des Spiritus und der Freude über die glückliche Ankunft in Californien zu leicht zu Excessen geneigt gewesen wären. Trotz des Versprechens, welches uns der Lieferant gab, fanden sich doch nach Verlauf kurzer Zeit vielfach Betrunkene im Lager, die dann auch auf unangenehme Weise Unordnungen hervorriefen, so daß Einer derselben, und zwar gerade mein Diener, um ihm den Gebrauch des Verstandes wieder zu verschaffen, mit den Händen in einen heruntergebogenen Baum gehängt werden mußte, so daß in Folge der Schwungkraft des zähen Stammes der Uebelthäter nur mit den Fußspitzen den Boden berührte.

Das schöne trockene Wetter, welches uns während der letzten Zeit unserer Reise so sehr begünstigt hatte, änderte sich in dieser Nacht; es begann zu regnen, so daß wir nach Verlauf von einigen Stunden durchnäßt unter unseren Decken lagen, die Lagerfeuer erloschen, und wir vor Kälte zitterten und bebten und sehnlichst den Tag herbei wünschten. Dieser erschien endlich, doch kein besseres Wetter; unaufhörlich goß der Regen auf uns hernieder; der kleine Bach, der an unserem Lager vorbeirieselte, war in einen wilden Bergstrom verwandelt worden, der die von den Gebirgen niederstürzenden Wasser aufnahm und brausend in seinem Felsenbette weiter führte. An Weiterreisen konnten wir an diesem Tage nicht denken und weil wir nunmehr ganz bequem allein mit unseren mexikanischen Packknechten unsere Reise beendigen konnten, die übrigen Arbeiter und Wagenführer der Expedition aber jeden Tag bedeutendes Geld kosteten, so zahlte Lieutenant Whipple Letztere an diesem Tage aus und entließ sie. Nun erst erkannten wir so recht, was für eine Classe von Leuten im Dienste der Expedition gewesen war. Auf der Reise hatten sich freilich Alle als treue und unverzagte Arbeiter ausgewiesen, doch jetzt, nachdem sie ihre eigenen Herren geworden waren, ließen sie den wilden Leidenschaften freien Lauf, und eine tollere Gesellschaft ist wohl niemals aus dem Cajon-Paß gezogen, als ein Theil unserer entlassenen Arbeiter. Bill Spaniard, der Halb-Indianer, der wegen Mordes angeklagt gewesen war, war noch bei Weitem der Ruhigste: ernst und gesetzt trat er zu seinen früheren Vorgesetzten, dankte für die ihm zu Theil gewordene gute Behandlung, drückte die Hände, die ihm hin und wieder dargereicht wurden und wanderte dann seines Weges durch Regen und Sturm. Einen alten Mann, der ebenfalls als Wagenführer bei uns engagirt gewesen war, sah ich später auf der Reise von Pueblo de los Angeles nach San Francisco wieder, und war nicht wenig verwundert über die Veränderung, die in jeder Beziehung mit ihm vorgegangen war. Er hatte die Gelegenheit benutzt, mit unserer Expedition nach Californien zu kommen, wo er seiner Aussage gemäß Kinder hatte, die er besuchen wollte. Er war Methodist und sollte sogar Prediger gewesen sein. Während der Reise wurde er von dem ganzen Personal unserer Expedition nur immer der alte Mann genannt, obgleich er fast täglich useinandersetzte, daß sein Name Charrot sei. Ein bescheidnerer und genügsamerer Mensch kann kaum gedacht werden, als der alte Mann Charrot; seiner Liebe zum Frieden hatte er manche Arbeit zu verdanken, die er zu leisten nicht nöthig gehabt hätte, indem sie ihm von dem brutaleren Theil seiner Mitarbeiter zugeschoben wurde. Nichts vermochte ihn aus seinem Gleichmuth zu bringen, als höchstens wenn er auf die Religion seiner Sekte zu sprechen kam, und seinen Worten nicht die gewünschte Aufmerksamkeit geschenkt wurde, wie es übrigens in seiner rohen Umgebung nicht anders zu erwarten war. Jedem, der ihm am Morgen begegnete, wünschte er auf die verbindlichste Weise einen guten Tag, der ihm von dem besseren Theile unserer Expedition mit einem eben so freundlichen Gruße erwiedert, von dem ungebildeteren aber mit einem unpassenden Scherz beantwortet wurde, den der geduldige alte Mann ruhig hinnahm. — „Guten Morgen Mr. Murphy," hörte ich ihn einst zu einem der brutalsten Arbeiter sagen. — „D — m your Goodmorning, wenn es so schlechtes Wetter ist, wie heute," antwortete ihm Jener auf rauhe Weise. — „O," antwortete der alte Mann, „ich nahm mir nur die Freiheit, Ihnen einen guten Morgen zu wünschen und nach ihrem Befinden zu fragen; nehmen Sie es nur nicht übel." Als ich später auf dem Dampfboot Frémont den alten Mann, der nunmehr Mr. Charrot geworden war, wieder sah, vermochte ich ihn kaum zu erkennen. In seinem Benehmen zeigte er eine gewisse Sicherheit und ein unbeschreibliches Unabhängigkeitsgefühl, welches ganz gut zu seinem ehrbaren schwarzen Anzug paßte. „Die Zeiten haben sich geändert," redete er mich an, „ich bin nicht mehr der alte Mann, der Wagenführer, der sich Befehle ertheilen lassen muß, ich zeige mich jetzt als das, was ich eigentlich bin, nämlich als ein Gentleman. Ich habe auf der Reise meine Rolle ganz zu meiner eigenen Zufriedenheit gespielt und stehe Ihnen jetzt in jeder Unterhaltung zu Diensten. Wählen Sie irgend ein Thema, sei es Geologie, Theologie, Botanik, Astronomie, Geschichte oder Mineralogie, Sie werden überall keinen unwissenden Mann in mir finden." Obgleich mir die Ordnung, in welcher Mr. Charrot die verschiedenen Wissenschaften unter einander warf, ein Lächeln entlockte, und mich etwas an seiner großen Gelehrtheit zweifeln ließ, so konnte ich doch nicht umhin, mich zu wundern, daß der schlichte, genügsame Mann auf unserer Reise nur eine angenommene, freilich ganz kluge Rolle gespielt hatte, und nun nicht mehr die geringste Probe der früheren anspruchslosen Bescheidenheit in ihm zu entdecken war. „Es thut mir leid," erwiederte ich ihm, „daß es mir an hinlänglicher wissenschaftlicher Ausbildung gebricht, um mich Ihren umfassenden Kenntnissen gegenüber auf unbefangene Weise in den eben von ihnen aufgezählten Zweigen unterhalten zu können." — „Sie sind noch jung," antwortete Mr. Charrot mit einem gewissen Bedauern, „doch sollten Sie gelehrte Unterhaltungen nicht von sich weisen, sondern denselben nachjagen, um dadurch zu lernen," worauf er sich mit triumphirendem Gesichte von mir wendete und nach dem anderen Ende des Dampfbootes schritt. — Also auch solche Leute befanden sich unter den Arbeitern, die im Cajon=Paß von Lieutenant Whipple entlassen wurden.

Unser längeres Verweilen in dem Engpasse hatte noch einen besonde= ren Grund; da nämlich bei etwaiger Anlage einer Eisenbahn durch diesen Paß ein Tunnel von 3 bis 4 Meilen gebaut werden müßte, so beabsich= tigte Lieutenant Whipple mit uns und dem Reste unserer Leute an der Ostseite der Sierra Nevada hinauf zu ziehen und das Tulare=Thal zu un= tersuchen, um den dortigen Paß mit dem Cajon=Paß vergleichen zu können. Lieutenant Johns hatte deshalb den Auftrag erhalten, sich in San Diego zu erkundigen, ob das Tulare=Thal in neuester Zeit von amerikanischen Offizieren durchforscht worden sei, und uns die Nachricht darüber umgehend zukommen zu lassen. Pünktlich theilte er uns durch einen Expressen mit, daß Lieutenant Williamson schon diese Arbeit vollendet habe und dadurch eine Forschung von unserer Seite unnöthig geworden sei, weshalb denn auch unser Aufbruch nach Pueblo de los Angeles auf den folgenden Tag angesetzt wurde.

Es regnete unaufhörlich den ganzen 16. März, ebenso während der darauf folgenden Nacht, und als wir am 17. unsere durchnäßten Sachen auf die Maulthiere luden, goß der Regen noch immer in Strömen vom Himmel. 2 Meilen lang hatten wir noch hohe Berge zu beiden Seiten unserer Straße, die sich fortwährend senkte. Der Paß erweiterte sich in= dessen mehr und bildete ein kleines Thal, durch welches der von Regen angeschwollene Bernardino Creek dahin brauste. Am Ende des Passes theilte sich die Straße, indem ein Weg gerade aus gegen Westen nach den Ansiedelungen der Mormonen und nach San Diego führte, während der andere am Gebirge entlang gegen Norden lief. Den letzteren hatten wir einzuschlagen, und nachdem wir noch zwischen einigen bewaldeten Hügeln hindurch gezogen waren, befanden wir uns plötzlich an dem Rande der herrlichen Ebenen, welche die Küstenländer Californiens charakterisiren. Es ist mir nicht möglich, den Eindruck zu beschreiben, den die im frischesten Grün prangenden Wiesen und die in denselben sich erhebenden eben so grünen Hügel, die einzelnen Baumgruppen und die in der Ferne sichtbaren Ranchos (Meierhöfe) auf uns machten. Sei es nun, daß wir eben erst die graue Wildniß verlassen hatten, daß hoch oben im Gebirge der Schnee= sturm wüthete, oder daß das Frühlingsgrün, welches die californischen Küstenländer schmückt, lieblicher als anderes ist: genug, ich glaubte nie et= was Schöneres gesehen zu haben. Der Himmel war trübe, die Gipfel der nahen Gebirge in einen undurchdringlichen Schleier gehüllt, unaufhör= lich stürzte der Regen auf uns nieder; doch so naß auch die Decken um unsere Schultern hingen, so war uns unter denselben doch unaussprechlich wohl. Fröhliches Leben lachte uns aus jedem Keime, aus jeder aufsprin= genden Knospe entgegen, Alles schien sich in der milden Luft an dem fruchtbaren Frühlingsregen zu laben und kräftig emporzurichten, und wir sollten unmuthig werden da, wo die Natur ein stilles Fest zu feiern schien? Wir schüttelten das Wasser von unseren triefenden Decken und zogen die Straße dahin, uns manchmal umschauend nach den Hügeln, hinter welchen Rauchsäulen emporstiegen und uns die Ansiedelungen der Mormonen verriethen.

Die Mormonen *), die in neuester Zeit so sehr die Aufmerksamkeit der ganzen civilisirten Welt auf sich gezogen haben, sind eine Sekte, deren eigenthümliche Einrichtungen gewiß eine besondere Erwähnung und Beschreibung verdienen. Ihre gegenwärtige Hauptstadt und ihre Hauptansiedelungen befinden sich im Thale des großen Salzsee's. Dieser liegt ziemlich in der Mitte zwischen den Ländern des Mississippi und Californien, westlich von den Staaten, wo die Menschen durch Betriebsamkeit und Geschäftssinn erreichen, was auf der anderen Seite auf gierige Weise dem goldhaltigen Boden entnommen wird. Die Thäler am großen Salzsee sind ganz abgesondert von bewohnbaren Landstrichen; gegen Norden und Süden erstrecken sich unabsehbare wüste Regionen. Gegen Osten dehnt sich wie eine lange Scheidewand die Kette der Felsengebirge aus, während im Westen Sandsteppen mit dürren Gebirgszügen abwechseln und eine feste Mauer bilden, wie die Rocky Mountains auf der anderen Seite. Das Land der Mormonen wird auch das große Becken (great basin) genannt, da aus dieser Region jenseits der Rocky Mountains das Wasser nicht abfließt. Dieses große Becken ist das Hochland (4000 Fuß über dem Meeresspiegel) zwischen der Sierra Nevada und der Wahsatch-Gebirgskette. Es besteht eigentlich aus einer Wüste mit einigen fruchtbaren Streifen an dem Fuße der Höhen. Größtentheils ist das Gebiet gebirgig, indem Bergketten von 2 bis 3000 Fuß Höhe, meist mit den Rocky Mountains parallel laufend, das Land durchziehen; in dem östlichen Theile des nach jeder Richtung etwa 500 Meilen breiten Landes haben sich die Mormonen angesiedelt. Man kann nicht sagen, daß dieses Volk in seinen jetzigen Territorien sehr von der Natur begünstigt wäre, indem nur spärlich gutes Wasser dort vorhanden ist, das Holz fast ganz mangelt, und gute Weiden nur an den

---

*) Ich gebe hier eine kurze Beschreibung des Mormonenthums, zusammengestellt aus Notizen, welche ich dem Report vom Capitain Howard Stansbury, vom Jahre 1852, und der Abhandlung des von den Indianern später erschlagenen Capitain Gunnison über das Mormonenthum, ebenfalls aus dem Jahre 1852, entnommen, und mit meinen eigenen im Jahre 1852 unter den Mormonen am oberen Missouri gesammelten Erfahrungen in Verbindung gebracht habe. Absichtlich vermeide ich es, die neuesten Vorgänge am Salzsee, so wie die politische Stellung der Mormonen gegenüber den Vereinigten Staaten zu berühren, indem es schwierig ist, bei den sich häufig widersprechenden und wegen der großen Entfernung wenig begründeten Nachrichten sich ein klares Bild zu schaffen. So viel ist indessen erwiesen, daß das Gouvernement der Vereinigten Staaten gegen diese eigenthümliche Sekte mit größter Nachsicht und gewohnter Liberalität verfährt.

Möllhausen, Tagebuch. 28

Abhängen der Gebirge und in den Niederungen zu finden sind. Doch die Thäler an den Flüssen, die kultivirt werden können, sind sehr fruchtbar, und es ist kaum anzunehmen, daß für's Erste das Land mit so vielen Bewohnern bevölkert werden wird, als es ernähren kann.

Der Glaube dieser Sekte nun, die mit so ungeheuren Anstrengungen und Opfern darauf hinarbeitet, ihre Religion über den ganzen Erdball zu verbreiten, ist begründet auf der unerschütterlichen Ueberzeugung, daß alle christlichen Sekten auf Wegen wandeln, die nicht zum Himmelreiche führen, und daß dieses nur den Anhängern der „Melchisedek-Priesterschaft" zu Theil werden könne. Diese wurde nach der Versicherung der Mormonen vor achtzehnhundert Jahren von der Erde entfernt, seit welcher Zeit keine wirklich wahre Religion existirt hat, bis im Jahre 1826 dem Gründer des Mormonenthums, Joseph Smith, ein Engel erschien, und ihn in der Wahrheit unterrichtete, indem er ihn an eine Stelle führte, wo eine steinerne Kiste vergraben lag. In dieser befanden sich goldene Tafeln, auf welchen in der von ihm so benannten reformirten ägyptischen Sprache Gesetze geschrieben standen. Der Engel nahm eine Anzahl der religiösen Anweisungen aus der Kiste und übergab sie Joseph Smith, ertheilte ihm aber auch zugleich die Kraft, das, was auf den Tafeln eingegraben war, zu lesen und zu verstehen. Joseph Smith übersetzte nun die wunderbare Schrift und veröffentlichte sie unter dem Namen: „Das Buch Mormon." Er wurde dann auf göttlichem Wege der Melchisedek-Priesterschaft einverleibt und erhielt die Fähigkeit, alle Sprachen zu verstehen. Er und seine Gefährten wurden ebenso als Apostel eingesetzt, um das Evangelium zu predigen und unter den Völkern die „Kirche Jesu Christi der neuen Heiligen (the latter day saints)" zu gründen. Im Jahre 1830 wurde diese Kirche zuerst organisirt, indem sechs Mitglieder zusammentraten, deren Nachfolger und Schüler in kurzer Zeit zu einer Gesellschaft von vielen Tausenden anwuchsen. — Die Mormonen erklären, daß die Bibel der Protestanten göttlichen Ursprungs sei, doch versichern sie zugleich, es sei so viel in derselben verändert und verdorben worden, daß eine neue Uebersetzung nöthig gewesen, welche ihr Prophet ausführte. Von dem Buch Mormon glaubten sie ebenfalls, es komme von Gott und sei ebenso, wie die heilige Schrift, maßgebend für das Bekenntniß. Sie glauben streng an Wunder und daß die Aeltesten der Kirche Kranke durch Auflegen der Hände zu heilen im Stande seien. Die Art ihres Gottesdienstes ist ähnlich dem der Protestanten, indem gepredigt und gesungen wird. Eine Musikbande befindet sich hinter den Sängern, begleitet die Lieder und spielt zu Anfang und zum Schluß des Gottesdienstes.

Die häuslichen Einrichtungen der Mormonen sind unendlich weit verschieden von denen jeder anderen christlichen Sekte, und dies bewirkt vor Allem das System der „geistigen Ehe" (spiritual wife system). Als man die Mormonen aus Illinois vertrieb, wurde Vielweiberei als eine der Hauptklagen gegen sie angeführt, damals indessen streng von ihnen

abgestritten. Doch ist es längst erwiesen, und es wird jetzt auch kein Ge=
heimniß mehr daraus gemacht, daß Polygamie bei ihnen herrscht. Selbst
die Prediger erklären öffentlich von der Kanzel, daß es ihnen frei stände,
sich 1000 Weiber zu nehmen, wenn es ihnen beliebte, und sie fordern
Jeden auf, aus der Bibel das Gegentheil zu beweisen. Joseph Smith's
Ansichten über die Polygamie sind wahrscheinlich nie veröffentlicht worden,
doch machte er seinen Anhängern bekannt, er habe, so wie Diejenigen, die
er für würdig hielte, ähnlich den alten Heiligen, David, Salomon und
Jacob, den Vorzug, so viele Weiber zu nehmen, wie sie zu erhalten im
Stande wären, um ein heiliges Haus für den Dienst des Herrn zu grün=
den. Sie geben zu, daß in dem Buche Mormon vorgeschrieben ist, jeder
Mann solle ein Weib und jede Frau nur einen Mann haben; da nun
das Wort „nur" bei den Frauen allein angewendet ist, so bleibt dem
Mann natürlich die Vielweiberei gestattet, und sie erklären, daß die Prin=
cipien dieser Einrichtung durchaus rein und heilig seien. Sie behaupten
sogar, daß Jesus Christus drei Frauen gehabt habe, nämlich Maria,
Martha und die andere Maria, die er liebte, und daß er alle auf der
Hochzeit zu Kana geheirathet habe*). Wenn ein verheiratheter Mann sich
eine zweite Gehülfin zu nehmen wünscht, so muß er sich, nachdem er mit
dem Mädchen und deren Eltern einig geworden, auch noch die Erlaubniß
des Oberherrn oder Präsidenten einholen. Die Frau wird ihm alsdann
feierlich „angesiegelt (sealed)" und steht fortan in jeder Beziehung in dem=
selben Range mit der ersten Frau ihres Gatten. Solche Ehe halten die
Mormonen für eine durchaus tugendhafte und ehrenvolle, und alle nach=
folgenden Gattinnen behalten dieselbe Stellung in der Gesellschaft, als wenn
sie die zuerst Erwählte wären. Ueberhaupt erklären die Mormonen solche
Ehebündnisse für fester und bindender, als die aller anderen Religionen
und Sekten, um so mehr, als nach ihrem Dafürhalten das künftige Leben
sowohl hinsichtlich des Mannes als der Frau in enger Beziehung mit den
ehelichen Verhältnissen in dieser Welt steht; denn ihre Kirche lehrt, daß
ein Weib ohne einen Gatten eben so wenig zu den himmlischen Freuden
gelangen kann, als ein Mann, der nicht im Besitze von wenigstens einer
Frau ist, und der Grad der Seligkeit des Letzteren hängt mit von der
Zahl der Frauen ab, die ihm auf Erden angehört haben. — Jeder Ge=
danke an Sinnlichkeit, als Grund zu solchen Bündnissen, wird streng ver=
worfen, indem das Hauptaugenmerk Aller ist, so schnell wie möglich eine
heilige Generation zu gründen, die das Königreich des Herrn auf Erden
bauen soll.

Da das Oberhaupt oder der Präsident der Kirche allein die Macht
hat, solche Ehen zu gestatten oder auch wieder aufzulösen, so läßt es sich

---

*) The Mormons or latter day saints in the valley of the great
Salt Lake, by *J. W. Gunnison*, pag. 68.

28*

leicht denken, welchen ungeheuren Einfluß diese Macht dem geben muß, der sie in Händen hält, und welche Umsicht und Weisheit von dem erfordert wird, der als vertrauter Rathgeber der Familien, als kirchliches und politisches Oberhaupt der Gemeinde gegenübersteht. Jede unverheirathete Frau hat ferner ein Recht, im Falle sie vernachläßigt oder vergessen wird, zu ihrem Seelenheil einen Gatten zu fordern; der Präsident muß in diesem Falle auf die eine oder andere Weise für sie sorgen und hat sogar das Recht, jeden beliebigen Mann, den er für passend erachtet, zu der Heirath zu zwingen, so wie jeder Mann verpflichtet ist, die Seele einer Frau, die ihm angeboten wird, durch eine Heirath zu retten. Mancherlei sind die Eigenthümlichkeiten des Mormonenthumes; doch beabsichtige ich nicht, hier eine theologische Abhandlung über die verschiedenen religiösen Ansichten und Gebräuche zu schreiben, ich versuche nur, diejenigen Punkte hervorzuheben, die so gänzlich im Widerspruche mit Allem stehen, was man jetzt von der christlichen Religion kennt.

Was nun die weltliche Stellung der Mormonen betrifft, sollte man denken, daß in einem Hausstande, in welchem sich bis zu dreißig Frauen befinden, fortwährend Hader und Zank herrschen müßte; doch ganz im Gegentheil waltet in den meisten Häusern Friede, Eintracht und schwesterliche Zuneigung unter den Gefährtinnen, und im geselligen Verkehre der verschiedenen Familien herrscht eine Fröhlichkeit, die an Ausgelassenheit grenzt. Manchem jungen Mädchen mag es indessen einige Ueberwindung kosten, vielleicht die zwei und dreißigste Frau eines Mannes zu werden, so wie es in mancher jungen Frau, die so lange die einzige Gefährtin ihres Gatten war, traurige Gefühle erwecken muß, wenn sie von Zeit zu Zeit von einer neuen Hochzeit ihres Gemahls in Kenntniß gesetzt wird.

Der Eifer der Mormonen, ihre Sekte zu vergrößern, hat schon alle Länder mit ihren Missionairen angefüllt, und von allen Seiten strömen Bekehrte und Bekenner der neuen Religion dem Salzsee zu, „wo die Quelle der Wahrheit von den Lippen der Propheten Gottes fließt, und nur die Heiligen die wahre Freiheit genießen können." Ein bedeutender, fortwährend wachsender Fond ist von den Mormonen angelegt worden und unter dem Namen: „immerwährender Auswanderungs-Fond" nur dazu bestimmt, den nach dem Salzsee Wandernden die Reise und später die Ansiedelung zu erleichtern. Von allen Welttheilen fließen Beiträge in diese Kassen, indem gelehrt wird, daß das Unterstützen armer Brüder so gut ist, wie die Taufe nach Ablegung aller Sünden. Und so scheinen denn die Ansiedelungen der Mormonen im fernen Westen zu blühen und sich immer mehr auszubreiten. Wie lange das Utah-Territorium, welches unter vielen Mängeln auch der Landplage der Heuschrecken ausgesetzt ist, das Asyl der Mormonen bleiben wird, kann erst die Zeit lehren. Was an der eigenthümlichen Religion zu billigen oder zu verdammen ist, werden die Theologen aller Sekten gewiß längst entschieden haben; der Laie aber, der ein andächtiger Verehrer der Natur und ihrer weisen Gesetze ist, mißbilligt

Alles, was gegen diese verstößt und bildet sich seine eigenen Ansichten über jede Religion, die neben ihrem eigenen Glauben keinen anderen als selig= machend anerkennt.

Die Geschichte des Mormonenthums seit seiner Gründung bis zur jetzigen Zeit ist mit wenigen Worten erzählt. In den Jahren 1831 bis 1832 wurde im Staate Missouri nicht weit von der Stadt Independence von den Mormonen unter der Leitung des Joseph Smith die Stelle zum neuen Jerusalem ausgewählt und die Stadt Zion gegründet. Hier nun, an den äußersten Grenzen der Civilisation, glaubten sie ungestört wohnen und die in ihrer Nachbarschaft lebenden, damals noch sehr wenigen An= siedler leicht bekehren zu können. Zwei Jahre verbrachten sie dort in Frieden, als die Bevölkerung der Provinz Jackson sich zusammenrottete und die Mormonen vertrieb, die ihre Zuflucht in der Provinz Clay suchten, doch nur um von dort nach Caldwell im Staate Missouri verdrängt zu werden. Die Zahl der Mormonen nahm indessen mit jedem Tage zu, so daß sie sich bald stark genug glaubten, sich ferneren Unterdrückungen wider= setzen zu können. Als sie abermals verjagt wurden, wobei es schon zu ernstlichen Kämpfen kam, zogen sie nach Illinois und fanden dort am Ufer des Mississippi eine vorläufige Ruhe. Sie gründeten daselbst die Stadt Nauvoo und erbauten einen prachtvollen Tempel. Bei der Eigen= thümlichkeit ihrer Religion war es vorherzusehen, daß sie nicht lange mit ihren Nachbarn in Frieden würden leben können, und im Jahre 1841 bis 42 gab die Vielweiberei, deren Existenz damals erst ruchbar geworden war, den ersten Anstoß zu Anfeindungen. Immer neue Verbrechen, vom Diebstahl bis zum Mord, wurden (ob mit Recht oder Unrecht, ist nicht er= wiesen) den Mormonen zur Last gelegt, bis endlich die Feindseligkeiten wieder ausbrachen, und damit endigten, daß der Prophet Joseph und sein Bruder Hyrum erschossen und Nauvoo niedergebrannt wurde. Brigham Young wurde darauf von den Mormonen zum Präsidenten gewählt, und unter seiner Führung zogen sie an den oberen Missouri, 20 Meilen ober= halb der Mündung des Platte River, wo sie sich dann abermals ansiedel= ten, zugleich aber ihre besten Jäger ausschickten, um das Land in allen Richtungen durchforschen zu lassen. Im Jahre 1847 begaben sich 143 ihrer Männer vom Missouri aus auf den Weg gegen Westen; ihnen folgte in kleinen Abtheilungen die ganze Gemeinde nach, und so erreichten sie denn endlich nach einer mühevollen Fahrt den großen Salzsee, wo sie ihr Reich zu gründen beschlossen. Das Land wurde eingesegnet, der Plan zu einer Stadt entworfen, und bald entstanden unter den Händen der Mor= monen, obgleich sie durch Hungersnoth und Krankheit vielfach heimgesucht wurden, blühende Ansiedelungen, die sich um so schneller hoben, als Tau= sende und aber Tausende von Bekehrten den ersten Ansiedlern nachfolgten und bald ein Reich bilden halfen, über welches Brigham Young unter dem Namen eines Gouverneurs des Utah=Territoriums herrscht.

Um den neuen Bekennern und Anhängern ihres Glaubens den Weg

nach dem Salzsee zu erleichtern, haben die Mormonen kleine Ansiedelungen am San Bernardino-Fluß gegründet. Die Emigranten können nunmehr, anstatt die mühevolle Reise durch die Prairien und die Rocky Mountains zurückzulegen, über Panama nach San Diego gehen, von wo aus sie nur eine kurze Strecke bis zu ihren Glaubensgenossen am San Bernardino-Gebirge haben, die sie dann mit Rath und Mitteln zu ihrer weiteren Reise nach dem großen Salzsee unterstützen. So suchen die Mormonen auch nach außen zu wirken, während sie zugleich ihre inneren bürgerlichen und staatlichen Verhältnisse ordnen und Gesetze schaffen, die mit ihren Ansichten im Einklang stehen. Schulen und Universitäten werden gegründet, Fabriken jeder Art erbaut, Ackerbau und Viehzucht im großen Maßstabe betrieben und ganz darauf hingearbeitet, die Mormonen unabhängig von dem Verkehre mit anderen Völkern zu machen, obgleich sie sich Amerikaner nennen, und das Gouvernement von Washington anerkennen. Ihre Regierungsform ist die einer Republik mit einer freien liberalen Constitution und ihr Criminalcodex ihrer eigenthümlichen Stellung und ihren Ansichten angemessen.

Dies ist ein oberflächliches Bild von der Geschichte und der Einrichtungen der Mormonen, deren Ansiedelungen wir in der Ferne wahrnahmen, als wir unsere Straße im San Bernardino-Thale verfolgten.

XXXVI.

Die californischen Rancheros. — Gewandtheit der californischen-Rei-
ter. — Lager am San Gabriel Creek. — Die Mission San Gabriel.
— Ueber das Missionswesen in Californien. — Ankunft der Expedi-
tion in Pueblo be los Angeles. — Verkauf der Maultbiere und der
Reisentensilien. — Abenteuerliche Fahrt nach dem Hafen von San
Pedro. — Ankunft an der Südsee.

Weit vor uns konnten wir auf einer Anschwellung der Ebene ein weiß
schimmerndes Gebäude durch den fallenden Regen hindurch erkennen, in
dessen Nähe wir die Nacht zuzubringen beschlossen. Oftmals wurden wir
auf unserem Wege von Bächen aufgehalten, die, aus dem Gebirge kommend,
wild schäumend dem Ocean zueilten, und zwar mit einer solchen Gewalt,
daß unsere Thiere beim Durchwaten kaum derselben zu widerstehen vermochten und nur mit Mühe sich am jenseitigen Ufer hinaufarbeiteten. Meile
auf Meile legten wir zurück; manche prächtige Viehheerde lagerte zu beiden
Seiten unseres Weges, von der Wohlhabenheit der dortigen Grundbesitzer
zeugend und die grüne Landschaft freundlich belebend. Ehe wir noch das
auf dem Hügel liegende weiße Gebäude erreichten, kamen wir an einem
Weinberge und bald darauf an niedrigen Hütten vorbei. Ein stark ange-
schwollener Gießbach trennte uns von dem Hügel und so beschlossen wir,
da der Abend sich schon einstellte, in der Nähe des ersten Gebäudes zu
übernachten. In der Hoffnung, unter einem gastlichen Dache Schutz gegen
das Wetter zu finden, hatten wir uns getäuscht; denn einestheils widerte
uns das unsaubere Innere des Hauses an, dann aber auch schienen die
ebenso unsauberen Bewohner desselben gar nicht geneigt uns aufzunehmen.
In diesem schönen Lande, wo wir nur auf den üppigsten Wohlstand zu
stoßen glaubten, war uns eine solche Erscheinung unerwartet genug, doch
als wir später die näheren Verhältnisse kennen lernten, wunderten wir uns
nicht weiter über diesen Mangel an Gastfreundschaft. Der Weinberg gehörte
nämlich einem entfernt lebenden Californier, der, um denselben nicht ohne
Aufsicht zu lassen, die jetzigen Bewohner, die in bitterer Armuth lebten, in
die roh gezimmerte Hütte gelegt hatte. Außerdem befanden sich noch drei
oder vier indianische Hütten in der Nähe, die sich wie ebenso viele kleine
Heuschober ausnahmen. Die in demselben lebenden Indianer nannten sich
Kawias und waren eine kleine unansehnliche Raçe von Menschen, die in
den wenigen zerrissenen Kleidungsstücken ein wahres Bild des Elendes zeigten.
Diese Indianer schienen eine Art von Leibeigenen zu sein, die für wenige

und sehr schlechte Lebensmittel verpflichtet waren, den nahen Weinberg zu bestellen und sonstige Arbeiten für seinen Besitzer auszuführen. Unsere wirklich kümmerlichen Lager breiteten wir also auf dem vom Regen aufge= weichten Boden aus, selbst eines guten Feuers konnten wir uns nicht er= freuen, indem die Indianer kein Stückchen trockenen Holzes in der Nähe hatten liegen lassen, und wenn uns nicht der Gießbach einige dürre Bäume und Zweige aus dem Gebirge zugeführt hätte, so würden wir Schwierig= keiten gefunden haben, uns ein einfaches Abendbrod zu verschaffen. Es hatte unterdessen zu regnen aufgehört und wenn uns auch am folgenden Morgen nicht klares Wetter begünstigte, so war die Luft doch trocken, so daß wir unsere nassen Decken und übrigen Sachen zum Trocknen ausbreiten konnten. Den ganzen Tag verwendeten wir hierzu und erfreuten uns am Abend wieder eines vollkommen trockenen, bequemen Lagers. — Mr. Leroux, der vor Jahren diese Gegend besuchte, hatte uns am vorhergehenden Tage schon mitgetheilt, daß nicht weit von unserer Straße eine Señorita wohne, die lange ein Gegenstand seiner besonderen Verehrung gewesen sei, und daß er beabsichtige; ihr einen Besuch abzustatten, um sich zu überzeugen, ob sie schon sehr gealtert habe. Seinen Vorsatz führte er aus und ritt am 18. März in aller Frühe von uns, mit dem Versprechen, am folgenden Tage wieder zu uns zu stoßen. Er hielt Wort; denn wenige Meilen waren wir erst am nächsten Morgen von unserer Lagerstelle entfernt, als Leroux quer über die Wiesen kommend, sich wieder zu uns gesellte und uns mit fröhlichem Gesichte zurief: „Ich muß mich doch nicht sehr verändert haben, denn sie erkannte mich auf den ersten Blick wieder. So ist es aber mit diesen alten Jägern und Trappern des Westens: sie legen Tausende von Meilen durch die öden Wüsten zurück, und erreichen sie dann nach mühevoller Reise die Ansiedelungen, gleichviel unter welchem Breiten= und Längengrade, so sind sie fast immer in früherer Zeit schon dort gewesen, und eilen dann hierhin und dorthin, um alte Bekannte aufzusuchen, ein Stündchen mit ihnen zu verplaudern und vielleicht auf ewig wieder von ihnen Abschied zu nehmen." Heller klarer Sonnenschein ruhte an diesem Tage auf der grasigen Ebene und Nebelwolken verhüllten halb die weißen Kuppen der nahen Gebirge. Immer zahlreicher wurden die Heerden, welche die sammetweiche Fläche be= lebten und sich gemächlich auf dem Rasen dehnten oder in dichten Massen einherschritten. In der Ferne erblickten wir von Bäumen umgeben die Gehöfte, auf welchen die freien californischen Ansiedler residiren. Menschen sahen wir nur wenige; einzelne Reiter, die unseren Zug von Ferne wahr= genommen hatten, kamen mitunter auf ihren muthigen Rossen herangesprengt, um ihre Neugierde zu befriedigen, und wir wußten dann nicht, ob wir uns mehr über die prachtvollen starken Pferde oder über die anmuthig im schweren aber bequemen spanischen Sattel sitzenden bärtigen Californier freuen sollten, in deren Zügen der andalusische Typus nicht zu verkennen war. Anzug und Zaumzeug verriethen bei den meisten mehr als bloße Wohlhabenheit, und, sich ihrer Unabhängigkeit sichtlich bewußt, sprengten sie auf ihren stolzen Rennern dahin. Seit der Zeit, daß Californien wirklich zum Goldlande geworden, hat sich auch der Vermögenszustand der dortigen Rancheros (Ackerbau und Viehzucht treibender Landbewohner), die oft einen Flächenraum von vielen Quadratmeilen ihr Eigenthum nennen, bedeutend gehoben und ist bei vielen zum unermeßlichen Reichthum herangewachsen. Sie fanden nämlich in dem Markte von San Francisco die Stelle, wo sie ihre zahllosen Heerden ver- werthen und in Gold umsetzen konnten, während in früheren Jahren die Häute des Rindviehes der einzige Artikel war, der ihnen Vortheil brachte. Es landeten auch zu damaliger Zeit in den benachbarten Häfen nur Schiffe, die für die mitgebrachten Waaren Ladungen von Häuten mit zurücknahmen. Leroux erzählte uns, daß, als er früher dort reiste, es Jedem erlaubt war, so viele Ochsen zu tödten, wie er Lust hatte, um sich mit Fleischproviant zu versehen, doch verstand es sich dabei von selbst, daß jedesmal die Haut des geschlachteten Thieres dem Eigenthümer hingebracht werden mußte. Jetzt ist es freilich anders; wollte sich Jemand herausnehmen einen Stier zu tödten, so würde er bald die Mündung einer Pistole oder die blanke Klinge eines Bowiemessers nebst einer freundschaftlichen Aufforderung, das getödtete Stück Vieh mit einem sehr guten Preise zu bezahlen, zu sehen bekommen. Da kein Zaun, keine Einfriedigung die verschiedenen Besitzungen von einan- der scheidet und das Vieh wild unter einander läuft, so sollte man denken, daß das Sondern der Heerden verschiedener Herren zu manchem Streit Ver- anlassung geben müßte; doch ist dieses nicht der Fall, denn es wird wohl- weislich dafür gesorgt, daß Jedes Thier, Pferd, Maulesel oder Rind das Brandzeichen seines Herren trägt. Mehrere Male im Jahre schickt der Ran- chero seine Arrieros (mit Lassos versehene Reiter) aus, um seine Heerden revidiren und die neu hinzugekommenen Stücke brennen oder-zeichnen zu lassen. Von diesen Leuten, deren Gewandtheit im Reiten so wie im Werfen des Lassos an's Unglaubliche grenzt, genügen zwei, um den wildesten Stier oder das unbändigste Pferd zu Boden zu werfen und zu fesseln. Es ver- steht sich von selbst, daß die Arrieros die besten Pferde erhalten, welche noch ganz besonders zu ihrem Dienste abgerichtet sind. Auf diesen nun reiten sie dem einzufangenden Thiere nach; der Eine sucht auf die rechte Seite desselben zu gelangen, während der Andere etwas weiter zurück auf der linken Seite folgt. Beide bleiben ungefähr 25 bis 30 Fuß von dem Thiere entfernt, behalten einander fortwährend im Auge und lassen mit der rechten Hand die lange Leine, an deren Ende sich eine Schlinge befindet, über dem Kopfe kreisen. In dem Augenblicke, in welchem der Reiter zur Rechten dem fliehenden Pferde oder Rinde die Schlinge um den Kopf wirft, legt sich die Schleife des Anderen um den linken Hinterfuß des Flüchtlings, worauf Beide nach entgegengesetzten Richtungen treiben und ihr Opfer augenblicklich zum Stehen bringen oder zu Boden werfen. Die Leinen sind am Sattel- knopf befestigt und da die Sättel so construirt sind, daß sie nicht auf die Seite gerissen werden können, die wohl dressirten Pferde aber mauerfest stehen und sich mit ihrer ganzen Schwere auf die Seite lehnen, so daß die

Leine immer straff gespannt bleibt, so können die Reiter ruhig absteigen, zu dem gefesselten Thiere hingehen und mit ihm beginnen, was ihnen beliebt. Oftmals sah ich mit Bewunderung auf diese Leute und glaubte meinen Augen nicht trauen zu dürfen, wenn ich sie mit erstaunlicher Sicherheit im vollen Laufe den Lasso um den Fuß eines Pferdes werfen sah. Man kann sich indessen erklären, auf welche Weise die Californier eine solche Gewandtheit erlangen, wenn man auf den Höfen die kleinen Knaben beobachtet, wie sie mit Leinen, die ihren Kräften angemessen sind, sich im Hühnerfangen üben. Die Sicherheit jener Leute ist so groß, daß sie sich sogar nicht scheuen, wenn ihrer Mehrere beisammen sind, den riesenhaften californischen wilden Gebirgsbären anzugreifen Schlinge auf Schlinge schleudern sie dann auf den grimmigen Feind ein; so wie er nur seine unförmliche Tatze vom Boden hebt, sitzt dieselbe auch schon in einer Schleife, die sich unzerreißbar fest zusammenschnürt, und ehe der Bär zur Besinnung gekommen, befindet er sich fest in einen Knäuel zusammengeballt auf einem Wagen, um entweder an Liebhaber verkauft oder zum Kampfe mit einem wilden Stier mit zugespitzten Hörnern verwendet zu werden. Letzteres ist ein Schauspiel, welches in Californien an der Tagesordnung ist, und den Unternehmern desselben gewöhnlich viel Geld einbringt; denn die Californier sind einestheils besondere Liebhaber von dergleichen grausamen Spielen, dann aber auch von dem saftigen Bärenfleisch selbst, welches, wenn der Bär unterliegt, dadurch nicht im Geringsten an Werth verliert.

Wir rasteten um Mittag einige Stunden, ließen uns unser einfaches Mahl am sonnigen Abhange eines grünen Hügels vortrefflich schmecken und setzten dann unsere Reise wieder fort. Immer häufiger wurden abgesonderte Ansiedelungen und zusammenhängende Dörfer in der Ferne sichtbar, und zahlreicher die prachtvollen Heerden, welche die blumigen Wiesen belebten. Nur selten wurde die grasige Ebene von Cactusfeldern unterbrochen, wo dann die dicht zusammengedrängt wuchernden Pflanzen weite Flächen bedeckten, in welchen Wölfe und Luchse verstohlen in ihren Pfaden schlichen, denen kein Mensch zu folgen vermochte. Bis lange nach Sonnenuntergang reisten wir an diesem Tage und hielten dann an einem kleinen Flusse, dem San Gabriel Creek an, den wir zu überschreiten hatten. Einige Gebäude lagen dicht an der Straße, doch waren die Bewohner derselben schon zur Ruhe gegangen oder schienen sich vielmehr um unsere Gegenwart nicht zu kümmern. Durch einzelne Vorbeireisende hatten wir erfahren, daß wir am folgenden Tage das Ziel unserer Reise erreichen würden; es ist daher leicht erklärlich, daß eine fröhliche Unruhe sich unser Aller bemächtigte und wir kaum den Anbruch des Tages erwarten konnten.

Das schönste Frühlingswetter begünstigte uns an diesem letzten Tage unserer Reise. Wir zogen schon in aller Frühe durch den Fluß und befanden uns dann auf der Strecke von einigen Meilen fortwährend zwischen Ansiedelungen, Gärten und bebauten Feldern Am Ende der Dorfschaft lag wieder die schöne grüne Fläche vor uns, die im Westen in der Entfernung von 4 Meilen von einer langen Hügelreihe begrenzt wurde. Wir ritten in gerader Richtung über die Ebene und ließen die Mission San Gabriel zu unserer Rechten liegen.

Diese ist ein sehr umfangreiches Gebäude, welches durch die vielen Fenster, den weißen Anstrich und die um daselbe angelegten Gärten, durch Mauern und kleinere Baulichkeiten von dem früheren außerordentlichen Wohlstande der Missionaire zeugt. Sie hat eine schöne, zugleich aber auch vortheilhafte Lage in dem fruchtbaren Thale, durch welches zahlreiche Quellen rieseln, und wo die Abhänge des benachbarten Gebirges ihr einen unerschöpflichen Reichthum an Holz bieten. Unter solchen Umständen ist es leicht erklärlich, daß die Mission San Gabriel so aufblühte und unglaubliche Schätze anhäufte. Authentischen Nachrichten zufolge sollen in einem Jahre von der Mission 50,000 Rinder mit ihrem Brandzeichen versehen, 3000 Fässer Wein und über 250,000 Scheffel Korn gewonnen worden sein. Sie ließ ferner im nahen Walde eine Brigantine bauen, stückweise nach dem Hafen von San Pedro bringen und dort von Stapel laufen. 5000 Indianer gehörten damals zur Mission und waren beständig um dieselbe versammelt. Dieselben sollen mäßige nüchterne Menschen gewesen sein, die für ihre Dienstleistungen von den frommen Vätern erhalten und gekleidet wurden und sich überhaupt in einem Zustand des Glückes befanden, wie es nach den Begriffen eines Indianers nur immer möglich ist. Sie bildeten gewissermaßen eine große Familie, deren gesellschaftliche, religiöse und politische Häupter die Missionaire waren. Hierdurch begann die so niedrigstehende Raçe der californischen Eingebornen die ersten Grundsätze eines civilisirten Lebens kennen und schätzen zu lernen; sie gewöhnten sich an die Gebräuche der Weißen, sie schlossen Ehen, die in der Kirche eingesegnet wurden; die jungen Mädchen, wenn sie ein gewisses Alter erreicht hatten, wurden von der übrigen Bevölkerung getrennt, in weiblichen Handarbeiten unterrichtet, und erst als verheirathete Frauen durften sie sich wieder unter die übrige Bevölkerung mischen. Wenn man gegenwärtig die dortigen Indianer in ihrem gesunkenen Zustande beobachtet, wie die branntweingierigen Männer durch Dieberei ihr Leben zu fristen suchen und die Weiber wieder zu Sklavinnen der Männer herabgewürdigt worden sind, so kann man nicht umhin zu wünschen, daß die Mission sich noch in dem alten blühenden Zustande befinden möchte, anstatt daß jetzt ihre Mauern und Dächer allmälig in Trümmer zerfallen, und nur ein Theil derselben zum Aufenthalt einiger dort wohnender katholischer Geistlicher dient.

Die Missionen Californiens, deren erste um die Mitte des vorigen Jahrhunderts gegründet wurde und deren Zahl bis zum Jahre 1800 bis auf sechszehn angewachsen war, befanden sich in der vollsten Blüthe nur während eines kurzen Zeitraums von ungefähr 30 Jahren. Alle früheren Jahre waren für die Gründer derselben sowohl als für deren Arbeiten eine Zeit fortwährenden Kampfes mit den Verhältnissen des Landes und dem geringen Kulturzustande der Eingebornen, wenn auch hin und wieder die

älteren Missionen an Ausdehnung gewannen, und Ueberfluß und Behag=
lichkeit in ihren Mauern einzog, deren Segen die ganze Umgebung wohl=
thätig empfand. Im vollen Genuß der Früchte, zu welchen die energischen
Missionaire Padre Kino, Salvatierra und Ugarte mit heldenmüthiger Auf=
opferung den Saamen streuten, blieben die californischen Missionen vom
Ende des vorigen Jahrhunderts bis zum Jahre 1833, während welcher
Zeit noch drei neue gegründet wurden. Jede Mission bildete damals ge=
wissermaßen ein kleines Reich, in welchem die frommen Väter streng, aber
friedlich regierten, die wilden Eingeborenen des Landes allmälig zu ihren
Unterthanen machten, und dadurch immer fester an sich ketteten, daß sie die=
selben gewöhnten, sich leiten zu lassen, ihnen aber zugleich die Schätze zu
Gute kommen ließen, welche sie selbst durch gute Haushaltung, besonders
aber durch kluge Verwendung und Eintheilung der ihnen zu Gebote stehen=
den und immer noch wachsenden Kräfte nothwendiger Weise anhäufen muß=
ten. Daß üppiges Wohlleben bei den frommen Vätern einzog, war eine
natürliche Folge ihrer glücklichen Stellung, doch betrat nie ein Wanderer
ihre Schwelle, der nicht mit der größten Gastfreundschaft aufgenommen und
bewirthet worden wäre, und dem es beim Abschiede nicht frei gestanden
hätte, für sein ermüdetes Reitpferd ein anderes aus den in den Ebenen
grasenden Heerden auszusuchen. Der Einfluß der Missionaire mußte durch
solches Verfahren natürlich zunehmen, so daß zuletzt der Handel des ganzen
Landes mit anderen Nationen in ihre Hände überging und ihnen dadurch
immer mehr Mittel erwuchsen, ihren Reichthum und ihr Ansehen zu ver=
größern.

Im Jahre 1833 erhielt das Missionswesen Californiens den ersten
Stoß, als das Gouvernement von Mexiko, eifersüchtig auf den großen Ein=
fluß der Geistlichen, die Missionen secularisiren und zu Staatseigenthum
erklären ließ. Durch ein Gesetz verloren alsdann die frommen Väter ihre
weltliche Macht und das Verwaltungsrecht der umfangreichen Besitzthümer
und behielten nur die Erlaubniß, als einfache Geistliche für das Seelenheil
ihrer früheren Unterthanen zu sorgen, für welche Mühe sie von der Regie=
rung besoldet wurden. Durch dieses Verfahren hatte das blühende Missions=
wesen Californiens plötzlich sein Ende erreicht; die Missionaire, nicht mehr
Herren der von ihnen selbst getroffenen Einrichtungen, kümmerten sich von
da ab nicht mehr um die Verwaltung derselben, und die Indianer, die
dadurch ihre geduldigen Lehrer und deren, je nach Ermessen, strenge oder
freundliche Aufmunterung verloren, verfielen bald wieder in ihre alten, aus
dem Müßiggange entspringenden Fehler. Diese bilden jetzt den gesunkensten
Theil der Bewohner Californiens und führen als solche ein elendes Dasein,
theils als Räuber im Gebirge, theils als freiwillige träge Leibeigene der
Rancheros. Als Californien den Vereinigten Staaten beitrat, ging das
frühere Eigenthum der Missionen natürlich als Staatseigenthum in die Hände
des amerikanischen Gouvernements über.

Einen traurigen Anblick gewähren die meisten einst so stolzen califor=

nischen Missionen, die jetzt vereinsamt und verödet dastehen. Ihre Mauern zerfallen in Trümmer, ihre Dächer stürzen ein, ihre Ställe sind leer, Unkraut wuchert wild verworren zwischen den Obstbäumen der einstmals wohlgepflegten Gärten, und lange wird es nicht mehr dauern, bis die Wogen des unaufhaltsam um sich greifenden Geschäftslebens in Californien über den Ruinen der alten Missionen zusammenschlagen und deren letzte Spuren verwischen werden.

Ehe wir die Hügelkette erreichten, zwischen welcher hindurch unser Weg führte, gelangten wir an einen umfangreichen See, an dessen Ufer sich eben einige neue Einwanderer niedergelassen hatten; es erhoben sich nämlich daselbst statt der Blockhäuser in holzreichen Gegenden weiße Zelte, so wie kleine Gärten, die mittels langer Streifen von Segelleinwand eingefriedigt waren, um die eben bestellten Anpflanzungen gegen den Andrang des in der Nähe weidenden Viehes zu schützen. Auf der Westseite der Hügel dehnte sich wieder die weite grüne Ebene vor uns aus, ohne indessen wie auf der Ostseite durch Hügel und Berge begrenzt zu werden. Der Weg war fest und gut, und die immer wachsende Anzahl der uns Begegnenden ließ uns über die Nähe der Stadt keinen Zweifel mehr, obgleich wir nach keiner Richtung hin ein Anzeichen derselben gewahrten. Es war gegen Mittag, als der Weg und die Ebene sich plötzlich steil vor uns senkten und die reizend gelegene Stadt Pueblo de los Angeles vor uns lag. Mit einem lauten Hurrah wurde vom ganzen Personal das Ziel unserer Reise begrüßt und oben auf der Höhe, wo das Land wie ein schönes Bild ausgebreitet vor uns lag, schlugen wir zum letzten Male auf dieser Reise unser Lager auf. Wohl Mancher von unserer Gesellschaft, der in die belebten Straßen hinabblickte und überall die Zeichen einer vorgeschrittenen Civilisation bemerkte, mochte sein Aeußeres prüfen und beinahe etwas beschämt darüber sein, sich in einem solchen Aufzuge in das Leben und Treiben einer Stadt mischen zu müssen; doch war uns auch wieder ein Gefühl des Stolzes nicht fern, wenn wir unsere ganze Expedition betrachteten, wie die langbärtigen gebräunten Leute und die hagern, dahinschleichenden Thiere die Merkmale einer langen äußerst beschwerlichen Reise an sich trugen.

Elf Monate hatten wir ununterbrochen auf der Reise durch die Wildnisse zugebracht. Die dem civilisirten Leben eigenthümlichen Kleidungsstücke waren zu lauter Fetzen gerissen oder durch lederne Anzüge ersetzt worden, die freilich nicht so zerlöchert, aber doch vom Rauche der Lagerfeuer ganz geschwärzt waren. Die Füße hatten die Meisten mit Lederstücken oder Moklasins bedeckt, und nur selten war ein bis aufs Aeußerste abgetragener Stiefel zu erblicken; die runden Filzhüte hatten alle möglichen phantastischen Formen angenommen und klebten förmlich auf den wirren Haaren, die bei Vielen lang auf die Schultern herab gewachsen waren. Doch so wild und abschreckend unsere ganze Gesellschaft sich auch ausnehmen möchte, so glänzten doch die breiten Messer, die langen Büchsen und schweren Revolver, als wenn sie eben erst aus dem Zeughause gekommen wären und bewiesen dadurch deutlich, welchen Werth Jeder während der Reise auf seine Waffen gelegt hatte.

Am 20. März, also gleich nach unserer Ankunst, ging Lieutenant Whipple in die Stadt hinab, um sich mit den Ortsbehörden in Verbindung zu setzen, Erkundigungen einzuziehen und zu unserer Weiterreise von Pueblo de los Angeles die nöthigen Vorkehrungen zu treffen. Allwöchentlich landete in dem noch 25 Meilen entfernten Hafen von San Pedro ein Dampfboot, welches zwischen San Diego und San Francisco eine regelmäßige Verbindung herstellte und auf seiner Fahrt die bedeutendsten Punkte an der Küste berührte. Am 24. März wurde ein von San Diego heraufkommendes Dampfboot in San Pedro erwartet; da sich dasselbe dort nur wenige Stunden aufhielt, so mußten wir uns mit dem Verkauf unserer Thiere beeilen, wenn wir überhaupt mit dieser Gelegenheit nach San Francisco kommen wollten. Es wurde deshalb in der Stadt selbst so wie in deren Umgegend schleunigst bekannt gemacht, daß am 23. März Auction über unsere sämmtlichen Maulthiere, deren Sättel und Saumzeug, kurz über alle Sachen, die wir nicht mit uns führen konnten, abgehalten werden sollte. Die Zeit, die uns bis dahin blieb, benutzten wir, um unsere Sammlungen und Arbeiten zu ordnen und zu verpacken, doch wendeten wir auch Geld und Zeit darauf, unser Aeußeres wieder so herzustellen, daß wir uns unter civilisirten Menschen sehen lassen konnten und verbrachten zugleich manche Stunde in den Gasthöfen, wo wir unseren Körper nach den vielen Entbehrungen der Reise nach Herzenslust pflegten.

Die Stadt Los Angeles ist von Ländereien umgeben, die an Fruchtbarkeit nicht leicht übertroffen werden können. Die Zahl der Einwohner wechselt zwischen 2000 und 3000, je nachdem die zu ungünstigen Jahreszeiten von Francisco fortziehenden Menschen daselbst landen, oder nach dem Districte der Goldminen zurückkehren. In dem weiten wohlkultivirten Thale des kleinen Flüßchens Rio de los Angeles, an welchem die Stadt liegt, befinden sich zahlreiche Haciendas und Ranchos, die, von Frucht-, Obst- und Weingärten umgeben, dem Lande einen lieblichen Charakter verleihen. Der Wein wird dort auf die einfachste Art gekeltert, doch, nach dem Geschmack zu urtheilen, den er trotz der rohen Behandlung hat, muß ein ausgezeichneter Wein gewonnen werden können. Obschon Los Angeles seit der Entdeckung der Goldlager in Californien viel von seiner Bedeutung verloren hat, so war doch diese Stadt, die jetzt mehr den amerikanischen als den mexikanischen Charakter trägt, für uns, die wir eben die Wildniß verlassen hatten, ein wahres Eldorado, und dennoch fanden wir daselbst nur schmutzige Straßen und Häuser, denen es anzusehen war, daß ihre Besitzer nur wenig oder gar nichts auf das Aeußere derselben gaben.

Die Ankunft unserer Expedition, so wie das Project, eine Eisenbahn in Los Angeles münden zu lassen, schien das besondere Wohlgefallen der dortigen Besitzer zu erregen; mehr aber noch der Umstand, daß wir genöthigt waren uns ganz auf's Neue zu equipiren und unsere nunmehr für uns unbrauchbar gewordenen Reise=Utensilien so wie die Heerde zu jedem Preise zu verkaufen.

Am 23. März in aller Frühe schon waren Sachen, so wie Maul=
thiere (unser letztes Schaf hatten wir schon längst verzehrt), nach der Stadt geschafft worden, und Menschen aller Nationen hatten sich zusammenge=
funden, um Geschäfte zu treiben. Ein tüchtiger Mann, der es verstand, die Waaren in spanischer und englischer Sprache anzupreisen, war engagirt worden, um das Geschäft der Versteigerung zu leiten und den jedesmaligen Zuschlag zu ertheilen. Lange Zeit sah ich dem Treiben zu, wie unsere treuen Reisegefährten, die uns und unsere Sachen glücklich bis hierher ge=
tragen hatten, nun einzeln oder zu zweien und dreien losgeschlagen wurden. Sie befanden sich zwar nicht in einem solchen Zustande, daß die Kauflust der Leute noch hätten anregen können, doch wurden sie zu verhältnißmäßig sehr hohen Preisen verkauft, indem man allgemein annahm, daß ein schlechtes Thier die Reise vom Arcansas schwerlich würde zurückgelegt haben, und die werthlosesten unterwegs längst zu Grunde gegangen seien. Zwei unserer jungen Leute, Mr. Sherburne und Mr. White, so wie Mr. Leroux und einige unserer mexikanischen Packknechte befanden sich ebenfalls unter den Bietenden. Auf die beiden zuerst genannten Herren hatte nämlich das schöne grüne Land, in welchem Wohlstand zu herrschen schien, einen solchen Eindruck gemacht, daß sie sich daselbst niederzulassen gedachten und auf die Rückreise nach Washington in unserer Gesellschaft verzichteten. Als ächte Ame=
rikaner setzten sie sich leicht über die Unbequemlichkeiten hinweg, mit denen sie als angehende Rancheros in dem fremden Lande zu kämpfen haben mußten und gedachten nur der Früchte, die ihnen ein energisches Verfolgen ihrer Pläne tragen mußte. Sie kauften also nicht nur Maulthiere und einzelne zu den=
selben gehörige Gegenstände, sondern auch das einzige uns gebliebene Zelt, so wie einige Küchengeräthschaften, worin für den Anfang ihre ganze Häuslichkeit bestehen sollte. Mr. Leroux beabsichtigte, als ächter Trapper den Weg, den er gekommen war, in Begleitung der ebenfalls heimkehrenden Mexikaner zurück=
zulegen; hartnäckig wies er unsere Aufforderung, mit uns die Seereise zu machen, von sich, indem er einfach sagte: „So lange ich auf dem Lande reisen kann, gehe ich nicht zur See; auf dem Lande weiß ich Bescheid, auf dem Wasser aber nicht." Also auch er wie die Mexikaner kauften noch manches Thier, theils um auf bequeme Weise den langen Weg zurückzu=
legen, theils aber auch um mit denselben noch vortheilbringende Geschäfte treiben zu können. Gegen Mittag des 23. März besaßen wir nichts mehr als unsere wohlverpackten Sammlungen, Instrumente und Journale, kurz, alle Resultate unserer Arbeiten.

Das letzte Thier war verkauft, der letzte Mexikaner abgelohnt, als wir die Nachricht erhielten, daß das zu erwartende Schraubendampfboot nicht am Abend, sondern am frühen Morgen des 24. März im Hafen von San Pedro eintreffen würde. An längeres Säumen war nun nicht mehr zu denken; schleunigst wurde durch das Postamt in Los Angeles ein Wagen herbeigeschafft, auf welchen wir unsere sämmtlichen Sachen packten und vorweg nach San Pedro schickten, während wir selbst, durch manche kleine Umstände aufgehalten, erst gegen Abend aufzubrechen vermochten.

Noch einmal waren wir, mit Ausnahme der Offiziere, die nach San Diego gegangen waren, in der dem Postamte nahe gelegenen Trinkstube versammelt. Auch unseren guten Doctor Bigelow vermißten wir; derselbe hatte es als ein eifriger Katholik nicht über's Herz bringen können, Los Angeles zu verlassen, ohne die 8 Meilen entfernte Mission San Gabriel besucht zu haben. Er war daher in Begleitung eines kleinen Mexikanerburschen am 22. März dorthin aufgebrochen; da er nun durch einen zurückgesendeten Boten von der früheren Ankunft des Dampfbootes vielleicht zu spät Nachricht erhalten konnte, so hatten wir uns schon Alle darein ergeben, ohne ihn nach San Francisco hinaufreisen zu müssen.

Zu der Freude, jetzt wieder in die Heimath zurückzukehren, gesellte sich auch etwas Wehmuth, als wir zum letzten Male mit den Zurückbleibenden anstießen und ihnen Glück und guten Erfolg zu ihrem Entschlusse wünschten. Auch ihnen wurde der Abschied schwer, schwerer noch als uns; denn waren wir erst fort, so befand sich kein Freund mehr in ihrer Nähe, kein Freund, der herzlichen Antheil an ihrem Ergehen genommen hätte. Doch der den Amerikanern eigene Unternehmungsgeist, fortwährendes Sinnen und Trachten, sich eine mehr als unabhängige Stellung in der Gesellschaft zu erringen, gestatten wehmüthigen Gefühlen über eine Trennung nicht lange Raum in ihrer Brust, und es kommt ihnen zu natürlich vor, daß Menschen, ihrem Berufe folgend, nicht immer beisammen bleiben können. Mr. Leroux reichte uns Allen mit einem herzlichen Glückwunsch zur Reise die Hand, doch wie ein Mann, der gewohnt ist, in den Steppen Bekannte zu finden, mit denselben zusammen zu reisen, Entbehrungen und Strapazen zu theilen und dann von ihnen auf ewig Abschied zu nehmen.

Ein großer Postwagen, der uns Alle zugleich aufnehmen konnte, mit vier tüchtigen californischen Pferden bespannt, hielt endlich vor der Thüre. Unser Viameter wurde an einem Hinterrade des Wagens befestigt, um seinen letzten Dienst auf dieser Reise zu thun, nämlich uns die genaue Entfernung der Stadt Pueblo de los Angeles vom Hafen von San Pedro anzugeben. Der Hafen sollte, nach den Aussagen dortiger Bewohner, 25 Meilen entfernt sein, und da es, als wir in den Wagen stiegen, beinahe Abend war, so konnten wir darauf rechnen, die halbe Nacht auf der Straße zubringen zu müssen. — Nur wenig sahen wir von der Landstrecke, über welche wir hinreis'ten: wir konnten nur noch bemerken, daß zu beiden Seiten des Weges sich hin und wieder kleine Seen befanden, die mit unzähligen Wasservögeln der mannichfaltigsten Art bedeckt waren, während hochbeinige Sumpfvögel dicht gedrängt am Ufer standen. Beim Einbruch der Nacht, die pechschwarz unsere Straße verhüllte, begann es zu regnen und zwar mit solcher Gewalt, daß wir kaum im Stande waren, uns in dem schlecht verschlossenen Wagen trocken zu erhalten. So lange der Weg gut war, zogen die Pferde im Trabe ihre schwere Last weiter, doch merkten wir nur zu bald, daß wir den schlimmsten Theil unserer Straße noch zu besiegen hatten. Der Wagen fing an zu schwanken und zu gleiten, so daß wir uns jeden Augenblick außerhalb des Weges glaubten; auf unsere Fragen antwortete der Kutscher mit Sicherheit, daß er diese Landstraße zu oft befahren habe, als daß an ein Verirren gedacht werden könne. Wir beruhigten uns natürlich mit der Versicherung, denn was hätte in der undurchdringlichen Finsterniß ein Zweifeln oder Untersuchen für Vortheil bringen sollen? Langsam schleppten die Pferde den Wagen durch aufgeweichten Boden, langsamer noch ging uns die Zeit dahin, bis endlich die verdrießliche Stimmung, in welcher sich Jeder von uns befand und die daraus erfolgende Stille eine unangenehme Unterbrechung durch das gänzliche Halten des Fuhrwerks erhielt. — „Ich bin vom Wege abgekommen," rief uns der Fuhrmann zu, „doch weiß ich genau, wo wir sind; ich muß aber, um wieder in die rechte Straße zu gelangen, über den Berg fahren, der sich gerade vor uns befindet!" — Wir schauten hinaus, doch sahen wir weder Berg noch sonst Etwas, selbst die Pferde vor dem Wagen vermochten wir nicht in der Finsterniß zu erkennen, nur rechts von uns sahen wir in der Ferne ein Licht schimmern. — „Sie müssen Alle aussteigen," fuhr der Kutscher fort, „wenn die Pferde den Wagen über den Berg schleppen sollen, oder wir sind genöthigt, die ganze Nacht hier halten zu bleiben. Gehen Sie indessen gerade auf das Licht zu, welches Sie dort in dem Hause erblicken, und fragen Sie die Leute, in welcher Richtung Sie gehen müssen, um an den Weg zu gelangen; ich werde durch Rufen und Knallen mit der Peitsche mich schon bemerklich machen. Sie mögen immerhin einen Augenblick in dem Hause verweilen, denn ich habe einen weiten Umweg zu nehmen, um wieder mit Ihnen zusammenzutreffen." — Mit diesen Worten trieb er seine Pferde an und überließ es uns, die wir ganz willig ausgestiegen waren, uns nach dem Hause und von dort wieder nach der Straße hinzusuchen. „Nehmen Sie sich in Acht," rief uns der Kutscher noch zu, „daß Sie nicht in die ausgegrabenen Löcher fallen, die sich gerade in der von Ihnen einzuschlagenden Richtung befinden, und lassen Sie sich nicht von den Hunden des Señor . . . . zerreißen!" — Was sollten wir nun anfangen? Da standen wir bis über die Knöchel in aufgeweichter Erde, wodurch allein schon uns die Lust verging, dem Wagen auf seinem Wege zu folgen; in der Richtung nach dem Lichte zu gähnten uns in unserer Einbildung bei jedem Schritte tiefe Abgründe entgegen. Diese waren übrigens das Einzige, was uns Besorgniß einflößte, denn für die uns etwa anfallenden Hunde hatten wir ja unsere Revolver in Bereitschaft. Wir schritten indessen auf das Licht zu und, sei es nun, daß der Wagenführer sich einen schlechten Spaß mit uns erlaubt, oder daß wir eine glückliche Richtung eingeschlagen hatten, genug, weder Wasserhöhlen noch Hunde belästigten uns, desto mehr aber der niederströmende Regen

Möllhausen, Tagebuch. 29

und der aufgeweichte Boden, in welchem wir fast stecken blieben. Wie seufzten wir Alle nach unseren sicheren Maulthieren. Wir gedachten des ersten Tages unserer Reise, an welchem wir nicht weit vom Fort Smith vom Gewitter überfallen und gänzlich durchnäßt wurden; dies war freilich die letzte Nacht, doch hatten wir kaum eine unangenehmere auf der ganzen Reise erlebt. Wir klagten über unser Mißgeschick und daß die eben in Los Angeles angeschafften Kleidungsstücke, besonders die zierlichen Glanz= lederschuhe so hingeopfert wurden und wir genöthigt waren, mit nasser Haut und nassen Füßen an Bord des Dampfers zu gehen. Wir erreichten endlich das Haus, öffneten die Thür, hinter welcher das Licht brannte, und befanden uns in einer Art von Vorhalle in der Gegenwart zweier Männer, die unseren nächtlichen Besuch keineswegs sehr freundlich aufnah= men und sogar geneigt schienen, uns für Räuber zu halten; uns als solche für die gemachte Störung zu behandeln, mochten sie weniger rathsam fin= den, indem wir ihnen wohl zu viele waren. Wir brachten unser Anliegen vor und theilten auch mit, wer wir seien und zu welchem Zwecke wir eigentlich hier wären; doch rief das nicht die geringste Veränderung in ihren verdrießlichen Gesichtern hervor, nur daß sich der Eine von ihnen herbei ließ, uns einen Neger mit einer Laterne mitzugeben, der uns bis zur Straße leuchtete.

Wir erreichten glücklich unser Fuhrwerk, stiegen ein und fühlten bald die Wirkung von durchnäßten Kleidern und Schuhzeug. Zu unserer Freude wurde jedoch der Weg wieder besser, so daß wir im raschen Trabe uns unserem Ziele näherten. Tief in der Nacht hielten wir endlich vor einigen schwach erleuchteten Gebäuden. „San Pedro, Gentlemen," rief uns der Kutscher zu, worauf wir uns eiligst von unseren Sitzen erhoben und aus dem Wagen kletterten. Dichte Finsterniß umgab uns fortwährend, nur daß aus einer geöffneten Thüre und einigen Fenstern schwache Lichtstreifen fielen, nicht weit von uns hörten wir unheimliches Rauschen und Brausen: es war die Brandung des Meeres, welches in gemessenem Takte Woge auf Woge gegen das Ufer schleuderte. Wir befanden uns am Ziele, der stille Ocean war erreicht.

Nach vieler Mühe gelang es uns, einer Laterne habhaft zu werden, bei deren Scheine wir den Diameter, der merkwürdiger Weise nicht verloren gegangen war, von dem Rade entfernten und uns dann nach dem nächsten Hause begaben, aus dessen Thüren uns das Gesumme vieler Stimmen ent= gegendrang. Wir traten in eine geräumige Halle, in welcher lange Tische mit den Ueberresten gehaltener Mahlzeiten den meisten Raum einnahmen; Gruppen von Menschen, unter welchen wir sogleich viele unserer entlassenen Arbeiter erkannten, standen oder saßen, sich unterhaltend, umher, auf die Bänke hatten sich ebenfalls Einige hingestreckt, die durch lautes Schnarchen ihren wirklichen oder blos verstellten Schlaf zu erkennen gaben. Wir fan= den an dem einen Tische noch Platz genug, um uns gemeinschaftlich nie= derlassen zu können, und hier wurde uns nach mehrfachem vergeblichem

Rufen und Bestellen endlich ein sehr frugales Mahl verabreicht. Trotz der unangenehmen Umgebung, in der wir uns befanden, ließen wir uns das Abendbrod vortrefflich schmecken und suchten dann in den anderen Räumlichkeiten nach einem Plätzchen, auf welchem wir uns für den Rest der Nacht würden hinstrecken können. Nur Zweien von uns gelang es, in der Stube des Wirthes eine Art von Bett zu erhalten, wir Uebrigen mußten uns glücklich schätzen, in dem einfachen und sehr engen Geschäftslocale, wo ein Ofen etwas Wärme verbreitete, auf Stühlen, Bänken und der bloßen Erde ein Unterkommen zu finden. Der gänzliche Mangel an Decken und Gegenständen, auf welchen wir hätten mit dem Kopfe ruhen können, machte diese Nacht zu einer unleidlichen; an Schlaf war nicht zu denken, und gleich den Meisten der Passagiere lagen wir da, ungeduldig den Anbruch des Tages erwartend.

XXXVII.

Das Dampfboot Frémont. — Reise auf demselben nach San Francisco. — Golden Gate. — Capitain Sutter. — Der Hafen von San Francisco. — Die Stadt San Francisco und das Leben daselbst. — Die Markthäuser. — Die Spielhäuser. — Die Chinesen. — Die Goldminen.

Am 23. März 1854 hatten wir also unser Ziel erreicht, unsere Aufgabe vollendet und sollten nunmehr auf dem kürzesten Wege nach Washington zurückkehren, dort die auf der Reise gesammelten Notizen ausarbeiten und Lieutenant Whipple baldmöglichst in den Stand setzen, seinen vollständigen Report nebst seinem Gutachten über die von uns durchforschte Straße dem Congreß vorzulegen. In San Pedro befanden wir uns unter 33° 43' nördlicher Breite und 118° 16' Länge westlich von Greenwich. Zurückgelegt hatten wir während der ganzen Reise 1892 englische Meilen, eine Entfernung, die in gerader Linie 1360 Meilen betragen würde. Eine viel größere Meilenzahl mußten wir zurücklegen, um nach Washington zu gelangen; nur wie im Fluge sollten wir uns an den Küsten Californiens hinauf nach der Weltstadt des Westens, nach San Francisco, begeben,

29*

dann, einzelne bedeutende Punkte an der Südsee berührend, der heißen Zone zueilen, die Landenge von Panama überschreiten, durch den Golf von Mexiko an der Ostküste der Vereinigten Staaten hinauf, auf dem schnaubenden Dampfer den weißschäumenden Atlantischen Ocean durchfliegen und in New-York, der östlichen Weltstadt des nordamerikanischen Conti-nents, landen. Mit der Erreichung der Südsee-Küste konnten wir also, wie ich eben bemerkte, unsere Arbeiten im Felde als beendigt betrachten.

Auch der im Anfange dieses Werkes ausgesprochenen Absicht, die Reise unserer Expedition nach dem stillen Ocean zu beschreiben, hätte ich hiermit genügt, um so mehr, als unsere officiellen Tagebücher nur bis zum 23. März, der Ankunft in San Pedro, reichen. Doch wie ich zurückdenke an die Heimreise, die für uns, nach Lösung unserer schweren Aufgabe, ein fortwährendes Fest war; wie ich in Gedanken mir die unter Menschenhän-den entstandenen Werke der ältesten und neuesten Zeit ausmale, die ich auf der Heimreise zu bewundern vielfach Gelegenheit hatte; wie ich in der Er-innerung klar und deutlich die Bilder einer verschwenderischen Schöpfung und ihrer Meisterwerke vor mir sehe, von denen der Mensch sich trennt, um einen unauslöschlichen Eindruck für's ganze Leben mitzunehmen, wie dieses Alles vor mich tritt und mich daran erinnert, daß mit jedem Tage mehr Vergangenheit sich zwischen das Jetzt und mein Reiseleben drängt, dann ist es mir, als müßte ich immer und immer wieder im Geiste die von mir besuchten und durchzogenen Räume durcheilen, wohl bekannte Punkte und Gegenstände freundlich begrüßen und immer fester noch die schönen Bilder meinem Gedächtnisse einprägen, um so liebliche Rückerinne-rungen in jugendlicher Frische zu erhalten und in meine Schilderungen Le-ben, Wahrheit und etwas von dem eigenen Enthusiasmus hineinflechten zu können. Nicht als Tagebuch lasse ich daher die Beschreibung meiner Heim-reise folgen, sondern als Bilder, gesammelt in dem schätzebergenden Cali-fornien und auf der palmenbeschatteten Landenge des alterthümlichen Pa-nama, auf dem ewigen Weltmeere und in dem ewig wechselnden Treiben einer rastlos durcheinander wogenden Bevölkerung.

Gleich nach Anbruch des Tages versammelte sich am 24. März am Strande bei San Pedro eine große Gesellschaft, die bald ihre Blicke hin-unter auf die leichte Brandung, bald hinauf auf's hohe Meer richtete, wo wie ein Punkt das Dampfboot Frémont sich am Horizonte zeigte.

Der Hafen von San Pedro verdient eigentlich nicht den Namen eines solchen, indem er nur aus einer offenen Einbuchtung des Meeres besteht, die zwischen den beiden am weitesten in's Meer ragenden Punkten 12 bis 15 Meilen in der Breite hat. Nur gegen Ost- und Nordwinde sind die dort ankernden Schiffe gesichert, wogegen dieselben bei Südstürmen ihre Zuflucht hinter der 12 Meilen entfernten Insel Catalina suchen müssen. Nur zwei Gebäude, die zugleich als Wohnungen, Gasthöfe und Waaren-lager benutzt werden, befinden sich an diesem Hafen; gewöhnlich halten Schiffe daselbst, um sich mit Wasser zu versehen und zugleich Rindfleisch

aufzukaufen, welches sie an dieser Stelle billiger als in anderen mehr be=
suchten Häfen erhalten.

Eine Viertelmeile von dem Strande warf das Dampfboot Frémont
Anker und sendete alsbald seine Boote, die uns mit unseren Sachen an
Bord schaffen sollten. Als wir noch mit dem Einschiffen beschäftigt wa=
ren, nahmen wir in der Richtung von Los Angeles zwei Reiter wahr, die
ihre Pferde zur größten Eile antrieben und augenscheinlich vor Abfahrt
des Frémont den Landungsplatz zu erreichen beabsichtigten. Unsere Freude
war unbeschreiblich, als wir unseren Doctor Bigelow erkannten, der noch
rechtzeitig genug auf der Mission Nachricht von der Ankunft des Dampf=
bootes erhalten hatte, um, begleitet von einem Führer, durch einen nächt=
lichen scharfen Ritt sich wieder zu uns gesellen zu können. Das Einschiffen
selbst dauerte etwa 1 bis 1½ Stunden, worauf der Schraubendampfer seine
Anker lichtete und dem Norden zusteuerte. Wir hatten fast fortwährend
Land in Sicht, und wer nicht von der Seekrankheit befallen war, konnte
vom Bord des Schiffes aus etwas von dem Charakter der californischen
Küstenstriche kennen lernen, die sich bald grün und hügelig, bald als nackte
Felsen aus dem Meere erhoben. Drei Tage waren wir auf dieser ersten
Seefahrt unterwegs und berührten auf derselben nur die Stadt Monterey,
wo wir einige Passagiere, frisches Fleisch und Fische einnahmen.

Monterey hat eine liebliche Lage an dem Abhange sanft ansteigender
Hügel, hinter welchen sich die Küstengebirge erheben. Wie bei San Pedro
befindet sich auch bei Monterey eine offene Seite, und zwar nach Nordwesten,
von welcher die im Hafen ankernden Schiffe nicht gegen Stürme geschützt
sind. Gegen Südwest gewährt der in's Meer hineinragende Point Pinos
dem ankommenden Schiffe Schutz. Man sieht in der Stadt Häuser, die
von Adobes fest und geräumig aufgeführt sind; diese sind zweistöckig und
gehören augenscheinlich der älteren Zeit an; die neuen Gebäude sind von
Holz erbaut und geben mit ihrem weißen Anstrich dem Orte ein überaus
freundliches Aussehen. Abgesondert von der Stadt gegen Osten erhebt sich
auf einer Ebene eine alte Kirche, die sich im Zustande des Verfalls befindet;
ein kleiner See liegt nicht weit von derselben, welcher, in früherer Zeit mit
dem Meere in Verbindung stehend, allmälig durch eine wachsende Sandbank
von demselben getrennt sein soll. Die Besatzung des alten Presidio oder
der Garnison, die eine etwas erhöhte Lage hat, besteht jetzt aus Militair
der Vereinigten Staaten.

Das Dampfboot hielt nur so lange an, als eben nöthig war, um
verschiedene Geschäfte zu ordnen, worauf es seine Reise gegen Norden fort=
setzte Unter den an Bord gekommenen Passagieren befand sich Einer, der
die Beweise an sich trug, welchen unglücklichen Zufällen die Ansiedler Ca=
liforniens zuweilen ausgesetzt sind. Es war nämlich ein junger Mann,
dessen Kopf mit einem Tuche verbunden war und die untrüglichsten Spuren
zeigte, daß eine Verwundung die Ursache dieser Hülle sei. Doctor Bige=
low, der ein ungemeines Interesse an Allem zeigte, was in sein Fach

schlug, verstand es, auf geschickte Weise Näheres über die Geschichte des jungen Mannes herauszubringen, und was noch mehr war, er veranlaßte denselben, uns die gräßliche Wunde zu zeigen, die ihm erst vor vierzehn Tagen durch ein unglückliches Mißverständniß von seinem Freunde beige= bracht worden war, und wunderbar war es, daß ihn dieselbe nicht augen= blicklich getödtet hatte. Eine Pistolenkugel war ihm nämlich unter dem rechten Ohr in den Kopf gedrungen und aus dem linken Auge wieder herausgefahren. Nur wenige Tage hatte er an dieser Verwundung dar= niedergelegen und war jetzt wieder auf dem Wege nach San Francisco, um zusammen mit seinen Gefährten ihrer alten Beschäftigung, dem Viehhandel, obzuliegen. Eine Heerde Rinder zwischen sich treibend, waren diese beiden Händler am frühen Morgen, noch ehe die Dämmerung ihnen zu ihrer Be= schäftigung hinlängliches Licht gewährte, aus ihrem Nachtlager, nicht weit von Monterey, aufgebrochen und zogen langsam ihre Straße. Plötzlich entstand an der einen Seite der Heerde wilde Unordnung und lautes Ge= töse; mehrmals rief der Nachtreibende dem vor dem Zuge Reitenden zu, erhielt jedoch keine Antwort; sei es nun, daß in der Dunkelheit ihm alle Gegenstände in veränderter Gestalt erschienen, oder daß seine aufgeregte Phantasie die Ursache davon war, genug, er glaubte einen Gebirgsbären zu erblicken, der die Heerde angriff. Ohne sich zu besinnen riß er seinen Re= volver aus dem Gürtel, zielte auf den vermeintlichen Bären und gab Feuer. — Auf den lauten Schrei, den sein Kamerad ausstieß, stürzte er nach der Stelle hin, wo er ihn denn in seinem Blute liegend fand. Hülfe mußte er bald gefunden haben, denn es wäre sonst unmöglich gewesen, daß der junge Mann diese gräßliche Verwundung, die ihm ein Auge raubte, über= lebt hätte.

Am 27. März näherten wir uns dem Hafen von San Francisco. Ehe wir noch die mächtigen Felsenmauern zu unterscheiden vermochten, durch welche das Ufer in das weite Becken führte, erkannten wir die Nähe der Weltstadt an der Menge von Segeln, die nach allen Richtungen hin den Ocean bedeckten. Wir fuhren in nicht allzu großer Entfernung vom Strande nordwärts; thurmähnliche Felsen ragten hin und wieder aus dem Meere hoch empor, und da das Fahrwasser nach den Aussagen der Seeleute nur in der Nähe des Strandes durch unsichtbare Klippen gefährlich wurde, so konnte das Dampfboot, ohne von seiner Richtung abzuweichen, dicht an den sichtbaren Felsmassen hinlaufen. Ein eigenthümliches Schauspiel erwartete uns an den Felseninseln; diese waren nämlich mit Seekühen, Seelöwen und Robben mancher Art dicht bedeckt, die mit neugierigen Augen den heran= schwimmenden großen Ruhestörer beobachteten. Ein von einem der Passa= giere abgefeuerter Schuß brachte indessen schnell Leben in die regungslos daliegenden Fleisch= und Fettmassen, denn mit Aufbietung aller ihrer Kräfte humpelten die unförmlichen Thiere, immer eins hinter dem anderen, einer überragenden Stelle zu, von welcher sie sich kopfüber in's Meer hinabstürzten und in den Wellen verschwanden. Es lag etwas Komisches in den unbe=

holfenen Bewegungen der erschreckten Gesellschaft, deren einzelne Mitglieder von der Größe eines Ochsen bis hinab zu der eines kleinen Hundes über einander purzelten und bei dem jedesmaligen Sturz in's Wasser den weißen Schaum hoch aufspritzen machten. Bis dicht an das Felsenthor wiederholte sich dieses Schauspiel, welchem wir mit immer neuem Interesse zuschauten. Doch auch nach anderen Seiten wurde unsere Aufmerksamkeit gelenkt; da waren riesenhafte Fische, die spielend ihre unförmlichen Köpfe über das Wasser hoben und allmälig wieder untertauchten; Tausende und aber Tausende von Vögeln der mannigfaltigsten Art wiegten sich auf den Wellen oder hoben sich wie Wolken in die Lüfte, die von dem wilden fröhlichen Kreischen, Schnattern und Schreien förmlich zitterten, und diese zahllosen Thiere, welche, als seien sie seit dem Schöpfungstage unberührt und ungestört geblieben, in den Lüften, auf den Wellen und in der Tiefe dicht gedrängt sich regten, befanden sich nur wenige Meilen von der geräuschvollen Weltstadt, vor dem Felsenthore des Hafens von San Francisco.

Der ganze Erdball mit seiner ewig wechselnden Oberfläche, mit Allem, was über derselben und in ihrem Schooße lebt, wurde für den Menschen geschaffen; doch wem es vergönnt ist, die Wunder der Natur aufzusuchen und in dem Anschauen derselben zu schwelgen, der findet oftmals Punkte, von denen er sich sagen muß, daß sie von der Natur liebreich bevorzugt und geschmückt wurden, um den Menschen daselbst durch die Schönheit der Umgebung und die mit derselben zugleich gebotenen Vortheile gleichsam mehr als anderswo zu fesseln. Dieser Gedanke kann nicht fern bleiben, wenn man zwischen hochaufstrebenden Felsen in der breiten sicheren Straße, die den Namen Golden Gate (Goldenes Thor) führt, auf dem eilenden Dampfboote dahin fährt, plötzlich in das schöne weite Becken des Hafens von San Francisco eintritt und sogleich, auf den sich in weiten Bogen hinziehenden Ufern die Spuren eines regen Verkehrs, einer wunderbaren, schnell wachsenden Kultur bemerkt. Da wo vor 10 Jahren der rauhe Jäger des Westens der Otter seine Fallen stellte, den Riesenhirsch und den grauen Bären jagte, erheben sich jetzt Städte, die auf unglaubliche Weise an Ausdehnung gewinnen und Proben der Kultur von allen Ländern der Erde aufzuweisen haben.

Fast unwillkürlich gedenkt man des Capitain Sutter, auf dessen Besitzung vor so wenigen Jahren das Gold entdeckt wurde, welches den ersten Grund zu dem schnellen Aufschwunge Californiens gab, und doch befindet sich Capitain Sutter selbst, dessen Name mit der neuesten Geschichte Californiens in so enger Verbindung steht, nach dortigen Begriffen in mäßigen Vermögensumständen, obgleich er einer der reichsten Leute Amerikas hätte sein können. Capitain Sutter, ein geborener Schweizer, befand sich als Offizier in der Schweizergarde, als die Julirevolution unter der Regierung Karls des Zehnten ausbrach. Er wanderte in Folge derselben nach den Vereinigten Staaten aus und lebte mehrere Jahre im Staate Missouri. Von dort aus ging er zu Lande nach Oregon, wo er sich niederzulassen gedachte. Dort nun traf er mit einigen Leuten zusammen, die ihm das damals noch unbekannte Californien und besonders das Thal des Sacramento River als so schön und unermeßlich reich schilderten, daß er sogleich beschloß, daselbst seine Heimath zu gründen. Da indessen zu damaliger Zeit noch keine andere directe Verbindung zwischen Oregon und Californien als höchstens zu Lande auf einem langen und mühseligen Wege bestand, so benutzte Sutter eine Gelegenheit, um nach den Sandwich-Inseln zu kommen, von wo aus er nach Mexiko ging. Von dort aus fand er es leichter, mit Schiffsgelegenheit nach Monterey und in den Hafen von San Francisco zu gelangen. Es war im Jahre 1839, als er dort nach einer zwölfmonatlichen Reise eintraf, wo er nur einige wenige Ansiedelungen fand. Er hatte die Absicht, im Inneren des Landes unter den wilden Eingebornen eine Niederlassung zu gründen; zwar wurde ihm vielfach von dem gefährlichen Unternehmen abgerathen, doch führte er seinen Vorsatz aus und begab sich mit mehreren entschlossenen Leuten in einem kleinen Boote auf die Reise. Nach manchem vergeblichen Suchen entdeckte er endlich die Mündung des Sacramento River und folgte dann diesem Flusse stromaufwärts, bis er eine Stelle fand, die seinen Wünschen entsprach. Dort baute er ein starkes Fort, um sich gegen die Angriffe der Eingebornen vertheidigen zu können, während er befreundete Indianer zu seinen Diensten verwendete. So lebte er denn glücklich und zufrieden auf seinen Ländereien, die ihm von der mexikanischen Regierung als Eigenthum zugesprochen wurden, von welcher er zugleich die Stellung und den Titel eines Militair-Commandanten der Grenze erhielt. Nach der Entdeckung der Goldlager wurde er indessen vielfach das Opfer nichtswürdiger Speculanten, die seine Gutmüthigkeit und seinen Namen mißbrauchten und ihn zu Unternehmungen verleiteten, in welchen er seine Ländereien bis auf geringe Ueberbleibsel verlor, die indessen bei dem unglaublich schnell steigenden Werthe des Grundbesitzes noch hinreichend sind, ihm ein sorgenfreies Leben zu sichern. Er hat nunmehr das Alter von einigen sechszig Jahren erreicht und lebt in einer gewissen Zurückgezogenheit auf seinem Gütchen Hod's Farm, wo er sich der Achtung aller Derer erfreut, die ihn kennen, und gewiß sind nur Wenige in Californien, denen der Name des Capitain Sutter unbekannt wäre.

Am Ende der Golden Gate, wo der eigentliche Hafen beginnt, ragt auf der südlichen Seite ein hoher abgeflachter Felsen weit in die Straße hinein. Eine geeignetere Stelle zur Anlage von Befestigungen kann nicht leicht gedacht werden und das amerikanische Gouvernement hat auch in der That eine starke Fortification auf diesem Plateau angelegt, welche zur Zeit, als ich dort vorbeireiste, eben im Bau begriffen war. Die Einfahrt des Hafens wird von diesem Punkte aus vollständig beherrscht, so daß selbst das kleinste Fahrzeug nicht ungestraft unter den Kanonen vorbeifahren kann. So wie man um Fort Point, welchen Namen die Befestigung trägt, herumbiegt, sieht man zur Rechten hinter einem Walde von Masten, von welchen die Flaggen aller Nationen herabwehen, den großen Stapelplatz des Westens,

die Stadt San Francisco amphitheatralisch sich erheben und die sanft an=
steigenden Hügel bis oben hinauf bedecken. Der Frémont fuhr langsam
bis beinahe vorbei an der Stadt, gleichsam an den in's Wasser hineinge=
bauten Werften nach einer unbesetzten Stelle suchend, da die größten Kauf=
fahrteischiffe dicht gedrängt neben einander lagen. Wie in New=York, Liver=
pool oder New=Orleans herrschte auch hier geschäftige Bewegung unter den
Schiffen selbst; einzelne wurden hinein, andere wieder hinaus bugsirt, hier
sah man ein Verdeck dicht angefüllt mit europäischen Auswanderern; dort
einen Ostindienfahrer, auf welchem mit runden Filzmützen und langen
Zöpfen viele Hunderte von Chinesen standen. Hier verließ ein Flußdampf=
boot mit Passagieren die Landungsbrücke, um die goldburstigen Menschen
den Sacramento River hinauf zu bringen; dort landete ein aus dem Minen=
districte zurückkehrendes Fahrzeug Menschen und Schätze. Es war ein
Schwirren und Durcheinandertreiben, und doch schien eine gewisse Ordnung
überall zu herrschen, die aufrecht erhalten wurde durch den natürlichen Wunsch
eines Jeden, so wenig als möglich Zeit zu vergeuden. Etwas weiter ab=
wärts, so daß die Schifffahrt nicht gehemmt wurde, lagen wie Leichen von
mächtigen Riesen eine Anzahl abgetakelter Schiffsrümpfe. Es waren dieses
die ersten Schiffe, die dort nach Entdeckung der Goldlager landeten und
deren Bemannung, angelockt von den im Inneren des Landes verborgenen
Schätzen, heimlich ihren Dienst verlassen hatte. Da keine Hand sich fand,
das Steuer zu lenken und die Segel auszulassen, so mußten die zum Theil
noch sehr guten Schiffe ruhig vor ihren Ankern liegen bleiben und einst=
weilen zu Speichern und Lagerböden dienen. Nach einigem Hin= und Her=
fahren gelang es endlich dem Frémont, eine Stelle an der Landungsbrücke
zu erreichen, wo sich sogleich Kärrner, Fuhrleute mit eleganten Kutschen und
Agenten der verschiedenen Gasthöfe einstellten und mit lautem Rufen und
Schreien ihre Dienste anboten. Wegen der Menge von Sachen, die wir
mit uns führten, konnten wir erst ganz zuletzt das Boot verlassen und
begaben uns dann Alle zusammen nach einem Gasthofe, wo wir gute
Stuben und Betten erhielten, aber darauf angewiesen waren, außerhalb
zu speisen.

    San Francisco, die Stadt, die durch ihren wunderbar schnellen
Aufschwung in dem Zeitraume von wenigen Jahren die ganze Welt in Er=
staunen gesetzt hat, ist jetzt der bedeutendste Ort an der Westküste des ame=
rikanischen Continents, und gewiß ist die Zeit nicht allzu fern, in welcher
sie eine der ersten Handelsstädte auf dem ganzen Erdball sein wird. Ihre
glückliche Lage an der Mündung der Hauptflüsse Californiens trägt dazu
bei, daß von dort aus der Verkehr mit Leichtigkeit bis in's Innere des
Landes getrieben werden kann; dazu kommt vor allen Dingen der ungeheure
Hafen, in den die Schiffe so leicht gelangen können und wo sie Schutz vor
jedem Sturme finden. Die Stadt selbst bietet ein förmliches Chaos der
verschiedenartigsten Gebäude, Bretterhütten, Zelte und palastartige Waaren=
und Wohnhäuser bilden die regelmäßigen, aber noch ungepflasterten Straßen,

und immer neue und großartigere Bauten werden unternommen, seit Stein=
brüche und Ziegelöfen in der Nähe der Stadt eröffnet worden sind. In den
Straßen ist ein fortwährendes Gewirr; Menschenknäuel, Repräsentanten aller
Nationen enthaltend, wogen durch einander; Wagen, Karren und Kutschen
suchen einander auszuweichen. Producte aus allen Enden der Welt werden
hin und her geschafft. Alles, was dort eingeführt wird, findet seine Lieb=
haber; mit den unscheinbarsten Gegenständen werden Geschäfte getrieben, und
für die unbedeutendsten wie für die kostbarsten Sachen sind dort Käufer und
Gold in Fülle. Denn es giebt keine Speculation, die zu groß für einen
Californier wäre; zu jedem Unternehmen ist er bereit, und gewiß zu man=
chem, welches in anderen Theilen der Welt für thöricht, ja für unmöglich
gehalten würde.

Wenn man plötzlich nach einer Seereise, auf welcher man mit aller
Ruhe seinen Gedanken nachhängen konnte, in die Straßen von San Fran=
cisco versetzt wird, so vermag man sich einer gewissen Besangenheit gar
nicht zu erwehren. Es ist nicht allein das wilde Treiben, das schwindlig
zu machen droht, sondern auch die Umgebung, die aus so vielen verschie=
denartigen Elementen zusammengesetzt ist. Man befindet sich im Gedränge
zwischen Amerikanern aller Gattungen und Europäern jeder Nation; man
erblickt Californier in ihren Serapes, Mexikaner mit ihren betreßten Calci=
neros, und Chilianer mit ihren Sombreros, man erkennt den Kanaken vom
Hawai, den Chinesen mit dem langen Zopf, und Goldgräber, deren Phy=
siognomien unter der gebräunten Haut und dem verwirrten Bart kaum
mehr herauszufinden sind, und alle diese Menschen stürzen und eilen durch
einander, jeder seiner eigenen Geschäfte gedenkend und keiner sich um den
anderen kümmernd. Man ist endlich froh, dem Getümmel zu entrinnen
und in einem Gasthofe ein Unterkommen zu finden, wo man es versucht,
durch gute nächtliche Ruhe sich für den folgenden Morgen zu einem Spa=
ziergang durch die Straßen vorzubereiten.

Schon mit dem Frühesten beginnt in den Straßen von San Fran=
cisco ein reges Leben, denn die Zeit ist dort zu kostbar, als daß auch nur
ein geringer Theil derselben unbenutzt gelassen würde. Die ersten Arbeiter,
die sich blicken lassen, sind gewöhnlich die Stiefelputzer, die in allen Straßen,
besonders aber an den Ecken, neben ihren bequemen Stühlen stehen, auf
deren Lehne die neuesten Zeitungsnummern hängen. Sie brauchen nicht
lange auf Arbeit zu warten, denn der Eine oder der Andere der Vorüber=
gehenden fühlt doch mitunter das Bedürfniß, seinen Stiefeln etwas Schwärze
zukommen zu lassen und setzt sich in solchem Falle, ohne Worte zu verlieren,
auf den Stuhl, legt die Füße auf einen vor demselben angebrachten Block
und liest so lange in der ihm dargereichten Zeitung, bis er die Worte ver=
nimmt: „Fertig, Herr!" worauf er dann ¼ Dollar zahlt, — die geringste
Münze, die man zur Zeit meiner Anwesenheit in Californien zu kennen
schien — und sich entfernt, einem Anderen seinen Platz überlassend. So
hat denn der Stiefelputzer während des größten Theils des Tages seine

Arbeit und seinen Verdienst, indem der augenblicklich leere Stuhl gar zu oft Ursache ist, daß ein Vorübergehender die günstige Gelegenheit, die sich ihm so bald nicht wieder darbietet, benutzt, nach vielleicht sehr langer Zeit zum ersten Male wieder seine Stiefeln gebürstet zu sehen. Die Leute, die auf den Märkten Einkäufe zu besorgen haben, verwenden dazu ebenfalls gewöhnlich die Morgenstunden, und wohl ist es für den, der von keinen Geschäften abgehalten wird, ein Genuß, die Markthäuser zu besuchen, um sich zu überzeugen, welche prachtvollen Früchte und Gartengewächse Cali= fornien jetzt schon liefert, und wie das saftigste und fetteste Fleisch, das wohl in der Welt zu finden ist, dort massenhaft zum Kauf angeboten wird. — Auf den Fischmärkten könnte man stundenlang vor den verschiedenen Fässern und Tischen stehen und das Merkwürdigste an Eßbarem, was der Ocean und die Flüsse Californiens bieten, bewundern. Neue Formen, neue Arten aus dem Reiche der Fische fesseln die Aufmerksamkeit; centnerschwere Schildkröten, riesenhafte Hummer, beide durch träge Bewegung Leben ver= rathend, locken die Käufer an. Erreicht man dann den Wildmarkt, so glaubt man in ein zoologisches Museum zu treten, so mannigfaltig sind die Gruppen, in welchen die jagdbaren Thiere des Landes dort unter einander liegen. Da sieht man den Elkhirsch mit riesenhaftem Geweihe und die schöngezeichnete Gabelantilope; dort hängt an einem starken Fleischerhaken der wilde Gebirgsbär mit geöffnetem blutigem Rachen aber trüben ge= brochenen Augen, und um ihn herum zahlreiche Hasen, Kaninchen und Eich= hörnchen. Das Vogelwild liegt in großen Haufen durcheinander oder hängt in langen Reihen über den Tischen, so daß es einem Naturalien= liebhaber nicht schwer wird, sich ein ganzes Cabinet mit den prächtigsten und seltensten Vögeln anzufüllen, besonders da nur der Fleischwerth und nicht die Art jedes Vogels bezahlt wird, dieser freilich aber auch nach cali= fornischen Preisen. Von den Märkten aus, auf welchen man einigen chine= sischen Köchen begegnet ist, benutzt man diese als Wegweiser, um in das Stadtviertel der Kinder des himmlischen Reiches zu gelangen und diese eigenthümliche Menschenrace, ihr Treiben und Wirken, so wie ihre Häuslich= keit genau kennen zu lernen. Auch in den Hauptstraßen findet man einige Läden, die reichen und vornehmen Chinesen angehören, doch haben Läden sowohl wie Bewohner schon sehr viel von ihrem nationalen Charakter ver= loren, und man eilt deshalb nach den Straßen, die von niedrigen Häusern gebildet werden, und wo auf großen Brettern in Zeichen, die für die meisten Menschen unverständlich sind, die Namen der Verkäufer und der feilgehal= tenen Waaren angeschrieben stehen. Viele haben zugleich eine Uebersetzung in englischer und spanischer Sprache neben ihren Schildern angebracht, doch ist man der Verlegenheit dadurch immer noch nicht ganz überhoben, indem man beim besten Willen nicht im Stande ist, die merkwürdig buchstabirten Namen auszusprechen.

Ehe man sich etwas an chinesische Physiognomien gewöhnt hat, glaubt man fast immer einem und demselben Sohne des himmlischen Reiches zu

begegnen, so ähnlich sieht Einer dem Anderen; da erblickt man dieselbe
Größe und Gesichtsfarbe, dieselbe kurze Nase, vorstehenden Unterkiefer, auf=
geworfene Lippen und geschlitzte Augen, kurz denselben Ausdruck in den
nichtssagenden häßlichen Zügen, die selbst durch das Alter nicht auffallend
verändert werden, und in welchen man erst durch längere Uebung einen
Unterschied zu entdecken vermag. Die Gegenstände nun endlich aufzählen zu
wollen, die in einem chinesischen Laden ausgeboten werden, wäre zu viel,
um so mehr, als die Kunstfertigkeit dieser Race im Sticken, Schnitzen und
Auftragen prächtiger Farben überall hinlänglich bekannt ist und sich großen
Ruf erworben hat. Es bleibt mir nur zu bemerken, daß in San Francisco
allein bei den Chinesen etwas von dem geforderten Preise abgedungen wird,
während bei anderen Geschäftsleuten der Käufer, wenn er einen geforderten
Preis für zu hoch hält, weiter nicht handelt, wohl wissend, daß es ver=
gebliche Mühe sein würde, und schon ein anderer Käufer sich finden wird;
übrigens werden die Preise schon immer durch die Concurrenz in den
Schranken der Vernunft gehalten. Die Chinesen dagegen sind mit dem
geringsten Verdienste zufrieden, und da sie nur sehr niedrig in der Achtung
der Californier stehen und deshalb keinen Schutz gegen eine harte Bedrückung
finden, so ist es ihnen nur vergönnt dort Geschäfte zu treiben und Gold
zu graben, wo die Weißen nicht mehr ihre Rechnung finden und den Boden
schon ausgebeutet haben. Theilweise arbeiten diese armen Leute für ge=
ringen Tagelohn bei ihren Unterdrückern, und bei dem Mangel an Wasch=
frauen ist deren Arbeit gänzlich in die Hände der Chinesen übergegangen,
welche sie pünktlich, billig und stets zur Zufriedenheit Aller ausführen.
Daß die Chinesen bei ihrer Charakterlosigkeit in vieler Beziehung die Ver=
achtung, die ihnen zu Theil wird, verdienen, kann nicht geleugnet werden,
doch leider erfährt diese Classe der californischen Bevölkerung die meisten
Unbilden gerade von solchen Individuen, die auf der tiefsten Stufe des
Verbrechens stehen und das Eldorado des Westens in so großer Anzahl
überfluthen, weil sie dort bei den noch jungen Gesetzen leichter ihren ver=
brecherischen Leidenschaften ungestraft freien Lauf lassen können.

Wohl Jeder, der San Francisco besucht hat, erwähnt der Spielhäuser
und der gesetzlosen Bande von Spielern, die dort ihr Wesen treibt. Auch
ich habe diese Spielhäuser besucht und stundenlang vor den Goldhaufen ge=
standen, die fortwährend ihre Besitzer wechselten, um endlich in die Hände
der privilegirten Diebe, wie man jeden professionirten Spieler nennen kann,
überzugehen. Am Abend mit mehreren Kameraden langsam durch die
Straßen wandernd, hin und wieder in hellerleuchteten Restaurationen ein=
sprechend, gelangte ich an ein großes Gebäude, durch dessen offene Thüren
ich in geräumigen Sälen eine gedrängte Menschenmasse erblickte, die bei
den Klängen eines wohlbesetzten Orchesters, welches die sentimentalsten Sym•
phonien spielte, mit ernsten Dingen beschäftigt schien. Ich trat ein, und
nach einiger Mühe gelang es mir so weit durchzudringen, daß ich lange
Reihen von grünen Tischen wahrnehmen konnte, an welchen jedes nur denk=

bare Hazard in größtem Maßstabe gespielt wurde. Ich wendete meine
Aufmerksamkeit natürlich den verschiedenen Bankhaltern zu, die für eine
ungeheure Summe, welche sie als Miethe für das Local bezahlten, das
Recht hatten, ungestraft Andere um ihr Geld zu betrügen. Die Ge-
meinheit war in den Physiognomien dieser Leute ausgeprägt; die ruhig
Karten und Würfel auf geschickte Weise unter dem Schutze der vor ihnen
auf dem Tische liegenden Revolverpistolen handhabten; auch eine Dame
erblickte ich, die fast ganz versteckt unter massiven werthvollen Schmucksachen,
mit geübter Hand ihren Goldhaufen vergrößerte und hin und wieder Blicke
des Einverständnisses mit einigen Männern in ihrer Nähe wechselte, die
augenscheinlich ihre Genossen waren. Mit Abscheu wendete ich mich hiervon
ab und beobachtete eine Zeit lang die unglücklichen Menschen, die von ihren
Leidenschaften unaufhaltsam getrieben, ihre kaum erworbenen Schätze, mit
welchen sie sich eine mehr als behagliche Existenz hätten gründen können,
in die Spielhölle getragen hatten, um ihren ganzen Erwerb an dem grünen
Tische zu verlieren. „Zwanzig Unzen!" „Hundert Unzen!" „Zweihundert
Unzen!" hörte ich nach allen Richtungen rufen, als ich mich langsam der
Thüre näherte; bei derselben angekommen, wurde ich fast übergelaufen von
einem Menschen, der ohne Hut, mit beiden Händen in den Haaren auf
die Straße stürzte; mit Bedauern blickte ich ihm nach, als er im Dunkel
verschwand und wanderte dem chinesischen Stadtviertel zu, um auch dort
die Spielhäuser kennen zu lernen. Ich hatte nicht nöthig, Erkundigungen
über diese einzuziehen, denn schon von Weitem drangen die Töne eines
eigenthümlichen Concerts zu mir und ließen mich nicht im Zweifel über die
Richtung, die ich einzuschlagen hatte, um die Spielhöllen, eine nach der
anderen, in Augenschein zu nehmen. Ich trat in die erste ein und war
fast überrascht von der Unansehnlichkeit, ich möchte sagen Aermlichkeit des
Gemaches, und doch lagen auf dem Tische, der ringsum mit einer Leiste
eingefaßt war, große Geldsummen. Ernst und vertieft standen die kleinen
Gestalten umher, die in ihren weiten Jacken und kurzen Beinkleidern, den
genähten Strümpfen, den colossalen, dabei aber fein gestickten Schuhen und
den langen Zöpfen nichts weniger als anmuthig aussahen; die kleinen
Augen funkelten, und mißtrauisch verfolgten sie den Verlauf des Spieles.
Dieses selbst war mir unverständlich; ich sah nur, daß mitten auf dem
Tische ein Haufen Zahlpfennige lag, die mit einem Gefäß bedeckt waren,
daß Einer der Spieler mit der Hand unter dasselbe faßte und eine Anzahl
der Marken hervorschob, die er mit einem langen, spitzen Stäbchen zu
zählen begann. Nach Zählung derselben wurde Geld in Umlauf gesetzt,
und das Spiel begann von Neuem, so daß es mir fast schien, als handle
es sich bei der ganzen Sache nur um „Paar oder Unpaar". Lange hielt
ich es in diesen Spielhallen nicht aus, denn das ohrenzerreißende Concert
der Musikanten, die mit langen Bogen zweisaitige Violinen und Cellos be-
arbeiteten, dazu mit kleinen Hämmern auf Trommeln und hölzerne Becken

schlugen und den markerschütternden Lärm der Gongs*) und ihre eigenen kreischenden Stimmen hören ließen, trieb mich aus dieser Gesellschaft fort nach dem Schauspielhause, wo ich mich bis nach Mitternacht an Gesang, Musik und Tanz ergötzte, wozu Frankreich mit seine besten Kräfte geliefert hatte.

Nach einem flüchtigen Umherschauen in San Francisco besucht gewiß jeder Reisende gern einmal den Minendistrict im Innern des Landes, um sich von der Wahrheit der mährchenhaft klingenden Nachrichten zu überzeugen, die ihn in seiner Heimath, wo auch immer dieselbe liegen mag, schon längst erreichten. Freilich lernt er dort nur die verschiedenen Weisen kennen, auf welche das kostbare Metall von Sand und Gestein getrennt wird, doch von dem unermeßlichen Reichthum selbst sieht er nur sehr wenig, indem Derjenige, dem das Glück lächelt, seine Schätze vorsichtig vor neidischen Augen zu verbergen sucht und der glücklichste Goldjäger den Frager mit endlosen Klagen über das undankbare Geschäft des Goldgrabens überhäuft. Gar Viele giebt es freilich, die gänzlich enttäuscht Hacke und Schaufel von sich werfen und es bitter bereuen, von allzu kühnen Hoffnungen getrieben, eine so weite Reise unternommen zu haben; es fehlen ihnen die Mittel zur Heimreise, und von der bittersten Noth gezwungen, verdingen sie sich oder unternehmen auch auf eigene Hand irgend eine beliebige leichtere Arbeit. Manche dieser Letzteren unterliegen den ungewohnten schweren Anstrengungen und den klimatischen Krankheiten; Andere glücklichere dagegen erreichen durch kluge Anwendung ihrer Fähigkeiten und Kräfte das, was sie in den Minen vergebens suchten, und in dem Maße, wie ihr Reichthum wächst, nimmt auch ihr Golddurst wieder zu und verliert sich die Sehnsucht nach der Heimath.

Die Gruben nun, welche von den muthlos Gewordenen verlassen wurden, nehmen Andere, die vielleicht mit weniger Hoffnungen anlangten, in Besitz und entdecken oft nach Entfernung weniger Schaufeln von Erde reiche Goldadern, die sich nur wenige Zoll weit von den Händen ihrer verzagenden Vorgänger befanden, und fördern, vom Glück geleitet, Schätze auf Schätze aus dem dunklen Schooße der Erde. Dies sind Zufälle, wie sie in den Goldminen fast täglich vorkommen, und die sich so lange wiederholen werden, als Californien das Eldorado des Westens bleibt, und Jahrhunderte mögen noch darüber hingehen, ehe die unermeßlichen Goldlager so weit erschöpft sind, daß die Gruben und Minen als nicht mehr ergiebig genug verlassen werden. — Wenn man die Goldregionen durchwandert und Tausende von Leuten beobachtet, die mit gebräunten und bärtigen Gesichtern, alle in demselben groben Costüm eines Arbeiters, Hacke, Schaufel und Waschpfanne mit Geschicklichkeit handhaben, so drängt sich fast unwillkührlich die Frage auf, in welcher Sphäre wohl diese, von allen Enden der Welt zusammengewürfelten Menschen gelebt haben. Könnte man dann

---

*) Große Kupferplatte, die mit einem mattirten Hammer geschlagen wird.

Jeden plötzlich in der Stellung und in dem Kleide sehen, wofür er sich ausgebildet hat und erzogen ist, so würde man sich gewiß mehr noch über die eigenthümlichen Contraste, als über die zu Tage geförderten Schätze wundern; man würde Kaufleute, Handwerker, Matrosen, Geistliche, Schau= spieler, Studenten, Offiziere, kurz, alle Stände reichlich vertreten finden, die gemeinsam mit Dieben und Mördern Flüsse ableiten, Felsen sprengen, Berge umkehren und die Erde durchwühlen, um in Besitz dessen zu gelan= gen, wonach mit nur wenigen Ausnahmen die ganze Menschheit strebt.

Unter so verschiedenartigen Elementen Gesetze einzuführen, die jedem Einzelnen zusagen, mag gewiß eine der schwierigsten Aufgaben sein; und doch macht sich gerade hier der Mangel einer obrigkeitlichen Ordnung am schnellsten fühlbar. Dieses erkennend, haben denn auch die Bewohner und Bearbeiter der verschiedenen Minendistricte unter sich Gesetze geschaffen, die zwar von furchtbarer Strenge sind, aber doch das Leben und Eigenthum Derer schützen, die darauf angewiesen sind, beides ihren Mitbürgern blind= lings anzuvertrauen. Freilich kommen Diebstahl und Mord noch häufig genug vor, doch die fast jedesmalige Ergreifung der Verbrecher und die darauf folgende schnelle Ausführung des Lynch=Urtheils, bei welcher der Uebelthäter gepeitscht oder an dem nächsten Baume aufgehängt wird, die= nen als Warnung; und trotz der stets zunehmenden Bevölkerung werden dergleichen Fälle seltener, wozu auch beiträgt, daß die Regierung von Ca= lifornien täglich besser organisirt wird. Und so ist es denn allmälig so weit gekommen, daß einfache Zelte oder aus Baumrinde und Brettern zu= sammengefügte Hütten mehr als ein festverschlossenes Gewölbe vor unbe= fugten Eindringlingen gesichert sind, und das Vorhandensein von Geräth= schaften in einer Goldgrube hinreicht, jeden Anderen außer dem Eigenthümer von der Bearbeitung derselben abzuhalten. —

Wem es nun zu eng wird in dem dichten Gewühl schnell wachsender Städte, wer betäubt wird durch das Getöse eines ewig regen Weltverkehrs, in der Gesellschaft von Menschen, die für Alles, außer für das Gold, ab= gestumpft sind, für dessen Erlangung sie gierig Gesundheit und Leben hin= opfern: der findet tausendfachen Ersatz in dem milden Klima des Landes, auf dem fruchtbaren Boden, mit welchem die Ströme eingefaßt sind, in de= ren Wellen sich wiederum riesenhafte Eichen und Tannen spiegeln. Seine geringste Mühe wird die unerschöpfliche Zeugungskraft des Bodens reichlich belohnen; und während der sieche Goldgräber mißtrauisch und furchtsam über seinen Schätzen wacht, beobachtet der Ackerbauer die zarten Keime seiner Pfleglinge, der Pflanzen, die ihm so vielfältigen Segen versprechen, oder wandert hinaus zu seinen Heerden, die auf üppigen Weiden gedeihen und seinen Wohlstand vermehren helfen.

XXXVIII.

Die Riesenbäume. — Einschiffung auf dem Dampfboot Oregon. —
Reise auf der Südsee. — Der Hafen und die Stadt Acapulco. —
Fünf Stunden in Acapulco. — Landung in Panama. — Die Stadt
Panama. — Ritt nach der Eisenbahnstation. — Ankunft in Aspinwall.
— Einschiffung auf dem Dampfboot Illinois. — Ankunft in New-
York und Washington.

Californien ist das Land der Wunder, und jeder Reisende, der dorthin kommt, wird etwas seinen Neigungen Entsprechendes finden, dem er
mehr als anderen Gegenständen seine Aufmerksamkeit zuwendet. Auch der
Verehrer der still wirkenden heiligen Natur, der sich heimisch fühlt in dem
unendlichen Reiche der Pflanzenwelt, und der gewohnt ist, in dem Staube
der Blüthen, in der Entwickelung und dem Leben der Gewächse weise Gesetze zu erkennen und gerührt zu bewundern, findet in dem Goldlande eine
Stelle, auf welcher er wie auf geweihtem Boden wandelt, und blickt entzückt hinauf zu den Gipfeln von Bäumen, die als lebende Zeugen vergangener Jahrtausende unerschüttert ihre stolzen Kronen emporheben, und
an ihre unwandelbare treue Pflegerin—erinnern, wie Aegyptens Pyramiden
als todte Denkmäler der Vorzeit Achtung vor ihren Erbauern einflößen.

Ungefähr 30 Meilen nördlich von Sonora im Calaveras-Bezirk gelangt man an den Fluß Stanislas. Einem Zuflusse desselben, der sich
murmelnd durch ein tiefes bewaldetes Bett schlängelt, aufwärts folgend,
gelangt man an das Mammuthbaumthal, welches 1500 Fuß über dem
Meeresspiegel liegt. In diesem Thale, welches seinen Namen von den in
demselben emporragenden Bäumen erhalten hat, befindet man sich Angesichts der Riesen im Reiche der Vegetation. Das Erstaunen, wenn man
aus der Ferne die geraden thurmähnlichen Coniferen wahrnimmt, die eine
hohe Tannenwaldung weit überragen, wird noch gesteigert, wenn man näher
tretend die ungeheuren Dimensionen der einzelnen Bäume erkennt, die auf
einem Raume von 50 Morgen zerstreut stehen, und eine Familie von
90 Mitgliedern bilden, von welchen das schwächste nicht unter 15 Fuß
im Durchmesser hat. Man traut kaum seinen Augen, wenn man aufblickt
zu den Kronen, die auf den kräftig gewachsenen colossalen Stämmen meist
erst in der Höhe von 150 bis 200 Fuß beginnen. Man weiß nicht, ist
es der mächtige Umfang der grauen, mit Moosflechten behangenen Stämme,
ist es die unglaubliche Höhe oder der schöne gerade Wuchs, worüber man

mehr erstaunen soll, und lange währt es, ehe man seine Gedanken so weit gesammelt hat, um mit Ruhe und Ueberlegung die speciellere Beschaffenheit dieser Bäume untersuchen zu können. Es sind Coniferen, die zu dem Geschlecht der Sequoia (Endl.) gehören*), und manche Namen sind ihnen von den verschiedenen Botanikern, welche dieselben gesehen und beschrieben, beigelegt worden**). Die meisten haben abgestumpfte Gipfel, indem dieselben durch Stürme oder den im Winter schwer auf ihnen lastenden Schnee schon frühzeitig geknickt oder gebrochen wurden. Andere sind wieder an ihrer Basis durch die Feuer der Indianer beschädigt und noch andere haben der Art der weißen Bevölkerung erliegen müssen, die rastlos in der Natur nach Gegenständen spürt, von welchen auf die eine oder die andere Weise Vortheil gezogen werden kann. So ist ein Stamm bis zu der Höhe von 50 Fuß seiner Rinde beraubt worden, die von ihrem Eigenthümer nunmehr in der Welt herumgeführt und ausgestellt wird. Eine Spiraltreppe wurde später in denselben Stamm gehauen, auf welcher die Besucher gegen Bezahlung zu einer bedeutenden Höhe hinaufsteigen können. Der Eigenthümer dieses Landstriches, der den Reisenden zugleich als Führer dient, hat jedem Baume einen Namen beigelegt, je nachdem dieser selbst, seine Stellung oder auch besondere Umstände der Phantasie dabei zu Hülfe kamen. So führte der Baum, der umgehauen wurde, den Namen Big Tree (der dicke Baum). Derselbe hatte 96 Fuß Umfang, als 32 Fuß Durchmesser, und 300 Fuß Höhe; denselben zu fällen, kostete 5 Mann eine Arbeit von 25 Tagen, und nur durch Bohren von Löchern, die dann durch die Art mit einander verbunden wurden, gelang es, den colossalen Stamm aus dem Gleichgewicht zu bringen. Der stehen gebliebene Stumpf wurde darauf geebnet und bietet jetzt eine Fläche, auf welcher 16 Paare, ohne einander zu hindern, bequem walzen können. Nach Zählung der Ringe ergab es sich, daß dieser Baum ein Alter von 3000 Jahren erreicht hat. Miner's Cabin (Bergmannshütte) ist nach einer Höhlung im Stamme so genannt worden; er hat 80 Fuß Umfang und 300 Fuß Höhe. Three Sisters (drei Schwestern) sind drei Bäume, die derselben Wurzel entsprossen

---

*) Alexander von Humboldt, Ansichten der Natur, Bd. II, S. 197. Die riesenhaftesten Formen sind aus den Geschlechtern Pinus, Sequoia (Endl.), Araucaria und Dacrydium; ich nenne nur diejenigen Arten, deren Höhe 200 Fuß nicht blos erreicht, sondern sogar oft übertrifft.

**) Aus einem Briefe des Herrn Dr. Klotzsch: Für den in Californien in der Grafschaft Calaveras wachsenden Mammuthbaum muß der von Lindley in der Gardener's Chronicle für December 1853, Nr. 52, Seite 820 und 823 gegebene Name (Wellingtonia gigantea), weil er der älteste systematische Name ist, der eine Charakteristik enthält, beibehalten werden. Als Synonyme gehören hierher der von einem Nordamerikaner, Dr. C. F. Winslow, vorgeschlagene Name Washingtonia Californica und Sequoia Wellingtoniana von Berthold Seemann

Möllhausen, Tagebuch.   30

zu sein scheinen. Der mittelste hat erst in der Höhe von 200 Fuß die ersten Zweige. Ihr Umfang ist fast gleich, nämlich 92 Fuß bei 300 Fuß Höhe. Ferner sind noch da Old Bachelor (alter Junggeselle); Hermit (Eremit), Husband and Wife (Mann und Frau), die sich alle nur wenig in Umfang und Höhe unterscheiden. Hervorragender ist die Family Group (Familiengruppe), aus dem Vater, der Mutter und 24 Kindern bestehend. Der Vater ist schon vor Jahren umgefallen, hat im Fall einen anderen Baum gestoßen und ist in der Länge von 300 Fuß abgebrochen, hat aber dort noch 40 Fuß Umfang, während an der Basis der Umfang 110 Fuß und die ganze Länge des Stammes 450 Fuß beträgt. Die Mutter hat 91 Fuß Umfang und 327 Fuß Höhe. Ferner liegt dort ein hohler Stamm, der in der Länge von 75 Fuß abgebrochen ist; derselbe führt den Namen Horsebackride (Pferderitt), weil man bequem von dem einen Ende bis zum anderen durch die untere abgebrochene Hälfte reiten kann. Dort ist auch Uncle Tom's Cabin (Onkel Tom's Hütte), ein Stamm von 300 Fuß Höhe und 90 Fuß Umfang, mit einer Höhlung an der Basis, in welcher 25 Mann bequem Platz haben. Der Eingang zu diesem Raume ist 2¼ Fuß breit und 10 Fuß hoch, und gewiß haben die wenig= sten Goldgräber so geräumige Wohnungen, wie dieser Baum sie dar= bietet *).

Dies ist eine kurze Beschreibung der Riesen Californiens, welche zu= gleich die größten Bäume der Welt sind. Wer dorthin kommt und sieht, wie schon einige derselben vor der Zerstörungswuth der Menschen gefallen sind, den muß es wehmüthig stimmen, zu denken, daß diese prachtvollen lebenden Denkmäler, welche sich die Natur gleichsam selbst setzte und sorg= sam pflegte, in dem Zeitraume von Jahrtausenden sich noch nicht das Recht erworben haben, unangetastet auf kommende Jahrhunderte überzugehen und Generation auf Generation bewundernd um sich versammelt zu sehen. —

„Das Dampfboot Oregon wird am 2. April den Hafen verlassen, um mit Passagieren nach Panama zu gehen!" sagte Lieutenant Whipple eines Tages zu uns; „die Herren, welche diese Gelegenheit benutzen wol= len, um nach Washington zu reisen, mögen mir rechtzeitig Mittheilung darüber machen, damit ich ihnen Plätze in der Cajüte sichere." Sechs von unserer Gesellschaft, darunter ich selbst, entschieden sich sogleich für die Reise im „Oregon," wogegen Lieutenant Whipple, Mr. Garner, Doctor Bigelow und Mr. Marcou noch einige Tage in Californien zu bleiben beabsichtigten.

Wir rüsteten uns demgemäß zur bestimmten Stunde und begaben uns mit unseren sämmtlichen Sachen hinunter zu den Werften, wo der „Oregon" dampfend und stöhnend an einer Landungsbrücke lag und unter

---

*) Namen und Dimensionen nach einem Artikel in der Zeitung: Califor= nian farmer von Thomas Banister.

dem gewöhnlichen Gewirre und Getöse Passagiere und Güter einnahm. Wohl dem, der bei solchen Gelegenheiten zeitig genug an Bord kommt, um sich eines Stuhles bemächtigen und auf diese Weise fern von dem Gedränge ungestört das bunte Treiben bei der Einschiffung beobachten zu können. Kurze Zeit vor der Abfahrt entstand eine Bewegung unter den Leuten, und vielfach vernahm man die Worte: „der Schatz kommt." Ich gewahrte auch in der That in der Richtung von der Stadt her, deren letzte Straßen schon weit in den Hafen hineinreichen, einen von starken Pferden gezogenen, verschlossenen zweiräderigen Karren, der von Leuten umgeben war, welche eine Bahn vor demselben in dem Gedränge öffneten und die Menge aus der Nähe zurückhielten. Diese Sicherheitsmaßregeln konnten nicht weiter überraschen, wenn man in Betracht zog, daß wenige Wochen vorher an der Verladungsstelle ein schwerer Wagen durch die Brücke gebrochen war. Bei der Untersuchung stellte es sich heraus, daß die Balken von unten so weit durchgesägt waren, daß eine schwere Last, dieselben durchbrechend, hinab in's Wasser stürzen mußte. Diese List war augenscheinlich von Dieben ersonnen und für den Goldwagen berechnet worden, um in der ersten Verwirrung einige der kleinen Kisten zu erbeuten und an passenden Stellen zu versenken. Der Plan war indessen fehlgeschlagen und hatte nur größere Vorsicht bei späteren Transporten zur Folge. Der Karren mit den Schätzen hielt neben dem Räderkasten, wo die Laufplanke auf's Schiff führte. Der Verkehr wurde für kurze Zeit gehemmt, der Wagenkasten aufgeschlagen, und eine Anzahl von Leuten begann die anderthalb Millionen Dollar in Goldstaub in die untersten Räume des Schiffes hinab zu tragen, wo sie hinter schweren Riegeln und Eisenstangen verschwanden. Das Gold war an Bord, die zur Abfahrt bestimmte Stunde hatte geschlagen, die Kanonen wurden gelöst, die Taue eingezogen, und langsam begannen die gewaltigen Räder das Wasser zu schlagen. Bald befand sich der „Oregon" außerhalb der dicht gedrängt liegenden Schiffe, abermals donnerten die Kanonen einen Scheidegruß nach San Francisco hinüber, der von den auf der Landungsbrücke Zurückgebliebenen mit einem dreifachen Hurrah beantwortet wurde, und leicht glitt der Coloß der Golden Gate zu und wiegte sich nach kurzer Zeit auf den mächtigen Wogen des stillen Oceans.

Der „Oregon" führte 900 Passagiere, deren größter Theil einen Besuch in der Heimath abzustatten und dann wieder nach Californien zurückzukehren beabsichtigte; doch befanden sich auch Californien-Müde unter denselben, von denen Einige sogar die Kosten der Rückreise an Bord des Schiffes abarbeiteten. Daß diese übermäßige Anzahl von Menschen (die Räumlichkeiten waren nur für 500 Personen eingerichtet) viel Zeit brauchte, um sich zurecht zu finden, ist leicht erklärlich, denn Jeder hegte den natürlichen Wunsch, noch in einer der bequemen Kojen ein Unterkommen zu finden; doch war beinahe die Hälfte der Passagiere genöthigt, auf Bänken, Tischen und vor Allem auf dem blankgescheuerten Verdeck die Nächte zuzu-

30*

bringen. Es dauerte daher auch lange, ehe sich ein geselliges Verhältniß einstellte, welches sonst auf langen Seereisen sich schnell unter den Passagieren bildet. Ich war glücklich genug, mit drei gebildeten Deutschen, die nach Erwerbung eines ansehnlichen Vermögens Europa einen Besuch abzustatten gedachten, bekannt zu werden, und außer dem Genusse, nach einem Jahre mich endlich einmal wieder in meiner Muttersprache unterhalten zu können, erwuchsen mir aus dieser Bekanntschaft um so mehr fröhliche Stunden, als Mehrere von meinen alten Kameraden sich zu uns gesellten und den Kreis sorgloser ausgelassener junger Leute vervollständigen halfen. So glich denn meine Reise auf der Südsee einer langen Vergnügungsfahrt, einem immerwährenden Feste. Das herrlichste Frühlingswetter begünstigte uns, und wie wir alle 24 Stunden dem Aequator um 250 englische Meilen näher rückten, verschwanden auch die warmen Kleidungsstücke, und in leichten, dem tropischen Klima mehr angemessenen Anzügen lagen die Passagiere träge auf dem Verdecke umher und haschten gierig nach jedem Lüftchen, welches leise über dasselbe hinwehte.

Am 9. April befanden wir uns in nur ganz geringer Entfernung von der Küste, als Einer der Steuerleute in den Nachmittagsstunden auf die rauhen Gebirgsmassen hinwies und zu uns sagte: „Dort liegt der Hafen von Acapulco." Wir schauten hin, doch vermochten wir nur die Flaggenstange auf einem Berge und etwas weiter südlich eine ganz geringe Einbuchtung zu erkennen. Der „Oregon" wendete indessen sein Bugspriet derselben zu und bald dampfte er in einer Straße, die in weitem Bogen nach Norden führte; hinter uns entschwand das Meer unseren Blicken, doch vor uns öffnete sich wie ein Binnensee mit romantischen Ufern das ringsum von hohen Felsen eingeschlossene Becken des Hafens von Acapulco.

Dieser Hafen wird mit Recht nicht nur als einer der schönsten, sondern auch vermöge seiner Lage als einer der besten der Erde bezeichnet. Er ist durch hohe Gebirge von allen Seiten vollständig geschützt, und nur auf einem Umwege führt eine Straße, in welcher aber Schiffe von größtem Tiefgang ohne Gefahr dicht am Ufer unter steil aufstrebenden Felsen hinlaufen können, in ihn hinein. Acapulco hat indessen schon viel von seiner früheren Wichtigkeit verloren, welche es durch seinen Handel mit China und Ostindien erlangte, und gewinnt jetzt nur dadurch wieder, daß es als Mittelstation der zwischen Panama und San Francisco laufenden Dampfboote angesehen wird. Selbst Reisende lieben es nicht, lange in dem glühenden Felsenkessel zu verweilen, in welchen kein die Atmosphäre reinigender Wind seinen Weg zu finden vermag, wo tödliche Krankheiten mancher Art sich erzeugen, und starke Erdbeben jeden Augenblick drohen. Ein überaus lieblicher Anblick bietet sich aber dar, wenn das Dampfboot, den wogenden Ocean verlassend, aus der Straße in das weite spiegelglatte Becken tritt, welches ringsum von Felsenreihen malerisch eingefaßt ist, deren Fuß von dem kaum merklichen Wellenschlage der Fluth leicht berührt wird. Nur gegen Norden zieht sich ein schmaler Streifen zwischen den Bergen und dem Strande hin, auf welchem die von Cocosnußbäumen und anderen Palmen beschattete Stadt angelegt ist. Auf dem östlichen Ende derselben erhebt sich eine kleine Befestigung, welche die Einfahrt des Hafens vollkommen beherrscht; sie besteht aus Mauern und Gräben, doch ist Alles in schlechtem Zustande, und besonders haben die Bauwerke durch die dort häufigen Erdbeben bedeutend gelitten. Quer durch den Hafen, an der Fortification und an der Stadt vorüber, eilte der „Oregon," legte sich an einige ausgediente Schiffe, welche in Verbindung mit einem hohen Gerüste die Stelle eines Steinkohlenmagazins vertraten, und sogleich begannen die Arbeiter Brennmaterial für den übrigen Theil der Reise in die unteren Räume zu schaffen. Die Nachricht von der Annäherung des Dampfbootes mußte schon längst, noch vor dem wirklichen Erscheinen desselben im Hafen, in der Stadt kund geworden sein, denn noch waren die Taue und Ketten nicht befestigt, als Fischerböte von jeder Größe, deren Ruderer mit lauten Stimmen die Passagiere zu einem Ausflug an's Ufer aufforderten, sich herandrängten. Fünf Stunden Zeit gewährte uns der Capitain, welche denn auch von dem bei Weitem größten Theile der Reisenden bis auf die letzte Minute zu Spaziergängen auf festem Boden bestimmt wurde. Kaum war daher dieses Uebereinkommen getroffen, als Alles sich nach den Leitern drängte, und in kurzer Zeit ruderten zahlreiche schwerbelastete Böte der Stadt zu, und die Passagiere lustwandelten zu Hunderten durch die Straßen, auf welchen sich der größte Theil der Einwohner eingefunden hatte. War nun der Sonntag Nachmittag die Ursache davon, oder die Aussicht auf die Landung der Californier und auf den damit verbundenen Gewinn, genug, die ganze Stadt bildete einen Markt, auf welchem sich Bude an Bude reihte Da waren Tische mit Limonaden, Muscheln, Backwerk und Cigarritos, und hinter denselben standen in ihren leichten weißen baumwollenen Kleidungsstücken und Strohhüten Menschen jeglichen Alters und Geschlechts, die lärmend ihre Waaren anpriesen. Von Allem wurde gekauft; doch was am meisten anlockte, das waren die Unmassen der herrlichsten Südfrüchte, die für ein Geringes feilgeboten wurden. Die drückende Hitze in Acapulco, wohin von keiner Seite der kühlende Luftzug dringen kann, ließ uns die erquickenden Getränke, die gelben Ananas, die lichtgrünen Bananen nur um so lieblicher erscheinen, und ganze Ladungen derselben wurden gekauft und hinüber nach dem Dampfboot geschafft.

So flogen unmerklich die Stunden dahin. Der Abend stellte sich allmälig ein, Licht schimmerte durch die geöffneten Fenster und Thuren der einstöckigen Häuser, und bunte Papierlaternen erleuchteten die Buden. Immer dichter wurde das Gedränge, als die Einwohner die Räume, welche ihnen während des Tages Schatten gewährt hatten, verließen, um sich durch einen Spaziergang in der frischen Abendluft zu erholen, doch vermißte ich gänzlich die vornehme Klasse der Damen, was wohl seinen Grund in einer natürlichen Scheu derselben vor der Rohheit eines großen Theils der

zurückkehrenden Californier haben mochte. — Ein Abenteuer eigenthümlicher
Art hatte ich mit den Kindern, die bei unſerem Landen haufenweiſe zu uns
heranſtrömten und uns Hände voll der ſchönſten Seemuſcheln, weißer Ko-
rallen und ſonſtiger Seegewächſe entgegenhielten. Ich fragte Mehrere nach
dem Preiſe, um ihnen von den Sachen abzukaufen, doch erhielt ich ſtets
die kaum verſtändliche Antwort: „I present;" ich wunderte mich natürlich über die große Freigebigkeit, doch nahm ich die ſchönen Muſcheln, die
mir förmlich aufgedrungen wurden, mit dem freundlichſten Danke an und
füllte mir allmälig ein ganzes Tuch mit denſelben. Als ich endlich wegen
Mangels an Raum nichts mehr zu laſſen wußte und deshalb einige Geſchenke zurückwies, kamen alle Kinder, die mich ſo freigebig bedacht hatten,
hinter mir her und forderten ein Gegengeſchenk von mir, und zwar auf ſo
dringende und lärmende Weiſe, daß ich, um Aufſehen zu vermeiden, jedes
beſonders mit einem Geldſtück abfinden mußte. Zum Zurücknehmen der
Muſcheln aber konnte ich keinen Einzigen der kleinen Taugenichtſe zwingen,
indem ſie ſehr richtig bemerkten, daß es unmöglich ſei, die untereinander
gemiſchten Gegenſtände ſo von einander zu trennen, daß Jeder wieder zu
dem Seinigen gelange. Ich machte alſo gute Miene zum böſen Spiele,
doch glaube ich, daß ich wohl doppelt ſo viel Kinder mit Fünfcentsſtücken
beſchenkte, als mir Muſcheln angeboten hatten, wodurch mir die kleine
Sammlung, die ich bequem für einen Vierteldollar hätte kaufen können,
auf anderthalb Dollar zu ſtehen kam. An Bord zurückgekehrt, erzählte ich
dieſe Begebenheit meinen Gefährten; anſtatt aber ausgelacht zu werden,
wie ich erwartete, hörte ich von Jedem unter ihnen ganz dieſelbe Geſchichte,
die auch ihm mit der hoffnungsvollen Jugend in Acapulco begegnet war,
und Einer fügte ſogar noch hinzu, daß, als er die kleinen Vagabunden
habe züchtigen wollen, er einige Bowiemeſſer der in der Nähe weilenden
Männer zu ſehen bekommen habe.

Bis ſpät in die Nacht hinein durchſtreiften wir die belebten Straßen,
weilten bald vor einer Bude, bald vor einem Spieltiſch, wo Karten und
Würfel kreiſten, und gingen dann hinab an den Strand, um uns durch
ein Bad in den ſpiegelglatten Fluthen zu erfriſchen, doch hielten wir uns,
eingedenk der Haifiſche, die wir am Tage im Haſen wahrgenommen, nur
ganz in der Nähe des Uſers. Noch im Bade wurden wir durch einen
Kanonenſchuß zur Eile gemahnt und befanden uns auch in Folge deſſen
nach wenigen Minuten am Landungsplatze der Böte, wo wir uns durch
eine dichte Menſchenmaſſe drängen und ſtoßen mußten, bis wir endlich noch
Raum in einem bis zum Umſchlagen angefüllten Boote fanden. Zwei
halbnackte braune Geſtalten ſchoben das Fahrzeug vom Uſer, ſprangen gewandt hinein, und leiſe glitten wir vor den kaum hörbaren Ruderſchlägen
dem „Oregon" zu, der wie ein ſchwarzes Ungeheuer gegen den nächtlich
erleuchteten Himmel abſtach. Reges Leben tönte von der Stadt zu uns
herüber; Lichter ſlimmerten am Strande; in den glatten Fluthen ſpiegelten
ſich die undeutlichen Umriſſe der nahen Berge und der Palmen, und phos-

phorisch leuchteten die Streifen des bewegten Wassers, welche hinter den eilenden Böten zurückblieben. Es war eine der herrlichen verlockenden Nächte, wie sie in den Tropen so gewöhnlich sind, und lange noch saß ich auf dem Verdeck, versunken in Gedanken und mich ergötzend an der malerischen Umgebung, welche durch die nächtlichen Schatten etwas geheimnißvoll Feenartiges erhielt. Als ich am folgenden Morgen aus meiner Koje trat, brachen sich die Wogen an dem scharfen Bug des „Oregon," der unermüdlich gegen Süden eilte, und nur fern im Osten erkannte ich die blauen Linien der zackigen Küstengebirge.

Sechs Tage noch dauerte die Fahrt auf dem stillen Ocean, sechs Tage, die uns ganz gleichförmig vergingen. In den Cajüten dieselbe ewige Lärm des Tafeldeckens, auf dem Deck dasselbe langsame Verrinnen der Stunden inmitten einer träge umhersitzenden oder lagernden Gesellschaft. Nur gegen Abend begann das fröhliche Leben unter den verschiedenen Gruppen, die sich allmälig zusammengefunden hatten; Gesang und Scherz in den verschiedensten Sprachen und Dialekten schallte aus allen Räumen; in den Winkeln erblickte man Eimer mit Eis und auf ihnen die saftigen Bananen, die würzigen Ananas, den edlen Rheinwein und den perlenden Champagner; wer hätte wohl in solcher Gesellschaft nicht fröhlich sein wollen! Weit hinaus über Bord flogen die leeren Flaschen, und neue wohlgepfropfte nahmen die kühlen Stellen in den Eisbehältern ein; lauter und herzlicher schallten die heimathlichen Weisen, begleitet von dem ununterbrochenen Aechzen und Stöhnen der Maschinen.

In der Nacht des 15. April warf der „Oregon" vor Panama Anter, worauf die Passagiere angewiesen wurden, sich bereit zu halten, um das Dampfboot sogleich verlassen zu können. In der Entfernung von 1¼ englischen Meile (näher können schwere Schiffe nicht heran) erkannten wir die dunklen Umrisse des Landes und erblickten hin und wieder matte Lichtschimmer, die auf den Wellen zu schwimmen schienen. Da die Einwohner von Panama schon längst auf die Ankunft des Dampfbootes vorbereitet waren, und durch einen Kanonenschuß Kenntniß vom Fallen der Anker erhalten hatten, so dauerte es nur kurze Zeit, bis zahlreiche Böte zu uns stießen, und gleich darauf nahm das regelmäßige Ausschiffen seinen Anfang. Passagiergüter, Fracht, so wie die Goldsendung, befanden sich bald auf dem Lande, und nach allen Richtungen durcheilten die Reisenden die dunklen Straßen der alterthümlichen Stadt. Ich landete mit einigen Reisegefährten in einem der ersten Böte, welche das Land erreichten; es war zur Zeit der höchsten Fluth, weshalb wir noch eine Strecke durch seichtes Wasser auf scharfem steinigem Boden waten mußten, ehe wir uns wirklich auf dem Trockenen befanden. Unsere Versuche, noch in irgend einem Gasthofe ein Unterkommen für den übrigen Theil der Nacht zu finden, scheiterten gänzlich, denn das auf dem Atlantischen Ocean in derselben Linie mit dem „Oregon" fahrende Dampfboot „Illinois" war schon einige

Tage früher in Aspinwall auf der Ostseite der Landenge angelangt, und
Panama in Folge dessen mit Hunderten von Passagieren angefüllt, die auf
Gelegenheit nach Californien harrten. So trafen wir alle nicht verschlossenen Häuser so überfüllt, daß wir es vorzogen, in den Straßen zu lustwandeln und auf dem breiten Wall, der in's Meer hinausreicht, den Anbruch des Tages zu erwarten.

Trotz des Wogens und Treibens, trotz der aus allen Weltgegenden
dort zusammengewürfelten Menschenmassen, welche zeitweise Panama überfluthen, hat die Stadt noch nichts von ihrem alterthümlich-ehrwürdigen
Charakter verloren, und selbst das wilde Getöse der hin- und herreisenden
Völker ist nicht im Stande, die Gedanken gänzlich zu unterdrücken, die sich
uns Angesichts der Denkmäler gefallener Größe aufdrängen. Die Ruinen
alter, in geschmackvollem Stile aufgeführter oder theilweise noch unvollen-
deter Kirchen und großer Gebäude zeugen von der Wichtigkeit, die einstmals diesem Orte beigelegt wurde; tropische Schlingpflanzen verbergen halb
die kühnen Bauten; Palmen wuchern auf den einsamen Höfen; und in
den Spalten der zerfallenden Mauern haben Bananenbäume Wurzeln geschlagen und beschatten mit ihren dichten Kronen die leeren Bogenfenster
und Oeffnungen in dem grauen Mauerwerk. Ich konnte mich nicht satt
sehen an den herrlichen Gruppen und Bildern, die sich vor mir aneinander reihten, und bedauerte nur, so bald diesen interessanten Punkt verlassen
zu müssen.

Ermüdet gelangten wir endlich auf den breiten Wall, dessen Grund-
steine der stille Ocean während der Fluth bespülte. Wir gingen auf und
ab, blickten hinüber nach den Inseln, die sich im Westen von uns erhoben,
und nach der Küste des Festlandes, welches die nördlichste Spitze von
Südamerika bildet; wir bewunderten die mächtigen Broncekanonen, welche
noch immer die ihnen vor langer Zeit angewiesenen Stellen einnahmen und
lagerten uns endlich auf dem grünen Rasen, um einige Stunden der Ruhe
zu pflegen.

Es mochte 5 Uhr sein, als wir von der Stadt her wirres Getöse
vernahmen, und daran erinnert wurden, daß auch wir nicht versäumen
durften, einiger Maulthiere habhaft zu werden; um noch an diesem Tage
die 30 Meilen entfernte Eisenbahnstation zu erreichen, wenn wir überhaupt
noch mit dem „Illinois" die Reise nach New-York unternehmen wollten.
Nachdem wir uns durch ein Bad im Ocean erfrischt, begaben wir uns
nach dem Hause, in welchem die Dampfschiffcompagnie Güter und Passagiere über den Isthmus expedirt. Die Straßen wimmelten von Maulthieren,
die von dunkelbraunen Mestizen mit ächten Mörderphysiognomien für den
Preis von 10 bis 30 Dollar zum Ritt nach der Eisenbahnstation an die
Reisenden vermiethet wurden. Unserer Sachen wegen, welche wir alle
einem Agenten übergaben, mußten wir etwas zögern, woher es uns nur
noch mit genauer Noth gelang Reitthiere zu erhalten, die fast alle wie durch

Zauber mit den Hunderten von Paſſagieren verſchwunden waren. Nach=
dem wir auf den Rath einiger dort wohnender Amerikaner unſere Waſſen
vorher unterſucht, begaben wir uns gegen 10 Uhr auf den Weg und be=
ſanden uns bald außerhalb der Stadt zwiſchen kleinen Plantagen, die in
tropiſcher Ueppigkeit prangten, und zwiſchen dicht verſchlungenen Waldungen,
in deren oberen Regionen Papageien und Affen ihr lärmendes Weſen
trieben. Einer uralten ſchlecht gepflaſterten Straße folgend, die ſo ſchmal
war, daß wir oftmals kaum den uns immerwährend begegnenden Maul=
thieren auszuweichen vermochten, gelangten wir allmälig auf die Höhe.
Die Sonne brannte ſenkrecht auf unſeren Scheitel, ſo daß ſelbſt auf den
Höhen die Hitze unerträglich wurde und wir jede kleine mit Palmenwedeln
gedeckte Hütte, in welcher uns gegen gute Bezahlung kühlende Limonade
geboten wurde, freudig begrüßten. Vielfach begegneten uns auch Eingeborne,
lauter ſchwarzbraune, coloſſale, halbnackte Geſtalten, die, der Neger= und der
kupferfarbigen Race entſproſſen, durch ihr grobes, brutales Weſen und die
zwei Fuß langen, breiten Meſſer, welche ſie gewöhnlich unter dem Arme
trugen, uns deutlich machten, warum uns gerathen worden war, auf unſerer
Hut zu ſein, und da wir nur eine kleine Geſellſchaft bildeten, die Waſſen
zum augenblicklichen Gebrauche bereit zu halten.

Spät Abends, als unſer Weg durch die über uns dachförmig ineinander
verwachſenen Bäume in pechſchwarze Finſterniß gehüllt war, und wir es
nur der Sicherheit der Thiere verdankten, daß wir nicht durch die uns be=
gegnenden Eingebornen in tiefe Abgründe hinabgeſtürzt wurden, erreichten
wir endlich die Station, wo einige große aus Brettern und Balken zuſam=
mengefügte Häuſer zur Aufnahme der Fremden beſtimmt waren. Wir ſtiegen
von unſeren Thieren, überließen dieſelben, nach dortigem Gebrauch, geſattelt
und gezäumt der Freiheit und begaben uns in eine Halle, wo Menſchen in
dichtem Gedränge durcheinander wogten. Da ich auch Tiſche mit Speiſen
wahrnahm, ſo wie in einer Ecke einen langen Schenktiſch, hinter welchem
ein Neger präſidirte, fragte ich ſogleich, ob ich Abendbrod und ein Nacht=
lager erhalten könne, worauf mir der Neger zur Antwort gab, daß mir
beides zu Theil werden ſolle, doch möchte ich mir vor allen Dingen drei
Marken kaufen, ſo lange noch welche zu haben ſeien, es würde mir alsdann
eine bei der Abendmahlzeit, eine zweite im Bett und die dritte beim Früh=
ſtück abgefordert werden. Nach einigem Hin= und Herreden folgte ich dem
Beiſpiel der übrigen Reiſenden und löſte mir die Marken für den mäßigen
Preis von einem Dollar für's Stück. Als ich darauf den erſten Biſſen der
ganz zubereiteten Speiſe zum Munde führte, ſtellte ſich ein Meſtize bei
mir ein, der mir die erwähnte Karte abnahm, ohne welche ich natürlich von
der Tafel gewieſen worden wäre. Nach Tiſche begab ich mich auf den
Boden, um mich nach einem Nachtlager umzuſehen; es befanden ſich daſelbſt
allerdings Hunderte von Betten, doch hatte jedes einzelne ſchon zwei In=
haber, die friedlich neben einander lagen und gewiß nicht geſonnen waren,

sich durch irgend etwas auf der Welt ungestraft in ihrer Ruhe stören zu lassen. Mich widerten die Betten, so wie die dicke ungesunde Luft in dem eingeschlossenen Raume an; ich stieg hinunter, streckte mich vor der Thüre auf eine Bank und verfiel bald in einen gesunden Schlaf. Lange hatte ich indessen noch nicht gelegen, als ich an der Schulter gefaßt und heftig gerüttelt wurde. Bei meinem Erwachen erblickte ich sogleich den bekannten riesenhaften Neger, der ruhig vor mir stand und die Karte für das Nacht= lager verlangte. Ich wußte im ersten Augenblick nicht, ob es Scherz oder Ernst sei, und sagte demselben, er möge mir nur die Karte im Bette ab= fordern; er erwiederte indessen, daß ich auf seiner Bank und unter seinem Dache schlafe, was gewiß mehr als einen Dollar werth sei. Ich sah das Thörichte eines Streites mit diesen Leuten ein, übergab die Marke und ließ zugleich einige scherzhafte Bemerkungen fallen über die bequeme Ein= richtung, von den Gästen Geld zu verdienen. Beides nahm der Neger freundlich von mir an, und ungestört schlief ich dann auf meiner Bank, bis mich am folgenden Morgen die ersten Sonnenstrahlen weckten.

Trotz der interessanten Umgebung einer üppigen tropischen Vegetation, unterbrochen von kleinen Lichtungen und niedlichen, mit Palmenwedeln ge= deckten Hütten, an welchen ich mich nicht wenig ergötzte, schlichen die Stun= den mir doch nur langsam dahin, denn eines Theils war ich in Unruhe wegen meines Gepäckes, welches noch immer nicht angekommen war, dann aber befand ich mich in Ungewißheit über die Abfahrt des „Illinois" und wußte nicht, ob ich genöthigt sein würde, noch vier Wochen auf der an Fiebern und Räubern reichen Landenge zu verweilen. Doch das Glück war mir hold, denn noch vor Untergang der Sonne befand ich mich nach einer mehrstündigen Fahrt auf einer schlechten Eisenbahn in Aspinwall und löste mir zusammen mit meinen Gefährten sogleich Billets zur Reise auf dem „Illinois".

Auf unsere Fragen, wann das Dampfboot die Anker lichte, erhielten wir den Bescheid: „Morgen früh." Wir begaben uns daher nach dem besten Gasthofe, um uns nach den letzten unbequemen Tagen etwas zu er= holen, lösten uns abermals drei Marken und gingen dann fröhlich und guter Dinge in den Speisesaal. Noch saßen wir in gemüthlicher Unter= haltung beisammen, als ein Kanonenschuß zu uns herüber donnerte; wir wurden aufmerksam, doch ließ uns ein zweiter Schuß nicht mehr im Zweifel, daß der „Illinois" sich eines Anderen besonnen habe und noch an dem= selben Abende sich auf den Weg zu begeben gedenke. Es war keine Zeit zu verlieren, wir stürzten zu unseren Sachen, und nach einer Stunde im wirrsten Gedränge befanden wir uns endlich an Bord des Dampfbootes mit den beiden Marken in der Tasche, welche wir als Andenken an Aspinwall und seine industriellen Gastwirthe nach New=York mitnahmen.

Von einer glücklichen Seereise ist nur sehr wenig zu erzählen. Ich sah die blauen Küsten von Cuba und den Bahama=Inseln und landete nach einer neuntägigen Fahrt am 28. April in New=York. Nur zwei Tage verweilte ich daselbst, worauf ich nach Washington reiste, und nach we= nigen Wochen in den Bureaux mit Lieutenant Whipple und meinen alten Reisegefährten wieder zusammentraf.

XXXIX.

Bericht des Kriegsministers der Vereinigten Staaten, Mr. Jefferson Davis über die von der Expedition durchforschte Route. — Schluß des Werkes.

Ich befand mich schon wieder einige Zeit in Europa, als mir Lieutenant Whipple, der unterdessen zum Capitain ernannt war, unter an= deren Broschüren auch eine Abhandlung des Kriegsministers der Vereinigten Staaten, des Herrn Jefferson Davis zuschickte, in welcher derselbe dem Congreß einen kurzgefaßten Bericht der verschiedenen Eisenbahnrichtungen nach der Südsee vorgelegt hatte. Ich lasse hier die Uebersetzung dessen folgen, was über die von unserer Expedition erforschte Route gesagt ist:

Route nahe dem 35⁰ nördlicher Breite. Die Hauptlinien, welche die Richtung dieser Route bestimmten, deren Erforschung von Lieutenant A. W. Whipple, vom Corps der topographischen Ingenieure, geleitet wurde, sind die westlichen und östlichen Verlängerungen der sich einander nähernden Zuflüsse des Mississippi, des Rio Grande und des großen Colorado des Westens. Es scheint als wenn dort auf mehr Regen als in den Regionen nördlich und südlich von dieser Richtung und in Folge dessen auch auf einen größeren Vorrath von Brenn= und Bauholz gerechnet werden könne.

Die Straße, die bei Fort Smith am Arkansas River, ungefähr 270 Meilen von Memphis am Mississippi beginnt, kann bis zu den Antelope Hills, eine Strecke von 400 Meilen, entweder den Thälern des Arkansas und des Canadian folgen, oder vielleicht auch einer kürzeren Linie, aber über ungünstigeren Boden südlich vom Canadian. Diese letztere Route hat indessen wieder zwei besondere Zweige, entweder dem Thale des Washita oder der Wasserscheide zwischen diesem Fluß und dem Canadian folgend. Von den Antelope Hills führt die Straße bis zur Mündung des Tucumcari

Creek im Thale des Canadian, an dessen rechtem Ufer entlang, eine Strecke von ungefähr 250 Meilen; dann im Thale des Tucumcari Creek oder des Pajarito Creek aufwärts nach der Wasserscheide zwischen dem Canadian und dem Pecos, bis zu einer Höhe von 5543 Fuß, und alsdann hinab in das Thal des letzteren. Die Straße folgt darauf diesem Thale, bis sie durch Benutzung eines Zuflusses das hohe Tafelland oder Becken östlich der Rocky Mountains erreicht, welches sich 7000 Fuß über dem Meeresspiegel erhebt. Sie führt dann durch das hohe Salinas-Bassin, welches 30 Meilen breit, und dessen niedrigste Erhebung 6471 Fuß über dem Meeresspiegel ist, und erreicht die Wasserscheide in den Felsengebirgen in einer Höhe von 7000 Fuß. Von diesem Punkte zieht sie sich durch den San Pedro-Paß hinunter nach Albuquerque oder Isleta am Rio Grande, oder auch durch das Thal des Galisteo River nördlich vom Sandia-Gebirge nach derselben Stelle. Einer dritten Route ist Erwähnung gethan, welche im Thale des Pecos hinauf, von dort an einen Zufluß des Galisteo und dann ebenfalls an den Rio Grande führt. Isleta am Rio Grande ist 854 Meilen von Fort Smith entfernt und erhebt sich 4945 Fuß über die Meeresfläche. Die Straße, über die Höhe führend, welche den Rio Grande vom Puerco trennt, folgt alsdann dem Thale eines Nebenflusses des letzteren, nämlich des San José, bis zu einer seiner Quellen in einem Paß in der Sierra Madre, genannt Camino del Obispo. Auf dem Gipfel (Höhe 8250 Fuß) ist ein Tunnel von ¾ Meilen Länge in einer Erhebung von nicht weniger als 8000 Fuß nöthig, von wo alsdann das Niedersteigen an den Zuñi River in der Nähe von Pueblo de Zuñi bewerkstelligt wird. Die Straße führt weiter über hügeligen Boden bei der Navahoe-Quelle an den Puerco des Westens. Eine andere Route über die Sierra Madre, ungefähr 20 Meilen weiter nördlich wurde von Mr. Campbell untersucht, und anscheinend bei Weitem geeigneter gefunden. Das Profil derselben ist indessen nicht durch zuverlässige Instrumente bestimmt worden; die Erhebung des höchsten Punktes über dem Meeresspiegel beträgt 7750 Fuß. Der Puerco des Westens entspringt in diesem Paß, und die Route folgt dem Thale dieses Flüßchens (sich mit der anderen Linie bei dem Navahoe Spring vereinigend) bis zu seiner Mündung in den Colorado Chiquito, und führt alsdann durch das Thal des letzteren an den Fuß der südöstlichen Abhänge des San Francisco-Gebirges bis zu einer Höhe von 4775 Fuß hinauf; Entfernung von Fort Smith 1182 und vom Uebergangspunkte am Rio Grande 328 Meilen. Von hier nun führt die Route hinauf nach der Wasserscheide zwischen den Wassern des Gila im Süden und denen des Colorado des Westens im Norden, und auf derselben ungefähr 200 Meilen weiter zum Azteken-Paß, dessen Höhe 6281 Fuß und Entfernung vom Fort Smith 1350 Meilen beträgt. Der höchste Punkt auf diesem fortlaufenden Rücken, Leroux's Spring, am Fuße der San Francisco-Berge, hat 7472 Fuß. Das Hinuntergehen vom Azteken-Paß an den Rio Colorado des Westens wird bewerkstelligt durch Beschreibung eines Bogens gegen Norden, an den Nebenflüssen des Colorado entlang, von welchen der bedeutendste und letzte Bill William's Fork ist, dessen Mündung in den Colorado 1522 Meilen von Fort Smith und in der Höhe von 208 Fuß über dem Meeresspiegel liegt. Die Straße führt alsdann 34 Meilen aufwärts am Colorado hinauf und verläßt denselben bei den Needles, um einem Thale zu folgen, welches irrthümlicher Weise für den Mohave River gehalten wird. Es wies sich aber als das zu jener Zeit trockene Bett eines Flusses aus, dessen Quellen sich an dem hohen Rücken befinden, welcher wahrscheinlich das große Bassin von den Wassern des Colorado scheidet. Nachdem die Höhe (5262 Fuß über der Meeresfläche) erreicht ist, geht es mit einer durchschnittlichen Senkung von 100 Fuß auf die Meile auf einer Strecke von 41 Meilen (die schroffste Senkung auf der ganzen Route) hinab an den Soda Lake, der in gewissen Jahreszeiten das Wasser des Mohave River aufnimmt und 1117 Fuß hoch liegt. Das Hinaufgehen von dem Soda=See zu dem Gipfel des Cajon=Passes in der Sierra Nevada (4198 Fuß) geschieht, indem die Richtung des Mohave= Thales verfolgt wird. Der Gipfel dieses Passes ist 1798 Meilen von Fort Smith und 242 vom Uebergangspunkte des Colorado entfernt. Hier nun wird ein Tunnel von $2\frac{1}{4}$ bis $3\frac{4}{10}$ Meilen Länge durch weißen Conglomerat= Sandstein erfordert. Gegen Westen führt die Straße abwärts mit einer Senkung von 100 Fuß auf die Meile, welches die durchschnittliche Senkung einer Strecke von 22 Meilen bis in's Thal von Los Angeles ist, wenn nämlich der zerrissene Charakter der Berge bei einer genaueren Untersuchung die Verminderung der Senkung gestattet, welche zwischen 90 und 171 Fuß auf die Meile schwankt. Von dort zum Hafen von San Pedro ist das Terrain durchaus günstig.

Die Haupteigenschaften dieser Route in Vergleich mit anderen sind, daß dieselbe durch mehr kulturfähige Ländereien führt; daß bis zum Colo= rado ein größerer Wasservorrath dieselbe begünstigt, und sich häufiger aus= gedehnte Waldungen zwischen dem Rio Grande und dem Colorado befinden. Diese beiden letzten Eigenschaften überwiegen eine vierte ungünstige, nämlich die große Anzahl der Steigungen und Senkungen. Nahe dem Meridian des 90. Grades ist der Uebergang von fruchtbarem Boden zu solchem, der der Kultur unfähig ist, vollständig, ausgenommen die Thäler der Flüsse, welche mehr oder weniger fruchtbar sind. Einige Theile des oberen Thales des Canadian und des Pecos, der Thäler des Rio Grande, des Zuñi, des Colorado Chiquito, des San Francisco, des Colorado des Westens und ihrer Zuflüsse haben einen fruchtbaren Boden, der aber im Allgemeinen künstlicher Bewässerung bedarf, um tragfähig zu bleiben. Der Theil der südwestlichen Spitze des großen Bassins, über welchen diese Route führt und über welchen sich die Forschungen des Lieutenant Williamson ebenfalls er= streckten, ist sehr fruchtbar, und das Wüstenähnliche rührt dort nur von dem Mangel an Regen her. Gewöhnlich haben unkultivirbare Ebenen Ueberfluß an nahrhaftem Grase, obgleich auch umfangreiche Strecken vorhanden sind, wo wenig oder gar keins gefunden wird. Es kann angenommen werden, daß die Route mit guten Bausteinen hinlänglich versehen ist, seit es bekannt geworden, daß Sandstein, der sich zum Brückenbau eignet, in der gewöhn= lich weichen Trias·Formation vorhanden ist, welche sich vom Delaware=Berge am Canadian bis zu den Felsengebirgen über eine Entfernung von 600 Meilen erstreckt. Waldungen, welche Holz zu Schwellen und Brettern zum Gebrauch für Eisenbahnen liefern, befinden sich fortwährend auf der Route östlich vom 97. Grade der Länge: in oder nahe dem Thale des Pecos; in den Rocky Mountains und der Sierra Madre; in den Mogoyon=Gebirgen (südlich von der Straße), in welchen der Colorado Chiquito und einige seiner Zuflüsse entspringen; an den Abhängen der San Francisco=Berge, von dort aus auf einer Strecke von mehr als 120 Meilen, und in der Sierra Nevada. Die Entfernungen, welche diese Punkte trennen, betragen 540, 100 und 150 Meilen. Von der Sierra Madre zu den San Francisco= Bergen sind 250 Meilen; von hier aus auf der Strecke von 120 Meilen kann der Holzvorrath als ununterbrochen bezeichnet werden; von dort bis zur Sierra Nevada sind wieder 420 Meilen. Wenn der Bau der Eisen= bahn von beiden Enden begonnen wird, so beträgt die größte Entfernung, über welche Schwellen, Bretter ꝛc. auf derselben geschafft werden müssen, 400 und 500 Meilen. In dieser Hinsicht ist daher die Route im Vergleich mit anderen begünstigt zu nennen. Dieselben Localitäten liefern ebenfalls Brennmaterial, wozu noch kommt, daß die Kohlenlager des Delaware=Berges den östlichen Theil der Route, wo Holz nur spärlich benutzt werden kann, mit Brennmaterial versehen. Es heißt, daß an verschiedenen Stellen in den Rocky Mountains, östlich und westlich vom Rio Grande nahe dieser Route, sich Kohlenlager befinden, doch fehlen genauere verbürgte Nachrichten darüber, ob dieselben in genügender Stärke vorhanden sind, um mit Erfolg bearbeitet werden zu können.

Die Bahn auf der Strecke von 450 Meilen östlich der Sierra Nevada muß von den Häfen der Südsee aus mit Brennmaterial versehen werden. Auf Strecken dieser, so wie auf allen anderen Routen ist gar kein Brenn= material, selbst nicht genug für die Arbeiten vorhanden. Die größte Ent= fernung, auf welcher dieser gänzliche Mangel an Holz herrscht, ist zwischen dem Colorado und dem Mohave River, eine Strecke von 115 Meilen. Die genaue Entfernung, auf welcher in gewissen Jahreszeiten kein Wasser ge= funden wird, ist nicht bestimmt. Zwischen dem 100. Längengrade und der Südsee sind ganz wasserlose Strecken, wo aber ohne Zweifel, nach der geologischen Beschaffenheit zu schließen, hinlänglicher Vorrath durch gewöhn= liche Brunnen, artesische Bohrungen oder Reservoirs erhalten werden kann. Die größeren Vorräthe an Holz und Wasser westlich vom Rio Grande werden vertheuert durch die hohe Lage und die Unebenheit des Bodens. Im Galisteo=Paß in den Rocky Mountains und den Pässen in der Sierra Madre, welche eher weite Oeffnungen und Thäler als Gebirgspässe genannt werden können, ist vom Schnee kein Hinderniß zu fürchten, selbst wenn derselbe in bis jetzt dort noch unerhörten Massen fallen sollte; auf dem übrigen Theile der Route droht von dieser Seite gar keine Gefahr. Die Summe der Steigungen von San Pedro bis Fort Smith beträgt 24,641 Fuß, die der Senkungen 21,171 Fuß.

Die allgemeine Bildung des Landes zeigt mehrfach Linien, die bei näherer Untersuchung die Anlage einer Straße durch Verminderung der Steigungen und Senkungen bedeutend erleichtern und Verkürzung der Distancen ermöglichen; die Gesellschaft war indessen nicht im Stande, dieselben zu durchforschen. Die steilsten Grade, welche wahrscheinlich auf der Straße von Fort Smith nach San Pedro nicht vermieden werden können, kommen denen auf der Baltimore und Ohio-Eisenbahn nicht gleich. Die Beschreibung der topographischen Beschaffenheit der Route ist nicht hinlänglich genau, um uns in den Stand zu setzen, ein klares Bild über die Schwierigkeiten des Landes, welche zu überwinden sind, so wie über die wahrscheinlichen Kosten der Anlegung einer Eisenbahnstraße zu erhalten. Lieutenant Whipple vergleicht die verschiedenen Theile der Route mit Eisenbahnen, die schon fertig sind, mit welchen sie ähnliche Beschaffenheit und ähnliche Schwierigkeiten haben. 480 Meilen sind mit der Hudson River-Eisenbahn verglichen worden, 151 mit der Worcester und Albany-Eisenbahn (Western Railroad) und 374 mit der Baltimore und Ohio-Bahn, wonach also 1005 Meilen als den theuersten in den Vereinigten Staaten gebauten Eisenbahnen ähnlich bezeichnet worden sind. Der Eindruck aber, welchen die Beschreibung der Route hervorruft, veranlaßt zu der Ansicht, daß das Terrain günstiger ist, als die Vergleichung des Lieutenant Whipple vermuthen läßt. Nimmt man nun auch an, daß die Vergleiche correct sind, so ergiebt diese Schätzung für die Route von Fort Smith nach San Pedro die Summe 169,210,265 Dollar. Diese Berechnung ist, wie oben bemerkt, zu hoch angeschlagen, doch sind die näheren Umstände, wodurch eine Verminderung eintreten kann, dem Departement noch nicht mitgetheilt worden.

Sollte es wünschenswerth erscheinen, San Francisco durch die Tulares- und San Joaquin-Thäler zu erreichen, so müßte die Straße den Mohave River 30 Meilen vor dem Cajon-Paß verlassen (Entfernung von Fort Smith 1768 Meilen, Höhe ungefähr 2555 Fuß), sich über die südwestliche Spitze des großen Bassins nach dem Tah-ee-chay-pah-Paß ziehen, und dessen Mündung in der Höhe von 3300 Fuß und in der Entfernung von 80 Meilen erreichen. Von diesem Punkte aus fällt die Route mit der des 32. Grades nördlicher Breite zusammen. Die Summe der Steigungen von San Francisco bis nach Fort Smith auf der Route durch den Tah-ee-chay-pah-Paß beträgt 25,570, die der Senkungen 25,100 Fuß.

Die Untersuchung dieser Route durch Lieutenant Whipple und seine Berichte über dieselbe verdienen die größte Anerkennung, sowohl wegen der Vollständigkeit der Arbeit in allen ihren einzelnen Theilen, als auch durch die vollkommenen und genauen Beobachtungen, welche er zur Bestimmung

der Längen und Breiten anstellte, und durch die weite Ausdehnung wissen=
schaftlicher Forschungen in allen Nebenzweigen, welche in Beziehung mit
der Aufgabe standen, zu deren Lösung seine Expedition bestimmt war.

Jefferson Davis,
Kriegssecretair der Vereinigten Staaten.

Dies ist der fragmentarische Bericht, in welchem in gedrängter Kürze
eine Uebersicht der in diesem Werke beschriebenen Expedition geboten ist,
und die hier als die beste Erläuterung zu der beiliegenden Karte dient.

Einige Jahre sind schon verflossen, seit ich von dieser Expedition in
meine Heimath zurückgekehrt bin; doch vermag ich derselben nicht zu ge=
denken, ohne mich lebhaft und dankbar meines verehrten Freundes, des Ca=
pitains Whipple, zu erinnern, unter dessen Commando ich eine so inter=
essante Reise zurücklegte, auf welcher ich so viel sah und lernte. Wie
Capitain Whipple seine Aufgabe löste, sagen am besten die anerkennen=
den Worte des Herrn Jefferson Davis; ich enthalte mich daher eines weiteren
Urtheils und füge nur hinzu, daß ich gern und mit Enthusiasmus von
dieser Expedition spreche. Für die liebenswürdige Freundlichkeit aber, mit
welcher Capitain Whipple mir während unseres langen Zusammenseins
stets begegnete, für die rücksichtsvolle Behandlung, die mir von ihm als
meinem Commandeur zu Theil wurde und für die aufrichtige Freundschaft,
welche er, wie deutlich aus seinen zahlreichen Briefen an mich hervorgeht,
mir noch immer bewahrt, sage ich ihm hier meinen innigsten, herzlichsten
Dank, und ich hege noch immer die Hoffnung, auf einer ähnlichen Expedi=
tion wieder mit meinem braven Commandeur zusammenzutreffen. Ob ich
jemals wieder dem Einen oder dem Anderen meiner alten Gefährten be=
gegnen werde, ist sehr ungewiß, denn unser fröhliches Corps ist nach allen
Himmelsgegenden zerstreut: Doctor Bigelow, mein verehrter lieber Freund,
lebt glücklich im Kreise seiner Familie in Ohio und benutzt seine müssigen
Stunden, um botanisirend das Land zu durchstreifen; die Offiziere von der
Armee befinden sich zur Zeit wohl auf irgend einem Fort im fernen Westen
oder in Florida, so wie die Civilbeamten der Expedition ihrer verschieden=
artigen Laufbahn in Minesota, Californien, Oregon, Virginien, vielleicht
auch wieder in Washington oder gar in Europa, folgen. Doch wo sie
auch immer sein mögen, ich bewahre ihnen stets ein warmes Andenken und
die aufrichtige Freundschaft, welche in guten und schlechten Zeiten auf der
Reise vom Atlantischen Ocean nach den Küsten der Südsee geschlossen
wurde.

Und nun, am Schlusse meines Reisewerkes, vermag ich mich eines
wehmüthigen Gefühles kaum zu erwehren; ich spänne gerne den Faden
meiner Erzählungen und Berichte noch weit, weit hinaus, verweilte so gern
noch länger bei der Beschreibung der blumenreichen Grasebenen und dicht

verschlungenen Urwälder, wie ich sie jetzt in Gedanken deutlich vor
mir sehe; ich möchte mit den Farben der Wirklichkeit die erhabenen Bilder
einer friedlich lächelnden Natur und die Scenen aus dem Kampfe wild
aufgeregter Elemente schmücken; — doch meine Kräfte reichen nicht aus
und nur mit Zagen sende ich ein Werk in die Welt hinaus, dessen Ausführung so weit hinter meinen Wünschen zurückgeblieben ist und welches
in jeder Beziehung so sehr der Nachsicht bedarf.

———

Ich war mit der Durchsicht der letzten Seiten meines Manuscriptes
beschäftigt, als mir ein Brief des in diesem Werke mehrmals genannten
Lieutenant Ives zuging, der mit folgenden Worten beginnt. Herr Möllhausen! Ich bin durch den Kriegsminister aufgefordert, Ihnen mitzutheilen, daß Sie zum Assistenten einer Expedition ernannt worden sind,
welche unter meinem Commando zur Vermessung und Erforschung des Co-
lorado-Flusses geführt werden soll. Sie werden daher in dem Dampfboote,
welches ungefähr am 20. September 1857 von New-York nach San Francisco abgeht, sich einschiffen und, sollten Sie dort keine besonderen Instructionen vorfinden, mit dem nächsten Dampfboote nach San Diego, gehen
und sich bei mir melden. Erlauben Sie mir, Ihnen das Vergnügen aus-
zudrücken, welches ich über die Erneuerung unseres Verkehres empfinde ꝛc."
Daß ich das Anerbieten annahm, bedarf wohl keiner Bekräftigung; es
bleibt mir also nur noch übrig hinzuzufügen, daß ich diese meine dritte
Reise in dem Zeitraum von dreizehn Monaten zurücklegte, und wenn auch
in beständigem Kampfe mit Widerwärtigkeiten ernsterer Art, reichen Ersatz
fand in den Genüssen, welche die Natur in ihren verschiedenen Formen
liebreich dem forschenden Reisenden gewährt.
Wie wir aber ein eisernes Flußdampfboot stückweise von Philadelphia
bis an die Mündung des „Colorado des Westens" schafften, wie wir
mittelst dieses Fahrzeugs den unbekannten Strom bis an's Ende seiner
Schiffbarkeit mühsam erforschten und demnächst auf Maulthieren in die geheimnißvollen Schluchten vordrangen, welche spaltenähnlich das Hochland am
obern Colorado durchfurchen und charakterisiren, und wie wir uns nach
gänzlicher Erschöpfung unserer Mittel nach Albuquerque am Rio Grande
retteten und von dort aus mit neuen Kräften, wie im Fluge die endlosen
Grasfluren Missouri's durcheilten, das habe ich zum Gegenstand einer
umfangreichen Arbeit gemacht, und wird dieselbe unter dem Namen „Colo-
rado-Expedition" der Oeffentlichkeit übergeben werden.

———

Anmerkungen.

1. [S. 6] Westlich vom Mississippi und vor Erreichung der Felsengebirge findet man in den Ebenen und Prairien der südlichen Regionen fünf abgesonderte Gruppen, die ziemlich weit von einander entfernt sind, und aus Granit, Quarz und talkigem Schiefer (schistes talqueux) gebildet sind. Diese Massen haben nichts mit dem Ozark-Gebirge gemein, und obgleich drei von diesen in denselben Regionen liegen, kreuzen sie die Bruchlinien (lignes de brisements) dieses Bergsystemes, dessen Richtung durchaus verschieden ist und welches einer anderen Verlegungsepoche angehört. Die nördlichste dieser Massen befindet sich in dem südwestlichsten Theile des Staates Missouri, bei Potosi und Perryville, wo ein Theil derselben unter dem Namen „Eisenberg" (Iron Mount) bekannt ist. Drei dieser abgesonderten Gruppen liegen auf einer ebenfalls von Osten nach Westen laufenden Linie. Die erste in der Nähe von Little Rock erstreckt sich bis zum Hot Spring und Sulphur Spring im Staate Arkansas; die zweite von geringem Umfang liegt in den Ländern der Chickasaw-Indianer, östlich vom Fort Washita; die dritte endlich, welche durch ihre Ausdehnung und ihre Erhebung über dem Meeresspiegel (einige Gipfel übersteigen 3000 Fuß) die bedeutendste ist, ist bekannt unter dem Namen der Wichita Gebirge. Dieses letztere nimmt die Ländereien zwischen dem Nordarme des rothen Flusses und dem Falle Washita-Flusse ein, und dient den Choctaw- und Comanche-Indianern als Grenze. Da es sich in der Mitte der Prairie erhebt, so bildet es eine ausgezeichnete Landmarke für die Reisenden, welche diese weiten Oeden durchziehen. Die fünfte dieser Granitmassen und zu gleicher Zeit die südlichste, ist durch Mr. Ferdinand Römer bezeichnet worden, der in Texas zwischen den Flüssen Llano und San Saba, nicht weit von Fredericksburg auf dieselbe gestoßen ist.

(Jul. Marcou: Résumé explicatif d'une carte géolog. des États Unis etc. S. 107.)

Alle Anmerkungen über die geologische Bildung der in diesem Buche beschriebenen Territorien von Mr. Jules Marcou sind wieder abzufinden in dem Report of Captain Whipple, indem dieser einen vollständigen Bericht des Mr. Marcou, der als Geologe der Expedition angehörte, seinem Report beigefügt hat.

2. [S. 7.] Doctor Shumard in Fort Smith hat den Kohlenkalk (calcaire carbonifère) in der Grafschaft Washington, Staat Arkansas, bezeichnet und beschrieben. Es ist ein blauer oder dunkelgrauer Kalkstein, der eine große Anzahl von Fossilien enthält, welche alle die untere Kohlenformation des Mississippi-Thales charakterisiren. Es ist wahrscheinlich, daß diese Formation noch an

31*

mehreren Punkten von Arkansas gefunden werden wird. Ich habe sie bei Shawnee Town wiedererkannt, in den westlichen Prairien, wo sie den Delaware Mount bildet, indem sie sich auf dem rechten Ufer des Canadian-Flusses erhebt. Die Foßilien, die ich auf dem Delaware-Berge sammelte, sind: ein neuer Productus, abgebildet von M. Hall in dem Rapport des Capitain Stansbury, unter dem falschen Namen Orthis Umbraculum; dann ein wirklicher Orthis, ebenfalls neu und mit zahlreichen Röhren von Crinoiden (tiges des Crinoïdes).

(Marcou a. a. O., S. 39. — Randolph B. Marcy: Report of the Red River of Louisiana. Append. D. S. 166 und 179.)

3. [S. 27.] Endlich findet sich im Westen ein unermeßliches Steinkohlen-lager, welches sich, ohne eine Unterbrechung in seiner Ausdehnung, von oberhalb des Forts Moines (Iowa) bis hinunter zum Fort Belknap und dem Rio Colo-rado in Texas hinzieht. Dieses mächtige Steinkohlenlager ist nur an sehr we-nigen Stellen mit Sorgfalt untersucht worden. Alles was man über dasselbe mit einiger Gewißheit kennt, ist die Ununterbrochenheit seiner Ausdehnung und seine Grenzen was sich auf die Beobachtungen gründet, die in verschiedenen Theilen durch die Herren Nicolet, D. D. Owen, Dr. H. King, Dr. Shu-mard und mich gemacht worden sind. Die obere Kohlenbildung oder das Stein-kohlenterrain des Beckens westlich vom Mißißippi, bezeichnet mit dem Namen far west coal field, begreift zwei große Abtheilungen: die untere, welche durch-aus aus schwarzem mergeligem Schiefer und Betten von Steinkohlen zusammen-gesetzt ist und die obere Abtheilung, die vom rothem Sandstein durch mächtige La-ger in sehr regelmäßigen Schichten gebildet ist, in welchen man noch einige Ueber-reste von foßilen Pflanzen findet. — Die Steinkohlenbetten sind hier weniger zahlreich als in dem Steinkohlenbecken des Golfs St. Laurent, und es sind kaum fünf oder sechs vorhanden, die mit Vortheil ausgebeutet werden können. Außer der Steinkohle findet man auch in dieser unteren Abtheilung des Steinkohlen-Terrains Eisenerz im Ueberfluß, besonders in den Staaten Arkansas und Texas, so wie einige Anhäufungen von Gyps. Das Terrain des oberen Kohlenkalks (carbonifère supérieur) dieser Regionen übersteigt nicht die Mächtigkeit von 2 bis 3000 Fuß.

(Marcou a. a. O., S. 49. — Marcy a. a. O. Append. D. S. 166.)

4. [S. 60.] Der mit bloßen Augen sehr deutlich erkennbare Komet wurde zum ersten Mal am 18. August 1853 von unseren Astronomen im Lager beim Schwarzen Biber in den Abendstunden wahrgenommen, und längere Zeit hindurch allabendlich beobachtet. — Ueber ihn giebt in einem Briefe an Herrn Alexander von Humboldt, der Adjunct Herr Bruhns, von der königlichen Sternwarte in Berlin, folgende Nachrichten „Dieser Komet ist der, den Dr. Klinkerfues in Göttingen am 10. Juni 1853 entdeckte, dessen Bahn hier zuerst aus drei Be-obachtungen berechnet wurde und dessen Sichtbarkeit mit bloßen Augen in den astronomischen Nachrichten Nr. 864 und 869 (Band 36 und 37) vorhergesagt ist. Es ist dies der große Komet, von dem Julius Schmidt unter seinem Ol-mützer Himmel so schöne Tagbeobachtungen (in etwa 10° Entfernung von der Sonne) machte. Ich habe denselben hier zuerst am 8 August mit bloßen Augen wahrgenommen. Besonders hell war er Ende August und Anfang September, als er sein Perihel erreichte. Mehrere Abende zeigte er sich am Westhimmel mit einem 5 Grad langen Schweife und ist dieser Schweif bis zu 12 Grad Länge in den mehr begünstigten Gegenden Süd-Europas gesehen worden. Auf der südlichen Halbkugel und besonders am Kap der guten Hoffnung ist er mit Fern-röhren noch bis Anfang Januar 1854 beobachtet worden."

5. [S. 65). Man findet auf den Lagen des Terrains der Kohlenbildung (terrain carbonifère) eine Reihe geschichteter Felsen aufgesetzt; sie bestehen haupt-sächlich aus Sandstein und rother Thonerde, eine Mächtigkeit (développement) von 5 bis 6000 Fuß erreichend. In Folge ihrer eingeschichteten Lage zwischen der Kohlenformation und dem jurassischen Terrain gehören sie der Epoche des Buntsandsteins (nouveau grès rouge) an. Das Uebereinanderliegen und die

Uebereinstimmung der Schichtungen zwischen dem Kohlenterrain und dem neuen rothen Sandstein habe ich in Tegeras, Antonitto und San Pedro erwiesen, ebenso in der Sierra de Sandia (Rocky Mountains) in Pueblo de Pecos und bei Santa Fé, auf den beiden Flußgebieten der Sierra Madre, bei Aqua Fria, ebenso auf verschiedenen Punkten der Ausläufe der Sierra de Mogoyon. Endlich habe ich auch sehr deutlich erkannt, daß auf dem ganzen westlichen Abhange des Delaware Berges, am Toposki Creek hinauf, auf den Ufern des Canadian, die Lagen des Buntsandsteins der Permischen Formation in nicht übereinstimmender Schichtung auf der unteren Kohlenbildung oder Bergkalk über einander liegen (carbonifère inférieur ou calcaire de montagne), welcher vor der Bildung des new red sandstone stark verrückt und gehoben worden ist. — — — Der neue rothe amerikanische Sandstein zerfällt in vier Stufen (étages) oder Abtheilungen, wenigstens an den Orten, wo ich denselben beobachtet habe. — — — Die unterste oder erste Etage besteht aus einem Magnesia- oder Dolomithaltigen Kalkstein, der sehr regelmäßig in Lagen von 4 Zoll bis zu 1 Fuß Dicke geschichtet ist. Mehrere Lagen schließen eine ziemlich bedeutende Anzahl von Fossilien ein, die alle sehr schlecht erhalten und fest mit dem Felsen verbunden sind; ich habe indessen einen Nautilus, Pteroceras und Röhren von Encriniten erkannt. Diese Formation hat durch ihre stratigraphische Stellung viel Aehnlichkeit mit unserem Zechstein, dem oberen Theil des Permischen Systems, mit dem Magnesian Limestone Englands. Ich bin nur zwischen dem Rio Colorado Chiquito und der Sierra Blanca oder Mogoyon auf dieselbe gestoßen, wo sie ein Vorgebirge dieser Sierra in einer Breite von 5 bis 6 Meilen und in einer Dicke von etwa 1000 Fuß bildet.

Die zweite Stufe ist von Thonerde gebildet, die an der Basis blau und roth ist, das Roth wird vorherrschend in dem Maße als man höher steigt, bis es zur Zinnoberfarbe wird; dann von rothem Sandstein mit grünen Flecken, von sehr bröckliger Verbindung, in fester oder schieferartiger Schichtung, der mit Thonerde durchzogen ist, welche er schließlich ganz ersetzt; doch ist in diesem letzten Falle auch der rothe Sandstein etwas bröcklig. Häufiger besteht derselbe aus sehr feinen Körnern, während einige Lagen in verschiedenen Regionen ziemlich großkörnig sind, und dann in ein wirkliches Conglomerat übergehen. Ich habe in dieser Stufe, welche eine durchschnittliche Höhe von 2 bis 3000 Fuß erreicht, keine Fossilien gefunden. Die Leichtigkeit, mit welcher der rothe Sandstein sich durch den Einfluß der Atmosphäre auflöst, ist Ursache, daß in den Regionen, wo sich die zweite Stufe befindet, das Phänomen mächtiger abgesonderter Blöcke auftritt, welche die Gestalt von Säulen, riesenhaften Kegeln, Trümmern alter Bauwerke haben; die Umgebung von Rock Mary auf dem rechten Ufer des Canadian bietet hiervon zahlreiche Beispiele. Diese zweite Etage bedeckt eine weite Fläche der großen westlichen Prairien, besonders an den Grenzen des großen Steinkohlenbassins des Far West. Indem ich den 35. Grad nördlicher Breite folgte, habe ich gefunden, daß sie die gesammten Ländereien vom Toposki Creek bis zum Rock Mary bildet, so wie sie auch auf verschiedenen Punkten der Felsengebirge, der Sierra Madre und auf den Ufern des Rio Colorado Chiquito zu Tage tritt.

(Marcou, a. a. O., S. 55).

6. [S. 85.] Ueber die Cross Timbers, s. Marcy a. a. O., S. 84.

7. [S. 96.] Die dritte Stufe ist hauptsächlich aus Lagen von rother Thonerde gebildet, welche sehr oft unermeßliche Anhäufungen von weißem Gyps einschließen, der formlos von crystallisirten Gypsadern durchfurcht ist, mit dazwischenliegenden Bänken Magnesia- oder Dolomithaltigen Kalksteins; oft findet man auch daselbst Bergsalz oder salzhaltige Thonerde auf dem Gyps niedergelegt. Die mittlere Höhe der Lagen dieser dritten großen Abtheilung ist ungefähr 1500 Fuß. Fossilien sind daselbst sehr selten und beschränken sich auf Fragmente versteinerten Holzes. An einem der kleinen Zuflüsse der False Washita, nahe den Antelope Hills, habe ich einen wirklichen versteinerten Baum gefunden, an welchem die am Stamme hängenden Zweige noch erhalten waren, und welche polirt Sectionen zeigen, die die größte Aehnlichkeit mit denen des Pinites fleuratii (?) haben, welche Doctor Mougeot als in dem new red sandstone des Thales von Ajol in den Vogesen vorkommend beschrieben hat. Auf meiner Straße, dem 35. Grade nördlicher Breite, war ich von der Nähe des Rock Mary bis zur Arroyo Bonito oder Shady Creek beständig auf dieser Stufe, und es waren auf dieser Strecke 20 Lieues gänzlich von Gyps eingenommen. Doctor G. Shumard in seinen Forschungen, in Verbindung mit der Expedition des Capitain Marcy zur Untersuchung der Quellen des Red River von Louisiana, hat dieses Gypslager von den westlichen Abhängen des Witchita-Gebirges bis zum Fuße des Llano Estacado, in einer Breite von 40 Lieues überschritten. Dann hat Capitain Pope auf seiner Forschungsreise von El Paso nach Preston diese Gypsanhäufungen an den Quellen des Rio Colorado von Texas und am Rio Brazos gefunden. Da man weiß, daß am Arkansas, nahe der Stelle, wo die Straße der zwischen Santa Fé und Independence reisenden Kaufleute diesen Fluß berührt, Gyps vorhanden ist, so sieht man, daß in den großen Prairien des Westens sich ein Gypslager von 38' bis 32° nördlicher Breite erstreckt, und zwar in einer Breite, die zwischen 15 und 40 Lieues schwankt. Wahrscheinlich wird es sich erweisen, daß diese Gypsanhäufungen sich noch weiter nördlich als bis zum 38. Grade nördlicher Breite hinziehen. Diese Stufe bedeckt, wie ich schon bemerkte, einen großen Theil der Prairien; dann findet man sie mit einer prächtigen Entwickelung von Gyps und Dolomit in den Felsengebirgen wieder (San Antonio, Pecos, in den Salinen von Grand Onavira, Pueblo de Laguna, dann am Pueblo Creek nicht weit von El Paso und in den Sierras de Jemez, de San Juan und Madre. Westlich von Zuñi ist die Stufe weniger stark als in anderen Regionen, und der Gyps findet sich daselbst nur in kleinen sehr unbeträchtlichen Massen und fehlt sogar häufig ganz.

(Marcou, a. a. O., S. 57).

8. [S. 97.] Diese Gypsregion ist ausführlich beschrieben von Marcy: Exploration etc., S. 168, 172, 174.

9. [S. 143.] Die oberste oder vierte Stufe zerfällt in zwei Hauptgruppen. Die untere Gruppe ist von dicken Lagen weißlich-grauen Sandsteins gebildet, der oft rosa und roth ist; die obere Gruppe besteht in Lagen kalkiger, sandiger Thonerde (d'assises d'argile calcareo-sableuse), welche Streifen von sehr lebhaften Farben zeigt, als violett, roth, gelb und weiß, mit einem Wort, bunter Thonerde (d'argile irisée). Diese vierte Stufe zeigt eine auffallende Aehnlichkeit mit den marnes irisées Frankreichs, dem Keuper Deutschlands oder den variegated marls von England; mit der jedesmaligen Ausnahme der amarantgelben Farbe, welche ich in Europa niemals wahrgenommen habe: sonst würde ich, anstatt zu denken, ich sei in den Einöden der Prairien und der Felsengebirge, mich nach einigen Punkten des Jura oder des Neckarthales in Schwaben versetzt glauben können. Der Sandstein dieser Stufe ist sehr entwickelt, etwas undeutlich geschichtet und sehr dicht. Seine Mächtigkeit ist 1000 Fuß, dagegen der Keuper oder bunte Mergel (marnes irisées) nur 500 Fuß hat; was im Ganzen 1500 Fuß für die oberste Stufe des neuen rothen amerikanischen Sandsteins macht. Der bunte Mergel, als Felsen von sehr geringer Festigkeit, ist fast überall durch Abwaschungen (denudations) entfernt worden, und nur selten kann man denselben anderswo wahrnehmen als da, wo er den jurassischen Terrain bedeckt ist. Die Massen des Sandsteins dagegen haben den Abwaschungen großen Widerstand geleistet, und man findet sie in großen zusammenhängenden Flächen; sie bilden oft bizarre Formen, welche man mit Ruinen von Tempeln, natürlichen Befestigungen, Gräbern von Titanen und Riesen verglichen hat. Auf dem 35. Grade nördlicher Breite krönt dieser Sandstein alle Höhen der Plateaus oder Mesas auf dem rechten und linken Ufer des Canadian, von den Antelope Hills bis zum Llano Estacado, wo er am Fuß desselben bildet; ferner dehnt er sich auf dem Boden des Thales von Nodo Dell Creek und Plaza Larga bis nach Anton Chico und Cañon Blanco in Neu-Mexiko aus.

(Marcou, a. a. O., S. 58).

10. [S. 152.] Eine unmerkliche Abdachung führt von den Prairien an den Fuß des Llano, dann folgt ein steiler Abhang, der zwischen 300 und 450

Fuß schwankt, welchen man ersteigen muß, um sich auf dem Plateau zu befinden. Während des Aufsteigens bemerkt man augenblicklich, daß die rothen und bunten Felsen, welchen man während mehrerer auf einander folgenden Wochen der Reise in den Prairien begegnet ist, anderen von verschiedener Farbe und Zusammensetzung Platz gemacht haben, und daß die Straten dieses ewigen nouveau grès rouge, dessen Ende man gar nicht zu erreichen glaubte, mit Lagen eines viel neueren Terrains bedeckt sind, welche in übereinstimmender Schichtung auf der vierten Stufe übereinander liegen. — — —

Ich werde die Juraformation, das jurassische Terrain des Llano Estacado so beschreiben, wie es sich mir in meinen Untersuchungen gezeigt hat, indem ich die sich auf dasselbe beziehenden Notizen meinem Reisetagebuche entnehme. Im September 1853 war ich auf dem Llano Estacado an einer Stelle auf der Straße von Fort Smith nach Santa Fé, die unter dem Namen Encampment Creek bekannt ist; hier ist der Durchschnitt, welchen ich auf dem linken Ufer des Flüßchens beobachtet: Zuerst bildet Keuper oder bunter Mergel (marnes irisées) den Boden des Baches, und erhebt sich bis mitten zur Höhe der Schluchten; dann hat man einen kalkig-sandigen (calcareo-sableux) Sandstein von gelblicher Farbe, der auf dem Buntsandstein (new red sandstone) ruht, und zahlreiche Einschlüsse von kohlensaurem Kalk von der Größe einer Haselnuß enthält, in einer Schichtenstärke von 30 Fuß; auf demselben befindet sich eine Lage Conglomerat mit einem kalkigen sehr harten Bindemittel von rosenrother Farbe und 2 Fuß Stärke. Diesem folgt ein Lager von weißem, sehr hartem Kalkstein mit muschligem Bruch. Endlich kommt ein etwas grauer Kalkstein, der öfter sehr weiß, zerbrechlich, halboolitisch und etwas kreidig ist und manches Analoge mit den weißen korallischen Kalksteinen aus der Umgebung von Porrentruy hat. Dieser letzte Kalkstein, dessen Stratum eine Stärke von 15 oder 20 Fuß hat, bedeckt das Llano und bildet durch seine Auflösung den Boden, denn auf diesem hohen Plateau finden sich keine Spuren eines alluvianischen Terrains. Ich habe durchaus keine Fossilien in dem Terrain des Encampment Creek gefunden, weshalb ich auch keinen Schluß auf sein relatives Alter habe ziehen können, wenn nicht diesen, daß es viel neuer als der amerikanische Keuper ist. Nachdem wir über die Plaza Larga gezogen waren, welche gänzlich von Sandstein und rother Thonerde der vierten Stufe des Buntsandsteins (new red sandstone) gebildet ist, erreichten wir den Fuß des Berges, welchen wir wegen seiner Form den Pyramid Mount, Pyramidenberg genannt haben. Die nördliche Seite, an welcher wir angelangt waren, ist durchaus senkrecht abgestürzt; alle Schichten des Berges sind daselbst bloßgelegt, so daß man sich keinen besseren geologischen Durchschnitt wünschen kann. — — — Die steile Höhe, da wo die Flöze zu Tage bloßliegen, beträgt 500 Fuß.

Von der Basis bis zur Hälfte der Höhe, die ersten 200 Fuß, sind aus Straten von buntem Mergel mit rothen, grünen und weißen Streifen gebildet, und gewähren in der That einen Anblick wie der obere Theil des Keupers der Steinbrüche von Boisset bei Salins. Eine Lage von blaugrauer Thonerde von 1 Fuß Stärke bildet eine Schicht auf dem neuen rothen Sandstein und ist in unmittelbarer Berührung mit einem weißen Sandstein, der sehr feinkörnig ist, eine Stärke von 8 Fuß hat und schon einer neueren Formation angehört, deren Alter ich zu bestimmen gesucht habe. Darüber hat man ein mächtiges Lager von 80 Fuß Höhe von sehr hartem und feinkörnigem Sandstein von hellgelber Farbe, welcher durch die Spaltung vollständig senkrecht wie eine Mauer geschnitten ist. Lager von weißem Sandstein haben sich darüber hingelegt; sie sind sehr dünn, nicht hart, und sehr dem Einflusse der Atmosphäre unterworfen; auch findet man am Fuße jeder Schicht kleine Sandhaufen, welche durch deren Zerbröckeln entstanden sind; ihre Stärke ist 25 Fuß. Dann kommt Thonerde von blauer Farbe mit einem Anfluge von grau, von schieferartiger Zusammensetzung und 30 Fuß Höhe. In dieser blauen Thonerde, 6 Zoll von dem weißen Sandstein, habe ich das Lager der Gryphäa gefunden, zerrollt und unkenntlich, wie ich sie am vorhergehenden Tage im Bette der Bäche angetroffen. Die Exemplare der Gryphäen, welche ich beim Ersteigen der Höhe gesammelt hatte, überraschten mich durch ihre Form, die der Gryphaea bilatata von Oxford und den Baches Noires in der Normandie ganz ähnlich ist. — — Etwas später fand ich in demselben Lager mit der Gryphäa vereinigt eine Schale der Ostrea Marshii in einem ausgezeichneten Zustande der Erhaltung. — Diese Entdeckung von jurassischen Fossilien brachte endlich meine Zweifel über das Alter des Llano Estacado zu einem Ende: ich bin in Nordamerika auf das wirkliche jurassische Terrain gestoßen. — — Beendigen wir den Durchschnitt des Pyramid Mount. Ueber dem blauen Oxford-Mergel befinden sich Lagen eines sandigen Kalksteins von dunkelgelber Farbe, sehr hart, und mit einem Bruch, der glänzend und spiegelnd (miroitant), wie beim gelben Kalkstein des unteren Regensteines (oolite inférieur) des Jura; jede dieser Lagen hat eine Stärke von 5 bis 6 Fuß, und sie reichen bis zum Gipfel des Berges, wo die alleroberste Schicht aus einem kieselartigen, weißen, sehr festen Kalkstein besteht. — — Also sind die ganzen Höhen des ungeheuren Llano Estacado von dem jurassischen Terrain gebildet, mit Ausnahme des Bodens zweier mächtigen Schichten, welche von Herrn Kendall in seinem Werk, betitelt: Narrative of the Texan Santa Fé Expedition, bezeichnet worden sind. Im Norden des Llano Estacado sieht man die Gipfel der abgesonderten konischen Berge vom jurassischen Terrain gebildet, mit Ausnahme die Höhen des großen und des kleinen Tucumcari, wirkliche Verlängerungen des Llano Estacado, welche sich zwischen den Flüssen Canadian, Cimaron, Purgatoire und oberen Arkansas hinziehen.

(Marcou a. a. D., S. 63—65.)

11. [S. 203.] In den Gebirgen des alten Placer und des neuen Placer bei Santa Fé in Neu-Mexiko bearbeitet man Quarzgänge, welche Gold in hinlänglicher Quantität enthalten, um die Kosten der Arbeit zu decken. —

(Marcou a. a. D., S. 111.)

12. [S. 211.] Der erste Vulkan, auf welchen ich auf meinen Forschungen in den Felsengebirgen gestoßen bin, liegt zwischen Galisteo und Peña Blaca; er führt den Namen Cerrito, erstreckt sich in das Thal des Rio Grande del Norte, und liegt wie eine Art Verbindungsmittel zwischen den Sierras von Santa Fé, de Jemez, de Sandia und den Placers. Dieser alte Vulkan ist nicht sehr hoch, die verschiedenen Kegel, von welchen er gebildet wird, erheben sich nicht höher als 800 bis 1000 Fuß über das Plateau, auf welchem er aufsteigt. Seine Laven erstrecken sich über die gesammten Ländereien, zwischen Galisteo, Cieneguilla, Nante und den Pueblos von Cochiti und San Felipe. Der Rancho von Cerrito liegt sogar mitten im Krater. Der Rio Grande und der Rio Bajado oder Cieneguilla haben ihre gegenwärtigen Betten, in den Laven des Vulkans eingefurcht, und in den Sectionen, welche mittels Durchschnitte zu Tage gebracht werden, sieht man, daß die Ströme der basaltischen Lava den Drift wieder bedeckt, und an manchen Stellen sogar in Marmor (bréche) oder vulkanisches Conglomerat verwandelt haben.

(Marcou a. a. D., S. 113 115. — Um die Geographie und Geologie von Neu-Mexiko haben sich neben Herrn Marcou sehr verdient gemacht: Emory, Wislizenus, Dr. French, Marcy, Capitain Sitgreaves und Bartlett.)

13. [S. 218.] Das Sandia-Gebirge ist eine östliche Kette der Rocky Mountains.

(Marcou, a. a. D., pag. 5.)

14. [S. 255.] Vergl. Marcou a. a. D., S. 56—57.

15. [S. 260.] Vom Rio Puerco bis zur Sierra Madre führte unser Weg fortwährend über Trias und jurassische Formationen, welche in diesen Regionen häufig mit unermeßlichen Lavaströmen bedeckt sind, die ihren Ursprung in dem alten ausgebrannten Vulkan, Mount Taylor haben, der in einiger Entfernung gegen Norden sichtbar ist. Diese Lavaströme, welche sich über die Niederungen der Thäler ausbreiten, sind durchaus den Strömen noch arbeitender Vulkane ähnlich, entbehren wie diese jeder Vegetation und geben dem Lande, wo sie gefunden werden, ein dürres trostloses Aussehen. Die Mexikaner nennen sehr richtig solche Regionen *mal pais*. —

Nahe dem Culminationspunkte der Sierra Madre wird die Trias durch Kohlenkalk ersetzt; dann, auf eine Strecke von 12 Meilen, bestehen die Felsen aus eruptivem Granit, Gneis und Glimmerschiefer. An der westlichen Seite der Sierra Madre erscheinen wie der der Kohlenkalk, die Lagen der Trias und endlich der weiße und gelbe Jura-Sandstein mit den Lavaströmen in den Thälern.

(Marcou: Résumé of a geological reconnaissance, extending from Napoleon at the Junction of the Arkansas with the Mississippi to the Pueblo de los Angeles in California. Doc. 129. S 46.)

16. [S. 260.] Der Mount Taylor, der auch unter dem Namen Sierra de Ciboletta oder Sierra de Matoya in den dortigen Ländern bekannt ist, erreicht eine Höhe von 1',000 Fuß über dem Meeresspiegel. Er liegt nicht weit von der Sierra Madre und zeigt einen gänzlich abgesonderten Kegel, dessen blauen Gipfel wir an offenen Stellen des Landes weithin zu erkennen vermochten. Zahlreiche Lavaströme gehen nach allen Seiten von diesem großen erloschenen Vulkane aus; mehrere dieser Ströme haben eine Länge von 10 bis 15 Lieues In der Sierra Madre, da, wo die Straße nach Pueblo de Zuñi über dieselbe führt, befinden sich ebenfalls mehrere vulkanische Kegel, und man erblickt gegen Süden in der Entfernung von ungefähr 15 Lieues einen großen vulkanischen Kegel mit 2 oder 3 Nebenkegeln. (Marcou: Résumé explicat etc., S 114.)

Anmerk des Verfassers. In einer kleinen Gebirgssammlung, die Lieutenant Whipple auf meine Bitte freundlichst an Herrn von Humboldt schickte, fanden sich Trachyte aus der Umgegend von Mount Taylor und Sienequilla. Nach sorgfältiger Untersuchung war die charakteristische Zusammensetzung dieser Trachyte vom westlichen Abfall der Rocky Mountains Oligoclas und Hornblende, also ganz gleich den Trachyten von Toluca, dem Vulkan von Orizaba und der Insel Regina.

17. [S. 265] Der Inscription Rock und das ganze Hochland, welches sich beinahe bis nach Zuñi erstreckt, ist von Felsen der Juraformation gebildet. — Diese Formation ist aber nicht dem Llano Estacado allein eigen, sondern dieselbe bildet sowohl die Gipfel der Plateaus, die man gegen Norden in der Richtung nach dem Canadian River zwischen dem Canadian und dem Raton Mountains erblickt, als auch die meisten der Höhen, die sich vom Rio Pecos bis an den Fuß der Sierra de Sandia erstrecken. Bei unseren Forschungen fanden wir dieselben auch auf der westlichen Seite des Rio Puerco, wo diese Formation von Lavaströmen durchschnitten fast die ganze Straße zwischen Covero und der Sierra Madre ausfüllt, und endlich zwischen dem Inscription Rock und Pueblo de Zuñi berzieht, wo sie wieder Plateaus bildet, welche sich in der Richtung nach Fort Defiance und Cañon de Chelly ausdehnten.

(Marcou: Résumé of a geolog. reconnaissance etc.)

18. [S. 273.] An einigen Stellen, als bei El Ojo Pescado nahe Zuñi und in der Nachbarschaft des Fort Defiance bei Cañon Chaca befinden sich in der Lehmerde Betten von Kohlenschiefer, doch nur 3 oder 4 Zoll dick, so daß sie wahrscheinlich nicht reich genug sind, um mit Erfolg bearbeitet werden zu können.

(Marcou a. a. O.)

19. [S. 280.] Das Thal, in dem Pueblo de Zuñi liegt, wie das des gleichnamigen Flusses, besteht aus Felsen und Gebirgsarten der Trias-Formation, die hier wie in der Prairie von Sandstein und rothem Lehm mit Dolomit und Gyps gebildet sind. (Marcou a. a. O., Doc. 129. S. 46.)

20. [S. 297.] Man findet vielfach im vierten Absatz, in den Schichten des Buntsandsteins der deutschen Geologen, zahlreiche Stücke versteinerten Holzes und sogar häufig ganze Bäume; so bin ich auf der Westseite der Sierra Madre zwischen Zuñi und dem Colorado Chiquito auf einen wirklichen versteinerten Wald véritable forêt silicifiée) gestoßen, mit Bäumen von einer Länge von 30 bis

31 **

40 Fuß, die in Stümpfen von 6 bis 10 Fuß Länge zerbrochen waren und einen Durchmesser von 3 bis 4 Fuß hatten. Das Zellengewebe war fast gänzlich verschwunden und das Holz durch einen sehr dichten Kiesel von den prächtigsten Farben ersetzt worden, welcher die schönsten Stücke zu Juwelier-Arbeiten bietet. Die Indianer dieser Regionen bedienen sich dieser Steine als Schmuck, so wie sie auch Pfeilspitzen aus denselben verfertigen. Diese Bäume, von denen einige aufrecht stehend im Sande eingeschlossen sind, gehören fast alle zur Familie der Coniferen, einige zu den baumartigen Farrenkräutern und den Calamodendrons.

(Marcou: Résumé explicat. etc., S. 59.)

21. [298.] Ueber die von Möllhausen mitgebrachten Fragmente des Holzes aus dem versteinerten Walde, von dem Herrn Geh. Medicinalrath Göppert, Director des botanischen Gartens zu Breslau. Zu den großartigen Lagern versteinerter Stämme, welche bis jetzt insbesondere in jüngeren Formationen entdeckt worden sind, wie nach Burkhard, Ehrenberg, Russegger u. A. in verschiedenen Gegenden der Libyschen und Aegyptischen Wüste, zu Pondichery nach Schmid, auf Java nach Junghuhn (die ich in der fossilen Flora Java's beschrieb), kommt nun auch der merkwürdige, von Herrn Möllhausen in Neu Mexiko entdeckte versteinerte Wald, aus welchem ich durch die gütige Vermittelung von Alexander von Humboldt Gelegenheit hatte, einige Exemplare zu untersuchen. Herr Möllhausen beobachtete zunächst, daß viele der dort befindlichen zerbrochenen Stämme fast durchweg in Bruchstücke und Glieder mit horizontalen Flächen zerfallen waren, welches höchst eigenthümliche Verhalten des versteinerten Holzes auch von mir besonders in dem aus der Steinkohlenformation wahrgenommen worden ist, ohne daß ich im Stande wäre, über dieses Phänomen eine einigermaßen genügende Erklärung zu geben. In größtem Maßstabe sah ich dies in der von mir erst vor einigen Wochen beobachteten, großartigsten Niederlage versteinerter Stämme zu Radowenz in Böhmen und früher schon bei Untersuchungen fossiler Hölzer. Verhältnißmäßig schwache, auf der Mitte versteinerter Stämme angebrachte Hammerschläge reichten hin, um große Exemplare in Stücke mit horizontalen Flächen zu zertheilen. Während in der Regel die versteinerten Hölzer der oben genannten Fundorte, so weit sie gegenwärtig untersucht sind, fast durchweg aus Dikotyledonen bestehen (und nur ausnahmsweise Coniferen enthalten), gehören die sechs verschiedenen, von Herrn Möllhausen mir mitgetheilten Specimina sämmtlich zu den Coniferen und zwar zu den Abietineen, welche, hierin ähnlich denen der Steinkohlenformation, zum Theil auch gar keine concentrische Holzkreise oder nur höchst undeutliche unterscheiden lassen. Ein Exemplar derselben ward bereits von mir genauer untersucht und als zu der Araucarien-Form gehörend bestimmt, so wie auch mit Rücksicht auf die bereits beschriebenen Arten nachstehend diagnosticirt und zu Ehren des Entdeckers*) genannt. Das Versteinerungsmaterial ist durchweg Kieselmasse, theils hornsteinartig, theils Chalcedon, selbst Jaspis mehr oder minder durch Eisenoxyd roth gefärbt, oft auffallend ähnlich den schönen Hölzern, welche der Permischen (Kupferschiefer-) Formation Sachsens zur Zierde gereichen.

Die Originale liegen im Mineralien-Cabinet der Universität Berlin.

H. R. Göppert.

22. [S. 301.] Zwischen dem Rio Grande und dem Rio Pecos ist der Sandstein, der die weiße Kreide vertritt, mit Strömen von Basalt bedeckt; ich habe mich nicht überzeugen können, ob diese Ströme von Cerrito oder vom Mount Taylor herrührten, einem ausgebrannten Vulkan von größerer Bedeutung als der erstere, der westlicher von der Straße von Albuquerque nach Defiance liegt. Die Straße von Albuquerque nach Zuñi durchschneidet mehrere Lavabäche und anderen folgt sie, deren Anblick dem gleicht, welcher mit Schlacken und Bimstein bedeckt, der Aetna und Teneriffa darbieten; in den Thälern, durch welche sie sich schlängeln, liegen sie in einer Ausdehnung von 20 bis 25 Lieues, und sind von

---

*) Araucarites Möllhausianus.

ben Mexikanern mit bem Namen mal pais bezeichnet worden. Der westlichste
Lavastrom endigt eine Viertelmeile vor Pueblo de Zuñi.

(Marcou a. a. O.)

23. [S. 322.] Von bem hohen Plateau, welches Zuñi vom Colorado
Chiquito trennt, erblickt man genau gegen Westen in der Entfernung von mehr
als 40 Lieues die Gipfel eines mächtigen Gebirges. Diese Bergkette, die bei den
Trappern unter dem Namen Sierra de San Francisco bekannt ist, befindet sich
unter 35° nördlicher Breite und 111° 50' Länge westlich von Greenwich. Sie
nimmt die Widerlagen der Sierra Mogoyon ein, und wird von einer Reihe
großer ausgebrannter Vulkane gebildet, welche sich bis 113° 30' Länge ausdehnen.
In dieser Region befinden sich zahlreiche prachtvolle Krater, denen ich keine Namen
zu geben vermag, da sie sonst noch unbekannt sind. mit Ausnahme zweier, welche
von Capitain Sitgreaves auf seiner Forschungsreise nach dem Colorado als San
Francisco- und Bill Williams-Berge bezeichnet worden sind. Diese vulkanische
Region bedeckt den Raum zwischen den Linien der Eruptiv-Felsen der Sierra
Mogoyon und den hohen Plateaus oder Mesas, die von den Sedimentschichten (Flözen)
des Kohlenkalksteins und dem neuen rothen Sandstein (new red sandstone der
englischen Geognosten) gebildet sind, indem sie sich bald über die einen, bald in die
anderen dieser sedimentären und eruptiven Formationen verbreiten, und in einer
Linie zu liegen scheinen, welche sich von Westen nach Osten zieht und einen Streifen bildet, in welchem sich die Vulkane der Sierra Madre, des Mount Taylor
und Cerrito befinden. Auf dem rechten Ufer des Colorado Chiquito, vor den
Fällen dieses Flusses erblickt man auf den Mesas eine Gruppe von 8 oder 10
Basalt-Hügeln, welche augenscheinlich zu dem großen Vulkan San Francisco ge-
hören. Der große Krater des San Francisco-Berges befindet sich hinter Leroux's
Quelle, und der höchste Punkt von dem, was vom Hauptgipfel geblieben ist, erhebt sich 12,500 Fuß über dem Meeresspiegel und 4700 Fuß über Leroux's Quelle.
Diese gesammten Ländereien sind mit vulkanischen Felsen überdeckt, als Diorit,
Grünstein, Basalt, Trachyt, Obsidian und Lava; man stößt oft auf vulkanische
Asche, die mehrere Fuß hoch liegt, und man erblickt endlich Lavaströme, welche
sich hauptsächlich gegen Süden ausdehnen, indem sie den Thälern der Zuflüsse
des San Francisco-Flusses und der Bill Williams Fork folgen. Das Studium
dieser Region alter Vulkane würde von größtem Interesse sein, aber unglücklicher
Weise ist das Land fast unzugänglich wegen seiner Lage und wegen der dort
hausenden feindlichgesinnten Indianer. Als ich im Monat Januar 1854 dort
vorbeikam, war Alles mit Schnee bedeckt und der Thermometer fiel jede Nacht
bis auf 20 oder 25 Grad (des hunderttheiligen Thermometers) unter Null.

(Marcou a. a. O.)

24. [S. 362.] Vom Cactus-Paß bis zur Vereinigung der Bill Williams-
Fork mit dem großen Colorado kommen wir nach einander über drei oder vier
Gebirgsketten, die sich von Norden nach Süden erstrecken und die Kette des Mo-
goyon-Systems durchschneiden. Diese Gebirge, welche zum System der Sierra
Nevada gehören und die wir Cerbat-Gebirge nannten, sind gänzlich von eruptiven
und metamorphosirten Felsen gebildet, mit einigen Lagen von Conglomerat und
rothem Lehm der tertiären Epoche. An der Bill Williams Fork entlang erkannte
ich mehrfach Adern silberhaltigen Bleierzes, eine Anzeige, daß Silber in diesen
Gebirgen nicht selten ist. (Marcou: Résumé of a geolog. reconnaissance etc.)

25. [S. 415.] Mehrere kleine ausgebrannte vulkanische Kegel fand ich, nachdem
wir den Colorado überschritten hatten. Man konnte fünf oder sechs derselben in
dem Thale aufzählen, welches in Verbindung mit dem Soda Lake steht, in dem
sich der Mobave River verliert und endigt.

(Marcou: Résumé explicat. etc. S. 115.)

26. [S. 416.] Der Mobave River, welcher am Fuße der San Bernar-
dino-Berge entspringt und gegen Osten fließt, verliert in einem Salzsee (Soda
Lake), anstatt sich in den Colorado zu ergießen, wie man lange geglaubt hat.

Dieser Salz= oder Soda=See, der mehr als 14 Lieues im Quadrat hat, ist ein See ohne Wasser, wenigstens scheinbar. Von Ferne erblickt man ein großes Becken von blendender Weiße, und wenn man sich nähert, findet man krause, schwammige Salzrinden, welche einen schwarzen Schlamm, wirklichen Humus, bedecken. Wenn man in diesem Boden gräbt, so stößt man in der Tiefe von 6 Zoll auf Wasser, welches bedeutend mit Kochsalz geschwängert und gänzlich untrinkbar ist. Das Wasser des Mohave River ist durchaus nicht salzig oder brackisch an irgend einer Stelle, welche er durchfließt; nur an den äußersten Enden wird durch Concen= trirung und Ausdünstung, eine Folge des Mangels an Strömung, das Wasser salzig. Viele Quellen in der californischen Wüste verschwinden nach einem Laufe von wenigen Fußen und sind daher immer mehr oder weniger brackisch, mit Salz= krusten an ihrem Rande. Wenn ihr Lauf einige 100 Meter erreicht, sind sie nur da brackisch, wo sie sich verlieren. Diese Quellen und Flüsse der Wüste bilden eigenthümliche Niederlagen, welche man Formations fluviatiles salées nennen könnte. *(Marcou a. a. O., S. 97)*

27. [S. 428.] Von dem Punkte, wo wir den Mohave River verließen, bis zum Cajon=Paß befindet sich ein Plateau, welches von einem weißen Sand= stein=Conglomerat in ungeordneter Stratification gebildet und von der Sierra Nevada ausgehend ist. Dieser Sandstein ist augenscheinlich tertiär.

(Marcou: Résumé of a geolog. reconnaissance etc. Doc. 129. S. 48.)

28. [S. 429.] Im Cajon=Paß fand ich Syenit, Trapp und Serpentine. — Die Eruptivfelsen, welche fast das ganze Land zwischen Cactus=Paß und Cajon= Paß einnehmen, liefern ausgezeichnetes Material zum Bau von Brücken, Straßen und Häusern; ebenso findet sich daselbst schöner Marmor, rother Porphyr, und man könnte hoffen, daß dort einst reiche Silber= und Goldminen entdeckt werden.

(Marcou a. a. O., Doc. 129. S. 48.)

Druck der Hofbuchdruckerei in Altenburg. (H. A. Pierer.)

Schiller's Lied
An die Freude.

17 Illustrationen in Tondruck, gezeichnet von **Ludwig Löffler.**

In Holzschnitt ausgeführt von **Schulze & Schmetzer in Leipzig.**

Gr. Fol. In elegantem Carton 3 Thlr. 10 Ngr.

Den Worten des Gedichtes sich anschließend, hat es der Künstler in diesen Illustrationen (nicht Umrissen, sondern **ausgeführten** Zeichnungen) versucht, die Gedanken und Empfindungen des Dichters durch den Griffel zu versinnlichen, die inneren Schönheiten und Erhabenheiten des ewigfrischen Liedes dem Auge bildlich vorzuführen und dadurch demselben einen neuen Reiz zu gewähren.

Die geistvolle Auffassung, wie nicht minder die treffliche Ausführung in Holzschnitt, werden diese Illustrationen zu einer sehr werthvollen Erinnerungsgabe an die 100jährige Geburtstagsfeier Schiller's machen.

Schiller's Geburtstag
oder:
„Ich habe gelebt und geliebet."

Biographische Erzählung von **Heinr. Schwerdt.**

Preis 22½ Ngr.; gebunden 1 Thlr.

Allen Verehrern unsres großen Dichters, welche sich über dessen Leben und Streben in gedrängter Darstellung näher zu unterrichten wünschen, kann dies elegant ausgestattete und mit 9 Abbildungen von Schillerhäusern illustrirte Büchlein, dessen Inhalt auf streng historischer Treue beruht, als eine höchst anziehende Lektüre empfohlen werden; besonders auch der deutschen Frauenwelt, der jüngeren wie älteren, wird diese Erinnerungsschrift eine sehr willkommene sein.

Thüringer Volks-Kalender
für Heimath und Fremde.

Erster Jahrgang. 1860.

Mit Originalbeiträgen

von Aug. Aderholdt, L. Bechstein, Dr. Brehm sen., Dr. Brehm jun., Ad. Bube, Friedr. Gerstäcker, C. Herger, Friedr. Hofmann, H. Jäde, Herm. Jäger, Gust. v. Meyern-Hohenberg, Müller von der Werra, Aug. Sommer, Ludw. Buck und einer Original-Composition von K. Eberwein.

Begründet und herausgegeben von Müller von der Werra.

Preis brosch. 12½ Sgr.; eleg. cart. 15 Sgr.

15 Bogen mit Illustrationen nach Zeichnungen von H. Pansee.

Der Thür. Volkskalender, durch die Vereinigung bekannter und beliebter Thüringer Schriftsteller in's Leben gerufen, ist keineswegs nur für Thüringen bestimmt, vielmehr wird der mannichfaltige, unterhaltende wie belehrende, Inhalt diesem hübsch ausgestatteten Volksbuche im ganzen deutschen Vaterlande und über dessen Grenzen hinaus, bei Jung und Alt, in der Stadt wie auf dem Lande, eine freundliche Aufnahme verschaffen; er hofft, bei seiner Wiederkehr im nächsten Jahre bereits einer großen Zahl lieber Freunde willkommen zu sein.

(Verlag von Hermann Mendelssohn in Leipzig.)

Druck des Umschlags von Breitkopf und Härtel in Leipzig.

Druck:
Customized Business Services GmbH
im Auftrag der KNV-Gruppe
Ferdinand-Jühlke-Str. 7
99095 Erfurt